60TH ANNIVERSARY OF
INSTITUTE OF LAW, CASS

法治国情与法治指数丛书

主　编／田　禾　吕艳滨

中国地方法治实践
（2005~2016）

田　禾　吕艳滨　等／著

Practice of Rule of Law in Local China

(2005-2016)

社会科学文献出版社
SOCIAL SCIENCES ACADEMIC PRESS (CHINA)

法治国情与法治指数丛书
编辑委员会

丛书序

2018 年是中国社会科学院法学研究所建所 60 周年。时光如白驹过隙，一个甲子转瞬即逝。在此期间，我们有幸成为法学研究所的一员，在这个平台上耕耘收获，见证了法学研究所的风雨历程。2003 年，法学研究所第一次推出了"法治蓝皮书"，这是一本盘点当年中国法治发展成效、总结存在问题的学术图书，至 2017 年已经出版了 15 本。为纪念法学研究所建所 60 周年，让更多的人认识和了解"法治蓝皮书"，蓝皮书工作室特推出"法治蓝皮书"精选本 12 卷，以飨读者。

"法治蓝皮书"是社会科学文献出版社皮书系列大家庭中的一员，是法学研究成果传播的重要平台。它忠实记录了中国法治的发展，为中国乃至世界提供了一个了解中国法治的渠道，也为法学研究者、法律工作者提供了一个展示其观点的平台。"法治蓝皮书"发展到今天，以其强大的影响力推动着中国法治方方面面的进步。

"法治蓝皮书"是一个新生事物，并无可资借鉴的经验和道路。创刊以来，在历任主编的不懈努力下，"法治蓝皮书"希冀找到一条最为合适的道路，最终，它成功地从数百本皮书中脱颖而出，成为最具影响力的皮书之一。

回顾"法治蓝皮书"走过的道路，令人唏嘘。如何充分发挥法学研究所的作用，用蓝皮书这样一种传播方式，指点江山、挥斥方遒，用学术力量影响和改变中国一直困扰着我们。2006 年，我正在日本早稻田大学比较法研究所访学时，收到李林所长的一封邮件，大意为征询我是否有兴趣来做蓝皮书的工作。做蓝皮书需要奉献，是公益性的，接下这个工作不仅要付出大量的时间和精力，且其不在学术评价体系之内，成败难料，可我鬼使神差，却接下了这个艰巨的任务，我想李林所长当时一定也大大地松了口气。

作为一本法学专业图书，"法治蓝皮书"受众有限。说它权威吧，不如全国人大、最高人民法院、最高人民检察院的工作报告；说它时效强吧，赶不上一些法制专业传媒，政府部门、司法机关也不把法学学术研究机构当回事，经费短缺，无米下炊。当时，"法治蓝皮书"要想在数百本皮书里崭露头角真是一件很难的事。虽然困难重重，但也并非没有干事的动力。改革开放以来，中国社会经济发生了翻天覆地的变化，这带来了社会分化，引起社会心理变化。今天，社会矛盾增多，不信任感增强，贫富差距拉大，道德失范行为增多，对国家治理、社会治理形成了很大的挑战。在这种复杂的形势下，需要一种机制来凝聚共识，维护社会的秩序、公平和安全，社会才能继续进步。法治就是这样一种具有广泛共识的治理模式，是社会治理的最大公约数。一个人无论他属于哪个阶层，无论他在改革中是受益者还是受损者，都希望以某种机制来维护和保护自己的利益，也就是说，法治为权力运行和利益分配设置了基本底线。法治并不是一个非常复杂的制度架构，其基本含义非常明确：有良法，必须反映广大人民的意志和利益；法律应得到实施，无论是公权力机关还是老百姓都应遵法守法；法律应当公开透明，使人们的行为具有可预期性，减少社会矛盾和交易成本。正是因为法治具有以上功能，它成为中国目前治国理政的最有效方式，是国家治理体系和治理能力的基本依托。

"法治蓝皮书"正是在这样的认识基础上追寻自身的奋斗目标的。"法治蓝皮书"不是一个旁观者，而是一本广泛"在场"、深度参与社会生活的学术著作。为了实现这样的目标，需要创新方法和探索路径。基于自身的特点，"法治蓝皮书"确定了几条基本原则。

首先，"法治蓝皮书"应以全新的姿态出现。"法治蓝皮书"的正式名称又叫"中国法治发展报告"，因此"法治蓝皮书"的所有内容都与中国法治的理论与实践紧密相连，有泥土芬芳、草根味道，摒弃"假大空""高大上"，以及自说自话、自娱自乐，自我搭建宏大"理论体系"的研究方式。

其次，"法治蓝皮书"应以制度运行为分析重点，并非聚焦个案，不讲故事，不声泪俱下地控诉，不冷冰冰地"抠"概念、做文字游戏，而是以应有的人文关怀，挖掘故事后面的场域、逻辑、价值，以学者的姿态冷静地分析制度的缺陷、运行的不足，体现一个研究机构的应有功能。

再次，"法治蓝皮书"应以法治国情调研报告为重要内容，因为，国情是中国选择法治发展道路的最大考量。课题组深入基层，在工厂、农村、田间地头、村民家中访谈座谈；在各级人大、政府、法院、检察院深入调研，总结各地方、各部门法治发展的创新经验，发现法治发展存在的瓶颈问题，提出解决问题的方案，这些方案有根有据而非传统的"大力丸"。课题组成员每年在全国各地的调研出差时间可谓惊人，由此而带来的效应也非常巨大，所形成的研究报告以及这种研究方式获得了广泛认同。

最后，"法治蓝皮书"应以量化评估为核心内容，这不仅体现为法学研究范式的创新，也体现为全新的研究成果。研究部门和实务部门长期以来交集不多，各说各话。法律制度运行主体是实务部门，运行状况却很难知晓。实务部门的自我总结——功绩伟大成效显著，但民众的获得感不足是显而易见的事实。课题组大力倡导并身体力行第三方评估，对人大立法、政府依法行政、法院检察院公正司法、社会法治建设的情况进行评估，形成了若干非常有影响力的评估报告，报告不仅总结取得的成效，还非常尖锐地指出存在的问题，以至于报告每年2月通过"法治蓝皮书"发布以后，一些部门局促不安，如坐针毡，放下高居庙堂的架子，"屈尊"来到法学研究所与课题组交流，实现了研究与实务的及时沟通、理论与实践的精准对接，大大推动了相关部门的工作，也提升了法学研究的影响力。

蓝皮书本身也确立了一套标准。一般而言，学术报告很难具有社会影响，为了突破这种局限，"法治蓝皮书"认为，一篇报告一定要具备以下几个因素。一是所选用的文章一定要具有问题意识，这个问题不仅在学术上有价值，在实践中也有意义。因此，"法治蓝皮书"既反对毫无原则的歌功颂德，也拒绝破坏性的批评，而是以理性和建设性的态度客观分析和总结法治状况。二是"法治蓝皮书"选用的文章一定是公权力机关关注的问题，它体现在以下两方面。一方面，它必须是公权力机关与社会服务和管理有关的问题。例如，政府信息公开、行政审批制度改革、行政执法等。另一方面，它是公权力机关的职权行为，其在依法履职时是否具有合法性的问题。上述两方面是公权力机关的职责所在，也是最受社会关注的问题。三是蓝皮书文章一定是与公众密切相关、社会公众也最为关心的问题，如环境安全、食品安全、教育、住房保障等。四是蓝皮书的文章一定是媒体非常关心的问题。在信息化时代，媒体竞争非常激烈，新、快、准、有效成为媒体的生命。在这种形势下，传统媒体逐渐式微，新兴媒体逐渐成为传播的主要渠道。信息的价值、新颖性、及时性、有效性成为媒体关注的焦点。"法治蓝皮书"的定位恰好为媒体提供了这样的平台。每年"法治蓝皮书"的发布都为媒体提供了眼花缭乱的盛宴，以至于媒体人士常常感叹，"法治蓝皮书"为什么每年只出一本，出来就呈狂轰滥炸之势？鉴于这样的情势，从2015年开始，"法治蓝皮书"团队开始编辑出版"地方法治蓝皮书"，是"法治蓝皮书"的姊妹篇。

正是确立了上述四条标准，"法治蓝皮书"在理论和实务中逐渐形成了巨大的影响力。常有国内外关心中国法治发展的人拿着"法治蓝皮书"登门交流，各地政府、法院也将"法治蓝皮书"对其的评价念兹在兹，甚至记入本部门年度工作报告或高悬于墙上。每当我们到基层开展国情调研，偶见"法治蓝皮书"对有关部门的评价被挂诸墙上，或记载于城市名片中时，都会会心一笑，我们确实做了一点有意义的工作。"法治蓝皮书"发布期间，会形成较大的舆情，以至于发布后的一周乃至一个月内，工作室都会用较大的精力来回应这些舆情。因为，"法治蓝皮书"不仅仅是展示成就，还会指出某些问题，个别被指出的部门非常不满意，也难免恼羞成怒。有人会愤而质问，你们是谁啊？凭什么来评价我们？在他们眼中，一个研究机构就像吃白饭的一样，有什么资格说三道四！有些部门由于掌握资源，弄得我们的上级主管部门经常惶惶不可终日。还好，中国社会科学院确实是一个研究圣地，正如有领导所说，学者做研究，只要数据是真实的、方法是科学的、结论是可靠的、目的是建设性的，就应当允许。值得称道的是，经过数年的修炼，多数部门的傲慢已经逐渐消失，转而谦虚谨慎地来与我们共同探讨，是为一大进步。

限于人力和时间，以及作者关注的重点，"法治蓝皮书"的这 12 卷本肯定有一定的疏漏，未能详尽描绘法治的所有领域和所有细节，因为这是一个不可能完成的任务。尽管如此，"法治蓝皮书"12 卷本还是囊括了法治的重点领域和当年的重大法治事件，足以成为分析中国法治年度进展的珍贵资料，这就足够了。

这 12 卷本分别是《中国法治发展：成效与展望（2002～2016）》《中国立法与人大制度（2002～2016）》《中国政府法治（2002～2016）》《中国民商经济法治（2002～2016）》《中国刑事法治（2002～2016）》《中国司法制度（2002～2016）》《中国社会法治（2002～2016）》《中国人权法治（2002～2016）》《中国政府透明度（2009～2016）》《中国司法透明度（2011～2016）》《中国法治国情调研（2006～2016）》和《中国地方法治实践（2005～2016）》。

《中国法治发展：成效与展望（2002～2016）》收录了"法治蓝皮书"每年的年度总报告，盘点了中国法治的年度进展，是"法治蓝皮书"的精髓和最重要内容。

《中国立法与人大制度（2002～2016）》分析了中国历年的立法进展以及中国最根本的政治制度——人民代表大会制度及其主要职能、代表制度、人大监督等内容。其中，从 2014 年开始，立法指数报告特别分析了全国 31 家省级人大的立法状况，如立法的重点、程序、公开和征求意见情况等。

《中国政府法治（2002～2016）》是"法治蓝皮书"的重要内容，收录了行政审批制度改革、行政执法改革等选题。

《中国民商经济法治（2002～2016）》对历年民商经济立法、执法、司法方面的热点问题进行了分析。

《中国刑事法治（2002～2016）》分析了历年的刑事法治发展、犯罪形势及预测，并对部分重大刑事法治问题进行了研究。

《中国司法制度（2002～2016）》对中国的司法改革与进展、人民法院的改革创新、检察体制改革、法院信息化助力司法改革、中国的法律服务业等进行了总结分析。

《中国社会法治（2002～2016）》从劳动法治、社会保障法治、慈善公益法治、卫生计生法治、环境保护法治、能源法治、教育法治、体育法治、消费者保护法治等方面分析了有关的热点法治问题。

《中国人权法治（2002~2016）》对历年中国在人权法治方面取得的成效进行了总结分析。

《中国政府透明度（2009~2016）》《中国司法透明度（2011~2016）》是中国社会科学院法学研究所开展法治指数评估的重要成果。其中，课题组从2010年开始，连续8年对各级政府的信息公开进行第三方评估，对这项制度的发展起到了实质性的推动作用，《中国政府透明度（2009~2016）》展示了中国在推进政务公开方面取得的成效与存在的问题。此外，课题组从2011年开始，对全国包括最高人民法院在内的各级法院和海事法院的司法公开进行评估，率先提出司法透明度的概念并付诸全国性评估，促使全国法院的司法公开有了大幅度的进步并向纵深发展；从2012年开始，课题组对全国包括最高人民检察院在内的检察院进行检务公开评估，引起了最高人民检察院和地方各级检察院的重视。《中国司法透明度（2011~2016）》收录了相关的评估报告。这些指数评估报告客观记录和生动反映了中国法治建设进程，产生了强烈反响，成为近年来法学界和法律界重要的年度学术热点。

值得一提的是，《中国法治国情调研（2006~2016）》及《中国地方法治实践（2005~2016）》收入了历年来我们在各地深入调研的报告，是我们付出心血较多的研究成果。近年来，中国社会科学院法学研究所坚持理论联系实际，扎根中国法治实践开展实证法学研究。课题组依托法学研究所在全国十余个省份建立了20多个法治国情调研基地，每年参与法治国情调研的有数百人次，就党委、政府和司法机关的人大建设、政务服务与公开、社会管理、司法改革、法院信息化等多项内容开展了深入的访谈调研。"法治蓝皮书"课题组走遍了祖国大地，我们到过经济最发达的地区，也到过一些欠发达地区，无论经济发展水平如何，人们对法治的迫切心情是一样的。各地有很多法治创新的实践，打破了法治只有西方道路"独木桥"的神话。当然，中国的法治建设还存在很多问题，我们意识到法治建设是一个漫长的过程，需要几代人的努力，万不可有毕其功于一役的超现实想法。通过总结地方经验、分析顶层设计不足，课题组将普遍性的法治理念与中国本土性的法治探索、法治实践有机结合起来，在服务国家法治决策与地方法治发展方面颇有建树。

2015年，《立法法》修改，出于经济社会发展的需要，人大首次赋予全国286个设区的市以立法权。课题组在广东省调研时了解到，中山市基于扁平化管理改革，不设区。按照修法精神，中山市因未设区，可能失去立法权。全国有五个不设区的地级市，分别是广东省中山市、广东省东莞市、海南省三亚市、海南省三沙市、甘肃省嘉峪关市，它们将会受此影响。中山市地处珠江三角洲，经济总量大，社会发展速度快，亟须立法权来推进社会治理。课题组在调研之余为中山市以及其他城市向中央和全国人大建言，在各方的努力下，最终中山市获得了立法权。中山市获得地方立法权后起草的第一部地方性法规即《中山市水环境保护条例》。2015年，水环境治理，如"内河清流和城区治涝工程"被作为中山市的"十件民生实事"之一。《中山市水环境保护条例》的立法目的是解决水环境监管工作中部门职责分工不明确、水污染防治、饮用水源保护问题。中山市带着问题立法，避免立无用之法。水环境保护涉及区域广、部门多，甚至涉及多个市，立法首先就是要解决各自为政的问题。通过立法，中山市建立了水环境保护协调机制，由环保部门统筹，各相关部门共享数据。该条例对中山市的水环境保护起到了良好作用。中山市人大还创新和夯实了基层人大代表制度，让乡镇人大代表从会期的"4天代表"，变为"365天代表"，使曾经被边缘化的乡镇人大逐渐站在了社会治理的中心。

在革命老区金寨，法治使当地的村级组织面貌一新。当地村级组织将公开作为工作的重要方法，以公开赢得公众信任。公开的项目囊括村级组织的各方面工作，包括村级收入、用餐、惠民资金发放使用等。按照严格的制度规定，村干部接待用餐买一块豆腐都必须进行公示，提升了基层组织的权威。

法院判决执行难一直困扰着中国司法。2016年之前，全国法院判决得到有效执行的平均比例不高，而涉法信访则有80%与执行有关。地处改革前沿阵地的深圳中级人民法院为解决执行难问题，构建了解决执行难的标准体系、建设了鹰眼查控系统，率先在全国打响了基本解决执行难的第一枪。鹰眼系统实现了以下功能：银行存款的查、冻、扣，房地产查询和控制，协助有权机关查询，如人员查询、扩展查询财产种类等。课题组总结了深圳中级人民法院的经验，并向全国推广。2016 年，最高人民法院院长周强在十二届全国人大四次会议上庄严承诺，用两到三年的时间基本解决法院的执行难问题，并委托中国社会科学院法学研究所法治国情调研团队作为第三方对此进行评估。至此，全国法院掀起了基本解决执行难的热潮，可以预见，法院判决执行难将在近期有较大的改观。

杭州市余杭区是法学研究所的法治国情调研基地，课题组每年都会总结余杭的经验和创新，每年都有新的惊喜。课题组先后就余杭的诸多法治问题进行调研并形成了分量颇重的调研报告，分别是《实践法治的基层试验田——杭州市余杭区法治建设调研报告》《重建中国基层社会秩序的探索——余杭法务前置调研报告》《余杭基层法治化探索》《余杭区"大数据"推进基层治理法治化调研报告》《流动人口服务管理的法治化与现代化——余杭区创新流动治理的实践》。从这些调研报告可以看出，余杭法治建设折射出了中国法治建设的缩影，展现了中国基层法治建设的风貌。余杭的实践既有整体的宏观性思维，也有具体的区域性特点，不失为理解中国的一个样本。

在四川，"5·12"汶川地震发生后，我们抵达灾区震中，与灾民同悲共泣，发现地震相关法律问题特别多。我们翻越大雪山，进入炉霍。炉霍县位于甘孜藏族自治州中北部，是去藏抵青之要衢和茶马古道之重镇，也是第二次国内革命战争时期的革命老根据地。炉霍寿灵寺法律进寺庙的做法让人耳目一新。一个偶然的机会，调研时来到了我当知青时下乡的地方原双流县黄甲乡，并见到了当年的生产队队长刘汉洲，他虽年事已高，但精神矍铄，两眼有神，非常激动，称我是第一个离开后回来的知识青年。回乡后恍若隔世，原所在生产队、曾经居住过亮着煤油灯的小草屋已不复存在，被改革的浪潮席卷成了开发区。

2008 年我们在贵州黔东南调研，恰逢凝冻灾害发生，道路结冰，差一点就被困在黔东南动弹不得，也因此发现了中国灾害应急管理的问题和缺陷。

诸如此类，不胜枚举，虽然辛苦，但收获良多。

2017 年是党中央提出依法治国基本方略二十周年和中国社会科学院成立四十周年，5 月 17 日，习近平总书记向中国社会科学院致贺信，希望中国社会科学院和广大哲学社会科学工作者，坚持为人民做学问理念，以研究我国改革发展稳定重大理论和实践问题为主攻方向，立时代潮头，通古今变化，发思想先声，繁荣中国学术，发展中国理论，传播中国思想。

习近平同志的贺信明确提出了社会科学工作者应当怎样做研究、应当为谁做研究这两个重要问题。这也是摆在社会科学工作者面前的现实问题。对学者而言，理想和现实交织并存。经过多年的学习和研究，学者的大脑中往往存在一个"理想国"，理想和现实之间存在巨大的鸿沟。面对现实中的诸多不如意，或是牢骚太盛怨天尤人，或是闭门修书不问天下之事。可以说，"法治蓝皮书"课题组在一定程度上解决了怎样做研究的问题。"法治蓝皮书"课题组长期跟踪现实，深入实际，理论与实践相结合，创新了法学研究方法和成果，取得了很好的社会效应。在为谁做研究方面，课题组目标明确，为人民做研究、为推动中国法治建设进步做研究，这也是课题组广受赞誉之处。

本丛书编辑之时，正值中国共产党第十九次全国代表大会即将胜利召开。近年来，"法治中国"概念的提出，标志着中国法治建设的理念进一步深化。党的十九大将对中国的法治建设作出新的理论指导和制度建设安排，依法治国将进一步成为中国共产党执政的基本方式，法治也将为人民带来更大的福利。如同广大的社会科学工作者一样，法治蓝皮书工作室也期待着中国共产党第十九次全国代表大会的召开，期盼着法治能够进一步奠定其社会治理的支柱性地位，不仅成为中国共产党依法执政的准则，也成为政府依法行政、法院公正司法、全民尊崇法律的标准，法治建设必将迎来新的春天。

田　禾

2017 年 7 月 17 日于北京

摘　要

　　十多年来，中国社会科学院法学研究所在全国各地开展法治国情调研，本书收集了其中具有代表性的地方法治调研报告。本书分为五个专题：地方法治发展、广东法治、浙江法治、四川法治与其他地域法治。地方法治发展专题不仅收录了法学研究所连续两年对地方法治的整体分析报告，还开创新性对地方法治量化研究作了综述分析。广东法治专题的系列文章来自法学研究所连续多年对广东人大与立法工作的跟踪调研。这些调研报告涵盖了广东的省级人大、地级市人大和乡镇人大的具体运作，以及宏观的人大立法规划、微观的人大代表与群众的密切联系等。浙江法治专题选取了宁波、余杭等地区的法治突出事例进行深入分析，辅之以大量客观数据与实证材料，为读者呈现浙江法治的不同发展面向。四川法治服务于中西部发展战略，该专题选择了四川近两年的法治总体发展脉络及其面临的问题，为读者呈现中西部法治发展的现状。总体来看，中国法治在各地的不断探索中编织成了一幅色彩斑斓的画卷：地方人大工作注重立法的科学性与民主化，落实人大及其常委会的重大事项决定权、监督权等；法治政府建设全面铺开，在大部门制改革、执法体制机制改革、权责清单制度推行、行政审批制度改革、重大行政决策规范、政府信息公开、在线办事等方面均有所涉及并向纵向发展；地方司法改革如火如荼，从阳光司法起步，到司法体制改革、法官职业化与审判权运行机制改革、司法公信力建设、法官员额制改革、人民观审团引入等，覆盖了司法制度运行的各个方面。

目　录

导论　因地制宜的地方法治实践

摘　要：法治中国建设需要顶层设计和中央的统一安排，也应发挥地方的积极性，总结地方探索的经验成果。近年来，中国社会科学院法学研究所在各地调研地方法治实践情况，认为中国地方法治初步形成了稳定的格局，在统一落实中央顶层设计的基础上，又呈现不同的地方特色。广东处于中国改革的前沿阵地，其法治建设注重创新与改革的变奏关系，改革于法有据，创新推动改革成为广东法治的鲜明特点。浙江处于中国沿海，城市充满活力与竞争力，其地方改革常常成为中央改革的试验田。浙江法治以"深耕细作"为特点，紧密围绕中央的法治发展战略建设法治现代化城市。四川地处祖国的中西部核心地区，是中国西部大开发的法治建设示范区，其法治发展常常以夯实基础为特点，通过法治方式处理诸多社会治理、文化宗教问题。其他地区的法治也有许多"看点"，灵活运用法治方式应对区域发展中出现的问题，共同构成了中国法治不可分割的重要经验。

为进一步总结、推广地方法治的成功实践与经验成果，推进社会主义法治国家建设，中国社会科学院法学研究所和中国各地法治实践创新地区建立了"中国社会科学院法学研究所法治国情调研基地"。这些调研基地坐落在祖国的大江南北，典型代表有浙江的余杭、宁波调研基地，四川法治调研基地，广东的中山、珠海调研基地。地方法治调研基地不仅有助于总结地方的法治实践，也有助于法学研究所进一步加强民主法治领域的实证研究，不断提升法学研究的能力和水平，以更好地服务于党和国家、服务于中央和地方的民主法治建设事业。

　　法治不仅是区域经济发展的外在环境，更是区域社会建设和可持续发展的制度性因素，深化法治建设，关乎生活在该区域内每个人的生活质量和发展机会，是一项潜移默化、永无止境的民生工作。中国改革开放以来逐步形成了区域法治竞争的格局。中国的区域法治早已不是以往的渐进式法治改革。一方面，在国家顶层设计的指导下，地方积极参与法治建设，试图以地方经验引领全国。另一方面，也有地方在国家改革授权下谨慎探索法治的创新轨迹，以创新推动改革。换言之，正如政治经济学中常常提到的命题：地方政府之间的竞争成为区域法治发展推动力的主要来源。

一　地方法治发展的总体格局

　　经过多年调研，我们发现了区域法治的格局，法治发展的不同性格。广东处于中国改革的前沿阵地，其法治建设注重创新与改革的变奏关系，改革于法有据，创新推动改革成为广东法治的鲜明特点。浙江处于中国沿海，城市充满活力与竞争力，其地方改革常常成为中央改革的试验田。浙江法治以"深耕细作"为特点，紧密围绕中央的法治发展战略建设法治现代化城市。四川地处祖国的中西部核心地区，是中国西部大开发的法治建设示范区。由此，四川法治常常以夯实基础为特点，通过法治方式处理诸多社会治理、文化宗教问题，形成了一幅色彩斑斓的法治画卷。

　　其他地区的法治也有许多"看点"，灵活运用法治方式应对区域发展中的问题，是中国法治的重要经验。例如，江苏省江阴市就积极运用法治方式来处理地区经济发展中面临的问题。江阴市作为"中国资本第一县"，拥有多家上市公司。在2008年金融危机之后，中国的新经济形态向江阴的法治建设提出了挑战，即在法治的轨道上均衡经济与社会发展。随着江阴主动推动经济转型与产业升级，以劳动密集型产业为主导的江阴经济必然受到影响。以往潜藏的社会矛盾加剧，社会阶层利益分化，对社会秩序的稳定也带来了一定挑战。针对这些发展中的区域问题，江阴在法治建设中提出了一系列创新举措。2013年以来，江阴市通过对全市各类用人单位进行信息采集、排查摸底，构建实时动态监控全市劳动关系运行情况的数字化信息系统，形成覆盖全市、相互联动、有效预警、统一监控的指挥网络和工作机制，依据用人单位劳动用工和劳动关系情况，分别设立"黄、橙、红"三色防控预警信号，对用人单位劳资隐患"早发现、早预防、早处置"，实现劳动保障监察关口前移、重心下沉。江阴经济发达镇徐霞客镇为解决执法监管与经济社会不相匹配的发展困境，立足基层网格化，创新执法体制机制，依托现代信息技术再造执法流程，如下沉执法力量，建构中队执法格局，最终形成了基层新型综合执法体制。

除了发达地区的法治调研，中国社会科学院法学研究所还深入欠发达地区重庆市黔江区开展调研。中国地域发展不平衡是最大的国情，中国法治如何实现在众多欠发达地区突围是一个现实的难题。作为老少边穷地区的黔江区根据自身的地区特点，调整了法治发展的侧重点和抓手。比如，合法性审查制度是许多地方行之有效的做法，黔江区严格执行，推行政府常务会议决策前合法性审查，区政府法制办负责人、法律顾问固定列席区政府常务会议，对于重大决策均充分听取政府法制机构的意见或由法制办会同相关部门起草决策意见，确保各项重大决策合法合规，树立政府的法治权威。针对社会法治中的各类问题，黔江区政府将社会治理的关口前移，避免小事拖成大事，将大量纠纷消除在萌芽状态，行政复议数量逐年下降。调研发现，欠发达地区的法治并非消极发展，也有许多积极实践。政府合同服务社会经济发展，有助于促进政府职能转变，提升治理能力。黔江区政府以政府合同的全流程规范化管理为突破口，成为法治政府建设的重要机制。

此外，中国社会科学院法学研究所还走访了许多法治发展特色地区。2007年，法学所国情调研课题组围绕武汉市汉南区贯彻科学发展观、依法执政、推进平安汉南建设进行了三次实地调研。通过对汉南区的调研，发现基层政权在推进科学发展、加强依法治理、进行平安建设的若干有益尝试。总结"汉南经验"，可以概括为：坚持科学发展观为指导；坚定促进社会和谐的目标；稳农兴工，统筹城乡一体；依法治区，建设服务政府；创新维稳体制，构建平安汉南；积极关注民生，构建生态和谐。中国社会转型对改造罪犯模式转型提出了新的要求。2011年，调研组深入山东鲁南调查罪犯改造模式，发现山东省鲁南监狱在对传统改造罪犯模式反思的基础上，在改造罪犯的实践中探索出涵盖素质教育、法制教育、道德教育、艺术教育、心理健康教育等内容的人本改造体系，形成了中国改造罪犯模式转型的"鲁南经验"。惠民资金公开是基层建设法治政府、廉洁政府、服务政府和透明政府的重要举措和有效抓手。2015年，调研组对安徽金寨惠民资金公开的实践进行了专项调研。该项调研进一步推动了当地后续的政务公开工作，在县分管领导牵头下开展了为期2个多月调研，梳理乡镇为民服务办理事项63项、村为民服务代理事项23项。云南是中国少数民族聚居的重要地域，多元化的民族发展状况也造就了云南法治的多元化。云南省迪庆藏族自治州的宗教民族情况复杂，法治所代表的客观性、公正性在社会治理中尤为重要。迪庆州委州政府依托依法治州理念，大力开展普法工作，积极贯彻实施自治条例并为制定单行条例作准备，依照本地民族的政治、经济、文化特点依法对法律、行政法规作变通规定，建立健全迪庆藏区特色的地方法规体系，以构建平安、和谐、共荣的迪庆藏区。在推进法治进寺庙工作中，迪庆政府把法治宣传与依法治理工作结合起来，建立了一整套完备、详尽的寺庙管理办法，提高教牧人员的法律意识。

中国地方发展不均衡，地方法治与现代治理体系的建设与完善面临一系列复杂问题。由此，地方法治的典型样本不仅能够揭示法治发展现象的特殊性、地方性意蕴，展示不同地域空间范围的不同法治发展状态及其原因；而且能够从这些多元化的法治发展路径中寻求最大公约数，汇集为法治发展的中国道路。

二　广东法治：创新与改革的变奏曲

党的十八大以来，全面深化改革和全面依法治国成为两大时代主题，改革与法治成为辩证统一的有机结合体。广东作为改革开放的前沿阵地，如何让改革于法有据，又如何在法治的轨道上创新改革是其一直面临的重要问题。地方各级人民代表大会是地方国家权力机关，依法行使地方立法权，考察广东地方人大的运作有助于我们统筹全局，把握广东法治的发展方向。调研组历时多年对广东省人大及其下属市、镇人大进行了跟踪调研，观察其人大如何发挥职能，创新立法监督，为广东改革保驾护航。

总体来看，广东在改革开放以来长期扮演试点先锋角色，在很多领域不仅为自身的发展探索道路，也为兄弟省份的发展起到"先行先试"的示范作用。广东经验显示，只有在民主法治轨道上推动改革开放，妥善地协调和化解各类矛盾，勇于"先行先试"，才能让最广大人民群众成为改革开放最大的受益者。早在1993年，广东省第七次党代会就率先提出，"建立社会主义市场经济、民主法治和廉政监督三个机制"，强调要建设民主政治，实行依法治省。1996年，广东在全国率先成立了依法治省工作领导小组，省委书记亲自挂帅。15年来，广东建立并不断完善依法治省工作体制和机制，形成了党委统一领导、人大协调主导、"一府两院"组织实施、政协民主监督、广大人民群众有序政治参与的依法治省"广东模式"，积累了许多新经验，在许多方面都走在了全国前列。广东把民主法治作为推动经济社会发展的根本保障，法治观念越来越深入人心，法律权威越来越彰显，法治的作用越来越重要。

在人民代表大会制度的发展过程中，人大监督的"广东现象"得到不断丰富和诠释，并初步形成了一套可复制和推广的模式。人大监督制度是"决策科学、执行坚决、监督有力"的权力运行体系和惩治和预防腐败体系的重要组成部分。以《各级人民代表大会常务委员会监督法》的颁行为契机，广东省各级人大为摆脱"不愿监督、不敢监督、不善于监督"的痼疾，在完善监督机制、增强监督实效方面作出了努力。在2008年起实施的《广东省行政审批管理监督办法》（地方政府规章）的基础上，广东省人大加紧起草全国首部关于行政审批监督管理的地方性法规——《广东省行政审批管理监督条例》，以巩固行政审批改革成果，并融入新的理念，明确和细化实体和程序标准，将制度变革推向深入。2013年6月和7月，广东省人民代表大会常务委员会针对立法的"五关"（"立项关""公众关""专业关""代表、委员关""评估关"）密集出台了《广东省人民代表大会常务委员会立法论证工作规定》《广东省人民代表大会常务委员会立法公开工作规定》《广东省人民代表大会常务委员会立法听证规则》《广东省人民代表大会常务委员会立法咨询专家工作规定》和《广东省人民代表大会常务委员会立法评估工作规定（试行）》等五项规定，赋予公众更多立法话语权。

通过调研，我们发现广东人大监督的实践中频现"亮点"。在广东，执法检查这一监督方式已为各级人大常委会所普遍采用。从内容上看，执法检查一般是围绕与当前中心工作或民众普遍关心的问题密切相关的法律法规的执行情况进行。专题调研和视察是广东人大运用频率较高的一种监督形式。自2010年始，广东省人大常委会推动区域协调发展的调研，并连续两年对扶贫开发"双到"（即"规划到户、责任到人"）工作开展了专题调研监督和代表专题视察活动，提出了推进扶贫开发工作的系列措施。2012年，广东省各级人大常委会组织了针对社会保险、高校评卷、"三打"行动、食品安全监管等不同工作领域的多次专题调研和视察活动。

乡镇人民代表大会作为人民代表大会制度的重要组成部分和社会主义民主政治的基石，理应在中国的民主法治乃至整个社会政治结构中占据重要地位。乡镇级人大作为人民代表大会体系的毛细血管，可以成为我们微观考察广东人大工作的对象。由此，调研组选取中山市镇级人大的工作进行了连续多年的跟踪调研，中山市镇级人大结合自身的独特优势，在法律框架内实现了有限突破，其对基层人大监督的定位、对人大与党委和政府之间关系的把握，反映了广东脚踏实地的作风和精神，体现了现实主义的理念和路向。在法定框架内先行先试，审议通过了《中山市镇人民代表大会监督工作暂行办法》，是全国首部关于镇级人大监督工作的规范性文件，它的出台标志着中山市各镇的人大监督工作尤其是闭会期间的监督工作自此有章可循。暂行办法以专章的形式对"民主测评"这一新兴的监督方式作出了规定。它要求，中山市镇政府所有职能部门及上级国家机关派驻各镇的所有部门接受年度测评，全体镇人大代表采用无记名投票的形式进行评分，测评结果向代表报告。

随着人大制度的完善，中山市人大监督实践不断走向规范化、体系化和精细化。从20世纪80年代开始，广东省先后出台了一系列监督法规和规范性文件。2008年中山市制定了《中山市办理建议提案绩效量化测评工作细则（试行）》，2011年印发了《中山市建议提案办理工作量化管理办法》，设定考核分值进行综合考评，考核结果纳入部门镇区领导班子实绩考核体系。法治考核的保障使得中山市人大监督实践拥有了推动力，使中山人大监督工作基本纳入规范化轨道，有助于规范人大监督活动、促进人大监督工作的开展。同时，市镇的探索和积累也将为广东省乃至全国的相关立法提供来自基层的鲜活经验。

三　浙江法治：法治的试验田与"排头兵"

浙江地处中国东南沿海长江三角洲南翼。改革开放以来，浙江是中国经济最活跃的省份之一，形成了许多具有鲜明特色的"浙江经验"。比如，在基层调解中，就有毛泽东同志亲笔批示的枫桥经验："小事不出村，大事不出镇，矛盾不上交，就地化解"。由此，法治国情调研组选择浙江作为调研基地，深入考察浙江法治如何在国家顶层设计指导下积极发挥主动性与创造性，在基层治理与社会服务方面形成新的富有推广意义的法治经验。以杭州余杭作为观察点可以看到，基层治理在浙江已经形成法治化、现代化的综合治理体系。

在 2005 年，杭州市余杭区即在浙江全省首先提出了"法治余杭"理念，开始进行全面法治建设的尝试。在此过程中，余杭区通过加强法治建设的组织领导、建设法治文化、规范行政权力、创新社会管理等多种措施和手段，整体推进了全区的法治建设水平，为当地经济社会发展提供了有力保障，也为中国推动基层法治建设提供了鲜活的样本。

为加强法治余杭建设，余杭区成立了余杭区法治建设领导小组，由区委区政府领导担任负责人，办公室设在区司法局，力求通过"法治余杭"建设，使民主更健全、法治更完备、公共权力规范运行、公民权利得到根本保障、领导统一思想，区人大则每年度听取一次区政府关于法治余杭的专门报告。余杭区以法治量化评估体系的出台为契机，每年确定"法治余杭"、依法治区普法教育工作要点及目标分解任务，分解落实各成员单位的责任目标，明确各成员单位的工作任务和目标，并要求各成员单位强化调研，开拓创新，结合各自工作实际开展法治建设工作，形成齐抓共管的良好态势。

在法治余杭的综合发展推动下，特色化、现代化的基层综合治理体系逐渐在余杭落地生根。基层治理是社会长治久安的基础。改革开放近 40

年来，各地经济社会发展取得巨大成效，但同时各种矛盾问题凸显，成为对基层政府管理与社会治理的重大挑战。在此背景下，余杭以法治思维为主线，展开了重塑基层社会秩序的探索，以法务前置为重要工具，改变治理观念和维稳观念，运用法治思维和法治方式预防化解各类矛盾冲突。

余杭区实施的法务前置是其基层社会治理的重要组成部分，是用法治思维对余杭近年来的经济社会发展形势的一种积极回应。余杭区开展的法务前置，一方面，致力于将国家管理、社会治理纳入法治框架体系，实现对公权力的事前法治规范；另一方面，努力提升社会公众的法治素养，让法治的触角延伸到千家万户，融入人们生产生活的各个环节。法务前置的实践，主要是通过事前的普法活动，普及法治理念与法律规则；通过对决策及重大决定的合法性审查做到法务事前把关，规范公权力，进而实现依法决策、依法办事；在基层自治管理中，通过"一村一顾问"等机制，服务于自治管理和村民的各种日常涉法活动。

在基层治理法治化方面，余杭以村社区公共事务清理为契机，通过政务与社务的区别，强调政府依法行政和社区依法自治对中国基层治理法治化的重要意义。2014 年，余杭区下发《关于开展村（社区）"机构挂牌、考核评比、创建达标"情况清查整治的通知》《关于深入整治村（社区）"牌子多"等问题的通知》，采取"牌子下墙""考核限行""台账电子"等措施，有效减轻了村的行政性负担。为保障清理成果，同年，余杭区出台《余杭区村（社区）工作事项准入实施意见》，明确了准入村（社区）的余杭区直单位工作任务 29 项和 22 个准入的盖章事项，规定其他需要进村（社区）的组织机构、工作任务、考核评比、盖章证明等相关事项的准入程序。在此基础上，余杭区进一步制定《杭州市余杭区人民政府关于开展政府部门职权清理　推行权力清单制度的通知》，在清理了 31 家部门行政权力的基础上形成并公布了政府行政权力清单。总体来看，一方面，余杭通过清理牌子、减少考核、简化台账等手段让社区回归自治，实现村社区事务法定化；另一方面，通过编制和公开权力清单、机关工作重心下移等手段实现基层政府权力法定化，并通过积极发展社区组织，以政府购买服务的方式提升基层公共服务水平。

在基层治理现代化方面，作为全国法治"试验田"的杭州市余杭区面对困境，遵循顶层设计，通过智能决策办公系统、民生社会服务系统和智慧城市管理系统等创新举措，将"大数据"和"互联网+"的应用成果深度融入基层治理，全面整合政府各部门的资源，多点共享相关的数据和信息，使政府基层治理逐渐从条块分割的闭合回路走向协同合作的开放回路。余杭实践表明，新技术与法治创新的结合，不仅有助于纾解基层治理难题，还可倒逼基层法治转型、推动治理结构扁平化，走出一条高科技、接地气、尊民意的基层法治新路径。

规范行政权力是加强法治建设的关键，打造阳光政府是浙江推动法治的主要突破口。除了法治余杭外，浙江宁波在阳光政府建设方面更是形成了值得关注的宁波现象。全国不少地方在阳光政府、阳光司法、阳光检务等方面单项突出的情况并非罕见，但是在多方面均较为领先且相对均衡的情况并不多见。在中国社会科学院法学研究所开展的透明度指数测评中，宁波都跻身前列，数度夺冠，形成了具有鲜明特征的"宁波现象"。究其实质，原因在于宁波市政府能够做到管理体制与机构建设领导得力、层级分明；丰富公开渠道，满足不同群体的信息需求；重视信息公开平台建设，提高政府信息公开效率；以服务为导向，体现民生需求与保障；注重政府信息公开的统一管理，提升规范化程度；构建科学有效的政府信息公开监督评价体系。

四　四川法治：夯实法治基础，服务中西部发展

四川地处中国中西部，是西部大开发战略的重要节点。同时，甘孜、阿坝、凉山等民族自治地区也使得四川法治建设对西部法治发展具有标本示范意义。这种多元化差异化的社会结构要求四川的法治建设一方面要夯实基础，铸就牢固的社会秩序；另一方面要推进差异化的法治发展路径，就不同地区的不同需求推进法治发展。

夯实法治基础的关键在于建立制度体系。近年来，四川省始终把法治贯穿于改革、发展、稳定全过程各方面，一以贯之抓落实，持续增强工作力度，扎实推进依法治国基本方略在巴蜀大地落地生根。四川依法治理情况表现出以下特点：党委总揽全局，注重顶层设计，四川省委重

视顶层设计，对于法治工作中的重点和难点，在省级层面出台相关细则或要求，通过顶层设计指导地方法治建设工作；市州强力推进，工作有效进行，各项法治工作均能自上而下强力推进，有任务、有分工、有落实、有考核；结合本地实际，解决实际问题，各市（州）注重在法治框架内因地制宜解决现实问题；注重宣传教育，法治内化于心外化于行，以"法律七进"为载体推进普法宣传教育，"法律明白人"让基层群众有了身边的法律智库；重视普法与关键少数的学法考法同步推进，在潜移默化中让法治深入人心，深入关键少数执政、治理的潜意识。

2013 年 12 月 31 日，中共四川省委印发《四川省依法治省纲要》。该纲要分指导思想和原则目标、依法执政、科学立法、依法行政、公正司法、社会法治、学法用法、监督问责、组织保障 9 部分 33 条。总体目标是：到 2020 年，依法治国基本方略全面落实，法治精神深入人心，公共权力依法规范公开运行，公民依法享有权利和履行义务，治蜀兴川各项事业全面纳入法治化轨道，基本形成尚法守制、公平正义、诚信文明、安定有序的依法治省新格局。

差异化的法治发展关键在于科学的地方立法。四川省人大每年都会根据地方情况制定民族自治地方单行条例。比如，2013 年四川省人大常委会制定修改地方性法规 8 件，批准成都市地方性法规和民族自治地方单行条例 8 件。又如，2013 年 3 月审查批准的《阿坝藏族羌族自治州教育条例》支持阿坝藏族羌族自治州实行 15 年义务教育，充分体现了少数民族地区立法的特点。

五　色彩斑斓的地方法治

十八届四中全会通过了《中共中央关于全面推进依法治国若干重大问题的决定》，对依法治国作出了明确部署。法治中国建设需要顶层设计和中央的统一安排，也应发挥地方的积极性，总结地方探索的经验成果。

近年来，各地在中央统一领导下，已经在积极主动地探索。中国法治在各地的不断探索中编织成了一幅色彩斑斓的画卷：地方人大工作注重立法的科学性与民主化，落实人大及其常委会的重大事项决定权、监督权等；法治政府建设全面铺开，在大部门制改革、执法体制机制改革、权责清单制度推行、行政审批制度改革、重大行政决策规范、政府信息公开、在线办事等方面均有所涉及并开始向纵深发展；地方司法改革如火如荼，从阳光司法起步，到司法体制改革、法官职业化与审判权运行机制改革、司法公信力建设、法官员额制改革、人民观审团引入等，覆盖了司法制度运行的各个方面。

中国的法治道路不仅有赖于中央的顶层设计，更始于地方一点一滴的落实与探索。地方法治建设已逐步走出"摸着石头过河"的历史阶段，各地在法治框架内纷纷创新法治建设的新机制新做法，区域之间呈现良性竞争态势，法治建设的前景更加光明。

地方法治发展

第一章　中国地方量化法治的实践与评估

摘　要：在域外法治相关指数评估的理论与实践兴起的背景下，在中央有关部门的引导下，中国地方法治指数从无到有，迅速走向繁荣。发展至今，在立法、行政、司法等领域都已有相关法治指数的设计和评估实践。其中，立法领域有立法前评估和立法后评估，地方法治政府的量化评估则出现依法行政考核、法治政府建设指标体系、法治指数等多种形态，司法领域已有案件质效评估、阳光司法指数、法院公信力指数、公众满意度评估等。在较为全面地介绍中国各种地方法治指数的基础上，本文还对其今后发展完善的关键议题展开讨论。

《中共中央关于全面深化改革若干重大问题的决定》提出，要"建立科学的法治建设指标体系和考核标准"。显然，对法治发展状况进行量化分析，用数量工具进行分析，有助于直观地总结和发现法治发展的进展情况与存在的问题，并有针对性地加以完善。近年来，中国各地对量化法治开展了大量实践，有的是对当地整体法治发展进行量化评估，有的则是对立法、法治政府、司法等某方面进行评估。其中，有不少实践是以指数这一数量工具对法治发展状况进行评价的，值得关注并加以总结。

一　对地方法治总体情况的量化评估

对地方法治总体情况的量化评估立足于对法治建设的总体情况进行评估。从连续性与影响力来看，杭州市余杭区的法治指数评估脱颖而出。2007 年底，"'法治余杭'量化考核评估体系"公布。2008 年 6 月，余杭区宣布全国内地首个地方法治指数出炉。到 2014 年，余杭法治指数已完成第七次测评。其测评步骤有三，一是量化考核评估内容，二是搜集可量化法治数据，三是各方评分，最终计算出余杭法治指数得分。由区级九个目标分解出二级指标，再层层分解到区级机关、乡镇和街道、农村和社区三个层次。其测评指标内容包括民主执政优化、建设法治政府、司法公正权威、法律服务完善、市场规范有序、民众尊崇法治、全面协调发展、社会平安和谐、监督力量健全共九个方面。余杭法治指数的数据来源主要为纪委、公、检、法、司等部门的数据。各评估对象的统计数据仅是评估的参考依据，不计入分数。

余杭区的区域性法治指数产生了示范效应。2013 年，上海市静安区发布了上海市首个区级层面的依法治区评估体系及报告。静安区评估体系将各项指标量化，通过内部治理、工作绩效和社会评价构建了三维的指标体系框架。以街道为单位，在曹家渡街道、江宁路街道和南京西路街道开展了"法治环境满意度调查"，总计向市民发放问卷 206 份，其中回收有效问卷 200 份，有效率达 97.1%。经过评估、统计，2012 年静安区依法治区状况的最终得分为 78.55 分。评估报告不仅对静安区依法治区的工作经验、特色及挑战进行了梳理，还对静安区推进依法治区工作提出了对策建议。

2010 年，"法治昆明综合评价指标体系"正式发布。该指标体系由"法治的社会环境指标""法治的制度环境指标"和"法治的人文环境指标"3 个一级指标系统、13 个二级指标群和 33 个具体要素指标构成。2011 年，昆明市将评估整体委托给独立第三方评估团队负责实施，采取法治量化评估方法，并兼顾社会指标评价和运算的原理，对昆明政府和社会运作的法治状况加以评估，最终得出分值为 72.96 分的年度"昆明法治指数"。

此外，一些地方还开发了法治城市考核指标体系。2008 年，全国普法办和司法部开展法治城市、法治县（市、区）创建评选活动，随后司法部出台《全国法治城市、法治县（市、区）创建活动考核指导标准》。但该标准只是提出了指导性意见，主要指标均为相对原则性的要求，缺乏可操作性，也没有进行权重赋值。在该标准的指引下，一些地方积极探索形成指数化的地方法治城市考核评估体系，有代表性者如成都市。2009年，《成都市创建全国法治城市考核评估指标与测评操作体系（试行）》发布，包括党委依法执政能力、地方法制建设、依法行政、司法公开公正、公民法治意识、市场秩序、法律服务、法制监督等 8 项一级指标、72项二级指标和 216 项三级指标。在该指标体系基础上，成都市制发了《成都市创建全国法治城市工作评议考核办法》，各县（市区）创建办参照标准，制定了本级相应的标准、目标和实施细则、考评办法，将创建任务细化分解到基层，并建立了评估考核机制和监督激励机制。

另外，一些地方的其他相关测评、评估也有关注的价值。湖州市政府创设"阳光湖州服务指数"，用量化数值反映各成员单位（市级机关部门）服务发展、服务基层、服务企业、服务群众的能力和水平及全市总体的作风效能状况。其基础性数据信息主要来源于"12345 政府阳光热线"这一直接联系群众实践平台的工作运行数据，从而设置一个较为科学的评估体系。测评方法是服务对象主观评价和实际工作效能监测相结合，对"12345 政府阳光热线"网络成员单位（市级机关部门）在办理群众诉求件中反映出来的即时响应情况、按时办结情况、及时反馈情况及群众满意度情况等赋予权重，测算后得出测评结果，并通过每季度定期公开发布的形式，发挥其评价、预警、督促功能，促进政府服务质量和水平的提高。

二 对立法活动的量化评估

对立法活动的评估既可以是以定性评价为主，也可以是以定量评价为主。本报告着重分析对立法的量化评估，这又分为立法前评估和立法后评估两种基本类型。

（一）立法前评估

立法前评估是在法律文件出台前，为使编制的立法规划和计划具有科学性和可行性，列入立法规划的项目应当经过评估，对立法的必要性、可行性作出评估，也延伸到立法过程中对条文草案、出台时机、制度措施等内容的评估。立法前评估的鲜明特色是一次性，即评估在特定地方性法规、地方政府规章的出台甚至起草前进行，不按年度反复实施。

2014 年 3 月，全国人大常委会领导提出要"探索法律出台前评估工作"。在此之前，地方人大及其常委会已经开始了立法前评估的探索与实践。2007 年，海南省人大常委会在制定《海南经济特区机动车辆燃油附加费征收管理条例》时，侧重强调评估立法成本，对立法的工作成本、执法成本和社会成本进行评估。青岛市也展开类似的立法前评估。2011年青岛市人大常委会委托青岛理工大学对《青岛市建筑废弃物资源化综合利用管理条例（送审稿）》展开立法前评估。在评估体制上，采取立法机关主导，以行政主管部门为基础，并引入专家评审、社会公众参与的评估程序。其基本步骤是：①市人大常委会法制工作机构根据不同法规类型，有针对性地拟定立法前评估的指标；②行政主管部门根据评估指标，对立法项目进行分析评估，提出评估报告；③科研院校根据市人大常委会的委托，从立法、专业技术等层面，对行政主管部门的评估报告进行专家评审，提出评审意见；④通过网上公开、座谈等方式，征求有关部门及社会公众对立法项目的意见；⑤法制工作机构对评估报告、评审意见以及其他方面的意见进行汇总研究，提出综合评估报告，并向常委会主任会议报告。在评估方法上，青岛市的立法前评估采取了系统评价法、比较分析法、成本效益分析法等多种评估方法。在指标设计上，根据各个拟制定的地方性法规的不同情况，设计不同评估指标。其评估指标包括立法条件、立法成本、执法成本、守法成本、纠纷解决成本、立法效益、法规实施情况预测等板块①。

---

① 参见张桂芹、周怡萍《青岛市启动立法前评估试点》，《中国人大》2011 年第 16 期。

2012 年，天津市、山东省人大吸收起草单位、专家学者和社会公众对拟立法规进行"立法前评估"，以过滤掉不合法、不合适的立法项目。

总体上，立法前评估的强制性特征日渐凸显。立法前评估逐渐成为立法前的必经程序。比如，2014 年浙江省出台《政府立法项目前评估规则》，要求向省政府申报和报送立法计划一类项目的，要开展立法前评估，并提交立法前评估报告；未展开立法前评估的，原则上不列入省政府一类立法计划项目，但省委、省人大常委会、省政府要求立即进行立法的项目除外。在成为必经程序的背景下，立法前评估必将发挥更加重要的作用。

（二） 立法后评估

立法后评估一般指法律法规颁行一段时间后，结合实施取得的成效与存在的问题实施评价，以更好地实施或修改，为相关立法、执法提供借鉴和指导。地方的立法后评估对象包括地方性法规和地方政府规章两大类。

在地方人大及其常委会的地方性法规层面，自 2005 年起，福建、上海、浙江、海南、山西太原、山东青岛等省市人大先后开展了不同形式的立法后评估。在地方政府的地方政府规章层面，2000 年起就有一些省份试点规章实施效果测评。2005 年，上海市人大法制委、法工委将《上海市历史文化风貌区和优秀历史建筑保护条例》作为首次立法后评估的对象，把法规实施的绩效及法规中各项制度设计和程序规定是否需要进一步完善作为评估的主要内容，并确定了执法部门评估、委托相关区人大常委会组织调研、向社会公众开展问卷调查、专题调研、邀请市人大代表参与的评估方法。评估结论认为，该条例的立法目的基本实现，同时存在若干需要重视的问题。2006 年，山东省青岛市在对《青岛市专利保护规定》进行单项法规立法后评估的同时，在全国率先开展了对当地所有现行有效法规的全面评估。发展至今，各地的立法后评估已经开展了多种探索，取得丰硕成果。

广州市人大常委会开展的立法后评估比较有特色。广州市人大常委会于 2012 年出台《广州市人大常委会立法后评估办法》，对立法后评估予以较为全面系统的规范。该办法要求地方性法规施行 5 年内应进行一次评估，评估前制订评估工作方案，成立评估组和专家组，制订符合合法性、合理性、操作性、实效性、协调性、规范性等的评估指标，按百分制量化，确定具体细化的评估指标，制作评分表，通过实地调研、召开座谈会和专家论证会、书面发函等方式，以及通过网站、立法官方微博或者报纸公开征集公众意见，展开民意调查，汇总形成法规实施情况报告，进行集体评议，再量化评分，形成评估报告。广州市人大法制工作委员会根据该办法，委托机构对《广州市大气污染防治规定》等三部地方性法规进行立法后评估。其准备工作步骤包括制订评估计划，制订评估工作方案，确定委托评估单位并签订委托合同，成立评估组和专家组。评估方法包括文献研究法、问卷调查法、座谈访谈法、量化评分法。满分100分，其中合法性评价占15分，合理性评价占25分，操作性评价占25分，实效性评价占25分，协调性评价占5分，规范性评价占5分。最终量化评分的计算公式为：评估分数＝评估组平均分×0.5＋专家组平均分×0.3＋法规实施部门评分×0.2。最终，评估组评分为77.29分，专家组评分为88.78分，法规实施部门评分为97分。对《广州市大气污染防治规定》的立法后评估，按照计分公式计算得出的最终评估分数为84.68分。

另外，2011年青岛市人大常委会的《青岛市人大常委会立法后评估暂行办法》，分别对评估的原则、评估对象、评估主体和组织机构、评估内容、评估程序、评估结果的使用等作出了规定。2013年南京市人大常委会出台《南京市人大常委会立法后评估办法》，办法规定可以引入第三方评估，同时设置了评估的标准及方式方法、程序和评估报告，但并未强调量化技术的应用。

三　对法治政府建设的量化评估

近年来，地方法治政府的量化评估成为中国法治量化评估的一道亮丽风景线。地方法治政府的量化评估，与中央的领导与顶层设计具有密切关系。2004年国务院下发《全面推进依法行政实施纲要》，2009年国务院办公厅《关于推行法治政府建设指标体系的指导意见》出台，对法治政府建设指标体系考评工作的考评主体、考评方法、考评步骤、结果运用等提出要求。该意见还附有"法治政府建设指标体系总体框架"，设置 8 项一级指标、50 项二级指标、187 项三级指标。2010 年《国务院关于加强法治政府建设的意见》也要求，"加强依法行政工作考核，科学设定考核指标并纳入地方各级人民政府目标考核、绩效考核评价体系，将考核结果作为对政府领导班子和领导干部综合考核评价的重要内容"。

中央的政策文件给地方推动法治政府考核、评估以巨大激励，并确定了法治政府评估的基本框架与发展方向。之后，各地关于法治政府建设的量化考评指标大多以此作为蓝本，在其基础上，制订本地的法治政府指标体系。已经提出或正在进行依法行政考核、测评的省、自治区、直辖市人民政府包括北京、天津、内蒙古、辽宁、江苏、广东、福建、湖北、重庆、四川、贵州等地。一些地级市和较大的市政府也提出类似的考核指标。比如，浙江省温州市在 2010 年出台《温州市法治政府建设指标体系（试行）及 2010 年度考核评分标准》。江西省南昌市、陕西省渭南市、贵州省黔西南布依族苗族自治州、江苏省苏州市、广东省惠州市、辽宁省沈阳市、湖北省襄阳市、安徽省马鞍山市、河北省藁城市等也制订了当地的法治政府评估指标体系。在区县级政府层面，四川省成都市金牛区、河北省永年县、江西省玉山县、贵州省普安县、江西省修水县、浙江省温州市鹿城区、青岛市市南区、江苏省苏州市吴中区等也对法治政府指标体系进行了探索。

值得注意的是，在中央提出具体要求之前，一些地方政府对于法治政府指标考核已经开始试点。比如，安徽省宣城市的依法行政考核起步于2007 年。根据《宣城市人民政府关于印发宣城市依法行政考核指标体系的通知》（宣政〔2007〕32 号），该市设置了适用于县市区政府和政府所属部门、直属机构的两套考核指标体系，该考核指标体系采取百分制。由市政府法制办公室具体负责组织实施，考核对象对照指标体系将依法行政工作情况书面报告市法制办公室，考核名次靠前的单位由市政府给予表彰。

在省、自治区、直辖市层面，2010 年，湖北省政府宣布在全省范围施行《湖北省法治政府建设指标体系（试行）》。该指标体系由 8 个大项、35 个中项、160 个小项构成，涵盖了政府职能界定与机构职责配置、制度建设、行政决策、行政执法、行政服务、社会矛盾的防范和化解、行政监督、依法行政能力建设等方面。

上海市以构建"服务政府、责任政府、法治政府"为目标，对政府依法行政的实际运作情况进行评估。为了获知公众对市政府依法行政的感知情况，研究者制订了制度健全度、公众参与度、信息透明度、行为规范度、高效便民度、行为问责度六项测评指标，并由第三方机构对普通市民、企业以及律师进行问卷调查，根据对公众的调查结果对依法行政的状况进行打分①。上海市还建立法治建设满意度综合指数，设置 4 个一级指标、22 个二级指标、52 个三级指标。2013 年上海法治建设满意度综合指数值为 76.7 分，较 2011 年略有提高。

浙江省政府于 2013 年出台《浙江省法治政府建设实施标准》，全面推进依法行政工作。领导小组办公室对照该标准，牵头按年度组织开展法治政府建设考核评价工作。2013 年度的"浙江省法治政府建设专业评估指标及其权重"划分适用于设区市政府、省级部门两大类型，分别设置 8 个一级指标和数十项二级指标，并确定权重和赋值。其实施分为内部评价、专业机构评估和社会满意度测评三部分，分别占总分值的 50%、35% 和 15%。内部评价由领导小组办公室组织有关单位具体实施，专业机构评估由省社科院组织实施，社会满意度测评由领导小组办公室委托有关单位实施。根据考核评价的结果按分值高低排名，开展先进单位评选并给予通报表彰。

广东省以政府规章形式出台一系列规范，包括《广东省依法行政考评办法》《广东省法治政府建设指标体系（试行）》和《广东省政府规章立法后评估规定》等，共设 8 项一级指标、40 项二级指标、108 项三级指标。其考评包括社会评议、内部考核和自评自查三个板块。

---

① 上海市人民政府法制办公室编《上海市依法行政状况白皮书（2004～2009）》，上海人民出版社，2011，第 89 页以下。

四 对司法活动的量化评估

量化考核一直是中国司法机关管理的重要手段。一个值得关注的现象是，量化数据对司法管理有强烈的吸引力，因此被广泛应用。比如，为推进诉讼调解、撤诉，不少地方法院都提出明确的量化比例要求。2009年河南省高院要求全省法院推行马锡五审判方式，民事案件的一审调解率要达到60%~80%。广东省《法治广东建设五年规划（2011~2015年）》也要求，"力争全省法院一审民事案件调解撤诉率达到55%"。

2008年，最高人民法院出台《最高人民法院关于开展案件质量评估工作的指导意见（试行）》，将案件质量分为公正、效率和效果三个方面，并量化为33个指标，赋予其不同的权重，采用专门的数据收集和计算方法，得出案件质量的综合指数。2011年，最高人民法院下发修订后的《关于开展案件质量评估工作的指导意见》，将公众满意度纳入指标体系。2013年6月，最高人民法院印发《人民法院案件质量评估指数编制办法（试行）》。

2010年，四川省高级人民法院出台《关于全省中级法院案件质效评估的实施意见（试行）》，旨在依托信息化建设，科学公正地评价各中级法院的工作成效。省高院对中级法院开展案件质效评估，各中级法院可结合实际开展自行评估及对辖区内基层法院的评估。按其文件表述，评估指标体系分为3个层级，由1个一级指标（案件质效综合指数）、3个二级指标（公正、效率、效果）及25个三级指标组成，涵盖了结案率、上诉率、申诉率、诉讼调解率、信访投诉率等多方面内容。案件质效评估以案件流程管理为基础，省高院利用评估软件从网上提取各中级法院案件数据，自动生成任意时段案件质效评估数据（包括综合数据和各单项数据）。为便于进行案件类型分析，各项指标数据可以追溯。各中级法院可从查询接口查询该院数据。案件质效评估数据将作为对中级法院审判绩效考评的重要依据。

此外，浙江省高级人民法院在全国率先开展司法公开的第三方评估。2013年，浙江高院委托第三方机构对浙江省三级法院（2013年为103家，

2014 年起为 105 家）开展阳光司法指数测评。2013 年的测评涉及审务公开、立案庭审公开、裁判文书公开、执行信息公开、保障机制 5 个方面，2014 年则包括审务公开、立案庭审公开、裁判文书公开、执行信息公开 4 个方面。评估采取观察法院门户网站、实地考察验证、评查案卷及庭审录像、调取法院日常统计数据等方式。长期以来，司法机关的量化评估工作中，第三方评估主体的作用相对有限。比如，案件质效评估中几乎没有第三方的参与，限于司法机关的自说自话而缺乏公信力和影响力。浙江法院的阳光司法评估则取得较大突破，其测评主体为第三方。并且，浙江高院对测评什么、怎么测评、测评结果不作任何干预；在测评中，要求全省各级法院做到"四不"，即不提示通知、不作动员、不提前布置、不告知测评科目，最大限度地保证了指数测评能够客观真实地反映司法公开工作的现状。为确保测评的准确和高效，浙江省高级人民法院还授权第三方测评机构直接从应用系统数据库中获取相关数据和信息，并随机调取案卷档案。

在浙江省启动阳光司法量化评估且经过两年测评之后，其他一些地方的法院也启动类似评估。比如，河北省法院系统于 2014 年出台《河北法院阳光司法指数评估暂行办法》，将立案、庭审、案件执行、听证、裁判文书的公开状况及法院接受监督状况，司法公开工作机制等量化为 7 项一级指标和 27 项二级指标，并明确规定了各项指标的评估权重。

2014 年江苏省宿迁市中级人民法院也发布了"宿迁法院阳光司法指数评估体系"。该体系分为内部评估指数和外部评估指数两部分，其中内部评估指数包括 4 项一级评估指标和 30 项二级评估指标，每项指标均设置了相应的权重。其阳光司法指数还引入外部评估，公开接受当事人和社会公众测评，通过纸质问卷调查和互联网在线调查，由诉讼参与人及社会公众对全市各法院司法公开程度进行量化打分，这包括向诉讼参与人和社会公众开展的共 26 项问卷调查。内部评估每半年进行一次，外部评估每年进行一次。根据各项指标的评估得分与权重，将综合计算出法院的"年度阳光司法指数"，连同评估报告向社会公开发布。

有的地方还开展了针对司法机关的公众满意度测评。2008 年 9 月，江苏省高级人民法院启动了对全省法院的公众满意度调查工作，委托民意调查机构对各级法院司法公正、司法效率、司法公开、司法便民、司法公信力、工作作风、队伍形象、依法服务大局等方面进行调查。自 2010 年起，广东省高级人民法院委托第三方机构对全省 21 个中级法院和 128 个基层法院的各项工作进行群众满意度调查。

山东省淄博市中级人民法院开展了"公信法院"创建活动。这项活动拟采用量化评估方法，以规范司法权运行、提升司法公信力为目标，对法院、法庭、法官进行量化考核。

检察机关也开展了公信力测评的试点。2014 年，宁波市 11 个县（市）区的基层检察院试点全国首个检察院公信力测评。宁波市检察院委托专业的第三方机构，采取打电话、计算机上网、访问等形式展开。测评结合各地情况，从每个县（市）区 18~75 周岁的城乡居民中随机抽取 500~1000 份样本，针对当地检察机关执法办案、队伍建设、检务公开、工作作风等四个方面展开测评。

五　对目前量化法治实践的总体评价

（一）总体成效

对法治进行量化评估是转变拍脑袋决策的根本出路，也是国家治理能力和治理体系现代化的具体体现。近年来，量化法治的实践取得了明显成效。

一是量化评估类型的广泛性与全面性。就测评对象而言，立法机关、行政机关、法院和检察院等司法机关均被纳入法治量化评估的实践中；就级别而言，省级、地市、区县都被纳入法治量化评估范围或开展独立的法治评估。从零开始的法治量化评估，短短数年时间就达到这种广泛性与全面性，其速度可谓空前。

二是第三方参与逐步发挥更大作用。在立法评估上，许多地方均强调根据需要，起草单位可邀请有关高等院校、科研院所等单位参与评估或委托第三方展开立法前评估。浙江省的《政府立法项目前评估规则》明确规定，起草单位根据需要，可邀请有关高等院校、科研院所等单位参与或委托其开展评估工作；在法治政府的评估方面，"开门评估"日渐成为共识，委托第三方实施部分评估的做法已屡见不鲜；在司法评估方面，在一些地方已从第三方的有限参与，发展到第三方独立参与，乃至第三方主导测评的模式。显然，第三方独立主导法治测评，必将成为大势所趋。

（二）暴露的问题

1. 官方主导色彩较浓，第三方评估主体作用待提升

中国已有大量地方法治指数测评表现出强烈的政府主导色彩，政府不仅操刀确定评价指标体系、评价方式方法，甚至亲自动手评价的也不罕见。已有的地方法治指数相关测评大多以上级主导测评、被测评对象自我测评为主，虽然引入部分公众和专家参与，但并未发挥应有作用。即便测评中采取了民意调查，或者其他方式的公众参与，测评结果依然难以取信于民。其测评的中立性无法得到保障，缺陷显而易见。

2. 定性指标占据比例仍然较高，赋值量化不彻底

不少地方的法治指数测评均将"定性与定量"相结合作为重要的测评方式，其中定性评估往往占据重要位置；在测评结果上，各项板块、指数未予赋值的现象也是广泛存在。这在法治政府指标体系的起步阶段表现尤其明显。比如，深圳市的法治政府指标体系起步较早，但殊为可惜的是，该指标体系虽名为"指标"，但并未进行必要的赋值量化。再比如，《沈阳市人民政府关于印发沈阳市法治政府建设指标体系的通知》（沈政发〔2012〕41号），虽然名为"指标体系"，也初步划分了板块，但大量要求为"显著提高""及时""有力"，并未进行数字精确化，也无法进行量化评估考核。

3. 客观性指标仍缺失

客观性指标与主观性指标，在法治测评中应当予以合理配置，客观性指标基于其准确性、科学性具有不可或缺的作用。过于依赖主观性数据，采用满意度测评的方式是一些地方的主要测评方式。这种方式受制于问卷调查中样本选择的科学性、问卷设计的严谨性等因素，往往容易出现失真的情况，难以客观真实地反映法治运行情况。

4. 指标设置及实施的科学性有待进一步提升

通过权重量化赋值的方式，使得测评在外观上表现出一定的客观性，但其科学性仍有较大提升空间。

一是权重赋值本身是否合理，如何赋值，是否征求公众意见，如何展开专家论证，其论证研讨往往并不充分。

二是这种量化本身的客观性受到测评体制的严重削弱。测评的实施往往带有强烈的公权力主导色彩，由第三方主导的测评并未成为主流。即便个别地方委托第三方实施部分测评，也缺乏足够的中立性和独立性，而是由被测评对象如政府、法院主导。以法治政府的测评为例，或者由上级政府法制机构主导，或者由依法治省（市）领导机构主导，再引入不同程度的公众参与、第三方参与。这种第三方参与往往是有限的，甚至是被扭曲的。

三是不同地方的法治指数的设置、实施各自为政，并不统一，导致各地区的法治指数测评结果无法横向比较，并因此受到质疑。比如，昆明法治指数、余杭法治指数虽然最终均对外公布分值，但其分值意义如何，由于测评仅针对孤立的个别地方，不可能进行横向比较，其分值的意义并不大。

5. 测评结果缺乏必要公开公示，应用不够充分

不少地方政府已经较为重视法治量化评估结果的应用，注重强调发挥测评的评价作用、引导作用和督促作用。主要做法包括：对于测评指数排名靠前的政府、部门予以奖励，对于排名靠后或结果在一定限度以下的，则予以督办；在指标中设置上级政府引领的改革方向；通过测评结果摸底下级的机构设置、惯例做法等。但是，与测评本身的兴师动众、轰轰烈烈形成鲜明对比的是，测评结果的外部公开与外部应用方面仍相当薄弱。绝大部分地方的测评结果仅通过新闻媒体公开排名靠前的若干机关，且大部分还是由测评对象以"自我表扬"的方式来公之于众，对于测评结果、测评报告缺乏系统、完整、全面的公开、公示。这里固然有"家丑不可外扬"的传统观念因素起作用，但对于测评结果更为广泛的应用、社会各界的监督作用发挥，都是极大的制约。

六 展望：地方量化法治的关键议题

从域外做法与已有地方做法的经验教训出发，地方量化法治在今后的改进完善，应充分考虑以下方面的议题。

（一）建构第三方为主导的测评体制

评估主体的中立是评估结果客观、公正的最基本前提。从近年实践看，凡是突出第三方的测评，其效果往往都较好；凡是政府、法院主导，乃至关门测评的，其效果就相对较差。今后应突出独立第三方测评机构的作用和地位。具体而言，应由第三方主导测评而非国家机关自我主导，第三方机构应当有独立自主性，不应被上级机关、被测评对象过多干扰，但官方机构可以也应当从提供数据等方面给予必要配合与支持。

（二）提升指标体系的科学性

测评指标科学与否直接关系到测评结果的科学性，除了依法、客观、可操作等因素外，评价指标的科学性还应当具有以下几个特点。

一是测评指标应具有连续性与灵活性。缺乏连续性的测评，年度纵向之间缺乏比较的可能；指标缺乏灵活性，则必然走向僵化，进而流于形式。因此，如何兼顾连续性和灵活性，对指标设计者提出高层次的要求。

二是测评指标应兼顾地方性与普适性。地方量化法治的实践，表现出强烈的地方性创新与突破色彩。其指标体系也呈现出区域化特征，既有省一级的指标体系，也有地市级、区县级的指标体系。地方创新已成为中国法治指数实践的鲜明特色。有理由预期，今后中国的法治量化工作，在相当长时间内仍保持这种地方创新的特征，既要有普适性的指标，更要有凸显地方特色的指标；既要有适用于各个层级政府的一般性指标，也要有适用于地市级、区县级、各个部门机关的指标体系。因此，法治指标体系必然带有多元性、区域性，这也是针对不同测评对象的属性、特征的内在要求。

三是测评指标的设置与修订应兼顾公众意志、公众需求的主观性与法治自身规律的客观性。不能体现公意的测评指标，再完善也不过是空中楼阁，难以得到公众的认可。对法治的测评，需要充分考虑公众的法感情和法需求。因此，闭门造车的指标不能适应社会需求。另外，法治的公平正义、公开透明、平等可预期等要求，也带有普遍性和客观性。以满意度调查来测评法治过于简单粗暴，无法适应胜诉方与败诉方、执行难与顺利执行的精微情感需要。必须意识到，传统社会抽样调查关注的是抽样对象的主观感受，尽管主观感受一定程度上能够反映客观真实性，但任何抽样调查的统计结果都不等于客观真实性。以问卷调查为例，调查样本越具有代表性，满意度的评估越真实；而样本的代表性取决于各类使用者的特点、问卷的选项和问卷对细节要求的程度。此外，法治类的调查相对于其他调查而言，专业性更强，体验性要求更高，对一个未体验过相关法律过程的个体而言，满意与否是一个无法回答的问题。即便是对于一个体验过该过程的个体，其是否满意与相关主体是否依法行事都是不同层面的问题，难以客观量化。对此需要强调的是，地方法治指数在相当长一个时期内，应当考虑根据客观数据（包括官方权威数据，以及课题组自行调研的实证数据），利用客观的方法进行分析，以及有针对性地进行制度实施状况测评，以保障指标的中立性、科学性和客观性。

（三） 测评指标及结果应合理适度公开

在阳光政府、阳光司法、开门立法等背景下，测评指标及结果是保密还是公开，并非不言自明的话题。

一是测评指标是否事前向测评对象公开。如果事先公开测评指标，作为测评对象的国家机关很可能根据指标调整自身做法或者其外观表现，这很可能使测评成为走过场。事实上，不少地方的已有测评正是如此，白白浪费宝贵的人财物资源。如果测评指标从起草到出台均严加保密，那么测评指标的科学性从根源上就难以得到保证，测评结果也难以服众。面对如此两难问题，选择的出路需要智慧。可选措施有：测评指标的事先公开为部分公开，即考虑仅公开一级、二级指标，但三级或更具体指标则秘而不宣；另一种方案是测评前虽然不公开指标，但测评结果出来后，在下一年度（或按其他测评时间段）测评开始前公布上次的测评指标。但这种模式，要求每年测评指标必须更新，应有较大幅度的变动。

二是测评结果是否向社会公示。传统上一些地方政府将法治相关测评作为内部绩效考核的形式之一，因此测评结果也作为政府内部信息而存在，并无公开的必要。但发展至今，测评结果与公众并非无关，公开测评结果的呼声日渐强烈。对于公众而言，测评名次靠前的机关理应提供更规范更优质的公共服务，由此公开测评结果也有强化公众监督的客观效果；对于学术界而言，测评结果及相应报告的公开，更是提供了丰富的研究素材。显然，测评结果的逐步公开，将是大势所趋。

（四）提升量化评估结果的可检验性与可比性

测评指标和测评结果并不是密闭于行政系统内部让行政机关孤芳自赏的，而应向社会各界开放。其开放既有利于提升量化测评的科学性与可信度，也有利于社会各界予以检验、比较。而无论是上级政府评估还是被测评对象自我评估，评估所依据的信息、素材往往是国家机关内部工作的文件、材料。加上测评指标、测评结果缺乏充分公开，社会公众、学术科研机构往往无从检验、比较。

对此，今后地方量化法治的实践中，应当注重指标体系、测评方式、评估结果的公开，提升其可检验性，以及地方之间、年度之间的可对比性。

（五）警惕法治指数的异化

指标设置科学、测评体制顺畅、结果应用有力的"地方法治指数"将成为客观评价法治建设成效与存在问题的标尺，也可起到法治建设抓手的效果。因此，地方法治指数既有评价的客观功能，也有发现问题、不足的监督功能，还有鲜明的引导、预测、修正等建设性功能。

但是，在指数热的同时，也要警惕法治指数的异化。特别是在测评结果经常成为被考评对象负责人与一般工作人员的职务升降、奖励惩处的重要考虑因素的背景下，在指标考评中造假的动机将有增无减。而主导测评的上级国家机关也不希望测评结果过于"难看"以至于"难堪"，特别是在打造阳光政府的背景下测评结果的保密并无正当理由。最终，地方法治指数测评在各方合力之下成为一项新的政绩形象工程，各级政府皆大欢喜而群众并不买账。如此这般，地方法治指数测评必将彻底异化，丧失存在的正当性。

为避免法治指数测评的异化，应考虑从以下的制度、规范建设方面加以预防。

一是测评指标的设置上，应兼顾全面性和重点内容，立足现有制度规范并有适度前瞻。既要避免将各个被测评对象都已经做到的规则作为主要测评指标，又要避免指标陈义过高而"逼良为娼"，促使测评对象靠做假来应付过关。另外，还应妥善设置客观性指标与主观性指标（如满意度、幸福感）的权重分配，避免主观性指标在测评中的走形变样。

二是测评体制上，以第三方独立、客观的测评为主导，避免受到测评对象的干扰。

三是测评指数的应用上，在强调更充分应用其成果改进工作的同时，避免与被测评对象的福利、晋升过度挂钩，克服滥用和误用。

（参见地方法治蓝皮书《中国地方法治发展报告 No.1（2014）》）

第二章　2014 年中国地方法治发展及展望

摘　要：本文梳理了 2014 年全国各地方在人大制度、法治政府、司法改革等方面的改革措施，总结其取得的成效与存在的问题，并就今后地方法治发展的前景和需要注意的问题提出了建议。

中国共产党第十八届中央委员会第三次全体会议通过的《中共中央关于全面深化改革若干重大问题的决定》提出，"推进法治中国建设""必须坚持依法治国、依法执政、依法行政共同推进，坚持法治国家、法治政府、法治社会一体建设"。自此，"依法治国"成为时代的最强音。此后，十八届四中全会通过了《中共中央关于全面推进依法治国若干重大问题的决定》，对依法治国作出了明确部署。

法治中国建设需要顶层设计和中央的统一安排，也应发挥地方的积极性，总结地方探索的经验成果。依法治理非今日之题，近年来，各地在中央统一领导下，已经在积极主动地探索。地方人大工作注重立法的科学性与民主化，落实人大及其常委会的重大事项决定权、监督权等；法治政府建设全面铺开，在大部门制改革、执法体制机制改革、权责清单制度推行、行政审批制度改革、重大行政决策规范、政府信息公开、在线办事等方面均有所涉及，并开始向纵深发展；地方司法改革如火如荼，从阳光司法起步，到司法体制改革、法官职业化与审判权运行机制改革、司法公信力建设、法官员额制改革、人民观审团引入等，覆盖了司法制度运行的各个方面。

地方法治建设已逐步走出"摸着石头过河"的历史阶段，各地在法治框架内纷纷创新法治建设的新机制新做法，区域之间呈现良性竞争态势，使得法治建设的前景更加乐观。

一 发挥人大作用，积极引领法治建设方向

地方人大及其常委会作为地方权力机关，在法治建设中扮演着极为重要的引领角色和监督角色。许多地方人大在立法、监督、代表工作等方面都有创新发展。

（一）立法工作

地方人大在立法方面的创新主要表现为立法程序、立法内容等方面的完善。立法程序是有法律法规制定权的国家机关，在制定、修改、废止法律文件中所遵循的步骤和方法。合理、完善的立法程序，既有利于立法结果充分集中、体现民意，也是提升立法质量的重要保障。

立法程序方面的创新宗旨是优化立法过程，提升立法质量。《中共中央关于全面深化改革若干重大问题的决定》要求，"健全立法起草、论证、协调、审议机制"。不少地方人大及其常委会从立法的各个程序环节着手加以改进和完善。2013 年 6～7 月，广东省人大常委会针对立法的"立项关""公众关""专业关""代表、委员关""评估关"，接连出台《广东省人民代表大会常务委员会立法论证工作规定》《广东省人民代表大会常务委员会立法公开工作规定》《广东省人民代表大会常务委员会立法听证规则》《广东省人民代表大会常务委员会立法咨询专家工作规定》和《广东省人民代表大会常务委员会立法评估工作规定（试行）》等五项规定。在此基础上，广东省人大常委会要求立法草案必须征求在粤全国人大代表、省人大代表、县市人大常委会机关以及有关部门的意见；必须深入调查研究，听取基层人民群众的意见；必须召开论证会，反复论证立法的可行性、可操作性、可执行性；必须开展评估；必须征求 9 个地方立法研究基地和咨询专家的建议；必须在广东人大网立法专网上公开征求意见。在委托立法方面，广东省积极探索委托第三方起草法规草案，设立了

9 个地方立法研究评估与咨询服务基地。2013 年曾将《信访条例》《救灾条例》委托给高校起草，2014 年计划委托第三方起草的草案占地方立法草案的 10% 以上。广东省人大的做法，有利于提升立法的科学性与民主性，对于其他地方不无借鉴意义。

广州市的所有法规草案也都通过多种方式公开征求意见，为提升征求意见的实效性，不仅在市人大常委会的官方门户网站上公布征求意见，还在门户网站上对与群众关系密切的法规草案开展立法民意调查。为提升公开征求意见的互动性和时效性，广州市人大常委会 2012 年率先在腾讯、新浪开设官方微博，将所有立法信息、立法项目通过微博发布、讨论。

对在深化改革过程中迫切需要立法保障的事项，一些地方加快地方立法，填补空白。2013 年 6 月，上海市人大常委会通过《上海市人民代表大会常务委员会关于促进改革创新的决定》，要求本市充分运用现行法律制度及国家政策资源，推进改革创新。广东为规范行政许可监督管理工作，于 2014 年 5 月 29 日公布《广东省行政许可监督管理条例》。针对当地社会组织众多，考虑到加强社会组织建设与规范是深化社会体制改革的重要内容，广东还积极推进《广东省社会组织条例》的立法进程。浙江省人大常委会出台《浙江省社会救助条例》，内容包括传统的最低生活保障、临时救助，以及医疗救助、教育救助、住房救助等专项救助，特困人员供养、自然灾害救助、就业救助等已有救助形态，相比之前全国的统一规范，又推进了一大步。在转变经济发展方式方面，一些地方着力通过地方立法实现当地经济政策、社会政策的法定性和强制性。例如，北京市于 2013 年 12 月 27 日出台《北京市促进中小企业发展条例》，自 2014 年 3 月 1 日起施行。

地方人大的立法权力行使，对于地方大政方针的形成、变更，地方改革的趋势走向具有不可替代的作用。改革开放伊始，地方人大立法往往表现为对已有改革的成果确认，发展至今，在完善国家现代治理体系的背景下，为落实依法改革、依法创新的思路，立法先行已成为地方改革的内在要求。这就需要充分发挥地方人大及其常委会对改革的引领作用、保障作用，并对立法民主化、科学化提出更高层次的需求。

（二）重大事项决定权

讨论、决定本行政区域内重大事项，是宪法和法律赋予县级以上地方人大常委会的重要职权，是人民当家作主管理地方国家事务的根本体现。四川、山东、广西及宁波、海口、广州、厦门等地已经先后出台了人大常委会讨论决定重大事项的地方性法规或专门文件，如四川省人大常委会将需要省人大常委会讨论决定的事项分为必须经人大常委会讨论决定的法定事项和可以经人大常委会讨论决定的裁定事项两种类型，向人大常委会提交相应材料，有关国家机关负责人到会说明并回答询问，讨论后作出决定。但这些规定仍比较笼统，对重大事项的界定过于原则，决定的程序缺乏必要规范。

湖北省宜昌市人大常委会依法行使重大事项决定权，从程序性向实质性迈进，"决定"的内容也由"虚"到"实"，许多"重大行政决策"，如事关民生的菜市场的建设和管理、公共绿地永久性保护、火车东站配套工程的兴建等事项，都由宜昌人大常委会来决定。在其他地方，人大常委会讨论重大事项决定后，往往文件出台就意味着人大作用的结束，重大事项决定权的行使有头无尾。对此，宜昌市人大常委会一方面在其规范性文件中明确要求有关机关应当认真执行人大常委会就重大事项作出的决定，同时还应在规定时限内向市人大常委会报告办理情况；另一方面，宜昌市人大常委会还对重大事项决定的执行情况加强监督，如发现对市人大常委会作出的决定不执行或不办理的，人大常委会有权采取询问、质询等措施。另外值得一提的是，浙江桐庐规定投资5000万元以上的项目必须经人大批准才能立项，项目如果超过预算20%也需要经过人大常委会批准。

上述做法增强了人大的重大事项决定权的可操作性，对于发挥人大作用不无裨益。如果说全国人大常委会的重大事项决定权的行使更多是立足全局、服务全国的话，地方各级人大常委会特别是较低层级的市县人大常委会则带有更多微观、具体的特点，其重大事项决定权的行使应当看得见、摸得着，其利好应能被当地民众感受得到，这也是今后地方人大重大事项决定权的发展方向。对此，有必要厘清地方政府的"重大行政决策"与地方人大的"重大事项决定权"的边界与分工，设置重大事项决定权的合理范围、规范程序，并通过一系列制度规范保障其强制效力。

（三）监督权

人大及其常委会的监督权，是指宪法和法律赋予各级人民代表大会及其常务委员会，对由它产生的国家机关的工作和宪法、法律的实施，进行检查、调查、督促、纠正、处理的权力。人大及其常委会的监督权，与其他监督权相比具有最高的法律效力。落实人大及其常委会的监督权，是发挥各级人大作用的关键所在。对此，一些地方展开积极探索。比如，南京市出台《南京市关于增强人大监督的意见》；之后，为提升人大监督的效果，南京市委办公厅还出台《中共南京市委关于增强人大监督刚性和监督实效的意见》（宁委发〔2014〕2 号）。

浙江省温岭市人大常委会试点对法官、检察官"两官"实施监督的方式，其从 2008 年起对该市法官、检察官开展绩效评估，在国内开启对"两官"绩效评估的探索。到 2014 年，"两官"绩效评估的措施包括：听取被评估"两官"履行职责情况的报告；组织单位同事对被评估对象开展民主测评；采取座谈、走访等形式，向政法委、检察、公安、纪委（监察局）、信访局及部分人大代表、人民陪审员、律师、案件当事人等了解被评估对象的有关情况；组织人大代表、村居干部到各被评估"两官"居住的村居、社区开展明察暗访，了解"两官"八小时外的业余活动情况；抽查、阅看被评估对象近 3 年主办的案卷，旁听被评估对象主办案件的庭审等。根据绩效评估结果，对法官、检察官的履职报告展开讨论并给出意见与建议。之后，被评估的法官、检察官对评估中反映的重点和突出问题，逐条对照检查，研究落实整改措施，及时反馈整改[①]。应当注意的是，对"两官"的绩效评估应以不干预司法正常活动为原则。

人大及其常委会的监督权，具有无可替代的全面性和刚性效力。虽然不是所有层级的人大都有立法权，但各个地方、各个级别的人大及其常委会都享有宪法、法律赋予的监督权。如何用足、用好这种监督权，是发挥

---

① 参见《"两官"绩效评估：人大监督司法的地方创新》，温岭人大官方网站，网址为：http://www.wlrd.gov.cn/article/view/11900.htm，最后访问时间：2014 年 9 月 28 日。

人大作用的关键所在，也是今后人大在法治建设中发挥不可替代的重要作用所在。

（四）法规清理与备案审查

法规清理、备案等活动是确保社会主义法制统一的重要保障，对于确保法律规范的统一实施、避免规范性文件的随意性、克服上下位法不一致甚至相互冲突具有重要意义。

在法规清理方面，许多地方建立日常清理与运动式清理相结合的法规清理机制。2014年3月，广东省出台《广东省人民代表大会常务委员会关于全面清理地方性法规和进一步完善地方性法规案审议程序的决定》，对本省224部地方性法规进行全面清理，对于妨碍改革的条文予以修改、废止，重点审查行政审批制度改革相关的条文。

在备案方面，湖北、北京、上海、云南等地人大常委会出台了规范性文件备案审查的地方性法规或专门规定。广州市人大常委会设立专门备案审查机构，并出台《广州市人民代表大会常务委员会规范性文件备案审查工作规范》（2008年制定、2012年修正），对规范性文件备案的报送范围、备案程序、审查方式、处理程序等作出系统规定。2012年广州市人大常委会出台《广州市人大常委会规范性文件主动审查办法》，对主动审查的机构、范围、方式、程序等作出全面规定。

（五）提升代表履职能力

人大代表是人民代表大会的主体，承担着宪法和法律赋予的重大责任，但在发挥人大功能的实践中，人们更为重视的是人民代表大会、人大常委会的作用，相对忽视人大代表的作用。近年来，一些地方意识到人大及其常委会的组织作用的发挥，端赖于代表个人的能力提升与作用发挥。对此，贵州锦屏等地举行人大代表履职能力培训班，通过对人大代表的培训提升其履职能力。广东等地充实人大代表的职权。例如，广东省率先落实代表法的有关规定，推行人大代表约见政府部门负责人制度。

总体上看，代表的履职能力相对以往已有显著提升，其集中民智、反映民意、为民负责的意识与能力大幅提升，但是，与法律文本的规定以及民众要求相比，代表履职能力仍存在一些差距；与此同时，代表的履职效果，也需要会期制度改革、代表个人作用发挥机制改革等予以配套保障。

二　建设法治政府，规范公权力运行

建设法治政府，是全面落实依法治国基本方略的重要内容，其目标包括政企分开、政事分开，政府与市场、政府与社会的关系理顺，政府权力规范运行等。各地方本着转变政府职能、简政放权、强化权力运行制约监督的指导思想，按照打造法治政府、廉洁政府、阳光政府、服务政府、责任政府的要求，积极开展法治创新探索。

（一）探索大部门制改革，理顺行政管理体制

大部门制是在机构设置中，把多个部门分别承担的相同、类似职能归并由同一个部门行使，有利于精简机构和减少多头管理、职能交叉。一些地方在现有法律和机构设置与编制管理的法律框架内，积极探索大部门制改革。

广东省多年来一直注重推进大部门制改革。在省级，广东省2014年初将省物价局、省外经贸厅撤销，设立商务厅，发展改革委与经信委的部门职能也重新调整。通过机构调整，三大部门共取消49项职责，下放14项职责，强化9项职责，并承接国家部门下放的职责38项。

中国的乡镇基层政府往往"麻雀虽小五脏俱全"，机构设置过多过散的问题长期饱受诟病。2009年3月，广东省委省政府根据中共中央《关于深化行政管理体制改革的意见》精神，出台了《关于深圳等地深化行政管理体制改革先行先试的意见》，明确要求"深圳市和佛山市顺德区要着力全面创新行政管理体制，系统推进各领域的体制改革，在建立职能有机统一的大部门体制改革方面迈出更大步伐"。佛山市顺德区2009年实施的《佛山市顺德区党政机构改革方案》，将原来的41个机构一次性重组为16个，其中政府部门由29个缩减为10个，精简机构近2/3，6个党委

机构全部与相应政府机构合署办公。通过部门同类项合并，顺德区建立起职能有机统一的党政组织架构。

广东省梅州市经过镇级机构改革，仅设置"党政综合办公室"和"社会治理服务中心"两大部门，堪称基层政府的大部制。社会治理中心下设办事大厅，另内设社会事务组、信访维稳组、人口计生组、文教体育组、产权交易组5个组，统筹社会建设和社会治理工作；党政综合办公室则内设党群工作组、经济发展组、农业农村组、规划建设组和机关服务组5个组。按照"对内统筹，对上保留"的原则，不增编制，不加人员。机构改革后，更多乡镇干部从办公室走向基层，下沉到村民小组、群众家户一线，提高了社会治理的能力与效果。

山东省青岛市的机构改革，则注重扩大大部门体制改革领域，计划在城市管理、农业、文化等领域实施大部门体制，市级政府工作部门拟精简至38个，区级政府工作部门精简至22~24个，并探索建立统一市场监管、统一行政审批、综合行政执法等体制机制。

从全国范围看，大部门制改革依然处于起步阶段。就地方的大部门制改革而言，需要处理好以下几层关系。一是处理好地方部门与相应党的机构关系，这在区县、乡镇级政府尤其突出。顺德区的大部门制将党委机构全部与相应政府机构合署办公，是较为激进的做法。二是处理好条块关系。有意推进大部门制改革的地方政府并不少见，但能够有所作为且效果持续的却并不多。其中重要的原因是，地方大部门制的推进受到上级的制约。上级或中央对应部门依然存在，下级政府将其贸然撤销或合并，受到上级对应部门的阻挠可想而知；大部门制实施后，与上级对口的工作开展也存在一定问题。三是处理好实施大部门制之后的内部协调关系。部门变大之后，其内部协调难度有增加之势。从一些地方的实践看，大部门制往往将部门之间的协调配合问题转化为部门之内的协同配合问题，过大的部门尾大不掉，内部相互扯皮成为严重问题。

（二）完善行政执法制度，保障经济社会秩序

《中共中央关于全面深化改革若干重大问题的决定》明确提出，要"深化行政执法体制改革"，并对执法主体的整合、执法程序的完善等问

题提出一系列具体要求。近年来各地的行政执法工作在整体上得到了加强和改善，但仍存在大量破坏经济社会秩序的违法行为未能得到有效治理，运动式、突击式执法仍是不少执法部门惯用的执法方式，执法不作为、乱作为的现象也并非罕见。对此，一些地方开展行政执法的体制机制改革，对这些执法痼疾进行标本兼治。

一是对执法机构进行改革。对执法机构的改革，其着力点一方面是理顺执法体制，克服类似"九龙治水"的弊病；另一方面是通过机构改革将执法力量下沉，摆脱"办公室执法"的悖论。上海浦东新区在这方面进行了创新探索。上海浦东新区于 2013 年底、2014 年初积极探索"三合一"综合执法，成立市场监督管理局，将工商、质检、食药监三个局的职能合而为一。在机构改革的基础上，浦东新区将市场执法力量下沉。市场监管局内设机构由原来的 29 个减少至 17 个，精简了 41.4%，机关编制从 264 名减少至 198 名，精简了 25%。改革后，全局 80% 以上的人员下沉到基层，在一线从事行政执法工作。同时，对应浦东 36 个街镇和几大开发区，市场监管局着力形成"36+x"的市场监管格局。所谓"36"，就是与浦东所有街镇一一对应，设置 36 个市场监管所，"x"就是与相关开发区体制相衔接，在重点区域设置重要派出机构，有效保障重点区域的市场安全，为经济社会发展营造良好的市场环境。浦东市场监管局还搭建统一的业务信息平台进行统一信息整合，采取"合并同类项"的方式，避免重复上门检查的情况发生。以往分段式的监管模式，难免出现空白、交叉、重叠，"三合一"的市场监督管理模式，克服了多头执法的弊病，也有效地避免了多个执法机关带来的重叠、漏洞问题。

与上海市场监管的体制机制统一化形成鲜明对比的是深圳模式。深圳市早在 2009 年就进行大部门制改革，2014 年组建市场和质量监管委员会更是令人瞩目。该委员会下设市场监督管理局（市质量管理局、市知识产权局）和食品药品监督管理局，分别负责市场和质量、食品药品等领域的日常监管工作。通过这次机构整合，市场监管职能涵盖工商、质监、知识产权、食药品监管等四大块 20 多个类别。该市场和质量监管委员会将市场监管、食药品监管下属多个执法机构整合为一支综合执法队伍，并调整市场监管、食药品监管辖区分局，改革后执法机构及辖区分局减少了 7

个，市场监管实行市以下垂直管理，按辖区、街道分别组建市市场监管局分局、市食药品监管局分局以及市市场监管所、市食药品监管所。两个分局、两个监管所实行合署办公，主要负责辖区内日常监管、信息采集及查处一般案件等职责，不再保留市场监管局和药监局辖区分局以及市场监管局分局监管所。深圳改革的目标是建立起"市、区、街"食药品三级监管网络，执法监管人员由改革前的110多名增加到2500多名，机构配置及执法力量大大加强。由此，可调动更多的资源投入事中、事后监管，推进监管重心下移，减少监管"盲区"，让市场监管"有形之手"更有效。

北京市为解决局部地区流动人口比例倒挂、案件高发、秩序混乱等治安问题突出的乱象，于2014年9月建立13个市局直属派出所，其所长由属地派出所政委兼任，警力由市局统一调配，主要由人口、治安、巡警、消防、交管部门以及该地区现有的驻区民警、市局党校学员3部分构成。除建立市局直属派出所外，北京市公安局还建立35个分局直属中心警务站，全面加强治安、消防、交通等秩序整治。

西安市莲湖区政府凸显服务理念，建立起城管标准化执法和服务工作模式。在组织架构上，莲湖区设置指挥中心、案审中心、执行中心、服务中心、队伍管理中心、效能监察中心作为工作平台，创新了城管执法的方法。在执法流程上，莲湖区城管执法实行检查权、调查权、决定权和执行权"四权分立"，由指挥中心、案件承办单位、案审中心、执行中心按程序分别行使，在执法中集中受理、统一派单、限时办结、单轨执行、及时反馈这种闭环工作程序，保证了执法工作各个环节高效运转、相互衔接、相互制约、相互监督。在服务方面，建立城管服务大厅，为群众提供"一厅式"综合服务，并设计了行政指导工作流程、多元参与工作流程、审查备案工作流程、便民疏导工作流程、慈善救助工作流程五大服务流程。此外莲湖区还制定《莲湖区城管标准化执法和服务模式运行规则》，将案件审核标准、立案标准、行政处罚自由裁量细化标准、执法案件结案标准、行政处罚减免标准等全部纳入，促进执法与服务的标准化。

二是规范行政裁量权，克服执法随意性。行政裁量权是法律法规赋予行政机关在一定的幅度和范围内所享有的选择余地的权力。规范行政裁量权，是政府、社会各界共同关注的议题。一些地方积极制定规范裁量权的地方性法规、地方政府规章。对裁量权行使的规范起于行政处罚领域，典型如 2011 年广东省政府出台的《广东省规范行政处罚自由裁量权规定》。山东、吉林、青海、甘肃、江西、重庆等省、直辖市人民政府也先后出台类似的规范处罚裁量权的地方政府规章。

发展至今，对裁量权的规范已扩展到行政执法的各个领域。四川省政府出台的《四川省规范行政执法裁量权规定》（2014 年四川省政府令第278 号），是全国首部专门规范各种行政执法裁量权的政府规章。根据该规定，除关系国家安全和生态安全、涉及重大生产力布局、战略性资源开发和重大公共利益等项目外，不再对企业投资项目设定许可；对实行核准制的企业投资项目，也不再审查市场前景、经济效益、资金来源、产品技术方案等应由企业自主决策的内容；除跨市（州）、跨重点流域或者需要省统筹平衡资源等条件，以及国家明确规定由省级人民政府或者省级投资主管部门等管理的项目外，项目许可权限一律下放至市（州）或县（市、区）；法律法规没有明确规定必须在项目核准之前办理的许可事项，一律不作为核准前置条件等。

三是行政执法结果的公开，特别是行政处罚结果的公开。法院司法判决的全面公开上网，对于行政机关具有极大促进作用。国务院也多次发文要求公开执法结果信息。一些地方陆续将行政审批决定、行政处罚决定、行政复议决定等行政法律文书公开上网。虽然《行政处罚法》将公开作为基本原则，但在多年实践中处罚结果的公开仅针对被处罚人及相关人员，对一般社会公众则秘而不宣。这使得通过行政处罚对违法行为人的谴责、制裁不能及时向社会转达，行政处罚的威慑力、社会的否定评价、舆论的谴责效应无法得到充分发挥。近年来，一些地方政府在打造"阳光政府"的背景下，积极探索行政处罚结果的公开。比如，浙江省苍南县人力资源和社会保障局将处罚结果按年度公开上网，公开项目包括处罚文号、违法行为种类、立案时间、被处罚的当事人、案情简介、处罚依据、自由裁量情形、处罚结果等要素①。在内容上，当事人的姓名并不隐去，

---

① 参见《2013 年行政处罚结果网上公开表（1）》，苍南县人力资源和社会保障局政务信息网，网址为：http：//news. cnhrss. gov. cn/Content. aspx？id＝37，最近访问于 2014 年 9 月 24 日。

时间上按照年度予以公开。

浙江省临海市安监局在其安监门户网站公开行政处罚结果。在公开时间上，网上公开原则上实行一季度一公开，每个季度最后一个月底前进行公布；在处罚结果的选择上，仅公开已经生效并超过法定行政复议和行政诉讼时限的行政处罚决定。

浙江省温岭市在"阳光工程网"设立"行政处罚结果"子栏目，实现处罚结果全面公开，并通过网上巡查机制督促职能单位公开信息。当地要求处罚事项较多的单位每月公布一次处罚信息，但考虑到保护当事人隐私，对处罚当事人的姓名、单位名称用"陈某某""某某公司"等予以隐名处理①。

处罚结果信息的公开，较为规范、及时、完整的典型是浙江省余姚市。余姚市将行政处罚结果本身视为政府信息，自决定书送达之日起20个工作日内将处罚决定书全文或摘要予以公开；将生效处罚决定本身采取电子文本形式上网公开，要求标题按照"对+当事人姓名或名称+违法行为+的行政处罚决定"表述②。

四是行政执法的实时监察，预防惩治腐败行为。比如，广州市探索"制度+科技+文化"预防惩治腐败的新模式，市监察局健全完善电子监察系统，推进反腐倡廉智能化建设，对行政审批、行政处罚等行为展开实时在线监察，覆盖了市直执法单位80%以上的执法事项和90%以上的执法案件③，并逐步推向所有具有行政审批权、行政执法权的行政单位，且下沉到区一级。海南省两级政务服务中心从建立伊始，就高度重视电子监察系统的建设。

2010年，海南省政务中心印发《海南省、市县两级政务服务中心行政许可审批及电子监察系统统一平台建设指导意见》，建立由视频监控、

---

① 参见温岭市人民政府《关于开展行政处罚结果网上公开工作的通知》，温岭阳光工程，网址为：http://yg.wl.gov.cn/a/tashanzhishi/20120918/1199.html，最近访问于2014年9月24日。

② 参见《余姚市行政处罚结果网上公开工作实施方案》，余姚市政府官方网站，网址为：http://www.yy.gov.cn/art/2014/6/11/art_51070_341.html，最近访问于2014年9月24日。

③ 汤南：《用电子监察系统监管"三公经费"》，《广州日报》2014年1月23日，第A4版。

招投标网络系统和行政审批网络系统构成的电子监察信息平台。2014年电子监察系统作为政务服务平台的一部分上线运行。该电子监察系统的特色体现为：一是以技术实现标准化，结合政务业务、服务标准化全面整合监察业务和数据标准；二是监察对象的全面性，除一般政府部门外，还将垂直部门内部业务系统纳入电子监察系统；三是监察数据的及时更新，通过与电子政务公共云平台相结合，在技术上全面解决监察数据来源难的问题，实现了电子监察系统与各机构业务系统之间的即时数据自动获取与上报；四是监察的全程性，通过电子监察系统和相关监督手段，实现了对审批工作事前、事中、事后及招投标工作的全流程监督。

（三）摸清家底，推行行政职权清单制度

《中共中央关于全面深化改革若干重大问题的决定》明确要求"推行地方各级政府及其工作部门权力清单制度"，地方政府纷纷响应。

2014年福建、河北、山东、浙江等地方政府先后出台推行权力清单制度的专门文件或实施方案，其中值得注意的是广州市的行政职权目录制度。广州市政府网站设置了"广州市规范行政权力公开运行"专栏（http：//qlqd.gz.gov.cn/），其本级行政职权事项分为行政审批职权目录、行政处罚职权目录、行政强制职权目录、行政征收职权目录、行政裁决职权目录、行政给付职权目录、行政检查职权目录、其他行政职权目录八大类型，另有各个部门的行政职权事项目录，并设有检索功能。截至2014年4月，广州市完成全部市本级行政权力清单共4972项内容的公开发布，其中，行政审批权386项、行政处罚权3138项、行政强制权123项、行政检查权310项、行政征收权76项、行政给付权49项、行政裁决权9项、其他行政权力881项[①]。广州市还同时建立起行政职权动态清理机制，确保职权目录的时效性、权威性和准确性。2014年5月，四川省行政权力依法规范公开运行平台实现省、市、县三级互联互通，三级政府近80万项行政权力事项及权力依据、自由裁量权等事项要素向社会公开。

---

① 参见《将规范行政权力公开运行工作引向深入 广州完成市本级行政权力清单4972项》，《南方日报》2014年6月26日，第GC04版。

2014 年底前，四川省拟实现省、市、县三级全部行政权力事项网上办理、实时监控、全程监督、预警纠错和效能评估。

权力清单制度的制定实施，对政府职权进行清理和履职分析，有利于摸清家底，进而科学配置行政权力，依法公开权力清单和权力运行流程，推进行政权力公开规范运行，进而构建权界清晰、分工合理、权责一致、运转高效、法治保障的政府职能体系。

（四）深化行政审批制度改革，最大限度释放改革红利

行政审批是指行政机关根据自然人、法人或者其他组织提出的申请，经过依法审查，采取批准、同意、确认、核准、登记等方式，准予其从事特定活动、认可其资格资质、确认特定权利能力和行为能力的行为。以往，政府一度把该管不该管的都管了起来，无论是否该管、是否能管好，都先管起来再说。更严重的是，不少政府部门有利益则管，没有好处的则该管的也不管。这说明，政府与市场、政府与社会的关系需要厘清。在这种背景下，广东、山东等地积极推动行政审批制度改革，清理精简审批事项、优化审批流程，呈现你追我赶的区域间良性竞争之势。带有典型意义的改革包括以下内容。

一是清理精简审批事项。山东省在 2013 年提出，本届政府任期内省级行政审批事项削减 1/3 以上，力争成为全国审批事项最少的省份，其下放的投资事项涉及电力、公路、水运、民航和城建项目等领域。2013 年 9 月，青岛市政府宣布市级行政审批事项仅保留 272 项，在全国同类城市中青岛市审批事项最少。山东省济南市宣布行政许可事项精简合并后只剩余 173 项，在全国 15 个副省级城市中数量最少。

二是行政审批事项的目录化管理。目录化管理是将特定领域的全部事项纳入目录进行统一管理，在信息化的背景下还强调每个事项应当编码，确立唯一身份，并纳入目录管理系统中管理。行政审批实施目录化管理，便于明确政府职权，目录的公开有利于社会监督、规范行政审批行为。甘肃省、海南省、上海市、山东省东营市等地先后出台行政审批目录化管理的地方规章或专门文件。比如，2012 年 11 月，广东省政府公布《广东省行政审批事项目录管理办法》。广东省东莞市于 2014 年通过《东莞市行政审批

事项目录管理办法》，将市政府保留的行政审批事项及省以下垂直管理部门的行政审批事项纳入目录进行统一管理。行政审批的实施、监督和公开等将以目录为依据，未纳入目录的行政审批事项不得实施，纳入目录的行政审批事项，应当由法律、法规、规章或者国务院决定设定，其他规范性文件不得设定行政审批事项。东莞市还明确，法律、法规或者规章仅作出原则性管理要求，未设定行政审批事项的，不得设定行政审批事项；不得以备案事项、服务事项或者其他事项的名义变相设定或者实施行政审批事项。

三是行政审批的流程优化。优化审批流程是许多地方审批制度改革的共同选择。具有代表性的包括广州市、贵州省等地。

广州市对建设工程项目优化审批流程。2014 年市政务办编制出台《广州市建设工程项目联合审批办事指引》，涵盖了建设工程项目审批流程共 153 项事项，调整了部分事项的前后置关系，将适合联合审批的事项纳入并联审批。比如，立项环节"企业投资类"中的"储备类用地"方面，涉及市发展改革委、市环保局的"建设项目立项备案""环境影响评价初步意见"以及"项目招标方案核准"三大事项被划分为"可并行办理的事项"。相比之前的"串联审批"，增加了大量"并联审批"，从立项到施工需要 150～200 个工作日，节约 70% 左右的时间，实现了建设工程项目全流程大提速。

贵州省政府办公厅在《省政府各部门行政审批项目清单》发布后即组织省直 40 个具有行政审批职能的部门，对保留的 480 项行政审批项目（其中，省级行政审批项目 363 项，省级初审和国家委托项目 117 项）的网上行政审批流程进行优化调整。2014 年 7 月底，审批流程优化工作结束。网上审批时限平均压缩 29.4%，共减少 4606 个工作日；网上审批环节平均缩减 9.7%，共减少 510 个申请材料①。

从未来趋势看，地方应当在中央统一领导和部署下，继续清理审批事项，让"非许可审批"彻底退出历史舞台，将以"事前备案""注册"等名义的变相审批予以清理并固化改革成果；将真正有必要存在的审批事

---

① 参见《省级网上行政审批流程优化》，贵阳网，网址为：http://www.gywb.cn/content/2014-08/07/content_1234250.htm，最近访问于 2014 年 10 月 16 日。

项管好管到位，不断优化审批流程并完善事中、事后监管。

（五）规范重大行政决策，实现政府决策科学化

重大行政决策是指由政府依照法定职权对关系本行政区域经济社会发展全局，社会涉及面广，与公民、法人和其他组织利益密切相关的重大事项所作出的决定。重大行政决策具有基础性、战略性、全局性、社会涉及面广、与公众利益密切相关等特点，建立健全科学决策、民主决策、依法决策、公开决策的制度机制，已成为法学界和实务界的共识。重大行政决策的规范，是地方法治政府推进的重点内容。全国已有江西省、青海省、重庆市、天津市、昆明市、深圳市等地方出台了专门规范行政决策的地方政府规章 30 余部，相关规范性文件多达数百部，其中一些地方更是出台数部规章和多部规范性文件，内容涉及重大决策的量化标准、听证、合法性审查、公示、公众参与、审议决定等程序环节，以及监督执行、责任追究等内容。

2013 年广州市出台《广州市重大民生决策公众意见征询委员会制度（试行）》，探索重大决策公众参与的公众意见咨询委员会等第三方民意机构的形态，将公众参与的关口前移，确保利益相关方均能参与决策，增强参与决策的约束力①。

近年来，在全国各地由于大型项目审批等重大决策，带来的社会抗议和群体事件的上升态势得到遏制，但各地仍时有发生。这表明，重大行政决策的形式合法性、实质正当性的提升，并非制度健全即可一蹴而就，而是需要决策机关树立起以人为本、环保优先的观念，将事前公众参与真正作为决策程序的必要组成部分，从消极被动式的公众参与，转变为积极主动地与民众沟通。

（六）在线办事，打造高效便民政府

随着网络的日渐普及，在线办事成为政府机关推行高效便民、建设服

---

① 参见中国社会科学院法学研究所法治指数创新工程项目组《广东公众参与重大行政决策的探索与实践》，周方冶执笔，载《中国法治发展报告 No. 12（2014）》，社会科学文献出版社，2014。

务型政府的重要内容。

2014 年 7 月，海南省政府服务平台对外办公试运行，该平台依托海南省政务服务中心网站，涵盖行政服务中心网站、网上审批大厅系统、行政审批系统、电子监察系统、政务服务云管理平台、政务信息资源共享库等子系统。各种政务信息通过平台统一发布，提供一站式、全天候在线交互服务。在功能上，该平台集中网上注册、登记、业务申报、申办事项追踪、申办结果查询等功能，提供申办材料下载、申办流程预先告知等功能，申办条件明确，收费标准公开；同时还提供各项审批结果和反馈意见查询，为各级领导提供有效的辅助决策服务。

广西、广州、大连等地还开展行政复议网上申请办理的试点。广州市 2013 年初正式投入使用的广州行政复议网上立案系统，通过与公安局、科信局和工商局等部门共享查验身份数据，申请人可以非常方便地在网上申请行政复议。但值得注意的是，网上立案系统启动一年来共受理案件 32 件，仅占全部受理案件的 3.2%①。虽然网上办理在技术上成熟，但多数民众仍倾向于选择复议窗口申请立案。

在线办事具有减轻相对人和政府机关工作量的双赢效果，是今后发展的重要方向。在线办事向纵深发展，还依赖于以下因素。一是依法确认电子签名、电子批件、电子罚单的承认及其效力。目前的在线办事，多数地方还停留在预审阶段，最后当事人仍需要提交原件到行政机关审核确认，在线办事的优势并没有充分发挥。对此，需要在环节上乃至结果上逐步承认电子形态的合法性和效力，这需要法律法规的保障配合。二是部门之间的协同。对于一个部门已经对照原件审核无误的电子文档、证据，其他部门应当直接采纳该电子件，这种部门间的协同、相互认可对于在线办事将有重要推动效果。三是政府、社会各界对在线办事的逐步认同。广州在线复议申请受理系统的低使用率表明，在线办事并非建好系统就算完事，需要社会各界的认同、信任，才能发挥其效用。

（七）法务前置，提升全社会法治氛围

法务前置是指政府在决定作出前、对外经济活动中和其他事务中，进

---

① 参见徐一斐《去年广州行政复议三千余宗》，《广州日报》2014 年 2 月 25 日，第 A16 版。

行法律审查，或者由法律专业人士审核把关的机制。法务前置机制的设置与实施，不仅在行政系统内部提升政府活动的守法意识和能力，而且为社会公众、企业提供有针对性的法律服务。比如，湖北省罗田县实施"法务前沿工程"，以村居自治组织为依托，整合司法所干警、村居干部、社会志愿者和其他社会组织，融法制教育、人民调解、社区矫正、帮教安置、法律维权等多项工作为一体，将司法服务职能下移到村居一层，帮助村民解决所遇到的法律问题。河南省孟津县司法局针对当地一些企业债务纠纷多、资金链断裂等情况，为企业实施法律体检，提供全方位法律服务，帮助企业规避风险、良性发展。惠州市的"法制副主任"做法，是鼓励基层村居在自主自愿的前提下，各个村居委员会聘请法制宣传志愿者为副主任。法制副主任突出专业性、公益性、社会性、规范性和荣誉性，为村居委和群众提供免费的法律服务，不干预村务决策，不干涉村日常事务，着力于开展法制宣传、解决基层法律问题、推动基层依法治理。

浙江省杭州市余杭区自2011年创设"法务前置"工程，出台《关于开展"法务前置"工作的实施意见（试行）》。余杭法务前置的主要内容是：通过事前的普法活动，普及法治理念与法律规则；通过对决策及重大决定的合法性审查做到法务事前把关，做到依法决策、依法办事；在基层自治管理中，通过一村一顾问等机制，服务于自治管理和村民的各种民商事活动。

从法务前置的宗旨效果看，一方面致力于将国家管理、社会治理纳入法治框架之内，实现对公权力运行的有序规范与公正行使；另一方面着力提升社会公众的法治素养，让法治的触角延伸到千家万户，融入人们生产生活的各个环节，推动法治国家、法治政府和法治社会的有机融合。

（八）社会保障法治化，编制全面刚性的社会安全网

经济发展需要社会建设相配套并提供支持，而社会发展的重要性，已经为世界许多国家意识到。缺乏社会根基的经济建设，其健康发展难以得到保障，难免成为无根之木、无源之水，社会问题高发最终会拖住经济发展的后腿。

社会建设需要法律法规来支撑。一是通过社会救助制度建设，保障底线公平。对因遭受自然灾害、失去劳动能力或其他原因陷入生活困境的社

会成员实施社会救助，维持其最低的基本生活水准，发挥社会保障制度最后一道防护线的作用。四川省广元市委办公室、广元市人民政府办公室于2013 年印发《关于整合社会救助资源、完善社会救助体系的意见》，积极建设新型城乡社会救助体系。其做法主要包括：整合救助政策项目，实施重特大疾病医疗救助制度、教育救助制度、住房救助制度、法律援助暨司法救助制度、老党员和困难党员以及特困离退休干部救助制度、灾害救助制度、贫困残疾人救助制度、困难职工帮扶救助制度、殡葬救助制度、临时生活救助制度等十大专项救助制度；建立健全县、乡、村三级救助平台，建立社会救助服务大厅，设置便民服务窗口，实行"一站式"服务；完善救助运行机制。建立救助部门、救助政策和救助资金统一纳入社会救助管理服务中心管理的资源整合模式，实行"一窗式"受理，"一个口子上下"的社会救助运行机制，避免多头申报、多头审查、救助重复或遗漏。从全国范围看，采取类似措施整合社会救助资源、完善社会救助体系的地方还有浙江省余姚市、江苏省南京市、江西省南昌市等。

二是积极保障老人福利，推进老人福利服务的法治化。以老年人为特殊对象的社会福利项目，是指国家和社会为发扬敬老爱老美德、安定老年人生活、维护老年人健康、充实老年人精神文化生活，而采取的政策措施和提供的设施和服务。随着老龄化的加剧和老龄社会的日益临近，尊老敬老仅靠道德倡导是不能保障的，亟须通过制度建设提供刚性保障。湖北省、吉林省、陕西省、广东省出台了优待老年人或提供优待老年人服务的专门规章。2014 年出台的《广东省老年人优待办法》规定，老年人凭居民身份证或者其他有效证件进入政府投资主办或者控股的公园、风景区、文化宫、博物馆、美术馆、科技馆、纪念馆、图书馆、文化馆（站）、影剧院、展览馆、体育场馆等，享受免费待遇或者优惠待遇；城市公共交通、公路、铁路、水路和航空客运应当给予老年人优先购票、进出站、检票等服务，有条件的交通工具应当设置老年人专座，并设置了为老人提供其他优待服务的一些强制性或倡导性规定。

三是发挥慈善事业的补充作用，为民众提供更坚实的保障。近年来，中国社会保障制度取得了突飞猛进的发展，但与理想状态的制度体系依然有一定差距。在这种情况下，慈善保障的补充作用不可或缺。

江西省南昌市连续多年开展"慈善一日捐"活动，倡议全市各级机关事业单位、企业（含民营企业）和驻昌单位的干部职工每人捐出一天工资，机关事业单位捐出节约的一天开支、企业捐出一天利润，用于南昌地区助贫、助学、助医、助老、助孤、助残和送温暖活动等慈善救助项目。开展类似"慈善一日捐"活动的地区还有山东省青岛市、福建省福州市、湖北省十堰市等，且在越来越多的地方开展。"慈善一日捐"活动对于提升全社会的慈善意识、营造良好的慈善氛围，起到重要的推动作用。但需要警惕的是，一些地方的"慈善一日捐"活动带有一定的官方和强制色彩，在一定程度上扭曲了慈善的自愿性和民间性属性。

广州市的慈善医疗发挥了补充医疗保障的作用。黄埔区、番禺区举办"慈善医疗进社区"活动，为1500多名市民提供健康咨询和义诊服务，向困难群众免费发放3000多份非处方药品；在花都区梯面镇举办慈善医疗"送医送药下乡"义诊赠药活动，为1000名困难群众免费赠送价值5万元的非处方药品；与中华慈善总会合作开展赠药项目，2013年向7个省4629名患重大疾病的生活困难患者发放价值8480多万元的药品①。慈善医疗活动的开展，既提升了贫困人口的健康水平和医疗质量，对于因病致贫、因病返贫也具有一定遏制效果，弥补了现行医疗救助、基本医疗保险制度存在的缺漏。

（九）改革行政复议，监督公权力依法行使

行政复议是指行政相对人（公民、法人和其他组织）不服行政主体的具体行政行为，依法向行政复议机关提出申请，请求重新审查并纠正原具体行政行为，行政复议机关据此对其是否合法、适当进行审查并作出决定的法律制度。行政复议是行政自我监督的重要方式，也是公众获得外部救济的重要途径。随着中国经济社会格局的复杂化，加上民众权利意识的勃兴，各类行政纠纷呈现多发趋势。一方面是总量快速增长，居高不下且持续激增；另一方面是种类多样化，新类型纠纷层出不穷，群体性纠纷凸

---

① 参见广州市慈善会《努力打造广州地区最大、最具公信力的慈善组织，发挥慈善事业在扶贫济困中的积极作用》，《广州日报》2014年3月23日，第B7版。

显。由此，改革复议制度，使之成为行政纠纷解决的主渠道，成为许多地方不约而同的选择。

山东省济宁市政府自 2011 年挂牌成立行政复议委员会，集中市公安局、市工商局等 51 个市级部门的行政复议职权，对复议案件实行集中受理、集中审理、集中决定。行政复议委员会内设案件审理委员会和监督委员会两个机构，分别负责案件的审理和监督工作，实施"专家审案、集体合议、委员票决、现场监督"的审理方式。

广州市法制办下发《广州市开展行政复议决定网上公开试点工作方案》，在 11 个市政府工作部门、5 个区（县级市）政府开展行政复议决定网上公开试点工作，自 2013 年 12 月 20 日起启动市政府本级行政复议决定网上公开工作。

2009 年 7 月，中山市成立行政复议委员会，定位为复议工作的议决机构，负责市政府及市属部门行政复议案件的处理（包括收案、受理、核查、听证、审理、决定、送达及转送等），并对市政府复议工作中的疑难问题展开研究。中山市实施复议委员会试点之后，行政复议案件的数量逐年上升。2010 年前 4 个月行政复议受案数同比增长近三倍，超过同级法院 20%，同期信访案件下降 10%。2013 年上半年，中山市法制局共收到复议案件 206 件，同比增长 10%，上半年的行政复议综合纠错率达 34.9%。

行政复议制度的生命力来自两个方面。一方面是该制度在实施中发挥层级监督、化解纠纷的实际作用，另一方面是社会各界对该制度的认同程度。两者可谓复议制度生命力"一体"之两面，互为表里。各地行政复议已有的成功经验和改革做法，势必将对《行政复议法》的修改和复议制度的完善提供宝贵实践资源。在充分发挥行政复议作用的方向引领下，中国行政纠纷解决应彻底扭转"大信访、中诉讼、小复议"的传统格局，逐步形成"大复议、小信访、中诉讼"的新型格局。复议、诉讼、信访的关系应当是：行政复议构成化解行政争议的第一道正式防线，行政诉讼构成法律框架内化解行政争议的最后一道防线，信访则只作为非正式的解决途径而补充存在。行政复议案件数量应当数倍于甚至数十倍于行政诉讼案件量。在行政复议、行政诉讼都无法解决的情况下，或无法纳入的少量争议，方通过信访或其他途径（如通过人大代表申诉等）来化解。

三　试点司法改革，保障公民权利实现

司法体制是国家政治体制的重要组成部分，深化司法体制改革是全面深化改革的重点之一。2014 年 6 月，中央全面深化改革领导小组第三次会议审议通过《关于司法体制改革试点若干问题的框架意见》《上海市司法改革试点工作方案》和《关于设立知识产权法院的方案》，要求实施司法人员分类管理、完善司法责任制、健全司法人员职业保障、推动省以下地方法院检察院人财物统一管理、设立知识产权法院等。2014 年 7 月，最高人民法院发布《人民法院第四个五年改革纲要（2014～2018）》，针对现行审判权运行的物质制约、机制缺失、体制保障等方面的问题，提出一系列重要的改革举措。

伴随着中央顶层设计的出台和细化，一些地方法院、检察院开风气之先，展开一系列司法改革，丰富和充实了中央设计的理念、宗旨，并提供了供其他地方借鉴移植的模板样本。

（一）阳光司法

阳光司法是实现司法正义的基础，司法公正应当是看得见的公正；与此同时，阳光司法也是司法改革的关键突破口，是司法改革的重要抓手。广义的阳光司法，包括法院公开、检务公开以及公安的侦查公开等。不少地方法院、检察院依托现代信息技术，全过程、全范围推进司法公开，维护当事人及其代理人的诉讼权益，保障社会各界的知情权和监督权。

2013 年 11 月，最高人民法院出台《关于推进司法公开三大平台建设的若干意见》（法发〔2013〕13 号），要求依托现代信息技术，打造阳光司法工程，全面推进审判流程公开、裁判文书公开、执行信息公开三大平台建设。该文件的出台，使得全国各地法院的司法公开由表及里、由点到面，开始向纵深发展。

2013 年 10 月，最高人民检察院出台《深化检务公开制度改革试点工作方案》，在北京、黑龙江、上海、河南、四川、甘肃六省（市）共 71 个检察院部署深化检务公开改革试点工作。

1. 法院司法公开

法院的司法公开，是向社会公开法院基本信息、司法程序及其运行结果、相关统计数据（法律规定的不公开情形除外）的举措，具体包括审判流程公开、裁判文书公开和执行信息公开等内容。法院司法公开的推行，在宏观上有利于提升司法的公正性与公信力，在微观上是保障当事人、社会公众的司法知情权、参与权、监督权的基础。

浙江省司法公开一直走在全国前列。2013 年起浙江省高院率先引入独立第三方测评，使得司法公开工作"更上一层楼"。2014 年 7 月 7 日，浙江法院公开网（http：//www.zjsfgkw.cn/）正式上线运行。该网站系省、市、县三级法院一体化公开、一站式服务的司法公开网站，立足打造阳光透明、便捷高效的网上司法社区。该网站界面简洁友好，通过互联网和公有云技术的使用，浙江法院公开网集预约立案、公告送达、庭审调解、案件听证等功能于一体。当事人及其代理人可通过电脑、智能手机等设备，远程参与诉讼，过程信息全程同步录音录像，实现案件审理的实时互动和审判流程的即时公开。

在浙江省启动阳光司法量化评估且经过两年测评之后，其他一些地方的法院也启动类似评估。比如，河北省法院系统于 2014 年出台《河北法院阳光司法指数评估暂行办法》，将立案、庭审、案件执行、听证、裁判文书的公开状况及法院接受监督状况、司法公开工作机制等量化为 7 项一级指标和 27 项二级指标，并明确规定了各项指标的评估权重。

四川全省三级法院已建成"执行服务窗口、触摸屏自助查询系统、执行公开网站、执行进展短信推送系统、执行财产公开拍卖"五大执行公开平台。当事人在案件执行过程中，可以通过手机、网络、电子触摸屏等多个渠道，实现"执行事务窗口办理、执行过程网上查询、执行节点短信告知、评估拍卖网上网下同步"，随时获取执行案件的信息，实现执行案件全程全域公开，既维护了当事人对执行信息的知情权利，也有利于强化公众对法院执行案件的社会监督。

海南法院围绕"为民司法、公正司法"主线，着力打造阳光司法，推进司法公开。海南法院立案信访大厅的功能不断丰富，已实现立案、信访接待、诉讼引导、案件查询、材料结转、刷卡消费等功能。

海南省高院下发《关于审理减刑、假释案件进一步面向社会公示的通知》，明确了审理减刑、假释案件接受监督的范围、内容和公示方式、程序等，对法院受理的减刑、假释案件在立案、裁定前公示及减刑、假释生效裁判文书一律在官方网站上公示，在官方网站上还开通了专门的"海南法院减刑、假释信息平台"。公众在网上能直接查阅2013年以来海南高、中两级法院的减刑、假释案件立案、裁定前公示及减刑、假释生效裁判文书等信息内容。

海南省海口市龙华区法院拓展公开方式，通过微博、微信、客户端公开以外，还开发APP"龙华法宝"。该软件开发内部版和外部版，分别为法院内部干警和社会公众提供公开服务和相关信息。

成都市中院的司法公开网于2014年7月正式上线运行，该网站整合已有的成都法院网、成都法院审判公开网、成都法院执行网和网上诉讼服务中心四个平台，全面实现了全市两级法院审判流程、裁判文书、执行信息的集中、统一公开。

2. 检务公开

检务公开属于广义司法公开的组成部分，是指除涉及特定需要保密的事项外，检察机关主动或依申请，向社会公众、诉讼参与人公开检察信息。检务公开是司法改革与检察权科学配置中的重要内容。检务公开对于促进司法公正、强化法制监督、落实权利保障、有效化解纠纷都具有促进作用。检务公开与法院的司法公开几乎同步启动，但与法院公开快速推进形成鲜明对比的是，检务公开则较为落后。不过以厦门、郑州等为代表的一些检察院也在奋起直追，在公开检务指南等静态信息基础上，在向检务工作、活动的动态信息公开纵深发展。

厦门市思明区检察院的案件公开查询系统提供"案件公开栏"，主动公开包括公诉部门、未成年人案件检察部门、侦监部门案件当事人姓名、案由、收案时间和承办人等信息，并提供案件查询的检索功能①。

河南省郑州市检察院网站不仅设有起诉书专门栏目和起诉书文库，而

---

① 参见厦门市思明区人民检察院案件公开查询系统，网址为：http：//anjian. smjcy. xm. fj. cn/list. aspx？cid=31，最近访问于2014年9月29日。

且公布最近的起诉书。泰州市海陵区检察院在其官方网站分批分次公布其
起诉书，将起诉书公开上网。海陵区检察院还公开公诉部门的出庭情况，
公开内容包括被告人姓名或名称、案由、开庭时间与地点、出庭检察官姓
名等信息①。

在利用新媒体公开方面，天津市检察院一分院微信平台"阳光检务
进行时"于 2014 年 9 月正式开通，该平台设有律师阅卷预约、检察长接
待预约、法律咨询、检察长信箱和意见建议等五个功能模块。

2014 年 5 月，甘肃省人民检察院出台《贯彻落实检务公开改革试
点工作实施方案指导意见》，建立起 12 项检务公开工作机制，涵盖侦查
监督、公诉、反贪污贿赂、反渎职侵权、监所、民行、预防职务犯罪、
纪检监察、案件管理、控告申诉、举报等工作。在对社会的公开方式
上，包括门户网站、案件管理大厅、新闻发布会、官方微博、微信、手
机短信等。

（二）专门法院与法庭建设

专门法院是指在某些特定部门、系统、领域设立的审理特定类型案件
的法院。专门法院的设置运行有利于发挥专业优势，统一管辖和审理标
准，其管辖区域突破行政区划的藩篱，使司法地方化的问题得到有效克
服。市场经济的发展需要建设专业法院。比如，设立行政法院，一直被行
政法学界和实务界视为行政审判体制改革的理想方案。但专门法院模式也
不无弊端，如地方利益冲突的问题难以解决，与相关案件的处理难以匹
配，当事人往往长途奔波增加诉讼成本，机构、人员的膨胀也可能发生。
对此，从现代国家治理的背景与市场经济的需要出发，对专门法院予以重
塑，是司法改革的重要内容。

《中共中央关于全面深化改革若干重大问题的决定》提出："加强知
识产权运用和保护，健全技术创新激励机制，探索建立知识产权法院。"
全国人大常委会决定，对专利、植物新品种、集成电路布图设计、技术秘

---

① 参见泰州市海陵区人民检察院"检务公开"栏目，网址为：http://jcy.tzhl.gov.cn/col/
col6843/index.html，最近访问于 2014 年 9 月 29 日。

密等专业性较强的第一审知识产权民事和行政案件实行跨区域管辖，在知识产权法院设立的三年内，可以先在所在省（直辖市）实行跨区域管辖。对知识产权法院所在市基层法院第一审著作权、商标权等知识产权民事和行政判决、裁定的上诉案件，由知识产权法院管辖。对不服国务院行政部门裁定或者决定而提起的第一审知识产权授权确权行政案件，由北京知识产权法院管辖。对知识产权法院第一审判决、裁定的上诉案件，由知识产权法院所在地的高级法院管辖。

河南省保险行业社会法庭、证券期货业社会法庭先后于 2013 年 9 月、2014 年 3 月挂牌成立，均是全国本领域首个专门化解相关领域争议的专门法庭。河南省保险行业社会法庭是在河南省高级人民法院、郑州市中级人民法院的指导下，由河南省保险行业协会管理的诉讼外纠纷调解组织，主要负责调解郑州市辖区内涉保险合同纠纷。保险行业社会法庭坚持利民、便民、为民、惠民的原则，依据法律法规、社会公德、公序良俗及行业惯例等进行纠纷调处，双方当事人自愿、平等。通过常驻加巡回，有助于高效快捷、公开透明地处理纠纷；且双方当事人无须支付任何费用；经社会法庭调解的案件处理结案可以在基层法院申请司法确认，对双方当事人均产生法律效力。

应当说，专门法院的改革刚刚起步，如跨区域的知识产权法院成效如何，今后是否将知识产权刑事案件囊括在内，仍需拭目以待。今后是否继续设立新的行政法院乃至劳动法院、社会法院，是否将以往的一些专门法院予以改革，都是司法体制改革的重中之重，应当受到更多的关注，进一步加以研讨和论证。

一些地区的社会保险行业法庭，虽然不具有法院审判庭的色彩，而更多的是诉前调解的专业化组织，其运行实效如何，是否具有推广复制的意义，也有关注的价值。

（三）法官职业化与审判权运行机制改革

针对广受诟病的"审者不判、判者不审"的问题，法官、检察官的人员管理没有充分体现司法规律和职业特点等问题，各地探索审判权运行机制与法官职业化改革。

上海司法改革试点稳步推进，试点内容主要包括以下方面。

一是实行法官、检察官"员额制"，完善司法人员分类管理制度。具体是将司法机关工作人员分成三类：法官、检察官，法官助理、检察官助理等司法辅助人员，行政管理人员。三类人员占队伍总数的比例分别为33%、52%和15%，确保了85%的司法人力资源直接投入办案工作。

二是健全司法人员职业保障制度，建立有别于一般公务员的职业保障体系。其中包括：建立以专业等级为基础的法官、检察官工资待遇保障机制，建立分级管理的司法辅助人员薪酬制度。方案还特别细化了司法人员有条件延迟领取养老金的制度安排。例如，符合条件的基层女法官、女检察官可以延迟5年到60周岁领取养老金，专职办案的一级高级法官、检察官可延迟3年到63周岁领取养老金，专职办案的二级高级法官、检察官可延迟2年到62周岁领取养老金。

三是推行主审法官、主任检察官办案责任制。法院、检察机关的各级领导应担任主审法官、主任检察官，亲自参加办案。适用简易程序审理的案件，主审法官依法对案件审理全程、全权负责；在合议庭审理的案件，主审法官承担除应当由合议庭其他成员共同担责部分之外的所有责任；主任检察官在检察长依法授权内对作出的案件处理决定承担办案责任，做到权责统一。

四是建立法院、检察院办案人员权力清单制度。明确"两长"与办案人员的权力与责任；加强内部、外部的办案监督机制建设，有效提升司法透明度。

五是市级以下法院、检察院实行人财物统一管理体制。全市法官、检察官"统一提名、分级任免"。为此，上海将组建由各部门和专家组成的法官、检察官遴选、惩戒委员会。

深圳也在探索通过法官职业化改革来推行审判权运行机制改革。2014年初，深圳市委办公厅、深圳市政府办公厅印发《深圳市法院工作人员分类管理和法官职业化改革方案》（深办发〔2014〕2号），广东省深圳市两级法院启动法官职业化改革，实行人员分类管理。该项改革肇始于2012年深圳市福田区法院推行的审判长负责制，按照1名审判长、2名普通法官、3名法官助理、4名其他辅助人员即"1+2+3+4"的合议制模式，以及 1 名审判长和若干名辅助人员的"1+N"独任制模式，组建以审判长为中心的审判团队。2013 年深圳市盐田法院推行主审法官制度改革，在全院选任 15 名主审法官，为其配备辅助人员，主审法官独立办案，或组成合议庭办理普通程序案件，以期建立起职业法官办案制度。在上述改革基础上，深圳法院将法院工作人员分为法官、审判辅助人员、司法行政人员三大职系。法官序列与行政级别完全脱钩，成为公务员队伍中的独立类别，按照法官单独职务序列管理。自 2014 年 7 月法官执行新的薪级工资标准体系，根据任职年限、资历和工作业绩等晋升等级，不同等级的法官没有行政隶属关系，法官待遇和法官等级挂钩，不与行政级别挂钩，同时建立法官员额、法官逐级遴选、法官惩戒等制度。

四川省成都市中院的审判权运行机制改革，则侧重于通过科学配置与合理界定各层级、各成员的职责权限，界分审判权与审判管理权，形成审判权既能有效运行又能得到制约监督的权力运行格局。通过界定审判权与审判管理权的权责边界，明确审判委员会、合议庭和独任审判员各自的裁判权限，确定了合议庭组成法官、审判辅助人员的各自职责界分；进而划分审判机构、院长、庭长的管理职权。在此基础上，明确审判组织与审批机构行使权力的关联，院长、庭长不能代替和否定审判权，当院长、庭长不同意合议庭意见时，不能直接改变或间接干涉合议庭办案，案件最终由审判委员会决定。通过"点、线、面"三个维度，把分散的、个别化、个体性的审判及审判管理活动统摄于法院的管理体系之内。"点"上行使对案件实体的审核权，管住重点案、重点环节和重点人；"线"上把握案件流程的监督，保证审判流程的顺畅运行；"面"上行使对案件的综合指导，以审判长联席会、案件通报分析会、案例评析会、案件质量评析会、信访情况分析会"五会"的形式，统一裁判尺度。

河南省高院为解决法官流失严重、案多人少、司法审判权与司法行政管理权混淆等问题，自 2013 年初开始审判改革试点，在全省 6 个中院、30 个基层法院试行新型合议庭制度。郑州市高新区法院挂牌成立以主审法官命名的法官工作室，由主审法官、法官审判员、书记员组成。成立法官工作室之后，阅卷、送达文书、安排开庭时间等事务性工作，不再由主审法官直接参与，可节约更多时间精力集中于审判业务。以法官姓名命名法官工作室、法官审判庭、书记员室，既极大改善了主审法官的工作办公环境，也增强了法官荣誉感。另外，郑州市金水区法院则试点类似的"办案标兵小组制度"，其做法和效果均与之相近。

洛阳市涧西区法院除试行新型合议庭审判制度之外，还着力对传统审判权行使的层层审批予以改革，取消案件审批权和审批机制，形成以合议庭为中心，以审判为中心，权责明晰、权责统一的司法权力运行机制。涧西区法院探索专业化审判模式，在传统民事、行政、刑事较为粗线条分工的基础上，进一步细分，将近年来案件数量增长较快的房地产、物业、婚姻家庭、交通事故等民事案件和上级法院确定的量刑规范化范围内的刑事案件等划分为 18 个审判专业。每类专业案件固定由一个合议庭审理，既统一了裁判尺度，也有利于培养"专家型"法官。在行政后勤事务方面，涧西区法院推行集约化管理，对立案、记录、送达、保全、财务、车辆、法庭、法警等行政后勤事务实行"八项集中管理"。

2014 年，内蒙古自治区高级人民法院在全自治区推行院长、庭长直接办案制度。内蒙古高院出台《关于全区法院审判权和审判监督管理权规范运行的指导意见》，对全区法院院长、庭长每年直接办案的数量、范围和相关事宜提出明确要求，并决定将院长、庭长办案数量作为目标管理绩效考核的重要指标，因此，当地绝大多数中、基层法院院长、庭长都亲自审理重大疑难复杂案件。院长、庭长直接审判案件，不仅简化了案件审核把关等内部审批环节，也有力发挥了模范带头作用，带动和提升了其他法官多办案、办好案的积极性。院长、庭长直接办案，成为内蒙古法院推进司法改革的一大亮点。

北京、沈阳、厦门等 18 个地区开展了刑事案件速裁程序试点。对于事实清楚，证据充分，被告人自愿认罪，对适用法律没有争议的盗窃、危险驾驶等依法可能判处一年以下有期徒刑、拘役、管制的案件或者单处罚金的案件，开庭通知时间不作限制，法官当庭确认被告人自愿认罪、对适用法律没有争议、同意适用速裁程序的，可不进行法庭调查、法庭辩论，并适当缩短办案期限，但必须听取被告人的最后陈述意见。刑事速裁程序在一定程度上化解了案多人少的压力。

（四）人民观审团制度

人民观审团是在人民陪审团基础上的一种群众参与司法的创新，观审团成员可参加法院庭审并可以独立发表意见，作为人民法院裁判的参考。从 2009 年起，河南法院启动人民陪审团制度试点。2014 年 5 月，河南省高院下发《关于适用人民观审团机制的规定（试行）》，要求在重大复杂疑难的案件，有较大社会影响的案件，人大代表、政协委员、新闻媒体重点关注的案件，法律评判与社会评判可能出现重大偏差的案件，信访评估认定当事人信访可能性较大的案件中，引入人民观审团机制，使其与专业法官形成思维互补，以作出既符合法律规定又贴近民意的判决。人民观审团的尝试，虽然没有现行法律法规的明确依据，但作为地方法院创新司法为民的新举措，其试验探索值得关注。

（五）检察体制机制改革

检察体制机制改革由两大部分内容组成：检察体制改革与检察工作机制的改革。体制改革包括检察职权的内部分配，与其他司法权力、行政权力的关联衔接等；工作机制的改革主要包括法律适用机制、检察官培养机制、职业保障机制、错误矫正机制等内容。检察体制机制改革，是中国司法改革的重要组成内容，具有无可替代的重要作用。

珠海市横琴新区检察院改变"三级审批制"的传统办案模式，全面实行主任检察官制，主任检察官从资深优秀检察员中选任，对授权范围内的案件依法独立行使处理决定权，同时承担相应的办案责任。横琴新区检察院将内设机构由传统的 20 多个压缩为"一局三办"[①]，实施检察长和主任检察官两个层级的扁平化管理。检察人员分为检察官、检察辅助人员和检察行政人员三类管理，强化检察官的职业司法属性。

一些检察机关还推行执法办案风险评估预警机制。广东省检察院于

---

① 即反贪污贿赂渎职侵权局、预防犯罪与公共关系办公室、组织与检务保障办公室和检察院办公室。反贪污贿赂渎职侵权局是出于职务犯罪案件侦查工作复杂，需要团队协作和统一指挥的考虑而设立的；预防犯罪与公共关系办公室则是借鉴港澳廉政公署设立社区关系处（厅）的做法而设立，负责开展犯罪预防、法制宣传、廉洁教育、社区矫正等检察工作。

2013年出台了《广东省检察机关执法办案风险评估预警工作办法》，明确了执法办案风险评估预警工作的原则、范围和等级，预警方案制订、审查、启动程序，风险处理的协作机制，风险评估预警的通报、归档、奖惩机制等，切实加强对执法办案风险的预警防范。实施执法办案风险评估预警机制的还有陕西省、福建省、江苏省等地的检察机关。

检察体制机制改革虽然起步并不算晚，但取得的成效仍不能适应需求，检察改革依然任重而道远。

（六）加强司法公信力建设，提升司法活动权威性

司法公信力是司法机关、裁判过程和裁判结果得到民众充分信赖、尊重与认同的衡量指标。司法公信力本质上表现为司法与社会间的互动关系，最终检验的标准在于群众的感受，这与"正义应当以看得见的方式实现"不谋而合。近年来，司法机关的公信力建设受到越来越多的关注。采取多种措施提升公信力，成为不少地方司法机关不约而同的选择。

淄博市中级法院将提升司法公信力作为连接"公正司法"与"取信于民"的桥梁，将司法公信力与公众信任度有机统一，围绕建设公正、高效、权威的审判机关，加强审判执行工作和队伍建设为基点的"公信法院"创建活动，努力提升群众满意度与法院公信力。淄博法院还借力第三方评估力量，着力"公信法院"建设，加强对"司法公信力评估体系"和"公信法院指数"的研究，创建公信力标准，以期真正做到司法为民，创建公信力法院。

福建省高院在总结司法公信建设成果的基础上，2013年下发《关于深化司法公信建设的意见》及分工方案，并结合抓队伍建设、党风廉政、基层党建、综治平安建设责任状的实施，健全司法公信建设责任制，努力打造司法公信"升级版"。下属各级法院以做好依法公正审判和释法说理取信为抓手，以公正司法、亲和司法、认同司法为主体，构建具有地方特色的司法公信体系。另外，山东省临沂市罗庄区法院也以开展"公信法院、公信法庭、公信法官"创建活动为契机，加强法官形象建设，积极培养法官素质。

检察机关在提升公信力方面也有所作为。2014年，宁波市11个县市

区的基层检察院试点全国首个检察院公信力测评。宁波市检察院委托专业的第三方机构，采取打电话、计算机上网、访问等形式展开。测评结合各地情况，从每个县（市）区18~75周岁的城乡居民中随机抽取500~1000份样本，调查当地检察机关执法办案、队伍建设、检务公开、工作作风等四个方面的情况。

（七）多管齐下，化解执行难

司法执行是保障当事人合法权益的司法措施，也是实现生效裁判的关键机制。如果裁判文书得不到执行，司法的公平、正义、秩序等法律价值，都必将最终落空。中国法院的执行难，既严重妨碍到当事人合法权益的维护，也严重影响到法院的权威性和公信力。"司法白条"现象，大有积重难返之势，其表现包括人难找、财产难查、财产难冻结划拨、协助机关难求等方面。为破解执行难问题，四川省、山东省、海南省三亚市等地先后建立起执行工作联席会议制度，或解决执行难联席会议制度等类似制度机制，北京、广东、浙江、黑龙江、湖南等省、直辖市也都先后采取多种措施强化司法执行力度。在破解执行方面，其典型做法如下。

浙江法院通过多种措施克服执行难。一是推进协同执行，浙江省社会综合治理委员会组建了省市县三级的社会综合治理执行难领导小组，明确了省市县三级18个协助执行的成员单位职责，并提请省人大专门作出相关决议，从工作机制层面推进联动执行。二是加强信息化软硬件开发应用。自2008年建成全省执行案件数据库，已囊括7亿多项涉案信息。三是大力推进"点对点"网络查控。建立健全网上专线"点对点"查控被执行人银行存款、车辆、户籍、出入境、婚姻登记、房地产等执行新机制。通过与省内58家商业银行建立银行存款点对点查控专线，率先实现银行全覆盖。各级法院可以通过法院内网专线，把已经决定司法拘留的被执行人名单，统一发送给省公安厅，在全省范围内布控，由各地公安协助抓捕后移交给法院。四是首创网络司法公开拍卖改革。2012年以来，浙江法院借助淘宝网开展网上司法拍卖，做到公开和零佣金。五是推进执行征信系统建设。在向最高法院上报失信被执行人名单的同时，把全省执行立案后三个月未履行债务和历年所有尚未实际履行债务的30余万名被执行人，全部纳入浙江联合征信平台，公布在"信用浙江"网上。六是打造查控和管理平台、指挥平台、执行公开平台和服务平台共四大平台，充分发挥指挥中心作用。

成都中院自2013年起初步建成"阳光执行"体系，开发出一套集办案、管理、公开三大平台于一体的执行管理系统，向社会推出该省首个法院专业执行网——成都法院执行网，成都两级法院执行案件信息全部纳入公众查询系统。在执行公开和参与方面，确保"六个能"：即网上能查（四川法院执行网，打造网上执行局）；短信能收（执行短信，查阅到账户短信告知，划拨到法院账户再短信告知，总之，重要节点均短信告知）；法院触摸屏能看（给查询码，可查案件信息）；执行窗口能办（执行材料转交、款项兑付，执行事务在诉讼服务中心、执行服务窗口能够办理）；电话能通（执行案件受理通知书明确告知承办法官电话、举报电话等）；社会能监督（包括党政机关、人大、政协、检察机关、社会公众等）。

法院执行难的破解，需要从体制、机制、信息化等多个层面予以综合治理。必须明确，司法执行并非法院一家之事，需要党委、政府、金融机构及其监管机关、公安部门等多家机关、单位的协同配合，并建立健全公民、企业信用体系与破产制度，才能彻底予以解决。

（八）司法保障民生

民生与司法的关系非常密切，保障民生是中国特色人民司法的内在必然要求。保障民生首先需要通过立法机关制定、完善法律，赋予民众更多的福利权、社会保障权来实现。但不容忽视的是，"无救济则无权利"，当各项民生事业相关权利遭到侵犯时，只有通过司法等渠道予以救济，民生才能够最终落实。2014年3月，河北省高级人民法院发布《关于为我省"调整经济结构　转变发展方式　治理环境污染"提供司法保障和服务的意见》，要求开展好涉环境污染案件审判工作，依法引导过剩产能有序化解，严惩危害人民群众生命健康的食品药品安全犯罪，把维护消费者权益真正落到实处，维护劳动者权益，妥善处理涉及群众切实利益的民事案件等。

陕西高院先后出台了《关于为维护国家金融安全和经济全面协调可持续发展提供司法保障和法律服务的若干意见》《关于审理公司纠纷案件若干问题的指导意见》《关于为我省政策性企业破产案件提供司法保障的通知》《关于审理劳动争议案件若干问题的意见》等司法文件，并在审判实践中加大监督指导全省法院积极稳妥处理金融纠纷、重大项目建设纠纷、合同纠纷、公司股东权益纠纷、企业破产等民商事案件。

四 地方法治发展展望

总体上看，近年来地方法治建设亮点纷呈，成效显著。其中不少经验做法有可能也有必要加以总结提升，上升为全国层面的统一制度机制。与此同时，今后地方法治的发展，也需要在新形势新背景下予以展望。

一是各地法治创新如火如荼。从全国范围看，各地地方法治创新形成良性竞争格局。一些地方政府着力于打造全国同类省份、城市审批最少的地区。有地方政府领导表示，凡是其他城市能做到的，所在地区一定要做到；其他城市比本地区快的，所在地区力争通过改革做得更快一点。这既表明行政审批改革不再是个别地区、个别领域的零散做法，而成为较为普遍的共识；也表明各地就行政审批制度改革形成良性竞争态势，充分学习其他地方的经验做法，并将行政审批制度改革作为改善当地营商环境、提升地方竞争力的重要因素。以政务服务中心为例，个别地方单兵突进后，其积极效果快速释放，后在全国遍地开花。这种良性竞争和各地的相互移植借鉴，是中央统一立法时应当充分考虑并注意保护的，而不应动辄以上位法无据，或者以其他种种理由加以抑制乃至消除。

二是以十八届四中全会为契机，法治将成为各地改革治理的关键词。从今后趋势看，地方法治的进步将与中央具有更加密切的关联。2014年的十八届四中全会将"依法治国"作为会议主题，四中全会的一系列新理念、新提法，成为地方法治改革、创新的重要理论依据和智慧源泉。越来越多的地方政府意识到，脱离法治的经济发展是不可持续的，并且存在环境危机、安全生产事故、群体事件等隐患的巨大风险。只有转变发展观念与维稳观念，将社会治理与法治相结合，实现公权力的规范运行，并提升全社会的法治意识，才能实现群众的安居乐业与社会的长治久安。有理由预期，在中央统一领导下，在改革精神和法治思维的引领下，地方法治建设的积极性将更加高涨，创新将更加多样，迈向更高台阶，更符合群众需求的地方法治升级版指日可待。

三是重点领域或有更多突破。地方法治改革的重点领域可能出现的突破，表现在以下方面。

首先是行政审批制度改革继续向纵深发展。简政放权是激发改革红利的重要途径，行政审批制度改革是落实简政放权的关键。行政审批制度改革今后的创新突破体现为：审批事项清理扫除死角，如事先备案、注册、登记等变相审批，非许可审批等被彻底清理；网络信息化下的再造审批流程，网上审批将成为审批实施的主要渠道；行政审批制度改革针对的主体更加全面，与审批相关的中介机构、社会组织将成为改革对象，特别是一些带有官方色彩的中介机构、社会组织将回归本位，其行为将更加规范。

其次是人大将发挥更多更大作用。地方人大及其常委会在地方法治建设中有引领、监督等作用。地方人大及其常委会将更进一步落实宪法、法律的规定，促进并保障地方改革创新与法治发展：更多通过地方立法权的行使凸显地方的个性需求，更多通过立法前评估、开门立法等程序优化提升立法的科学性、民主性、可操作性，更多通过立法后评估、质询、执法监督等措施提升人大监督的刚性与全面性，更多落实重大事项决定权，避免政府在重大决策方面一家独大。

再次是社会领域的法治将有较大推进。近年来，社会领域的制度创新受到中央、地方的强烈关注，其法治建设也成为热点问题。社会组织的改革已成焦点，双重管理体制向单一登记制的回归，事中、事后监管的强化均需要法治保障。社会保障领域的社会福利（如老年人福利、残疾人福利、儿童福利等）一直是地方创新的重点，今后地方社会福利法治建设必将成为吸引优质劳动力、地方制度竞争的重点领域，地方社会救助的创新对于免除当地民众的后顾之忧也将发挥更大作用。

今后地方法治的推进，需要特别注意以下议题。

一是地方法治改革需要突围固化利益格局。经过 30 多年的改革开放，改革已经进入深水区。在这种情况下，既要注重对增量利益的分配模式进行改革，也要对不合理的既得利益进行调整，打破长期形成的不合理却存在固化的利益格局与分配模式。这就需要地方人大及其常委会在改革中发挥更大的讨论、决断作用，而不是由政府一家唱响独角戏。

二是全面深化改革应走上法治轨道。地方法治的创新、试点，与30年前更多带有"各自为政"色彩不同，与群龙无首的现象形成鲜明对比，当下改革更加强调依法、有序，在法治体系框架之内进行。

在"依法"方面，坚持在法律框架内开展，不抵触上位法，不违反法律、行政法规的禁止性规定，在确保法律制度的公信力、权威性、强制性的前提下推进地方创新。上位法确实存在弊病需要变通的，通过全国人大及其常委会、国务院依法授权或批准的方式，明确改革的依据、程序、空间与边界。

三是中央和地方的协同配合。地方法治创新改革依法进行，不仅仅是地方之事，还需要全国立法与中央提供制度机制，特别是全国性法律应当为地方立法、创新预留合理空间。比如，以往的《行政处罚法》《行政许可法》在制定过程中偏重于中央统一领导，并未充分考虑地方特色与地方需求。对此，一方面，应当通过全国人大及其常委会的授权、国务院的授权方式，允许地方先行先试；另一方面，在全国人大及其常委会的法律制定、修改过程中，应当考虑到中央、地方的职能分工与权限分配，为地方立法预留一定合理空间，而非简单粗暴的"一刀切"、围追堵截式的一味控权限制。通过央地权限合理分配，地方立法在客观上能够结合当地实际，突出地方需求，使地方法治创新能够在中国特色法制体系中更好地发挥补充性、实施性的功能。当然，这也需要地方人大、政府等积极行使权力、勇于作为。

四是应稳步推进司法改革。必须意识到，一方面，司法改革的推进，与其他改革相互交织，如地方行政体制改革，法院人财物等编制、保障体系改革，更是牵一发而动全身，稍有不慎将有治丝益棼的风险。另一方面，司法改革面临重重障碍，对一些问题的处置，有待中央顶层设计和地方智慧的充分配合。中国社会科学院法学研究所在法治国情调研中发现，一些地方法院、检察院对于其人财物与当地政府彻底脱钩表示担忧，脱离当地支持的法院很可能举步维艰。显然，不宜以个别所谓的先进理念、普适原则或"看上去很美"的改革方案，直接就予以"硬着陆"。因此，既要意识到司法改革的紧迫性，又要意识到司法改革的慎重性，必须兼顾制度连续性与稳定性。

五是法治思维和法治意识尚待加强，应重视党政机关及其领导干部的带头自觉守法用法，强化法律顾问及其工作机构的作用，重视决策及执行活动的事前、事中的合法性审查，提高管理活动及权力运行的法治化程度。加强普法宣传，发动法律专业人士为广大基层提供更好的法律服务，培育和发展法治文化，广大人民群众养成自觉守法、用法的意识，将各类纠纷纳入法治框架解决，提升法治权威，让法治真正成为一种信仰、一种生活态度。

"窥一斑而知全豹"，各地法治建设前程漫漫，既需要中央的顶层设计与统一领导，并合理划分各级国家机关的权责分配，也需要地方积极创新，形成既体现全国统一又凸显地方需求的法治体系。

（参见地方法治蓝皮书《中国地方法治发展报告 No.1（2014）》）

第三章 2015年中国地方法治
发展及展望

摘　要: 2015年,在十八大和十八届四中、五中全会一系列中央党政方针和习近平系列讲话的精神指导下,各地进行了积极的创新探索。在立法方面,设区的市州积极启动立法实践,立法活动更加规范,委托立法逐步走向完善,公众参与立法不断制度化,立法后评估得到广泛实施,立法保障改革创新的成效更加凸显。在法治政府建设方面,行政体制得到理顺,行政决策走向全面制度化,行政审批制度改革立体推进,政府法律顾问建设步入正轨,政府信息公开向纵深迈进,通过多种举措强化便民高效公开等。在司法改革推进方面,司法人员遴选、管辖制度、执行机制、考核机制、信息化等方面都取得显著成效。在法治社会建设方面,基层社会治理、和谐劳动关系、纠纷化解等领域均可圈可点。但地方法治建设仍存在一些不足,需要从观念意识、部署安排、信息化等方面加以改进。

2015年是落实中国共产党十八届四中全会精神、全面推进依法治国的开局之年。各地方的法治建设在"四个全面"战略布局(即全面建成小康社会、全面深化改革、全面依法治国、全面从严治党)指导下有序推进,其主线是贯彻四中全会决定和中央一系列大政方针推进法治。一方面是全面严格贯彻落实,另一方面是在中央精神理念的引导下,在微观制度机制和具体做法层面上进行创新试点。总体上,地方法治的推进更加注重符合宗旨、遵守规矩、坚持民生导向。但是,由于主客观等方面的原因，地方法治推进仍存在一些问题，全面法治之实现依然任务艰巨。

一　努力用好立法权力，提高法治保障水平

2015 年 3 月 15 日，《立法法》修改通过，进行了诸多制度机制的改革创新，如赋予设区的市、州以立法权，委托社会力量参与立法，加强备案审查，引入评估机制，完善公众参与等。

（一）设区的市积极启动立法工作

根据修改之前的《立法法》，享有地方立法权的"较大的市"仅有49 个，一般的设区的市均没有立法权。《立法法》修改后，享有地方立法权的地方人大、政府大幅增加。在此背景下，各省级人大常委会出台了设区的市行使地方立法权的具体办法、规则，一些地方积极启动行使地方立法权的实践。

河北省人大常委会印发了《依法赋予设区的市立法权实施办法》，设区的市要获得立法权必须具备依法设置立法机构、具有较高法学素养和法律实践经验的专业人员、有立法专项经费保障等必要条件，成熟一个赋权一个。2015 年 7 月，河北省十二届人大常委会第十六次会议通过《河北省人民代表大会常务委员会关于确定廊坊等四个设区的市行使地方立法权的决定》，赋予秦皇岛、廊坊、保定、邢台等 4 个设区的市立法权。

2015 年 7 月 30 日河南省第十二届人民代表大会常务委员会第十五次会议通过的《河南省人民代表大会常务委员会关于确定南阳、焦作、平顶山、开封、安阳、鹤壁、驻马店、漯河市人民代表大会及其常务委员会开始制定地方性法规的时间的决定》，明确南阳、焦作市人民代表大会及其常务委员会自该决定公布之日起，可以开始制定地方性法规；平顶山、开封、安阳、鹤壁、驻马店、漯河市人民代表大会及其常务委员会自本市人民代表大会依法设立法制委员会后，可以开始制定地方性法规。

广东省人大常委会要求，成立市人民代表大会法制委员会、市人大常委会法制工作委员会两套机构，是各地市开展地方立法工作的必要条件。

中山市按照最急需原则、最大共识原则和最具地方特色原则的指导思想，在广泛征求意见、调查研究、论证评估、统筹协调的基础上，已拟定第一批立法项目 7 个，审议通过了《中山市人大常委会 2015 年立法工作计划（草案）》。2015 年 12 月，中山市已经通过了该市第一部地方性法规《中山市水环境保护条例》。

2015 年 7 月 24 日，山东省十二届人大常委会第十五次会议决定：自 8 月 1 日起，山东省东营、烟台、潍坊、济宁、泰安、威海、莱芜、临沂、菏泽市人民代表大会及其常务委员会可以制定地方性法规；自 12 月 1 日起，枣庄、日照、德州、聊城、滨州市人民代表大会及其常务委员会可以制定地方性法规。烟台市获得地方立法权之后，拟定起草了《烟台市制定地方性法规条例（草案）》[①]，决定提请烟台市人民代表大会审议通过。该条例将成为烟台市人大及其常委会制定、修改和废止地方性法规的直接依据。

浙江省金华市积极争取立法权，起草了《金华市人民政府关于要求批准赋予金华立法权的请示》，形成了《关于争取首批设区市立法权有关工作的汇报》，向城市建设管理、历史文化保护、环境保护等相关部门征集立法项目，并对下级政府、社会公众征集立法项目，筹建立法项目库，为今后立法夯实基础。金华市还起草了《金华市人民政府规章制定程序规定》和《立法项目审查办理工作规程》，在获得立法权之后即开始立法程序机制的规章制定。

（二）地方政府立法更加规范

《中共中央关于全面推进依法治国若干重大问题的决定》要求，"加强和改进政府立法制度建设，完善行政法规、规章制定程序，完善公众参与政府立法机制，重要行政管理法律法规由政府法制机构组织起草"。在此背景下，不少具有立法权的地方政府积极探索改进立法工作机制，提高立法质量，引导助推改革创新。

值得关注的是，不少享有或根据修改后的《立法法》获得立法权的

---

① 草案全文见烟台人大信息网，http://ytrd.yantai.gov.cn/SRDLFGZTLCA/2015/10/28/10176604.html，最后访问日期：2015 年 11 月 21 日。

地方政府，出台了地方立法的程序性规定，将立法活动纳入法律制度轨道。比如，山东省政府出台了《山东省政府规章制定程序规定》，对立法体制机制进行较大幅度的修订完善。一是拓展公众参与的广度和深度。明确立项环节向社会公开征集建议意见，起草环节以多种形式广泛听取意见，审查环节政府法制机构向社会公开征求意见等，由此构建起立法、起草、审查全过程的征求公众意见机制。二是构建立法项目论证制度，明确规定立法前评估，避免浪费立法资源。三是规定设定行政收费和临时性许可论证制度，对审批事项和收费项目从源头上进行控制。四是建立立法后评估制度，明确开展立法后评估的适用情形、评估主体、评估内容、评估效力等，将评估结果作为规章修改、废止的依据。五是凸显政府法制机构的主导协调作用，尽可能克服部门过度主导和地方保护主义。政府法制机构在立法协调时，可引入第三方评估以充分听取各方意见，也有些地方政府对原有的立法程序性规定进行修订完善。比如，2015 年 4 月 27 日，四川省政府公布修订后的《四川省人民政府拟定地方性法规草案和制定规章程序规定》（四川省人民政府令第 291 号）。

一些于 2015 年获得立法权的市、州政府，也制定规章明确自身的规章制定程序。例如，山东省东营市人民政府公布了《东营市政府规章制定程序规定》，中山市人民政府公布了《中山市人民政府起草地方性法规草案和制定政府规章程序规定》，江苏省扬州市政府出台了《扬州市人民政府规章制定程序暂行规定》。一些地方还对法规、规章征求公众意见的程序环节进行了细化，增强其操作性。比如，青海省政府法制办公室出台《青海省人民政府法制办公室立法意见征求和采纳情况反馈工作规定》，力求克服征求意见流于形式、走过场的问题。

（三）委托立法逐步走向完善

《中共中央关于全面推进依法治国若干重大问题的决定》明确提出"探索委托第三方起草法律法规草案"。修改后的《立法法》也明确规定，专业性较强的法律草案，可以"委托有关专家、教学科研单位、社会组织起草"。通过委托第三方立法，增强立法的专业性和中立性，是一些地方人大常委会的努力方向。其中，深圳市常委会委托第三方立法的常态化和制度化值得关注。近年来深圳市人大常委会已经进行了多项委托立法探索，包括委托清华大学起草深圳经济特区医疗条例草案，委托深圳律师协会对物业管理条例的修改进行立法调研，等等。2015 年 7 月，深圳市人大常委会主任会议通过的《深圳市人大常委会立法项目委托管理办法》规定，对于涉及社会关系复杂、社会普遍关注的，专业性强、需要深入调研、论证和评估的，各方意见分歧较大的立法项目等，可委托立法。为避免委托立法异化或导致资源浪费，该办法还要求委托单位在市人大常委会门户网站上公开当年委托项目基本情况，包括项目开展时间、概算金额以及公开招标等内容；委托项目还应当纳入政府购买服务指导性目录管理。

（四）推动公众参与立法的制度化

为推进科学立法、民主立法，应扩大立法的公众参与。近年来，各地方立法机关采取不少措施，推动立法参与的制度化。例如，贵州省人大常委会注重通过多种渠道听取公众意见，完善公众意见表达、采纳、反馈和奖励机制，建立立法协商机制和公民参与立法机制；坚持每件法规草案都通过新闻媒体征集公众意见，注重把网上意见与立法座谈会、立法调研搜集意见进行综合分析，兼顾多数与少数意见、强势表达与较弱意见的关系，使得立法过程更全面、更妥帖地体现民意，更好地凝聚共识。《贵州省人民代表大会常务委员会议事规则》以地方性法规的形式对旁听公民的发言权作出了正式规定，通过旁听发言这种形式，既使立法程序更为公开、透明，也促进了普通民众加深对立法工作的了解，增进对立法结果的认同度。

（五）立法后评估被广泛实施

立法后评估是指由法定主体按照法定权限和程序，通过一定方法，对已出台的法律法规的制度设计及其成效进行评价的活动。立法后评估对于已有法律法规的实施、修改、废止以及提高立法水平，改进执法工作，都有重要意义。修改后的《立法法》明确规定了法律的立法后评估。广东省有重视立法后评估的优良传统，早在 2008 年就出台了《广东省政府规章立法后评估规定》。发展至今，广东省的立法后评估更加强调全面、科学和第三方主导。2015年广东省人大常委会对《广东省信访条例》实施立法后评估。其特点有：一是注重重心下移，不仅随机选择区县、镇街进行检查，而且到上访群众家中听取最鲜活、最直接的意见建议；二是注重问题导向，注重通过评估发现条例贯彻实施过程中带有普遍性、规律性、趋势性的问题；三是注重重点解析，根据具体问题予以具体分析；四是重点关注制度的改进完善，针对评估中发现的问题加以改进完善。

深圳市人大常委会将法规实施情况报告公布在门户网站上，公开征求意见建议。由此，法规本身的不足或对新事物的规范空白得以凸显，立法机关可依据"大小主次、轻重缓急"的原则展开对法规的立改废活动，通过法律解释来解决一些新问题。地方性法规、经济特区法规由人大进行解释，这本是其重要职权，但不少有立法权的地方人大常委会往往对立法解释权的行使不够重视。深圳市人大常委会激活立法解释权的思路无疑具有前瞻性，有利于统一执法者在法律适用中的理解，通过补充立法解释这不可或缺的一环，有利于更好地协调立法、执法。

（六）注重用立法保障改革创新

在法治框架下进行改革创新是全面推进依法治国的必然要求。各地注重用好地方立法，有效保障改革创新依法推进。例如，海南省人大常委会出台了《关于在海南经济特区下放部分行政审批事项的决定》《在海南经济特区停止实施部分行政审批事项的决定》，为行政审批制度改革提供了直接的法规层面依据。

针对交通不文明行为，杭州市人大常委会出台了《杭州市文明行为促进条例》，明确规定机动车经过人行横道时应礼让行人；违反条例规定的将依法予以处罚，拒不履行处罚的将计入个人信用档案。

垃圾包围城市是中国许多城市正在面临的难题。为此，广州市人大常委会出台的《广州市生活垃圾分类管理规定》设置了源头减量、分类投放、分类收集、分类运输、分类处置、监督考核等制度。对于其他地方出现的"民众辛苦分类垃圾，环卫混收混运"现象，该规定明确要求分类收集、分类运输，违者将处以严厉处罚。作为配套措施，广州市城管委下发了《生活垃圾分类设施配置及作业规范》，明确生活垃圾分类设施的配置及分类作业的要求。虽然该规定的实施效果仍有待观察，但从长远看，通过制定地方性法规建立刚性的垃圾分类制度并通过处罚机制确保实施，对其他地方不无借鉴意义。

二 科学规范行政权力，全面提升治理能力

法治政府的规范化关乎政府的公信力和执行力。法治政府的建设一直是地方法治发力的重点领域，2015年可谓全面开花、亮点纷呈。

（一）理顺行政体制，提升执法能力

为理顺管理体制，适应现代治理的需要，各地采取了多种措施进行机构改革，调整机构职能，主要做法包括：综合行政执法向纵深发展、执法力量下沉、委托镇街执法等。

1. 综合行政执法的发展

将相关部门的执法权力集中到一个部门行使，是避免多头执法、相互推诿的重要举措。《行政处罚法》第16条规定，行政机关可以集中行使有关行政机关的处罚权力。发展至今，越来越多的地方政府探索更为相对集中统一的行政执法体系，综合行政执法在涉及领域、部门、事项方面都有了新的发展。

例如，甘肃省定西市探索综合执法试点，在行政执法体制上进行了配套改革。其具体做法是：市级政府部门向区县下移行政执法权1461项，将区县城市管理行政执法局整合更名为"综合行政执法局"，集中行使15个方面的处罚权①。又如，宁波市、区两级城市管理部门的综合执法涉及领域除传统领域之外，还有河道、环境保护、建设工程质量、建设工程安全生产管理、城市轨道交通工程、停车场管理等领域执法。发展至今，宁波城市管理部门的执法依据有25部法律、116部法规，涵盖行政处罚事项778项；宁波北仑区更是实行城乡一体化的综合行政执法体制，集中行

---

① 参见《定西市人民政府法制办公室关于2015年上半年政府法制工作情况的报告》，甘肃省人民政府法制办公室网站，http://www.gsfzb.gov.cn/FZDT/ShowArticle.asp? ArticleID = 107442，最后访问日期：2015年11月18日。

使的处罚权涉及事项超过 1200 项，真正成为"综合执法机关"①。

在综合行政执法上较为前沿的是珠海横琴。横琴新区综合管理和行政执法局所集中的权限不仅涵盖了处罚权、许可权以及相关的调查、检查、监督等权能，而且实现了对原来区政府层面和市政府层面的纵向整合。横琴新区综合执法局集中行使 25 大类行政处罚权和 7 类行政审批权，具体执法监管事项达到 8000 余项，不仅整合了区政府层面原来分属于安全生产监管、环境保护、国土、城市管理、交通、食品药品监管等 9 个部门的各类执法职能，而且还整合了本属市政府一级对新区的盐业、酒类、水务、生猪屠宰、文化、旅游、劳动监察、卫生监督、农产品质量安全、建设施工管理等 15 个部门的执法职能②。

2. 特定领域的执法体制改革

"九龙治水"的弊病是中国行政执法体制面临的严重问题。对此，一些地方还进行特定领域的执法体制改革，其代表者是长沙。长沙市委、市政府印发的《长沙市人民政府职能转变和机构改革方案的实施意见》将市知识产权局由市政府直属事业单位调整为市政府工作部门，将市工商行政管理局承担的商标权管理职责划入市知识产权局，加强和完善知识产权执法体系建设，建立起专利权、版权、商标权集中统一管理的体制。以食品安全为例，食品药品安全监管、卫生、质检、工商等多个部门分别管理这一领域，这成为食品安全监管的体制障碍。为打破这一弊端，长沙市雨花区经过机构改革，组建区食品药品监督管理局，将原来食品安全办公室、区卫生局、区商务和旅游局、市工商局雨花分局、市质监局雨花分局等掌握的有关食品监管职能全部整合，构建起集行政管理、监管执法、基层监管于一体的食品药品监管体系。雨花区还将区安监局由政府直属事业单位调整为区政府工作部门，并设立二级事业单位区安全生产执法大队，进一步理顺监管体制，提升监管力度；将

---

① 数据参见张剑飞、叶新火《宁波市法制办关于深化行政执法体制改革的研究报告》，中国政府法制信息网，http：//www.chinalaw.gov.cn/article/dfxx/dffzxx/zj/nbs/201510/20151000479176.shtml，最后访问日期：2015 年 11 月 7 日。

② 《横琴新区综合执法局每天对应 8000 条执法事项》，中国横琴政府网站，http：//www.hengqin.gov.cn/ftz/hqbbu/201511/2777beec413c4dabbca41f8db09038ed.shtml，最后访问日期：2015 年 11 月 12 日。

区文物管理所和区动物卫生监督所的行政职能剥离划入相应的行政主管部门，优化其公益服务职能。

3. 探索镇街执法

如何通过行政执法体制机制改革，将执法力量下沉，提升基层法律执行的效能，成为各级政府、民众普遍关注的问题。湖北省吉首市、湖南省湘潭县等地积极探索将市县级部分部门的行政执法权委托下放给乡镇行使。2015 年 6 月，吉首市的市直部门对乡镇政府进行部分执法权的委托，委托执法项目涉及农业、安监、国土等九大类近 40 项，签订行政执法委托书，制定下发《乡镇人民政府依法查处违法建设工作程序及相关执法文书》。需要注意的是，委托乡镇执法，固然有利于执法力量下沉，提升监管能力，但与此同时，相关配套的制度和保障机制建设也必须相应加强。在委托执法的同时，应当充实乡镇执法队伍编制，加强培训，并提供足够的执法设备设施和执法经费。

甘肃定西乡镇设立综合行政执法所，作为区县综合行政执法局的派出机构。乡镇的综合行政执法所整合乡镇（街道）、相关站所，以县区综合执法局和业务主管部门的名义集中行使乡镇（街道）范围内的行政执法权。由此，夯实了乡镇层面的管理基础，实现了执法力量从区县层级下沉到乡镇、街道。

在大量行政执法事项转移到乡镇、街道的背景下，乡镇、街道依法行政的任务日渐艰巨。为此，金华市下发了《关于进一步加强乡镇（街道）政府依法行政工作实施意见》，重点对乡镇政府行政执法程序进行规范，特别是严格规范"三改一拆""五水共治"、集镇管理等重点执法活动，并明确乡镇（街道）政府应配备法制员。温州市平阳县编制机关已正式批复同意在各乡镇设立独立的政府法制机构，温州的文成、泰顺、永嘉等地也在积极推进，其目标是在 2015 年实现市、县、乡三级政府法律顾问的全覆盖。

4. 公安保障执法能力

面对大量出现的妨碍执行公务、暴力抗法现象，已有 40 多个城市探索建立城市管理等执法的公安保障机制。湖南省长沙市公安局增设公共交通治安管理分局，保障在主城区设立大队，开中国城市管理公安保障之先河。山东省青岛市公安局增设机动分队支队，支队长兼任城市行政执法局副局长，在各区设立机动大队，其大队长兼任所在区城管执法局的副局长。浙江省宁波市海曙区、江东区等地设立综合（联合）执法组，成立公安执法保障大队，有效预防和处置了各类暴力抗法事件。湖北省襄阳市下发《关于进一步完善襄阳市城区城市管理体制的意见》（襄政办发〔2015〕14号），调整设立"市公安局城管公交分局"，明确其城市管理执法安全保障职责，依法查处城市管理中妨碍或以暴力、威胁方法阻碍国家机关工作人员依法执行公务的违法犯罪行为。

5. 增强执法力度，促进全民守法

各城市在自行车道、人行道违法停车的现象都极为常见，导致自行车和行人不得不走在机动车道上，带来严重的安全隐患，妨碍机动车通行效率。为整治人行道乱停车问题，山东省青岛市城市管理局开发软件，建立人行道违法停车的智能管理系统，并与公安系统联网，不缴纳相关处罚费用的机动车，将可能无法通过年审。这种做法使得罚款的收缴率大幅提升，更使管理秩序焕然一新。但与此同时，也产生一些质疑，如是否与《道路交通安全法》关于机动车年度检验"不得附加其他条件"相冲突等。显然，执法创新是否有法律依据，如何依法进行，都需要进行更深入、更审慎的研讨论证，而不宜简单化和粗暴化。河南滑县国税局完善"黑名单"制度，按季公布重大税收违法案件信息，也起到增强行政处罚震慑力的效果。

6. 创新执法机制

其做法有执法过程全记录、菜单式执法等。浙江省温州市、江西省抚州市等地开展行政执法全过程记录试点，在市场监督管理局、城市管理与行政执法局等单位建立全过程记录制度，通过可视化技术手段，综合应用执法办案信息系统、现场执法记录设备、视频监控设施等手段措施，对行政执法行为的立案受理、日常检查、调查取证、行政决策、文书送达等进行视频音频记录。由此，执法人员依法行政的主动性、自觉性大为增强，也在客观上起到维护依法执法的效果。深圳市福田区建设全区通用的行政执法平台（http://www.szft.gov.cn/xxgk/xzzfgk/），将区属执法部门一体纳入，实施菜单式执法。福田区通过走访各个行政执法部门，摸清执法流程，全面梳理各个执法部门的职权目录、法律法规、执法人员信息等数据，按照执法对象、执法流程、自由裁量、执法文书等要素进行分类，形成《福田区行政执法信息系统需求（法律）分析》；根据该区的行政处罚裁量权实施标准，对执法部门具有自由裁量属性的 831 项行政处罚事项，逐个进行优化，形成具体裁量事项 2246 项，执法人员进行处罚时通过平台录入违法信息，将产生对应的细化执法标准，最大限度压缩控制裁量空间。通过该平台，公众可以随时查询执法依据、执法人员信息、执法进程、救济途径、处罚结果，并可评判执法结果。由此，执法不透明不规范、违法不立案、选择性执法、差异性执法、以罚代刑等问题将得到有效化解。

另外，一些地方的诚信执法建设也值得一提。苏州市政府法制办出台《关于加强行政执法诚信建设的指导意见》，推动建立诚实信用、言行一致、过程规范、公正文明、权责明确的行政执法体制。在具体内容上，要求行政执法应维护法律秩序的稳定有序，应当公平公正而不得差别对待，真实准确并信守承诺。

（二）行政决策向全面制度化转变

依据中央一系列大政方针文件的要求，按照党中央、国务院关于依法行政、建设法治政府的要求，地方行政决策的立法和制度建设体现出"不抵触、有特色、可操作"的优势。以行政决策为主题的专门地方立法数量在 2015 年度呈现较大规模的增长。在内容上，既有一般性的制度出台，也有一些地方以规章形式就合法性审查等环节、机制进行专门立法。截至 11 月初，2015 年出台的专门地方政府规章决策就有《辽宁省重大行政决策程序规定》《浙江省重大行政决策程序规定》《甘肃省人民政府重大行政决策程序暂行规定》《内蒙古自治区重大行政决策程序规定》《宁夏回族自治区重大行政决策规则》等。江西省政府出台《江西省县级以上人民政府重大行政决策合法性审查规定》，山西省政府出台《山西省人民政府关于健全重大行政决策机制的意见》（晋政发〔2015〕29 号）等。

《山西省人民政府关于健全重大行政决策机制的意见》明确提出，重大行政决策的基本原则既有中央文件明确的科学决策原则、民主决策原

则、公开透明原则，还增加了为民决策原则和风险控制原则；在决策程序
上流程设置更加详细可行，分为决策动议、公众参与、专家论证、风险评
估、合法性审查、集体讨论决定、执行与后评估七个环节；为确保该决策
制度机制的顺利实施，明确设置了"保障措施"专门板块，内容包括提
高领导干部的依法决策意识和能力，加强相关制度建设，发挥政府法制机
构和法律顾问作用，建立健全重大决策终身责任追究制度及责任倒查机
制。在省级政府规章、文件的基础上，一些地市纷纷出台具体的实施细则
意见。由此，重大行政举措的初审、转送、审查、修改、上会等程序得到
全面细化规范，并明确了未经合法性审查不得提交政府常务会议讨论，有
效遏制了重大决策程序"绕行"的现象。在地方这些丰富的制度设计、
探索创新的基础上，进行全国层面的重大行政决策立法的条件似乎已趋
成熟。

（三）行政审批制度改革立体推进

审批事项清理、审批流程的简化与优化、审批服务的创新，仍然是许
多地方行政制度改革创新的重要内容。在改革中，能放则放、能简则简、
能快则快成为不少地方政府改革共同追求的目标，"非许可审批"事项已
经实现彻底的清理。比如，截至 2015 年 6 月 15 日，金华市对暂予保留的
339 项非行政许可审批事项全面清理宣告完成，不再保留非行政许可审批
这一类别。

进行综合性的行政审批制度改革，也是一些地方的选择。例如，上海
市闸北办税服务大厅经过清理改革共废止涉税审批事项 9 项，优化涉税事
项流程 177 项（其中减少审批环节、缩短办结时间的有 155 项），实现办
税窗口当场办结的有 96 项，取消涉税文书报表 26 种，精简了 160 种表证
单书，减少资料报送共计 189 项。

通过机制创新提升高效便民的水平，进而打造服务型政府的做法，也
值得关注。以三门峡市湖滨区地税局为代表的一些地方政府机关推行
"一窗式"受理业务模式。纳税人在三门峡市湖滨区地税局办税服务大厅
通过任意窗口均可办结所有纳税申报事宜，避免了纳税人的多头排队，最
大程度缩短了办税时间。该模式实施后，纳税人从递交申报表到证前审核

直至开出税证，平均每笔办理时间为 1.4 分钟，平均等候时间为 0.4 分钟，满意率 100%。

2015 年，一些地方探索试点集中许可权改革，具有深远意义。而横琴等地集中许可权的改革，具有突破性意义。此外，2015 年 8 月，南通市成立行政审批局，这是全国首个经中央编办、国务院法制办确定的地级市行政审批局。南通市行政审批局在市政务中心的基础上整合组建，作为市政府的组成部门，其目标是"一枚印章管审批"。具体做法是，通过组建行政审批专门部门，将长期以来分散在各部门的审批权限集中到审批专门部门。南通市行政审批局第一批即集中了市场准入、投资建设等领域15 个部门的 53 项审批事项，在 2015 年年底前将基本完成试点。这种改革模式超越了以往行政服务大厅、政务服务中心传统的物理式集中模式，将行政审批职能从相关部门剥离出去，使得其他部门更关注规划政策、事中事后监管。

（四）多种举措创新，强化高效便民

不少地方在打造服务政府的宗旨下，以办事大厅的各种制度机制改革为抓手，探索高效便民的制度机制创新，推行双向预约机制、全市通办机制、网上办理、容缺受理等做法。

一是双向预约机制，减少排队时间。云南曲靖地税局一方面对外公布办税服务厅服务联系方式，纳税人有事可以通过电话联系方式与有关税务人员联系，预约办理。另一方面，主动与纳税人预约，统一制作购票大户和认证大户联系表，及时向其通报办税服务厅业务繁忙程度，提醒其选择恰当的时间办理涉税事宜。

二是全市通办机制，克服地域管辖局限。深圳地税局、珠海国税局等进行了全市通办创新，适用于申报征收、税票换票和发票发售、验缴销等业务。由此，纳税人不必在特定地域办理，可以跨区办理各项涉税业务。另外，盘锦市工商局、河南滑县地税局等行政机关到一些企业现场办公，为企业提供零距离服务。设置纳税服务流通车，提供上门送证、送发票等服务。

三是网上办理，提供全天候服务。许多地方政府机关都注重通过互联

网方式服务监管对象，并积极探索各类新媒体方式的应用。比如，河南滑县国税局打造"网上税务局"，"足不出户"即可办理一切涉税事宜，办税效率较以前提高了 9.5 倍；深圳市地税局建立短信服务平台，面向纳税人推出税法宣传、涉税查询、申报提醒、缴款提醒、欠税催报等服务；珠海市国税局通过办税服务厅公告、工作 QQ、门户网站、微博、微信等渠道及时发布优惠政策和操作指引，并在广东省首创手机 App 办税，开发应用了集手机 App、微信、网上办税厅三大办税系统于一体的纳税服务平台，充分利用当今手机移动端的便捷性、互动性，为纳税人提供全天候便捷办税服务。

四是容缺受理，对事后补办"网开一面"。比如，浙江省工商系统对申请人非关键性材料缺失或有误的，企业注册大厅可预先受理和审查，待材料补正后及时办理登记。三门峡市湖滨区地税局则为纳税人提供缺件备忘服务，设置"先办后补"机制。由办税大厅值班主任甄别审查缺件原因、办件的紧急程度和材料补正的可能性，在工作人员做好备忘记录并留下申请人联系方式后，设置合理的资料补正时间，便可先行开票①。

这些机制、流程的优化创新，极大便利了前来办事的企业、公民。但应注意的是，其中一些做法与现行《行政许可法》等法律法规未尽一致，是否存在负面效果有待观察，并可考虑纳入今后的法律修改中。

（五）公共治理突出多方主体参与

现代社会治理的重要特征是市场、社会多种力量、多方主体共同参与。一些地方通过志愿者队伍参与执法、购买公共服务、民众参与决策等方式，逐步形成网络化、多元化治理结构。

横琴新区借鉴国外的做法，组建专业志愿者队伍。该区公开招募具备综合执法各领域专业知识的志愿者，组成志愿者库。当需要执行特定任务时，综合执法局便向他们发出通知，邀请一定名额的志愿者一同前往实施。当地的普通市民可利用手持终端的拍照、定位功能，对涉及市容卫

---

① 参见《三门峡市湖滨区地税局：办税服务从"心"开始》，人民网，http://dangjian.people.com.cn/n/2015/0520/c396242-27031063.html，最后访问日期：2015 年 11 月 3 日。

生、环境保护、食品药品安全、交通管理、安全生产、文化旅游等方面的违法现象，通过"横琴管家"App 进行投诉，被确认属实的给予领红包奖励。与此同时，横琴新区综合执法局还会把诸如捡垃圾、去除小广告等作为任务发到"横琴管家"App 上，供大家去认领完成，之后也予以红包奖励。

政府购买服务成为社会、市场参与公共治理的新途径。横琴新区综合执法局综合执法的前端日常性工作大多通过购买服务的方式实施，将综合执法的巡查、提醒、警告、管养、即时处理等环节事务，交由物业管理公司、安保公司等公司组织处理，并对后者实施监督。由此，执法机关从日常监督巡查的汪洋大海中脱身，又提升了日常监督管理的专业性。

江西省抚州市高新区管委会召开了 2015 年第一、二批次城市建设用地拟征收土地方案听证会，邀请了相关镇、街道负责人、村民代表等 30 余人参加听证会，对本批次拟征收土地的范围及面积、土地补偿费和安置补助费等情况进行了详细介绍，解释和答复了村民代表提出的征地补偿测算方法、房屋拆迁安置方式和社会保险费用缴纳等问题。听证会的召开为后期实施征地拆迁补偿安置工作打下了坚实基础，社会稳定风险大幅下降。

（六）政府法律顾问建设步入正轨

在政府法律顾问制度建设上，各地积极探索，并逐步走向制度化的良性轨道。2015 年，《广东省政府法律顾问工作规定》《鞍山市人民政府法律顾问管理办法》等地方政府规章层面的专门制度文件出台，《唐山市人民政府法律顾问工作规则》《杭州市人民政府办公厅关于全面推行政府法律顾问制度的意见》《眉山市人民政府办公室关于建立乡镇（街道）矛盾纠纷第三方调解中心和法律顾问制度的通知》《四川省工商行政管理局法律顾问团工作规则》《绍兴市人民政府办公室关于全面推行政府法律顾问制度的实施意见》《宿迁市政府关于成立宿迁市人民政府法律顾问委员会的通知》《温州市人民政府办公室关于进一步推进政府法律顾问工作的意见》等一批规范性文件下发。并且，各地积极探索法律顾问的工作模式，仅浙江就形成以瓯海为代表的顾问团模式，以瑞安为代表的项目化模式，以省政府法制办为代表的顾问组模式等。

（七）政府信息公开不断向纵深推进

在《政府信息公开条例》面临修改之际，不少地方先后出台或修改当地的相关规章和规范性文件。已修改通过的地方政府规章有《贵阳市政府信息公开规定》《大连市关于政府信息依申请公开的规定》等。一些地方政府部门也积极进行了制度建设。

在阳光政府的推进方面，权力清单的制度化及其正式公开具有基础作用。根据中共中央办公厅、国务院办公厅《关于推行地方各级政府工作部门权力清单制度的指导意见》（中办发〔2015〕21 号）的要求安排，各地先后全面梳理、依法清理了权力清单、责任清单，并陆续公开。比如，北京市市级部门已全面公开了权力清单，各区县政府也集中发布了权力清单，率先完成了中办发〔2015〕21 号文的任务安排；宁夏回族自治区就以《关于自治区本级政府部门（单位）权力清单和责任清单的公告》的形式，将自治区本级政府部门（单位）保留 1941 项行政职权事项的权力清单和责任清单予以公布，并明确凡原有职权类型、职权名称与此清单不一致的，均以此清单为准。

深圳市龙岗区在 2014 年编制的行政权责清单基础上，进一步调整完善，并注重清单成果的转化应用。2015 年街道梳理权责事项 862 项，并明确每项权责的实施主体、法律依据、流程图、申请条件及所需材料等信息。与此同时，建成街道层级的行政服务大厅和社区的便民服务大厅，街道政务一体化服务网络走向完善①。

为全面实现处罚信息的公开，浙江省政府出台了《浙江省行政处罚结果信息网上公开暂行办法》，除特定例外之外，要求行政执法机关对于适用一般程序作出的行政处罚，在互联网上主动公开处罚结果信息。在对象上，既包括对企业的处罚信息，也包括对自然人的处罚信息，在县级以上政府政务服务网上醒目位置设置处罚结果信息网上公开专栏，

---

① 《坪地街道 2015 年度法治政府建设工作情况报告》，深圳市龙岗区坪地街道办事处网站，http：//www.pdjdb.lg.gov.cn/art/2015/11/13/art_ 6292_ 272546.html，最后访问日期：2015 年 11 月 18 日。

并提供处罚结果信息查询服务。但是，被处罚人是未成年人的除外；要求隐去自然人的家庭住址、通信方式、身份证号码、银行账号、健康状况等个人信息，以及被处罚人以外的自然人姓名、法人或者其他组织的银行账号等信息。应当说，在全面的处罚结果信息公开方面，浙江迈出了宝贵的一步，对于其他地方乃至全国层面统一的处罚信息公开，都不无借鉴启示意义。

黑龙江住房和城乡建设厅建立征收拆迁补偿信息公开制度，坚持公众参与、阳光拆迁、和谐拆迁，确保群众的知情权、参与权和监督权。要求通过各种新闻媒体、网络和公告等形式及时将征收补偿法规政策、征收范围、征收决定、补偿方案、安置方式、补助奖励政策和标准、评估结果、分户补偿情况及时对公众公布。对于引发矛盾纠纷的征收拆迁项目，市县人民政府和征收部门要及时发布信息，主动回应人民群众和社会关注。

过去，安徽省六安市金寨县一些地方惠民资金的发放分配使用引发群众上访，一些村居干部被调查甚至锒铛入狱。经过改革，基层惠民资金从"发放结果的公开"走向"发放前的公开公示"，取得良好效果。据六安市一些乡镇政府干部反映，以往的"上访多、低保多、村干部被抓多"的不正常现象，经过全面及时准确的公开，上访人次明显减少，村民怨气消除，享受低保的户数减少，低保救助精准度提升，村干部的清廉度和公信力显著提升。通过公开透明，增强了民生工程决策和实施的社会认同度，减少了民众的投诉上访，并倒逼行政效能提升，领导干部形象也大为改观。

一些地方的"三公"经费公开更加全面细致。比如，在公开预算和决算信息的基础上，河南省要求同步公开"三公"经费预算和决算，细化说明因公出国（境）团组数及人数，公务用车购置数及保有量，国内公务接待的批次、人数，以及"三公"经费增减变化原因等。

狱务公开成为政务公开的新亮点。2015 年，司法部出台《司法部关于进一步深化狱务公开的意见》，一些地方也在已有探索基础上扎实推进。比如，上海市司法局下发《关于进一步深化狱务公开的实施意见》，在设立"上海监狱"网站（jyj.sh.gov.cn）、"上海监狱"微信公众号

（shsjyglj）之后，开通了上海市监狱管理局狱务公开服务热线，市民拨打 12348 转 5 即可咨询上海市监狱管理局和各监狱狱务公开相关信息。该热线具备查询、求助、投诉等功能。其"六个一"项目①成为全国狱务公开的亮点。

（八）监督行政走向良性运转态势

行政监督的功能包括督察、纠错、预防等方面，对于确保行政活动的规范化，克服不作为和乱作为都具有积极意义。2015 年，行政监督走向制度化良性循环，寻求监督、主动接受监督成为新常态。河北省、山西省先后出台了省人大常委会地方性法规层面的规范性文件备案审查条例，重庆市政府也出台了政府规章层面的《重庆市行政规范性文件管理办法》，这是各地方对规范性文件进行监督管理的里程碑事件，由此加强了规范性文件的制定程序、备案审查、公布、清理、监督等各个环节的规范管理，完善了合法性审查程序，进而实现了规范性文件监督管理的全覆盖。

江西省政府印发《江西省人民政府行政应诉工作规则》，对省政府及其下属机关部门的应诉工作予以规范，明确了省政府和省政府法制办在应诉活动中的地位功能，明确了应诉人员、承办单位、省政府和有关机关部门的关系。比如，出庭应诉人员由省法制办依法提出意见报省政府确定，承办单位认为需要提起上诉的，应将上诉意见报送省政府审定，等等。其规定多有创新之处，但实施效果如何仍需进一步观察评价。

深圳市地税各办税服务厅设置"视频监控系统"，借助第三方科研院所的数据统计分析和调研力量，开展第三方满意度及需求调查。浙江省工商系统则开展"三评"活动，社会监督员评工商、企业评工商、消费者评工商，从不同角度、层面对工商行政管理进行评议监督。珠海市国税局则主动接受监督，通过发放纳税人需求调查问卷、上门走访、网上调查、电话了解等途径，征集纳税人的意见建议，并予以落实整改。由此，行政机关从被动接受监督走向主动寻找监督，进而发现问题、改进工作、提升效能。

---

① "六个一"指一个网站、一条热线、一个平台、一个窗口、一个机制、罪犯"一卡通"。

三 探索克服改革难题，着力提升司法公信力

在中央顶层设计和统一部署下，地方司法改革总体上有条不紊地开展。在传统上，法院及法官管理主要是借鉴行政机关，按行政化结构来设置，其自身管理也有较强的行政管理色彩；案件请示、审批制度仍在一定范围内广泛存在；法官待遇与行政级别具有密切关系，职级晋升成为法官所追求的重要目标；类似企业的考核方法和各类绩效指标对法官行为方式形成巨大影响，使得法官疲于奔命。这些是本轮司法改革要克服的主要难题。

（一）推行司法人员遴选

司法人员遴选是司法制度的重要组成部分，主要指设置法官、检察官资格、选拔机制的准则程序等。司法人员遴选制度科学与否，对于司法权的正确行使、国家司法能力建设都具有基础性意义。相应的，遴选制度改革成为司法改革的首要议题。2015年广东省法官、检察官遴选委员会正式成立，已审议通过《广东省法官、检察官遴选委员会章程（试行）》，由此，全省法官、检察官统一提名、管理并依法任免的统一遴选制度正式建立。遴选程序一般分为五个环节：公告遴选职位和条件、组织报名和资格审核、考试、业务审核、审议确定推荐人员。此后，上级法院、检察院从下级法院、检察院遴选法官、检察官，遴选初任法官、检察官，从优秀律师和具有法律职业资格的法学学者等法律职业人才中公开遴选法官、检察官。该章程还要求，上级单位从下级单位遴选法官、检察官的，一般应当逐级遴选。

上海还出台了《上海法官、检察官从严管理六条规定》，被誉为"史上最严格"的司法人员职业回避制度，建立起"一方退出"机制。要求法官、检察官配偶，各级法院、检察院领导班子成员配偶、子女在本市从事律师、司法审计、司法拍卖职业的，应当实行一方退出。至2015年7月初，上海检察机关具有"一方退出"情形的63人中有49人选择本人一方退出，14人选择配偶等另一方退出①。

---

① 数据参见《从六大关键数据看上海司法改革试点一年间》，新华网，http：//news. xinhuanet. com/politics/2015-07/24/c_ 128052853. htm，最近访问日期：2015年11月3日。

（二）让审理者裁判

加强司法人员遴选的目标是推进司法人员职业化，实现"让审理者裁判、让裁判者负责"。在中央的部署下，各地法院、检察院在此方面进行了一系列试点工作。北京知识产权法院已经取消了案件逐级汇报的做法，院长、庭长不再就个案听取汇报，除依照法律规定需要审判委员会讨论决定的案件外，裁判结果将按照合议庭多数意见确定。作为配套措施，建立起主审法官、合议庭行使审判权与院长、庭长行使审判管理和监督权的全程留痕、相互监督、相互制约机制。知识产权法院专门建立起由专家学者等组成的审判咨询委员会，构建起将专业问题交专业人员解决的审判模式。院长、庭长在司法活动中的审批、审核权限及相关机制的弱化，存在审判人员滥用权力的风险。对此，北京市知识产权法院建立起当事人及其代理人的权利清单和申请书制度。当事人可通过申请书的方式申请权利，每项权利都明确了答复主体和答复期限。

北京市四中院建立起两级法官会议制度，主审法官会议和院级的专业法官会议。北京市四中院与检察机关联合建立起行政行为司法监督协作制度。法院在审判工作中发现行政机关或其工作人员违法行使职权、怠于履行职责、以行政强制措施侵害公民权利或行政机关拒不执行法院判决、裁定等行为，将及时通报检察机关，检察机关依照法定程序及时处理。

北京市第四中级人民法院作为全国首批跨行政区划法院之一，出台《北京市第四中级人民法院关于充分保障律师执业权利　共同维护司法公正的若干规定（试行）》，在北京全市率先落实调查令制度，经当事人及其代理人向法院提出申请，法院审查后可即时签发调查令。当事人的代理律师持调查令有权向有关单位或个人调查收集证据，由此调查取证工作的及时性、有效性将得到大幅提升，当事人的诉讼权利、胜诉权益得到更好保障。另外，四中院还设立律师参与诉讼活动时免予安全检查的"绿色通道"，律师在法院参与立案、开庭等工作，只要查验和登记能够证明律师身份的有效证件后，即可免予安全检查。为克服领导违法插手案件，北京市四中院与检察机关联合建立干预司法情况通报及协作处理机制。如发现领导干部插手具体案件处理，司法机关工作人员过问案件、打探案情等情形，可能影响司法权的独立公正行使的，及时向法律监督部门通报情况，并移送相关问题线索，启动问责追究程序。

上海作为全国首批司法改革试点地区，其改革具有很强的创新性。经过改革，将司法人力资源的85%直接投入办案工作。其4个先行试点法院有以下制度创新。一是改革文书签发制度。其核心内容是明确院长、庭长对自己没有主审的案件不再签发裁判文书。二是完善审委会、检委会工作机制，审委会、检委会重点讨论对法律适用意见有较大分歧的重大疑难复杂案件。三是规定行政岗位管理职责，院长、检察长、庭长主要负责审核程序性事项、监督管理办案质量效率等事务。四是建立法官、检察官联席会议制度，既为法官、检察官办案提供专业咨询，又为业务交流搭建了有效平台。由此，绝大部分案件由法官和合议庭评议后直接裁判，只有不到千分之一的案件被提交审判委员会讨论，落实了"让审理者裁判、让裁判者负责"的中央司法改革理念精神。

（三）推行管辖制度改革

管辖制度的改革对于排除干扰、实现独立裁判有积极意义。天津市高级人民法院经最高人民法院批准，发布了《关于指定部分行政案件施行跨行政区域管辖的公告》，明确以天津海关及各隶属海关为被告提起诉讼的行政案件由天津市第二中级人民法院管辖，以市级行政机关为被告提起诉讼的行政案件一般由天津市和平区人民法院管辖（因不动产提起诉讼的案件和因市级行政机关复议维持原行政行为作为共同被告的案件除外），环境保护行政案件由天津铁路运输法院管辖①。福建省探索在全省各中级人民法院实行市、县（区）政府为被告的一审行政案件跨行政区划管辖。其做法是，将全省九个设区市划分为三个片区，各片区范围内的

---

① 其背景是，天津海关原来位于天津市二中院辖区，海关行政案件长期由该院审理；但2014年天津海关机关办公地点搬至一中院辖区，但其主要业务和隶属海关仍在滨海新区、天津港、空港经济区等二中院辖区内，形成诉天津海关机关的案件由一中院受理，诉天津海关各隶属海关的案件由二中院受理的割裂局面。为发挥二中院审理海关行政案件积累起的专业性优势，确定了本规则。鉴于天津市的市级行政机关多位于和平区，明确市级行政机关为被告的案件主要由和平区法院受理；鉴于环保行政案件为新类型案件，且容易受到地方政府干预，因此一审置于铁路运输法院，二审由天津市一中院管辖。

原属当地中级人民法院管辖的以市、县（区）政府为被告的一审行政案件，统一指定给片区内其他中级人民法院管辖，且不对应交叉管辖。自 2015 年 9 月起，在福州、厦门、泉州等 8 个地市中级人民法院司法管辖区内，各确定 2~4 个基层人民法院作为集中管辖法院，管辖指定范围内原由其他基层人民法院管辖的一审行政诉讼案件，集中管辖法院原则上不再管辖本地行政机关为被告的案件，而由其他集中管辖法院管辖。值得一提的是，福建省的行政诉讼管辖制度改革凸显对原告选择权的尊重，法官向原告释明后原告仍然坚持选择在原管辖法院起诉的，可以由原管辖法院管辖。深圳市将全市各区的一审涉外、涉港澳台商事纠纷案件指定由前海法院集中管辖，并将全市各区一审的部分金融纠纷案件、知识产权纠纷案件，分步集中到前海法院管辖。

（四）完善审判体制

传统的专业审判庭划分模式，远不能适应现代复合型的纠纷处理需求。因此，一些地方在特定领域、特定地区探索对此实施改革。2015 年 1 月，深圳市前海法院成立，彻底取消审判业务庭的传统体制，建立以审判为中心的扁平化管理模式。知识产权案件的民事、行政、刑事审判的三审合一，是在涉及知识产权的民事、行政合并整合审理的基础上，化解民刑交叉、行刑交叉分别由不同审判庭甚至不同法院来分别审理导致的体制不畅、认定标准有别的问题。对此，近年来各地分别探索实施涉及知识产权案件的民事、行政、刑事的三审合一。四川省三级法院已全面启动试点，有效整合了原本分散的审判资源，统一了各个审判庭原本差异化的裁判规则，形成拳头优势，有力加强了知识产权的司法保护力度。成都市中院知识产权庭由刑事、知识产权法官组成合议庭，既保证了刑事审判的严谨，又发挥了知识产权法官的专业优势，形成"1+1>2"的良性效果。其改革成效已然显现，审理周期平均缩短 11.5 天，一审的服判息诉率提高了 3.46%[①]。

---

① 《四川：知产案"三审合一"　周期平均少 11 天半》，四川普法网，http://www.scpf. org.cn/Article/ShowInfo.asp? ID=40231，最后访问日期：2015 年 11 月 19 日。

（五） 创新考核机制

考核机制对司法人员具有指挥棒的作用。横琴新区法院通过了《横琴新区人民法院关于改革和完善法官考核制度的意见（草案）》，其改革注重全面评价，并慎用量化考核。明确提出"加强日常管理，简化年度考核"，把办案质量、诉讼调解、个人案件管理等工作表现调整为法官能力评价项目，纳入法官综合评鉴中去。其办案数量以法官会议确定的任务为准，办案进度不再搞末位排名，以避免法官为拼业绩导致忙中出错。横琴新区法院还下发了《关于建立法官评鉴机制　完善法官考核制度的意见》，将探索实施法官评鉴制度，引入对法官的第三方评价，旨在解决传统上内部监督乏力的问题。综合评鉴由评鉴小组独立负责。评鉴小组由委员五人组成，委员的人选由法官会议决定，从法官、律师、法律学者中产生，其中应该有人大代表或者政协委员、人民法院特约监督员。

（六） 提升执行能力

从全国范围来看，执行难的问题依然普遍存在，被执行人难找、被执行财产难查、协助执行人难求是长期困扰胜诉当事人、导致胜诉权益无法实现的重要因素。执行人员消极执行、拖延执行、乱执行问题是涉法信访投诉的重要来源，一些当事人、组织部门规避执行、抗拒执行、干扰执行的现象仍时有发生。在此背景下，通过审执分离、信息化等措施，展开一系列体制制度机制的改革，成为许多地方司法改革的重要内容。其中的重要思路是审执分离。广东、浙江、广西三地高院和河北省唐山市中级人民法院经最高人民法院批复同意，探索审执分离改革试点。

广西将执行局定位为人、财、物相对独立的二级法人机构，保留部分法官负责程序性裁决事项，将执行人员、书记员比照法警确定待遇，并将部分法警编入执行局使用管理，充实了执行队伍力量。兴宁区人民法院作为广西最早一批审执分离的试点法院之一，改变以往执行法官"一人包案"的传统模式，其执行局内设一个裁决组和两个执行实施组、一个内勤组。执行审查权由裁决组的执行法官行使，重大执行审查事项处理则采取合议制；执行实施权由执行实施组的执行员或执行法官行使，其运行为审批制，即经过裁决组审查并作出裁定、决定后执行实施组才可实施具体事项；内勤组负责案件数据管理、财产查控及相关后勤保障事项。河北省唐山市中级人民法院将两级法院的执行体制整合作为改革重点，大刀阔斧地撤销下属基层法院的执行局，中院下设五个执行分局集中管辖原本在基层法院的执行案件。

改革执行员的管理模式和待遇机制，是一些地方强化执行激励进而提升执行效能的共同选择。广东探索设立执行员的单独序列，确定执行员的任职条件、职务晋升、职责权限和薪酬待遇。浙江则将执行人员成建制纳入司法警察序列，施行执行警务化。

"两个法官一台车四处找"的传统模式，已完全不能适应现代信息化的需求，各地法院将执行信息化建设作为重要抓手。睢宁县人民法院设立了"五室五中心"，包括查控一室、二室，强制执行一、二、三室；案件查询中心、执行启动中心、快速反应中心、司法拍卖中心、信息管理中心，由此打造了"机构全建立、部门全联动、网络全覆盖、监管全留痕、过程全公开、执行全天候"的网上执行局。哈尔滨市中级人民法院则成立执行指挥中心，执法法官履行执行职责时，配备具有 GPS 定位、录音、录像等功能的独立执行车载终端和执行单兵设备。通过这些执行装备，实现了对执行现场的实时录音录像，通过网络回传到指挥中心。指挥中心通过视频对执行人员的执行地点、方向等进行 GPS 定位监控，掌握远程指挥执行情况。如遇到突发事件，法院还可以通过同步录音录像制订应急方案，及时快速制止违法行为，提高执行快速反应能力。通过这些执行装备设施还实现了对执行过程的全程监督，达到了司法执行有力、有序的双重目标。

北京市门头沟区法院进行多项制度机制创新，强化司法执行力度。其建立起对执行对象的梳理甄别机制，逐案甄别被执行对象是否涉嫌拒不执行判决、裁定罪，妨害公务罪，非法处置查封、扣押、冻结财产罪等犯罪，逐案梳理执行对象是否属于不构成犯罪但需司法拘留的被执行人或相关人员，逐案梳理执行对象是否属于需司法拘留但已逃匿的情形，针对不同情况采取应对措施；在传统的解决执行难联动机制和联席会议机制基础上，健全与区公安分局、检察院的协调会商机制，形成打击拒不执行罪的合力。

（七）推动电子法院建设

利用互联网技术手段优化流程，为当事人提供更好的体验、更高的效率，是许多政府和司法机关的共同选择。吉林省高院打造电子法院的做法，对于获取全面准确的一手数据、提升司法能力，进而推进司法改革相关决策的科学性具有基础意义。2015年6月19日，吉林省高级人民法院正式开通吉林电子法院（www.e-court.gov.cn），全省93个法院实现"线上"全业务覆盖。电子法院将法院各项业务推送到网上办理，已实现立案、审理、执行、拍卖、信访、阅卷、舆情分析等对外业务、内部流程的网上进行。在网上办理的同时，还突破了传统司法模式受制于上班时间、法院区域的时空限制，可做到全天候诉讼。

（八）加强对司法改革的监督

值得一提的是，一些地方人大常委会还对司法改革依法进行监督。广东省人大常委会根据《广东省人大常委会2015年监督工作计划》，听取和审议了省法院、省检察院关于推进司法体制改革试点工作情况的报告，既有利于人大参与有关司法改革方案的讨论制订，推动其细化和完善，也有利于当地的司法改革在法治轨道上进行，为司法改革提供合法性和组织、编制等方面的保障。

四　创新理念与方式，推进法治社会建设

维护社会长治久安的根本出路在于建设法治社会，许多地方在此方面积极进行了改革探索。

（一）基层社会治理创新

社会治理的完善与创新，重点在于夯实基础。这方面值得一提的是江苏省南通市崇川区的邻里自理。崇川区按照"地域相近、楼栋相连、资源相通"的思路，本着"邻里有形覆盖、服务有效落实"的宗旨，在居

委会下组建"邻里"，涉农社区 150 户左右设置邻里，城市社区 300 户左右设置邻里，基本实现全覆盖。邻里设置"邻里和谐促进会"，建立以居民、社会组织、辖区单位为主体，业主委员会、物业公司共同参与的共管、专业、志愿三组服务力量，选配信息、宝洁、保安、调解、巡抚、宣传、评议、秩序、帮扶等九类服务人员。每个邻里在居民较集中的地方设置居民议事厅，通过居民议事会、居民代表大会、邻里评议会，自主解决邻里事务。发展至今，邻里作为最小的基层单元细胞发挥了社会自治功能，治理功能的重点向源头治理转变，邻里成为政府与社会之间的缓冲带、减压阀，社会多元共治格局初步形成。

（二）和谐劳动关系建设

劳动关系是最基本、最重要的社会关系之一。劳动关系是否和谐，事关劳动者的合法权益确认、保障和维护，攸关经济可持续发展。对此，江苏省江阴市建立劳动关系预警监控指挥系统，通过执法机关内部和其他部门、组织外部信息采集、排查摸底，构建实时动态监控全市劳动关系运行情况的信息系统，分别设立"黄、橙、红"三色分级防控预警机制，创设监控指挥决策制度、动态管理台账制度、预警分析报告制度、预警隐患监控制度和预警监控联动制度，能够做到快速有效地保障劳动者的合法权益，维护社会秩序安定。

（三）纠纷化解机制创新

相当的重复访、非法访、越级访规模，表明社会矛盾纠纷仍处于高位运行，对现代化社会治理具有巨大压力。一些司法案件当事人甚至持续上访十年以上，一些案件尚未审理完毕当事人已经走上了信访道路。对此，一些地方在纠纷解决机制方面积极创新，着力提升纠纷化解的能力和实效。

广东省中山市自 2012 年 4 月以来，已实现连续 3 年无医闹。其机制创新，一是在市委、市政府牵头下，建立起警院联动机制。中山市公安部门制订处置医闹的工作指引，区分不同的医疗情形进行处置。为增强处置的有效性，在各个医疗机构设置一键式报警，医院警务室派驻公安警务人员，明确公安部门首长为责任人，按照医闹人数的 3 倍警力出警，并确保警务执法人员一分钟内赶到。二是完善医疗调解组织机制和运行制度。中山建立起三级调解机制。在发生医疗纠纷时，先由医疗机构自己化解处置，再由医疗纠纷人民调解委员会（简称"医调委"）进行协调，最后是积极引导患者家属进入司法诉讼程序。医调委由司法局牵头，在各镇区设立，独立于医患双方，主要由 40 名专业人员组成的法律顾问专家库以及 500 多名专业人员组成的医学顾问专家库组成，其专业性和权威性得到了患者及其家属、医院、医生各方的认可，调解效能相比传统一般的调解组织大为提升。自成立到 2015 年 7 月，中山各级医调委先后共受理医疗纠纷 152 宗，成功调解 141 宗，成功率达 92.76%[1]。三是加强相关救助力度。中山市对确有困难的病患者提供及时法律援助、经济救助等措施，将尸检费、医疗纠纷鉴定费、人身损害鉴定费、精神疾病鉴定费等纳入法律援助的范畴。

经呼和浩特市政府批准，由呼和浩特仲裁委员会与内蒙古银行业协会、内蒙古证券业协会、内蒙古保险行业协会共同组建呼和浩特金融仲裁院。其处理纠纷种类包括金融机构之间或金融机构与企事业法人、其他组织、自然人之间在金融交易、金融服务等活动中发生的民商事争议纠纷而提出的仲裁申请，仲裁范围包括存款和借款纠纷、担保纠纷、理财纠纷、支付结算纠纷、保险纠纷、证券纠纷、期货纠纷、外汇和黄金交易纠纷、融资租赁纠纷、信托纠纷、保理和代付纠纷、典当纠纷及金融衍生品纠纷等情形。

深圳市光明新区创设大仲裁工作模式，通过整合信访、监察、仲裁三方面力量，设立立案调解庭，明确首访首调责任，联合调处化解劳动争议。

（四）大数据助力治理能力

在国务院印发《促进大数据发展行动纲要》的背景下，一些地方政府积极探索，北京、上海、武汉、无锡、浙江等地已推出了政府数据的集

---

① 黄惟勤：《广东中山三年无医闹（民生调查）》，《人民日报》2015 年 7 月 24 日，第 23 版。

中开发平台。浙江政务服务网的"数据开放"（http：//data. zjzwfw. gov. cn/）专题网站于2015年9月上线，向社会公众集中免费开放政府数据资源，包括68个省级单位提供的350项数据类目，涵盖工商、税务、司法、交通、医疗、教育等多个民生领域，大量数据可通过打包下载，或利用接口进行二次开发，在全球性政府数据再利用的大潮中占据了先机。

青岛市环保局开发并推广"青岛环境"App，具备空气质量监测、地表水监测、污染源监测等功能，对全市空气质量、河流水质、饮用水源地以及废水企业、废气企业、污水处理厂等环境要素各监测站点实施监测，一旦有企业超标排污，超标企业名称、超标项目、超标倍数、超标标准、超标天数等均在执法人员的手机屏幕上一览无余，并在地图上对各污染源企业进行明确定位。由此，执法人员可随时对自动生成提取的数据进行监控，并在第一时间发出预警，环境监测执法效能大幅提升。

五　地方法治建设面临的问题及2016年展望

在肯定2015年地方法治取得成效的同时，也必须清醒地认识到，地方法治的推进仍存在这样那样的问题，与经济社会发展的需求存在一定差距，突出表现为以下方面。

第一，观望现象不同程度存在。一些地方政府和领导推进法治的动力不足。对于中央、上级关于法治的诸项安排部署，贯彻中过于谨小慎微，力度不够，或者以文对文缺乏落实，或者偏重经济而忽视法治。一个值得关注的现象是，重庆市黔江区、安徽省金寨县等相对落后地区的政府法制机构人员配备相对到位、政府信息公开成效卓著，但不少经济社会发展较为先进的地区，其政府法制机构却存在着人员编制、财政经费等方面的严重缺失，阳光政府推进严重滞后。这表明，一些地方在法治推进方面"非不能也，实不为也"。

第二，法治推进缺乏具体举措。有的虽有热情但缺乏有效的推进措施，虽然明确了法治发展的目标方向，但如何推进法治，如何落实党政重大文件的要求，缺乏可实施的操作指南；相应的，在具体落实层面也往往无所作为。如何发挥企业、社会组织等主体参与法治建设的积极性，尚缺乏可行的渠道机制。

第三，法治行为方式尚未牢固树立。不仅一些访民相信个别领导批示而不相信法律，而且在不少领导干部、国家公职人员中，法治思维也未完全树立。就民众而言，不少当事人认为，信访的部门层次越高、官员级别越高，其客观性、公正性越强，问题就越容易解决。在诉求表达方式上，理性维权不容易受到足够重视，表达方式越是极端、激烈，越能够引起有关部门和主管领导的重视。其诉求未得到满足，不是认为自己的信访要求不合法、不合理，而是认为自己信访所赴机构级别不够高，或者闹得不够大。一些信访人不断向更高级别的机关反映问题诉求，并采取激烈的方式去信访。这对全民理性、法治氛围的形成，具有一定的消极影响。就政府而言，运动思维、专项整治思维，仍有很大市场。有的地方自己总结也发现，创制带有立法性质的规范性文件，设定或变相设定行政许可、处罚、强制的现象仍然存在，程序上未经过合法性审查就上会的程序违法也时有发生，有件不备、逾期报备的做法也存在，备案审查发现的问题存在整改不到位等问题①。一些地方妨碍法治推进、有违法治精神的案例事件仍时有发生。在社会稳定维护与纠纷化解上，部分政府机关放弃原则的迁就、突破法律底线的妥协，往往也可能埋下隐患，甚至导致更大的社会矛盾。

2015 年，多家新闻媒体曝光了多起拖延数年乃至上十年的环境污染事件，当地政府存在严重的不作为②。而在媒体介入、曝光后，当地政府高度重视并立刻行动，十年问题一朝得到解决。媒体曝光后当地政府迅速行动，固然值得嘉许，但也表明常态性执法监管的缺失，以及法治思维的缺位，更多带有运动式、政策化治理的人治色彩。显然，常态化、制度化的依法治理思维，仍有待进一步深入人心。

第四，经济社会新常态给法治建设带来严峻挑战。在新常态下，有的地方政府领导感受到更强的经济发展压力，对于发展经济热情高涨，但谈到推进法治，则缺乏足够的动力。虽然考核体系、考核导向已有所调整，但 GDP 的指挥棒作用仍或明或暗存在。比如，一些地方为落实环境保护

① 贵州省政府法制办 2015 年上半年规范性文件备案审查工作情况报告。
② 参见侯学宾《从运动式治理到法治常态化》，《检察日报》2015 年 2 月 25 日，第 7 版。

政策，关停大批煤矿，导致相关劳资争议、社会保险争议的生效判决得不到执行。

第五，法治推进的保障机制不够完善到位。法治推进的组织保障、经费保障都亟待强化。一个突出表现是，乡镇、街道层级在法治机构、队伍方面的普遍性缺乏。

2016年及未来一个时期，各地区在法治的推进过程中，在已经取得成绩的基础上，针对仍存在的不足和缺漏，可从以下方面继续向纵深发展。

第一，应进一步树立法治意识。中国地方法治向纵深推进，需要进一步树立正确的发展观，强化法治意识。2015年，项目组在调研时发现，部分老少边穷山区往往将落后、贫穷、民族地区等作为不重视法治、不全力落实法律要求的主要托词，甚至认为推进法治可能妨碍经济发展，落实法治需等经济发展到一定阶段以后再进行。这些观念显然存在严重偏差，有必要尽快纠正克服。一方面，全面推进依法治国，要求各地区各行业将经济社会发展诸种问题都纳入法治框架，在法治轨道内进行；另一方面，全面贯彻法治，对于当地的长治久安，对于经济社会的可持续发展具有基础性作用。因此，高举法治旗帜，以法治理念护航发展，以法治路径维护安定，是未来的必由之路。

第二，凸显地方需求"小步快走"。必须清醒地认识到，中国作为一个大国，既有各地区经济社会发展的不均衡，也存在法治基础的巨大差异，在此背景下，法治推进不应该搞"一刀切"，而应兼顾社会主义法律制度的一般价值、基本原则，也应充分体现各地区的特殊情况和个别需求。在具体安排部署上，既应贯彻中央统一要求，也要考虑当地的具体情况，不宜抱有一步到位的激进想法。因此，今后各地的法治实施，小步快走将成为新常态。

第三，信息技术支持保障力度需继续加强。信息化保障在现代法治推进中具有基础性意义。虽然各地政府、法院等国家机关推进网络化、信息化已取得显著成效，但仍有显著提升空间。一些以往根本无法形成或掌握的政府数据，现在已经比较容易获取。比如，一些地方法院的执行公开率、国家赔偿次数及总量已经可通过其司法信息平台点点鼠标就能轻易获取。但是，一些国家机关网站等平台提供的信息数据存在明显纰漏，仍有相当一部分数据无法准确形成，甚至根本无法获取。项目组在对一些法院官方网站进行观测时，发现一些法院居然在开庭后第二天公告了已经开过庭的"开庭公告"；对一些地方法院更深层次的内部测评发现，有些工作人员对待信息录入存在消极抵触心理，不少关键节点信息未予录入，相互矛盾的数据，也非个案。种种情况表明，法律制度实施的信息化取得成效不容过于乐观，应当不断优化信息平台，确保节点信息录入、信息形成的全面性和准确性，为科学决策和精细化管理夯实基础。

第四，地方法治应注重通过制度加以固化。通过制度建设，明确法治建设中各层级政府、各个部门的权责分配，进而杜绝犹豫观望等现象。各个主体之间的权责不明确，是法治实施中导致相互推诿、扯皮的重要因素。为此，必须将职责予以合理分解，明确到机构，明确到岗位。制度建设还可彻底克服"人一走茶就凉"的问题。项目组在一些地方的调研发现，一些法治方面的良好创新，往往由于人事变动而无法继续，亟须通过制度建设赋予刚性，实现法治水平的可持续提升。

第五，依据法治惩治乱作为和不作为。在地方法治推进中，必须明确改革创新应当在法治轨道内进行，对于以创新之名的乱作为应当予以严惩。另外，还要严惩一些领域的不作为。对于法定职权置之不理，有"廉"无"勤"，同样是违法行为，应当给予严厉追责。

第六，多管齐下形成全社会的法治氛围。地方法治的有力实施并非政府一家之事，需要社会各方共同努力，遵守法制。在不少发达地区也并非罕见的乱停车、闯红灯等现象，不少民众熟视无睹。事实上，这也同样是对法治的践踏。有必要通过加大执法力度、开展专项整治、加强普法教育宣传等方式，增强全民守法的观念意识。

（参见地方法治蓝皮书《中国地方法治发展报告 No. 2（2016）》）

第四章 中国西部法治发展指数报告

摘　要：西部地区的健康有序发展对于推动国家的改革和建设、维护党和国家的长治久安，具有重大意义。推进西部地区的法治发展，也是全面推进依法治国的重要方面。中国社会科学院法学研究所法治指数创新工程项目组 2014 年以西部 12 个省、自治区、直辖市及其所属的较大的市为对象，从立法指数、政府透明度指数、司法透明度指数、检务透明度指数四个方面评估了其法治发展情况，对未来发展提出了建议。

中国西部省份包括陕西、甘肃、青海、新疆、宁夏、重庆、云南、四川、贵州、西藏、内蒙古、广西。中国的西部地区是华夏文明的源头，有着广阔的地域、悠久的历史、丰富多彩的文化资源，是中国革命的重要发源地，也是少数民族及其文化的集萃地。西部地区科学健康有序发展对于推动国家的整体改革和建设、保持党和国家的长治久安具有重大意义。推进西部地区的法治发展，是全面推进依法治国的重要内容，只有西部跟上了全国的法治建设步伐，中国的法治事业才能说得到了整体推进。为了解西部地区法治发展进程，中国社会科学院法学研究所法治指数创新工程项目组（以下简称"项目组"）2014 年以西部 12 个省、自治区、直辖市及其所属的较大的市为对象，围绕立法指数、政府透明度指数、司法透明度指数、检务透明度指数，对其法治发展情况进行了评估。

一　测评内容与方法

测评指标体系采用的是项目组与上述内容相关的既定指标体系。指标体系的设计遵循了四个原则。首先，依法设定指标的原则。根据此项原则，测评主要考察各地方相关法律制度的实施状况，为此，设定的所有指标均应有法律法规依据。其次，指标设计遵循突出重点的原则。项目组对上述四方面法律法规规定进行了筛选，选取目前相关领域的法律实施较为重要、公众关心的热点事项作为测评重点。再次，指标设计遵循了客观性原则。选定测评点后，项目组均对所有测评事项进行了转换，分解设定为不同的问题，测评人员只需要根据各测评对象的客观数据，在"是"与"否"之间作出选择，而不可对相关制度落实情况的"好"与"坏"进行主观评判。最后，指标设计还遵循了前瞻与引导的原则，即在立足于现行规定的基础上，在指标体系中设定部分引导性指标，为未来相关制度的完善提供建议。

立法指数的测评对象为西部12家省级人大，测评指标由四大板块组成，即立法工作信息公开（权重20%）、立法活动（权重35%）、立法参与（权重30%）、立法优化（权重15%）。

政府透明度指数的测评对象为西部12家省级政府和12家较大的市的政府，测评指标包括6个部分，分别是政府信息公开目录（权重为15%）、规范性文件（权重为15%）、行政审批信息（权重为15%）、环境保护信息（权重为15%）、依申请公开（权重为30%）、政府信息公开工作年度报告（权重为10%）。

司法透明度指数的测评对象为西部12家高级人民法院和12家较大的市的中级人民法院，测评指标包括审务公开（权重为30%）、立案庭审公开（权重为30%）、裁判文书公开（权重为20%）和执行信息公开（权重为20%）。

检务透明度指数的测评对象为西部12家省级人民检察院和12家较大的市的人民检察院，测评指标包括基本信息公开（权重为15%）、检务指南（权重为30%）、工作信息（权重为40%）、统计数据（权重为15%）。

测评中，立法指数采取网上测评和实地调研相结合的方法，通过观察省级人大常委会的门户网站来分析、评估地方立法的情况。政府透明度指数、司法透明度指数和检务透明度指数主要通过观测各被测评对象的门户网站，分析其通过门户网站公开相关信息的情况。在政府透明度指数的测评中，项目组还实际发送了政府信息公开申请，验证申请渠道的畅通情况及各被测评对象答复的规范化程度。

立法指数的测评于 2014 年 11 月 30 日结束；政府透明度的测评截止时间为 2014 年 12 月 31 日，其中，年度报告的调研时间为 2014 年 3 月 5 日至 4 月 1 日；司法透明度指数的测评截止时间为 2014 年 12 月 15 日；检务透明度指数的测评截止时间为 2014 年 12 月 31 日。

全国立法指数已在《中国地方法治发展报告 No.1（2014）》中作了分析；全国的政府透明度指数、司法透明度指数、检务透明度指数已在《中国法治发展报告 No.13（2015）》中作了分析。本报告仅就西部地区的情况进行分析。

二　立法指数

（一）总体情况

地方人大及其常委会的立法是中国社会主义法治体系的重要组成部分，对于确保国家法律在各地得到有效实施，维护国家法治统一、尊严和权威，推进地方依法治理、实现地方治理体系现代化具有积极作用。为了把握西部人大立法工作的实际状况，提高立法的民主性和科学性，推进法律制定与法律监督制度的不断完善，项目组对西部 12 个省、自治区和直辖市人大常委会（以下简称"省级人大常委会"）立法情况进行了考察（测评结果见表 1）。

表 1　西部地区省级人大立法指数测评结果

排名	省级人大	立法工作信息公开（20%）	立法活动（35%）	立法参与（30%）	立法优化（15%）	总分（满分 100 分）
1	陕西	57.5	78.57	56.7	82.5	68.4
2	重庆	70	51.07	75	90	67.9
3	四川	62.5	61.07	68.3	60	63.4

续表

排名	省级人大	立法工作信息公开（20%）	立法活动（35%）	立法参与（30%）	立法优化（15%）	总分（满分100分）
4	宁夏	60	78.57	40	60	60.5
5	贵州	67.5	73.57	40	60	60.2
6	云南	37.5	53.57	70	75	58.5
7	广西	55	58.57	46.7	75	56.8
8	青海	62.5	58.57	43.3	60	55
9	甘肃	60	71.07	30	60	54.9
10	内蒙古	62.5	33.57	60	75	53.5
11	西藏	65	43.57	30	75	48.5
12	新疆	67.5	43.57	10	67.5	41.9

（二）立法工作信息公开

立法工作信息公开情况主要考察西部12个省级人大常委会通过门户网站公开立法工作相关信息的情况。该板块分为七个子板块，即"常委会领导信息""机构职能""年度工作信息""立法工作总结""本级人大代表信息""法规数据库"和"网站的检索功能"。"常委会领导信息"板块考察人大常委会是否在门户网站上提供常委会领导成员名单、简历和分工等信息。"机构职能"板块侧重于测评人大网站是否提供人大常委及其内设机构职能、负责人和联系方式。"年度工作信息"板块主要考察人大网站是否提供本年度和上一年度的常委会公报。"立法工作总结"板块主要考察人大网站是否提供上一年度立法工作的相关信息，如立法数据、重点领域、过程和计划完成情况。"本级人大代表"板块着重考察人大是否通过门户网站提供本级人大代表的名单和联系方式。"法规数据库"板块考察人大网站是否设有法规数据库并提供搜索法规的引擎。"网站的检索功能"板块则考察人大网站是否提供了搜索引擎。

1. 西部人大立法工作信息公开的亮点

（1）普遍建立人大常委会工作信息公开机制。

省级人大常委会作为人大的常设机关，在人大闭会期间可以制定和颁布地方性法规。人大常委会的信息对于公众了解其立法工作而言十分重要。在 12 家省级人大常委会中，11 家在网站上提供了常委会正副主任的名单，占所测评人大常委会的 91.7%；1 家没有提供相关信息，比例为 8.3%。有 8 家提供了全部领导成员简历，占测评 12 家人大常委会的 66.7%；还有 4 家没有提供，比例高达 33.3%。与上述公开情况相比，常委会领导分工的公开情况较差，只有 1 家人大常委会在网站上提供了常委会领导成员分管部门或业务的信息，占所测评 12 家人大常委会的 8.3%；其他 11 家人大常委会完全没有提供，所占比例为 91.7%。其中，四川省人大常委会在网站上提供了较为详细的常委会领导信息，包括常委会正副主任的名单、简历，以及部分领导分管部门或业务的信息。

公开人大常委会的机构职能信息，不仅有助于加强公众对人大常委会职能的了解，而且方便公众直接向相关部门反映情况表达意见。测评显示，有 6 家人大常委会较详细地提供了人大常委会的职能信息，占被测评的 12 家人大常委会的 50%；2 家人大提供了人大常委会的部分职能信息，占 16.7%。2 家提供了人大常委会的联系方式（包括地址和电话），占 16.7%；4 家仅提供了人大常委会的地址或电话，所占比例为 33.3%；还有 6 家没有提供人大常委会的任何联系方式，比例高达 50%。有 10 家在网站上提供了常委会内设机构及其职能说明，占 12 家人大常委会的 83.3%；还有 2 家没有提供相关信息，其比例为 16.7%。12 家人大常委会都没有通过网站提供内设机构联系方式。在机构职能信息公开方面，四川省人大常委会提供了人大常委会职能和内设机构职能说明。

（2）常委会公报基本上网。

常委会公报是人大常委会发布重要决定（包括有关立法的决定）的载体。12 家省级人大常委会都在网站上提供了本年度的常委会公报。测评显示，四川省等 9 家人大常委会在网站的常委会公报栏目中提供了上一年度常委会公报，并且可以有效打开，占测评人大常委会的 75%；有 3 家没有提供上一年度常委会公报，比例为 25%。

（3）常委会立法工作总结普遍公开。

西部 12 家省级人大常委会都对 2013 年的立法工作情况进行了总结，

但都没有在门户网站提供专门的年度立法工作总结，仅在常委会工作报告中提及。在 2014 年常委会工作报告中，12 家人大常委会都介绍了年度的立法数量，如审议和通过的地方性法规数量。在上一年度立法计划完成情况方面，被测评的 12 家人大常委会并没有专门介绍是否以及在多大程度上完成了立法计划，只是在介绍年度审议和通过的地方性法规数量后，谈到完成了年度立法任务。

2. 存在的问题

（1）人大代表信息公开不够详细。

人大代表由人民选举产生，代表人民参与国家权力机关的立法工作。了解人大代表的信息不仅是公众的权利，而且是公众通过代表参与立法的前提。被测评的 12 家省级人大在网站上都提供了本级人大代表名单，其中 5 家还提供了代表的职业背景信息，占所测评人大常委会的41.7%。但在公开本级人大代表联系方式方面，12 家都没有提供相关信息。其中，四川省人大常委会仅公开人大代表的名单，未提供其他相关信息。

（2）立法数据库建设仍有待加强。

建设完备的法规数据库是立法公开的重要形式，有助于公众便捷地查询立法信息。本次调研考察了 12 家省级人大常委会网站是否设立了法规数据库、是否具有检索功能。7 家网站设有法规数据库，而且数据库具备搜索检索功能，占58.3%；3 家网站有法规数据库，但数据库没有检索功能或者验证无效，占25%；2 家网站或者没有法规数据库或者无法打开，占16.7%。项目组考察了 12 家省级人大常委会网站是否提供检索引擎，并对其有效性进行了验证。7 家网站提供了有效的全网综合检索引擎，还有 5 家网站或者没有检索引擎，或者提供的是无效的引擎，占所测评人大常委会的41.7%。另外，调研还发现人大网站的检索能力普遍较差，检索的精确度也较低。这表明，公众通过人大网站查找信息的难度较大，网站的便捷性仍有待提高。就四川省人大常委会而言，其门户网站设有法规数据库，但数据库和整个网站的检索功能仍有待提高。

（三） 立法活动情况

"立法活动情况"板块主要考察人大常委会制定地方性法规的整体情况。省级人大常委会的立法工作涉及方方面面，本次测评并非全面考察，仅测评西部 12 家省级人大常委会是否制定了本人大常委会的立法活动程序；是否制订了五年立法规划和 2014 年度立法计划；是否调整了 2013 年立法计划，计划的完成情况如何；在最近三年有无创制性立法，即在国家尚未立法的情况下，省级人大常委会在本地有需要且具备条件时制定地方性法规的活动。同时，考虑到食品安全是与老百姓生活密切相关且近年公众关注度较高的立法领域，还测评了人大制定涉及食品安全相关法规和食品生产加工小作坊相关法规的情况。

测评显示，西部地区各地省人大常委会普遍做到了以下几点。

1. 立法活动有法可依

西部 12 家省级人大常委会都制定了立法活动程序，内容包括省人民代表大会立法程序，省人大常委会立法程序，较大的市地方性法规、自治条例、单行条例的批准程序，地方性法规的解释、规章的备案审查程序等。这有助于指引立法活动的有序开展，规范立法活动、提高立法质量。但立法活动程序的公开程度仍须提高。只有 2 家人大常委会在门户网站上对立法活动程序予以公开，其他人大常委会并没有提供，通过百度、全国人大法律法规网站等搜索引擎才能找到。

2. 普遍制订立法规划和计划

制订立法规划和立法计划是中国的一项立法惯例。人大常委会通过制订立法规划和计划来明确立法目标、原则、重点要求和任务分工，这有助于落实立法工作、实现任期立法目标。测评的 12 家省级人大常委会都制订了本届常委会的立法规划和年度立法计划。但仅有 2 家人大常委会在网站上提供了立法规划，占 16.7%。6 家人大常委会的网站提供了 2014 年度立法计划，占 50%；另有 1 家没有提供立法计划，只提供了草案，比例为 8.3%。2 家人大网站提供了 2013 年立法计划，占 16.7%；1 家人大常委会没有在门户网站公布 2013 年立法计划，但通过百度等搜索引擎能够找到，比例为 8.3%；其他 8 家人大常委会的立法计划或者无法通过网络找到，或者链接无法打开，比例是 66.7%。其中，四川省人大常委会表现较好，不仅制订了本届常委会的立法规划和年度立法计划，还在网站公布了 2014、2013 年度立法计划。

年度立法计划制订之后，人大常委会可能根据具体情况进行调整。但被测评的 12 家人大常委会均没有在网站上提供有关 2013 年立法计划调整的信息。立法计划制订或调整之后，还须执行，否则不过是一纸空文。为此，项目组还考察了立法计划的完成情况。12 家人大常委会均没有就上一年度立法计划完成情况发布专门的公告。

3. 完成授权立法情况不够理想

近年来，食品安全事故时有发生，食品安全立法备受关注。2009 年全国人大常委会制定并颁布了《食品安全法》。该法第 29 条第 3 款规定，食品生产加工小作坊和食品摊贩从事食品生产经营活动，应当符合本法规定的与其生产经营规模、条件相适应的食品安全要求，保证所生产经营的食品卫生、无毒、无害，有关部门应当对其加强监督管理，具体管理办法由省、自治区、直辖市人民代表大会常务委员会依照本法制定。测评显示，5 家省级人大常委会制定了食品安全相关法规，比例为 41.7%。而在食品生产加工小作坊的立法方面，人大常委会直接制定相关法规的情况并不多见，大多是由省政府依据省级人大常委会已经制定的食品安全生产条例或者其他法规，制定小作坊管理办法。

4. 创制性立法仍处在探索阶段

《立法法》授权省级人大及其常委会根据本行政区域的具体情况和实际需要，在不同宪法、法律、行政法规相抵触的前提下制定地方性法规。省级人大常委会不仅可以为了在本地更好地实施全国人大及其常委会颁布的法律而制定地方性法规，还可以在尚无相关法律的情况下，为解决本地面临的突出问题，制定探索性法规。后者是一种创制性立法。测评显示，4 家省级人大常委会在近三年进行了创制性立法，占所测评人大常委会的 33.3%。例如，甘肃省人大常委会制定的《甘肃省废旧农膜回收利用条例》是国内首部相关地方性法规。在这 4 家人大常委会中，制定 1 件的有 2 家，制定 2 件的有 2 家。这表明省级人大常委会的立法工作主要围绕在本地区有效实施法律和行政法规而展开，创制性立法相对较少，仍处在探索阶段。其中，四川省人大常委会在创制性立法方面取得了一定的突破，2013年制定了《四川省政务服务条例》。

（四）立法参与

立法参与既是民主立法、开门立法的必然要求，也是科学立法、提高立法质量的重要保障。立法参与的主体较多，如政府部门、相关利益群体、专家学者和普通公众。立法参与的形式也多种多样，如专家参与起草法案，召开专家咨询会、座谈会、论证会，等等。本次测评主要从公众参与的角度，考察立法草案公开、公众参与平台和召开立法听证会三方面内容。

1. 多数立法草案在网上公布

立法草案公开是立法参与的前提和基础，测评首先考察了省级人大常委会公开立法草案的情况。在被测评的12家人大常委会中，有9家在网站上提供了2014年的立法草案征求意见稿，比例为75%。其中，5家人大常委会在公布草案征求意见稿的同时，提供了草案征求意见有关事项的说明，如反馈意见的电话、邮箱、邮寄地址、时限，1家人大常委会公布草案征求意见稿时还提供了草案说明，3家在网站上公布了2014年草案的审议结果，比例为25%。这表明，网站已成为人大常委会公开立法草案、征集并回应公众意见的重要平台。四川省人大常委会在网站上提供了2014年的立法草案征求意见稿，并提供了草案征求意见有关事项的说明和草案的审议结果。

2. 公众参与立法机制有待完善

为了方便公众对草案征求意见稿提出意见和建议，陕西、重庆、云南3家人大常委会网站设立了公众参与平台，占所测评人大常委会的25%。但尚无人大常委会在网站上公布公众意见及反馈，这表明公众参与的有效性仍有待提高。

3. 立法听证会须进一步规范化

近年来，召开立法听证会已成为省级人大常委会听取各方意见、加强立法参与的重要方式。例如，甘肃省人大常委会于2004年举行了首次立法听证会，对《甘肃省消费者权益保护条例（草案）》中的欺诈消费者行为的范围及处罚方式、医疗服务和中介服务是否属于该条例的调整范围等问题进行听证。2014 年，3 家人大常委会在门户网站上提供了立法听证会的相关报道，占所测评人大常委会的 25%。为了明确立法听证的步骤和方法、规范听证各方的行为，四川省等 2 家人大常委会制定了立法听证会相关规则，占所测评 12 家人大常委会的 16.7%。

（五）立法优化

除了制定地方性法规，通过立法监督、立法评估等机制优化立法也是省级人大常委会的立法职责。基于此，"立法优化机制"板块主要考察省级人大常委会是否制定规范性文件审查办法；人大常委会对地方性法规以下的规范性文件进行审查的情况，审查结果是否公开；人大常委会是否制定地方性法规评估程序，并对地方性法规的效果进行评估；人大常委会是否制定地方性法规清理程序，并对地方性法规进行清理；人大常委会是否对政府执行地方性法规的情况进行监督检查。

为了确立备案审查的程序、规范审查行为，西部 12 家省级人大常委会均制定了备案审查办法。而且，通过查阅人大网站或通过百度等引擎进行搜索，项目组发现有 2 家人大常委会启动了备案审查，占测评 12 家人大常委会的 16.7%。例如，贵州省人大常委会法制工作委员会的《关于 2013 年规范性文件备案审查工作情况的报告》。

为了维护法制的统一和尊严，省级人大常委会还要对地方性法规进行清理。近年来，省级人大常委会大多对地方性法规进行了清理。但项目组通过浏览 12 家省级人大常委会门户网站及在百度等搜索引擎搜索，未能找到 2014 年法规清理的相关信息，也未找到人大常委会制定的地方性法规清理程序。可见，省级人大常委会法规清理工作的公开性和规范性还有待加强。

立法后评估是评价立法效果，提高立法质量的重要机制。在测评的 12 家人大常委会中，有 2 家在 2014 年进行了地方性法规评估，并在其门户网站或政府法制网上公布了相关信息，比例为 16.7%。而且，为了规范评估活动，3 省级人大常委会制定了地方性法规评估程序，占测评人大常委会的 25%。

对地方性法规的实施情况进行执法检查，是人大常委会立法监督的重要内容。12家省级人大常委会都开展了执法检查，并在每年的常委会工作报告中介绍执法检查的情况。

三　政府透明度指数

（一）总体情况

测评结果显示，省级政府的公开水平普遍高于较大的市。基于同样的指标所做的测评，省级政府的得分总体较好，仅3家未达到60分；但在较大的市中，仅有3家超过60分（见表2、表3）。其中，四川省和成都市均在同级测评中位居榜首。测评结果显示，越往基层，政府信息公开的水平越不尽如人意，这应当是未来实施政府信息公开制度要重点注意的。

表 2　西部地区省级政府 2014 年度政府透明度指数测评结果

排名	省级政府	目录（15%）	规范性文件（15%）	行政审批信息（15%）	环境保护信息（15%）	依申请公开（30%）	年度报告（10%）	总分（满分100分）
1	四川	76.67	37	100	88	74.6	69.5	74.30
2	贵州	60	73	75	96	62.5	90	73.35
3	重庆	65.56	50	60	98	74.9	72	70.7
4	青海	46.11	32	90	91	84	59.5	70.02
5	云南	66.67	47	75	93	60	88.5	69.1
6	甘肃	60	50	90	80	60.6	77	67.88
7	陕西	53.33	45	70	91	80.6	42	67.28
8	内蒙古	54.44	52	85	66	56.5	82	63.77
9	广西	11.11	44	85	94	65.5	57	60.47
10	新疆	32.22	35	65	93	51.3	55	52.78
11	西藏	63.33	55	80	47	20	82.5	51.05
12	宁夏	22.22	35	60	87	47.5	52.5	50.13

表 3　西部地区较大的市 2014 年度政府透明度指数测评结果

排名	城市	目录（15%）	规范性文件（15%）	行政审批信息（15%）	环境保护信息（15%）	依申请公开（30%）	年度报告（10%）	总分（满分100 分）
1	成都	88.89	82	85	90	50	77	74.58
2	贵阳	93.33	57	90	60	66.1	80	72.88
3	兰州	33.33	47	100	59	71.8	72	64.64
4	西宁	11.11	55	90	56	77.9	42	59.39
5	西安	36.67	47	80	62	63.75	52	58.18
6	南宁	17.78	64	50	74	56.5	42	52.02
7	昆明	57.78	30	70	70	24	92.5	50.62
8	包头	37.78	25	80	55	44.4	27	45.69
9	银川	54.44	27	60	25	40	5	37.47
10	拉萨	61.67	30	85	5	10	45	34.75
11	呼和浩特	0	47	70	55	28	5	34.7
12	乌鲁木齐	48.89	27	95	35	10	5	34.38

（二）政府信息公开目录

政府信息公开目录的测评涉及政府网站的目录栏目、目录内容链接有效性、目录信息多重分类、目录组合检索有效性、目录信息更新及时性、网站信息与目录信息的一致性 6 项内容。

首先，大多数网站配置了目录，但其链接有效性普遍较差。测评对象门户网站普遍配置了目录栏目，省级政府配置率高达 100%，较大的市的配置率也达到 91.67%，仅 1 家较大的市未配置。仅 1 家省级政府网站和 1 家较大的市的政府门户网站未配置所属部门的目录；1 家省级政府和 2 家较大的市未配置下属市县目录。但公用企事业单位的目录配置率不高，省级政府仅四川、宁夏配有该目录，较大的市则仅有 6 家配有该目录。

目录信息的链接性不好，项目组随机抽查了目录中的 10 条信息，7 家省级政府可以全部有效打开，占 58.33%；较大的市中，有 8 家可以全部打开，占 66.67%。项目组随机抽查所属部门的目录信息，全部有效的仅有 2 家省级政府和 4 家较大的市，为四川、云南、成都、贵阳、银川、乌鲁木齐。

其次，一些网站配备了检索功能，但仍有很多网站没有配置。为目录提供专门的检索功能，有助于便捷地查询信息，但有 7 家省级政府在目录中提供的组合检索功能无效，占 58.33%；较大的市中，仅有成都和拉萨提供的组合检索功能有效。

最后，目录虽然设置率高，但存在与门户网站的信息发布脱节的现象。目录是政府门户网站的专门栏目，是门户网站的有机组成部分，在公开信息方面应与门户网站有机衔接，涵盖门户网站公开的所有政府信息，但目前，很多政府门户网站的目录栏目都无法做到这一点。西部地区中，仅云南、陕西和成都做到了这一点。

（三）规范性文件

公开规范性文件是依法行政的基本要求。本测评所指的规范性文件是通常所说的"红头文件"，其是各级政府机关在执行法律法规、进行社会管理中下发的，对人民群众权益产生一定影响的，但效力等级低于规章的文件总称。

首先，规范性文件栏目配置率达到 100%，但存在多栏目信息发布现象。设置了规范性文件的栏目，集中发布本部门制定的规范性文件，公众可以直接通过网站查询下载。测评发现，西部省份和较大的市门户网站均配置了规范性文件的栏目。但栏目设置普遍存在栏目不唯一、各栏目发布信息不一致的情况，容易造成信息发布和公众查询的混乱。仅云南、陕西、贵州、西藏的门户网站提供了唯一的栏目。提供多个栏目的省级政府中，所发布的规范性文件存在矛盾或不一致之处。青海、重庆、甘肃、广西等虽设置了多栏目，但未发现其发布的规范性文件存在信息不一致的情况。较大的市中有 6 家提供了唯一栏目，提供多个栏目的城市中，仅昆明和拉萨未发现发布的规范性文件信息有不一致的情况。

其次，有不少政府对重要规范性文件进行解读，但解读的比例仍然有待提高。对重大政策法规作出解读，是行政机关正面、主动阐释政策出台背景、依据、具体管理思路等的重要手段，有助于人民群众全面、准确地理解相关决策的内涵，有效保护其合法权益。有 6 个省份和 2 家较大的市在政府门户网站发布了部分规范性文件的解读信息。

最后，部分政府对规范性文件有效性的标注需要加强。标注规范性文件的有效性是体现规范性文件公开水平的重要方面，尤其是在公开现行有效的文件的同时，仍有必要公开已经失效的文件。各地一般通过当地政府法制办公室发布规范性文件备案信息的方式列明现行有效的文件，并通过定期清理等向社会告知已经废止或者修改了哪些规范性文件。测评发现，7家省级政府的法制办公室和6家较大的市的政府法制办公室发布了规范性文件的备案结果，1家省级政府的法制办公室和2家较大的市的政府法制办公室发布了2014年清理后的规范性文件废止信息。

（四）行政审批信息

行政审批事项信息公开是法治政府建设的重要内容。行政审批信息的调研和测评内容主要包括：行政服务中心或政务服务中心网站的建设情况；行政审批事项列表及链接有效性；行政服务中心与本级政府网站行政审批事项信息的一致性；审批事项的办事依据、办事条件、申请材料、审批程序、审批时限、审批部门信息，以及联系电话等事项的网上公示情况。测评中主要对各地政府行政服务中心或政务中心等实体中心网站的行政审批信息公开情况进行测评和调研，无行政服务中心或政务中心的，则主要对其政府网站的办事服务栏目以及相关部门的审批信息公开情况进行测评和调研。

总体而言，行政审批事项信息公开普遍较好，所有被测评对象均在其门户网站或者行政服务中心网站公开了行政审批事项。但行政审批事项的详细信息公开得还不够全面，有8家省级政府和7家较大的市的行政审批事项列明了办事依据；6家省级政府和4家较大的市的行政审批事项列明了办事条件；4家省级政府和9家较大的市的行政审批事项列明了办事需要提供的材料；4家省级政府和8家较大的市的行政审批事项列明了办事程序。这表明，部分政府机关公开的行政审批信息还不够细致全面。

（五）环境保护信息

对环境保护信息的测评内容包括环境保护部门关于危险废物、辐射安全、建设项目环境影响评价，建设项目竣工环保验收，排污费征收，对环境问题或环境污染信访投诉的处理与反馈，行政处罚，企业环保信用等信息的公开情况。

测评发现，环境保护信息的公开情况总体较好。比如，11 家省级环保部门提供了测评前 6 个月排污费征收信息，10 家提供了 2014 年建设项目竣工环境保护验收的受理公告信息，12 家提供了 2014 年建设项目环境影响评价审批后公告信息，11 家提供了建设项目环境影响评价审批前公示信息，10 家公开了危险废物经营许可证发证信息的情况。较大的市方面，上述数据分别为 10 家、7 家、11 家、6 家、6 家。

存在的问题主要是，某些信息未被依法及时发布。例如，5 家省级政府和 10 家较大的市未发现其发布 2014 年危险废弃物跨省转移审批结果，4 家省级政府和 9 家较大的市未发现其发布 2014 年辐射项目环评审批信息，4 家省级政府和 6 家较大的市未发现其发布测评前 6 个月的环境处罚信息。

（六）依申请公开

依申请公开板块的测评包括各政府部门通过门户网站发布政府信息公开申请指南的情况、申请渠道的畅通情况、答复申请的规范化情况。项目组为了验证政府信息申请渠道畅通性，以邮寄方式提交了申请。结果显示，所有测评对象均接受邮寄申请。但答复情况有一定差别。12 家省级政府中，有 5 家省级政府未答复，1 家未按期答复；7 家作出答复的省级政府中，有 1 家未提供书面答复；有 1 家省级政府主动公开了所申请的信息，其余不公开相关信息的省级政府中，仅有 2 家在告知书中说明了不公开的依据、理由和其他申请获取有关信息的渠道。较大的市中，2 家未按时答复，4 家完全未答复；只有 2 家告知了信息获取渠道或者决定不公开但告知了理由依据等。

（七）年度报告

发布政府信息公开工作年度报告（以下简称"年度报告"）是《政府信息公开条例》规定的行政机关的义务。年度报告是对政府上一年度信息公开情况的分析总结，是政府信息公开工作的必要组成部分，各行政机关应当在每年 3 月 31 日前公布本机关上一年度的年度报告。从 2014 年3 月份对各测评对象发布 2013 年度年度报告的情况看，各测评对象普遍能够做到在 3 月 31 日前发布。其主要存在以下问题。第一，有 3 家省级政府仅发布了 2013 年度的年度报告，前几年的报告未在网站公开。第二，普遍缺乏对本地政府信息公开专门机构和经费信息的披露。第三，对依申请公开的描述不细致。3 家省级政府没有披露过去一年申请量较多的事项，3 家省级政府没有披露详细的申请处理结果信息。

四　司法透明度指数

（一）总体情况

2014 年中国西部司法透明度指数指标体系包括审务公开、立案庭审公开、裁判文书公开和执行信息公开四个一级指标。

审务公开的内容主要涉及与审判有关的人财物等司法行政事务，包括网站建设、人员信息（法院领导姓名、学习工作简历、职务及分管事项，审判人员的姓名、学历及法官等级，书记员姓名，人民陪审员姓名、工作单位或职业）、财务信息（预算、决算及“三公”经费信息）、工作报告和司法统计数据等。立案庭审公开与裁判文书公开都属于审判公开范畴，系司法公开的核心，前者侧重于庭审过程公开，属于动态公开，后者是审判结果的公开，属于静态公开。根据审判流程，立案庭审公开的内容主要包括诉讼指南信息、开庭公告、庭审直播、减刑假释公开、旁听、案件查询等。由于最高人民法院出台了裁判文书上网规范，并建立了全国统一的裁判文书公开平台，各个法院的差异不大，为此，本报告侧重于对裁判文书上网制度本身的考察。执行难和执行腐败一直是影响司法公信力的主要因素，2014 年度执行信息公开指标主要考察执行曝光和阳光拍卖。

2014 年度设计了庭审笔录公开和不予上网的裁判文书的数据公开两个引导性指标。庭审笔录主要考察被测评对象公开重大典型案件庭审笔录的情况，不予上网的裁判文书数据主要考察测评对象是否公开了不上网的裁判文书数量甚至案号。这两项指标是引导性指标，因此在指标体系中仅占有非常小的权重。

测评显示，中国西部法院①的司法透明度略低于全国平均水平，高级人民法院的司法透明度要高于中级法院。在被测评的 24 家西部法院中，排名前 5 位的法院除成都市中级人民法院之外，其他全部为高级人民法院，分别是四川高级人民法院、陕西高级人民法院、广西高级人民法院、云南高级人民法院。在 12 个省、自治区、直辖市的高级人民法院中总分排名前三的依次是：四川高级人民法院、陕西高级人民法院和广西高级人民法院。12 个较大的市的中级人民法院排名前三的依次为：成都中级人民法院、南宁中级人民法院和包头中级人民法院（测评结果见表 4）。

表 4　西部法院司法透明度指数测评结果

排名	法院	审务公开（30%）	立案庭审公开（30%）	裁判文书公开（20%）	执行信息公开（20%）	总分（满分100 分）
1	成都中院	75.0	100.00	70	74	81.30
2	四川高院	71.0	86.75	70	84	78.13
3	陕西高院	66.5	73.75	70	84	72.88
4	广西高院	53.4	75.25	65	92	70.00
5	云南高院	58.9	84.25	65	66	69.15
6	甘肃高院	57.9	79.50	60	76	68.42
7	重庆高院	41.0	72.00	65	100	66.90
8	南宁中院	23.4	92.25	65	84	64.50
9	宁夏高院	16.0	100.00	70	76	64.00
10	包头中院	44.4	63.75	65	76	60.65
11	西安中院	58.9	57.00	60	60	58.77
12	呼和浩特中院	48.4	44.75	65	60	52.95
13	新疆高院	53.4	44.75	65	48	52.05
14	银川中院	12.0	67.00	70	60	49.70

---

① 2014 年，贵州高级人民法院进行网站改版，截止到评估结束，网站上传内容极为有限，因此未对其测评。

续表

排名	法院	审务公开（30%）	立案庭审公开（30%）	裁判文书公开（20%）	执行信息公开（20%）	总分（满分100分）
15	昆明中院	26.4	80	60	28	49.52
16	青海高院	50	43.25	70	30	47.98
17	兰州中院	40.75	34.25	60	28	40.10
18	西宁中院	40.5	25.25	60	40	39.73
19	乌鲁木齐中院	27	42.5	60	10	34.85
20	内蒙古高院	48.4	14.25	60	10	32.80
21	贵阳中院	25	30.5	60	10	30.65
	贵州高院	—	—	—	—	—
	西藏高院	—	—	—	—	—
	拉萨中院	—	—	—	—	—

（二）发现的亮点

1. 网站建设情况良好

在 24 家被评估的法院中，除了西藏高级人民法院和拉萨中级人民法院未建网站外，22 家法院建有网站，建网率达到 91.7%。除了 2 个未建网站和 1 个未测评之外，有 19 家法院网站的首页未出现游动窗口，只有 2 家法院（新疆高级人民法院和乌鲁木齐中级人民法院）的网站首页有游动窗口。20 家法院网站的内容是可以复制粘贴的，只有 1 家法院（陕西高级人民法院）网站的页面内容不可复制粘贴。除 2 家未建网站和 1 家未测评之外，有 19 家法院网站提供了搜索引擎，其中有 4 家法院提供了综合搜索，有 10 家法院提供的搜索方式是栏目加关键词，只有 2 家法院（西宁中级人民法院和银川中级人民法院）的网站未提供有效搜索功能。

2. 财务透明度较高

预算公开是审务公开的重要内容，法院作为公权力机关，应该向社会公开其预决算信息和"三公"经费信息。测评显示，有 13 家法院公开了 2014 年度预算信息，11 家法院公开了 2013 年决算信息，有 15 家法院公开了"三公"信息，其中有 9 家法院既公开了 2014 年"三公"经费预算信息又公开了 2013 年"三公"经费决算信息。

3. 诉讼指南公开良好

法院在网站上公开诉讼指南有助于公众和当事人了解诉讼常识、诉讼权利义务、诉讼程序和诉讼风险。诉讼指南公开包括全面性、便捷性、准确性三个维度：全面性是指法院公开的诉讼指南是否涵盖当事人权利义务、诉讼流程、诉讼风险、常见诉讼文书样本、司法收费等；便捷性是指法院在公开诉讼指南时是否按照一定的标准（如指南类别、诉讼类型等）进行分类；准确性是指法院公开的诉讼指南是否准确无误，是否根据诉讼法的修订而进行了更新。测评显示，有 20 家法院在网站上公开了诉讼指南，其中有 8 家法院公开诉讼指南较为全面，有 15 家法院对诉讼指南进行了分类公开，有 10 家法院公开的诉讼指南根据修订后的诉讼法进行了更新。

4. 减刑假释案件信息公开较好

为了回应社会关切，最大限度降低减刑、假释环节的腐败发生，最高人民法院于 2012 年 7 月 1 日起施行《最高人民法院关于办理减刑、假释案件具体应用法律若干问题的规定》。根据该规定，减刑、假释案件应向社会公示，包括裁前公示和裁判结果公示。最高人民法院还开通了"全国减刑、假释和暂予监外执行信息网"，在全国范围内对减刑、假释、暂予监外执行等案件进行集中公开。测评显示，中国西部法院减刑、假释案件的公开较为规范。在 24 家被测评的西部法院中，有 18 家法院在网站首页单设栏目并进行裁前公示，有 10 家法院公开了减刑、假释审理结果。另外，测评还发现，西部有些法院对减刑假释裁定书进行了集中公示。例如，宁夏高级人民法院在网站上明确公开减刑假释裁定书，成都中级人民法院在裁判文书网页中专门开设减刑假释、暂予监外执行的文书公开栏目。

（三）司法公开存在的问题

1. 对司法人员的信息公开不够重视

人员信息公开是审务公开的重要组成部分，人员信息公开的范围包括法院领导信息、审判人员信息、书记员信息和人民陪审员信息。测评显示，除了法院领导信息公开较好之外，多数法院未公开审判人员信息、书记员信息和人民陪审员信息。在 24 家被测评的中国西部法院中，有 12 家法院未在网站上公开审判人员信息，有 20 家法院未公开书记员信息，有 14 家法院未公开人民陪审员信息。

2. 年度工作报告和统计数据公开不够

法院的年度工作报告作为法院一年工作的情况汇总，不仅应向同级人大报告，接受人大代表的监督，还应该通过法院网站向社会公开，接受公众的监督。测评显示，在被测评的 24 家西部法院中，只有四川高级人民法院、陕西高级人民法院、重庆高级人民法院和成都中级人民法院在网站上公开了年度工作报告，有 17 家法院未在网站上公开年度工作报告。

法院除了公开年度工作报告之外，还应该向社会公开其受案量、结案数等司法统计数据以及案件分类分析报告。测评显示，西部法院不重视统计数据的公开，除了云南高级人民法院、四川高级人民法院和成都中级人民法院通过网站公开了统计数据之外，有 18 家法院未在网站上公开任何司法统计数据。

3. 开庭公告发布不及时

按照中国相关诉讼法的规定，法院应该将开庭工作安排至少提前三日向社会发布公告。测评显示，在被测评的 24 家西部法院中，有 15 家法院在网站上发布了最新的开庭公告，但是，只有 7 家法院发布开庭公告的日期符合"提前三日"的要求，有 7 家法院发布的开庭公告部分少于三日，有 2 家法院（乌鲁木齐中级人民法院和银川中级人民法院）发布的开庭公告全部少于三日。

4. 庭审直播有待强化

审判公开最核心的是庭审公开，即允许案件相关人士以及社会公众进行旁听。然而，法庭容纳人数有限，往返法庭交通、时间成本可能较高，实际进入法庭旁听的人数有限，为了消除这些限制和不便因素，并且随着数字法庭的普及，进行网上庭审直播不失为司法公开的一种创新形式。与前几年相比，2014 年庭审直播呈现常态化，全国近七成的法院有庭审直播，但是被测评的西部法院只有五成在网站上提供了庭审直播，且有 3 家法院提供的庭审直播三个月内未更新。

5. 司法平台互联互通欠佳

为了方便司法信息的集中发布，最高人民法院在全国建有一些专项司法信息公开平台。以裁判文书公开为例，最高人民法院于 2013 年底开通了中国裁判文书网，对裁判文书进行集中公开。各法院将裁判文书上传到中国裁判文书网进行集中公开的同时，应该在本院网站上建立中国裁判文书网的链接，方便用户通过本院网站顺利登录全国的裁判文书网。测评显示，有 8 家法院未在网站上设置中国裁判文书网的链接。在建有链接的 13 家西部法院中，也只有四川高级人民法院、陕西高级人民法院、青海高级人民法院、宁夏高级人民法院、银川中级人民法院和成都中级人民法院 6 家法院能够直接链接到中国裁判文书网上本院文书网页，其他 7 家法院未能直接链接到中国裁判文书网上本院文书网页。

6. 执行曝光力度不够

"执行难"是法院面临的普遍性问题，司法机关为破解执行难出台了不少惩戒措施，如公布"老赖"名单、限制高消费名单、限制出境名单等。测评显示，有 8 家法院未公开老赖名单，18 家法院未公开限制高消费名单，16 家法院未公开限制出境名单。

五　检务透明度指数

（一）总体情况

2014 年检务透明度的测评包括基本信息、检务指南、工作信息、统计数据四项内容。其中，基本信息是社会公众了解检察院基本情况的主要渠道，主要测评 4 方面的内容，分别为网站建设、人员信息、机构设置、举报电话。具体则包括网站建设是否简洁、友好，院领导、人民监督员、特约检察员、专家咨询委员会成员信息是否完整，部门介绍、部门职能的提供情况，检察院举报电话是否公开，门户网站有无浮动窗口以及是否可以关闭，网站有无搜索引擎以及功能是否有效等内容。

检务指南是涉及检察机关工作制度、办案流程以及当事人、其他诉讼参与人相关权利义务等具有办事指南性质的信息，具体包括检察机关各项专门业务活动规范依据、流程的介绍，国家刑事赔偿制度、流程，司法警察职权责任，以及当事人、其他诉讼参与人权利义务，刑事诉讼法律援助，举报须知，咨询平台等内容。其中检务活动规范制度包括自侦案件常识公开、刑事简易程序常识公开、刑事申诉须知、行政案件申诉须知、民事案件申诉须知、监所检察须知、刑事不起诉须知等。

工作信息涉及检察机关执法办案中各种业务活动及其结果的公开公示，是检务公开的重要组成部分，主要包括文书公开、审查活动公开、职务犯罪预防典型案例公开、重大案件查办情况公开、刑事案件申诉复查结果公开、行贿案件档案查询、网络公开与办事平台、检察宣传日、检察接待日及新闻发布等事项。

统计数据是检察机关检务活动的司法数据信息，主要包括年度工作报告与财政信息，基于数据更新以及往年数据可能存在的保存与迁移问题，2014 年度对工作报告的测评以 2012 年、2013 年、2014 年的数据为主，财政信息则包括年度预算、决算以及"三公"经费的公开。

测评结果显示，总体排名前三的是内蒙古检察院、南宁检察院、宁夏检察院。其中，省级检察院排名前三的为内蒙古检察院、宁夏检察院、新疆检察院，较大的市中排名前三的为南宁检察院、银川检察院、成都检察院。总体而言，相对于政府透明度和法院的司法透明度而言，检务透明度还不太理想，测评得分总体偏低，而且还有 4 家检察院未能发现其网站，这说明检务公开工作还有较大提升空间（测评结果见表 5）。

表 5　2014 年西部地区检务透明度指数测评结果

序号	检察院	基本信息（15%）	检务指南（30%）	工作信息（40%）	统计数据（15%）	总分（满分100分）
1	内蒙古检察院	47.75	66.1	57.9	83.3	62.65
2	南宁检察院	85	35	52.9	66.7	54.42
3	宁夏检察院	71.5	64.6	47.5	33.3	54.10
4	新疆检察院	67.75	89.5	21.7	50	53.19
5	四川检察院	32.5	25	53.6	100	48.82
6	重庆检察院	71.5	56.8	44.2	16.7	47.95
7	银川检察院	71.5	53.8	38.9	33.3	47.42

续表

序号	检察院	基本信息（15%）	检务指南（30%）	工作信息（40%）	统计数据（15%）	总分（满分100分）
8	成都检察院	51	69.5	45	0	46.50
9	青海检察院	77.5	35	32.5	66.7	45.13
10	陕西检察院	64.5	25	45.2	41.7	41.51
11	云南检察院	51.5	49.3	43.6	0	39.96
12	兰州检察院	77.5	45.4	21.4	33.3	38.80
13	甘肃检察院	71.5	23.2	31.8	50	37.91
14	贵州检察院	77.5	25	27.5	50	37.63
15	乌鲁木齐检察院	50	52	29.5	16.7	37.41
16	广西检察院	38.5	17	41.4	58.3	36.18
17	西安检察院	71.5	55.9	18.9	0	35.06
18	贵阳检察院	57.5	20	24.2	66.7	34.31
19	昆明检察院	51.5	28	36.4	8.3	31.93
20	呼和浩特检察院	77.5	37.1	16.4	0	29.32
	西藏检察院	—	—	—	—	—
	西宁检察院	—	—	—	—	—
	拉萨检察院	—	—	—	—	—
	包头检察院	—	—	—	—	—

（二）基本信息

从测评结果来看，除未建有本院门户网站的4家检察院外，多数被测评的西部地区省市人民检察院公开了基本信息。

但基本信息公开方面也存在不少问题。首先，检察院门户网站建设情况不理想。省级检察院中西藏检察院无网站；较大的市的检察院中，全国有8家无网站，西部地区就有4家。省级检察院中四川检察院未配置有效的搜索引擎；较大的市中南宁检察院未配置该功能。其次，多数检察院还未能公开基本的人员信息。仅4家检察院公开了本院领导的姓名、职务、主管领域、教育背景、工作经历等信息，分别是新疆、广西、内蒙古、贵阳检察院。仅贵州检察院提供了人民监督员的主要信息，如姓名、工作单位、教育背景。被测评的检察院均未公开特约检察员的信息。再次，不少检察院还未能公开本院内设机构信息，有 8 家检察院未提供部门设置信息及部门职能。最后，举报电话的公开情况也不理想。有 10 家检察院未公开 12309 或者本院的举报电话。

（三）检务指南

测评结果显示，多数被测评检察院门户网站设置了检务指南（或类似功能）栏目。省级检察院中除 1 家未建有门户网站外，其余有 2 家检察院未设置检务指南（或类似功能）栏目。在较大的市的检察院中，除未开通门户网站的外，有 3 家检察院未设置检务指南（或类似功能）栏目。但检务指南整体公开情况不好。

首先，制度规定公开有待加强。制度规定公开主要包括对自侦案件、刑事简易程序、刑事申诉须知、民事案件申诉须知、行政案件申诉须知、刑事不起诉须知以及监所检察须知等信息的公开。测评显示，有 2 家省级检察院列明自侦案件立案标准与流程，有 2 家列明刑事简易程序适用范围与流程，有 5 家列明刑事申诉公开审查流程，有 3 家列明民事申诉公开审查流程，有 5 家列明行政案件申诉公开审查流程，有 1 家列明不起诉案件审查流程，无一家列明监所检察详细信息。较大的市的检察院公开上述信息的情况也不理想，除均未公开监所检察详细信息外，其余信息也各自仅有 1 家公开。四川省检察院及成都市检察院均未公开上述信息。

其次，公开国家刑事赔偿、刑事诉讼法律援助流程的占少数。省级检察院中，仅有 2 家公开了国家刑事赔偿流程，有 1 家公开了刑事诉讼法律援助的申请条件及流程，有 6 家公开了当事人或其他诉讼参与人诉讼权利义务。较大的市的检察院中，仅有 4 家公开了国家刑事赔偿流程，有 2 家公开了刑事诉讼法律援助的申请条件及流程，有 3 家公开了当事人及其他诉讼参与人的诉讼权利义务。

此外，举报须知、咨询平台的功能需要逐渐加强。设置举报须知与咨询平台板块有利于强化参与、加强互动，检务公开不仅涉及检察机关一方主体，更重要的是信息接收方，即当事人以及社会公众，它是一项双方参

与的过程，并且更应强调当事人在检务信息公开中的主体地位。公布举报
须知的，有 8 家省级检察院和 6 家市级检察院，设置了咨询平台的有 6 家
省级检察院、3 家市级检察院。四川省检察院、成都市检察院门户网站均
对举报须知内容有所公开。

（四）工作信息

工作信息板块是检务公开的重要内容，西部地区测评对象对工作信息
的公开多集中于文书公开、典型案例公开、重大案件查办情况公开等，而
对于职务犯罪预防公开、申诉复查情况公开以及行贿案件档案查询公开力
度尚显不足。

工作信息的公开平台建设方面，有 7 家省级检察院和 4 家市级检察院
设置了该平台。

检察院公开的文书类别比较集中，以起诉书、抗诉书、刑事申诉复查
决定书居多，并且起诉书的公开率最高，有 19 家公开，占 79.17%。相比
被测评的其他西部地区检察院，成都市检察院文书公开得较好，公开了起
诉书、抗诉书、不起诉决定书以及刑事申诉复查决定书。

职务犯罪具有隐蔽性，为了提高司法公信力，应重视职务犯罪预防。
被测评的 12 家西部地区省级检察院中，有 6 家在门户网站设置了职务犯
罪预防栏目并公开测评前 3 个月的信息，有 5 家较大的市的检察院达到上
述要求。四川省检察院门户网站公开了近期职务犯罪预防相关活动，并对
职务犯罪查扣冻处理情况予以说明。

在检察机关宣传接待活动公开公告方面，被测评的西部地区省级检察
院中有 4 家公布了相关宣传接待公告，而西部地区较大的市的检察院在此
方面未见公示。

在行贿档案查询方面，2013 年 2 月最高人民检察院《关于行贿犯罪
档案查询工作的规定》提出行贿犯罪档案查询目的是充分发挥法律监督
作用，遏制贿赂犯罪，并建立全国行贿犯罪档案库向社会提供查询服务，
但结果显示提供该查询服务的仍在少数，仅有 3 家检察院公开了该信息，
其中，有 1 家省级检察院和 2 家市级检察院。

（五）统计数据

统计数据板块测评了各检察院公开本院年度工作报告与财政信息的情况。上述信息的公开对于检察机关推进检务公开、提升公信力有积极效果，也是通过公开进行自查与总结的途径。测评结果显示，被测评的其他西部地区检察院公开统计数据的情况还有极大提升空间，不少检察院只公开了统计数据的部分信息，有些则未公开任何统计数据。其中，省级检察院中，公开了2012年、2013年、2014年年度工作报告且有详细数据的分别有5家检察院，有5家检察院公开了2014年年度预算及2013年年度决算信息，有4家检察院公开了2013年与2014年的"三公"经费信息。较大的市的检察院中，分别有3家、3家和2家检察院公开2012、2013和2014年度的工作报告且有详细数据，有7家检察院公开了2014年年度预算及2013年年度决算信息，所有检察院均未公开2013年与2014年的"三公"经费信息。

四川省人民检察院门户网站首页《资料信息》栏目下设置有《工作报告》子栏目，对2012年、2013年、2014年工作报告予以公开，内容归属清晰，方便查询。同时，在其门户网站首页《新闻中心》栏目下设置有《通知公告》子栏目，打开链接后可以浏览四川省检察院近年的财政情况，包括2013年度决算、2014年度预算情况以及2013年度、2014年度"三公"经费公开情况。

六 结语

中国经济改革率先从中东部开始，特别是东部发达地区是改革的急先锋，为中国的社会经济发展打下了良好的基础。从法治建设的情况来看，东部地区虽然普遍好于西部地区，西部地区在几个方面的总体情况在全国来看还不够理想，但是西部的亮点也非常突出。在中国社会科学院法学研究所各项全国性的第三方评估中，西部省份总体或单项名列前茅的情况并非罕见。从表6、表7可以看出，西部地区在法治建设的很多方面有亮点：立法指数方面，西部有3家省级人大跻身前十名；政府透明度指数方面，西部地区的较大的市中有 1 家跻身前十名；司法透明度指数方面，高级法院层面有 2 家，中级法院层面有 1 家分别跻身各自的前十名；检务透明度指数方面，省级检察院和市级检察院各有 2 家分别跻身各自的前十名。这说明，法治建设虽然要有经济发展作为后盾，但在更多情况下是与人的意志、领导者的认识和重视程度密切相关的。

表 6　四项法治指数省级测评对象全国前十名情况

名次		立法指数		政府透明度指数		司法透明度指数		检务透明度指数
1	上海	79.5	广东	80.34	浙江高院	84.85	上海检察院	66.13
2	广东	78.6	上海	80.27	北京高院	84.82	辽宁检察院	62.8
3	湖北	73.7	安徽	79.80	山东高院	79.95	内蒙古检察院	62.65
4	北京	73.6	浙江	78.09	四川高院	78.13	天津检察院	62.57
5	江西	72.9	山东	77.83	广东高院	76	北京检察院	61.64
6	陕西	68.4	天津	77.12	海南高院	75.75	海南检察院	59.28
7	重庆	67.9	海南	77.08	陕西高院	72.88	福建检察院	57.43
8	安徽	64	河南	76.15	福建高院	72.2	广东检察院	54.69
9	四川	63.4	福建	75.87	上海高院	71.33	宁夏检察院	54.1
10	浙江	60.9	北京	75.05	湖南高院	70.08	安徽检察院	53.41

表 7　三项法治指数较大的市全国前十名情况

名次		政府透明度指数		司法透明度指数		检务透明度指数
1	广州	84.12	宁波中院	89.02	厦门检察院	62.47
2	宁波	83.91	广州中院	87.85	深圳检察院	60.13
3	无锡	82.88	杭州中院	82.25	宁波检察院	55.18
4	苏州	80.95	成都中院	81.3	南宁检察院	54.42
5	厦门	80.55	深圳中院	81.3	沈阳检察院	54.32
6	杭州	80.17	海口中院	76.38	南京检察院	53.26
7	青岛	80.09	厦门中院	73.78	珠海检察院	52.54
8	长沙	75.4	南京中院	73.1	大连检察院	50.43
9	成都	74.58	哈尔滨中院	71.72	汕头检察院	48.54
10	福州	74.13	武汉中院	71.54	银川检察院	47.42

十八届四中全会提出，要坚持依法治国、依法执政、依法行政共同推进，坚持法治国家、法治政府、法治社会一体建设，实现科学立法、严格执法、公正司法、全民守法，促进国家治理体系和治理能力现代化。这实际上给西部地区提供了新的契机，即经济虽然是发展的重要指标，但不是发展的唯一衡量指标。如果经济发展以破坏生存环境为代价，破坏了我们生存于其中的自然环境和社会环境，这样的发展是不可取的。一个地区是否宜居、百姓是否心情舒畅，应当是判断党和政府执政能力和行政能力的重要指标。因此，西部地区应当在发展中更加重视后发优势，利用资源丰富、民风淳厚的优势，在法治的轨道上推进经济和社会的平衡发展，使广大人民群众共享改革开放成果，把西部建设成风清政明、经济稳步发展、百姓安居乐业、各种弊端尽除的地区，为中华民族的复兴作出应有的贡献。

（参见四川法治蓝皮书《四川依法治省年度报告 No.1（2015）》）

广东法治

第五章　在民主法治的轨道上
推动改革开放

——广东法治建设的成就与挑战

　　摘　要：改革开放以来，广东在 30 多年时间内长期扮演试点先锋的角色，在很多领域中不仅为自身的发展探索道路，也为兄弟省份的发展起到"先行先试"的示范作用。广东建立并不断完善依法治省工作体制和机制，形成了党委统一领导、人大协调主导、"一府两院"组织实施、政协民主监督、广大人民群众有序政治参与的依法治省"广东模式"。广东经验显示，只有在民主法治轨道上推动改革开放，妥善地协调和化解各类矛盾，勇于"先行先试"，才能让最广大人民群众成为改革开放最大的受益者。

　　早在 1993 年，广东省第七次党代会就率先提出"建立社会主义市场经济、民主法治和廉政监督三个机制"，强调要建设民主政治，实行依法治省。1996 年，广东在全国率先成立了依法治省工作领导小组，省委书记亲自挂帅。15 年来，广东建立并不断完善依法治省工作体制和机制，形成了党委统一领导、人大协调主导、"一府两院"组织实施、政协民主监督、广大人民群众有序政治参与的依法治省"广东模式"，积累了许多新经验，在许多方面都走在了全国前列。广东把民主法治作为推动经济社会发展的根本保障，法治观念越来越深入人心，法律权威越来越彰显，法治的作用越来越重要。广东大力推进立法、执法、司法、普法等各项工作，30多年来，广东省地方性立法数量居全国之首，其中属于先行性、试验性、自主性的超过一半。依法治省形成了良好的发展态势，取得了显著成效，基本实现了预定的各项目标。

一 坚持"三个有机统一"，在法治的框架内"先行先试"

广东省在依法治省中始终坚持党的领导，这集中体现在广东省委颁布实施的《法治广东建设五年规划（2011~2015年）》（以下简称《规划》）中。该《规划》是今后五年广东省开展依法治省工作的纲领性文件。在《规划》的贯彻实施过程中，各级党委是领导核心，党委书记是第一责任人，五年规划把依法治省列入党委重点工作和本地区的发展规划。

发挥人大主导作用是广东模式的亮点，符合实施依法治国方略的需要和中国特色社会主义民主政治建设的要求。充分发挥人大主导作用有利于人大在保证宪法和法律的贯彻实施中履行法定职责，有利于在把握依法治省内涵的基础上发挥人大的职能作用，有利于在探索坚持党的领导、人民当家作主、依法治国有机统一的具体实现形式和运行机制中突出人大的重要地位。

广东省创造条件让人民群众广泛参与国家和社会事务的管理，不断扩大公民有序政治参与的渠道，保障人民群众的知情权、参与权、表达权、监督权。随着信息技术的普及，网络逐渐成为民主法治建设的新渠道。广东省率先发展网络问政，运用信息技术更快更广泛地反映群众诉求，加快推进领导干部与群众在线交流，就重大决策部署、重大公共事件和自然灾害等网民关心、关注的问题进行在线回复，解疑释惑。同时，推广建立网络民智收集、吸纳机制，组织开展网民网上建言献策活动和网民代表座谈会，向群众广泛征求意见。

自改革开放以来，广东省在很多方面不仅要做好自身的探索工作，还同时承担了中央授权或批准的"先行先试"任务，为其他地区改革开放积累可供借鉴的经验。

第一，在探索党委依法执政的工作机制上先行先试，大力提高执政能力和水平。广东省注意提高党委总揽全局、协调各方的能力，以及党委依法决策的能力水平，运用法治手段解决科学发展的现实问题。例如，为了探索加强党内民主，有效制约权力，十六大前，经中央同意，中央纪委明确提出：地县党政领导班子正职的拟任人选，分别由省、市党委常委会提名，党的委员会全体会议审议，进行无记名投票表决。这不仅是把地方党委常委会一部分决策权划给全委会的改革，而且是"票决制"最具实质意义的重大突破。把"三重一大"中最关键的一重即"重要干部任免"，交由全委会票决。另外的"两重一大"，即重大决策、重大项目安排和大额度资金使用，也正在逐步交由全委会票决。例如，深圳市《关于深入贯彻落实党政正职监督暂行规定的若干实施意见》明确规定，在认真履行民主推荐、考察、酝酿等必经程序后，对党政正职的拟任（推荐）人选，由党委全委会（党工委会）审议，进行无记名投票表决。《深圳市市管单位领导集体决策重大问题议事规则（试行）》还规定，党政主要负责人不得擅自改变集体研究的事项，只对财务开支和人事工作进行审核和监督，不得在人事管理工作会议特别是干部任免会议上首先表态作导向发言，只能在议事中作末位表态。

第二，在制定保障科学发展、促进社会和谐的法规规章上先行先试，大力改进和完善地方立法。广东省创新立法机制，推进科学立法、民主立法；突出立法重点，围绕"十二五"规划的主线加强立法；用好用足经济特区立法权，增强特区发展新动力和新优势。例如，在健全社会保障体系方面，广东省制定了《社会保险基金监督条例》（2004年3月）、《工伤保险条例》（2004年1月）等法规；在推进社会事业发展方面，制定了《爱国卫生工作条例》（2003年7月）、《医疗废物管理条例》（2007年5月）等法规；在保障群众基本生活方面，制定了《食品安全条例》（2007年11月）、《饮用水源水质保护条例》（2007年3月）、《工资支付条例》

（2005 年 1 月）等法规；在特殊群体权益保护方面，制定了《老年人权益保障条例》（2005 年 5 月）、《实施〈中华人民共和国妇女权益保障法〉办法》（2007 年 5 月修订）等法规。

第三，在促进行政体制改革上先行先试，大力建设法治政府。广东省深化大部门体制改革和富县强镇改革，加快推进财政、投资、工商管理、价格管理等关键领域改革，加快推进行政执法体制改革。

第四，在建立健全公正、高效、权威的司法制度上先行先试，大力推进公正司法。广东省推进阳光作业，促进司法机关公正廉洁执法；解决司法工作的突出问题，创新司法监督机制。广东省高级人民法院发布了《关于在全省法院进一步推进司法公开的意见》，规定实时公开各类案件的收、结、存情况；当事人可自主选择二审是否公开开庭审理；为媒体旁听专设记者席；当事人有权对执行人员申请回避；邀请人大代表、政协委员担任案件质量评审员；审委会讨论案件可邀请人大代表、政协委员列席旁听，审委会讨论决定作出的裁判文书，须载明参加讨论的委员名单；建立健全法院工作发布制度，对社会关注的审判执行领域以及专项工作发布审判执行白皮书；公开法院领导、部门领导、法官及其他干部的岗位调整、任免职、交流，以及法官选拔、任职和人员招录等信息。

第五，在推进社会管理体制改革上先行先试，大力维护社会和谐稳定。广东省推进社会管理创新，加强社会综治信访维稳建设，推进基层民主自治管理。例如，中共广州市委、广州市人民政府发布的《关于学习借鉴香港先进经验　推进社会管理改革先行先试的意见》，重点在增强政府社会管理和公共服务职能、增强社区服务和管理网络、增强社会组织服务社会功能等领域先行先试，力求在社会福利、社会救助、医疗卫生、社区建设、社区矫正、养老服务、残疾人服务、政府购买服务、发展社会组织、加强社工和志愿者队伍建设等方面取得突破，促进社会事业蓬勃发展，保障市民享有各种基本权益，维护社会和谐稳定。

二　推进政务公开，建设法治政府

推进政务公开，促进依法行政，是法治政府建设的重要环节，得风气之先的广东在这方面同样走在全国的前列。广东省大力推进新闻发布制度和新闻发言人制度的建设，并率先进行了政务公开制度化的地方立法尝试。1999 年 5 月 6 日，广东省政府办公厅转发了《省政府新闻办公室关于建立广东省新闻发布制度的意见》，明确以"广东省人民政府新闻办公室情况介绍会"的形式，定期向境内外媒体发布广东社会经济发展最新信息，同时指定省政府直属 15 个主要涉外单位设立新闻发言人及新闻联络员。这标志着广东省的新闻发布制度走向制度化、规范化，同时也使广东成为中国最早正式建立新闻发言人制度的省份。2002 年以来，广东省开始在全省县级以上政权机关全面推行政务公开，先后出台了一系列加强信息报送和新闻发布工作的相关文件，并在全国率先建立了完善的突发事件信息报送和发布制度体系，出台了全国第一部系统规范政务公开的省级地方性法规——《广东省政务公开条例》。

广东法治政府建设的基本经验主要有五条。第一，在党委统揽全局的基础上，建立发挥政府的主体作用、各方面协同配合的依法行政工作格局，是广东法治政府建设的根本保障。广东省依法行政工作的一大优势就是层层成立由党委主要负责同志挂帅，人大、政府、政协以及公检法机关主要领导参与的依法治省、依法治市、依法治县（市、区）工作领导小组及其办公室。正是由于各级党委的坚强领导和各级人大、政府、政协以及司法机关、民主党派、人民团体的协同配合，各新闻媒体和广大群众的广泛参与，广东省的依法行政工作才得以不断向前推进。

第二，围绕中心、服务大局，是法治政府建设的根本方向。广东政府法制工作贯穿于改革开放和经济社会发展的全过程，始终围绕党委和政府每一时期的中心工作，服从并服务于改革开放和经济社会发展大局，确保正确的发展方向。30 余年来，各级政府法制机构坚持从本省改革发展稳定的大局出发，通过政府立法、政府层级监督，充分发挥政府法律顾问作用，为广东省改革开放和现代化建设提供了重要保障，政府法制事业也从中得到了长足发展。

第三，坚持以推进依法行政、建设法治政府为己任，是法治政府建设的根本目标。政府法制工作是政府工作的有机组成部分，是整个政府工作的重要基础。政府法治工作的根本目标和价值取向，就是实现政府工作的规范化和法制化。30余年来，广东省各级政府法制机构围绕这一目标，大胆开拓，积极进取，认真履行在推进依法行政中的统筹规划、部署落实、督促检查、协调指导等职责，扎实推进法治政府建设不断进步和发展。

第四，抓住机遇、开拓创新，是法治政府建设的生命力所在。政府法制是一项发展中的事业，只有抢抓机遇、开拓创新，才能不断进步、快速发展。30余年来，广东省各级政府法制机构适应改革开放和现代化建设的迫切需要，紧紧抓住《行政诉讼法》《国家赔偿法》《行政处罚法》《行政复议法》《行政许可法》《行政强制法》和国务院《全面推进依法行政实施纲要》颁布或实施的良好契机，创新机制，开拓思路，改进方法，使广东省政府法制建设不断取得新的成效，依法行政工作一直走在全国前列。

第五，内强素质、外树形象，锻造与推进与依法行政相适应的政府法制工作队伍，是法治政府建设的重要基础。推进依法行政、建设法治政府，必须有一支政治强、作风正、纪律严、业务精的政府法制工作队伍。30余年来，广东省各级政府法制机构紧紧围绕建设法治政府的目标，不断加强政治建设、作风建设、纪律建设和业务建设，通过抓培训、比奉献、求业绩，弘扬艰苦创业、务实进取、开拓创新、乐于奉献的政府法制精神，按照"有为才有位、有位更有为"的要求，着力提高自身素质和能力水平，为推进依法行政、建设法治政府奠定了良好的组织基础。正是由于全省政府法制工作队伍尽职尽责、团结进取，广东省建设法治政府的步伐才得以不断加快。

三　确保人民生命财产安全是最大的民生工程

发展和保障民生，是国家发展的根本目标之一。广东省提出，民富国强的最有效法宝，就是为公民创造财富提供充分的法律保障，从而激发全社会创造财富的活力，夯实建设幸福广东的经济基础。广东要发展现代服务业和先进制造业，必将倚重法治所带来的秩序和效率。因此，广东省积极发挥司法机关职能作用，确保公民合法财产不受侵犯，同时学习借鉴其他国家或地区的法治经验，不断完善公平、竞争、有序的市场机制，优化营商环境，保护公民创造财富的权利和自由。

人民群众创造财富，不仅靠自由、公正，还要靠稳定和秩序。广东省地处改革开放和经济发展的前沿，是渴望勤劳致富的人们的理想家园，也是黑恶势力垂涎三尺的宝地。维护人民群众生命和财产的安全，是各级政权最重要的民生工程之一。30 多年来，广东省各级公安机关共侦破刑事案件 276 万起，累计抓获犯罪嫌疑人 250 万人，有效地维护了全省社会治安大局稳定。

首先，广东省不间断地组织严打专项斗争，依法严厉打击突出刑事犯罪。30 余年来，全省刑事犯罪总量呈现从"跳跃式上升"变为"稳步下降"的总体趋势，年立案总量从改革开放初期的 3 万余起跃升至最高点的 50 万余起以后，近年来进入了一个犯罪总量相对平稳的常态阶段；破案数则呈直线上升的趋势。20 世纪 90 年代后，根据当时全省治安的突出情况或突出问题，因地制宜地组织开展了"追逃"、"打拐"、"打黑除恶"、"侦破命案"、打击"两抢一盗"、"粤鹰"、"粤安 08"等全省性专项打击行动，为维护广东省乃至港澳地区的社会稳定作出了积极贡献。2004 年，广东省公安厅组织珠三角八市开展了打击色诱抢劫犯罪区域性专项打击行动；2006 年，组织珠三角八市开展了围剿街面犯罪珠三角会战行动，深圳、东莞、惠州三市公安局针对犯罪分子跨地区、跳跃式作案的特点，联手开展了以打击车匪路霸和抢劫网吧犯罪为主要内容的"夏日风暴"行动，打掉了一批流窜于三市的跨区域作案犯罪团伙；2007 年，组织广州等重点地区分别开展了打击"拉人上车"实施犯罪专项行动和侦破盗窃广本汽车犯罪案件战役；2008 年，组织粤东、粤西和珠三角部分地市开展了打击犯罪区域性专项行动，有效地遏制了涉抢犯罪案件的高发势头。

其次，广东省大力加强治安防控网络建设，推进社会治安综合治理。为适应动态环境社会治安防控的需要，广东省公安机关积极探索创新接处警机制。1986 年广州市公安局在全国率先建立起"110"报警台，1996年前后普及全省各地。自 20 世纪 90 年代中期以来，抓住安全文明小区这一社会治安综合治理的有效载体，不断强化小区治安整治，落实群防群治，促进小区安全防范工作。至 2006 年，全省创建安全文明小区 6 万多个，覆盖城市面积 80% 以上。2002 年以来，广东省全面构建以"五张网络"（社会面、重点部位和特种行业、机关和企事业单位、社区、各种边缘地区的防控网络）为核心的社会治安防控体系。

四 努力培育基层法治文化

当前中国法治建设重点正在发生战略转移，加强法律实施，培育公民法律意识显得尤为重要，而在基层，法治工作任务更加艰巨。广东省在法治建设过程中努力培育基层的法治意识，这里所说的基层，既包括乡镇政权机构和农村的村委会，也包括城市的街道和居委会及社区。广东省在每个村都设立了依法治村领导小组，乡镇也有依法治镇（乡）领导小组。依法治村领导小组的负责人就是村支部书记。基层的法治文化建设，是法治文化建设的基础，如果能够在基层加强法治文化建设，营造一种良好的法治氛围，很多矛盾就可以化解在萌芽状态。法治文化建设的形式多种多样。广东省通过举办法治文化书法大赛、"法治楹联""法治格言""法治诗词"以及法治节目下乡等形式，力求用一些很实际的例子，让群众能够听进去，并转化为一种自觉的行动。以珠海斗门区乾务镇荔山村为例，过去这个村的老百姓一闹矛盾就堵路，对当地的交通影响很大。区和镇政府把这个村作为依法治村工作的一个重点，推进普法、发展经济、建立健全管理制度等工作。经过法治宣传和教育，村民们意识到堵路的办法是错误的，不仅影响公共交通，也影响本村的经济发展。因为，堵路后，集装箱车进不去，村里的工厂无法开工，最终损害的是自己的利益。现在村民遇到问题不再去堵路，而是通过依法治村工作领导小组，用法律手段来解决。

依法治村领导小组的日常工作就是用各种法律制度，包括具体阐述这些法律法规制度的乡规民约，来管理村里的经济和社会发展事务。例如，有些村就规定，村民属于"二女户"的，可在分红上增加一个指标，如果村民违反计划生育制度，增加的分红就没有了。这些乡规民约的实施效果明显，老百姓容易接受，但是国家并没有相关法律法规规定。另外，广东省还鼓励村民按照农村自治规范管理和公开村务和财务，管好经济活动、管好钱。促进农村经济发展，维护农村社会稳定，是依法治村的根本目的。推进依法治村后，老百姓出现各种各样的纠纷时，如权益纠纷，邻里之间的纠纷，大都会尽量循法律的途径予以化解。

依法治村工作是一个长期的过程。随着社会经济的发展，老百姓的需求在不断变化，经常会打破原来的平衡状态，因此，工作常常会出现反复。依法治村工作不可能在短期内就达到目标，也不可能做到一劳永逸。一些地方官员在征地的过程中触犯了法律，还辩称是"为公违法"，即为了集体利益违法，为了地方经济发展违法。对此广东省依法治省领导小组办公室明确表示，"为公违法"的提法是不正确的，违法就是违法，没有为公为私之分。遵守法律才是最大的"公"。"公"有"大公"和"小公"的区别，也就是全局利益与局部利益的关系。局部利益的为"公"，对于全局利益来说，可能就是为私。即使为公也不能违法，党政机关必须按照法律的规定和程序开展工作，否则就必须承担相应的法律责任。例如，某县前县委书记、县人大常委会主任违法批准用地，并不是为了谋取私利，而是为了建设开发区，但是由于违反相关法律的规定，被撤销党内职务，依法罢免其县人大常委会主任职务，按副处级干部另行安排工作。

鉴于大部分体制改革工作需要通过各级公务员从上到下去推进，因此，可以说公务员队伍的法治素质，是能否建成法治社会的关键，广东省极为重视通过开展法治培训教育、举办法治讲座、法律知识考试等措施，提高各级公务员队伍特别是基层公务员队伍的法治素质。

同时，为了给基层人民群众提供良好的法治专业服务，广东省正在抓紧制定律师业中长期发展规划，培养高素质的律师队伍，使律师服务质量达到全国一流水平。

五　重视舆论监督对法治的推动作用

改革开放之初，广东新闻媒体舆论监督发端于参与拨乱反正，实行新闻改革，恢复和发展新闻批评传统。1978 年 11 月 8 日，中共广东省委机关报《南方日报》率先刊登了中共惠州地委农村办干部麦子灿同志给时任中共广东省委第二书记习仲勋同志的信，直言不讳地批评习仲勋同志"爱听汇报，爱听漂亮话"，并同时刊登了习仲勋同志闻过则喜、虚心接受批评的回信。这种批评方式和报道处理方法在当时全国省级机关报中前所未有，在全国新闻界引起了强烈的反响，也极大地鼓舞了广东新闻界批评的勇气。由此，广东各媒体开始紧紧围绕党和政府的中心工作，宣传改革开放的方针和政策，直面当时经济矛盾与社会矛盾凸显的社会现实，充分发挥"耳目喉舌、舆论导向"的功能，从开展"真理标准的讨论"到开展反腐倡廉斗争，从推进市场经济到厉行法治，为维护社会、经济正常秩序发挥了积极的作用。

1980年2月，《羊城晚报》报道了广东开平的一起重大海难事故——"曙光401号客轮"沉没，200多人遇难，实现对灾难新闻报道禁区的首次突破。1985年2月28日，《蛇口通讯报》发表文章《该注重管理了——向袁庚同志进一言》。该文列举了蛇口工业区在管理上机构臃肿、人浮于事、办事效率低下等诸多弊端，并措辞尖锐地将批评的矛头直接指向时任蛇口工业区党委第一书记的袁庚，率先突破了党报不批评同级党委及其负责人的禁区，被新闻界称为新中国舆论监督史上一次历史性的破冰之举。

1992年邓小平视察南方和党的十四大召开，不仅推动广东掀起新一轮深化改革、扩大开放、加快发展的热潮，而且极大地促进了广东新闻媒体的发展。随着改革的不断深入和社会主义市场经济体制的确立，媒体多元化的格局逐步形成。广东新闻媒体的舆论监督从单纯的事实披露和真相探察转向更深层、更理性的探讨，开始在批评的背后探寻民主法治轨道上的破题之策。1996年8月，广东省委顺应形势，作出《关于进一步加强依法治省工作的决定》，提出要建立舆论监督与党内监督、法律监督、群众监督相结合的强有力的监督体系，将舆论监督工作提到依法治省的高度来审视，尝试将舆论监督制度化。1999年5月11日，珠海市在全国率先出台了一项地方性的舆论监督管理办法——《珠海市新闻舆论监督办法（试行）》。该办法对新闻舆论监督的指导思想、总体目标、范围和内容、基本原则、社会要求、组织领导以及检查和监督七个方面的内容均作出了规定。2000年2月，珠海市又制定了《珠海市新闻舆论监督采访报道的若干规定》，进一步明确、细化了舆论监督的相关内容。该规定还进一步放宽了珠海市新闻舆论监督的采访范围，指出："只要不涉及国家安全、国家机密及军事机密的……在履行新闻舆论监督职能时，任何单位、部门尤其是公务人员都有责任接受采访，并与之密切配合，如实反映情况和问题，不得以任何借口拒绝、抵制、回避、推诿，或进行人身攻击和打击报复。"

2002 年中共十六大报告明确提出"发展社会主义民主政治，建设社会主义政治文明"目标之后，广东的改革开放开始向纵深发展，广东新闻媒体的舆论监督工作也进入了一个全新的发展时期。2003 年 2 月 10 日，在广州市政府召开的新闻发布会正式发布非典型性肺炎的疫情消息的前一天，《羊城晚报》率先刊登消息——《广东发现非典型性肺炎病例》。此后，广东新闻界迅速深入"抗非"一线，以大量而准确的信息引导舆情，批驳谣言，迅速遏制了谣言迅猛传播的势头，对稳定社会秩序功不可没。

改革开放 30 多年来，广东推进舆论监督工作的丰富实践提供了宝贵的经验和深刻的启示。首先，必须在改革与稳定的前提下逐步推进舆论监督工作。一方面，改革开放极大地促进了广东市场经济和传媒市场的发展，给广东民主法治建设带来了长足进步，为广东新闻媒体创造了一个宽松而富有活力的生存环境，使舆论监督工作得以不断向纵深发展。同时，舆论监督借社情民意之力，弘扬社会正气，匡扶先进，鞭挞落后，促进和保障了改革开放的顺利进行。可见，只有继续推进社会经济改革、政治改革与新闻改革向纵深发展，充分激发新闻业的生机与活力，营造文明、民主的社会政治环境，新闻舆论监督工作才能不断进步。另一方面，在保持稳定的前提下逐步推进舆论监督工作。广东在积极推动新闻改革和舆论监督的同时，始终把"坚持党管意识形态，牢牢把握领导权"作为建设文化大省的一条基本原则，在以一种宽容的姿态对待新闻媒体的同时，紧紧把握住正确的舆论导向，使新闻舆论监督与社会、政治、经济发展相协调。广东新闻媒体始终立足全局，围绕广东的中心工作来开展舆论监督。无论是进行批评报道，还是组织协商对话，广东媒体都能秉持建设性的立场，正确处理和协调政府与公众的矛盾，使舆论监督有利于问题的解决，有利于全局，有利于稳定。

其次，各级党委注重保护媒体进行舆论监督的积极性，并把舆论监督纳入民主法治体系，推动舆论监督由"人治"走向"法治"。舆论监督普遍面临的一大难题就是对权力的监督容易导致媒体与政府关系紧张。在这一问题上，广东新闻舆论监督的状况显然相对理想。其中的原因，除了广东省各级政府采取开明的政策和广东新闻媒体注意舆论监督艺术外，主要还是广东省对舆论监督角色和功能有一个准确的认识和定位。目前，广东省舆论监督工作已逐步由"人治"走向"法治"，并有望在地方新闻立法方面在全国率先取得突破。这些舆论监督长效保障机制的确立，极大地保障了新闻媒体的知情权、表达权和监督权。这也说明一个道理：建立制度化、法制化的配套保障机制，是新闻舆论监督达到"长治"效果的必由之路。

六　法治促进生产力发展

法治软实力、软环境是推动经济社会发展的制度保障，体制机制创新是实现科学发展效益最好、成本最低的措施。要以抓经济发展的气魄和力度，全面推进广东的民主法治建设，不断提高法治软实力、软环境的竞争力。从民主法治发展的趋势看，进一步完善依法省省的"广东模式"。积极探索法治广东建设的新路子，率先构建起符合省情、充满活力、富有特色的社会主义民主法治环境，为广东的科学发展提供强大的法治保障，是摆在广东面前的重大使命。没有良好的法治环境作保障，就很难实现经济社会跨越式发展。因此，广东省面对新形势，充分发挥创新精神，促进法治建设稳步发展，推动经济社会持续发展，不断满足人民群众对建设"法治政府""责任政府"和"为民政府"的要求。针对有些人把依法行政和加快经济社会发展对立起来，认为抓项目、抓 GDP，就可以暂时搁置、忽略法治政府建设的错误观念，以及少数地方招商引资后，由于法治环境不好，企业没法生存，撤资都撤不走，造成"热情迎商，关门宰商"的恶果，广东省委省政府明确提出，良好的法治环境作保障是实现经济社会持续、健康、快速发展的保障，也是项目建设和招商引资的第一竞争力。法治建设出生产力，根据《2010 年广东国民经济和社会发展统计公报》，2010 年广东省全省生产总值达到 45472.83 亿元，比上年增长

12.2%；农村居民人均纯收入 7890.25 元，比上年增长 14.2%；城镇居民人均可支配收入 23897.8 元，比上年增长 10.8%；进出口总额 7846.6 亿美元，比上年增长 28.4%；亿元地区生产总值生产安全事故死亡人数下降至 0.15 人。

法治建设出生产力是广东发展实践得出的重要经验。法治的核心是依法办事，依法治国理政，保稳定，求和谐，促发展。法治的最终目标是推进经济社会又好又快发展，更好地安邦定国，推进社会与人的全面、和谐与可持续发展。当今世界衡量财富多寡的标准已发生了重要变化，形成了以非物质无形资产为主的财富观。法治水平是无形资产的重要组成部分，从某种意义上讲，在主要发达国家和地区，法治建设已与直接创造财富的生产力密不可分。长期以来，人们只看到法治作为上层建筑的组成部分，能间接促进生产力的发展，即通过调整生产关系来推动生产力，却不认为法治能直接作用于生产力。而从科学发展观的角度分析，我们应当认识到法治建设也出生产力，而且是经济、政治、文化和社会建设与发展的重要推动力量，具有规范、引领、评价、保障的重要作用。

七　面临的挑战

改革开放以来，广东在 30 多年时间内长期扮演试点先锋的角色，在很多领域中不仅为自身的发展探索道路，也为兄弟省份的发展起到先行先试的作用。为此，在确立原有体制机制的相关法律法规未修改或废除的情况下，中央在一定程度上授权或默许广东可以采取具有突破性的做法。这在改革开放之初法律体系不健全、各种旧的体制机制普遍存在不适应改革开放需要的形势下，是不得不实施的具有阶段合理性的模式。在历史上也的确产生了积极的效果，作出了不可替代的贡献。然而，事物都是一分为二的，这种模式长期运行的结果也带来了一些负面影响，值得注意和警惕。

第一，在先行先试中应注意消除实用主义观念，坚持法律底线。首先，在改革开放中，一些人的头脑中容易产生错误认识，即只要是为了改革开放，不按照仍然有效的法律法规做事也不要紧，只要出发点和结果好就行。无形当中，改革开放试点就变成了突破法律法规的借口，这极不利于法治观念的形成和普及。其次，一些具有尝试性和探索性的措施，往往是以位阶较低的规范性法律文件或具有普遍约束力的决定命令为依据的。当这些文件与相关的法律法规不一致时，实际得到执行的往往是这些效力位阶低的文件，法律位阶的效力等级关系就被颠倒了。时间长了，就形成了"大法不如小法，小法不如文件，文件不如讲话"的实用主义意识。再次，极少数地方及其负责人存在打着试点旗号为小团体甚至个别人谋取不法利益的腐败现象。这些人往往把自己的不法行为包装在所谓的改革措施之中，利用先行先试的授权，以权谋私，造成了民众对先行先试的不满甚至反感。

第二，广东作为流动人口输入大省，面临社会综合管理的难题。2010年第六次全国人口普查主要数据显示，当时，广东全省常住人口为104303132人，同第五次全国人口普查2000年11月1日零时的86420000人相比，10年共增加17883132人，增长20.69%，其中有644万人是由外省流入，806万人是户籍人口的自然增长，208万人是户籍人口的迁移增长，还有130万人是由于种种原因没有上户口而在人口普查前的户口整顿中清查出来的人口。改革开放30多年来，在改革开放中，广东不仅扮演了改革开放先锋、先行先试探路者的角色，而且以其善于提供自由发展空间、灵活运用中央政策、不拘一格使用人才，吸引了全国各地不同层次、不同类型的人员。广东是中国的一个小缩影，大量的外来人口进入广东，并在这里寻求自己的发展空间，对广东的发展起到了推动作用，也为广东的社会治理带来了新的问题。目前，在广东定居、工作的人群差异之大、社会分层之复杂，就全国范围而言无出其右者，这在相当程度上使广东省面临许多兄弟省市当前乃至今后一段时间内不会出现的复杂局面。这也是造成目前广东部分地域之间发展差距较大，不同社会阶层收入差距较大的一个客观因素。相应地，这也为广东的社会治理带来了很多难题。广东某些地方出现的具有较大影响的群体事件或治安事件就是管理难的一种表现。

第三，缩小贫富差距是广东今后面临的主要任务。改革开放以前，广东的相当一部分地区工业基础薄弱，经济底子差。改革开放之后，以珠三角地区为代表的部分地域在比较短的时间内通过自身的努力，加上中央和地方的政策扶持迅速发展起来，在经济领域积累了较为雄厚的基础，与此同时也拉大了与粤北、粤东、粤西部分贫困地区之间的差距。这种现象的出现，客观和历史地分析，并不是广东所追求和希望的结果，而是短时间内快速发展必然会出现的情况。但是，这毕竟形成了一种客观现实，即目前的广东还存在相当程度的地域性发展差异和较大的人群收入差距。相应地，其背后也就隐藏着不同地域之间、不同人群之间的矛盾和利益冲突。对于这种复杂的形势，广东省还需要通过法治和社会主义民主政治妥善地协调和化解矛盾，在保持一定发展速度的基础上完善利益分配机制，缩小地域和人群之间的发展差距，让最广大人民群众成为改革开放最大的受益者，实现共同富裕。

　　第四，进一步在法治的轨道上化解矛盾纠纷。随着广东社会转型进入攻坚阶段，群体事件多发，如何在法治轨道上化解矛盾，妥善处理群体事件，是广东今后一段时间里面临的一大挑战。广东省 2011 年对乌坎事件的处理表明，在法治的轨道上化解纠纷是可行的。广东省工作组在处理乌坎事件的过程中，紧紧依靠党和人民，具体做到五个坚持。①坚持民意为重，以最大决心、最大诚意、最大努力解决群众的合理诉求，严肃查处违法腐败行为。②坚持群众为先，依靠群众解决乌坎问题。工作组明确表示，陆丰乌坎村群众的主要诉求是合理的，基层党委政府在群众工作中确实存在一些失误，村民出现一些不理性行为是可以理解的。③坚持以人为本，全力做好死者家属的安抚优恤工作。④坚持阳光透明，及时公布调查处置工作的进展情况。⑤坚持法律为上，依法依规、讲情讲理，妥善解决问题。政府回应和解决群众的诉求界定是否合理，首先要以法律法规来界定，同时要以人为本，考虑人民群众的实际利益，对部分乌坎村民在参与上访游行过程中出现的不理智行为给予充分理解和谅解，参与打砸的只要有悔改表现也给予宽待；即使是对策划、组织违法行为的头面人物也给出路，只要他们有悔改表现，不再组织村民妨碍工作组进村解决群众合理诉求，都一律给足出路。乌坎事件的处理过程显示，保持冷静、理智、克制、秩序的气氛，在民主法治的轨道上处理群体事件，完全可以实现以人为本与社会稳定、和谐的共赢。

（参见法治蓝皮书《中国法治发展报告 No. 10（2012）》）

第六章　广东公众参与重大行政决策的探索与实践

摘　要：近年来，广东省在公众参与重大行政决策方面取得明显进展。本文探讨了广东在公众参与重大行政决策的机制建设、"公众意见征询委员会"的制度创新、"参与式预算"的模式探索等方面的具体做法与成效，并在此基础上提出，进一步深化公众参与建设，需要明确重大民生决策的判定标准，提高对群众政治诉求的回应性，增强政府官员的群众路线意识。

根据中国社会科学院法治国情调研广东基地 2013 年调研安排，中国社会科学院法学研究所法治指数创新工程项目组对广东依法治省工作及法治政府建设工作进行了全面调研，本报告重点对其公众参与重大行政决策的情况进行分析。

公众参与是指公共权力在进行立法、制定公共政策、决定公共事务或公共治理时，由公共权力机构通过开放的途径从公众和利害相关个人或组织获取信息，听取意见，通过反馈互动对公共决策和治理行为产生影响的各种行为①。

公众参与的兴起具有深刻的政治发展逻辑。随着中国市场经济的发展和社会财富增加，多元化的独立社会主体日益壮大，开始形成多元化的利益要求和政治诉求，"管制型"政府难以满足社会发展需要，从而促成了

---

① 蔡定剑：《公众参与，一种新式民主的理论与实践》，2009 年 5 月 12 日，中国改革网。

公众参与的现代新兴民主形式①。

《法治广东建设五年规划（2011～2015 年）》明确提出，"不断拓宽人民群众参与民主法治的渠道，确保法治广东建设更好地体现人民群众的根本利益，让人民群众在法治广东建设中得到更多实惠"。近年来，广东在公众参与方面开展了多层次、多领域的探索与实践，尤其在重大行政决策的公众有序参与方面，更是取得了明显成效。

一　公众参与重大行政决策的机制建设

公众参与具有诸多可选途径，其中既有相对温和的对话、辩论、协商、听证等方式，亦有相对激进的请愿、集会、抗议、游行、示威等手段②。于是，如何引导公众参与的理性化、规范化、有序化，也就成为公众参与机制建设的重要课题。经过近年来的探索与实践，广东省各级政府逐渐将座谈会、专家咨询论证、听证会、民意调查等明确为公众参与重大行政决策的主要方式，并通过行政立法、规范性文件予以保障。

座谈会通常是指在主持人的主持与引导之下，与会者就特定主题进行深入讨论的访谈式会议。由于是多人同时参与讨论，与会者很容易形成互动，从而在彼此相互激发的过程中，为主持人提供更丰富、更深入、更全面的访谈信息。对于座谈会而言，与会者的代表性与异质性至关重要，必须审慎避免有意或者无意"过滤"代表导致意见一边倒的情况。《广州市重大行政决策程序规定》明确规定，以座谈会方式征求公众意见的，决策起草部门应当邀请有利害关系的公民、法人或其他社会组织代表参加，并且决策征求意见稿及其起草说明应当至少提前 5 日送达与会代表。

专家咨询论证不仅能为政府决策提供外部智力支持，弥补政府部门专业技术人才储备不足问题，而且能依托专家学者的社会信誉为政府决策提供更高的权威性，更易于获得社会公众的认可与支持。但要留意的是，专家学者的社会信誉一方面来自于专业技术，另一方面得益于知识分子不畏

---

①　吴育珊：《"三统一"与广东公众参与的制度创新实践》，《探求》2010 年第 1 期，第 44 页。

②　俞可平：《俞可平：公民参与的几个理论问题》，《学习时报》2006 年 12 月 19 日。

权贵的文化传统，因此，切实保证专家学者的中立地位，将是专家咨询论证工作取得预期成效的关键所在。《广东省重大行政决策专家咨询论证办法（试行）》明确规定，选定专家对重大行政决策进行咨询和论证时，必须实行相关利益关系回避制度，并要保证专家排除干扰、独立自主地开展研究。

听证会是将司法审判模式引入行政和立法程序的制度，其过程模拟司法审判，由双方互相辩论，其结果通常对最后的处理有约束力。相较于掌握行政权力的政府机构，社会公众处于明显弱势地位，因此必须将听证会程序制度化和规范化，才能对政府机构形成有效监督和约束。近年来，以《广州市重大行政决策听证试行办法》为代表的一系列地方政府规章制度相继出台，从而有力推进了公众参与的制度化建设。

民意调查是通过问卷调查、个别访谈、电话访谈等方式，客观了解和把握社会公众的舆情民意。基于科学调查与统计方法，民意调查具有较高的可信度和准确性，有助于促进社会公众对重大行政决策的信任与拥护。不过，由于民意调查具有较强的技术性特征，很难由政府部门自行完成，因此需要引入独立的第三方负责民意调查，既有助于提高调查结果的准确性，也有利于增强调查结果在社会公众中的可信度。《广州市重大行政决策程序规定》明确规定，以民意调查方式征求公众意见的，应当委托独立调查研究机构进行，并作出书面调查报告。

二 "公众意见征询委员会" 的制度创新

随着社会经济的蓬勃发展，曾经相对单一的社会利益结构日趋多元化。于是，如何在城市治理尤其是重大项目建设过程中有效化解各类利益分歧与社会矛盾，业已成为各级地方政府普遍面临的现实难题。2013 年，广州市出台《广州市重大民生决策公众意见征询委员会制度（试行）》（以下简称《征询委员会制度》），从而在依托第三方民意机构协调各方利益诉求的制度化建设道路上，率先迈出了重要一步。广州市的制度创新始于"同德围"模式的探索与实践。

同德围位于广州市西北角，面积约 3.59 平方公里。到 2011 年，原本规划人口 15 万的同德围，已有常住人口 30 多万，而且长期面临出行难、上学难、看病难、如厕难的诸多难题，结果使得原有"同心同德"寓意的同德围被当地居民戏谑地称为"痛得威"。

2012 年初，广州市启动同德围综合整治工作。但是，面对错综复杂的治理难题，如何才能有效协调各方利益诉求，使治理措施能得到当地居民的认可与支持，却成为政府面临的首要难题。对此，广州市市长明确提出，居民代表是同德围的主人，"同德围怎么整治？你们说了算"！

于是，同德围地区综合整治工作咨询监督委员会应运而生，开始以第三方民意机构的身份，承担起协调各方利益诉求的重要职责。同德围咨询监督委员会由 37 名来自各方面的代表组成，其中近八成是当地的利益相关者，并由长期关注同德围地区发展的广州市政协委员担任委员会主任。通过贯彻落实"民意征集、矛盾协调、过程监督、工作评价"的十六字工作方针，同德围咨询监督委员会赢得了公众的信任与政府的认可，有力推动了同德围地区的综合整治工作。

"同德围"模式的成功，使得第三方民意机构在协调各方利益过程中的积极作用日益受到重视。同德围咨询监督委员会成立后不到一年时间里，广州就相继出现多家名为"公众咨询监督委员会"的第三方民意机构。随着《征询委员会制度》的颁行，第三方民意机构更是成为"政府决策过程中问需于民、问计于民、问政于民，尊重并保障公众知情权、参与权、表达权、监督权的重要载体和平台"。从制度创新来看，公众意见征询委员会的意义主要体现在以下方面。

（一）公众参与决策的关口前移

近年来，重大行政决策的公众参与逐渐成为地方政府普遍遵循的重要原则，但从执行方式来看，通常都是在草案完成后才引入公众参与。例如，规划项目在制定完成后，才拿出来公示征询民意。尽管从政府方面来看，此举有助于将公众参与定位在"拾遗补阙"环节，从而切实把握决策主动权，避免公众参与的不确定性，但从社会公众来看，此举却明显缺乏诚意，容易被认为是在"走过场"，备受舆论诟病。于是，无论草案是否完善，都很难获得社会公众的信任与认可。

公众意见征询委员会在制度设计上，将公众参与的关口前移至重大行政决策的立项阶段。对此，《征询委员会制度》明确规定，针对具体决策事项成立的公众意见征询委员会，应当遵循"一事一会"的原则，由主办决策事项的政府部门发起，于决策事项拟议阶段成立。这就在制度上保证了社会公众对重大行政决策的全程参与，不仅有助于规避政府官员"拍脑袋"作决策，而且有利于提高重大行政决策的社会公信力，增进官民有序互动。

（二）保证利益相关方参与决策

通常情况下，重大行政决策很难做到严格意义上的帕累托改进，即不损害任何人的利益就能增进其他人的利益。因此，任何重大行政决策，本质上都是对现实利益的重新分配。尽管对政府而言，只要收益在总体上大于成本，即为合理决策，但问题在于，如果"收益分享—成本分担"方式存在明显失衡，就会使决策失去公正性，难以得到社会公众尤其是利益相关方的认可与支持，从而很难付诸实施，甚至有可能引起社会公众的抵制情绪与过激行为。

随着社会公众维权意识的不断增强，通过协商安排各方都能接受的"收益分享—成本分担"方式，已成为重大行政决策顺利实施的先决条件。对此，《征询委员会制度》规定，公众意见征询委员会由专业人士、利益相关方代表、市民代表、人大代表和政协委员组成，并且规定，公众意见征询委员会成员一般不少于 15 人，其中利益相关方代表不少于 1/3。这就在制度上保证了利益相关方的决策参与权，有助于提高官民互信，化解利益分歧与社会矛盾。

（三）增强公众参与决策约束力

公众参与的可持续性在很大程度上取决于有效性。如果公众意见征询委员会所提的意见对重大行政决策并不具有现实的约束力，那么，无论在宣传上如何高调，最终都难以摆脱"政治花瓶"的命运，根本不可能得到社会公众的认可与支持，遑论承担起公众参与的渠道重任。

对于第三方民意机构而言，"言必信，行必果"是赢得社会威信的必

要条件。对此，《征询委员会制度》规定，政府主办部门应"为公众意见
征询委员会委员查阅相关资料、开展调查研究、了解相关情况提供必要的
便利"，并且应"充分尊重公众意见征询委员会的意见和建议，对委员会
提出的意见建议无论采纳与否均应及时反馈"，如果所提意见和建议因故
未能采纳，则应如实向其说明理由。这就在制度上保证了公众参与决策的
约束力，有助于增强公众参与的动力与活力。

三　"参与式预算"的模式探索

参与式预算是社会公众能参与决定部分或全部的可支配预算或公共资
源最终用途的协商机制。社会公众直接参与决策，讨论和决定公共预算和
政策，确定资源分配、社会政策和政府支出优先性，并监督公共支出，从
而不仅有助于公平分配资源、激励行政改革和监督行政官员，而且有利于
促进社会公众学习和积极行使公民权，弥合社会分歧与隔阂，实现社会公
正，推进政治改革。

近年来，浙江温岭、黑龙江哈尔滨、江苏无锡、安徽淮南、上海闵
行区等地方政府先后开始参与式预算的探索与实践。2012 年，广东省
佛山市顺德区在全省率先开展参与式预算试点工作，引起社会各界广泛
关切。

2011 年 11 月，中共顺德区委、顺德区人民政府联合发布《中共顺德
区委、顺德区人民政府关于推进社会体制综合改革　加强社会建设的意
见》，明确提出"深化财政管理体制改革"，并且将参与式预算列为改革
重点。2012 年 7 月，顺德区出台《顺德区参与式预算试点工作方案》及
《顺德区参与式预算试点工作实施细则》，从而为参与式预算工作提供了
重要的制度保证。随后，顺德区参与式预算工作小组对 2013 年度区属单
位申报的 500 多个新增预算项目进行筛选，最终确定"孕前优生健康检查
项目"和"残疾人辅助器具适配、居家无障碍改造项目"为试点项目。9
月，顺德区财税局在政务网上公示两个试点项目的详细材料，并开始参与
式预算试点项目代表委员会的遴选工作。10 月，顺德区先后召开两场试
点项目面谈会，由相关部门接受试点项目代表委员会质询。2013 年 1 月，

两个试点项目经区人大批准通过①。

从 2012 年的首次试水来看，顺德区的参与式预算已取得阶段性成功，从而为进一步探索与实践创造了有利条件。不过，相较于其他国家的成功经验，顺德区的参与式预算工作尚处于起步阶段，存在诸多有待完善之处。具体来看，主要体现在以下方面。

（一）参与式预算的广泛性问题

参与式预算的成效在很大程度上取决于社会公众的广泛参与。从顺德区的参与式预算试水来看，却是"叫好不叫座"。尽管学界和媒体都对参与式预算评价甚高，并寄予较高期望，但在参与过程中，社会公众自愿参与者寥寥无几。两个项目共 12 个社区群众代表名额，首次报名截止时，仅有一人报名。而且，唯一的报名者还是顺德区财税局的办事员。为此，顺德区财税局一方面通过政府网站和各大媒体发动宣传，另一方面将报名时间延长一周。即便如此，参与面谈会的 12 名社区群众代表中，依然多达 10 名是经由村民委员会或居民委员会组织动员来的②。

究其原因，首先是参与式预算在顺德区尚属首次，社会公众并不了解和熟悉，因此缺乏积极性；其次是参与式预算具有很强的专业性特征，不仅需要有财税知识，而且对相关项目也要有一定了解，否则很难在面谈会上起到作用，因此多数公众缺乏参与能力；再次是参与式预算时间较为紧张，从项目公告到召开面谈会历时不到 2 个月，社会公众缺乏充裕时间进行酝酿。

从顺德区的制度设计来看，参与式预算主要依靠的还是专家和政治代表。《顺德区参与式预算试点工作实施细则》规定，参与式预算试点项目代表委员会一般控制在 15 人以内，其中：人大代表、政协委员 4 人，专家、行业代表 5 人，社区群众代表 6 人。前两类代表由区参与式预算工作领导小组推荐产生，占全部代表的 3/5，而社区群众代表则由随机抽取产生，占全部代表的 2/5。从政府来看，此举有助于保证面谈会的专业性与

---

① 《关于开展 2012 年参与式预算试点工作情况报告》（顺财〔2013〕7 号），佛山市顺德区财税局网站，http://sdcz.shunde.gov.cn。

② 《顺德试水参与式预算》，《羊城晚报》2012 年 11 月 7 日。

有效性，但对社会公众而言，却很容易形成负面信号，进而弱化公众参与的积极性。长期来看，有必要提高社区群众代表比例，进一步激发公众参与热情。

（二）参与式预算的完整性问题

相对完整的参与式预算是包括立项、规划、审议、执行、评估等环节在内的全过程公众参与，尤其是对预算项目的重要性排序和必要性筛选，更是备受社会公众关注。财政预算总额有限，如果要满足某方面的特定需求，就必然要在其他方面有所削减。因此，如何判断相关项目的轻重缓急，如何分配项目的预算比例，也就成为参与式预算的关键所在。

顺德区的参与式预算在环节上并不完整。从制度安排来看，公众参与仅限于审议环节。此前的立项与规划环节，都由政府部门自行完成；此后的执行和评估环节，也仅接受一般的公众参与。事实上，即使是审议环节也并不完整。根据规定，参与式预算试点项目代表委员会委员的资格，将在项目面谈结束后自动撤销。这就意味着，代表委员会的存续时间，甚至未及审议环节结束——2012 年 10 月面谈会结束后，预算草案直到 2013 年 1 月才经由顺德区人民代表大会批准通过，从而完成审议环节并进入执行环节。

参与式预算缺乏完整性，将在根本上影响其成效，使其很难赢得社会公众的广泛认可与支持。尽管 2012 年拿出来进行参与式预算的两个项目都得到普遍认可，但这是从 2013 年度区属单位申报的 500 多个新增预算项目中反复筛选出来的无争议项目。事实上，对于社会公众而言，真正关心的通常是未被选中的预算项目的合理性与必要性。长期来看，有必要将公众参与逐渐前后延伸到立项和评估环节，从而切实保证社会公众尤其是弱势群体的利益诉求。

（三）参与式预算的可持续性问题

参与式预算的发展与完善涉及财政管理体制改革的深层次问题，面临诸多的结构性难题，因此需要可持续的强劲动力支持。拉美国家的参与式预算之所以能获得发展与完善，很大程度上得益于左翼政党对中下层民众选票的迫切需求。

顺德区的参与式预算试水具有明显的"自上而下"特征，其发展动力源于政府的"善治"需求。尽管"自上而下"的改革见效甚快，但却很容易出现后继乏力的问题，尤其是在领导注意力转移时，更有可能使得参与式预算成为徒有其表的"样子货"。长期来看，有必要在贯彻落实"群众路线"的基础上，构建"自下而上"促进参与式预算发展的运作机制，从而为公众参与提供制度化保障。

四 进一步深化公众参与的建设议题

近年来，广东省在公众参与方面进行了多层次多领域的探索与实践，并取得明显成效。不过，随着公众参与的发展与完善，社会公众对参政议政的诉求也在不断提高，曾被视为理所当然的现象，开始受到质疑与抵制，从而进一步加剧了政府与公众之间的结构性张力。对于广东省各级政府而言，在未来的行政体制改革中，公众参与建设不仅不能放松，反而需要进一步重视和加强。

回顾广州市白云山隧道事件，有助于发现下一步公众参与建设需要着力加强的薄弱环节。规划中的白云山隧道将连通白云山东西两麓地区，进而改善广州市北区的交通、人居与营商环境，并将白云区发展与中心区连为一体。但是，白云山隧道需开凿白云山山体，并将横穿广州外语外贸大学（以下简称"广外"）校区，从而引起社会各界的普遍质疑。

2012年10月12日，广州市市长透露将兴建白云山隧道；10月16日，白云山管理局及城建部门在接受媒体采访时，都表示对白云山隧道项目不知情；11月5日，广外收到广州市城乡建设委员会（以下简称广州市建委）《关于征求白云山隧道工程方案意见的函》；11月21日，广外召开征求师生代表意见会，白云山隧道工程的建设方案首度曝光，结果引起广泛质疑；11月26日，广州市建委官方微博发出消息，公开征集广大市民的意见和建议；11月27日，广外学生在网上发起"反隧道·保市肺·

护广外"致广州市建委公开信联合署名行动；12 月 25 日，市长首次正面回应隧道争议，表示会在规划过程中充分听取意见；2013 年 1 月 11 日，广州市建委、规划局联合召开了白云山隧道规划建设方案研讨会，官方首次就白云山隧道建设问题组织座谈；1 月 18 日，广州市建委紧急通报白云山隧道项目"因条件尚不具备"暂缓实施①。

从白云山隧道事件来看，政府部门促进经济和改善民生的良好初衷却"好心办坏事"，反而引起社会公众的强烈不满。究其原因，根本问题在于缺乏公众参与的协商与沟通。由是观之，公众参与建设的以下方面有待进一步加强和完善。

（一）明确重大民生决策的判定标准

白云山隧道事件之所以会引发轩然大波，很重要的原因就在于相关部门并未依照《广州市重大行政决策程序规定》和《广州市重大民生决策公众征询工作规定》的规定将公众参与纳入决策程序，而是遵循以往惯常的闭门决策程序，从而引起社会公众的广泛质疑和强烈不满，甚至传言称白云山隧道工程是房地产开发商的游说结果。事实上，如果相关部门一开始就遵循"公众参与、专家咨询、风险评估、合法性审查和集体决定相结合"的行政决策机制，那么，根本就不会出现后来政府与公众的紧张关系。

对于政府部门而言，公众参与在很大程度上意味着不确定性，因此在可能的情况下，政府部门都会自觉不自觉地采取惯常的闭门决策程序，而不是费时费力地与社会公众进行协商和妥协。于是在"重大民生决策"的判定存在弹性的情况下，任何政府部门都会产生"多一事不如少一事"的选择偏好。但问题在于，社会公众对重大民生决策事项的判定并不以政府选择为依据，而是以主观认知为准绳。这就使得政府部门与社会公众很容易在重大民生决策的判定问题上形成分歧和矛盾。

于是，如何进一步明确重大民生决策的判定标准，也就成为公众参与建设的迫切议题。广州市 2013 年颁行的《征询委员会制度》一方面沿用

① 《广州叫停白云山隧道项目》，《羊城晚报》2013 年 1 月 19 日。

了《广州市重大民生决策公众征询工作规定》对重大民生决策的原则性规定，另一方面引入目录管理制度，明确规定"重大民生决策事项均应纳入市政府年度重大行政决策目录实行统一管理。具体决策事项是否属于上述范畴，政府主办部门不能确定时，应上政府法制机构后确定"。目录管理制度在一定程度上限制了政府部门对"重大民生决策"事项的自由裁量权，有助于进一步规范重大行政决策的公众参与。

不过，即使是采取目录管理制度，其本质依然是政府选择的结果，难以在根本上避免判定分歧。从长期来看，有必要将"重大民生决策"的判定标准进一步细化和量化，尽可能避免主观因素影响，从而切实保证政府部门与社会公众的相互理解与信任。

（二）提高对群众利益诉求的回应性

对社会公众而言，白云山隧道事件是相当成功的公众参与案例，尤其是广外师生通过联署签名、召开研讨会、上访有关部门等方式施加压力，最终迫使政府方面采纳其诉求；但对政府而言，却是相当被动的经历，即使未曾引发群体性事件，政府威信依然在很大程度上受到影响。

从白云山隧道事件的经过来看，政府部门曾有过不少改变被动局面的契机，但都未能及时把握。例如，假使在2012年10月间，相关部门能在媒体询问白云山隧道工程的情况时，主动公开信息，并征求公众意见，将在很大程度上赢得公众的信任，即使对工程本身不予认可，也会对政府的初衷产生认同。但是，相关部门却声称并不知情，回避信息公开，从而使民众对政府失去信任。再如，假使在11月间，政府能在广外提出质疑后，随即召开座谈会或研讨会，从而作出合理决策，那么，即使暂缓项目实施，也不会对政府威信产生影响，反而有可能形成"从善如流"的正面印象。但是，相关部门直到两个月后才首次召开研讨会，结果导致问题不断扩散，形成广泛的负面社会舆论。

相关政府部门的行动迟缓，很大程度上是受制于官僚体制的传统决策模式。对于科层化的官僚体制而言，责任制是对内和对上的，因此对于来自外部和下层的诉求缺乏回应性。随着经济社会的高速发展，传统的决策模式已难以适应逐渐扁平化的社会结构以及不断提速的网络信息传播方式。从长期来看，通过重构决策流程，针对社会公众的利益诉求形成更有效的回应机制，将有助于促进公众参与的有效性与可控性。

（三）增强政府官员的群众路线意识

随着社会经济发展与公众权利意识提高，公众参与不再是可有可无的"装饰品"，而是社会公众尤其是知识精英表达利益诉求的重要途径和有效方式。传统官僚体制下的政治行为模式逐渐不合时宜，"为民做主"的社会共识，开始被"让民做主"的政治诉求所取代。任何将公众参与视为"走过场"的政治意图，都会引起社会公众的强烈不满。

白云山隧道事件中，相关部门有意或无意表现出的"官老爷"风格，很大程度上加深了政府与社会公众的隔阂，使得协商与沟通变得更加困难。例如，《关于征求白云山隧道工程方案意见的函》以"加快推进"和"时间紧急"为由，要求广外在 11 月 9 日前提交书面意见。鉴于直到 11 月 5 日广外才接到信函，这就意味着广外仅有 4 天时间对信函中所称的"重点市政项目"进行酝酿讨论。从中不难看到相关部门在征求意见问题上的轻忽与草率，因此很容易令广外师生感到政府缺乏诚意，进而在互动过程中，更倾向于质疑与对立，而不是谅解和妥协。

尽管与过去相比，社会经济环境都发生了明显改变，但群众路线依然有效，"从群众中集中起来又到群众中坚持下去，以形成正确的领导意见，这是基本的领导方法"①。对于政府官员而言，唯有真正形成群众路线意识，切实做到"相信人民、依靠人民、服务人民"，才能在新时期真正适应公众参与的发展与完善。

（参见法治蓝皮书《中国法治发展报告 No. 12（2014）》）

---

① 《毛泽东选集》（第三卷），人民出版社，1991，第 900 页。

第七章　广东人大监督的实践与创新

摘　要：人大监督是中国监督体系的重要组成部分。本文基于对广东省各级人大及其常委会监督工作的深入调研，通过对人大监督能力、监督意识的考察，对监督形式、监督内容、监督机制的创新等方面的分析，研究了广东人大监督的实际情况，总结了广东人大监督的成就、成效和经验，对于健全和完善我国地方人大监督制度具有重要意义。

人民代表大会的监督（以下简称"人大监督"）是国家根本政治制度意义上的监督，是中国监督体系的重要组成部分。多年来，全国和地方各级人民代表大会（以下简称"人大"）严格遵守宪法和法律，将人权、民主、法治、权力制约等理念和理论创造性地运用于实践，努力建设具有中国特色的人大监督制度。

1979 年，改革开放的中国步入全面推进民主法制建设的轨道。从这一年开始，县级以上地方各级人大常委会相继成立，人大监督掀开了历史性的一页。30 多年来，地方各级人大及其常委会在完善人大制度、加强监督方面进行了深入探索和大胆实践。在改革开放和民主法治率全国风气之先的广东，各级人大及其常委会秉承"把监督工作放在与立法工作同等重要的地位"的宗旨，践行"敢于监督"与"善于监督"的有机统一，逐步加强监督力度，不断创新监督方式和方法，提高监督的针对性和实效性。尤其是 2009 年以来，结合《各级人民代表大会常务委员会监督法》（以下简称《监督法》）的颁布实施，广东省人大的监督工作严格遵守法律规定的各项原则，在保持连续性的同时，成就了众所瞩目的人大监督的"广东现象"，展现了其简单而独特的风范。通过调研，我们看到了广东人大监督中频现的"亮点"：一是综合运用多种监督形式，不断创新方法和途径；二是严格遵守《宪法》的原则性赋权以及《监督法》的一般性规定，并制定和实施了一系列具体和可操作的法规制度，逐步走向规范；三是鲜明地提出要抓住民众普遍关注、反映强烈、带有共性的问题，监督重点更加明确与清晰；四是逐步实现从程序性监督向实质性监督的转变，践行了替纳税人管好政府"钱袋子"的责任；五是对于监督权行使的情况等，向人大代表通报并向社会公布，并建立了新闻发言人制度，使得监督过程更加公开和透明。

可以说，广东人大监督的实践是近年来全国省市人大积极推进和创新监督工作的缩影和提升，对其特点和经验进行思考、归纳和提炼，具有较大的理论意义和实践价值。

一　开拓创新，探索监督形式

自 20 世纪 80 年代起，广东人大就开始在现行宪法和相关法律作出明确规定的前提下，积极探索一些行之有效的监督方式。根据监督对象、监督内容、监督目的的不同而灵活选择多样的监督形式，产生了良好的监督效果。

（一）听取和审议"一府两院"工作报告和专题工作报告

听取和审议"一府两院"的工作报告或专题汇报，是广东人大开展工作监督的基本和主要形式。

近年来，广东省人大常委会将听取和审议省政府的专项工作报告和建议作为监督重点。省人大常委会多次听取和审议省政府的专项工作报告，推动省政府将政府还贷的二级公路收费站全部撤销，比国务院所规定的时限提前 3 年；督促政府继续加大环境污染防治力度，防止在实施"双转移"过程中将污染源转移到粤东西北地区；围绕保障性住房建设工作，两度听取和审议了省政府的专项工作报告；为了监督社会保险专项基金的管理和使用，每年都听取和审议省政府关于社会保险基金的年度决算和预算执行的专项工作报告。为使对工作报告的审议更富实效，从 2011 年开始，广州市人大常委会选取了部分专项工作报告实施工作评议和满意度测评，将测评结果作为评价被测评单位工作的重要参考。

在司法监督方面，广东省人大常委会除了每年听取省法院和检察院的年度工作报告之外，还先后安排听取和审议了省检察院关于加强和改进反渎职侵权工作情况的报告，听取和审议关于完善审判工作内部监督机制情况的专项工作报告等。

（二）执法检查

执法检查，是指对宪法和法律实施情况的监督检查。它是在 20 世纪 80 年代中期，为应对"执法短缺"这一法治建设中颇为突出的问题，由一些地方人大常委会提出后付诸实践，并逐步规范和发展起来的。

在广东，执法检查这一监督方式已为各级人大常委会所普遍采用。从内容上看，执法检查一般是围绕与当前的中心工作或民众普遍关心的问题密切相关的法律法规的执行情况进行的；从形式上看，既有大型的也有小型的，既有重点的也有一般的，既有人大常委会组织的，也有人大专门委员会组织的；从检查方法上看，综合运用了现场视察、调查研究、听取执法部门的工作汇报、召开有关方面参加的座谈会等方法。对于检查中发现的问题，及时向执法部门提出意见和建议，但不直接处理问题。广东省人大常委会曾连续三年重点检查《广东省饮用水源水质保护条例》的实施情况，确保饮水安全；连续四年加强检查监督，督促省政府和有关市加强协调，保障了粤港 4000 多万人的饮水安全。2010 年，开展了《食品安全法》实施情况的执法检查，督促政府加强和完善食品安全监管，产生了积极效果。2012 年，广东各级人大还成立了执法检查组，就《禁毒法》《妇女权益保障法》《残疾人保障法》《档案法》《水法》等法律的贯彻执行情况进行了实地检查。

（三）专题询问

询问与质询是人大行使监督权的重要形式，在《地方各级人大和地方人民政府组织法》《监督法》和《预算法》中皆有充分体现，却一度处于被"遗忘"的状态。自 2010 年 3 月起，在全国人大常委会示范带动下，广东人大和其他一些地方人大迅速行动，围绕涉及民生和社会关注的热点问题，大胆尝试专题询问的监督形式，取得了较好的监督效果。广东省人大常委会首次开展专题询问是 2010 年广东省人大常委会在对广东省贯彻实施《食品安全法》的情况进行执法检查的过程中，就食品安全风险监测、农产品源头监管、信用档案建设、小作坊监管等 6 个方面的问题，对省政府及相关部门进行询问。2012 年，广东省人大常委会还围绕省政府《关于保障性住房建设工作落实情况的报告》的有关问题，开展了专题询问。

专题询问还是向政府部门施加压力，成为促使其改进工作的有力手段。例如，针对有些部门的部门预算存在执行率低、专项预算没有支出等比较突出的问题，广州市人大常委会在听取和审议市政府《关于广州市本级 2010 年决算（草案）的报告》时，选择了一个或两个项目预算执行率低的单位作为专题询问对象，明确有关部门的责任，提出整改措施，并对广州市制定的某些影响资金使用和工作开展的政策的改变和调整提出意见和建议，促进了预算效能的发挥。

（四）视察和专题调研

专题调研和视察是广东人大运用频率较高的一种监督形式。专题调研与一般的工作调研不同，前者具有主动性强、针对性强、实效性强等特点，常委会可以有的放矢地自主选题，提出的建议和措施更为切实可行，提出的审议意见具有法律效力，政府必须报告有关研究处理落实情况①。

自 2010 年始，广东省人大常委会开展了推动区域协调发展的调研，并连续两年对扶贫开发"双到"（即"规划到户、责任到人"）工作开展了专题调研监督和代表专题视察活动，提出了推进扶贫开发工作的系列措施。2012 年，广东省各级人大常委会组织了针对社会保险、高校评卷、"三打"行动、食品安全监管等不同工作领域的多次专题调研和视察

---

① 广州市人大常委会研究室：《在中国社会科学院法学研究所调研座谈会上的情况介绍》（2012 年 5 月 15 日）。

活动。

在对"两院"的监督方面，广东各级人大常委会围绕提高司法工作的公信力以及群众和人大代表对"两院"工作的满意度，组织对法院、检察院工作的专题调研，督促"两院"公正司法，提高司法水平。例如，2011年广东省人大常委会就加强和改进反渎职侵权的工作情况，听取了省检察院的报告；赴六个地级以上市开展调研，除了听取情况汇报，还实地察看基层检察机关的反渎职侵权工作，进一步推动了反渎职侵权工作开展。

（五）罢免和撤职

罢免和撤职、撤销等权力，属于人大的惩戒权，是人大行使监督权时所使用的最严厉手段，因而较之其他监督手段，使用频率不高。2009年，广东省人大常委会依法任免地方国家机关工作人员137人次，罢免全国人大代表2人；2010年，接受1人辞去全国人大代表职务，罢免全国人大代表1名，任免地方国家机关工作人员97人次，罢免全国人大代表1名[①]。

（六）规范性文件的备案审查

根据《监督法》《立法法》的有关规定和《广东省各级人民代表大会常务委员会规范性文件备案审查工作程序规定》的要求，广东省各级人大常委会依法开展规范性文件的备案审查工作，重点督促和指导地方性法规和地方政府规章的清理工作，对新制定的规范性文件主动开展了审查研究，保证其准确实施，维护国家法制统一。

二 健全机制，规范监督程序

人大工作具有极强的法律性和程序性，但现行的相关法律规定较为宏观，可操作性不强，使得地方人大执行起来有难度。为使监督工作进一步

---

① 《广东省人民代表大会常务委员会工作报告》（2010、2011）。

规范化和科学化，广东人大根据法律规定，结合工作实践，加强了制度建设。

（一）　清理相关法规，细化《监督法》规定

自 1979 年以来，广东省人大常委会共进行了两次全面清理①和五次专项清理②。在《监督法》颁布后，为与新法相衔接，广东人大及时、全面地清理了相关的地方性法规和工作文件，废止了四项地方性法规，修改了三项地方性法规，对于涉及监督内容的工作文件，也对照《监督法》进行了认真清理。广州市人大常委会于 2007 年制定了《广州市人大机关实施监督法若干意见》（以下简称《若干意见》），进一步规范了监督审议意见的形式和形成程序，明晰了各部门的责任。2008 年，广州市人大常委会对《若干意见》实施一年来的效果及时进行了总结评估，完善了常委会执法检查及听取和审议专项工作报告的前期调研等程序。

（二）　规范性文件备案审查工作制度化

为进一步做好规范性文件备案审查工作，使其规范化、制度化、程序化，广东省人大常委会审议通过了《广东省各级人民代表大会常务委员会规范性文件备案审查工作程序规定》。该规定确定了备案审查的范围，规定了审查程序的启动方式，规范了审查处理程序，明确了各备案审查机构的职责和分工。

（三）　完善各项监督工作制度

广东各级人大对常委会议事规则、主任会议议事规则、执法检查办法、视察办法、人事任免办法、讨论决定重大事项的规定等进行了完善，建构起较为成熟和完整的制度体系。经过数年运转，广东人大监督工作进

---

① 这两次全面清理分别是在 1995 年和 2009 年至今。
② 这五次专项清理分别是：1997 年，为配合《行政处罚法》的实施而进行的清理；2001 年中国加入 WTO 后进行的清理；2003 年配合《行政许可法》的颁布进行的清理；2006 年，为贯彻落实《监督法》进行的清理；2007 年，为配合《物权法》和《企业所得税法》的出台进行的清理。

一步规范，监督质量明显提高。例如，高州市人大创新了主任会议议事规则，并实行监督哨位前移。江门市蓬江区和汕尾市人大等也就人大监督运作机制进行了制度创新。

（四）建立新闻发布制度

2008 年，广州市人大常委会制定了《广州市人大常委会监督公开规定》，规范了常委会监督公开的内容、时间、程序和方式，推进监督工作依法有效公开。在此基础上，广东省又建立了新闻发布制度。2012 年 1月，《广东省人大及其常委会新闻发布办法（试行）》开始施行。该办法旨在提高广东省人大及其常委会工作的透明度，保障人大代表和社会公众的知情权，引导社会舆论。该制度有利于获得新闻传播的主动权，为人大制度建设营造良好的舆论环境，有助于树立和展示广东人大民主、有为、开放的良好形象。

（五）建立代表联络机制

广东省各级法院和检察院为了进一步拓宽外部监督渠道，进行了许多努力探索和有益实践。在法院系统，已建立起全方位、全覆盖、经常化、制度化分级联络、上下联动的人大代表联络工作机制。重大联络活动每年不少于 3 次，各基层法院每年不少于 1 次。2008 年起，广东省高级人民法院正式启动了"百庭观摩①""百场见证执行""百案调解""百场走访下基层"等活动，邀请人大代表参与联络活动，代表联络工作由单向变为双向互动。2011 年，在全省法院范围内，包括全国人大代表、全国政协委员在内的 17136 名人大代表、政协委员参加了 5608 场"百场释法答疑""百场征求意见"活动，增进了社会各界对法院工作的理解②。通过联络渠道的拓宽和联络方式的创新，法院系统的人大联络工作机制实效逐渐增强。为进一步规范代表联络工作，广东省高院制定了《关于进一步加强与人大代表联络工作的实施意见》等。广州市也在积累实践经验的基础上，先后出台

---

① 参见《广东省高级人民法院工作报告》（2009）。
② 参见《广东省高级人民法院工作报告》（2012）。

了《广州市法院与各级人民代表大会代表联络制度（试行）》《广州市中级人民法院关于与人大机关、人大代表联络的办法》等规范。

广东省检察院也把加强和改进代表联络工作作为接受人大监督的重要途径。比如，省检察院坚持向人大及其常委会报告工作部署、重要事项，邀请人大代表、政协委员、人民监督员观摩公诉出庭活动。此外，还建立了人大代表联络员制度和手机短信联系平台，及时通报检察工作情况，体现出了对代表和代表工作的高度重视。2008 年起推出"阳光检务"，几年来成效显著，获得省人大代表的高度评价。广东省检察院制定《关于进一步加强与人大代表联络，自觉接受人大监督的意见》，是实现人大代表联络工作经常化、制度化、规范化的重要举措。

（六）推行"上下联动"机制

2003 年 7 月，在东莞召开的广东省人大内务司法工作会议上，就"上下联动"开展执法检查的新方式达成了共识。推行"上下联动"，就是针对重点监督项目，由省人大联合市、县（区）人大，在共同研究部署的基础上，在各自的职责范围内，分级实施监督、督促整改。例如，在执法检查的具体执行方面，由省里先确定执法检查项目，然后由各市、县在原方案基础上根据本地实际情况进行调整，执法检查时由省、市、县通力合作，通过建立健全上下级人大的会议、信息交流等制度，上下合力，共同推动执法监督实效的提高[①]。此外，为了增强监督合力，广东省人大常委会还积极尝试和推动将常委会的重点监督与委员会的经常性监督相结合的工作方式。

三　更新意识，提高监督能力

第一，更新人大监督意识。以发展的眼光来看，以往各级人大及其常委会往往对监督工作重视不够。随着依法治国基本方略的不断推进，广东

---

① 参见张兴劲《"以民为本"重千钧——广东省各级人大探索监督新形式纪事》，《中国人大》2004 年第 17 期。

各级人大及其常委会对监督工作重要性的认识日益增强，将监督与立法放在同等重要的位置来看待。普通民众对人大监督的认识有所提高，行政部门、司法机关及公职人员也意识到人大监督不仅是对自己手中公权力的制约，更是对公权力行使的促进和支持，因此积极配合监督的意愿大幅提高。

第二，提升监督主体的综合素质和能力。广东省各级人大及其常委会加强了人大代表和委员的学习和培训工作，着力于增强其监督意识，提升自身素质，提高监督能力，使他们能够更充分地代表和表达民意。例如，2009年11月，广东省人大常委会专门开设了预算审查监督培训班，帮助省人大代表系统学习预算监督；为解决常委会以往开会时缺勤和缺席人员较多、会议质量不理想的问题，广州市人大常委会于2010年9月出台了《关于确保常委会会议质量的意见》，明确了采取一系列刚性措施，包括严格执行会议考勤制度、向媒体和公众公布与会人员的出勤情况等。该意见实施后，参会人员缺席、缺勤和请假的现象明显减少，会风大为好转，会议质量显著提高①。

第三，完善人大常委会和各专门委员会组织设置。在人民代表大会闭会期间，日常工作大多由人大常委会和专门委员会来完成。为了加强对司法机关的监督，广东省人大成立了内务司法委员会；2011年，省人大常委会增设预算工作委员会，主要承担省人大及其常委会的审查预决算，审查预算调整方案，监督预算执行，以及有关地方性法规草案的起草、审议方面的工作。委员会组成人员的专职化和专业化程度也越来越高。

四 突破"瓶颈"，强化财政监督

在人大监督中，财政监督堪称"重中之重"。对财政预算进行监督以促使政府妥善使用财政资金，不仅是建立公共财政制度的客观要求，而且是建构民主宪政国家的必然要求。一直以来，人大的财政监督中不同程度

---

① 参见张桂芳《创新监督方式方法 增强监督刚性实效》，《中国人大》2011年第17期。

地存在所谓"程序合法、实质虚置"的状况。令人欣喜的是，包括广东人大在内的部分地方人大已开始着手建构解决这一问题的系统工程，为国家层面的预算改革提供了可资借鉴的经验。广东人大十余年来的预算监督发展历程，由"柔"而"刚"的工作新思维，带来了预算监督工作的新气象。

（一）细化预算项目，攥紧政府"钱袋子"

从 1996 年起，广东省人大组织起草《广东省预算审批监督条例》，2001 年 2 月由省人大通过。这一地方性法规完善了人大预算审查监督的途径，是全国第一个专门规范预算审查监督的地方性法规，并成为广东人大预算监督实践的"分水岭"。

广东人大预算监督工作的推进可谓"一步一个脚印"。2002 年，省政府提交的长达 144 页的预算草案扩展到 27 个部门；2002 年初，省人大常委会在财经委员会设立预算监督室，在机构设置上加强了人大对预算监督的力度；2003 年 1 月，省政府提交了厚达 605 页的预算表，囊括了所有的省级部门，清楚列出了支出的每一个专项；2007 年，预算草案的封面上首次去掉"秘密"两字；2009 年，预算草案变成"电子书"，增加"项目支出明细表"内容的电子查询，首次列出具体的收支款目，预算案编制实现由"类"到"款"的重大突破；2010 年，广东省财政厅首次在其网站上公开了省级财政预算；2011 年，广东财政厅网上公开的大账本数量进一步增加；2011 年，省人大常委会增设了预算工作委员会。

广州市的预算细化工作已初步体系化。广州市在 2001 年就率先探索将部分部门预算提交市人民代表大会审议，至 2008 年将所有部门的部门预算交付市人民代表大会审议。2008 年开始，广州市人大常委会每年选择一些部门，由财经委和财经代表专业组提前审议其预算。同时，为细化实化审议工作，广州市人大常委会在每年的人民代表大会上，都会选择两个部门的预算，安排部分人大代表进行专题审议，由被审议部门的主要负责人到会回答代表提问。2011 年以来，又明确每年增加一个政府投资的重要项目预算纳入专题审议。通过这些措施，预算审查的权威性得到增强，同时有效提高了预算单位的公共财政意识，预算安排的合理性，保证了预算的实施效果①。

广东人大在财政预算审批中由柔而刚的新思维，推动人大预算监督从形式上的审查批准走向实质性的审查批准，在一定程度上改变了地方人大在审查批准本级政府财政预算时普遍存在的不作为现象，真正代表人民攥紧了政府的"钱袋子"。

（二）预算信息公开化，打造"透明钱柜"

除了省级财政预算实行网上公开等举措，广东人大还采取了其他措施推动预算信息的公开化。2004 年 8 月，广东省人大财政经济委员会与省财政厅实现联网。通过"广东省国库集中支付系统"，财政支出的每一笔钱几乎"同步"进入人大的视野，政府财政被打造成"透明钱柜"。这标志着广东人大的财政监督由周期性的报表监督走向实时监督，由结果监督步入全程监督。近年来，政府向人大提交的财政预算报告以及专项资金、财政性资金使用的审计报告或审计结果报告等都已逐步面向公众公开。至 2007 年 9 月，全省地级以上市都已建立财政预算监督系统。2008 年，省人大财经委员会与省监察厅、省财政厅等共同研究制订了推广财政预算监督系统的具体工作方案。省审计厅于 2008 年底就实现了与省财政国库集中支付系统联网。在省级及全省地级以上市人大财经委员会与财政国库集中支付系统实现联网的基础上，至 2010 年 11 月，省级及全省地级以上市审计与财政国库集中支付系统也实现了联网，实现了阶段性目标。财政预算监督系统联网范围扩大到审计部门，这样可以整合利用信息资源、提高审计效率，有力强化对财政预算的监督。

（三）引入绩效理念，钱要"花得值"

广东人大在对政府部门的监督中引入了绩效评价体系，即把政府财政开支的合理性和有效性也纳入人大监督范围。自 2002 年始，深圳市开始试点推行财政支出绩效审计制度。2003 年 2 月，深圳市将《深圳市 2002

---

① 参见广州市人大财政经济委员会为调研提供的材料"开拓创新，稳步推进财政民主"。

年度绩效审计工作报告》提请市人大常委会审议，披露了"总值超过 6 亿元医疗设备存在相当程度的浪费、闲置情况"等问题，取得了较好的实际效果和社会影响，走在了全国前列①。2004 年的绩效审计报告曝光了 8 个项目的资金问题，绩效审计的覆盖面更大。其中对深圳市环境保护局部门预算进行的绩效审计，是深圳首次深入部门预算进行绩效审计。2004 年 8 月，广东省财政厅等部门联合制定了《关于印发〈广东省财政支出绩效评价试行方案〉的通知》（粤财评〔2004〕1 号）。2005 年，绩效审计得以逐步推广，广东省人大紧锣密鼓地与财政部门一同研究制定了"财政资金绩效监督标准"，以使绩效监督有衡量标准。2009 年，佛山市南海区政府出台了《佛山市南海区财政专项资金使用绩效问责暂行办法》，建立了绩效问责架构。2010 年广州市人大常委会通过、2011 年广东省人大常委会批准的《广州市政府投资管理条例》，规定"政府投资项目"作为财政预算草案的一部分应提交人民代表大会审批，并要求对政府投资决策程序及政府投资的管理进行严格规范和监督。

五　广东人大监督的经验与启示

（一）广东人大监督的成效

在依法治国、建设社会主义法治国家治国方略理念的指引下，广东省人大"化虚为实"，加强了监督的"刚性"，监督工作取得了显著成效。

第一，维护了社会主义法治的尊严，促进了法律的正确贯彻实施。广东各级人大常委会每年要对多部法律法规进行执法检查。例如，广东省人大常委会于 2008 年开展了五项执法检查，2009 年开展了三项执法检查，2010 年开展了两项执法检查，2011 年开展了一项执法检查②。此外，广东省各级人大常委会根据《监督法》《立法法》和《广东省各级人民代表大会常务委员会规范性文件备案审查工作程序规定》的要求，依法做好

---

① 唐娟：《预算监督：构建阳光下的政府财政——深圳市人大常委会预算监督制度评介》，《人大研究》2005 年第 2 期。

② 参见《广东省人民代表大会常务委员会工作报告》（2009~2012）。

规范性文件的备案审查工作，保证规范性文件的准确实施，维护了国家法制统一。

第二，促进了依法行政和公正司法。广东人大抓住地方改革发展中的关键问题和民众普遍关心的热点、难点问题，通过听取和审议"一府两院"工作报告，开展专题询问，进行执法检查，组织代表视察和调研，对"一府两院"的工作进行全面监督，较好地促进了政府部门依法行政、司法部门公正司法。

第三，促进了关系改革发展稳定大局和群众切身利益、社会普遍关注的问题的解决。近年来，广东省人大常委会采取听取专项工作报告、开展专题询问和专题调研的"三专"监督，通过连续监督、跟踪监督，围绕群众普遍关注的住房、教育、食品、交通、饮用水等民生问题，加大监督力度，增强监督实效，推动政府切实解决有关问题。

第四，推动了国务院和省委重大决策部署的贯彻落实。国务院批准的《珠江三角洲地区改革发展规划纲要（2008~2020年）》（以下简称《纲要》），明确了广东省今后一段时期改革发展的战略目标和任务。2008~2012年，广东省人大常委会多次听取和审议了省政府的专项工作报告，组织代表进行专题视察。2011年还制定了《广东省实施珠江三角洲地区改革发展规划纲要保障条例》，从法制层面保障《纲要》的贯彻实施。2009年，省委作出实施扶贫开发"双到"，推动广东省区域协调发展的重大战略部署之后，省人大常委会开展了相关调研，并连续两年对该项工作开展专题调研监督和代表专题视察，提出了推进扶贫开发工作的系列措施，要求省政府进一步抓好思想认识、制度设计、长效机制的建立健全、班子建设和法制建设，努力缩小地区差距，确保各个地区的群众共享改革发展的成果。

（二）广东人大监督的经验

在"敢为天下先"的广东，人大监督的内容、形式和方式在创新中经历成长和成熟，人大监督的成就和成效也在创新中逐步显现。可以说，广东人大监督在许多领域先行先试，为推进全国性的人大监督工作积累了宝贵的经验。择其要者述之。

1. 慎重选择监督议题

人大监督的范围和内容十分宽泛，监督工作应做到有所侧重，方能取得良好效果。广东的经验告诉我们，在选择监督议题时，应密切联系本地经济社会发展实际，突出监督重点的科学性和针对性：一是抓住影响全局的事项和问题开展监督，围绕地方党委的中心工作和本地区的工作大局，有针对性地选择事关经济社会发展全局的重大问题；二是抓住关乎民众切身利益、社会普遍关注和反映强烈的问题进行监督，为他们排忧解难；三是抓住新出台的法律法规的实施情况进行监督，集中解决新法实施过程中存在的困难与问题，总结经验，改进工作。

2. 综合运用多种监督手段

地方人大运用频率较高的监督方式主要局限在听取和审议"一府两院"的工作报告、执法检查、视察和调研等方面，而询问、质询等一些重要的监督手段则被束之高阁，对监督出来的问题难以及时纠正，对失职行为难以认真查处，也就难以发挥应有的监督作用。为改变这种状况，广东省把执法检查、听取专项汇报同其他监督方式结合起来，特别是综合运用质询、撤职、罢免等监督方式，加大了监督力度。比如，在执法检查过程中，看准时机，有针对性地选择几个在社会上影响较大，各方面反应比较强烈的典型违法案件，组织对特定问题的调查，并以此为突破口，找出执法过程中存在问题的根源，根据调查结果作出严肃处理。在调查过程中，邀请新闻媒体参与，充分发挥新闻舆论的监督作用。

3. 做好监督的后续跟踪工作

人大监督能否取得实效，要靠"一府两院"的反馈和整改成果来检验。从实际情况来看，一些地方的人大常委会在监督时，虽然指出了问题，提出了整改意见、建议，但由于跟踪督办力度不够，造成相关部门落实不认真甚至敷衍塞责，导致监督流于形式，国家权力机关的权威受损。有鉴于此，广东人大注重抓好后续跟踪督办，杜绝"重形式、轻结果""重答复、轻落实"等现象的出现。对整改工作认识不到位、措施不得力、成效不明显的，由主任会议决定，或由常委会组织跟踪检查，直至问题真正得到解决，做到善始善终。例如，2011年，广州市人大常委会首次组织力量汇总梳理了市人大代表在大会期间的审议发言，整理出了536

条具有较强针对性和操作性的意见和建议，印发给"一府两院"和市人大常委会各部门，要求它们认真研究处理后将处理情况反馈给人大代表①。这一做法有利于提高代表履职的积极性，增强人民代表大会的决策监督功能和权威性。广州市人大常委会还连续几年对生态公益林经济补偿、农村留用地政策落实、消防站建设等重大问题进行监督，狠抓落实。

（三）广东人大监督的启示

社会的发展进步为人大监督提出了新的课题。广东人大监督的经验昭示，地方各级人大及其常委会必须适应形势，扬长避短，创新进取，方能担负起宪法和法律赋予的神圣使命。

1. 正确处理宏观、中观与微观监督的关系

第一，关注宏观监督。人大监督权是宪法和法律规定的一项层次最高的监督权，正是它较之其他监督权的超越之处，决定了它必然具有明显的间接性和宏观性。宏观监督主要体现在以下几方面。首先是保证宪法的贯彻实施；其次是本行政区域内的全局性大事，如民主与法治建设问题、财政预算问题、经济建设问题等；再次是关系到广大民众切身利益和民众普遍关心的问题。第二，强化中观监督，即对"一府两院"在一定时期内的执法和司法状况、业绩及其工作人员的综合素质和能力等进行督促。第三，正视微观监督，即针对行政、司法机关权力运作过程中的具体和个别典型事例，进行专门的、单独的检查和监督。

2. 正确处理法律监督、工作监督和人事监督的关系

第一，立足法律监督。维护国家法制的统一性与权威性，是人大监督最重要的方面。第二，强化工作监督。对"一府两院"的监督，不能仅停留在"合法性"监督的层面，对其"合理性""绩效性"也应进行监督。第三，完善人事监督。人事监督突出反映了人大与由它产生、对它负责的其他国家机关之间的从属关系，以及人大的国家权力机关地位，是中国目前最需完善的一种监督。对于违法失职的"公仆"，人大代表有充分的权利向人大及其常委会控告、检举和弹劾，并依法对其进

---

① 张桂芳：《创新监督方式方法 增强监督刚性实效》，《中国人大》2011年第17期。

行处置。

3. 正确处理事前、事中、事后监督的关系

任一目标的实现，都涉及决策、执行、反馈三个环节。人大监督工作也应是涵盖事前、事中、事后监督的全过程监督。即着眼于事前监督，"防患于未然"；注重事中监督，及时制止权力运行过程中的异化；强化事后监督，在事后对业已形成的滥用、超越职权的行为或违法行为进行查处和惩治。

（参见法治蓝皮书《中国法治发展报告 No. 11 （2013）》）

第八章 广东人大监督调研报告

摘 要：在人民代表大会制度的发展过程中，人大监督的"广东现象"得以不断丰富和诠释，并初步形成了一套可复制和推广的模式。在深入调研的基础上，报告指出，2013 年广东人大监督围绕"调研""专家""全过程"等关键词，在监督理念、方式、范围、对象、机制等方面有了新的创造和突破。

根据中国社会科学院法治国情调研广东基地 2013 年调研安排，中国社会科学院法学研究所法治指数创新工程项目组对广东依法治省工作及法治政府建设工作进行了调研，本报告重点对其开展人大监督工作的情况进行分析。

人大监督制度是"决策科学、执行坚决、监督有力"的权力运行体系和惩治和预防腐败体系的重要组成部分。但从现阶段来看，人民代表大会监督（以下简称人大监督）的实效发挥仍然有限：人大监督在整个监督体系中属于薄弱环节；在宪法赋予人民代表大会（以下简称人大）的立法、监督、任免、决定这四项权力中，人大对"一府两院"（一府指人民政府，两院指人民法院、人民检察院）的监督权被一定程度上虚化和弱化。人大监督的不到位，影响了宪法法律的有效实施和国家法制的统一，无法保证被监督者正确行使职权，也妨害到对公民权益的尊重和保护。

近年来，人大监督制度的意义已深入人心。各地人大以《各级人民代表大会常务委员会监督法》的颁行为契机，为摆脱"不愿监督、不敢监督、不善于监督"的痼疾，在完善监督机制、增强监督实效方面作出了努力。广东省各级人大通过不断更新监督理念、大胆尝试监督方式、拓展监督范围和对象、有机统合监督力量、健全工作机制，在转变政府职能，规范政府权力运行，提升行政效能，建设法治政府、服务型政府、责任型政府，创新社会治理，防治腐败，回应民众呼声，彰显社会公平中发挥了良好作用，人大监督的权威逐步确立。

一　立法与监督：把权力装进制度的笼子

把权力关进制度的笼子，就是要通过立法的制度设计有效制约公权力。地方立法是中国立法体系的重要组成部分，肩负着弥补中央立法不足、因地制宜解决实际问题的重任。然而，现实中相当程度上存在着"部门化、利益化"的倾向，大量不当的部门利益、地方利益被夹带进地方立法，导致立法制约政府权力、保障公民权利的功能不彰。地方立法的"去部门化"和"去利益化"成为亟待解决的问题。这不仅需要智慧，还需要勇气。

（一）以行政审批制度改革为契机，催生"有限政府"

行政审批作为一种事前控制手段，自实行计划经济体制以来在中国的行政管理中一直被广泛运用。然而随着社会主义市场经济的逐步建立和完善，行政审批权的使用过多过滥逐渐被视作行政权自我膨胀且效率低下的重要"罪状"，以及制约经济和社会发展、政府职能转变的体制性障碍。2012 年 8 月，国务院常务会议批准处于改革开放前沿、市场化程度相对较高的广东作为行政审批制度改革的试验田，在制度上先行先试。一年多来，广东以"小政府、大社会"为方向，围绕重心下移、关口前移的宗旨，逐步清理拥有行政审批权的所有部门的审批事项，成效明显。通过改革，逐渐厘定了政府活动的界限及其与市场和社会的应然关系，提高了审批效率，增强了审批透明度。然而，由于改革涉及众多的部门利益和重大的权责调整，"明收暗放""重形式轻内容"甚至"权力寻租""暗箱操作"等现象仍然存在，核心利益和权力并没有被触动，改革步履维艰。

在这样的关口，人大必须有所作为。在 2008 年起实施的《广东省行政审批管理监督办法》（地方政府规章）的基础上，广东省人大加紧起草全国首部关于行政审批监督管理的地方性法规——《广东省行政审批管理监督条例》，以巩固行政审批改革成果，并融入新的理念，明确和细化实体和程序标准，将制度变革推向深入。这是一次甘愿"作茧自缚"的尝试。目前，该条例草案经过审慎起草、多地调研、充分征求各方意见，几易其稿，正在审议中。相较之前的规章，制定中的条例①在审批的设定、事项、时限、步骤和环节等各方面都更细化、明确和严格，对变相设定行政审批作了禁止性规定，充分体现出其"限权法"的性质。

（二）屡立新规，赋予公众更多立法话语权

2013 年 6 月和 7 月，广东省人民代表大会常务委员会（以下简称人大常委会）针对立法的"五关"（"立项关""公众关""专业关""代表、委员关""评估关"），密集出台了《广东省人民代表大会常务委员会立法论证工作规定》（以下简称《立法论证工作规定》）、《广东省人民代表大会常务委员会立法公开工作规定》（以下简称《立法公开工作规定》）、《广东省人民代表大会常务委员会立法听证规则》（以下简称《立法听证规则》）、《广东省人民代表大会常务委员会立法咨询专家工作规定》（以下简称《立法咨询专家工作规定》）和《广东省人民代表大会常务委员会立法评估工作规定（试行）》（以下简称《立法评估工作规定（试行）》）等五项规定，这在中国尚属首次。《立法论证工作规定》将此前开展的立项前论证扩展为立法全过程论证，明确了论证范围和程序；《立法公开工作规定》所规定的立法公开贯穿立法全过程；《立法听证规则》明确了可以举行立法听证会的范围，创设了简易程序听证，同时规定企事业组织和公民等可以向省人大常委会书面提出听证建议；《立法咨询专家工作规定》规范了立法咨询专家库中专家的遴选条件和咨询程序以及立法咨询保障等，有利于借助专家立法的专业性、理论性、前瞻

① 指广东省人大网于 2013 年 10 月 18 日公开发布的《广东省行政审批管理条例（草案修改稿征求意见稿）》，http：//www. rd. gd. cn/pub/gdrd2012/rdgzxgnr/flcazjyj/201310/t20131018_ 136954. html 。访问时间：2013 年 12 月 20 日。

性和去利益化的中立性，提高立法的公正性和科学性；《立法评估工作规定（试行）》使立法后评估常态化，并首创表决前评估制度，开拓了开门立法、民主立法、科学立法的新途径。目前的地方性法规主要集中在行政类、经济类和社会类领域，绝大多数涉及行政管理，以往法规草案多由单个部门起草，审议中也着重听取部门意见，渠道比较单一，容易受到部门利益影响。此次出台的五项规定在 2007 年颁行的《广东省人民代表大会常务委员会立法技术与工作程序规范（试行）》基础上，提出了许多具体可行的量化标准，着眼于公众对立法的有序参与，推进民主立法和开门立法，使立法工作从听政府部门说为主向听民众说为主转变，并且实操可行、不走过场。

（三）立法大调研体现地方特色，反映基层真实声音

体现地方特色和需求，是地方立法（相对于中央立法）存在的最大价值。为此，必须经由细致的调查和研究，了解本地政治、经济、文化、社会、环境、民意等对立法的需求，把握本地迫切需要解决的矛盾和问题，使地方立法既符合本地发展的总体战略，又利于有针对性地解决本地的特殊问题。此外，立法不仅是对现时社会利益和关系的记录，更是对未来社会利益关系和资源的分配，尤其是在不同利益群体已然形成，亟须正常管道来表达和体现时，更是需要全面、科学地评估和预测一项立法可能带来的影响，衡量法律规则与社会现实之间的距离，以在不同利益之间寻求平衡。因而可以说，立法调研是整个地方立法过程中最具基础性的环节，直接关系到立法的质量。

地方立法在立项和起草的过程中进行调研已成为一种惯例。尽管如此，2013 年 4 月 15 日开始的为期一个月的广东省立法大调研仍然引起了广泛关注。与常规的立法调研不同，此次"地毯式"立法大调研围绕"立法工作如何为广东省改革、发展、稳定创造良好法治环境"的主题展开，是广东省人大立法加强"顶层设计"的重要举措。其主要目的在于聆听来自民间的真实声音，从宏观角度把握地方立法的重点和难点，分析不同领域立法的轻重缓急，以科学分配立法资源；同时，在立法渠道和工作机制上寻求创新，发挥人大代表和高校、研究机构人员

在立法工作中的不同作用，吸引各界更多地关注、支持和参与广东的立法和法治建设。

相较以往的立法调研，此次立法大调研有几个特点。第一，谢绝"蜻蜓点水"，深入实际。立法调研组先后在广东省 21 个地级市召开 74 场座谈会，听取当地意见和建议；实地考察了 44 个县（市、区），走访了 40 个镇（街）、17 个社区（村组）、14 个综合治理信访维稳中心和 10 家企业，听取镇、街道、社区和村的有关同志、大学生村官、企业和职工代表、企业工会代表和民众的意见和建议①。第二，拓展调研渠道。此次大调研组成了 5 个调研组，充分发挥了人大代表、地级以上市人大常委会和法学专家等的作用和特长。第三，调研不是停留在"调"，而是深入到"研"。各个调研组在调研后撰写了调研报告，详述情况、深入分析并提出建议，最后形成总报告。总报告着力于甄选亟须通过立法加以规范、引导和推动的领域，研究立法所需调整的社会关系的稳定程度、目前的主要矛盾及矛盾的根源，以及以立法来解决矛盾的时机是否成熟；概括和提炼调研中收集到的有关保障和改善民生、规范信访、建构和谐劳动关系等方面的具体立法建议等。第四，调研的成果快速反映到其后的立法活动中，凸显了调研实效。例如，计划于 2014 年上半年出台的"广东省信访条例"之所以能列为立法项目，主要是由于调研中基层民众所表达的热切关注和人大代表的建议，促使立法机关达成了对信访亟须规范化、制度化的共识。

（四）专家参与立法，消解部门立法弊端

尽管部门立法在专业性和可操作性方面具有优势，但却不可避免地会带有部门利益的烙印。专家立法则因专家立场的中立性，视角的前瞻性、宏观性和全球性，更有助于克服部门立法的诸多弊端。为了在立法机制上有效隔离部门干扰，使立法更贴近民意、彰显公正，广东省人大开始尝试在立法中更多凸显专家的角色，甚至直接委托专家和立法基地起草法案。2013 年 5 月，广东省人大常委会与中山大学、华南理工大学、暨南大学、

---

① 章宁旦：《34 项建议涉及社会领域立法》，《法制日报》2013 年 5 月 23 日。

广东外语外贸大学、广州大学等五所高校共同合作，建立了广东省地方立法研究评估与咨询服务基地；同年 12 月，第二批地方立法研究评估与咨询服务基地在嘉应学院、韩山师范学院、广东海洋大学、韶关学院四所高校正式挂牌成立。这标志着地方立法研究评估与咨询服务基地已覆盖全省。

《广东省安全生产条例（修订草案）》《广东省反走私综合治理条例（草案）》《广东省建设工程质量管理条例（修订草案）》《广东省环境保护条例（修订草案）》《广东省信访条例》等专业性较强的法规均采取委托"高校联盟"研究论证或起草的方式。

选聘立法咨询专家，是广东省人大延续"开门立法"传统的又一动作。2013 年 6 月，广东省人大常委会决定公开选聘 80 名立法咨询专家，组建了人大立法的"智囊团"。

可以期待的是，居于中立地位的专家既可凭其法律专业造诣避免法律冲突和越权立法，保证立法的科学性，又具有去利益化的身份优势，可以屏蔽不当干扰，全面、理性地倾听和筛选来自民间的声音，确保立法的公正性；同时，还具有严谨细致的职业特性，可以提升立法的可操作性。

二　强力监督：打造法治政府

行政权力趋于膨胀，是 20 世纪中叶以来各国的普遍现象。如何科学划定政府权力的界限，使其在法治轨道内运行，一直是各国体制机制设计的核心。在中国，作为外部监督的强有力主体，人大一直将制约政府权力作为监督工作的重点。

（一）综合考量，灵活选取监督方式

广东人大在积极采取现行宪法和法律明确规定的监督形式的同时，还积极探索其他一些行之有效的监督方式，综合考量不同的监督目的、对象和内容，选择不同的监督形式。目前已形成了一套较为成熟和稳定的模式（见表 1）。

表 1　广东省人大常委会监督工作项目概览（2009~2013）

单位：次

项目 年份	听取和审议 省政府专项 工作报告	执法 检查	专题 调研	专题 询问	审查和批准决算、听 取和审议计划和预算 执行情况等法定监督 工作项目	监督项目 总计
2009	8	3	4	—	4	15
2010	7	2	3	—	5	17
2011	7	1	1	2	4	15
2012	7	1	1	2	4	15
2013	8	3	3	—	5	19

数据来源：《广东省人大常委会年度监督计划》（2009~2013 年），广东省人大网站。

在广东，执法检查为各级人大所普遍采用，一般围绕与当前中心工作或民众普遍关心的问题密切相关的法律法规的执行情况进行。2013 年 6 月，广东省人大常委会召开了《广东省实施〈中华人民共和国海洋环境保护法〉办法》执法检查专题汇报会，以落实执法部门关于海洋环境监管的责任，深化中央关于"建设美丽中国、深化生态文化体制改革"的要求。鉴于职业病的危害日益凸显，2013 年 8 月，广东省人大常委会还听取了省政府关于《职业病防治法》实施情况的报告，以督促地方政府和企业切实负起相关的法律责任。

专题调研在广东人大的运用频率也比较高。2013 年，除了对中小微企业发展情况的调研之外，广东省人大常委会还就底线民生和基本公共服务在全省范围内进行了全面调研，采取了召开座谈会、问卷调查、实地考察和委托第三方调研等方式，并将调研成果作为省人大常委会之后一段时间内关于财政经济监督和预算决算审查监督的工作重点。

（二）多管齐下，强力监督环境治理

除了基于不同监督目的和事项而选择不同监督方式之外，广东人大监督模式的另一特点在于，就同一监督事项综合采取不同的监督方式，集合不同方式的优势提升监督效果。多管齐下监督的对象一般是重要且棘手的，既与民众生活息息相关，又往往涉及多地、多部门的职责权限，且需

要数年的持续跟踪和监督效果才能显现。广东省各级人大常委会针对"垃圾围村""两河"流域污染的治理等环境方面的问题，对政府工作进行了监督，是这一特色的集中体现。

1. 数年跟踪，督办"两河"流域治理

淡水河、石马河（合称"两河"）是深圳、东莞、惠州三市的"母亲河"，同时也是东江的最大污染来源，其污染整治直接关系着珠三角东岸地区 4000 万人的供水安全。广东省人大自 2008 年起将人大代表关于"两河"流域污染整治的建议列为重点建议，跟踪重点督办。从此，广东省人大常委会对"两河"治污年年调研，年年视察，明察暗访，持续跟踪。由于"两河"流经三市，且涉及环保、工商、河道管理等不同部门的职责，省人大每年召开至少一次"两河"整治工作协调会，贯彻污染联防联控的思路，促进相关各市联合治污。人大的监督有力推动了各地政府全力以赴取得治污实效。2012 年，经过 5 年的重点整治，"两河"污染整治工作取得阶段性成果，达到了预期目标。

2013 年，广东省新一届人大常委会继续将"两河"流域的污染治理作为重点督办项目，推动实现 2020 年"两河"水质达到 Ⅳ 类的目标。2013 年 2 月，广东省人大常委会举行座谈会，就进一步深化"两河"流域污染整治工作，听取了省环保厅和深圳、东莞、惠州三市关于"两河"整治情况的汇报。10 月 29 日至 30 日，省人大调研组视察了"两河"流域污染整治的决议执行情况。但不同于此前历次的是，省人大常委会还邀请了第三方评估机构——环境保护部华南环境科学研究所，对治污效果开展独立评估，并向社会公布评估结果。省人大常委会还计划借助新闻媒体对沿河流域的污染整治开展舆论监督，倾听民众心声。

2. 以询问促沟通，破解"垃圾围村"难题

广东的"垃圾围村""垃圾围镇"甚至"垃圾围城"现象日益严重，垃圾管理水平低下已成为制约新型城镇化水平提升的重要问题。

2011 年，广东省人大常委会在对省内实施《广东省城市垃圾管理条例》的情况进行执法检查过程中，发现垃圾处理设施建设滞后、垃圾无害化处理率低、农村垃圾污染严重等一系列问题。2012 年广东省人大会议期间，有人大代表提出了"加强农村垃圾管理"的建议，要求把农村生活垃圾处理列为重点民生实事工程。面对"垃圾围村"的现状，广东省人大常委会 2012 年、2013 年连续两年将该建议作为重点事项进行督办，由省人大环境与资源保护委员会具体负责，以推动逐步建立城乡一体的垃圾处理体制。

2013 年 9 月，广东省人大常委会听取和审议了省政府《关于加强我省农村垃圾管理情况的报告》。此外，还召开联组会议，对农村垃圾管理专项资金投入情况、建立城乡一体的垃圾处理体制的情况等进行了专题询问。这是广东省十二届人大常委会的第一次专题询问，也是 2013 年度的唯一一次专题询问。客观来看，这次专题询问成为人大监督增强实效的杠杆，展现了问者与答者的见识、胆识、责任和智慧。此次专题询问具有几个明显特点。其一，主题不仅直接关切广东 5000 多万农村人口的生活环境和身体健康，还涉及环境保护、国土资源、住房和城乡建设多个部门的职责，以及大笔资金的拨付和使用，意义重大。其二，省人大常委会在询问之前作了深入的专题调研，掌握了大量真实情况，为询问提供了充分而科学的素材依据。在"实料"基础上设计的问题直击询问事项的要害，入木三分。其三，问答形式灵活，允许追问和补问，应询者之间也相互补充回答，增强了询问的互动性，有助于明晰症结所在。其四，询问氛围宽松，空间把握得当。在表述实际情况时实事求是，不加修饰，在讨论方案时各抒己见，无须顾忌。其五，在监督公开方面，会场有大批媒体记者现场采访，并且在广东人大网上进行了图文直播，"曝光"了人大常委会组成人员的履职状态、水平和能力，以及政府部门和公务员的工作情况，放大了监督效果。其六，及时将询问成果转化为政府部门改进工作的推动力。

三 财政监督：建立科学、民主的公共财政体制

对财政预算进行监督以促使政府妥善使用财政资金，不仅是建立公共财政、透明财政体制的客观要求，也是建构民主宪政国家的重要内容；不仅是宪法和法律赋予人大及其常委会的法定职责，也是人民依法行使国家和社会事务管理权的一种体现。十八大报告提出"加强对财政全口径预

算、决算的审查和监督"之后，十八届三中全会又提出"加强人大预算决算审查监督、国有资产监督职能"，对人大财政监督工作寄予了更高期望。广东省人大在打造阳光财政、做实财政监督方面，一直领跑全国，在保证财政的全面、公开、透明、规范、依法运行方面，不断探索、创新和完善。

（一）横向："全口径"

1. 所有收支均接受人大监督，保证"无遗漏"

十八大报告特别强调，要加强对"一府两院"的监督，加强对政府全口径预算决算的审查和监督。这意味着政府所有收支都要接受人大的审查监督。实现"全口径"之后，公共财政预算、国有资本经营预算、政府性基金预算、社会保障预算这四项预算及各项决算都必须提交各级人大审查和监督。

广东人大预决算监督工作经历了较长的探索期。全国第一个由省级人大制定的专门规范预算审查监督的地方性法规——2001 年通过的《广东省预算审批监督条例》就明确规定，人大对政府预算审批监督要包括政府性基金预算。此后，广东省的公共财政预算和政府性基金预算每年都会提交省人大审查，相关决算提交省人大常委会审查；社会保险基金预算决算从 2005 年起就纳入省人大常委会的监督范围。一些地市已基本实现"全口径"，而且在财政资金的规范化和透明化分配方面比较到位。从 2013 年开始，广东的省级国有资本经营预算提交人大进行审查，从 2014年开始，省社会保险基金预算也将提交人大审查，实现"全口径"预算审查。

2. 引入绩效评价体系，钱要"花在刀刃上"

在人大对政府部门的财政监督中引入绩效评价体系，即将政府公共开支的合理性、有效性纳入人大监督范围方面，广东较有心得。人大不仅管住政府怎么切分财政蛋糕，还盯紧了政府花钱的效益。从 2002 年开始，广东省就以深圳市作为试点，推行财政支出绩效审计制度。2013 年《广州市人民代表大会审查批准监督预算办法（修订）》送广州市人大常委会审议，将于 2014 年 2 月通过，意味着广州市人大对政府的监督由程序性监督升级到实质性监督。围绕绩效预算监督，该办法规定，广州市人大对预算草案和上年预算执行情况的报告，除了重点审查是否完整、细化、规范外，还要重点审查"财政专项资金的预算支出安排是否符合绩效预算要求"。

（二）纵向："全过程"

1. 预算提前发给人大代表审，不再"走过场"

人大预算监督走过场，曾是一种让人无奈的"传统"。2001年《广东省预算审批监督条例》通过后，广东省政府向省人大会议提交的预算草案"部头"越来越大，条目越来越细，透明程度越来越高。但客观来看，这也相应增加了人大代表的工作量，尤其是对于缺乏财经专业知识的代表，往往难以在短暂的会期中认真读完，并发表实质性见解。有鉴于此，2013年，广东人大又出新招。新一届的省人大代表在1月中旬就收到了预算报告以及一个U盘，里面是电子版的"大部头"预算草案。同时，省财政厅在省人大会议召开之前就接受人大代表的发问；财政厅在会议现场还"摆摊设点"，方便代表实时实地咨询。可以看出，广东人大在现行人大会议制度框架中，"绞尽脑汁"寻找对策以杜绝举举手、走过场的现象，提高人大预算监督的实质性和实效性。

2. 专项提前介入财政预算编制，体现"底线民生"保障

自2013年9月起，广东省人大常委会组织省人大代表分三组对2014年预算编制情况开展了专题视察。主要目的是就加强"底线民生"保障的财经监督工作，专项提前介入2014年财政预算编制，使底线民生预算在2014年的预算安排中得到充分保障。此次专题视察，代表着广东省人大对政府财政监督工作的新思路和新方向，是提高人大财经监督实效、提升政府公共财政资金的使用效益、让民众共享改革发展成果的重要手段。

3. 开展部门预算重点审议，加强预算编制与人大监督的互动

人大会期短暂，要想对部门预算面面俱到地审查，几乎是"不可能完成的任务"，而要取得实效，只有在部门预算编制阶段就针对重点，个别突破。2012年5月15日，广东省人大常委会主任会议决定采纳省人大代表提出的《关于省人大会议增加省级部门预算典型案例审议程序的建议》，在省人大会议召开前，由省人大常委会预算工作委员会组织部分省人大代表对若干个省级部门预算进行重点审议。2012 年选择的是对省交通运输厅、环境保护厅、统计局的部门预算进行重点审议。省人大常委会及其工作机构组织省人大代表进行部门预算重点审议是一项制度创新，有利于促进预算编制精细化、科学化和合理化，提升预算编制工作水平。

4. 全程"紧盯"三个省级部门，确保项目预算执行率

由于广东省级公共财政结余连续两年超 800 亿元，尤其是存在项目预算执行率低、年底突击花钱等弊病，部门预算的执行进度开始为人大代表所关注。继 2012 年对省交通运输厅、环境保护厅和统计局三个省级部门预算进行重点审议后，广东省人大常委会认真监督了这三个部门的预算执行情况。预算工作委员会监督发现，2013 年 1 月至 7 月，三部门的基本支出预算执行率分别为 39.89%、48.2%、58.45%，项目支出执行率分别为 36.64%、43.45%、39.58%，均低于上半年省级部门预算支出的平均进度（46.88%）。预算工委还认真分析了几个部门预算支出滞后于预期的原因，以对症下药，督促它们切实履职，"如期花钱"。

5. 落实"介入式"财政预算监督模式，增强监督实效

基层人大在财政预算监督模式的创新和落实方面，空间更大。2013 年 7 月，深圳市福田区人大常委会启动了以"全口径、全过程"为主要特点的"介入式"监督模式，实质性介入政府财政预决算和政府投资项目审查监督。在预决算方面，2013 年选取了 3 个部门，从预算编制阶段即开始监督，并加强政府性基金预算、政策性项目预算和国有资本金预算监督。在政府投资项目方面，选取 5 个重点项目，实行事前参与、全程跟踪、事后评价，从项目建议书论证阶段即组织代表介入，监督环节由过去的 3 个扩展为 12 个。

（三）人大财政监督既"接地气"，又体现专业性

人大财政监督与人大立法工作具有一个共同的鲜明特征：既具有高度的专业性，又须切合实际。这在一定程度上使得广东省人大为增强财政监督实效而采取的措施，与加强立法民主化和科学化方面的努力有暗合之处。

1. 财政监督工作调研深入实地，问政于民意

正所谓"知房漏者在宇下，知政失者在草野"。2013年6月，在立法大调研结束后不久，广东省人大常委会启动了财政监督工作调研，旨在全面和深入了解全省保障基本民生和推进基本公共服务均等化的现状和问题，剖析优势、不足和阻碍因素，以将有限的财政资金集中用于优先解决群众反映最强烈、与群众利益最密切的突出问题上，同时考察如何充分发挥人大及其常委会的作用，加强和改进财政预算监督工作，提高监督实效。

相较于空中楼阁式的构想，这种"接地气"的调研无疑是一种进步，有助于切实了解普通民众（尤其是弱势群体）的真实和迫切需求，并在财政资金有限的情况下优化支出结构，使改革发展的成果真正惠及全体人民，彰显社会公平和正义。

2. 选聘财经咨询专家，借智于外脑

2013年6月，广东省人大常委会开始公开招聘财经咨询专家，作为为人大财经工作和计划预算审查监督工作提供咨询服务的"智囊团"，聘期为五年。财经咨询专家制度的前身，是2009年广东省人大常委会设立的财经工作咨询顾问制度。较之财经工作咨询顾问，此次财经咨询专家的人数更多（30名），并且是面向社会公开招聘。7月17日，经过差额无记名投票，选出了30名财经咨询专家。财经咨询专家制度的运行，将有助于人大多渠道听取各方意见，扩大社会力量参与人大财经工作，提升人大财经工作的水平，推动人大对政府全口径预算决算的审查和监督。

2013年9月22日，即省人大代表专题视察2013年预算编制情况的前一天，广东省人大常委会组织了省人大常委会财经咨询专家"一对一"为省人大代表提供咨询服务，有效提高代表提出意见建议的全局性和针对性。

四 人大监督的"广东现象"之概观

综观近年来尤其是2013年人大监督的广东现象，关键词有三："调研""专家"和"全过程"。就"调研"来说，立法围绕"如何为广东改革、发展、稳定提供良好法治环境",展开了史无前例的大调研;财政监督工作以"监督保障底线民生所需财政资金"为主题开展了大调研;为了摸清农村垃圾治理情况、"两河"流域污染治理情况,还开展了多次常规性的专项调研。就"专家"来说,委托专家立法,建立地方立法研究评估与咨询服务基地,聘请立法咨询专家、财经咨询专家,都是 2013 年广东人大工作中的热门事件。就"全过程"来说,公开、论证、评估、咨询,贯穿立法的全过程;人大对预算决算进行全程紧盯,全口径介入,为政府财政资金的使用罗织了一张监督的"大网"。人大在推进被监督者依法行政的同时,坚定了不断完善人大监督制度的自信;在行使宪法和法律赋予的权力的同时,回应社会的需求、民众的需要;更新自己的监督理念的同时,增强了公民对于社会主义民主和法制的信念。

必须承认,无论是弱化部门立法还是规范立法程序,无论是跨界河流污染治理还是农村垃圾管理,无论是省级财政预算支出联网监督系统的建设还是对专项资金管理的监督,无疑都是复杂工程,牵涉着多方角色和利益。比如,专家立法并非完美,对它的过分推崇可能会导致滑向部门立法的另一端——"精英立法",甚至可能引致"精英立法腐败"。为了遏制"精英立法腐败",需要以公开透明的程序机制广泛吸纳民意,形成立法主体、专家、民众"三位一体"的格局,通过多方博弈分化部门立法的利益集合,努力实现地方立法的公正与和谐。

(参见法治蓝皮书《中国法治发展报告 No. 12（2014）》)

第九章　珠海生态友好型法治的
创新与启示

　　摘　要：近年来，珠海生态文明建设在全国持续领跑，其根本原因在于始终全面贯彻"最严法治观"，坚持以法治思维和法治方式实施生态立市、生态优先。珠海从实际出发，将顶层设计和基层探索互动结合，利用特区立法权和设区市的立法权，构建相对完善的生态文明法治体系，通过更多的制度红利，走出了一条符合区情实际的"生态友好型依法治市"发展道路。珠海的许多创新举措先于或严于国家标准，其经验和模式具有可复制性和推广性，对于研究如何运用法治的力量推进生态文明建设、树立生态法治建设的道路自信与理论自信，具有重要意义。

一　法治对生态文明的重要保障意义

（一）当前中国面临紧迫的生态压力

　　自 20 世纪 80 年代以来，中国经济的快速发展创造了举世瞩目的"中国奇迹"，同时也在推进生态文明建设方面进行着持续努力，但随着工业化的深入和加速，中国面临日益严峻的资源环境挑战。长期以来由于生态意识的匮乏和粗放的发展方式，人们对生态资源的消耗和对环境的污染逐渐超过了环境的承载力。以与碳排放直接挂钩的能源为例，2014 年中国能源生产总量相当于 360000 万吨标准煤，但是消费总量上升速度更快，相当于 426000 万吨标准煤，即能源的消费量要高于能源的生产量约 18.3%①，说明若延续现有发展方式，不但能源不能自给，而且将产生极大污染。

严峻的环境形势给中国人的生存和生活造成了极大的压力，也使得今后的经济发展遭遇资源环境瓶颈。环顾当今中国，天气持续高温，各种洪涝灾害频发，江河水系、地下水污染等都在付出沉重代价，2016 年底北方一些省份更是出现了大范围长时间的"千里霾笼，万里尘飘"，无不是自然界对人类过度开发的报复。根据《国务院关于 2015 年度环境状况和环境保护目标完成情况的报告》，全国 338 个地级及以上城市中，仅有 21.6%即 73 个城市达标，有 45 个城市的细颗粒物年均浓度超标一倍以上，其中京津冀地区重度及以上污染天数比例超过 10%。在水环境方面，部分水体污染问题突出，城市黑臭水体大量存在，14 个富营养化湖库无明显改善，近岸海域局部污染严重。土壤环境方面，全国土壤总的点位超标率为 16.1%，耕地土壤点位超标率为 19.4%，长三角、珠三角、东北老工业基地等部分区域土壤污染问题较为突出，西南、中南地区土壤重金属超标范围较大，12%的危险化学品企业距离饮用水水源保护区环境敏感区域不足 1 公里。此外，中国野生高等植物濒危比例达 15%～20%，有 233 种脊椎动物濒临灭绝，约 44%的野生动物数量呈下降趋势。与此相伴随，社会生活中各类环境突发事件不断增加，2015 年全国约发生 330 起环境突发事件，人们的容忍度正在走向边缘。

同样，三十多年前开始的工业化和城市化浪潮，也曾经让珠海饱受环境污染、生态恶化的困扰。固体废弃物、大气污染等都成为影响珠海环境治理的症结，到了 20 世纪 90 年代，珠海的母亲河——前山河，已经由于城镇周围的污水排放而发黑发臭，彻底丧失了灌溉、景观等基本功能，其内河由于容量小，交换能力差，水质更是恶化严重。

（二）最严生态法治观：中国生态法治建设的根本指导

绿色是永续发展的必要条件和人民美好生活的基本体现，只有坚持节

---

① 《中国统计年鉴 2015》。

约资源和保护环境的基本国策，才能可持续发展，建成资源节约型、环境友好型社会，形成人与自然和谐发展的现代化新格局，推进美丽中国建设，也为全球生态安全作出贡献。为此，应遵循法治的轨道，"实行最严格的制度、最严密的法治"，坚持"最严生态法治观"，促其成为中国生态法治建设的根本指导。

2013 年 5 月 24 日，习近平总书记在主持中共中央政治局第六次集体学习时指出，"要正确处理好经济发展同生态环境保护的关系，牢固树立保护生态环境就是保护生产力、改善生态环境就是发展生产力的理念"，强调"要正确处理好经济发展同生态环境保护的关系，更加自觉地推动绿色发展、循环发展、低碳发展，决不以牺牲环境为代价去换取一时的经济增长。只有实行最严格的制度、最严密的法治，才能为生态文明建设提供可靠保障"。2016 年 12 月 2 日，习近平总书记再次对生态文明建设作出重要指示，再次强调要"深化生态文明体制改革，尽快把生态文明制度的'四梁八柱'建立起来，把生态文明建设纳入制度化、法治化轨道"①。2016 年党的十八届四中全会通过的《中共中央关于全面推进依法治国若干重大问题的决定》就此明确指出："用严格的法律制度保护生态环境，加快建立有效约束开发行为和促进绿色发展、循环发展、低碳发展的生态文明法律制度，强化生产者环境保护的法律责任，大幅度提高违法成本。"

一言以蔽之，"最严生态法治观"是在当前工业化、市场化进入纵深阶段后，为应对其难以避免的副产品——资源的过度开发利用、对大自然的无度索取、人与人以及人与自然的对立带来的疏离，对"依法治国与生态文明的关系"提出的重要思想，努力谋求中华民族的长远发展，增进人民福祉，建设美丽中国。将生态文明建设纳入法治化轨道，能够开辟人与自然和谐发展的新境界，对于坚持"创新、协调、绿色、开放、共享"五大发展理念，实现"两个一百年"奋斗目标，具有重要意义。

---

① 参见 http://politics.people.com.cn/n1/2016/1202/c1024 - 28921427. html，最后访问日期：2016 年 11 月 7 日。

二　珠海生态文明建设的主要成就

秉持党的十八大以来关于生态文明建设的重要精神，珠海市从 2013 年开始全面完善环境立法，严格环境执法，确保环境司法公正，在生态文明建设方面成就斐然，环境质量极大改善。

2013 年，珠海全面实施"天更蓝、水更清、城更美、环境更安全"四大重点工程，改造了 49 条道路的绿化景观，新建了 65 公里绿道、96 公里生态景观林带、2.6 万亩碳汇林。完成节能减排约束性指标，淘汰营运"黄标车" 7000 多辆，二氧化硫排放量削减 16.53%，单位 GDP 能耗居广东省第三低位。城镇生活垃圾无害化处理率达到 100%，污水处理率超过 87%①。2014 年，珠海新建碳汇林 3.2 万亩、生态景观林带 96.7 公里，新建和提升森林公园 21 个，新增绿道 105 公里，人均公园绿地面积达 18 平方米，森林覆盖率 33.6%②。2015 年，珠海成功创建全国首批生态文明示范市、全国水生态文明城市和国家森林城市，完成前山河等流域整治与生态修复工程，初步建成淇澳红树林湿地公园、凤凰山森林公园和黄杨山森林公园，并形成由城市林荫道、滨海景观道、绿色生态水道、环山健康步道和乡村风情道组成的慢行系统，公交车 100% 使用清洁能源③。

连续数年来，珠海市环境质量都保持在全国 74 个重点城市前列。2015 年，全年空气质量达标率更是超过了 90.0%，全市各主要河流、饮用水源地水质、近岸海域水质保持 100% 稳定达标，区域环境噪声值符合国家标准④。城乡生活垃圾无害化处理率达 100%，全市森林覆盖率达 35.94%，人均公园绿地面积 19.5 平方米，万元 GDP 单位能耗 0.399 吨标准煤，远低于全国平均水平；万元 GDP 二氧化硫和化学需氧量的排放强度分别为 1.98 千克、1.61 千克，分别较 2009 年下降 42.4%、39.5%。

---

① 参见《2013 年珠海市政府工作报告》。
② 参见《2014 年珠海市政府工作报告》。
③ 参见《2015 年珠海市政府工作报告》。
④ 参见《2016 年珠海市政府工作报告》。

与此同时，珠海的经济增速却没有减慢，2014 年和 2015 年，在大环境下行的背景下，珠海 GDP 仍然保持了 10% 的增长，增幅位居广东省前列。

三　珠海生态文明建设的主要举措

（一）积极立法为生态文明建设保驾护航

在党的十七大提出生态文明建设后，珠海明确了走建设生态文明发展道路的战略决策；十八大提出"最严生态法治观"后，更是全方位、加速推动生态文明建设法治化、制度化、规范化，通过法治思维和法治方式创建生态文明示范市。以法治保障体系促进城市环境保护，推动生态文明建设，成为珠海市一直坚持的城市发展思路。

事实上，从珠海建市以来，共制定和修订了 42 件与环境保护、生态建设相关的地方性法规①，占珠海 147 件地方性法规和地方政府规章的 28.57%，涵盖了规划布局、产业发展、土地开发、执法查处、污染治理等领域，为生态环境保护夯实了法律基础，让生态文明建设有章可循、有法可依。十七大之后，珠海颁布的含有生态文明建设条款的主要地方性法规和地方政府规章更是达到 20 件之多②，数量位居全国同等规模城市

---

① 参见附件一。
② 分别是：《珠海经济特区前山河流域管理条例》，2016 年 5 月 24 日颁布；《珠海经济特区授予荣誉市民称号规定》，2015 年 12 月 25 日颁布；《珠海经济特区民营经济促进条例》，2015 年 12 月 25 日颁布；《珠海市授予荣誉市民称号办法》，2015 年 12 月 25 日修订；《珠海经济特区促进中国（广东）自由贸易试验区珠海横琴新区片区建设办法》，2015 年 11 月 6 日颁布；《珠海市人民代表大会常务委员会关于珠海城市概念性空间发展规划的决定》，2015 年 9 月 30 日颁布；《珠海市村镇规划建设管理办法》，2014 年 7 月 2 日颁布；《珠海经济特区生态文明建设促进条例》，2013 年 12 月 26 日颁布；《珠海经济特区城乡规划条例》，2013 年 8 月 6 日颁布；《珠海市突发事件总体应急预案》，2012 年 11 月 19 日颁布；《珠海市城市更新管理办法》，2012 年 8 月 28 日颁布；《珠海市绿道管理办法》，2012 年 1 月 1 日颁布；《珠海经济特区横琴新区条例》，2011 年 11 月 24 日颁布；《珠海市人民代表大会常务委员会关于进一步加强法制宣传教育的决议》，2011 年 7 月 26 日颁布；《珠海万山海洋开发试验区管理办法》，2011 年 2 月 12 日颁布；《珠海经济特区市容和环境卫生管理条例》，2010 年 11 月 26 日颁布；《珠海市养犬人责任及监管暂行办法》，2009 年 7 月 1 日颁布；《珠海市促进经济功能区发展办法》，2008 年 12 月 19 日修订；《珠海市环境保护条例》，2008 年 12 月 5 日颁布；《珠海市旅游条例》，2008 年 6 月 27 日颁布。

第一。

1. 十七大到十八大期间珠海的生态文明制度建设

2008 年 12 月，国务院批准实施《珠江三角洲地区改革发展规划纲要（2008~2020 年）》，纲要对珠海作出了"生态文明新特区，科学发展示范市"的城市定位；2012 年，珠海制定了"蓝色珠海，科学崛起"的发展战略，并首次明确提出要"两级连创"创建国家生态市、全国生态文明示范市。为落实上述战略，珠海相继制定了《珠海市城市绿化办法》（2008 年 5 月 24 日颁布）、《珠海市环境保护条例》（2008 年 12 月 5 日颁布）、《珠海市建筑节能办法》（2009 年 6 月 11 日颁布）、《珠海市排水条例》（2009 年 11 月 9 日颁布）、《珠海经济特区市容和环境卫生管理条例》（2010 年 11 月 26 日颁布）、《珠海市森林防火条例》（2010 年 11 月 26 日颁布）、《珠海市绿道管理办法》（2012 年 1 月 1 日颁布）等地方性法规或地方政府规章。而在《珠海市城市更新管理办法》（2012 年 8 月 28 日颁布）、《珠海经济特区横琴新区条例》（2011 年 11 月 24 日颁布）、《珠海市促进经济功能区发展办法》（2008 年 12 月 19 日修订）等法规中均明确写入了"坚持生态优先、人与自然和谐相处"的条款。

2. 十八大以来珠海的生态文明制度建设

2012 年 11 月党的十八大召开后，珠海生态文明建设步入快车道。其中最引人瞩目的是 2013 年作为珠海生态文明法治建设纲要的《珠海经济特区生态文明建设促进条例》（以下简称《条例》）颁布。《条例》作为全国首部生态文明建设的地方性法规，紧密结合十八届三中全会精神，及时通过立法形式把珠海的生态文明建设纳入法治化轨道，不仅明确了生态文明的发展目标、保障机制等制度和措施，更将已有的法规进一步整合，确立统一监管、整体保护管理的制度化规定，从而形成了一套珠海市生态文明建设的法规体系。

《条例》共八章 65 条，对主体功能区管理、生态经济、生态环境、生态人居、生态文化和保障措施等六方面进行了具体规范，提倡建设资源节约型、环境友好型、人口均衡型"三型"社会，强调从政府入手，积极推行绿色政府采购、绿色办公、绿色行政、绿色公共建筑等，引导全社会保护环境。《条例》的创新主要有：规范生态文明建设中的重大决策和重大建设项目审议制度（《条例》第 8 条），明确建立重大项目生态影响预评估制度（《条例》第 19 条），积极探索建立排污权交易制度（《条例》第 34 条），初步建立造成污染不处理要承担第三方治理费用制度（《条例》第 36 条），初步提出建立和完善生态补偿机制（《条例》第 57 条），完善生态文明建设考核机制（《条例》第 63 条）。此外，《条例》还对主体功能区制度、农村土地、农村生活用水和化学物质污染控制以及生态环境的大众教育制度作了原则性规定，建立健全生态文明建设考核机制和编制自然资源资产负债表，对领导干部实施自然资源资产离任审计制度，建立生态环境损害责任终身追究制等。这些可操作性措施的实施有利于纠正长期以来地方政府偏重经济增长而忽略环境保护的发展观，进一步发挥市场在环境资源优化配置中的作用，为珠海未来的生态文明建设打下了良好的法治基础。

《条例》的颁布标志着珠海向"生态友好型依法治市"迈进，也为中国其他同等量城市制定有关生态环境保护的综合性全面指导规范提供了非常有益的借鉴。

（二）先试先行，政策红利"护体"生态建设

十八大以来，除地方立法外，珠海还充分利用其特区先行先试的制度优势，按照中央的顶层设计，从本市实际出发，在全国范围内率先提出了更严格的生态文明建设政策和纲领，不断释放生态文明保障的"政策红利"。

最能彰显珠海生态环境政策建设力度的是 2014 年 8 月《珠海市生态文明体制改革工作方案》（以下简称《方案》）的正式出台，要求循序渐进分四阶段全面深化生态文明体制改革，2020 年基本建成"国际宜居城市"。

《方案》的主要内容，首先，提出了"率先完善生态文明建设制度""率先建立生态环境治理机制"这"两个率先"，具体在完善生态法制体系、制定生态文明建设指标体系、建立自然资源资产管理体系、设立生态环境资源法庭、推动区域环境协同治理、推进港珠澳环境保护合作等 16 个方面进行改革创新。其次，提出了从"三个全面"来打造"三个创新

平台"，即通过全面发展生态经济，全面建设生态宜居城市，全面繁荣生态文化，打造"三高一特"高端产业发展平台、环境宜居建设平台和全民生态自觉的公共参与平台，重点在推进生态经济示范区建设、发展特色生态农业、建设幸福村居、推行低冲击开发模式、构建生态道德等 15 个方面进行改革探索。最后，要求建立五项保障措施。为此，珠海市专门成立了生态文明体制改革专项小组，对应各项改革任务，由牵头单位成立专门工作小组，具体落实任务，强化改革的组织保障，确保改革出成效、出特色、出经验。

2016 年，珠海市生态文明体制改革专项小组落实《方案》中既定的年度改革任务，全力推进"健全生态文明法制体系""发布生态文明指数""实施'五规融合'""水生态文明城市建设试点"以及"排污权有偿使用和交易的金融创新试点"等重点改革任务。通过实施《珠海市排污权有偿使用和交易试点工作方案》积极探索建立排污权的有偿使用和交易试点。陆续出台了《珠海市创建全国水生态文明城市三年（2015～2017）行动计划》和《珠海市海绵城市建设工作三年行动计划（2015～2017 年）》，着力推动珠海市水生态文明城市建设和"海绵城市"建设；出台《珠海市饮用水源保护区扶持激励办法》，激励饮用水源保护区保护生态环境的积极性等。

（三）首创生态环境量化考核体系

2015 年 3 月 30 日，珠海市环境宜居委员会首次对外公布了各行政区和经济功能区的"生态环境指数"，由此，珠海成为全国首个发布"生态环境指数"的城市。该指数由环境保护部华南环境科学研究所提供技术支撑，包含全市 7 个行政区和经济功能区的环境空气指数、水环境指数、公众投诉指数、生态环境指数（综合）、生态环境提示等信息，以环境质量、环境管理、自然生态等群众感受最密切、影响最直接的可测量指标为基础，统计出评价区域生态环境质量状况与趋势的综合性指数。

生态环境指数评价结果包括环境空气指数、水环境指数、公众投诉指数、生态环境指数（综合）、生态环境提示等信息。指数测评得分在 100分以上（优秀）、85～100 分（不含 100 分，良好）、70～85 分（不含 85

分，平稳）、70 分以下（预警）者，分别以绿、蓝、橙、红 4 色标示。测评对象包括香洲区、斗门区、金湾区 3 个行政区和横琴新区、高栏港经济区、高新区、万山区、保税区 5 个功能区。生态环境指数按周发布，每周一发布上一周的测评结果，较传统环境报告更为及时和快捷。生态环境指数在评价指标选取上除了考虑综合性、科学性、简洁直观、数据可得性等一般性原则外，特别强调与珠海市发展与保护的战略目标、指标相衔接，特别是与珠海"十三五"规划、生态文明示范市建设规划以及 2020 年全面建成小康社会的战略目标等相衔接，与后期配套工作机制的建立相适应。

生态环境指数的发布，落实了新《环境保护法》信息公开和公众参与的相关要求，可以使群众更及时、直观、详细地了解当地生态环境状况，形成共建共享、全民参与的大环保局面。同时，以行政区和经济功能区为单位发布生态环境指数，也有助于落实环境质量属地责任。通过将生态环境指数纳入地方考核问责并建立相应工作机制，促使各区及时发现生态环保薄弱环节，迅速部署、开展相应工作，进一步推进生态文明建设。

四 珠海生态友好型依法治市的重要启示

当前，中国生态文明建设的法律尤其是环境法律的实施面临一系列严峻的挑战。第一，环境立法的质量与其应达到的标准相距甚远，即使是勉强制定一些法律法规，也远不能适应社会发展和人民群众对生态文明建设的基本要求。第二，尤为重要的是，地方保护主义盛行，环保行政执法常常受到地方党委、政府的随意干涉，环境执法困难，使得违法行为得不到追究。第三，执法能力仍有不足，执法权限有限，设备、人员和办公场所都不能适应需要。第四，夹杂在公权力不足问题背后的，则是在私权利与公权力的博弈中，权力寻租严重，执法变成了收费。第五，与中国现行权力制衡结构的整体失调相联系，司法机关在处理生态环境纠纷方面也步履维艰，环境诉讼中立案难、取证难、胜诉难、执行难的问题尚未根本解决，导致环境司法的公信力受到损害。

要解决这些环环相扣的症结，还是要从根本入手，以法治的力量先行，推广树立"最严生态法治观"，形成处处遵法、自觉守法的氛围。珠海便是以此为起点，高起点奠定生态格局，前瞻性探索生态法治，促转型发展生态经济，补短板推动管理创新，聚氛围营造生态环境，取得了明显成效，其重要启示体现在以下几个方面。

（一）用足立法，强化执法，贯彻"最严生态法治观"

长久以来，中国社会发展离不开地方一把手拍脑袋的管理模式，所谓"老大难，老大难，老大重视就不难"。而"最严生态法治观"的启示就是要求地方政府充分意识到法治（而不是人治）才是对生态文明的底线保障，在生态文明建设中起到长久性的决定作用，因此，要通过法治思维和法治方式落实中央的顶层设计，绝不能仅靠领导批示和专项行动来突击执法、选择性执法，应结合经验和实际对既往各种政策和措施进行充分评估，然后对其中可适用部分、人民群众满意部分加以制度化、规范化，尽快建立起一套法律法规完善配套的生态文明长效管理机制，形成良好的生态法治秩序。

1. 用足立法权完善地方立法

按照新修订的《立法法》对设区的市所授予的地方立法权，各地可以参考珠海的经验，结合本地实际制定立法规划，反映生态文明建设的内在需求，在生态经济机制、公众参与机制、公民环境权益保障机制、流域协调机制、环境污染损害评估制度、地方环境标准制度等方面加快立法进度，形成利于生态文明建设的制度安排、制度导向和制度合力。

2. 建设"生态友好型法治政府"

立法流于纸面，终是空谈。贯彻落实"最严生态法治观"，必须强化制度执行，强化法治落实，对于破坏生态环境的行为，坚决实行"一票否决"，一查到底。鉴于当前中国的发展阶段，以行政力量集中推动，仍是不可避免的推进模式，并可能在短期内体现成效而满足广大人民群众的要求，故而政府仍然是地方推进生态文明建设的主体。因此，贯彻落实"最严生态法治观"，首先要求深入推进"生态友好型法治政府"建设，在对政府行为实行普遍规范限制的同时，加大生态执法力度，强化执法能力和财政经费保障，确立并保障生态环境部门独立开展生态环境监管执法的法律地位。

对此，需要建立实实在在的量化考核制度，在每年的地方官员政绩考评体系中，普遍纳入当地的生态涵养和保护情况，并提高到与经济、民生发展同等重要的地位，即建立正面的环境绩效考核机制；反过来，对于盲目决策破坏生态、造成严重后果的，则要实行终身追责制，从而减少地方政府和领导对环境保护的不当干预，即建立反面的行政作为环境问责制度，激发和强化各级领导干部对生态文明建设的责任意识。这正反两方面的环保绩效考核结果都应作为评价干部政绩和决定其升迁的重要参考指标，借此倒逼地方领导干部树立正确的政绩观，在进行决策时，自觉地将环境影响因素纳入其中，作出符合环境与发展内在要求的科学决策。

（二）普遍宣传，全民动员，培育生态环境法治意识

"最严生态法治观"的贯彻，说到底，必须靠人，靠全社会的每个成员、每个家庭、每个组织，将过去"政府出力，民众看乐"的负和博弈转变为 1+1>2 的正和博弈，全面提升生态文明立法、执法和实施中的公开性、透明度，增加公民众参与的开放途径，扩大公益诉讼主体和诉由范围，重视新兴公益组织的力量，培育全社会的生态环境法治意识，树立绿色发展理念。

《珠海市生态文明体制改革工作方案》在此方面作出了示范，其中明确规定，通过开展生态环境意识教育增强人们的生态自觉，努力将生态文明的理念渗透到社会生活的各个方面，推动生态文明成为主流价值观。珠海中小学现已普遍增设了生态文明教育课程，部分年级每月开设 1 节专题课，每学年不少于 10 节课，将生态文明教育从娃娃抓起。

除了深入教育领域外，在日常运行中，还应通过明确法律制度保障公众对环境问题的知情权、监督权，实现环境领域的"阳光执法"，这不仅是对阳光政府的要求，而且本身就是一种有效的生态意识教育。珠海正是通过这些鲜活的全民环境宣传教育，有效提高了人们的生态意识和法治观念，激发其保护环境、勇于抵制破坏环境的不良行为的自觉性。

（三）探索生态量化指标体系

借鉴珠海推出生态环境指数的成功经验，各地可根据《中共中央、国务院关于加快推进生态文明建设的意见》的要求，探索建立符合当地实际的生态文明综合量化评价指标体系。

需要注意的是，指标体系如果用得不好，要么成了地方政府自己的"抬轿子"工程，要么反而会导致相关环境工作人员陷入无穷尽的形式工作而没有精力完成实在的执法工作。因此，各地制定指标体系应遵循以下原则。第一，符合量化指标体系的综合性、科学性、数据可得性、可衡量性等一般性原则。第二，指标要与当地发展与保护的战略目标相衔接，与本地全面深化改革的路线图等相配合，而不能盲目追求高目标。第三，指标要选取与当地生态环境特征相匹配、具有高度关联性和代表性的数据。第四，指标体系应具有具体性、可操作性和可读性，将人民群众关心的具体案例纳入其中。第五，指标评估实施应尽量引入第三方，通过有公信力的第三方机构的介入，对涉及资源环境公共利益的政策法规、规划方案、工程项目等进行客观、中立、科学的评估，提出咨询建议，为生态文明建设奠定科学的坚实基础。

五　结论：问题与展望

相比雾霾肆虐的中国北方，可以说，珠海市生态文明法治建设取得的成绩令人称道，但与此同时，也不能忽略其先天的优越地理环境带来的良好扩散助力，其仍然存在种种隐患亟须进一步关注和解决，如珠海在治理土壤环境质量方面相比治理空气污染、水污染存在不足，导致土壤环境质量底数不清、污染防治体系尚未建立、科技支撑薄弱等。

为解决这些环境难题，珠海已推出了多项生态新举措，包括继续推广新能源汽车，推动环保生物质热电工程，探索推进碳排放权交易、碳普惠制试点工作，探索推行合同能源管理和合同节水管理，建立海洋生态补偿机制等，通过法治探索，致力于以立法提升珠海市生态文明水平。珠海已经对"十三五"期间的未来立法工作作出了规划，将以《珠海经济特区

生态文明建设促进条例》为基础，出台更严格的绿色排放标准，包括
"扬尘管理十条""海岛保护十条""岸线保护十条""绿色交通十条"
等，并针对珠海市的母亲河——前山河长期以来的生态文明建设薄弱环
节，专门制定《珠海经济特区前山河流域管理条例》，从全局改善生态环
境，建设多层次、网格化、功能复合的绿色生态空间。

珠海的经验表明，推进生态文明建设离不开法治的保障和护航。只要
坚定不移地落实"最严生态法治观"，运用法治思维和法治方式推进生态文
明建设，坚持法治国家、法治政府、法治社会一体建设，就能够着力打造
生态文明建设"珠海样板"，努力建设美丽中国，实现中华民族永续发展。

附件一：珠海市建市以来制定和修订的环境保护、生态建设相关地方性法规

1	《珠海经济特区前山河流域管理条例》
2	《珠海经济特区商事登记条例实施办法》
3	《珠海经济特区土地管理条例》
4	《珠海经济特区电力设施保护规定》
5	《珠海市人民代表大会常务委员会关于珠海城市概念性空间发展规划的决定》
6	《珠海市有轨电车管理办法》
7	《珠海经济特区相对集中行政处罚权条例》
8	《珠海市村镇规划建设管理办法》
9	《珠海经济特区横琴新区诚信岛建设促进办法》
10	《珠海经济特区生态文明建设促进条例》
11	《珠海市人民政府行政复议规定》
12	《珠海市政府合同管理办法》
13	《珠海经济特区城乡规划条例》
14	《珠海市农贸市场管理办法》
15	《珠海市防御气象灾害规定》
16	《珠海经济特区商事登记条例》
17	《珠海市突发事件总体应急预案》
18	《珠海市闲置土地处置办法》

续表

19	《珠海市城市更新管理办法》
20	《珠海经济特区横琴新区商事登记管理办法》
21	《珠海市绿道管理办法》
22	《珠海经济特区横琴新区条例》
23	《珠海万山海洋开发试验区管理办法》
24	《珠海市房地产登记条例》
25	《珠海市森林防火条例》
26	《珠海市私营企业权益保护条例》
27	《珠海市人民代表大会常务委员会关于修改〈珠海市森林防火条例〉等部分地方性法规的决定》
28	《珠海市人民政府关于修改〈珠海市建设工程招标投标管理办法〉有关条款的决定》
29	《珠海市排水条例》
30	《珠海经济特区政府投资项目管理条例》
31	《珠海市建设工程招标投标管理办法》
32	《珠海市环境保护条例》
33	《珠海市旅游条例》
34	《珠海市城市绿化办法》
35	《珠海市供水用水管理条例》
36	《珠海市市级储备粮管理办法》
37	《珠海市房屋安全管理规定》
38	《珠海市公路路政管理规定》
39	《珠海市公园管理办法》
40	《珠海市渔港管理条例》
41	《珠海市建筑节能办法》
42	《珠海市促进经济功能区发展办法》

（参见法治蓝皮书《中国法治发展报告 No. 15（2017）》）

第十章　走出"边缘"地位的乡镇人大

——基于对 2014 年中山市镇级人大监督工作的现实考察

摘　要：乡镇人民代表大会作为人民代表大会制度的重要组成部分和社会主义民主政治的基石，理应在中国的民主法治乃至整个社会政治结构中占据重要地位。然而，受制于制度和现实层面的各种因素，乡镇人大功能不彰，其角色定位和实际功能之间存在较大差距。本文基于对近年尤其是 2014 年中山市镇级人大监督工作的现实考察，认为其结合自身的独特优势，在法律框架内实现了有限突破。其对基层人大监督的定位、对人大与党委和政府之间关系的把握，反映了广东脚踏实地的作风和精神，体现了现实主义的理念和路向。但从长远来看，乡镇人大的地位和功能，应当根据宪法和法律所确立的整体框架，进行更科学的厘定。

乡镇人民代表大会是中国宪法所确立的五级国家权力机关中最基层的一级，是人民代表大会制度的重要组成部分，也是社会主义民主政治的基石。乡镇人大随着 1954 年《宪法》的颁布而诞生，迄今已有逾 60 年历史，其间遭遇过挫折、沐浴过风雨、经受过起落。在一定程度上可以说，中国乡镇人大的发展史，即是一部国家民主法治的演进史。近年来，随着"依法治国"方略的逐步实施、基层民主法制的不断完善、乡镇各项配套改革的协同推进，乡镇人大制度在理论和实践上都取得了不少突破，在规范基层权力运行、代表和实现民众权益、推进基层民主化进程、优化基层社会治理、促进新农村建设等方面，发挥着不可替代的作用。但客观来看，受制于制度的缺失、机构的不完善、体制的复杂、代表素质的良莠不齐、经费的短缺等现实因素，乡镇人大仍陷于"虚化"和"边缘化"的泥淖。为破解乡镇人大制度的这一难题，孙中山先生的故乡、有着"敢为天下先"传统的广东中山市，在法定框架和空间内先行先试，审议通过了《中山市镇人民代表大会监督工作暂行办法》，填补了镇级人大监督制度的若干空白，并以此为契机，推进镇级人大闭会期间的各项监督工作，理顺人大与党委、政府之间的内在关系，探索人大代表联系选民的各项制度，使基层人大制度焕发出勃勃生机。

一 乡镇人大的现实图景：角色与功能之间的鸿沟

俗语云，"乡镇治则郡县治，郡县治则天下安"。乡镇人大在中国的民主法治乃至整个社会政治结构中扮演着重要角色。然而受制于制度和现实层面的各种因素，乡镇人大功能不彰，其角色定位和实际功能之间存在较大的差距。

（一）重要角色的定位

乡镇人民代表大会的法律地位、作用和权威在《宪法》和《地方各级人民代表大会和地方各级人民政府组织法》（以下简称《地方组织法》）中有明确规定。它是最基层的国家权力机关，是整个国家政权的基础，是国家治理体系的重要组成部分；它亦是基层民众参与管理国家和社会事务、行使当家作主权利的制度平台，是基层民众有序、理性地参与基层社会治理的有效载体，是政情和民意之间最直接的桥梁。可以说，基层人大功能的发挥直接关系到国家的民主法治化进程。从现实来看，乡镇人大制度的发展和完善，在保证"依法治国"方略的顺利实施、维护改革发展稳定的大局、推进基层依法执政和依法行政、扩大基层民主、切实反映民意、有效化解当前社会矛盾、维护经济和社会发展的良好秩序、推动社会主义新农村建设和构建和谐社会等方面，具有独特价值。

正因为此，中共中央政治局常委、全国人大常委会委员长张德江于

2014 年 5 月在浙江就乡镇人大工作进行调研时强调，"要从巩固党的执政基础、推进国家治理体系和治理能力现代化的高度，充分认识乡镇人大作为基层国家权力机关的地位和作用，切实加强乡镇人大建设，提高乡镇人大工作水平"①。

（二）法律制度的缺失

尽管居于如此重要的地位，实践中乡镇人大功能的有效发挥却受多种因素制约。法律制度的缺失即是其中关键的一环。

在中央层面，中国现行《宪法》和《地方组织法》规定，乡、民族乡、镇人民代表大会属于"地方各级人民代表大会"，且明确规定了乡镇人大的职权及其工作内容，但在制度设计上对乡镇人大与县级以上地方人大进行了区别对待。根据《地方组织法》的规定，设立常务委员会（第 2 条、第 40 条）、组织特定问题的调查委员会（第 31 条）及设立专门委员会（第 30 条）等规定，仅适用于县级或设区的市级以上的地方人大。乡镇人大不设常务委员会，仅设主席和副主席（第 14 条），"举行会议的时候，选举主席团。由主席团主持会议，并负责召集下一次的本级人民代表大会"（第 15 条），似将乡镇人大主席团定义为负责召集会议的"临时性机构"，主席团的工作内容不明确、工作机制缺乏规范，导致在实际工作中遭遇许多困难。进而，由于《各级人民代表大会常务委员会监督法》（以下简称《监督法》）仅适用于各级人大常委会，也使得没有常设机构的乡镇人大在闭会期间的监督工作无据可依，严重阻滞了乡镇人大监督工作的开展。此外，《全国人民代表大会和地方各级人民代表大会代表法》（以下简称《代表法》）等相关法律对乡镇人大的代表选举制度、乡镇人大主席团的工作机制（包括议事规则、会议制度）、乡镇人大代表的履职与培训制度（包括代表联系选民、议案和建议办理制度）、乡镇人大信访、检查、视察制度等方面的规定过于笼统和抽象，缺乏可操作性。

当然，中央层面的立法缺失也为地方立法提供了动力和空间。近年

---

① 《张德江在浙江调研时强调：加强乡镇人大建设、发挥乡镇人大作用》，载《浙江人大》2014 年第 6 期。

来，不少省市先后就乡镇人大工作、代表选举等制定和修改法规和规章，如《北京市乡、民族乡、镇人民代表大会组织条例》（2010年修正）、《山东省乡镇人民代表大会工作若干规定》（2010年修正）、《宁夏回族自治区乡镇人民代表大会工作条例》（2007年修正等）。这些地方立法主要对乡镇人民代表大会的职权、人民代表大会的会议制度、人大主席团的职权、人大主席和副主席闭会期间的工作内容等作了规定，但对于乡镇人大代表的职权和代表联系选民制度、乡镇人大闭会期间的监督工作等仍然没有涉及，制度阙如的现实未能得到根本改变。就广东省而言，现行有效的《广东省乡镇人民代表大会主席和主席团工作条例》通过于1995年，已近20年未予修改，其对乡镇人大的职权仅作了原则性规定，对乡镇人大的职权行使、监督工作的开展等亦只有笼统规定，未能及时回应乡镇人大在新形势下的发展需要。

（三）现实条件的掣肘

除了制度的缺失之外，囿于机构不完善、机制不健全、代表素质不高、经费短缺、信息不对称等现实因素，乡镇人大的实践状况并不尽如人意。不少地方的乡镇人大被边缘化、权力被虚置。

第一，在监督体制方面，乡镇人大监督的对象主要是政府，政府的负责人大部分还是乡镇党委的副书记或委员，现实中往往乡镇党委书记又兼任人大主席，党委委员兼任人大办公室主任和副主席，并且乡镇党委书记、副书记或党委委员往往是乡镇人民代表大会主席团的常务主席。因此，乡镇人大在行使监督权时有极大可能遇到组织、工作、能力和心理等多重障碍。第二，乡镇党委和县级以上人大对乡镇人大支持不够。县级以上人大对乡镇人大缺少协调和指导，乡镇党委和上级机关对乡镇人大的经费与人力资源支持、后勤保障和政策支持的力度和对乡镇人大工作重要性的认识和重视程度都远远不够。第三，乡镇人大代表的组成多元，许多代表来自农村、社区、企业，一方面显示出较强的人民性，但另一方面，也有素质参差不齐之虞。相当数量的代表文化素质、法律素质不高，沟通能力不强，为民众代言的意识薄弱，在很大程度上会影响代表与选民的沟通交流，制约乡镇人大工作的顺利开展。第四，监督工作要取得实效，监督者掌握全面、准确的一手信息异常重要。而现实中，乡镇人大的监督工作面临着严重的信息不对称。政府的工作汇报和反馈是人大监督的最主要信息来源，这种被动式的、单一的信息获取方式抑制了人大监督功能的发挥。

二 中山市镇级人大监督工作的创新：
法律框架内的突破

中山市乃粤南重镇，自 2012 年以来正努力争创"法治广东建设示范市"。在人大监督工作方面，中山市人大取得许多创新性进展，与广东省各级人大一同成就了人大监督的"广东现象"。与其他地级市最大的不同在于，中山市实行扁平化的行政管理架构，未设区县，而是下设 18 个镇、5 个街道和 1 个高新技术开发区。中山市各镇的经济相当于其他城市的县级经济，政府机构设置也与其他县级政府类似，但人大机构的设置严格依照《地方组织法》关于"乡、民族乡和镇"的规定，未设常务委员会。尽管前文所述的种种因素同样困扰着中山市各镇级人大，然而，一则受益于中山市近年来经济的快速发展和城镇化的加速推进，二则受益于扁平化的结构设置，三则受益于中山人"敢为天下先"的精神，中山市各镇级人大较之其他乡镇人大具有天然的优势。在监督工作中，中山市镇级人大将此优势转化为实际的成效，在法律框架内实现了突破。

（一）填补乡镇人大监督制度空白，强化闭会期间的监督

中山市在人大制度建构方面一向颇有作为。在省一级相关立法缺失的情况下，制定了包括《中山市人民代表大会议事规则》《中山市镇人民代表大会议事规则》等在内的一系列相关制度。尤其值得关注的是 2014 年1 月 1 日起施行的《中山市镇人民代表大会监督工作暂行办法》（以下简称《镇人大监督工作暂行办法》），它是全国首部关于镇级人大监督工作的规范性文件，它的出台标志着中山市各镇的人大监督工作尤其是闭会期间的监督工作自此有章可循。正如《镇人大监督工作暂行办法》的"起草说明"中所显示的，该办法的出台回应了三个现实需求：首先，中山

各镇可支配财力实现历史性跨越，对依法加强预算审查监督提出了要求；其次，由于中山不设县区，在简政放权背景下，各镇拥有了许多县级事权，产生了强化人大监督公权力、保障公民权益的需求；最后，破解乡镇人大监督难题，是中山争创"法治广东建设示范市"的必然要求①。

《镇人大监督工作暂行办法》的亮点主要体现在五个方面：一是将"镇人民政府及其职能部门、上级国家机关派驻镇的部门"确定为镇级人大监督的对象（第7条），解决了过去对工商、质检、税务等"垂直"行政部门和"两院"派出机构监督不到位的问题；二是将代表小组确立为代表开展监督工作的基本形式，规定"可以设立法制、财政经济、城乡建设、农村和社区、教科文卫等若干小组开展代表活动"（第5条），以增强代表的专业性尽量弥补代表非专职的缺陷；三是规范了执法检查、听取专项工作报告的监督方式，明确其主体、内容、形式和程序，增强监督的刚性；四是强化了预算审查监督，规定"镇人民代表大会应当成立预算审查委员会"（第21条），并将预算编制、批准、执行、调整等各个环节均纳入审查范围，细化了审查的内容和程序；五是在借鉴外地人大做法、总结本地经验的基础上，推动对政府职能部门及上级国家机关派驻镇的部门的年度民主测评工作，规定了测评的内容、程序和对测评结果的刚性运用。调研发现，《镇人大监督工作暂行办法》实施一年以来，乡镇人大闭会期间监督功能发挥受限的局面得到了相当程度的改变，赢得了社会各界的关注和好评。

（二）结合各种监督形式的优势，增强人大监督的刚性

中山市镇级人大在监督过程中，善于在常规监督和特别监督之间灵活切换。一方面，严格遵守《地方组织法》《代表法》和《镇人大监督工作暂行办法》等的规定，履行监督职责；另一方面，在实践中根据监督对象、内容和目的的不同而灵活选择监督形式。更为可贵的是，针对同一监督对象或事项，结合不同监督形式的特点和优势，以"组合拳"的方式

---

① 参见钟仁轩《破解镇级人大监督难题——中山市人大常委会制定镇人大监督工作暂行办法》，载《人民之声》2013年第11期。

开展监督工作，达到"1+1>2"的效果。

1. 听取和审议工作报告

在每年例行听取和审议政府工作报告之外，中山市各镇还以审议专项报告为切入口，对文化教育、医疗卫生、社会治安、城镇建设等关系群众切身利益、社会普遍关注的问题进行专项听取和审议，同时对监督事项进行持续性的跟踪落实，推动政府各项工作的落实。例如，2014年5月，东凤镇人大代表听取了该区雨污分流工程建设的专题汇报；8月，板芙镇人大组织代表参加了十件民生实事专题汇报会，对政府落实民生实事的进展情况进行监督。

2. 执法检查

法律的生命在于经验，法律的意义在于执行。执法检查是法律法规等规定的乡镇人大监督的重要形式。中山市及其各镇的人大通过多层次、多形式的执法检查，起到了保证法律法规有效实施、促进依法行政、增强民众法律意识、纠正违法行为等积极效果。

从检查内容看，一方面，中山市人大和各镇人大既会针对同一法律法规的执行情况在同一时期展开从城市到乡镇基层的全面检查，依循法制运行的规律，达到事半功倍、查无遗漏的监督效果；另一方面，镇人大也会根据各镇当前的工作重点和民众关心的问题来确定各自的执法检查重点。例如，2014年4月至5月，中山市人大常委会对该市实施《农业法》的情况进行了执法检查，听取了市相关部门的汇报，并赴南朗镇、黄圃镇、三角镇等实地考察了现代农业发展项目，还邀请当地镇的部分人大代表参加。同一时期，东凤镇、神湾镇、小榄镇、沙溪镇等镇人大办公室也先后组织当地人大代表对《农业法》的执行情况进行检查。2014年5月，为了打击"黄赌毒"等违法犯罪活动、创造良好的社会治安环境，大涌镇人大代表监督执法小组与镇相关职能部门一道，开展了文化娱乐场所专项执法检查；6月，东凤镇人大办公室组织市、镇人大代表对辖区内的食品安全加工和销售情况进行执法检查。沙溪、横栏、阜沙、民众、神湾等镇也针对社会管理中亟待解决和民众关心的问题（如市场管理、社会治安等），组织人大代表进行执法检查。

从检查形式看，执法检查既有大型也有小型检查，既有重点也有一般检查；从检查方法看，实践中，执法检查往往同代表视察、专题调研、听取和审议专项工作汇报，以及跟踪监督、整改等有机结合，提高监督实效，增强监督刚性。对于在检查中发现的问题，乡镇人大会及时向执法部门提出意见，或者形成代表议案和建议，一般不直接处理。

3. 财政预算审查

健康的财政是乡镇政权顺畅运行的基础，是政府为公众提供充足的公共产品和服务、有效进行行政管理和社会治理的前提。自 2009 年起，在中山市人大常委会的指导下，各镇人大就成立了预算审查委员会，它作为非常设的辅助性工作机构，负责人大会议期间的预算审查，并根据实际需要开展闭会期间的预算监督工作。经过 5 年多的探索，市级、镇级预算监督体系已经臻于成熟。在此基础上，《镇人大监督工作暂行办法》将"各镇人大设立预算审查委员会"作为强制性要求写入，并规范和细化了预算审查的内容和程序，有助于进一步建立健全镇级人大监督体系。

各镇人大严格依照《镇人大监督工作暂行办法》的规定，每年初在镇人代会召开期间，由各代表团和预算委员会审查镇政府当年预算执行情况和下一年预算草案，并由预算审查委员会向大会主席团作出审查报告；每年年中预算审查委员会审查本镇预算上半年执行情况，并将审查情况报大会主席团备案。2014 年 8 月 13 日，坦洲镇召开了上半年预算执行情况审查会议，审查了预算执行情况，并听取了财政部门负责人的解释和说明。三乡镇近年来除成立了预算审查委员会，负责人代会期间和闭会期间预算审查监督工作外，还建立了审议专项工作报告投票表决制度，表决审议镇政府提出的关于桂山中学项目和雨污分流一期工程项目银行贷款和还贷资金纳入财政预算安排的事项，表决通过了镇政府借贷报告。同时，各镇人大密切关注对政府重大工程的资金监督，尤其是农村道路建设、农业园区发展、学校房舍建设、医院大楼施工、污水处理厂建设等民生工程，保证财政资金"花得对，花得值"。

4. 民主测评

《镇人大监督工作暂行办法》以专章的形式对"民主测评"这一新兴的监督方式作出了规定。它要求，中山市镇政府所有职能部门及上级国家机关派驻各镇的所有部门接受年度测评，全体镇人大代表采用无记名投票的形式进行评分，测评结果向代表报告。该办法施行之后，中山市所有镇均于 2014 年初围绕依法办事、工作效能、政务作风和议案建议办理四个方面对职能部门和部分事业单位进行了测评。各镇立足自身情况，对民主测评制度进行了进一步补充和创新。例如，东升镇细化了《镇人大监督工作暂行办法》的操作措施，并将民主测评结果作为镇机关干部年终考核的参考依据。东升镇和南头镇规定，对当年度测评分数排位后 3 位的单位，作为年内重点监督工作对象，对连续 2 年测评分数排名后 3 位的单位，由大会主席团建议其上级取消其年度考核中的评优资格，并对其主要负责人诫勉谈话或轮岗。大涌和沙溪等镇除了民主测评外，还对镇领导班子及成员进行了民主评议。为了克服因会期太短而使代表无法深入了解职能部门工作情况的问题，南朗镇人大开展了月度视察活动，平均每月组织人大代表视察 3 个职能部门，防止民主评议"走过场"，进一步提升人大监督效果。古镇镇人大在民主测评后召开了民主测评中排名后 5 位单位的整改座谈会，并将跟踪督办这些单位的整改落实情况。

（三）完善代表联系制度，提高代表履职能力

1. 设立人大代表小组

乡镇人大代表小组是乡镇人大闭会期间开展监督工作的主要组织形式，有利于加强乡镇人大主席团成员与人大代表、人大代表之间以及人大代表与选民之间的联系，有助于更好地发挥人大主席团和代表们在闭会期间的作用。同时有助于代表充分发挥专业优势，集中精力对监督事项进行认真调查，对存在的问题和不足进行全面深入分析，从而提出更具针对性和操作性的意见和建议，提高人大监督的质量和水平。

《镇人大监督工作暂行办法》第 5 条对代表小组的分类作出了指引——"可以设立法制、财政经济、城乡建设、农村和社区、教科文卫等若干小组开展代表活动"，实践中，各镇主要因应各自的具体情况、需要和习惯来分类，口径并不一致。例如，南朗镇人大将全镇 74 名市、镇人大代表按地域和系统分为 7 个代表小组，邀请代表列席镇的重要会议，组织代表参加执法检查、专题视察和调研等活动，为代表联系选民、了解民情、反映民意和履行代表职责创造了条件。在工作地点上，逐渐向各村

和居拓展，74名市、镇人大代表分区开展联系选民工作。横栏镇组织全镇人大代表成立了法制、财政经济、城乡建设、农村和社区、教科文卫等5个专业代表小组；三乡镇把部分党代表和61名人大代表进行整合，分成13个功能小组，本着"专题、小型、深入、实效"的原则开展活动。各镇十分重视代表小组活动带头人的选择，南朗、港口、横栏等镇区通过甄选，将"有胆识、有能力、有思路、有担当"的代表分散到各小组，并指定他们为活动带头人，并通过带头人联系代表开展活动，活动后由带头人整理检查报告报镇人大办公室，一定程度上解决了代表履职能力参差不齐的问题。代表小组联络员的选择也很重要。三乡镇人大根据功能组别的不同，在有关单位邀请一些年轻、责任心强、有一定专业水平和写作能力的工作人员担任各小组联络员，让联络员根据工作计划与安排通知代表活动，事后联络员根据代表建议和意见形成书面记录表和调研报告，从而解决代表履职能力不强的问题。

2. 代表联系选民制度化

《代表法》第20条规定，人大代表可以通过多种方式听取、反映原选区选民或者原选举单位的意见和要求。在实践工作中，中山市各镇积极探索加强和改进人大代表联系选民的工作方法，较好地实现了代表联系选民活动的常态化、规范化和制度化的目标。一是利用代表活动室接待选民，打造代表联系选民的"服务平台"。南朗、港口镇利用代表活动室接待选民，对选民提出的重要意见建议或普遍反映的突出问题，通过提出议案、建议、询问等方式，督促政府有关部门办理。神湾镇搭建起选民—人大代表—政府多方交流平台，在活动室接待选民时邀请部分政府部门代表，让有关部门代表直接了解选民的利益诉求，解疑释惑，人大代表现场督促解决。二是通过"进社区、进村居"，拓宽代表联系群众的"工作平台"。港口、南朗等镇通过开展"进社区、进村居"活动，让代表走出去，进社区、进村居，让代表在选民中亮相，直接到选民中听取意见和建议，改变坐等群众上门反映情况的现状，主动走出去联系选民。

3. 代表培训常态化

乡镇人大代表履职能力关乎基层人大功能的发挥程度。中山市港口、南头等镇加强代表对《宪法》《地方组织法》《代表法》《选举法》《监督法》和《广东省各级人民代表大会常务委员会监督条例》等法律法规的学习和培训。小榄、神湾镇的培训做到了集中讲座与分散培训相结合，专家讲课与老代表现身说法相结合，学习理论与履职实践辅导相结合，大大提高了代表学习的积极性。

4. 完善代表议案建议办理制度

实践中，往往存在代表议案和建议的承办单位在承接交办时"一阵风"，过后对议案和建议的解决方案不落实，对办理结果不追踪、办理效果不理想的情况。有鉴于此，小榄镇人大创新工作思路，以办理人代会议案与建议为切入口，建立答复会现场答复制度。在答复会现场由承办单位负责人向议案建议领衔人进行面对面的答复，领衔人对办理结果进行现场表态，对领衔人表示满意和非常满意的答复，承办单位提交正式的书面答复一式两份，一份交领衔人，一份交镇人大归档备案。对答复不满意的，要求承办单位继续办理，提交办理计划，并在下一年的答复会上继续答复，直到代表满意为止。同时制定议案建议跟踪落实制度，实行每月跟踪、季度通报、限时落实的督办制度，督促相关职能部门尽快办理落实，促进政府解决群众关心的热点问题。

三 中山市镇级人大监督工作的经验：直面现实的"折中"

此处使用的"折中"一词并不意味着让步和退缩，而是意在表明中山市各镇级人大在监督工作中客观评估和应对现实条件，最大限度地使用和整合资源，尽可能地拓展人大监督的空间。中山市各镇的人大监督工作取得较为突出的成绩，除了观念上重视人大工作、经费上提供保障、体制机制上进行创新之外，值得强调的还有以下几点。

（一）突出基层人大监督的特点，作出准确定位

中山市镇级人大监督工作的成绩，首先可归因于其对基层人大监督的准确定位。乡镇人大在组成结构、与同级党委和政府的力量对

比、代表的素质和力量、活动的经费和后勤保障、与基层民众的接触程度等诸多方面，都有别于县级以上各级人大，较后者更显式微，工作内容也更为广泛和复杂。这一现状无法在短期内得到改变，因此，如何在现有条件下对人大监督作出准确定位，对于有效发挥人大功能显得异常重要。

中山市各镇对人大功能做了现实、客观的判断，着眼于监督效果的提高，不拘泥于传统的做法，对监督形式、与被监督对象的关系等作了切合实际的调整。例如，在监督形式方面，人大代表深入社会，开展"进社区、进村居"活动，到农户家、企业车间、社区等与选民、群众面对面沟通，以闲谈而不是正式会议、座谈会的形式倾听他们的真实意见；对待被监督对象，更多采取约谈、调研、听取汇报等柔性手段，而极少采取刚性的专题询问、质询的方式，"和风细雨"式地进行问询监督，以目标的一致化解观点的分歧，消除监督对象的抵触情绪。

各镇人大将自身作为连接政府和选民的桥梁和纽带，一方面，了解社情民意，倾听民众声音，为公权力机关决策提供重要参考；另一方面，全面考察政府的工作情况，了解政府各项举措的用意和苦衷，向民众进行反馈，以促进民众和基层政府之间的相互了解，化解二者之间的某些张力和矛盾。进言之，人大监督往往也是政府部门宣传工作业绩的一个渠道，人大作为第三方作出客观评价，帮助上级政府部门了解下级部门的工作和进步。

（二）理顺基层人大与党委、政府的关系，把握监督尺度

在乡镇层面坚持党的领导、人民当家作主、依法治国三者有机统一，首先必须理顺人大和党委、政府的关系。一是坚持党的领导。坚持党的领导是人民代表大会制度不断发展和完善的基本前提，也是做好人大工作的根本保证。现行《地方组织法》规定，闭会期间，镇人大主席团保留主席和一个副主席。中山市各镇主席均由镇党委书记兼任，18个镇区中有9个镇人大副主席由党委委员兼任，非党委委员兼任副主席的，列席镇党委会。镇党委把人大工作列入日常工作日程，随时听取人大工作汇报，在党委会上研究解决人大工作中反映的困难和问题，镇人大按照党委的统一部

署开展日常工作。二是主动向党委报告事项。由于《监督法》规定人大代表开展监督工作以集体活动为主，以代表小组活动为基本形式，个人不直接处理具体问题，因此，中山市各镇人大在履行人大的各项职权时，坚决落实向党委报告原则，重大事项及时向党委汇报，重要工作和重大活动事先请示党委的意见。例如，三乡、神湾、横栏等镇对执法检查、评议、听取专项工作报告掌握的情况，拟出专题调查报告，报党委会研究决定，由党委作出处理意见，镇人大不直接处理。

乡镇政府是乡镇人大的执行机关，同时也是行使行政权力的主体。中山市各镇人大在工作中注重正确处理乡镇依法行使重大事项决定权和监督权与政府依法行使行政权之间的关系，一方面坚持乡镇人大依法行使重大事项决定权高于政府的行政决定，另一方面，乡镇人大尊重行政权的依法行使，掌握监督标准，谨慎把握监督力度，讲究监督实效。具体来讲，就人大监督的标准而言，既要有助于发挥监督效果（制定一些量化、细化的标准），又尊重政府活动的规律性和专业性（尊重行政自由裁量权），处理好效率和依法之间的关系，尤其是在改革迅速推进的时期，注重处理好"法治"与"改革"的关系。

（三）立足基层人大的实际，"借力打力"

乡镇人大在人力、经费、能力、实际影响和地位方面捉襟见肘，是不得不承认的现实。基于这一现实，乡镇人大积极整合"上下""左右"的力量，实现"借力打力"。"上下"主要是指广东省和市人大，它们主要在工作指导、协调配合、代表培训等方面给镇人大以支持。"左右"则包括镇党委，甚至包括作为监督对象的镇政府及其职能部门等。例如，2014年7月，小榄镇人大办公室组织市、镇人大代表开展加强服务群众专项调研活动，代表们邀请沙口社区的居民代表、党代表以及该镇的社工委办公室、党政办公室、组织人事办公室、农业和农村工作局、社会事务局、住房和城乡建设局、国土资源分局等部门的负责人参加，"面对面"地现场解答群众提出的各类现实难题，增加监督效果。三乡镇则成立了党委人大联合督查组，督查小组的成员由三乡镇的全体人大代表和部分党代表组成，切实增强了督查力度。

四 乡镇人大展望：回归宪法和法律框架

人民代表大会制度的重要性一再被重申。党的十八届三中全会通过的《中共中央关于全面深化改革若干重大问题的决定》明确指出：坚持人民主体地位，推进人民代表大会制度理论和实践创新，发挥人民代表大会制度的根本政治制度作用；十八届四中全会通过的《中共中央关于全面推进依法治国若干重大问题的决定》再次明确，人民代表大会制度是保证人民当家作主的根本政治制度，必须保证人民在党的领导下，依照法律规定，通过各种途径和形式管理国家事务，管理经济文化事业，管理社会事务。然而，乡镇人大这一人大制度重要的、基础的组成部分，却无论在法学还是政治学领域都未能得到足够的关注，在实践中更是处于尴尬的边缘化境地。中山市及其各镇人大在法定的框架内，立足于基层人大的实际，为提高基层人大监督效果、发挥人大监督功能，进行了一系列尝试，颇有意义，体现了现实主义的理念和路向，反映了广东脚踏实地的作风和精神。然而，从长远来看，似不应也不能裹足于此。对于乡镇人大的地位和功能，应当努力跳脱现实的“窠臼”，回归宪法和法律所确立的整体框架来准确界定，在此基础上予以进一步规范化和程序化，彰显乡镇人大应负的责任和应有的功能。

（参见法治蓝皮书《中国法治发展报告 No. 13（2015）》）

第十一章 中山市地方立法工作开局探索与思考

摘　要：2015 年，中山市正式获得地方立法权，满足了中山在地方经济社会发展中需要通过立法来解决问题的迫切需求，为全面深化改革进程带来了新思路。本文全面阐述了中山市获得地方立法权以来，主动适应中山深化改革和经济社会发展需要，积极开展地方立法工作的开局实践，对地方立法过程中如何处理好与党委、省人大、政府部门、第三方以及内部规范这五个关系进行了初步探究，并总结出中山市立法开局工作得以顺利开展的四大原因。

一　引言

中山市地处珠江三角洲中南部，是一代伟人孙中山的故乡，总面积 1800 平方公里，常住人口 320 万，2014 年地区生产总值（GDP）2823 亿元，人均地区生产总值 8.9 万元。中山作为不设区的地级市，近 20 多年来，充分运用粤港澳湾区经济圈中心腹地的区域优势、全国历史文化名城的人文传统优势、全国著名侨乡的统战影响优势，走出了一条经济社会协调发展的道路。为进一步巩固改革发展的成果，迫切需要将一些成熟的经验、好的做法上升为地方性法规。

2015 年 3 月 15 日，新修改的《立法法》将地方立法权扩大至所有设区的市，并专门规定："广东省东莞市和中山市、甘肃省嘉峪关市、海南省三沙市，比照适用本决定有关赋予设区的市地方立法权的规定。"2015

年 5 月 28 日，广东省人大常委会通过了决定，中山市自此成为广东省第一批正式开始行使地方立法权的地级市。

如何承接地方立法权，切实提高立法质量，真正发挥设区的市的地方立法的引领和推动作用，更好地为中山改革发展保驾护航，是摆在中山市人大面前的一个重大课题。

二　立法开局探索

法律是治国之重器，良法是善治之前提。依法赋予设区的市地方立法权，是十八届四中全会关于全面推进依法治国的重大决定之一，是完善人民代表大会制度、扎实推进社会主义法治进程的重要举措，有利于设区的市更好地运用法治思维和法治方式解决本行政区域改革发展的重大问题，实现立法和改革决策相衔接，做到重大改革于法有据，对进一步完善法治体系、全面推进法治建设将产生积极而深远的影响。中山市认真贯彻党的十八届三中、四中全会精神和广东省委、省人大常委会的部署，加强立法工作机构和队伍建设，着力提高立法能力，积极做好推进立法工作，为地方立法开好局奠定基础。

（一）中山立法有需求

中山市是珠三角重要的制造业和现代服务城市，多年来中山市利用其区域、人文、统战优势协调发展，创造了令人瞩目的成绩。而经济高速发展的背后，存在着社会治安、城市建设、文化教育、医疗卫生、社会管理等问题。中山市通过努力，出台很多创新方案解决上述问题。在社会治安方面，中山市通过"全民治安"打造平安中山①；在医疗方面，通过"事前公安介入避免冲突，事后第三方调解化解纠纷"的方式达到了三年无医闹②；在教育方面，中山市打破教育壁垒，推进城乡教育公平；在环境保护方面，中山市通过雨污分流解决水污染问题③。

---

① 江泽丰：《全民治安提升群众安全感》，《中山日报》2014 年 2 月 18 日，第 A06 版。
② 黄惟勤：《广东中山，三年无医闹》，《人民日报》2015 年 7 月 24 日，第 23 版。
③ 李丹丹、郭锦润：《把雨污分流做成全省样板工程》，《中山日报》2014 年 7 月 10 日，第 A01 版。

这些改革举措的推动大多数都是领导集体会议决定，并以文件形式层层下达，贯彻落实。这种通过红头文件下达政府指令的工作模式应当被逐步舍弃，这是因为：首先，红头文件不稳定，极容易随着领导班子的更迭而发生变化，不仅影响政策推进的持续性和长久性，而且朝令夕改将严重降低政府公信力；其次，红头文件很任性，红头文件的下发往往是领导拍脑瓜的结果，甚至造成红头文件成为红头笑话①；最后，红头文件易违法，由于出台红头文件过程中缺少科学论证和民主表决，造成很多红头文件内容规定不合法或与上位法相抵触②。

中山的发展仍未止步，中山的改革仍要继续，但在发展和改革过程中应当放弃原有的通过会议和红头文件贯彻落实的方式，转而依靠地方性法规。中山今后的改革举措若没有立法支持，诸多改革容易进入合法与违法之间的模糊地带。而且现有的改革措施没有上升为地方性法规，则很难继续贯彻执行，中山市之前所有的改革成果也将可能付之东流。因此中山市高度重视地方立法权申报和地方立法筹备工作，将其列入市全面深化改革的主要任务予以推进，明确由市人大常委会全面统筹开展。市人大常委会积极推进，抓好工作落实，自 2014 年 7 月以来，根据市委全面深化改革、争创发展新优势的决定及推进民主法治领域改革的部署，把争取地方立法权列入重要工作日程，组织专责工作小组，把握时机和时间节点，争取与设区的市享有同等立法权，成为全省首批被赋予地方立法权的地级市。

（二）中山立法有能力

立法是一项系统性的工程，拥有地方立法权并不意味着一定能制定出良法，需要具备制度、人才、组织等各方面的条件才能保证立法的成功。

---

① 有的红头文件要求政府公务员帮助开发商卖房，有的红头文件要求政府公务员帮助政府拆迁，有的红头文件规定每年喝酒任务不能少于 200 万元，等等。参见王志文《潍坊市寒亭区红头文件指令干部替开发商卖房》，《经济参考报》2009 年 3 月 30 日，第 1 版；袁启华：《小糊涂仙：酒不糊涂人糊涂》，《中国企业报》2006 年 4 月 17 日，第 5 版。

② 如地方下发红头文件要求招考女性公务员必须要乳房对称，有红头文件擅自增加行政审批，有的红头文件为企业增设法外特权。参见席淑君、姚建《公务员凭啥要乳房对称》，《中国妇女报》2004 年 2 月 18 日。参见刘文超《收玉米要办砍伐证》，《半月选读》2009 年第 1 期。《红头文件保护排污企业》，《兰州晨报》2006 年 9 月 16 日，第 A06 版。

中山市 2015 年方才拥有立法权，为了确保立法能力，中山市积极从以下几个方面展开。

首先，完善立法机构。地方立法是设区市新增的一项重大事项，必然需要有对应的专门机构来承担，中山市为了完成立法任务，特成立两个办事机构：其一是成立中山市人大常委会法制工作委员会（简称法工委），二是成立市人大法制委员会（简称法制委）。

法工委是负责综合性立法工作的工作班子，中山市人大常委会党组早在 2014 年已向中山市委请示设立市人大常委会法制工作委员会。2015 年初，经市委同意，中山市机构编制委员会办公室批复设立法制工作委员会，设正、副主任各 1 名，有综合科、法规科、备案审查科三个科室，共 8 名行政编制。为保证人员到位，配备高效的工作队伍，常委会在全市范围内进行了遴选，并注重从市法院、检察院和政府部门中选调优秀法制工作人员。

法制委是《立法法》规定的统一审议机构。为确保在开局之年启动第一部地方性法规的制定工作，根据《地方各级人民代表大会和地方各级人民政府组织法》《立法法》的有关规定及省人大常委会的工作要求，中山市于 2015 年 7 月召开了第十四届人民代表大会，表决通过了法制委员会成员名单。目前，法制委员会成员共 11 名，包括市人大常委会法制工作机构人员、专家、资深律师、基层工作者等。

其次，培养立法人才。除了设置相应的立法机构外，中山市对本市拥有的法治人才进行了统计，中山市现有法学专业学历人才 3088 名，其中硕士研究生 366 人，博士研究生 10 人。对于一个地级市而言，这样的基数是可观的，但能列入立法高层次人才的却屈指可数。若一味强调引进立法人才恐怕也不符合中山实际：一则是引进的立法人才不一定能够深入了解中山的实际情况，二则有经验、有能力、有水平的立法人才不一定能够留得住。因此，中山重点从以下几个方面入手：首先，建立本地立法人才培养机制，加强对中山市人大法工委和法制委工作人员的培养，使其能够逐步担任立法重任；其次，建立立法人才发现机制，市人大在公检法司及行政职能部门以及高校中发掘优秀的立法人才，通过召开会议、学术征文等形式发现有潜力的立法人才；最后，建立立法人才跨部门交流机制，在法官、检察官、公安、法制、律师、仲裁员中选任优秀人才进入立法机构。

最后，健全咨询机构。中山市 2012 年以来努力争创"法治广东建设示范市"，为不断开拓思路，人大常委会已建立了系列与法治工作相关的咨询机构，如与中国社会科学院法学研究所共建的法治国情调研（中山）基地，与电子科技大学中山学院合作建立的制度创新研究院。为更好地开展地方立法工作，中山市人大常委会进一步健全工作机构，在电子科技大学中山学院设立了地方立法研究所，借助本地的高校法律人才队伍为本市的地方立法提供立法相关服务。同时，还将聘请多个高等院校相关领域的专家学者为"中山市地方立法咨询专家"，为地方立法提供咨询和服务。

（三）中山立法重民意

十八届四中全会指出："深入推进科学立法、民主立法。"立法除了要保证科学合理之外，还应当广泛听取民众的意见，做到民主立法。如何立法属于科学立法领域，应当咨询专家学者；立什么样的法属于民主立法领域，应当听取民众的意见。中山市认真贯彻党中央关于科学立法和民主立法的要求，广泛听取民众关于立法的意见。

其一，从民意调查收集立法建议。2015 年 4 月，中山市人大常委会委托第三方机构——中山市地方立法研究院，对地方立法课题开展研究，在全市范围内发放了 5000 份调查问卷，围绕城乡建设与管理、环境保护、历史文化保护等三个方面向市民征集意见，并形成了《中山市地方立法课题调研报告》，收集了市民对中山市立法工作的意见和建议，供市人大常委会参考。

其二，从民意了解立法需求。广东省人大常委会提出的立法工作要求为"最急需原则、最大共识原则、最具地方特色原则"三个原则。中山市人大常委会在确定立法项目时，积极回应群众关切，围绕城乡建设与管理、环境保护、历史文化保护等三个方面，对政府部门推荐的立法建议项目进行了认真筛选、调查研究、论证评估，拟订了中山市地方性法规第一批立法项目，共有 7 个纳入年度立法工作计划，涉及城乡建设与管理方面 2 个，环境保护方面 3 个，历史文化保护方面 2 个。上述 7 个项目中，2015 年内提请市人大常委会审议的项目有 2 个：《中山市水环境保护条例》《中山市城乡供水管理条例》。其中，由常委会主导起草的第一部地方性法规《中山市水环境保护条例》，与调查问卷反映的市民意愿完全吻合。

三　立法开局实践

2015 年，中山市全面贯彻党的十八届三中、四中全会及省委十一届四次会议精神，按照省立法工作会议的工作部署，在市委的领导下，主动适应中山改革和经济社会发展需要，积极稳妥地开展地方立法工作，推进法治城市、法治政府、法治社会建设。为保证立法质量，确保开好局、起好步，发挥好立法的引领和推动作用，中山市人大常委会始终贯穿处理好立法与党委、省人大、政府部门、第三方以及内部规范等五个方面的关系，充分发挥在立法中的主导作用，确保科学立法、民主立法，为实现经济社会发展和谐善治的目标提供有力的法律制度保障。

（一）处理好与地方党委的关系

加强地方立法工作，提高立法质量，维护社会主义法制统一，推进国家治理体系和治理能力现代化，既是地方人大及其常委会的一项重要职责，也是地方法治建设的一项重要任务。党的十八届四中全会决定对完善立法体制提出的主要举措中，首先是加强党对立法工作的领导，完善立法工作中党对重大问题决策的程序。中山市在地方立法的开局工作中，切实坚持党委的领导作用。

首先，市委常委会专门研究地方立法工作，听取法工委对 2015 年立法工作计划的情况报告说明，并把推进地方立法工作计划作为一项常规工作进行跟踪，保证工作计划的落实。

其次，重要分歧事项报请党委、党组出面协调、落实。在制定《中山市水环境保护条例》时，对于起草过程中碰到的部门职能分工、调整等一系列有争议、难以定案的重大事项，及时向市人大常委会党组请示，党组及时转请政府协调职能部门，并与市政府领导协商妥善处理争议，为法规顺利出台和今后法规的实施奠定基础。通过坚持党委的领导，保证把地方立法决策与党委改革决策有机衔接起来，及时把改革成果以地方法规的形式巩固下来，共同为中山市经济社会发展营造良好的法治环境。

（二）处理好与省人大常委会的关系

《立法法》第77条规定："地方性法规案、自治条例和单行条例案的提出、审议和表决程序，根据《中华人民共和国地方各级人民代表大会和地方各级人民政府组织法》，参照本法第二章第二节、第三节、第五节的规定，由本级人民代表大会规定。"也就是说，设区的市的地方性法规的制定程序由设区的市的人民代表大会规定。根据《立法法》第72条第2款"设区的市的地方性法规须报省、自治区的人民代表大会常务委员会批准后施行"的规定，设区的市的地方性法规报请省人大常委会审查批准是设区的市地方性法规生效的法定程序和必要条件。为此，中山市积极主动加强与省人大常委会的沟通，做到多请示多汇报，确保省人大常委会法制工作机构能够在立法过程中提前介入，听取专业的意见和建议，为地方立法工作顺利推进奠定基础。

首先，及时推进地方立法工作计划备案。中山市人大常委会在制定立法工作计划后，及时向省人大常委会法制工作委员会汇报年度计划，并进行备案，便于省人大全面掌握中山的立法情况。

其次，及时汇报地方性法规制定情况。根据《立法法》的规定，省人大常委会要对设区的市的地方性法规的合法性进行审查。由于设区的市经验不足，为确保地方性法规的合法性，中山市人大常委会在对第一部法规《中山市水环境保护条例》进行一审、二审后，分管的领导立即与省人大常委会法工委沟通，把条例（草案）及时进行"备案"，这种方式也相应得到了广东省人大常委会的支持，省人大法工委专门组织省直部门专家进行论证，并赴中山加以指导，力争把合法性问题解决在法规正式报请批准前。

最后，及时吸收意见和建议。中山市人大常委会在制定《中山市地方立法建议项目办法（暂行）》时，主动报请省人大常委会法制工作委员会，就把握不准的地方听取意见后，常委会才召开主任会议审议，保证了制度的规范性和可行性。

（三）处理好与政府部门的关系

有观点认为，地方立法将赋予地方政府更大的权力。这种理解误读了《立法法》的初衷。地方立法实际上是限制和规范地方政府的权力，让地方政府在上位法缺位的情况下，在地方性法规或者地方政府规章的框架内行使权力，避免地方政府以印发红头文件的形式自设行政权力的现象，从而更加规范地方政府权力。诚然，鉴于立法是为守法和执法服务的，在立法过程中，更应当从方便执法主体和相对人理解、掌握的角度出发设定法规条款，而政府部门是执法的主体，是行政主体，在这一方面具有丰富的执法经验，政府部门积极参与法规的起草，能有效提高地方法规的可操作性，为法规在当地的实施奠定坚实的基础。但是，行政权力作为国家权力的重要组成部分，具有管理事务领域宽、自由裁量权大、以国家强制力保证实施的特点，一旦被滥用，就会对公民的合法权益和依法治国方略造成损害。为此，在立法过程中应当尽量避免政府既当法规的制定者又当执行者的情况出现。中山市人大常委会在起草第一部地方性法规时，坚持树立正确的立法理念，着力平衡好两者的关系。

首先，坚持人大主导立法。根据《立法法》，地方立法的主体包括设区市的人大、人大常委会和政府，鉴于这三个立法主体的立法职能是不一样的，在区分这三类立法主体的职能时，明确的一点就是对立法起主导作用的是人大，以真正体现权力来自于人民，特别是地方政府决策层更应当读懂这一地方立法的初衷，从一开始就杜绝利用地方立法谋求政府扩权、部门争利的念想，让地方立法朝着正确的方向发展。为此，原则上，能由人大或常委会立法的就应当制定地方性法规；只有在来不及制定地方性法规的紧急情况下，才能制定地方政府规章，施行两年后要么制定地方性法规，要么废止。从中山市的立法工作开局来看，市人大充分发挥主导协调作用，成立了由市人大法制委、常委会相关工委、政府相关职能部门、中山市地方立法研究院等共同组成的起草工作组，并由市人大常委会副主任、法制委员会主任委员担任起草工作组组长，便于统筹资源，协调各方的力量。

其次，立法与执法两者兼顾。正确处理好权、责、利的关系，既不由部门左右甚至主导立法，通过立法来扩权、确权、固权，谋取部门的利益，也不无视政府管理需要，一味地削权、限权、控权。起草第一部地方性法规《中山市水环境保护条例》时，市人大常委会首先明确工作的总体进度安排，然后通过召开起草工作组会议确定草案的总体框架，结合各成员单位的工作职能进行起草分工，由各职能部门完成相关领域的起草条文建议稿。同时，把中山市地方立法研究院纳入进来，在起草、论证等各阶段，都能公正客观地听取第三方客观的意见和建议，这样既吸收了部门的意见，又防止了地方法规掺杂部门保护主义。

（四）处理好与第三方的关系

立法能力关乎立法质量，而中山市的立法能力，有一个从无到有的生成过程。为了尽量使这一过程更短暂更坚实，中山市人大常委会积极引入第三方，充实立法力量。

首先，委托第三方参与地方立法。2015年4月，市人大常委会委托中山市地方立法研究院对地方立法课题开展研究，发放了5000份调查问卷，在此基础上形成了《中山市地方立法课题调研报告》，收集了市民对立法工作的意见和建议，为常委会研究确定立法项目提供了参考。

其次，委托第三方参与地方性法规的起草。2015年7月，市人大常委会把地方立法研究院纳入第一部地方性法规《中山市水环境保护条例》的起草班子当中，提升法规起草能力。

最后，委托第三方参与地方立法论证。2015年10月，为解决对《中山市水环境保护条例》反映比较集中的问题，中山市人大常委会法制工作委员会组织召开了立法论证会，论证会邀请了环保、规划、水务、住建等相关领域的业务专家，关注水环境状况的省、市人大代表以及资深律师、法学教授等参加。作为邀请出席的第三方，他们都开诚布公地表达了自己的观点，立法论证会听到了不一样的声音，取得了较好的效果。此外，中山市还将按照《中山市地方立法咨询专家库管理办法》，成立地方立法专家库，聚集一批法律、环保、城建、城管等方面的技术专家，依靠这个团队提高立法技术水平，做到科学立法。

（五）处理好与内部规范的关系

中山市人大常委会把立法工作制度作为发挥人大立法主导作用、提高立法质量、增强立法实效的重要抓手，健全立法工作规程。中山市人大常委会 2015 年立法工作计划，确定了年内要制定五项制度，其制度的形成目前主要有三种方式。

首先，参照省的相关立法制度。在刚刚获得立法权的时候，面对具体立法工作相关制度的空缺，中山市参照广东省的地方立法条例和立法技术规范等规定，及时启动了地方立法各项工作。经人大常委会主任会议审议通过，已相继制定了《中山市人民代表大会常务委员会立法论证工作规定》《中山市人民代表大会常务委员会立法评估工作规定》，规范了地方性法规立法论证和评估工作，增强了立法的科学性、民主性。

其次，参照其他城市做法，建立符合中山市实际的工作制度。为增强立法的针对性和实效性，规范立项工作，在参照广州等地做法的基础上，结合中山实际，2015 年 7 月经人大常委会主任会议通过了《中山市地方性法规立项办法（暂行）》。9 月，已经按照该办法面向社会各界征集 2016 年度立法计划建议项目，为科学制定 2016 年的立法工作计划奠定基础。

最后，建立具有中山特色的工作制度，形成合力。2015 年 8 月份经人大常委会主任会议通过的《中山市地方立法咨询专家库管理办法》，一个显著的特点就是实行一库双管，由市人大常委会和市政府统一成立立法咨询专家库，但分设两个专家组分别管理。一个是市人大地方性法规咨询专家组，主要为市人大及其常委会制定地方性法规提供立法咨询服务；另一个是市政府规章咨询专家组，主要为市政府制定地方性规章提供立法咨询服务。虽然两个专家组分开管理，但可以交叉使用，能更有效地整合、统筹立法专家资源，充分发挥专家在地方立法工作中的智力支持作用。中山市还将制定"中山市立法联系点管理联系办法""中山市立法论证工作规定""中山市立法评估工作规定"等工作制度，建立立法协商、征求公众意见和意见采纳反馈等工作机制，通过规范的制度，确保地方立法工作按照法定程序和规定有条不紊地推进。

四　立法开局反思

近20多年来，中山作为不设县区的地级市，在独特的扁平化行政管理体制下，通过先行先试、改革创新，走出了一条经济社会协调发展的道路，许多经验做法被冠以"中山模式"在广东全省乃至全国推广。在地方立法方面，中山市则正以开拓性的步伐坚实地向前迈进，在实践与探索中显示自己的独特之处。在短短的时间内，能顺利推进地方立法的各项工作主要得力于以下四大因素。

（一）地方党委统筹领导

近年来，中山市形成了党委决策、人大决定、"一府两院"实施、社会参与的法治建设工作格局。这一工作格局毫无疑问为中山市的立法工作奠定了良好的基础，使中山市在地方立法之初，就能使党委的核心领导作用发挥得更加充分，在立法工作中更好地体现党委的权威。在立法开局工作中，中山市人大及其常委会始终坚持了党的领导。例如，在制定2015年的立法工作计划时，市人大常委会党组报请了市委，经市委常委会研究同意后才提交市人大常委会审议，就这样通过法定程序，把党委的意志转化为对全市立法工作的要求，起到了高屋建瓴的效果，确保在立法过程中各个部门能通力合作。又如，《中山市水环境保护条例》起草过程中碰到的部门职能分工、调整等一系列有争议的重大事项以及条例草案在审议、征求意见过程中反映问题比较集中的条款，人大法制工作机构都及时向常委会党组报告、请示，党组主动向市委请示，在整个立法过程中，都凸显党委的统筹协调，这样从体制机制和工作程序上有效防止了部门保护和部门利益法制化。

（二）地方人大积极作为

人大监督要有实效，这既是一个老话题，也是一个新话题。一直以来，外界仍有不少人认为人大的监督是"橡皮图章"，流于形式，只是走走过场，没有实效。近年来，中山市人大常委会正是以务实的工作态度，打破这一说法，中山市人大不断探索完善监督方式，创新工作机制，依法加大监督力度，提高监督实效。坚持从人大监督工作的特点和规律出发，灵活运用行之有效的监督形式和方法，与时俱进，探索创新，从而提高监督水平。2012 年以来，从顶层制度建设入手，制定和完善了《中山市人民代表大会常务委员会讨论决定重大事项规定》《中山市人民代表大会常务委员会规范性文件备案审查办法》《中山市人民代表大会代表议案及建议、批评和意见处理办法》等一系列地方规范性文件，使有关的法律法规在本行政区域内能得到有效实施。尤其是结合中山市不设县区的扁平化行政管理特点，在法律框架内实现了有限突破，创新制定《中山市镇人民代表大会监督工作暂行办法》，保障基层人大的监督，取得了很好效果。中国社会科学院法学研究所 2015 年以《走出"边缘"地位的乡镇人大——基于对 2014 年中山市镇级人大监督工作的现实考察》为题，介绍了这一做法，收入 2015 年"法治蓝皮书"公开出版。中山市的地方立法开局为什么能推进得如此顺畅？这正体现了中山市人大常委会长期以来在当地政治生活中树立的地方权力机关权威地位。目前，地方立法工作中缺少的就是人大对立法全局的统筹及活动全过程的把握，以及人大在审议法规前的多个环节如何更好地发挥主导作用，如征集立法建议项目、法规立项、草案起草等方面。中山市人大常委会正是在政治生活中具备了权威地位，能在短时间内取得地方立法权，做到科学立法和民主立法，不是简单地在审议和修改过程中举举手，走走程序，而是抓住了问题的关键，注重对立法工作的统筹协调，充分发挥主导作用。从开局之初，就坚持了四个"主导"的定位，即主导立法方向、主导立法起草、主导立法前评估和立法后评估、主导立法审议和协调。

（三）政府部门高效配合

地方立法是一项政治性、专业性很强的工作，仅仅依靠市人大专门委员会和常委会设置的法制工作机构的力量，是远远不够的，所以部门与部门之间的配合协调显得尤为重要。中山市在党委的统一领导下，非常注重部门的联动力量，善于发挥部门熟悉业务的优势，从而弥补了立法主体专业不足的缺陷，尤其是部门间有着良好的沟通协作机制，推进了立法工作顺利进行。首先，部门的参与与合作，提高了工作效率。仅在起草过程中，起草工作组就召开了四次工作组会议、六次工作碰头会议，且每次会议都是分管业务科室的领导和熟悉的业务骨干参加，共同确定草案的框架和主要内容，一个月内研究提出的草案建议条文超过150条。其次，部门之间良好的沟通协调确保了效果好。由于环境保护的内容比较广泛，涉及的职能部门较多，且对应的上位法依据也不一样，在起草的过程中部分职能部门的意见存在分歧是不可避免的。条例草案只是按照某个部门的职能或上位法的要求去简单地罗列条款肯定是不行的，地方性法规必须处理好法律的内部关系。为此，在整个起草过程中，围绕分歧和重点关注的问题，通过召开工作会议、论证会等形式，最终达成了共识。

（四）政治环境开放文明

中山市立法工作开局得以顺利进行，除了党委统筹、人大积极作为、政府高效配合之外，还离不开中山市开放文明的政治坏境。

首先，政府提供了畅通的民意反映渠道。有法律学者指出，地方立法权越大，损害公民权利的可能性也就越大，可见制约地方立法权很有必要，应当创造条件让民众发挥更大的积极作用。近年来，中山市力推依法行政，努力建设法治城市，以法治思维和法治方式推进政府职能转变，着力塑造阳光政府，政府信息公开透明，畅通了社会公众广泛深入参与地方政治生活的渠道，这使得社会公众在地方立法过程中有渠道、有机会表达意见，使地方立法充分体现民意，做到民主立法，通过民意来制约立法权，以防止立法走偏，并提高立法质量。

其次，老百姓对城市政治生活的关注与参与度高。推进地方治理能力现代化的进程，用好民意这张牌，是永恒的主题，立法亦是如此。中山市在城市的发展进程中，历来重视依靠群众，如在社会治理中，分别推出了"全民修身""全民治安""全民创文""全民禁毒""全民绿化""全民防医闹""全民除三害"等系列行动，发动群众参与，收到了较好的效果，广泛调动了群众的政治生活参与积极性，为地方立法机构在立法中能深入倾听民意、广泛征求社会意见做好了铺垫。

最后，当地专家学者的积极支持与参与。中山市长期以来注重实践与理论的结合，促使地方政府和高校、法律机构形成了良好的互动关系。在全面深化改革与经济社会发展对立法工作提出新要求的时代背景下，中山市的专家学者再次踊跃参与地方立法工作，使立法机构借助高校专家学者的力量，为地方立法提供理论支撑和智力支持。

五　结语

中山市大力推进法治建设，在立法开局中已逐步走出了一条开拓性道路。中山市的立法开局不仅对于中山，而且对于其他设区的市地方立法的开展都有重要的启示。诚然，各个设区的市总有自身独特的政治环境和背景，中山市的经验和反思并不能完全适用于其他设区的市。但相信各个设区的市在党委的正确领导下，以推进社会治理和治理能力现代化为目标，发挥地方立法的引领和推动作用，必将创造出更多鲜活的经验。

（参见地方法治蓝皮书《中国地方法治发展报告 No.2（2016）》）

第十二章　走向规范化、体系化和精细化的地方人大监督

——以对广东省中山市人大监督实践的考察为中心

摘　要：广东中山人大监督以"全域中山理念"为指导，以良好的制度和机制为支撑，在监督各要素之间谨慎平衡，表现出了规范化、体系化、精细化的趋向，逐步走向成熟。观察中山人大监督的实践，有助于深入理解人大在地方民主法治建设和社会发展中正扮演着的和应当扮演的角色。

人民代表大会制度迄今已走过 60 个春秋，监督角色缺位、监督实效不彰的"顽疾"却依然困扰着各级人大。这一现实既与中国宪法设定的控权机制相悖，也与法治国家的建设和政治体制改革的推进格格不入。由于多元的动力和压力，各级、各地人大相继在宪法和法律确立的框架内进行了探索，在监督的理念、制度、方式和实效方面，均实现了不同程度的创新和突破。一个有趣的现象是：地方人大监督权行使的效果，往往与该地方的法治成熟程度呈正相关；地方人大的权威和地位可从一个侧面折射当地民众民主法治理念的培育程度以及和谐共治社会的发育程度——一言以蔽之，可视作度量地方政治文明的一把标尺。

这一现象在广东省中山市得到深刻诠释。中山市地处开放前沿，近年来经济快速发展、城镇化加快推进、社会文明程度迅速提升，为人大监督"一府两院"依法履职，提供了强大的内生动力；中山一向"开风气之先"，民主和法治氛围较内地更加浓厚，民众的权利和规则意识较强，也

为人大积极履行监督职能施加了压力。在动力和压力下，在制度和现实架构的有限空间中，中山人大在监督的制度、体制、机制，以及监督工作的技术和细节方面，都体现出了智慧和用心；人大监督不断规范化、体系化、精细化，逐步趋于成熟。观察中山人大监督的实践，有助于深入理解人大在地方民主法治建设和社会发展中扮演着和应当扮演怎样的角色，亦从一个侧面反映出广东依法治省的"人大常委会模式"[①] 所具有的独特优势。

一　走向规范化的中山人大监督：以良好的制度和机制为支撑

（一）制度建设：省、市、镇共同努力的成果

过于笼统、不易操作的人大监督制度，曾是制约地方人大监督效能充分实现的因素。从 20 世纪 80 年代开始，省级地方人大开始尝试对人大监督工作予以规范和完善。广东省走在前列，先后出台了一系列监督法规和规范性文件，并不断修改完善，包括综合性的监督法规、专项性监督法规、关于监督方式的法规，以及人大及其常委会的议事规则。

在 2015 年《立法法》修改以前，中山市并无地方立法权。尽管如此，中山仍在制度框架内进行了规则制定方面的尝试。1988 年，中山市人大审议通过了《中山市人民代表大会常务委员会议事规则》（之后有四次修正）。《广东省各级人民代表大会常务委员会监督条例》颁布后不久，中山市出台了相应的实施办法，规定了人大常委会监督的范围、形式等，

① 从依法治省（市）工作领导小组办公室的设置来看，目前主要存在三种模式。第一种是领导小组办公室设在司法厅（局）的"司法系统模式"，为全国普遍采用；第二种是领导小组办公室设在党委常委的"党委模式"，以上海市为代表；第三种是领导小组办公室"挂靠"在人大常委会的"人大常委会模式"，以广东省为代表。广东省依法治省工作领导小组及其办公室成立于 1996 年 10 月，目前广东省 21 个地级以上市依法治市工作领导小组办公室除深圳市设置在司法局外，其他都设置在市人大常委会。办公室是省（市）党委领导下的议事协调机构的常设办事机构，设置在省（市）人大常委会，省（市）人大及其常委会承担依法治省（市）的日常工作，在实践中发挥着主导作用。但 2015 年广东这一模式已发生变化。

并明确了人大常委会各办事机构的具体职权。此后，中山市制定了《中山市镇人民代表大会工作规则》（2001）、《中山市人民代表大会议事规则》（2009）、《中山市人大代表联系选民办法》（2010）。为了实现对人大代表议案建议办理的全程管理，强化对办理工作的刚性约束，2008 年中山市制定了《中山市办理建议提案绩效量化测评工作细则（试行）》，2011 年印发了《中山市建议提案办理工作量化管理办法》，设定考核分值进行综合考评，考核结果纳入部门镇区领导班子实绩考核体系。从 2013 年开始，中山市又密集出台了一系列关于人大监督的规范性文件。《中山市镇人民代表大会监督工作暂行办法》（2013）是全国首部关于镇人大监督工作的规范性文件，标志着中山市各镇的人大监督工作，尤其是闭会期间的监督工作自此有章可循；《中山市人民代表大会代表议案及建议、批评和意见处理办法》（2013）旨在规范代表议案、建议等的办理工作，提高办理质量；《中山市人民代表大会常务委员会规范性文件备案审查办法》（2013）明确了规范性文件备案报送的内容和要求，审查的机构和职责、内容和程序等。2014 年分别针对预算审查监督和生态环境保护和建设工作监督，出台了《中山市预算审查监督暂行办法》和《中山市人民代表大会常务委员会生态环境保护和建设工作监督暂行办法》。

中山在镇人大层面，也立足于基层人大监督的实际需要进行了制度创新，使监督工作更"接地气"。例如，小榄镇制定了《中山市小榄镇人民代表大会监督工作暂行办法》，依据该办法成立了城乡建设、法制、财经、农村社区和教科文卫等专业代表小组，开展调研、联系选民、实施监督。三乡镇制定了《党委、人大联合督察活动制度》，探索建立党委人大联合督察组，并完善了代表监督约束机制。

省、市、镇三级在人大监督制度化方面所做的努力，使中山人大监督工作基本纳入了规范化的轨道，有助于规范人大监督活动、促进人大监督工作的开展。同时，市、镇的探索和积累也将为广东省乃至全国的相关立法提供来自基层的鲜活经验。

（二）机制建设：实践基础上的凝练和设计

在《各级人民代表大会常务委员会监督法》业已设定的制度框架下，

如何借助更有效的机制设计将监督权用好用足，恰是问题的关键。中山市、镇两级人大在实践中善于思考和总结，尝试通过一些精巧机制的建构，丰富了监督方式，增强了监督动力，强化了监督效果，树立了人大的权威。

1. 建立民主测评机制

民主测评是《中山市镇人民代表大会监督工作暂行办法》引入的一种创新的监督方式，也是一种有效的监督机制。它要求中山市镇政府各职能部门接受年度测评，全体镇人大代表采用无记名投票的形式进行评分，测评结果向代表报告。经过 2014 年、2015 年的两轮民主测评，各镇立足自身情况作了进一步补充和创新，使这一机制趋向成熟。

第一，测评对象覆盖了中山市镇政府所有职能部门及上级国家机关派驻各镇的所有部门；第二，测评内容一般为依法办事、工作效能、政务作风和议案建议办理四个方面；第三，测评程序，一般是集中发票、写票、投票、计票，现场公布民主测评分数和排名；测评结果按照得分高低排序，并在会上当场宣布；第四，对于民主测评结果的使用，大多数镇区将民主测评结果作为镇机关干部年终实绩考核的参考依据；第五，对于民主测评中凸显的问题，各镇区较为重视，并根据代表提出的意见和议案建议予以整改落实。

2. 完善议案建议办理和督办机制

强化对人大代表的议案和建议的督办是中山市人大监督的抓手之一。议案和建议办理的效果如何，直接决定了监督职能实现的程度。市政府各职能部门和各镇已形成了较成熟的议案建议办理机制。第一，在领导机制上，成立专门的议案建议办理工作领导小组，制订实施方案，明确工作目标和责任分工；第二，在责任机制上，采取"三级负责人"办理制度——职能部门主要领导或镇区的主要领导为第一责任人、分管领导为直接责任人、承办部门为具体责任人；第三，在办理单位和人大代表之间形成了常态的沟通机制，贯穿"办前、办中、办后"；第四，建立了人大跟踪督办机制，不定期对建议办理落实情况进行监督检查，确保办理实效。同时，不仅追求意见建议办理满意率，更重视其落实率，力求使涉及民生问题得到解决或逐步解决，即从"答复型"向"落实型"转变。在具体实施层面，各镇区各自进行了发挥。例如，西区提出了"五个一"的要求，同时对承办单位的办理工作在健全制度、严格程序、保证质量等方面作出了详细规定和更高要求。

此外，依托电子政务的建设而开发"两个平台"——议案建议提案综合管理平台和建议提案在线平台，实现议案建议提案办理工作的信息公开，这是中山市人大代表提案建议办理工作规范化和程序化的又一个创新。

3. 完善人大代表活动机制

（1）小组活动机制。

《中山市镇人民代表大会监督工作暂行办法》将代表小组确立为代表开展监督工作的基本形式，以增强代表的专业性来尽量弥补代表非专职的缺陷。实践中，各镇因应各自的具体情况、需要和习惯来对代表小组进行分类，具体名称也各不相同（包括"代表小组""功能小组""专业小组""专业代表小组"等）。

例如，三乡镇设计了以功能小组为单位的督察机制，围绕镇委、镇政府的中心工作进行联合督察。具体来说，中山市将61名人大代表分成13个功能小组，每个小组要求1名党代表参加，各小组在组长的召集下本着"专题、小型、深入、实效"的原则开展活动。对于督察中发现工作不力的部门单位，视情况处理和问责。同时为扩大社会对监督工作的参与，提供监督的客观性，还要求第三方代表列席督察活动。功能小组的具体构成并非一成不变，2013年末，三乡镇人大办调整了督察小组，对小组分工、活动次数、代表专场等，从原来的13个小组调整为9个，还专门增设了议案建议组。

（2）代表服务保障机制。

早在2009年，中山市各镇区就已按标准建成了各自的人大代表活动室，有专门场所和经费的保障，市、镇人大代表开展闭会活动拥有了自己的"家"，荣誉感和归属感随之增强。在抓好活动室硬件建设的同时，镇区规范了代表花名册、代表活动计划簿、代表活动登记簿、代表学习记录簿、代表履职情况登记簿等"一册四簿"的整理归档工作。从2014年开始，部分镇的人大代表活动室已建到了各村（社区），为代表密切联系选民搭建平台。

在人大闭会期间，镇人大经常走访人大代表及其工作单位，协调解决代表履职中的困难，动员代表所在单位为其提供时间保障和必要条件；开展的各项活动向代表通报，邀请代表参与、接受代表监督。

（3）代表监督约束管理机制。

镇区的监督约束管理机制各有特色，其约束对象一般不限于代表个人，还延伸到代表小组。例如，三乡镇人大每年会根据督察小组的与会人数、活动情况、提交建议数量、提交调研报告数量等，对督察小组进行量化评分和排名。还有不少乡镇建立了代表履职档案，对代表参加会议、提出意见和建议的情况进行登记，并在年终进行通报。东凤镇对代表专业小组的年度活动进行细化和量化，要求各代表小组每季度至少开展 1 次活动，每次活动由联络员召集，座谈会由组长主持，并加强专业小组代表的出勤考核及活动开展情况的跟踪。2015 年进一步严明了代表闭会期间的组织纪律，建立了代表闭会期间考勤考核机制。

二　走向体系化的中山人大监督：人大监督的"全域中山理念"

任何领域的改革，都是一项系统工程。这意味着对该领域内的各个方面、各个层次、各种关系、各个环节、各种要素，需要从全局的视角予以统筹协调和观照，拒绝死角。《中共中央关于全面深化改革若干重大问题的决定》将推动人大制度与时俱进改革作为深化改革的要点之一，而监督制度无疑是人大制度中的重要部分。因而，人大监督制度的改革和完善也理应被当作一项系统工程。目前，中山人大在监督过程、方式、主体要素等方面，已形成了一个自洽的、较为完整的体系。监督权在不同环节、通过不同方式、经由不同主体行使，产生了叠加效应。这一理念与中山在区域发展方面的要旨相一致，堪称人大监督领域的"全域中山理念"。

（一）坚持民生导向，办好议案建议

1. 事先：议题选择的民生导向

监督资源有限，是一直以来摆在人大面前的难题之一。如何科学分配

有限的监督资源，将其配置在"要害"领域，是提高人大监督针对性和实效性的前提。在这个环节上，中山人大删繁就简，广纳民意，无论议题的选择还是选择的议题都体现了强烈的民生导向，回应了社会关切。

为确定 2015 年中山市人大常委会的监督议题建议，2014 年 9 月，市人大常委会连续 3 天在《中山日报》刊登征集监督议题的公告，同时通过中山人大网、中山法治网、人大常委会公报发布。除此之外，市人大常委会还通过各代表小组向全体市人大代表征集意见建议，各工作委员会分片联系单位、镇区征集意见。在汇总、分类梳理的基础上，市人大常委会办公室以问卷形式把初步遴选出的监督议题再发全体市人大代表征求意见修改后，提交 2015 年初召开的常委会会议审议通过后组织实施。经过严格的程序确定下来的议题均与民众利益切身相关，涉及食品安全、饮水安全、交通出行、治安改善、教育、医疗等。基于公开征集议题所取得的良好效果，2015 年 9 月，中山市人大常委会发布了《关于征集 2016 年监督议题建议的公告》，可以预期这一议题建议"民众说了算"的机制将持续发挥作用。

2. 事中：围绕民生的议案建议办理

中山市政府在全市人大代表议案建议办理中起了重要的领导和统筹作用。全市人大代表议案（建议）、政协提案任务交办会由市政府组织召开，进而经各镇区人大工作室分解到有关职能部门。办理前，要求承办部门对每一份建议都上门或以电话联系的方式向代表详细了解情况，探讨办理方案；办理过程中，及时向代表汇报进度，征询办理措施是否得当，反馈难点问题，对不合规范的答复进行修改，不满意或者基本满意的办理件一律退回重新办理；制订解决方案和工作计划后进一步听取代表的意见建议，并与代表共同推进，按时完成建议的受理、交办、反馈、答复等。

3. 事后：民生议题的落实

对监督效果的评估，一方面自然是针对现状、静态地评价议案建议的办理和答复本身，另一方面则是面向将来、动态地评估监督对被监督者行为的影响。具体来看，体现在答复中承诺事项的落实、监督成果的转化和今后对类似问题的处理上。

中山市人大一向重视监督工作"回头看"，倒逼议案建议办理部门落实议案建议中的承诺。在建议办理后，各部门并不止步于纸上答复，而是建立起工作台账和跟踪办理制度，对答复中承诺的事项逐项落实。同时，将符合部门发展方向的建议提案融合在拟出台的政策性文件中，通过工作常态化满足人大代表反映的群众需求。例如，中山市民政局结合办理人大建议，要求成立中山市重大疾病救助基金，制定了《中山市困难居民重特大疾病医疗救助暂行办法》，完善了社会救助体系。

（二）综合运用多种监督方式，开启全方位监督

现行宪法和法律规定了多层次、多形式的人大监督方式。除此之外，中山市还在法律框架内积极探索和综合运用其他一些行之有效的监督方式。目前已形成了一套涵盖一般性监督（组织代表视察、调查、检查等）和刚性监督（质询、否决、罢免等）的较为成熟的监督模式。

1. 采取组合调研监督，落实民生实事

为深入了解"1号议案"和十件"民生实事"的推进情况，中山市人大常委会采取了座谈、走访调研、市人大代表统一活动日视察和第三方评估的组合调研监督形式。这种做法针对的是重要且棘手的监督事项，既与民众生活息息相关，涉及多部门的职责权限，又时间跨度较长，需要持续跟踪和监督。

2015年6月下旬，中山市人大常委会召开了四场座谈会，相关部门以及24个镇区参加了座谈，并走访了市公安局治安支队和流动人口管理办公室。9月在市人大召开座谈会，听取交通局、农业局关于"1号议案"相关情况的汇报。为加强现场考察的力度，"9·15"市人大代表统一活动日组织了430多名代表分24个小组深入各镇区对农村道路桥涵建设情况进行视察。之后，24个镇区对"1号议案"及十项民生工程完成情况和视察总结进行了书面回复。

2. 突出民生重点，听取和审议报告、开展执法检查

听取和审议"一府两院"的工作报告、专题报告和执法检查报告，以及执法检查等，是人大监督的常规手段。2015年，中山市人大及其常委会听取的各种报告，内容主要围绕民生等热点问题，包括物业管理、水环境保护、道路交通安全、农业面源污染防治、食品药品检验检测机构建设等。执法检查也针对《物业管理条例》《广东省物业管理条例》《传染

病防治法》等的实施情况，体现了监督的民生取向。

3. 围绕民生议题，开展专题调研和专题审议

专题调研、专题视察和专题审议等监督方式在中山运用频率较高，体现了中山人的主动、专注和讲求实效。专题监督具有主动性强、针对性强、效力更强等特点，常委会可以自主选题，监督更能有的放矢，提出的建议和措施更加务实可行，审议意见具有法律效力。2015 年的专题监督，主要围绕交通改造工程方案和住宅二次供水、城区内停车、农村生活垃圾的收运处理情况等民生主题进行。

4. 推进全口径预决算审查监督规范化，替人民管好"钱袋子"

对财政预算进行监督以促使政府妥善使用财政资金，是宪法和法律赋予人大及其常委会的法定职责，也是建立公共财政、透明财政体制的客观要求。

中山人大近年来一直致力于推进全口径预算决算审查监督规范化。2006 年，中山市就开始编制全口径综合性预算，将所有财政资金编入预算；至 2011 年，公共财政、政府性基金、国有资本经营收益、社会保险基金已全部编入政府预算体系，并提交市人代会审议；新《预算法》颁布实施后，中山市积极推进全口径预决算管理改革，2014 年 10 月通过了《中山市预算审查监督暂行办法》，规范了人大预算决算审查监督的方式和途径。目前已基本建成框架科学、内容完整、运转有效的财政预算管理体系。值得强调的是，中山市的"实时在线财政预算监督系统"经过 9 年多的优化升级，内容全面，项目清晰细化，为人大预算监督工作提供了良好支持。

（三）统筹人大各项职权，配合监督权的行使

立法权、监督权、重大事项决定权和人事任免权，是人大及其常委会拥有的四项职权。此四项职权并非独立，而是有着内在联系，使用恰当可实现多赢。2015 年，围绕环境保护等主题，中山市人大常委会统筹行使立法权①、监督权和重大事项决定权，效果相得益彰。

---

① 2015 年 3 月，全国人民代表大会通过了修改《立法法》的决定，赋予中山市地方立法权；5 月，广东省人大常委会发布第 32 号公告，规定中山等市的人民代表大会及其常务委员会，自 5 月 28 日起可以制定地方性法规。

在监督方面，环境保护因与民生紧密相关而一直被作为"十件民生实事"之一，也一直是人大监督的重点领域。例如，2015年，被作为"十件民生实事"之一的"内河清流和城区治涝工程"，具体举措包括：在完成中心城区核心区主干道雨污分流主体工程基础上，开展首批内河整治；对旧有排水系统启动升级改造工程；编制完成《中山市城市排水（雨水）防涝综合规划》等。

在立法方面，中山市获得地方立法权后起草的第一部地方性法规即是《中山市水环境保护条例》，这一选择是为解决水环境监管工作中部门职责分工不明确、水污染防治、饮用水源的保护等问题，同时也回应了民众呼声。目前，具有鲜明中山特色的条例草案已成形，可望形成适合中山水环境治理的制度和机制。

在环境保护领域的重大事项决定权和人事任免权方面，中山市人大也有新举措。2014年审议通过的《中山市人民代表大会常务委员会生态环境保护和建设工作监督暂行办法》规定，对于因决策失误造成重大生态环境问题等情况，可依照法定程序对市人大常委会任命的相关人员提出撤职案。该办法还创新了人大行使监督权的形式，对需由人大决议、决定的环保重大事项作出了界定，并明文列出市政府应向人大常委会报告的十项重要事宜，包括生态文明建设规划实施情况以及重大环境事件情况等。

三 走向精细化的中山人大监督：
在监督要素间的谨慎平衡

人大监督权的切实有效行使，需要在各种监督要素之间谨慎寻求平衡。具体来看，需要严格遵守立法确立的权利—权力框架，考虑基于不同监督目的、针对不同监督对象的监督手段、力度和方式的选择，注重维持上级人大统筹指导与下级人大创新之间的平衡。中山市人大的监督工作，凸显了谨慎细致、灵活周全的政治智慧和工作智慧，开始释放出强大的正能量，助力发展，服务民生。

（一）监督力道的"刚柔相济"

宪法和组织法赋予了各级人大及其常委会监督"一府两院"的权力，并就监督方式作出了规定，这是人大刚性监督的基本依据。然而，仅强调监督刚性的一面，可能会挫伤被监督者的积极性或者影响其创造性的发挥，不符合监督法提出的"促进依法行政，公正司法"的要求。因此，还有必要强调监督柔性的一面。中山市在这方面颇有心得。

首先，从监督方式上看，针对不同的监督对象和监督目的，中山人大灵活选用刚性和柔性的方式。刚性手段包括质询、询问、否决、撤销、撤职、罢免等，柔性手段则包括视察、调查、执法检查、听取和审议报告、对规范性文件进行备案审查等。事实上，大量监督活动是通过柔性监督，采取约谈、调研、听取汇报等手段，以目标的一致化解观点的分歧。其次，在监督方法上，中山人大注意发挥内设工作机构的作用，在监督的全过程中加强与"一府两院"对口部门的交流，具体方式包括邀请参会、交流信息、通报情况等。再次，在监督限度上，中山人大严格遵守法定的职权划分，尊重"一府两院"权力的依法行使，将监督精力主要集中于宏观和中观层面，谨慎使用微观监督，努力做到"在监督中支持，在支持中监督"。

（二）市统筹规划下的镇区创新

综观中山市人大监督的制度、机制和具体工作，可发现一个特征：市人大及其常委会职司统筹规划，勾勒大体的制度框架，将制度创新的空间尽可能多地留给镇区；而镇区基于强大的创新能力和动力，结合自身情况和特点出具具体方案，呈现出亮点纷呈的局面。这种拒绝一刀切的模式，主观上体现的是市人大对镇区人大主动性和能力的信任，客观上激励了各镇区的积极性，符合中山市镇区各具特色的发展模式。

例如，在人大代表民主评议职能部门和选区群众评议人大代表方面，中山市人大常委会都制定了相应的规范性文件，对评议内容、程序、要求等有一个大体的规定，而评议的主题、详细流程、具体形式等的设计空间，则留给各镇区人大。又如，对于镇区人大代表小组，无论在名称、组成、活动方式，还是经费保障、监督机制方式上，都由各镇区根据各自代表的数量、专业背景，镇区的特殊需求等来确定。在监督方式上，各镇区在每年做好审查和监督政府预算、开展各单位民主测评等"规定动作"的同时，又结合实际，把关系该镇改革发展稳定大局和民生问题作为监督的首要任务，通过组织代表执法检查、听取部门工作汇报等形式，演示"自选动作"。

（三）监督主体要素之间的博弈

1. 监督者与被监督者

能得到有效落实的制度才是有生命力的制度，否则不过是空中楼阁。"一府两院"由人民代表大会产生，对它负责，受它监督，是宪法确立的基本权力结构，它将人大和"一府两院"分别置于监督和被监督两个象限。条款虽简单，执行却不易，首先需要应对的就是现实中两者并不均衡的力量对比。面对现实，中山市人大对自身的功能和定位作了客观判断，对与被监督者之间的关系作了切合实际的调整。

首先是沟通。信任和尊重不仅存在于人与人之间，同样存在于由人组成的组织机构之间。而沟通是信息和思想的传递和反馈，经由沟通可望达成思想和行动的一致，实现信任和尊重——尤其是在二者拥有共同目标的情况下。中山市主要领导曾表示，人大为中山百姓和中山发展而监督，政府也是为中山百姓和中山发展而做事，大家目标一致，监督与被监督都很舒服。中山市人大常委会和政府组成人员的座谈会机制，是沟通的重要渠道之一。这一机制建立于 1989 年，多年来通过真诚沟通、凝聚共识，推动了政府一系列重大工作的开展。2015 年 9 月召开的座谈会的主题是"推动统一为'1 号'议案实施，办好十件民生实事"，与会人员共商如何将"民生工程"办成"民心工程"。

其次是真诚。中山市人大将自身作为连接政府和选民的桥梁和纽带，一方面了解社情民意，倾听民众声音，为公权机关决策提供重要参考；另一方面全面考察政府的工作情况，了解政府各项举措的用意和苦衷，向民众反馈，以促进民众和基层政府的相互了解，化解二者之间的某些张力和矛盾。对待被监督者，更多采取约谈、调研、听取汇报等柔性手段，消除监督对象的抵触情绪。此外，人大尊重"一府两院"权力的依法行使，尊重其行为的规律和专业性，谨慎把握监督力度。

随着二者的良性互动，"一府两院"逐渐放下了对监督者天然的戒备。中山市委主要领导强调，领导干部的权力来自人民的授权，必须自觉接受人大的监督，执行好人大的决定、决议。"一府两院"将人大议案建议视为代表的"智库"源泉，将办理人大议案建议作为沟通民众的重要渠道。中山市食药监局局长和交通运输局主要领导表示，正是由于人大常委会提出了议案、并全程监督议案的办理，才让政府部门更加了解民意，及时对工作中的偏差查漏补缺，促使政府加快解决最棘手问题的进度。一些政府部门采取措施将办理建议涉及的工作列为部门的年度工作重点，或将办理建议工作的成果融入政策性文件，成为助推政府工作的动力。

2. 代表与被代表者

民选代表与选民之间的关系，与人大和"一府两院"之间的关系在表述上大致相同：人大代表由人民选举产生，对它负责，由它监督。除了法律关系之外，代表和选民之间还存在一种现实的利益关系——选民给予代表的利益是赋予其身份和与身份相应的权力；代表给予选民的利益则是为其"代言"，贯彻"一切权力属于人民"的宪法原则。中山市在密切人大代表与其所代表的选民之间的联系以及选民了解和评价代表履职情况方面，采取了一系列创新性举措。

第一，密切代表与选民的联系。中山市人大常委会制定的《中山市人大代表联系选民办法》（2010）规范了代表联系选民工作的基本内容、主要形式，以及代表了解社情民意的方式和途径。根据该办法，代表们结合自身的实际情况明确了联系选民的时间、场所、内容和方式；代表所在单位和原选区所辖单位支持代表联系选民活动，协助代表记录、整理选民反映的意见和建议，经过必要的调研综合后向有关部门反映。2015年，多个镇区人大开展了代表联系群众活动。东区和神湾镇在这方面走得更为超前。东区制订了人大代表驻点普遍直接联系群众的工作方案，在组织形式、接待地点和联系方式上有所创新；神湾镇的市、镇两级人大代表参与镇区领导干部驻点开展普遍联系群众活动，在驻点层次、接待时间和收集意见的方式上也有所突破。

第二，群众评议代表。2014年底，中山市人大常委会出台了《关于开展人民群众评议市人大代表工作的意见》，2015年初正式试水。首批的试点是三乡镇和南头镇，此后，石岐区、大涌镇、横栏镇等也加入了行列。有些镇区（如五桂山区）还为此成立了专门的群众评议人大代表工作小组。评议的内容一般包括代表任期内的守法情况；参加会议，贯彻决议、决定的情况；联系选民和群众，提出议案、建议、批评和意见的情况等六个方面的内容。评议的程序，一般是代表事先递交关于履职情况的书面述职报告+人大办提供代表年度履职情况表+代表现场述职+群众现场投票评议，全程公开透明。基于前期的成果，中山市人大常委会计划在全市33个代表小组推广市人大代表向群众述职活动，并将于2016年底前完成全面推广任务。这一活动不仅为选民了解代表履职情况、代表深入了解民意提供了平台，也有利于增进选民对代表的信任，促进代表履职。

广东中山作为一个地级市，近年来在国家法治统一的大框架下所进行的富有地方特色的法治实践，体现了其不凡的勇气、智慧和能力。中山人大妥善运用可支配的资源，正视工作中存在的障碍，将其角色演绎得生动、立体而鲜明。随着地方人大实践的深入，理论层面的一些重要问题也日益浮出水面。例如，在我国现行宪法所确立的权力框架内，地方人大制度和实践的创新空间究竟有多大？地方人大式微现实的改变，应分别在多大程度上依赖中央顶层设计和地方的自主创新？人大与"一府两院"、人大代表与选民之间的关系，是否存在宪法理论和现实层面的定位和认识的偏差？等等。这些关系和问题，有待在地方人大理论和制度逐步完善的过程中予以梳理和回应。

（参见法治蓝皮书《中国法治发展报告 No.14（2016）》）

第十三章 "新《预算法》时代"地方人大的坚守与创新

——对广东省中山市人大预算监督工作的考察

摘 要：《预算法》完成首次修改，对人大预算监督工作提出了新的任务和要求。广东中山人大以"互联网+"和"大数据"为依托，细化预算监督制度，完善监督组织机构，整合多极力量，实现了监督内容、对象和实效的"全口径"。中山市人大在坚守法定职责和要求的基础上积极创新，在这场预算监督领域的"供给侧改革"中形成的经验，将为地方人大相关实践提供富有价值的参考和行动指南。

预算作为公共财政的基石和国家治理的重要方式，与法治、民主、权利等基本价值密切相关。它涉及编制、执行和监督等诸多环节，在预算监督环节中，代议机关（在中国是各级人民代表大会及其常务委员会）的监督是最具法定权威性和独立性的一极。自新中国成立以来，中国人大预算监督制度历经建立、停滞、恢复、发展、完善五个阶段。市场经济和民主法治的发展、财税体制改革和人大制度建设，为人大预算监督制度的演进奠定了基础；1999年预算管理改革启动后，人大预算审查监督权力逐步崛起；党的十八大和十八届三中全会报告明确提出"支持人大及其常务委员会充分发挥国家权力机关作用""加强人大对政府全口径预算决算的审查和监督"，委人大以重托；素有"经济宪法"之称的《预算法》完成首次修改，更是为人大预算监督权的落实奠定了法律基石。但同时，新

《预算法》也提出了新的任务和要求，使得此前人大预算监督实践与法定要求之间的鸿沟暴露得更加清楚，监督主体缺位、权力虚置、内容粗放、程序软化、能力欠缺等诸多问题和矛盾有待化解。

迈入"新《预算法》时代"，广东省中山市人大在此前积累的基础上，以"互联网+"和"大数据"为依托，细化预算监督制度，完善监督组织机构，整合纵向和横向的多极力量，深入推进全口径预决算监督工作。通过预算监督实践，中山市人大还原了人大在预算权力结构中的应然角色，实现了预算监督制度的预设功能，展现出地方人大蕴藏的强大能量。中山市人大在坚守法定职责的基础上积极创新，以增量改革带动存量调整，发起了一场预算监督领域的"供给侧改革"。可以期待，中山经验将为地方人大相关实践提供富有价值的参考和行动指南。

一 人大预算监督制度环境审视：支撑与掣肘

人大作为代议机构进行预算监督，被赋予了防止政府行为恣意、确保公权不偏离公益、完善公共治理、实现预算民主、建构公共财政、从源头防止腐败等多重目标和功能。人大预算监督目标的实现程度，受益或受制于其所处的法制、政治、社会等环境；观察这些环境及其影响，有助于更好地理解地方人大在预算监督领域所作的各项努力。

（一）法律制度的支撑与挑战

预算监督法律规范体系成熟完善与否，直接关乎人大预算监督权的行使。中国现行的人大预算监督法律规范体系，在中央层面包括《宪法》《地方各级人民代表大会和地方各级人民政府组织法》（以下简称《地方组织法》）、《各级人民代表大会常务委员会监督法》（以下简称《监督法》）、《审计法》、《预算法》、《预算法实施条例》和《财政部关于进一步做好预算公开工作的指导意见》等法律、法规、规章、文件；在地方层面主要是指各地就预算监督出台的规定或办法等。由此，中国的人大预算监督制度基本建立，但是在监督权的配置、监督机构的设置和安排、预算各环节的时限和程序等或宏观或微观的制度安排上，仍存在一些不足。

2014年《预算法》的修正，是中国人大预算监督制度史上的里程碑。新《预算法》基于此前多年实践中积累的经验，针对现实问题，作出了许多"革命性"规定。立法目的和宗旨更新是"为了规范政府收支行为，强化预算约束，加强对预算的管理和监督，建立健全全面规范、公开透明的预算制度"，一扫旧法计划经济的色彩，从理念上实现了《预算法》从管理法向控权法的转型。《预算法》首次在法律层面明确了预算完整性原则，要求政府收入和支出全部纳入预算，确立了由四本预算构成的全口径预算体系。针对人大预算监督权的"虚化"，它要求细化报送人大审批的预算草案，确立了初步审查制度，明确了重点审查内容，加强对预算调整的审查监督，拓展预算执行中需要人大审查批准的预算调整等事项范围，强调发挥人大代表和公众的作用。新《预算法》的实施，在为人大预算监督搭建起更科学的制度框架的同时，也给各级人大带来了诸多挑战，法律规定与现实之间的鸿沟亟须在短期内予以弥合。另外，新《预算法》在程序规范上，从预算编制、初步审查再到审议、执行等的过程，仍未给予地方足够的操作指导。

（二）多元权力的互动与掣肘

中国预算监督制度乃至整个预算制度的演进，横向始终围绕预算权力在监督机构（人大）和执行机构（政府）之间的分配，纵向则涉及预算权力在中央和地方各层级之间的配置。

从横向来看，（广义的）预算权力掌握在人大、人大常委会、人大专门机构、政府财政部门、审计部门等不同部门手中；即使单就狭义的预算监督而言，也由人大审查和批准预决算、财政部门的日常监督、审计部门的预算执行审计等部分构成。地方人大预算监督权的行使，涉及多元权力的互动，也受到不同权力的掣肘。实践中，处于强势地位的政府权力是制约人大预算监督权并致使其虚置的重要因素之一，与财政部门主导的内部监督相比，人大监督毋宁说只是一种追认性监督，是为政府行为做背书。现行的行政型审计模式更多情况下也是为行政服务，独立性缺失。此外，在中国的国情下，某些地方人大预算监督权的行使还会受到当地党委的掣肘。例如，实践中党委会对预算草案的审批早于人大财经委和人代会的决定，这势必影响人大代表监督意见的表达。

从纵向来看，《预算法》赋予一级政府的独立预算权受到了权力和资源向上集中趋势的挑战。分税制改革之后，预算收入上收、责任下放、财权与事权划分不清的现象出现，导致地方政府财政自给能力下降，穷于应付的地方政府或增加预算外资金，或增加隐形负债，直接侵损预算监督的全面性和有效性。

（三）其他制约因素

在组织机构方面，目前市以上各级地方人大预算监督机构的设置基本完整，组成人员的专业化水平稳步提高，但仍存在专业力量匮乏、编制不足、年龄结构老化、专职委员比例偏低、审查能力不够的情况，直接影响监督效果。

在与人大预算监督的实效成正相关的预算信息公开方面，在中央的积极推动和地方的多方探索下，近年来预算信息公开取得了长足进展，但客观来看，对预算信息仍存在垄断和封锁，对于预算信息的掌握，"预算单位>政府>人大>公众"，人大仍然处于信息劣势。监督信息来源单一且被动，一些信息失真，人大接近现场的条件不甚完备。

此外，现行人大会期制度、议事规则、人大代表的构成、公众的权利意识和公共财政意识等，也在不同程度上制约着人大预算监督效果的发挥。

二 中山市人大预算监督观察：坚守与创新

自 2014 年至今，项目组对广东省中山市的人大监督工作进行了持续三年的跟踪观察，涉及不同主题。总的来看，中山市人大"在监督的制度、体制、机制，以及监督工作的细节方面，都体现出了智慧和用心；人大监督不断规范化、体系化、精细化，逐步趋于成熟"[1]，这一评价同样适用于其预算监督工作。

---

[1] 李霞：《走向规范化、体系化和精细化的地方人大监督——以对广东省中山市人大监督实践的考察为中心》，载李林、田禾主编《中国法治发展报告 No. 14（2016）》，社会科学文献出版社，2016。

中山人大预算监督工作受到前文所述的多重环境因素的影响，这一点与全国其他地方并无二致。不同之处在于，中山市财政收支规模扩张的速度更快，利益主体更加多元，民主和法治氛围更加浓郁，民众的公共财政理念、权利意识和参与热情更加强烈，对数字更加敏感——这些都对人大预算监督工作的民主性和科学性提出了更高要求。同时，中山市的人大预算监督工作还充分得益于广东省的前瞻性决策，得益于省内人大监督的良好氛围。就全口径预决算监督而言，2001 年，《广东省预算审批监督条例》作为首部经省级人大通过的预算审查监督领域的地方性法规，将政府性基金预算纳入人大监督范围。此后，广东省又相继将公共财政预算、政府性基金预算、社会保险基金预算决算、省级国有资本经营预算等纳入省人大常委会或人代会的审查监督范围。也就是说，在"全口径"写入新《预算法》之前，广东省已率先起跑。

中山人大在预算监督方面取得的成就集中展现了中山人血脉中的实干精神、实用哲学和探索情怀。中山经验，并非纯理论的派生物，而是在长期改革实践中，由人大和公众共同摸索出的具有可操作性的做法；中山经验，既有法律框架内进行的存量改革，更有符合法定要求却超越立法预期的增量实践，通过结构的优化提高制度的供给质量，是人大预算监督领域的一场"供给侧改革"。

（一）存量实践：打造全口径预决算监督 2.0 版

"全口径"是近几年来财政预算领域的热门词，中山人早在十年前就对它不陌生。十年来，中山人大稳步布局，有计划、有步骤地接近并提前实现了新《预算法》所要求的全口径预决算监督。而在制度建设、监督组织机构的设置、监督的内容和对象、借助的平台等诸多方面，中山市的全口径预决算监督比法律的既定要求走得更远，是为"全口径预决算监督 2.0 版"。

1. 谋篇布局，提前实现"全口径"

第一，实行全面综合预算。从 2006 年起，中山市就将包括预算内及财政专户在内的所有财政性资金全部纳入了综合预算，所有市直财政供养单位全部列入部门预算编制范围，通过财政预算统筹安排，编制全口径综合预算①。第二，完善政府预算体系。在编制"四本预算"的基础上，将政府债务预算、政府性基建投资计划以及财政专户预算同步上报人大审议，形成了较为完整的"4+2+1"政府预算体系。第三，规范预算编审程序。同样是从 2006 年起，中山市部门预算编制全面实行"二上二下"的编审程序，采用统一规范的预算报表格式，并按照政府收支分类改革的要求按功能类科目进行编制，实行一个部门一本预算。第四，细化预算编制管理。在基本支出方面，对人员经费推行实名制改革，施行经费预算明细到人，公用经费在实名化的基础上施行分类定额管理；在项目支出方面，实施项目库管理改革，实现全部预算单位常年常态化项目申报，财政绩效评审提前介入，预算项目科学立体分类管理，有效提高预算编审质量；在预算审核方面，部门预算编制与执行、绩效、监督结果"三挂钩"。

经过多年的部署和积累，中山市财政预决算监督工作完整地实现了全口径的"华丽转身"。2014 年 2 月，中山市首次按全口径预算的要求，将四本预算草案和"三公"经费预算同时提交人民代表大会审议。这比重新定义全口径预算的新《预算法》获得通过的时间提前了 6 个月，比新《预算法》的施行提前了 10 个月。2016 年 1 月，中山市政府首次将全市一般性转移支付预算、政府债务收支计划、财政专户支出等草案提交人大代表审查，并将一般公共预算草案按功能分类和经济分类提交大会审查，预算审查监督工作稳健推进。

2. 制定规则，细化"全口径"

现行人大预算监督领域的立法大多为宏观性和原则性条文，过于笼统、不便操作，削弱了人大的预算监督功能。中山一向"制度先行"，在 2015 年《立法法》授予地方立法权之前，就积极回应实践的需要，在现行法律框架内探索规则制定，并积累起较为丰富的经验。2014 年 1 月，正值新《预算法》通过后、实施前的过渡阶段，中山市依据新法的要求，对照此前多年本地实践中形成的模式，出台了《中山市预算审查监督暂行办法》（以下简称《办法》）。《办法》规定了由一般公共预算监督向全口径预算监督

---

① 赵伟：《全口径预算审查监督工作走在全省前列》，《中山日报》2015 年 1 月 28 日，第A2 版。

的跨越；对预算编制、预算审查批准、预算执行、决算审查批准等环节的行为主体、程序和时限等作出了具体规定，促进了人大与政府及相关职能部门认识和行动的统一。《办法》有不少亮点。例如，第 11 条规定，在市级预算编制期间，市人大常委会财经工委可以组织市人大计划预算审查委员会和市人大代表进行调研，听取有关部门和单位的汇报，提出意见和建议，实施评估，必要时还可组织听证，人大得以以适当方式提前介入预算编制，监督"关口前移"；将"预算决算公开"单独作为一章，规定了公开的责任主体，公开的内容、时限和方式等，回应了政府信息公开工作的要求。《办法》和《中山市人民代表大会议事规则》等作为上位法的有益补充，成为中山市人大全口径预决算监督据以操作的依据。

3. 依托"互联网+"，实现监督时效"全口径"

长期以来，预算信息不对称和监督缺乏持续性，成为制约人大预算监督效能发挥的因素。而在中山市，依托互联网信息技术打造的"全口径预算实时在线监督系统"正在使这种局面成为历史。该监督系统由中山市人大常委会主导建设，运用计算机的数据采集和网络传输技术，依托中山市政务云平台，通过与市财政业务系统进行实时数据交换，实现财政业务数据共享。实时在线监督系统的特点可以归纳为五个"全"：一是单位全覆盖，可查询所有市直预算单位的资金安排和使用情况；二是资金全覆盖，涵盖了纳入部门预算安排的所有财政性资金；三是过程全跟踪，翔实反映了从部门预算安排到预算执行的全过程；四是数据全获取，既包括年初预算数据，也包括执行数据和政府采购数据，既包括直接支付，也包括授权支付和传统支付数据，既包括已支付的数据，也包括在途数据，既有汇总数据，也有子项目的明细数据[1]；五是代表全掌握，系统授权中山市人大预算审查委员会成员和市人大常委会驻会委员使用，并已逐步向全体市人大代表开放。

事实上，"全口径预算实时在线监督系统"处在不断进化中。2006 年中山市就开通了"实时在线预算监督联网系统"，当时只是财政部门预算

---

① 参见江泽丰《人大代表随时看紧政府"钱袋子"》，中山人大网，http://www.zsrd.gov.cn/Article/view/cateid/170/id/7149.html，最后访问日期：2016 年 12 月 18 日。

运行监管的一个延伸端口，上传数据的内容和时间由财政部门确定，而新的"全口径预算实时在线监督系统"从设计要求到运行管理均由市人民代表大会常务委员会主导，实现了从被动监督向主动监督的跨越。2016年，实时在线监督系统进行了新一轮改造，以人大业务需求为出发点，提升了联网系统的统计、分析、对比和预警功能。升级后的系统，功能更完善、内容更丰富、查询更便捷。

"全口径预算实时在线监督系统"是中山市贯彻执行新《预算法》的重要举措：一方面，它全面反映了政府各项预算的支出情况，通过信息共享为监督提供便利；另一方面，促使人大预算监督工作突破以往以政府报告为主要依托的评议、审查模式，实现了实时性与常态化。该系统对中山市公共财政体系的正面效应也很明显，完善了公共财政监督体系，推进了"阳光财政"建设。

4. 街道办事处纳入视野，实现监督对象"全口径"

在人大预算监督的视野中，大多数街道办事处作为中国城市最基层的治理单元，却一直偏安于被忽视的一隅，这与"全口径"的要求是相悖的。关于街道办事处的性质，《地方组织法》第68条规定，它是"市辖区、不设区的市的派出机关"，而非一级行政区划。然而在城镇化飞速发展的背景下，街道办事处担负起大量的经济和专业管理职能，在未来的社会治理体制改革中可能承接更多的社会服务和城市管理职能。与事权相对应，在一些城市化推进较快的地区，街道办事处拥有了独立的一级预算权。然而，由于街道办事处没有人大建制，对这些街道办事处的预算监督无法落到实处。

而在中山，街道办事处预算游离于人大监督之外的问题，早在几年前就已得到解决。2008年12月，中山市政府办公室在反复调研和论证后，下发了《关于将各区办事处财政预算纳入市人大常委会监督管理的通知》（中府办〔2008〕124号）。据此，从2009年起各区街道办事处财政预算就统一纳入市级预算管理范畴，各区街道办事处与市本级预算单位同步开展预算编制、执行调整和决算等工作，并将年度预算草案报市人大常委会审核备案；各区街道办事处上一年度预算收支情况接受市审计部门的年度审计；市政府向市人民代表大会及其常务委员会提交的全市预算编制、执行情况，调整和决算等报告中，增加各区街道办事处的财政预算总体情况，市人大及其常委会实行同步监督。中山市的做法，扫除了预算监督的"死角"。

5. 设置镇级人大预算委员会，完善监督组织机构

人大预算监督工作的专业性、综合性、复杂性和连贯性，对设置专门的监督机构提出了要求。从预算内容本身来看，地方预算是地方各级政府的年度财政收支计划，反映了当地国民经济的整体运行状况，以及政府提供公共服务的内容与各种收支的来源和去向，其背后是经济、行政、管理乃至政治制度问题，预算审查的难度很高，只有专门机构才能扮演好控制预算、合理分配预算用途、监督政府开支等方面的角色。然而，新《预算法》对县级和县以下的预算监督机构并未作出规定。

中山市实行扁平化行政管理架构，下设 18 个镇、5 个街道和 1 个国家级火炬高技术产业开发区。依照《地方组织法》的规定，各镇人民代表大会未设常务委员会。为了妥善解决镇人大预算监督缺位和不到位的问题，2008 年 1 月，中山市人民代表大会常务委员会办公室下发了《关于建议成立镇人民代表大会预算审查委员会的通知》，建议各镇人民代表大会参照市人民代表大会的做法，在本年度召开的人民代表大会期间，成立镇人民代表大会预算审查委员会。预算审查委员会设主任委员 1 人，副主任委员 1~2 人，委员 6~8 人。成员为来自各个行业的代表，并具有较强的财经管理能力。预算审查委员会的主要任务是为本镇人民代表大会审查批准本级预算提出处理意见和建议。各镇人民代表大会随后成立了预算审查委员会，担负起财政预算审查监督工作的职责。2009 年以后，担任镇政府镇长、副镇长、财政所长的代表不再担任预算审查委员会的成员，预算审查委员会的主任委员一般由镇人大专职副主席担任，成员包含来自农业、教育、卫生系统及农村、社区的基层代表。2013 年，为解决镇人民代表大会在闭会期间监督权难以落实的问题，市人民代表大会常务委员会制定了《中山市镇人民代表大会监督工作暂行办法》，进一步明确了预算审查委员会的设立程序、成员构成和工作职责，把工作职责拓展到闭会期间的预算运行监督。至此，镇人大预算审查委员会成为"准专职机构"。

(二) 增量改革，提高人大预决算监督能力

1. 整合内外部力量，提升预算监督效能

地方人大内生能力的建设固然重要，但由于预算监督易受其他权力主体的影响，整合其他外部力量，也是提升人大预决算监督能力、发挥监督效能的有效路径。在这方面，中山市人大有不少可资借鉴的经验。

第一，争取市委与市政府的支持。例如，中山市人大常委会在预算草案提交党委常委会议之前，采取正式沟通和非正式沟通等方式，与市委和市政府取得联系、发表意见。再如，"实时在线预算监督联网系统"的建设就是人大与政府及其各组成部门共同努力的结果。在 2016 年联网系统的优化改造过程中，市财政局、发展和改革局、人力资源和社会保障局等也都各自肩负任务。第二，充分借助审计力量。人大与审计具有天然的合作动力，因为人大监督具有法定权威，而审计监督专业性强，二者优势互补。中山市人民代表大会常务委员会与审计局之间建立起了良好的工作协调机制，对彼此工作计划、重点和进展较为了解，监督信息的沟通和衔接顺畅，资料传递分享及时。每年就审计工作重点，审计部门积极征求人大意见；人大积极督促审计整改问题的落实，召开专题会议，对审计发现的问题，督促相关部门整改落实并在六个月内汇报落实情况。第三，注重发挥人大代表的作用。中山市人民代表大会常务委员会有取向性地从各行业的人大代表中遴选人员加入市、镇两级人代会预算审查委员会参与预算监督，激发代表建言献策的积极性和参与经济社会管理的履职热情。第四，加强上下级人大之间的协作。中山市人大与广东省人大和所辖各镇人大之间的协调和交流渠道十分畅通。就预决算监督而言，许多部署（典型的如联网监督模式）均由省人大"顶层设计"，各级人大合力推进。第五，充分利用社会力量。中山市人大通过互联网、电话等多种渠道吸纳公众对预算编制、执行和监督的意见建议，同时汇集科研院所和大专院校的专家力量参与预算监督工作。

2. 推进实质监督，建设"民生财政"

人大预算监督不仅应是程序性审查，更应是实质性监督，审查取之于民的公共财政是否真正用之于民，是否以改进民生、增进民众福祉为目

标。近年来，中山市人大持续着力进行实质性预算监督，通过"民主预算"来建设"民生财政"。

（1）倾听"民声"配置财政资金。

尽管中山市的公共财政收入多年来以两位数的速度高速增长，但对比需要花钱的地方，财政资金仍十分有限。为了科学配置财政资源，中山市人大选择让民众自己决定，哪些领域与他们利益最切身相关就应成为财政资金投向的重点。从2013年起，启动"群众点菜、政府配餐"式的十件民生实事市民票选活动；2016年，十件民生实事票选增加了海选环节，市民可以开放地向政府提意见；2017年再次升级，推出了有奖征集。2017年共征集到有效建议1500余条，是2016年的3倍，民众热情的倍涨反映出前几年的评选和落实工作赢得了民众的信任和尊重。

民众的有效、有序参与，一方面能使预算决策准确反映其切实需求，实现公共财政资金的优化配置；另一方面，民众经由参与能了解公共财政资金流向，理解政府资金分配的困难，消解不满和抱怨。

（2）监督重心以"民生"为导向。

中山市人民代表大会常务委员会着重抓好政府投资项目的预算管理和关系民生的支出安排。例如，三年来重点抓好城区雨污分流工程、国道G105线细滘大桥至沙朗段建设、市镇两级食品药品检验检测机构建设等所需的资金安排。2013年初，中山市人大把国道G105线细滘大桥至沙朗段改建工程作为大会确立的唯一议案，要求政府加快工程进度。随后通过组织代表视察、听取工程进度汇报、开展调研等形式，就工程预算、统筹协调、工程质量与安全、交通疏导等方面进行督查，提出意见和建议。经过两年努力，改建工程于2014年底全部完工投入使用，通行效率提高50%，得到民众高度认可。另一个重点民生工程——食品药品检验检测同样成为人大预算监督的重点。2014年初，将加快市镇两级食品药品检验检测机构建设作为大会议案，要求政府组织实施。市人大常委会及相关工作机构通过审议有关报告、督办工程进度等，促请市镇两级政府确保工程所需的财政资金，增加设备投入，加强人员技术培训。经过近两年努力，筑起"市—镇—市场"三级食品药品检验检测网络，提升了食品药品市场监管能力，市民的"菜篮子""药箱子"质量安全得到进一步的保障。

（3）调整市镇财税分成"让利于民"。

实质意义上的财政公平，是"民生财政"的一个重要指标，它可能会表现为财政分配上一定时期和程度的"不平等"。中山人大深刻理解和践行了这一理念。针对一些镇区经济发展长期滞后、民众生活水准相对偏低的问题，中山市人大推动市政府在 2008 年初将黄圃、横栏、三角三个经济落后镇与南朗镇、五桂山一起纳入"一级财政"管理范围，实行扶持类市级税收全额分成政策，期限为 2 年。2010 年，市人大常委会又将民众、阜沙、板芙和神湾四镇纳入扶持类"一级财政"管理范围，期限也为 2 年。后一轮对纳入"一级财政"的四镇管理体制更加灵活、扶持力度更大，不但实行市级税收全额分成政策，还增加了重大基础设施建设和民生投入方面的专项补贴，以进一步夯实这些欠发达地区的发展基础。在实行"一级财政"政策之后，一些原本欠发达镇区的土地资源得到有效盘活，基础设施建设得到全面加强，经济发展步入了跨越式发展轨道。有关镇区目前已基本达到了脱贫目标。其中，三角镇跨入了中等发展镇区的行列，南朗镇跨入了较发达镇区的行列，其余受到扶持的镇区近年经济增长速度均排在全市的前列。

三 人大预算监督展望：一连串的"问号"

新《预算法》颁行前后中山人大在预算监督方面取得的成就，是中国各项改革进入"深水区"后人大预算监督的角色和力量变迁的一个缩影。随着法律规范的完善和财税预算制度的改革，人大对"钱袋子"的实际掌控能力正持续增强；而人大预算监督权力的崛起，重新形塑着人大与政府之间的关系，宪法所确立的人民代表大会制度框架下公权力结构的理想图景正逐步成为现实。然而，在振奋的同时仍需保持清醒，有太多理论和现实问题等待解答。在宪法框架中，各级人大作为权力机关缺少其他权力的制约，人大的权力在理论上有"无限"拓展的可能。基于这一隐忧，需要追问的是：人大的预算监督权，应当受到哪些制约？人大与政府在哪些方面竞争，在哪些方面合作，才更有利于推动公共财政建设？公民的自由、平等和参与如何真正体现在人大预算监督工作中？在公共财政收入持续增长、财政支出范围扩大、相对规模上升的背景下，人大在预算监督过程中应如何应对？在财政收入增速减缓，各方支出需求高企，财政过"紧日子"的预期下，人大在预算监督中又如何持续兑现"民生"承诺，使预算决策更准确地反映和平衡各方面的利益？

必须承认，中国人大预算审查监督的路径选择和制度设计，将是一个长期摸索的过程。在这一过程中，对现实的考察是必要的，因为正是现实酝酿了制度变革的动力，孵化出变革的内容，并框定了变革的空间。

（参见法治蓝皮书《中国法治发展报告 No. 15（2017）》）

专题三

浙 江 法 治

第十四章　浙江"普法教育、依法治理"二十年

摘　要： 普法教育、依法治理是中国和谐社会法治建设的重点。如何既促进经济社会发展，又扩大公民的有序参与，推进依法治国方略的有效实施，使人民享有更全面、更具体的权利保障，是我们在贯彻落实科学发展观、构建和谐社会过程中需要深入研究的课题。浙江省位于中国改革开放的前沿，法治建设程度高，调研浙江省普法教育、依法治理情况，对于探讨如何建设和谐社会的民主法治有积极意义。中国社会科学院法治国情调研组围绕浙江省和谐社会法治建设，通过实地考察、文献分析、访谈调查等方法对浙江省的多个地区进行了调研，考察了普法教育、依法治理工作对和谐社会民主法治建设的影响，希望从浙江普法教育、依法治理工作的个案中获取中国和谐社会民主法治建设的对策和建议。

一　调研背景——浙江省普法依法治理工作概况

（一）浙江省情概况

浙江省地处中国东南沿海、长江三角洲南翼，东北与中国最大的城市上海为邻，省会杭州市与上海市两地高速公路距离为 130 多公里。浙江省陆域面积 10.18 万平方公里，海域面积 26 万平方公里。大陆海岸线和海岛岸线长达 6500 公里，占全国海岸线总长的 20.3%，居中国各省份第一位。面积 500 平方米以上的岛屿有 3061 个，是中国岛屿最多的一个省份。全省总人口 4679 万人。除汉族外，约 40 万人口分属 53 个少数民族。浙江行政区划分为杭州、宁波、温州、嘉兴、湖州、绍兴、台州、金华、衢州、丽水、舟山 11 个省辖市，下设 36 个县、22 个县级市、32 个市辖区。改革开放以来，浙江省经济发展迅速，主要经济指标在全国保持领先地位，是全国经济增长速度最快和最具活力的省份之一。2005 年实现国内生产总值 13365 亿元人民币，比 2004 年增长 12.4%，2006 年实现国内生产总值 15649 亿元，比 2005 年增长 13.6%。国内生产总值、人均生产总值和财政总收入均居全国第 4 位。

（二）普法依法治理基本概况

在四个五年普法规划实施期间，浙江省的普法及依法治理工作取得了显著的成就，积累了宝贵的经验。20 年间，全省累计有 12483 万人次接受了普法教育。11 个市、90 个县（市、区）先后开展了依法治理工作，88% 的农村开展了"民主法治村"建设活动，96.7% 的社区开展了依法治理工作。"五五"普法目前正在浙江省全面开展。

1. "一五"普法

1985 年 2 月，"一五"普法启动。经过准备、实施、考核验收三个阶段，"一五"普法完成了既定的学习任务，普及了《宪法》《刑法》《民法通则》《婚姻法》《继承法》《经济合同法》《刑事诉讼法》《民事诉讼法（试行）》《民族区域自治法》《兵役法》和《治安管理处罚条例》（简称"十法一条例"）。"一五"普法增强了广大干部群众的法律意识和依法办事的自觉性，为各行各业开展依法治理初步奠定了基础，促进了浙江省的社会稳定和两个文明建设。

2. "二五"普法

1991 年 5 月，"二五"普法启动。浙江省注重有计划、有步骤的普法工作，突出重点：一是做好包括制定规划、建立组织、宣传发动、编写教材、培训师资、搞好试点在内的各项准备工作；二是认真抓好干部学习《社会主义法制建设若干问题讲话》和《中华人民共和国宪法讲话》两本书的工作；三是广泛开展全民必学的《国旗法》、《国徽法》、选举法、地方组织法、《行政诉讼法》、《民事诉讼法》和关于廉政建设、义务教育、婚姻家庭、综合治理、禁毒扫黄等法律法规的普及教育；四是深入开展专业法和社会主义市场经济法律法规的学习教育，全省共举办各类专业法和市场经济法律法规培训班 22169 期，培训职工120.2 万人次；五是注重法制教育与法制实践紧密结合，大力推进各行各业的依法治理活动。"二五"普法使广大公民的法律意识和法制观念进一步加强，推动了社会治安综合治理和精神文明建设，为改革开放和发展社会主义市场经济创造了良好的法制氛围，有效地推动了各行各业的依法治理工作。

3. "三五"普法

1996 年 6 月，"三五"普法启动。浙江省组织广大干部深入学习邓小平民主法制思想和依法治国理论，还学习了《中共中央法制讲座汇编》《社会主义法制建设基本知识》、社会主义市场经济法律知识以及宪法修正案等法律法规知识；广泛开展学习宪法知识和与公民工作、生活密切相关的基本法律知识，结合浙江实际，抓好企业经营管理人员社会主义市场经济法律知识的普及教育；配合党和政府的中心工作，开展有针对性的法制宣传教育及与维护社会稳定有关的法律知识教育和社会治安综合治理教育，有计划、有重点地抓好《土地管理法》《环境保护法》《水法》《农业法》《森林法》《统计法》《税法》《妇女权益保障法》《计划生育条例》等专业法律法规的宣传教育。通过"三五"普法，浙江省已经逐步形成以基层依法治理为基础，行业依法治理为支柱，地方依法治理为主体的全方位、多层次的依法治理格局。

4. "四五"普法

2001 年 9 月，"四五"普法启动。围绕贯彻落实科学发展观，浙江省深入实施依法治省战略，全面推进普法依法治理，取得了明显成效。全省

85%以上的公民不同程度地接受了法制教育，所有市县都开展了依法治理工作，95%以上的农村和社区开展了"民主法治村（社区）"建设活动，企业依法治理面达到了90%以上，学校依法治理面达100%。广大干部群众的法律素质不断增强，基层民主法治建设不断深化，全社会的法治环境明显改善。

（三）普法依法治理的回顾与"五五"展望

从已经进行的四个五年普法规划来看，浙江省的工作扎实而有效。以下是浙江省普法依法治理的效果（见表1）。

表1 浙江省普法依法治理效果

"一五"普法	2588万人参加普法学习，占普法对象总数的92.34%
"二五"普法	2752万人参加普法学习，占普法对象总数的91.43%。开展依法治理的单位数从1990年的140个发展到17835个
"三五"普法	3190万人参加普法学习，占普法对象总数的89.79%。全面开展依法治理工作；基层依法治理的单位总数已超过20万。乡镇依法治理的比例已达100%，依法治村比例达90%以上
"四五"普法	85%以上公民参加，所有市县都已开展依法治理工作，95%以上的农村和社区开展了"民主法治村（社区）"建设活动，企业依法治理面达到90%以上，学校依法治理面达100%

从表1中可以看出，浙江省的普法依法治理已经深入大街小巷、田间地头，已经深入浙江省常驻居民和外来务工人员的心中。浙江普法依法治理的经验主要有五个方面。

（1）各级党委、人大、政府高度重视，切实加强对普法工作的领导。首先，由省人大常委会做出开展法制宣传教育的决议，然后省委、省政府联合下发法制宣传教育的规划，"四五"普法还每年颁布《浙江省法制宣传教育工作要点》，指导普法工作并建立省级基层普法依法治理联系点。以杭州为例，依法治理和普法教育领导小组组长是市委书记，副组长是市长、分管政法工作的副书记、常务副市长。

（2）重点突出，具有针对性，不同时期突出领导干部、执法人员和青少年等人员学法用法的重点，如突出抓外来务工人员的普法、抓解决"三农"问题的普法等。

（3）坚持服务大局，既突出基础法律知识教育，又强调围绕经济建设中心的普法，重视社会主义市场经济法律法规的宣传教育。

（4）强调保障，注重实效，坚持普治并举，坚持法制教育与法制实践紧密结合，大力推进行业和地方依法治理，把"民主法治村（社区）"建设纳入规范化轨道。杭州市的依法治理普法领导小组办公室成员单位包括市各个部门。"依普办"的主任是市政府秘书长，副主任是各个常设单位的主要领导，包括人大、宣传、组织、两院、公安、司法行政局等部门。财政上有两部分的支持，一部分来自专项拨款，由市财政支出，2007年计划人均不低于0.30元人民币，总计200万元，另一部分来自司法局。另外还可以向市里申请临时拨款。

（5）注重运用多种形式、多种手段开展法制宣传教育，不断创新普法教育的形式，推动普法教育的网络化、信息化，增强普法感染力，力争法律进社区、进农村、进课堂。比如，开通钱塘法治网等67个普法网站，面向1万多个村开设农民法制教育远程课程，在电视、广播、报刊上开设248个法制栏目。

展望"五五"普法：2006年是"五五"普法启动年。浙江省将在总结"四五"普法经验的基础上，继续加大普法依法治理工作的力度，全面开展"五五"普法工作。在"五五"普法期间，浙江省的普法计划将第一次把所有的农民和外来务工人员列为普法重点对象，根据不同的对象分类施教；将第一次明确规定县级年人均经费不低于0.30元的最低标准，更好地保障普法经费落实到位；将进一步加强建章立制，推进法制宣传教育制度化、规范化建设，以"民主法治村（社区）"建设为重点，深化基层依法治理工作。

二 普法教育推动浙江省基层民主法治建设

通过二十年的普法教育，浙江省社会各阶层民主意识普遍增强，民主管理逐渐制度化、规范化，依法治理、依法办事蔚然成风，民主参与主体素质不断提高。浙江省基层民主法治建设呈现以下若干特点，形成了诸多有益的经验。

（一）发挥党组织的领导作用

浙江省的民主法治建设工作坚持党组织的领导，充分发挥党员干部群众在社区（乡村）自治中的民主示范和法治带头作用。主要经验如下。

一是浙江省委、省政府高度重视民主法治建设。浙江省委提出创建"法治浙江""平安浙江"并切实付诸实施，时任省委书记习近平同志在《浙江日报》发表署名文章《弘扬法治文化，建设"法治浙江"》，为"五五"普法的启动宣传造势；浙江省普法教育领导小组由省委和省政府主要领导担任组长、副组长，成员由省内各部门的主要领导担任，包括省司法厅、省委办公厅、省委组织部、省委宣传部、省委政法委、省人大内司委、省发展改革委、省经贸委、省教育厅、省公安厅、省财政厅、省人事厅、省工商局、省民政厅、省政府法制办等部门，并专门设置办公室，办公室主任由省司法厅主要领导担任。这便于基层民主建设的统一领导和相互协调。

二是基层民主建设强调党组织的领导作用。以村民自治为重点的农村基层民主政治发展较快，但也存在村党组织如何对村民自治实施领导的问题。比如，浙江仙居县委着力基层民主法治创新，探索村民自治新机制。仙居县委在村委会班子换届选举中规定：村党支书通过法定程序担任村民选举委员会主任，由村党组织负责组织推选村民选举委员会，领导和帮助制订选举办法，引导村民正确行使民主权利，做好村委会成员的提名和选举工作，推举作风正、能力强、能真心实意为群众办事的人进村委会。这一措施使全县721个行政村基本上顺利地进行了村委会换届选举。又如，仙居县委规定：凡涉及村内经济、社会发展和其他全局性的重大问题，从决策议题的提出、决策过程的组织到决策通过后的实施，都要在村党组织的领导下进行。从2002年开始，全县推行党员议事会制度，规定村"两委"确定的决策方案在提交村民会议或村民代表会议表决前，要提交党员议事会讨论，充分听取党员的意见和建议，在党员中形成对决策项目的共识，由党员出面做好自己所在村民小组的群众工作，形成决策。

党组织对重大村务的民主决策过程实施领导，既可保证党组织对基层的控制力，又可推动村务大事在充分民主的基础上集中解决问题。

党的领导是社会主义基层民主法治建设保持正确方向的根本保障。基层党组织的凝聚力衰减、党员素质下降是党建实践面临的重要问题，也是基层民主法治建设迟滞的重要原因。通过基层民主法治建设可以推动党的领导的改善，实现二者的"双赢"。

（二）突出普法依法治理的要点

自"四五"普法以来，浙江省委、省政府高度重视普法依法治理的规划工作，真抓实干，力求抓出成效和实效。每年初，省委办公厅、省政府办公厅都颁布该年普法依法治理的工作要点，以指导该年度的普法依法治理工作。

通过对浙江省普法依法治理工作要点的分析，可以发现浙江省委、省政府非常重视普法依法治理工作，从年初就把民主法治工作纳入统一部署，把"虚"的工作干"实"了。社区自治、村民自治的基层民主法治建设是2005 年、2006 年两年基层民主法治建设工作的主要内容（见表2）。

表 2　浙江省 2005 年、2006 年普法依法治理工作要点

2005 年普法依法治理工作要点	（1）围绕中心，扎实开展，积极营造良好的社会法治氛围； （2）突出重点，落实制度，整体推进法制宣传教育工作； （3）开拓思路，创新形式，切实增强法制宣传教育的针对性和实效性； （4）大力加强基层依法治理，促进基层民主法制建设； （5）深入开展行业依法治理，提高行业依法治理水平； （6）整体推进地方依法治理，加快依法治省进程； （7）制定完善总结验收方案和标准，确保总结验收工作的顺利进行； （8）严把关口，注重实效，保质保量完成"四五"普法任务； （9）以纪念全民普法二十周年为契机，加大宣传力度，推动普法依法治理工作的深入发展； （10）深入开展调查研究，认真总结普法依法治理工作经验，为制定"五五"普法规划提供依据。

续表

2006年普法依法治理工作要点	（1）总结"四五"普法工作经验，部署"五五"普法工作； （2）培训骨干，编好教材； （3）加强宣传，营造氛围； （4）积极开展"一学三讲"主题教育活动； （5）进一步加强对领导干部、公务员、青少年、企业经营管理人员和农民的法制宣传教育； （6）总结经验，培育典型； （7）拓宽领域、丰富内容； （8）围绕地方立法、司法、执法、普法、法律监督和法律服务等环节，多层次多领域地开展依法治理工作，鼓励公民积极参与公共管理，不断提高社会法治化管理水平； （9）深入推进以"民主法治村（社区）"建设活动为载体的基层依法治理； （10）广泛开展以"依法办事示范窗口"创建活动为载体的行业依法治理； （11）提高认识，强化职能。

（三）注重制度创新

浙江省在基层民主法治建设方面重视制度建设，通过贯彻实施法律法规建立起了一系列符合民主运行和法治发展规律的制度。比如：浙江仙居在村民自治方面，探索村务民主监督与民主管理的新机制——村委会向村党组织报告工作制度和村重大事项由村"两委"联章联签制度，以加强村党组织对村委会工作的监督，巩固村党组织的领导核心地位，增强村干部依法办事的自觉性，提升村级管理水平。仙居县委要求村党组织正确把握自身定位，依法支持村委会行使职权，遇事多与村委会商量，主动协调好村"两委"之间的关系。

又如：浙江台州市黄岩区在全区 546 个村（居）全面推行村级组织运行规范制度，构建起村党组织领导下的村民自治运行机制，规范村民自治中的各对关系，保证村民自治的有序运行，夯实党在农村基层的执政之基。区专门下发《村级管理"三化十二制"实施细则》，确立了党支部在村级各种组织和各项工作中的领导核心地位，对村级的民主、自治、管理、监督进行了规范。该实施细则规定，村里大事要按照先党内后党外的民主决策过程进行：村"两委"联席会议对村级重大事项作出基本决策后，首先在党员大会上对基本决策进行讨论和表决，通过后召开由村"两委"成员、党员、队组长、村民代表等参加的民主恳谈会，提出修改意见；通过后由村民代表会议或村民大会进行最后的决策。

该实施细则规定村级财务必须接受村民的民主监督，村务监督的民主化让全体村民对村里的大小事情均能了解实情，实行监督。村务监督小组和民主理财小组人员均由村民大会或村民代表会议选举产生，村委会成员不得兼任。村级财务实行一月一审核、一季一公开，有条件的地方则实行一月一公开。

再如：浙江绍兴新昌县儒岙镇石磁村制定《石磁村典章》。这部被誉为全国首部"村民自治特别法"的《石磁村典章》由6章26条组成，内容包括组织及职责、村务会议及决策、财务管理、村务公开制度、干部违规失职追究办法、村规民约6个部分，对村干部的权力进行严格限定，推动基层的民主制度。按照重要程度，该典章将村务分成重大、重要、一般三类，13项重大村务须由村民代表会议讨论通过。在财务管理上，合作社社长只能审批100元以下的非正常开支和500元以下的正常开支，超过3000元的非正常开支和5万元以上的正常开支，须由村民代表会议决定。村主要干部在换届上任时，须缴纳每人2000元的任职保证金，任期内如无违章行为予以退还。干部责任追究更加明确，违章6次或民主评议结果不满意率超过60%者，将限期辞职或被提出罢免。外出打工者可参加表决。该典章通过计分制，对村民遵纪守法、尊老爱幼、计划生育等进行考评，扣分达到一定程度的村民将被定为"不合格村民"，并予以公示。针对农村选举中的拉票现象、宗族势力，该典章扩大了村民代表会议代表的组成：除原有村民代表外，将本村各级人大代表、政协委员、党代表和村两委班子成员及各线负责人等纳入。针对外出打工者众多，难以召开村民代表会议的情况，该典章规定，外出者可以口头、举手、通信等形式参加表决。

无论是实施细则还是典章，都涉及建章立制的制度创新，值得我们在今后的基层民主法治建设中予以借鉴：走一步，总结一步，形成经验，通过制度定型化，再迈出坚实的第二步。

（四）发挥群众的主动性和积极性

当全国人民都对社区自治还比较陌生的时候，浙江省发挥群众参与民主决策、民主管理的积极性与智慧，初试社区自治。杭州市拱墅区大关街道西苑第一社区"摸着石头过河"，把街道的管理和监督作用转变成"指导和服务"，放权到社区，实现民主自治，包括人事自治、财产自治、财务自治、管理自治、教育自治、服务自治与协管自治。社区成为单纯为社区居民服务的机构。

浙江杭州西苑第一社区制订《大关街道社区自治实施细则（试行）》，启用"海选"的方式，由社区全民投票决定社区领导，社区领导必须有事先"请示"社区居民，财务公开，接受居民监督，年终述职，开通一部24小时热线电话，随时接受居民的投诉意见。

浙江武义推行村务监督委员会，通过村务监督委员会把请客送礼的公款开支"过滤"，规定超过用餐标准自己掏钱。村监委会对重大村级事务没有决定权，但在村委会职权范围的事项上，监委会在其决策之前应尽可能反映各方民情民意，有权启动纠错程序和临时提议召集村民代表会议进行裁决。监委会参与民主管理，力求"小病早治不出村，小错早防不上告"。年底述职考评，干部若被考评为不称职，就要被取消年度职务津贴。

浙江省南浔经济开发区善琏镇在民主法治示范村创建工作中开拓思路，创新方法，抓好"四个一"，形成了"网络健全、重点突出、平台完善、主线清晰"的良好格局。①建立一个网络，成立由组织、宣传、农业、司法、民政等部门成员参加的镇民主法治示范村创建工作领导小组，各村相应成立由村支部书记为组长、村主任为副组长的创建工作小组。②突出一个重点，把开展普法教育，提高村干部和全体村民的法律素质，营造农村良好法制环境作为创建民主法治村的重点。③构建一个平台，以完善"四民主三公开"为创建工作平台，遵循"依法建制、以制治村、民主管理"的原则，修订完善了"村规民约"和"村民自治章程"，与村其他有关制度统一汇编成册，建立村级党务、行政事务、财务三公开制度，重大或特殊事项随时公开，接受村民监督，及时处理村民提出的意见和建议。④抓住一条主线。该镇把维护农村社会稳定作为工作主线，建立健全了社会治安综合治理各项规章制度，调整充实综治、调解、治保、安置帮教工作组织网络。

浙江省在普法依法治理工作中开创工作新形式，积极利用网络来推进民主法治，可以说是一个创举。我们在杭州调研中发现，杭州市西湖区德加社区通过网络民主，实现居民自治，建设和谐社区。德加社区以社区网站为载体，构建网络民主平台。网络民主通过社区网站论坛中的连接对话窗口、网上求助热线（可视对讲功能）等方式，解决了封闭式管理和社区开放式服务之间的矛盾。网络民主发挥了议事、教育、调解、管理功能。例如，在社区网站上先后开展八场辩论会"反对社区进入小区""德加公寓的标志性建筑""晨练扰民""自家门前放置石狮子的是与非""知名作家打人致伤""晾衣架引起的相邻权纠纷""关于网名'本·拉登'"——"本·拉登"改名"独行侠""养犬扰民"等，对社区事务进行民主辩论，引入民主参与、民主监督，实现了社区管理的客观性、广泛性、全面性、公正性。

群众的智慧是无穷的。基层民主法治并无国内先例可循，只能靠各地群众选择最合适（反映社情民意、切合当地实际）的模式来实现。从我们的调研来看，浙江省的基本民主法治已经走出了一条创新的道路，由人民群众自己探索基层民主法治建设的模式、方法，形成自己的经验、规则和制度等。这是基层民主法治建设的重要成果，说明浙江省的基层民主法治建设已经步入民主法治建设良性循环的快车道。

（五）突出民主法治示范效应

民主法治具有示范效应。司法部 2006 年强调积极开展"民主法治示范村"创建活动，旨在突出民主法治的示范效应。通过示范效应，增强人们的民主法治意识，培育人们的民主法治素质，完善各项自治章程、村规民约以及各项规章制度，提高居民（村民）依法决策、依法管理、依法办事的能力。到目前为止，司法部、民政部已经开展两次民主法治示范村评选活动。浙江省高度重视民主法治的示范效应，重视民主法治示范村的评选。2004 年，由浙江省委组织部、浙江省司法厅、浙江省民政厅、浙江省农业厅、浙江省农业和农村工作办公室、浙江省社会治安综合治理委员会办公室、浙江省普法教育领导小组办公室共同制定了《浙江省"民主法治示范村"建设基本标准》，为民主法治示范村规定了基本要求（见表3）。

表3　浙江省"民主法治示范村"建设基本标准

（1）村级组织机构健全，并能有效发挥作用；
（2）有完善的民主选举程序，村级民主选举制度健全；
（3）有完善的民主议事程序，村级民主决策制度健全；
（4）有完善的村民自治章程，村级民主管理制度健全；
（5）有完善的公开办事程序，村级民主监督制度健全；
（6）深入开展法制宣传教育，做到有组织、有计划、有人员、有阵地、有措施；
（7）积极开展农村法律服务，农民能够依法维护自身的合法权益；
（8）社会治安综合治理规范化、制度化，农村治安稳定；
（9）农村经济发展、社会公益事业不断发展，村民安居乐业，物质文明、政治文明、精神文明协调发展。

实践中浙江省的民主法治村就是严格按这些要求建设的。2004年8月，浙江省13个村获第一批全国"民主法治示范村"荣誉称号。2006年，在司法部、民政部决定授予310个村第二批"全国民主法治示范村"中，浙江省有12个村获此荣誉称号。至此，浙江省已有25个村成为全国"民主法治示范村"。民主法治示范村的共同特点是：村级组织健全有力，村党组织领导核心作用充分发挥；法制教育扎实有效，村民法律素质明显提高；民主制度规范完备，村务公开，民主管理落实到位，村级管理规范有序；农村社会稳定，经济社会和谐发展。浙江的基层民主法治建设正是在示范效应下，不断在实践中实现制度创新，有力地推动了基层民主法治的进步。

（六）政务公开成为普法教育、依法治理的重要方面

政务公开的实施不但对普法教育、依法治理有不可或缺的作用，而且从近年来各地方各部门开展普法教育、依法治理的实践看，政务公开也已经成为推进普法教育、依法治理工作的重要方面。

1. 政务公开是普法依法治理工作规划的重要目标或者制度保障措施

浙江省在开展普法教育过程中，其工作机制与下辖的市县有所差异，主要表现为，在省一级层面上，普法教育的开展还没有从机制上明确地同依法治理工作相结合，而市县一级政府则几乎已经全部将普法教育同依法治市、依法治县等有机地结合在一起。即便这样，浙江省省一级的普法教育规划中，政务公开工作实际上也较受重视。比如，中共浙江省委、浙江省人民政府转发的《省普法教育领导小组关于在全省公民中开展法制宣传教育的第五个五年规划》要求，开展法制宣传教育工作应坚持以人为本的原则，即以人民群众的根本利益为出发点，从群众实际需要出发开展宣传教育，着力解决群众关心的热点难点问题，在服务群众中教育群众。而且，要坚持普治并举的原则，坚持法制教育与法制实践相结合，大力推进地方、基层和行业依法治理，深入开展专项治理活动，提高全社会的法制化管理水平。为此，该规划要求，深入贯彻依法治国基本方略，开展多层次、多领域的依法治理工作，鼓励公民积极参与公共管理，促进依法行政、依法管理和公正司法，要着眼于对权力的制约和监督，全面开展规范行政权力的专项活动，进一步明确和规范政府各部门的职权和行政程序，促进法治政府建设。该规划要求加强法制宣传教育阵地建设，利用电视、广播、报刊等开办法制栏目（专栏、专版）等，加强普法网站建设，利用互联网平台开展法制宣传教育。事实上，从人民群众的需求出发开展法制宣传教育无疑就起到了政务公开的作用。而对依法治理工作的强调，尤其是对行政权力的监督和制约等则蕴含了加强政务公开工作的含义。普法网站的建设以及对各类新闻媒介的利用则可以说是直接或者间接地推动了政务公开的有关工作。

浙江省的许多地方将普法教育和依法治理工作齐抓共管，政务公开在其中的地位就更为明确。以杭州市为例，《杭州市2006~2010年普法教育、依法治市规划》（2006年7月20日）既进一步细化了浙江省关于开展普法教育的要求，又结合依法治市工作，开展依法行政示范单位创建活动，以及民主法治村（社区）创建活动，完善和深化以"四民主两公开"为主要内容的民主法治村（社区）创建活动。另外，该市还发布了《中共杭州市委关于建设"法治杭州"的决定》（2006年5月18日），要求在立法、执法、司法的全部活动中，以公开、公平、公正地维护人民群众合法权益为其基本原则。并且，要求全面实行政务公开，加大对财政收支、行政审批事项、国有资产管理、重大建设项目等领域的公开力度。而杭州市西湖区的《依法治区规划（2006~2010）》更进一步将完善政务公开、村务（居务）公开，有效保障公民的民主权利，以及推进公共权力透明规范，作为其主要目标，要求加快电子政务建设，建立高效规范、公正透明的网上审批系统。

2. 政务公开是普法依法治理的重要内容

以杭州市为例，自2001年以来，该市结合普法教育、依法治理工作，进一步强化了政务公开工作。在立法方面，该市立法活动十分注重其透明度和公开性，在制定有关的地方性法规和政府规章的过程中，一般都要通过人大公报、政府公报、媒体、网络等形式公开征求意见，汇集民意。

在政府机关工作方面，杭州市十分注意深化政务公开，建设透明政府。该市自2001年以来全面推行了重大行政决策公示制度、听证制度和专家咨询制度。同时，还加强了电子政务工作，建立了杭州市政府的门户网站（www. hangzhou. gov.cn），完善了"四公开、一监督"的政务公开程序，全市各级政府和市直机关、部门普遍开设了行政许可审批事项网上办理功能，市民等可以利用已申请到的账号登录门户网站，到相关部门办理有关的行政审批事项。而且，各级政府机关和乡镇街道办事处的主要职能、工作程序、制度纪律及职能机构的办事依据、办结期限等均向社会公开。另外，杭州市还发布了《杭州市政府信息公开规定》，对四类十六种与市民密切相关的重大事项、发展计划、公共资金使用、政府机构和人事等信息主动公开。该市教育局还基于该规定，制定了《杭州市教育局信息公开制度》，将市区民办中学招生审批，中小学、幼儿园规划定点的规范要求、建设方案标准、教育收费信息等作为应向社会公开的内容。

在基层民主自治方面，杭州市将推进基层民主建设、实行"四民主、两公开"作为依法治市工作的重要内容，据该市司法局提供的信息，目前该市村务公开规范率为95%，98%的村财务实行按季公开。该市下辖的建德市梅城镇黄栗坪村在实行村务公开过程中，凡金额在1万元以上的村务，要经过村民代表大会批准，1万元以下的村务也要及时公开，由村民财务监督小组进行监督。而该市下辖的淳安县全县村务公开率和规范率、财务公开率和规范率均达到100%，计划生育指标、建房审批、招标方案等村民关心的一些重大事项均及时向村民公开。

3. 政务公开是普法依法治理考核的重要标准，而且地位不断提升

依靠政府机关自觉自愿地实施政务公开固然重要，引入必要的监督激励机制也同样必不可少。因此，许多地方已经逐步将政务公开工作实施是否规范、成效是否明显等纳入实施普法教育、依法治理工作的考核标准。比如，杭州市在开展"民主法治村（社区）"达标活动中，将达标分为三星、四星、五星三级，并确定了《浙江省"民主法治村"星级评分标准（试行）》和《浙江省"民主法治社区"星级评分标准（试行）》。以《浙江省"民主法治村"星级评分标准（试行）》为例，在组织建设一类中，村务公开制度、财务公开制度各占0.3分；民主决策一类中，与农民群众切身利益密切相关的重大事项是否实行民主决策、范围是否明确公开占2分；在民主监督一类中，是否推行村务、财务公开制度及公开是否及时等占3分，公开内容的真实性占1分，公开时间是否固定、重大事项是否随时公开等占1分，村务公开监督小组是否健全等占1分。毫无疑问，此种事后评估标准的导入在一定程度上促进了政务公开的推行。

三　"普法教育、依法治理"实践中存在的问题

（一）基础性问题

"四五普法"及以前存在的基础性问题首先是工作机制问题，以浙江省为例，省普法工作领导小组虽然是主管政法的副书记挂帅，但实际工作是由普法办公室即司法厅的法律宣传处负责，各部门虽然都有领导作为普法工作领导小组成员但并不实际参与工作，普法办公室召集普法工作领导小组会议也是比较困难的事情，要反复协商领导及各部门的时间，且工作量极大，导致无力顾及过多的普法事宜。浙江省有十一个地市设有"依法治理、普法教育"办公室，但省里并无常设机构，普法工作无法涵盖"依法治理"工作。市以下一般是由主要领导、有综合职权的领导或秘书

长牵头负责普法，省里就只是主管政法的副书记，中央目前还没有设立跨部门的普法领导小组，只是在司法部设立了全国普法工作领导机构。浙江省的省委、人大、政协都很支持普法工作，但代替不了体制的理顺问题。浙江省地市一级往往是党委一把手兼任"依普"领导小组的负责人，而由党委秘书长或政府秘书长任"依普办"主任，便于协调。这种做法值得推广。

普法机制不健全，还表现在制约机制、监督机制、保障机制不够健全和完善。一些基层普法单位对普法工作仅停留在完成了教材发行任务，有一定量学法记录和学法笔记，没有真正把普法工作落实到日常工作中，甚至根本就没有制约、监督、保障的机制，学习好的单位年终发个奖状（牌），学习差的也同样过，存在学好学差一个样、学与不学还是一个样的现象。有的普法单位只是成立一个领导小组，发几个普法读本，无专门的办公室，也无专兼职的法律讲解员，既无长期详细的普法规划，更不用说落实普法的工作经费了。有人深有感触地说："普法重点要抓好两头，一是起动时要有声势，报纸上有字，电台里有声，电视里有影，柜里有本（学法笔记本）；二是验收时要有成果展，要有典型的人和事，要有好的现身说法者和汇报材料。"

其次，普法工作欠缺科学合理的评估体系。一些地方普法办曾制定评估标准，但往往是普法工作结束时才制定出标准，无法在工作中起到指导、参照作用。况且，每年普法都有新要点，先出评估标准可能无法预期到这些变化，如以前的普法工作没有中期检查，"五五普法"要求中期检查。此外，评估标准的量化比较困难，法制宣传部门的职权有限，无法在评估标准中设计其他部门的职责范畴。目前，普法工作未纳入领导考核体系，对地市县领导约束不大，领导考核中也有软指标，但普法工作未纳入其中。普法的奖励机制也有待健全，司法部五年评一次先进集体和个人，只是精神鼓励，欠缺物质奖励和待遇激励措施。

再次，普法经费投入缺乏机制保障，因地方发展不平衡，县市之间的差异很大，城乡差别也很大。即使是普法经费投入在全国范围属于较高水准的浙江省，前二十年省里在普法规划中对普法经费也无硬性要求，而评估验收时却有这一指标。"五五"普法中浙江要求区县级财政人均不少于

0.30元人民币，市级和省级财政的指标，原来想省人均0.10元，市人均0.20元，由于财政部门不同意，未能通过。

复次，法制宣传和依法治理相比，欠缺平衡。法制宣传发挥作用较好，但依法治理的工作相对较弱。这反映了法治建设中宣传硬、实施软的问题尚未得到根本解决。在具体的法治建设实践中，民主法治村和民主法治社区建设工作较实，而行业和部门的法治建设则相对不足。没有从加强法制宣传教育是提高党的执政能力的客观要求、是构建社会主义和谐的内在要求、是社会主义市场经济健康发展的重要保障、是实施依法治国基本方略的重要基础工作的高度来认识，从而导致敷衍了事。

另外，尽管法制宣传相对较好，但人们对普法和法治的认识深度还不够。从"一五"普法到"四五"普法其对象主要是行政司法和企业管理者，以及青少年和基层党员干部，但并没有使他们从思想上充分认识到法律在政治、经济、社会和生活中的权威，没有从思想上树立起法律的理念和信仰，在现实生活中一提到法，好像都是政法各机关的事，与我们老百姓无关，只要自己不违法就行了，没有想到如何用法律维护自己的合法权益，很多时候是自己犯了法还不知是怎么回事。

最后，传统的普法方法已经用尽，缺乏创新，工作人员厌战，长期从事普法工作的同志尤甚。有的同志反映，"五五"普法还是缺乏实东西，在"人治范围内搞法治，用人治的方式推动法治"。随着社会发展，人们对法的需求提高了，自觉学习法律的积极性也提高了，不见得是普法的功效，涉及利益时学法、用法的积极性更高，而法律途径是否能够给予人们法律救济，有关部门是否真能依法办事，对法治的信用影响最为关键。有同志提出，普法宣传二十年，还不如执法、司法部门的一个行为影响。群众不看我们如何说，而看具体部门如何做。只有群众真正看到了法治的实行，才会真正信服和自觉遵守法律。因此，普法教育、法制宣传必须与依法治理和依法行政有机结合。到目前普法的新方法主要是利用互联网、电视台的法制栏目。普法网站现有60多个，内容涉及电子政务、法制新闻、法治动态、新法规、法制建设经验交流、网上互动、律师在线等。但是，农村由于网络不普及，专门网站登录率较低，相比之下，电视的影响更大些，只是电视台的法制节目存在很多问题，甚至有时还容易误导群众，需要在今后的法治宣传中加以改进。

（二）领导干部学法用法过程中存在的问题

在普法教育对象方面，以普通公务员、学生、外来人口等为对象的普法措施比较得力，而领导干部的法治意识和知识积累则不实。某些省份一年中法治讲座、法律考试没几次，学法更难考核。浙江省"三五"期间曾设想对处级以上干部进行考核，但被否决。由于缺乏硬性指标和考核约束机制，领导干部学法全凭自觉。据普法工作主管部门反映，在学法用法方面，越往基层越好，县里比市里好些，市里比省里好些。经过二十年的普法努力，地方各级领导干部学法、用法实践取得了长足的进步，创造了许多学法的新经验，涌现了许多学法、用法的典型。但是，我们仍然要清醒地认识到，目前领导干部学法还存在一些问题，并已经成为制约一些领导干部领导才能发挥的瓶颈。

1. 学法缺乏系统性

由于法制建设的发展，我国业已建立起较为复杂的法律体系，法制宣传教育的主管部门以及领导干部学法的组织者，往往感到难于确定学习重点、理清知识头绪，加之领导干部学法随意性大，往往因领导的主观意志和注意力的改变而改变，有时还存在盲目跟着形势跑、一股脑儿往热门话题挤的现象。因而造成法制教育零敲碎打，饥饱不匀，缺乏计划性和系统性。领导干部学到的大多是部分的、零碎的知识，未能从整体的角度、系统的角度、全局的角度领会法律的精神。

2. 学法缺乏灵活性

一直以来，领导干部如何学法成为老生常谈的话题。"领导干部学法年年搞，年年老一套"，学法缺乏创新，教育形式单一，习惯于"一本教材、一次培训、一张试卷"的传统教育方法。教育缺乏应有的吸引力和号召力，未能真正成为广大干部的内在需要。一方面，固然有体制、机制上的原因，另一方面，也与教育方法乏术有关。

3. 学法缺乏制约性

虽然规制领导干部学法的制度很多，但在具体操作过程中还是有很多问题。表现为参加法制讲座随便，检查督查通报制度未能及时跟上；参加法制培训应付，时间难以保障；有的甚至出现学法考试请人代笔，学法文章请人捉刀等现象。学法考核，与干部的任免、晋升挂钩，仅体现在纸面上，缺乏可操作的东西，对不参加普法学习或学法考试不合格的干部，缺少具体的处罚办法，学法的权威性未能真正树立。

4. 学法缺乏自觉性

领导干部学法，很大程度上依赖于自觉自愿。如果认识问题不解决，为谁而学就会变成"要我学"。领导干部自身学法缺乏自觉性，被动应付，搞形式主义，其"榜样"的负面作用往往会影响全民学法的积极性。上梁不正，下梁必歪。从目前情况看，还有相当一部分领导干部对学法的重要性、必要性认识不足，采用实用主义哲学，法律成了一些人对付别人的工具和挡箭牌，对己有用，采取"拿来主义"，对己无关，则"不闻不问"。

（三）农村普法存在的问题

目前在广大的基层农村，很多基层单位干部对普法工作的重要性和紧迫性认识和重视不够，上级安排普法工作，各级机关或单位往往仅限于召开一个动员会，传达普法精神，发个文件，制定一个普法计划，成立一个办公室，主讲一堂法制课，或者进行一次法律咨询，开展一次法律知识竞赛，搞好一次法律知识考试，整理一堆普法档案，没有在真正意义上深入人心，缺乏实际有针对性、现实有实用性、前瞻有教育性的法律法规学习。一些地方法制环境不佳。由于受长期的封建主义影响，"人治"思想根深蒂固，尤其在基层农村，普遍认为经济发展是硬指标，是重中之重的大事，普法是软任务，可有可无。还有的基层干部甚至认为，大家都知法懂法了，干部的工作会更难做了，再者就是权大于法、钱大于法、人情大于法，"关系法"在基层更为突出。人们无不感慨地说：苦心学好法、不如领导一句话，法律难以保护自己，金钱满身都是法。群众反映普法说起来重要，抓起来很有必要，就是不落实到实际工作中去，导致农村普法教育流于形式，难收实效。

山区农民居住分散，信息不畅，山大林密，一些地方实行农村合村并组后，村组规模较大，形成点多、线长、面广的局面。村、组干部职数减少，且身兼多职，农村普法教育又没有纳入年度量化目标考核，只是一项软指标，没有落实到具体人，责任不明确。普法经费无保障，普法经费包括培训费、办公费、资料费等费用未纳入村级年度开支预算，使普法教育成了无米之炊，导致农村普法工作任务难以完成。农村人口特别是山区农村人口文化素质偏低，加之缺乏相关的学习资料，部分农民自觉学法和自觉守法的习惯尚未形成，对法律条令理解不深，遇事无理取闹，胡搅蛮缠。一些农村地区大部分青壮年劳动力外出务工经商，剩下的仅是"386199"（即"38"妇女、"61"儿童、"99"老年人）成员，导致普法对象难集中，普法教育难落实，制约了普法工作的开展。

一些地方普法工作中法律法规选择不当。除《宪法》《婚姻法》《刑法》《民法通则》等与人们生活休戚相关的法律常识外，"一五"至"四五"在普法教材的选择上有不切合实际之处，如有的村镇根本没有森林却硬性统一要求学《森林法》，还要求所有的基层干部都要学习《国际法》《国际经济法》，从而导致不是真正意义上的学法用法，而是一种形式、一种应付差事。无论实用不实用，都是全省或者是较大范围的统一指定教材，无论是检查、考试都是教科书上的内容，使公民失去了学习的兴趣。

相当数量的农村普法骨干知识水平偏低。农村法律服务人员素质不高、形象欠佳、缺乏竞争实力。在农村法律服务工作起步和发展时期，因为工作的需要、就业的需求和可观经济收入的吸引，一些不适应、不适合做法律服务工作的人员也随之涌进了农村法律服务队伍。以浙江省某县为例，虽然经过不断的培训提高和竞争淘汰，现有农村法律服务人员中大专以上学历的有21人，占52.5%；法律大专的仅有15人，占37.5%，其中第一学历为法律大专的不足10%。这些人员中有的是退休后无事可做的，有的是毕业后无业可就的，有的是被其他行业淘汰的。农村普法水平的高低，普及程度如何，某种程度上取决于普法讲解员（普法骨干）对法律条规、条文释义的理解和讲解能力。由于一些农村普法骨干文化水平较低，语言表达能力较差，对法规的含义领会不清，甚至是一知半解，有的只是参加了两三次的短训班就现学现卖，或照本宣科。讲解法律常识本身就枯燥无味，加之其讲解不生动，又无典型案例作引导，学员就更加不想听，不想学，从而导致普法流于形式。

农村普法具体操作艰难。主要表现在普法教材难落实,上级分配给基层单位的教材数额大多难以完成,或是发行数完成不了,或是完成了具体的册数,买材料款又难以收缴,即使是完成了分配的教材任务和教材款,平时的工作经费又没有着落。再者就是每个五年普法规划之初,一些地方虽然成立了领导小组,组建了工作专班,到头来均烟消云散,普法的机构成了纸上谈兵,宣传的工具设备更是陈旧不堪,急的是具体操作者,基层百姓觉得无所谓。与此同时,还存在普法对象难集中、学法时间难安排、法律条文难理解、普法档案难整理等一系列问题。

以上还只是农村普法存在缺陷的表面现象,真正的深层次问题应是治国理念和社会发展方式的问题,需要通过反思农村近三十年的法律实践,来探讨农村普法工作中应采取的有效措施。

总之,浙江省20年的普法教育取得了较好的成绩,但也存在一些问题,需要在新的普法阶段予以解决。2006年是"五五"普法启动年。浙江省将在实施普法规划中继续探索、开拓创新,以20年普法依法治理经验为基础,加强组织领导,突出实效性、针对性,推动基层民主法治、推进政务公开,把依法治国的基本方略扎扎实实地贯彻到治理的每一项行动中。

(参见法治蓝皮书《中国法治发展报告 No.5(2007)》)

第十五章 宁波市社会管理创新
调研报告

摘　要： 宁波市将社会管理创新与平安宁波和法治宁波的建设紧密结合，近年来，从完善社会管理格局、提升社会管理效能、保障改善社会民生、维护社会稳定大局等各方面，积极探索和实践社会管理创新工作，取得了一定成效。本报告分析了宁波在社会管理创新方面的各种制度设计和实践，并就加强社会管理创新工作的思路进行了探讨。

宁波是中国东南沿海的重要城市，1984 年被列为 15 个全国首批对外开放城市之一。改革开放给宁波带来了巨大的机遇和经济的快速发展，也给宁波的社会发展和社会结构转型变迁带来了深刻影响。经济发展对于原有的社会管理模式提出了严峻挑战，为了应对这些挑战，在中央政府开始启动和推动社会管理创新进程之前，宁波下属各个区县就开始了不同领域的社会管理创新实践。近年来，宁波市从整体上把创新社会管理作为推动经济社会协调发展、实现地区长治久安的战略举措，创新社会管理理念思路、体制机制、方式方法和手段载体，2004 年启动"平安宁波"，2006年启动"法治宁波"创建工作，探索社会管理创新的宁波模式，寻求经济社会的平衡发展。

一　宁波社会管理创新的思路和总体布局

2010 年，宁波被浙江省委、省政府确定为全省社会管理创新综合试点城市，被中共中央政法委员会、中央社会管理综合治理委员会确定为全国 35 个社会管理创新综合试点城市之一。其社会管理创新的思路和总体布局主要表现在以下几个方面。

（一）与"平安宁波""法治宁波"建设相结合

在全面启动社会管理创新试点工作之前，宁波市委根据浙江省委建设"平安浙江"的重大决策，于 2004 年作出《中共宁波市委关于建设"平安宁波"的决定》，确保宁波在发展经济的同时，社会能保持稳定与和谐。为了推动依法执政和行政管理体制改革，根据浙江省委建设"法治浙江"的安排，2006 年，宁波市委出台了《中共宁波市委关于建设法治宁波的决定》，其核心是有效地转变政府职能，建立依法行政、高效廉洁、公正透明的法治政府，保障公民、法人和其他组织的合法权益。通过规范行政执法机制，深化行政审批制度改革，完善信息公开，改进政府管理服务方式，全面推动宁波法治政府的建设。这和宁波社会管理创新融合在一起，通过社会管理创新来改变政府管理服务方式，培育社会组织和转移政府的部分职能，推动法治政府的建设。这两项工程虽然侧重点不同，但与社会管理创新有许多交叠之处，可为社会管理创新营造良好的环境，社会管理创新又可以成为平安建设和法治建设的载体。

（二）总结和推广已有的社会管理创新实践经验

宁波经济体制改革起步早，发展速度快，较早地遭遇了社会发展和社会管理方式滞后对经济发展的负面影响。因此，宁波市对社会管理的理念思路、体制机制、方式方法和手段载体等等都进行了大胆探索和创新，许多基层政府也在不同领域进行了实践和尝试，形成了许多社会管理新机制。比如，宁波市建立了乡镇（街道）综治工作中心，逐步形成了基层社会管理网络；创建重大事项社会稳定风险评估机制，创新信访工作的方法，涌现了余姚市"五常法"、奉化市"3＋1"接访模式、江北区"网上党政接访平台"等不同信访模式；完善了社会治安防控机制，海曙区公安分局研发了"社区警务 e 超市"信息平台；创造了服务不同人群，特别是针对外来务工人员的"1+17"模式；建立了公共安全监管体系，设立了"安全生产隐患排查治理信息平台"；推动了基层群众自治制度的完善，探索建立了"81890"社区综合服务平台；等等。已有的经验为全面推进社会管理创新和构建新型社会管理体系奠定了基础。

（三）全方位、立体的社会管理创新布局

宁波社会管理创新的思路都体现在对社会管理创新的整体布局上。根据 2010 年出台的《宁波市社会管理创新综合试点工作实施意见》，宁波把社会管理创新分解成八大体系，即协调社会矛盾的"多元社会矛盾调处体系"、维护社会秩序的"动态化社会治安防控体系"、服务于全体市民的"社会化公共服务保障体系"、服务于特殊群体（外来人口）的"人性化实有人口管理体系"、技术层面的"系统化综合信息管理体系"、法治层面的"法治化有序规范体系"、着眼于城市整体管理的"现代化新型城市管理体系"、动员多元化主体参与社会管理的"集成化社会力量联动体系"。同时，宁波市还重点开展了 12 项重点项目，即基层社会服务管理模式、社会管理综合信息系统、社会矛盾联合解决机制、外来务工人员服务管理体系、公共安全基层监管体系、重大事项信访维稳风险评估与预防化解保障制度、网络社会综合监管体系、县域社会治安动态防控体系、新经济组织管理服务机制、新社会组织培育管理机制、城市管理综合执法机制、社会公共服务平台，形成了全方位、立体化的社会管理创新总体布局。

2011 年 7 月，宁波市委在总结社会管理创新试点工作的情况下，出台了《中共宁波市委关于进一步加强和创新社会管理的决定》，重新调整了宁波市社会管理布局，提出要"着力完善一个格局、建立健全四项机制、加强和创新十大体系"。"一个格局"是强调多元主体参与社会管理的社会管理格局，"四项机制"是民生保障和改善机制、科学决策和社会稳定风险评估机制、群众利益诉求表达机制、社会矛盾纠纷调解机制，集中于保障民生和维护社会的稳定和和谐。新的"十大体系"和原来"八大体系"明显不同的是，新的"十大体系"从原来的"管理"转为"服

务管理"，主要包括社会治安防控体系、公共安全和应急管理体系、流动
人口和特殊人群服务管理体系、非公有制经济组织服务管理体系、社会组
织服务管理体系、网络社会服务管理体系、新型城市服务管理体系、基层
社会服务管理体系、社会管理环境建设体系。经过创新试点，宁波的社会
管理理念已经发生了改变，不再仅仅局限于原来的管理，而是更多强调政
府的服务角色，"服务"在"管理"之前，这和创建服务型政府的理念是
一致的。

二　宁波社会管理创新的探索与实践

宁波从 2010 年成为浙江省和全国的社会管理创新试点以来，在完善
社会管理格局、保障改善社会民生、提升社会管理效能、维护社会稳定和
谐方面进行了积极探索。

（一）完善社会管理格局

完善社会管理格局，是社会管理创新的核心内容，其根本就是培养多
元的社会管理主体结构，形成"党委领导、政府负责、社会协同、公众
参与"的社会管理格局。

1. 加强社会组织的培育

宁波市各级党委政府在社会管理创新中注重培育和发展基层社会组
织，发挥其协同参与社会管理和公共服务的作用，在构建社会管理的多元
主体和推动政府与社会的互动方面进行了探索和尝试。根据宁波市民政局
提供的数据，至 2012 年初，全市经各级民政部门登记备案的社会组织
12710 个，已经基本形成门类齐全、层次不同、覆盖广泛的社会组织体
系，成为主体性力量参与到基层社会管理和服务领域的方方面面。社会组
织的发展，为人们参与社会管理提供了多元化的选择和途径，减轻了基层
政府组织的压力。

首先，建立区域性社会组织服务中心（联合会），探索发展"枢纽
型"社会组织。2010 年 12 月，宁波市海曙区建立了浙江省第一个区域性
社会服务中心，作为政府与社会组织合作、转换的平台，采取"政府扶

持、民间运作、专业管理、三方受益"的运作模式，借鉴"创投"的理念，以"公益创投"的创新机制，通过资金、场地、项目和技术支持等方式，"孵化"公益性社会组织。

其次，建立政府购买社会组织服务的机制。这一机制解决了公共服务制度的统一性与社会需求多样性的矛盾，为社会提供更多、更精细的公共服务产品。鄞州区首南街道成立了"社会公益促进中心"，2010 年出台了《首南街道社区志愿服务团队规范化管理和扶助办法》，探索政府向社会组织购买服务项目机制，对社会组织开展的扶老、助残等社会公益项目进行资金补助。据宁波市民政局统计，截至 2012 年初，宁波市级和海曙、江东、北仑、镇海四个先行区共投入资金 630 万元，向社会组织购买社会服务项目 300 个。宁波还大力推广和发展新老宁波人融合性组织，全市共建成融合性组织近 2000 个，其中外来人员集中居住百人以上的村、社区和企业的创建率达 100%。

2. 加强城市农村社区自治

宁波健全城乡社区自治组织体系，积极探索基层社区治理新方式。宁波全市城市社区和行政村形成了"1+3"的基层社会管理新体制，以社区（村）党组织为核心，社区居（村）民会议及其代表会议、居（村）民委员会和村务监督委员会（社区共建理事会）分别行使决策权、执行权和监督评判权，相互监督，相互制约。

宁波市还在全市推行社区（村）党组织"公推直选"，社区居（村）民委员会的"自荐直选"，推进社区居（村）民自治。截至 2012 年底，宁波已经成为全国首个城区社区全部实现直选的城市；在农村则全面推行了"自荐直选"、村干部创业履职承诺制度、选举观察员制度、自荐人（候选人）回避制度等，创新了基层民主选举制度。

3. 培育志愿者队伍，建设志愿者服务网络

宁波市从 1994 年就开始着手培养志愿者队伍，1998 年就成为全国第一个进行志愿者队伍系统化开发的城市。到 2012 年，宁波市已经培养了城管义工、消防志愿者、平安志愿者、禁毒志愿者、巾帼志愿者、应急救援志愿者、网络文明传播志愿者等各类志愿者服务队，并在此基础上建立了市、县（区）、乡（街道）、社区四级志愿服务组织网络体系。宁波还组建了全国第一个外来务工人员志愿者总队，外来务工人员注册志愿者将近2万人①。

（二）提升社会管理效能

建立健全社会管理体制、改进社会管理方式、完善社会管理手段、提高社会管理效能，是宁波市社会管理创新的主要目标之一。过去，政府部门对于自己的角色和位置认识不清，有关社会管理的法规不完善，社会管理效能受到极大制约。通过社会管理创新，明确了政府部门的职责和角色，动员包括非政府组织在内的社会力量参与社会管理，创新不同的公共服务模式，极大地提高了宁波市的社会管理效能。

1. 健全重大行政决策的公众参与制度

重大行政决策事项与社会公众的切身利益密切相关，因此政府在决策前有必要听取和采纳公众的意见和建议。这一方面有助于提高行政决策的正确性和可行性，另一方面有利于增强公众对行政决策的认可度和接受度，从而为行政决策的贯彻落实和做好社会管理创造良好氛围。宁波市在重大行政决策的公众参与方面主要进行了三方面的制度设计。其一，向社会公布重大行政决策草案，广泛征求意见。其二，采用座谈会、协商会、咨询会等方式充分征求社会各界、党派团体和群众代表的意见。其三，对一些重大行政决策采取公众听证的制度。

2. 网格化管理、组团式服务

根据浙江省委要求全省推行"网格化管理、组团式服务"的要求，宁波市建立了以党建为核心、区域管理服务为依托、团组管理服务为基础、志愿者奉献服务为补充的"区域化管理、组团式服务、志愿者奉献"的工作机制，把党组织建在网格、力量集中到网格、任务落实到网格、问题解决到网格。2011年以来，宁波全市已划分网格1.1万个，确定网格管理员1.5万名，并组建了各类服务团队1.2万余个，成员15.34万人，开展了组团式、订单式多元化服务，初步形成了"管理到户、服务到人"

---

① 中共宁波市委政法委：《从试点城市到样板大都市的跨越——宁波市社会管理创新综合试点工作的调查》，《政策瞭望》2012年第9期。

的工作格局①。

3. 依托"智慧宁波"建设，实现各方信息共享

当前，部门间和部门内普遍缺乏信息交流和分享系统，各部门处于信息孤岛状态，影响信息共享和社会管理的效能。为此，宁波市依托正在开展的"智慧宁波"建设，推动各部门之间的信息共享机制。宁波市在党政机关内部建立了统一分享的信息平台，健全了以行政服务中心为基础的行政服务网络，实施"数字城管"建设，整合和共享规划、公安、城管等部门信息，建立新城区地理信息系统和城市管理监督指挥中心。

4. 建设"81890"公共信息服务平台

"81890"公共信息服务平台是宁波行政服务网络管理创新的一部分，创建于2001年。该平台借助热线电话及其服务平台的整合，由政府提供公共运作成本，无偿为市民、企业提供全方位的需求信息服务，以社会化、多元化的方式优化了政府公共服务的供给能力、供给水平和公共治理绩效，形成了"政府搭台、市场运作、社会参与"的公共服务模式。

5. 城乡"社区警务 e 超市"

宁波依靠信息化提升社会管理效能的另外一个例子，是通过构建城乡"社区警务 e 超市"，建构了信息时代背景下实有人口动态服务管理需求的有效途径，并在宁波全市铺开了公共安全监管网。"社区警务 e 超市"信息化应用系统，是由宁波市公安局海曙区分局从2005年开始开发的。"社区警务 e 超市"以实有的房屋与实有的人口管理信息对接，在"e 超市"上搭建对应现实社区的虚拟社区，将现实社区和虚拟社区的管理实现同步，全警采集和全警共享所有信息，并以准三维建模电子地图实现了人口信息在空间地址中的直观简便表达。这套应用系统打破了人口管理与服务中只"盯人"的传统模式，创造性地实施"以房管人""以房管业"的办法，加上计生、民政、工商等信息有效整合、高度共享，增强了政府和公安机关服务群众的主动性和及时性，开辟了人口信息化管理的新途径。

---

① 《宁波全面推进"网格化管理、组团式服务"工作》，江东新闻网，http://jdnews. cnnb. com. cn/system/2012/04/29/010276363. shtml，2012 年 4 月 29 日。

（三）保障改善社会民生

在社会管理创新中，宁波市认为只有解决民生问题，才能够从源头上减少社会问题的诱因。维护社会的安定和秩序，必须始终坚持民生优先、服务优先的理念，把加强公共服务体系建设，提高基本公共服务均等化，作为社会管理创新的基础。宁波近来新增财力的70%都用于改善民生，最近五年计划投资925亿元实施80个重大项目，重点推进"八大富民工程"[①]。

1. 政府购买居家养老服务

随着城市化和老龄化的发展，传统的家庭养老已经无法应对庞大的养老需求，而机构养老也不能满足老年人对于情感抚慰和身体照料的双重需求。宁波市海曙区在实践中形成了政府购买居家养老服务的模式。

海曙区是宁波的中心城区，截至2012年底，60岁以上老年人占全区总人口的比例高达19.8%。2004年3月，海曙区政府在17个社区试点居家化养老服务，2005年3月，在全区65个社区中全面推行"政府购买服务"这一新型养老服务模式。

海曙区居家养老项目实行的是"政府扶持、非营利组织运作、社会参与"的运作机制。由海曙区政府每年出资200万元，向非营利组织购买居家养老服务，再由社区落实居家养老服务员，每天上门为辖区内的老年人提供服务。服务人员主要是来自社区的就业困难人员，服务内容包括生活照料、医疗康复、精神慰藉等。与此同时，社区还招募了一部分义工为老年人提供服务。

海曙区的"政府购买居家养老服务"模式，满足了老年人的多样化和精细化需求，减轻了政府的财政压力，提高了政府的公信力，增加了社会福利的供给总量，形成了政府、非营利组织、社区基层自治组织、公众多方共赢的格局。

2. 创新外来人员服务管理模式

由于经济的快速发展，宁波是外来务工者在东南沿海的主要聚居城

---

① 中共宁波市委政法委：《从试点城市到样板大都市的跨越——宁波市社会管理创新综合试点工作的调查》，《政策瞭望》2012年第9期。

市。《宁波市人口发展报告》显示，2011 年底，宁波全市登记外来人口429.84 万，外来务工人员总数为 361.58 万人，占全市劳动力人口的49.27%。外来务工人员规模大，流动性强，思想活跃，需求多样，对宁波的社会管理提出了严峻挑战，也是宁波在社会管理创新中要突破的重点和难点。

2007 年，宁波市委、市政府出台了《关于加强外来务工人员服务与管理工作的意见》（甬党〔2007〕15 号文件），随后进一步出台了有关外来务工人员的社会保险、劳动合同、义务教育、积分落户、志愿者服务等19 项配套政策，形成了外来人员服务管理的"1+19"政策体系，推动外来人员的本地化管理，创新了流动人口的社会整合机制。

为了吸引更多"优秀蓝领"在宁波扎根，2009 年，宁波率先在江东区和余姚市试点了外来务工人员积分落户政策，并于 2010 年在全市所有县、市、区推广。积分落户的测评指标包含技术创新、职业资格、担任职务、素质提升、荣誉称号、社会公益、企业认可等 7 大类，共 150 分。申报者只要符合一定的基础条件，且积分达到 100 分，就能落户宁波，享受与宁波市民一样的福利待遇。为了增强政策吸引力，2010 年宁波市人民政府办公厅公布了《宁波市外来务工人员积分落户暂行办法》，降低了落户的"门槛"，缩短了落户申报时间并大大简化了手续，政策适用范围进一步扩大。

推动外来务工人员参政议政。宁波市先后推荐优秀外来务工人员担任各级人大代表、政协委员、小区民意代表甚至基层干部，推动外来务工人员参政议政，让外来务工人员有表达自己意见和想法的渠道。2010 年底，宁波已产生 61 位国家级和省级优秀农民工，230 余位市级优秀外来务工人员，16 名全国、省、市及县人大代表和政协委员，200 余万外来务工人员加入工会组织。

建立基层和谐促进会，让外来人员参与对外来人员的管理和服务。为了促进外来人员融入宁波社会，促进新老宁波人沟通融合，解决本地人在管理服务于外来人员时沟通不畅、效果不佳等问题，2006 年 4 月，宁波慈溪市五塘新村建立了全国首个村级和谐促进会，吸收外来务工人员进入促进会，为新老村民提供沟通交流的平台，推进新老村民参与自我管理和自我服务，为新老村民提供服务，促进彼此融合。

2007 年，宁波在全市推广五塘新村经验，大力培育村级和谐促进会等社会融合组织，在全市农村、城市社区、规模企业和外来人口集中居住区四个层面形成基层和谐促进会、和谐促进小组、和谐促进员三级网络，吸收外来人员参与基层的管理和服务，既更好地为外来务工人员提供了急需的服务，又更有效地促进了外来人口融入当地。

（四）维护社会稳定大局

面临着经济社会转型带来的各种社会矛盾、社会冲突和社会风险，宁波社会管理创新的一个重要目标就是化解各种矛盾，消解各种风险，维护社会稳定。为此，宁波着力构建科学决策和社会稳定风险评估机制，健全群众利益诉求表达机制，建立社会矛盾调处机制，深化基层和谐促进工程，创新社会治安防控体系，加强和完善公共安全和应急管理体系。

1. 重大事项社会稳定风险前置评估

近年来，宁波市注意到一些重大事项有时会引发一定的社会风险，因此，决定把建立"全面推进重大事项信访维稳风险评估与预防化解保障制度机制"作为推进社会管理创新的一项重要内容。为此，宁波市在前期调研基础上选择了余姚市进行试点。试点过程中，余姚市对在经济社会快速发展过程中涉及群众切身利益、有可能引发不稳定因素的重点建设工程、重大活动、重大决策和其他重大事项进行社会稳定风险评估，预判可能发生的社会风险，分析其源头，从根本上预防和减少不稳定因素。

余姚市在试点过程中，实行了社会稳定风险的前置审批。其主要做法是，市发展和改革局在重大项目立项时，把社会风险评估作为前置条件。凡是政府投资的工程项目，申请单位除了提供常规报批材料外，还需提供详尽的"社会稳定风险评估报告"，否则不予立项。

试点一年半后，宁波市全面推开了这一做法，下发了《宁波市重大事项社会稳定风险评估办法（试行）》（甬党办发〔2009〕104 号）《宁波市深化推广重大事项社会稳定风险评估工作实施方案》（甬社管〔2012〕1 号）。评估范围不限于原来风险多发的重大工程，而是扩展到重大决策和重大活动等，将对存在重大维稳风险的事项实行"一票否决"。

2008 年，宁波还开始将社会稳定评估外包给中介机构。

宁波的重大事项社会稳定风险前置评估，实现了从"被动维稳向主动维稳"的转变，从源头上预防、减少了重大事项决策、执行和实施过程中引发的社会矛盾和不稳定隐患。

2. 创新医患纠纷调处机制

医患关系紧张是当前中国的普遍现象，既影响患者的合法权益，也不利于社会稳定。宁波市针对全市医疗纠纷逐年上升的问题，于 2008 年颁布实施《宁波市医疗纠纷预防与处置暂行办法》，2011 年颁布实施《宁波市医疗纠纷预防与处置条例》，在医患纠纷中引入调解和保险理赔机制，以宁波市医疗纠纷人民调解委员会和宁波市医疗纠纷理赔处理中心为核心，形成第三方调处机构，把矛盾从医院内冲突转移到院外调解，引导纠纷在法律框架下解决，实现了患者、医院、保险、政府、社会等方面的"多赢"。

3. 基层和谐促进工程

宁波从"平安宁波"的建设开始，推动基层平安建设，加强基层基础建设。自 2008 年起连续两年由宁波市委办公厅、市政府办公厅下发指导意见，在全市从城市社区、农村、企业和外来人口集聚地四个不同层面，创建基层和谐促进会、和谐促进小组、和谐促进员三级网络，全力推进基层和谐促进工程。借助基层和谐促进会这一载体，组织开展了一系列共治共享、融合促进的活动，形成了本地居民和外地居民共同建设美好家园的和谐局面，实现"社会管理终端化、诉求解决初始化"，受到新老宁波人的一致好评。

4. 创建和谐企业

宁波市非公有制企业的比重超过一半，大量企业都属于中小企业。随着经济社会的深刻转型，劳动者维权意识的增强，宁波劳资冲突纠纷也时有发生。因此，宁波市委市政府一直致力于发展和谐劳动关系，深化和谐企业的创建工作。

2007 年 5 月，宁波市委市政府决定在全国率先开展和谐企业创建工作，推动宁波企业自觉遵守劳动法律法规政策，积极履行企业社会责任。2011 年，以"梯度评价、三级联创、联动考评、激励约束、制度保障"为主要内容的和谐企业创建工作体系逐步形成。和谐企业创建构建了劳动权益保障机制、工资支付保障和协商增长机制、劳动争议社会化调处和心理服务机制、外来务工人员服务机制和企业文化培育机制，形成了劳资矛盾高效经济便捷的化解渠道，促进了和谐劳动关系的形成，确保了职工队伍和社会的稳定。

5. 健全联调、联处机制，深度化解社会矛盾

为妥善化解社会纠纷，充分贯彻调解优先的原则，实现案结事了，促进经济社会又好又快发展，宁波市中级人民法院和宁波市人民检察院联合发布了《关于民商事抗诉、申诉案件联合调处、调解的实施意见》，对在本市辖区内有重大影响的案件，疑难复杂案件，涉及社会稳定的案件，其他有必要联合调处、调解的案件，实现人民法院和人民检察院的相关人员共同协作、相互配合，做好案件当事人或者案外人的和解、撤诉、调解及协调处理工作。

为进一步发展法院调解工作机制，宁波市的基层法院在总结经验和不足的基础上，积极探索诉讼与非诉讼对接机制。首先，加强对非诉讼调解工作机制的宣传，促使各法院和各具体承办法官加大力度对案件进行调解，想方设法化解民众纠纷。其次，强化立案前调解的力量，以法院在编人员为主，结合外聘人员等，专门负责立案前调解工作。再次，明确非诉讼调解协议的强制执行效力，以充分调动立案前调解的积极性和立案后委托调解与协助调解的积极性。最后，科学设置非诉讼调解工作机制，确保非诉讼调解工作的简便易行。

6. 实行法治促进员制度，加强普法和纠纷化解工作

"基层法治促进员"是宁波市近年来为有效化解基层矛盾、维护社会稳定而创设的政法干部"下基层"制度。2009 年 8 月，宁波市江北区率先试行基层"法治促进员"制度，选调政法干警进村入户，排查化解矛盾，推动农村民主法治建设。2010 年 6 月，宁波市在全市范围内推广基层"法治促进员"制度。截至调研时，全市基层"法治促进员"增至1843 人，进驻单位增至 2150 个。基层"法治促进员"的主要职责是掌握社情民意，宣传政策法律，化解矛盾纠纷，指导民主法治，推进社会管理。近年来，宁波市推行的基层法治促进员工作机制在增强公众守法用法意识，促进社会和谐方面取得了显著成效。

三 宁波社会管理创新的启示

2006 年以来，宁波市经济一直保持较快增长，除 2009 年外，均保持在 10% 以上。2011 年，工业增加值增长 11.9%，达到 3004.8 亿元，跃居全省第一。经济高速稳步发展的同时，宁波市还实现了社会事业的同步发展。2011 年，教育、社会保障和就业、医疗卫生支出分别增长 31.8%、70.3%、28.9%。而且，全市居民收入不断提升，促进就业成效明显，农民生活不断改善，城乡差距不断缩小，社保覆盖面继续扩大。2011 年城乡居民收入差距由 2010 年的 2.115：1 缩小为 2011 年的 2.062：1，年末城镇登记失业率为 3.44%，均远低于全国的平均水平。全市社会稳定得到较好维护。2011 年全市共受理群众来信总量 4285 件，来访总量 31847人次，比上年分别下降 47.3 个百分点和 8.6 个百分点，接待群众集体上访 17933 人次，下降 6.6 个百分点，近几年信访办结率均保持在 95% 以上。宁波一度较少发生重大恶性群体性事件，甚至少有企业主因欠薪而跑路的情况。

当然，宁波市的社会管理也并非一帆风顺。2012 年，宁波市因中国石油化工股份有限公司镇海炼化分公司年产 1500 万吨炼油、120 万吨乙烯的扩建工程引发群众集体上访事件（又被称为"宁波 PX 项目"）。当地政府上马该项目是为了发展经济、造福当地百姓，且项目工程也严格履行了法定程序，特别是当地政府还有重大决策公众参与机制、社会风险评估机制等一系列措施。但还是引发公众不满，政府公信力受损，项目被迫停止推进，形成了政府、公众、项目运营投资方多方皆输的局面。

宁波市社会管理创新的成就与问题、经验与教训，给各地加强社会管理创新提供了新的视角，即重视和加强法治，完善社会管理创新的制度机制，加大社会支出，强化对社会管理多元主体的培育，转变政府职能等都不可缺少，但更重要的则是处理好以下几方面问题。

首先，处理好政府管理与尊重公众意愿的关系，发挥公众的主体作用。公众是国家的主人、地方的主人，有其自己的立场，有自己的意愿，且有能力对关系自身利益和本地发展的事项作出理性的判断。因此，即便管理者有良好的初衷，希望造福一方百姓，也不应将政府管理与尊重公众意愿对立起来，甚至无视公众的意愿，以管理者的意愿代替公众的意愿。并且，政府管理已经不能再局限于对经济社会和相对方的单纯管制、限制，而应更多地转为鼓励、引导和服务，只有将管理寓于服务中，才能真正做好社会管理。

其次，强化和落实对公众的说明义务。在加强社会管理中需要尊重公众的主体地位，强化政府与公众的沟通机制，让公众知晓政府管理的各种信息。为此，必须切实落实政府信息公开制度，保障公众的知情权，将政府决策的各种相关信息全面提供给公众，杜绝选择性公开，向公众详细说明社会管理的目的、方式、方法，赢取公众的理解信任，消除因公众不理解带来的执行阻力。

再次，积极回应和充分反映公众诉求。创新社会管理，提高管理实效，不仅要杜绝政府管理缺乏公众参与的状况，更应当防止公众参与流于形式。无论是重大决策中召开座谈会、听证会，公开征集意见，还是一般管理中听取公众的意见、建议和各种诉求，都必须落实到对公众的回应和在管理中对其诉求的反应。

中国共产党第十八次全国代表大会报告提出，应就经济社会发展重大问题和涉及群众切身利益的实际问题广泛协商、广纳群言、广集民智，凡是涉及群众切身利益的决策都要听取群众意见，凡是损害群众利益的做法都要坚决防止和纠正。做好社会管理必须贯彻这一思路，处理好政府与公众的关系，维护政府的公信力，构建政府与公众良好的协作关系。

（参见法治蓝皮书《中国法治发展报告 No. 11 （2013）》）

第十六章 政府信息公开:"宁波现象"分析（2015）

摘　要: 宁波在公权力运行的阳光透明方面全面领先,在政府信息公开方面更是走在前列。本文梳理了宁波市政府信息公开的基本情况,总结了宁波市在打造阳光政府方面取得的成效及可资推广的经验。但宁波政府信息公开的深入推进仍有需要破解的一系列难题,未来还应在机构、人员、平台等方面予以改进。

推行政府信息公开,既是政府自我改革的重要举措,也是公众权利的基本保障。政府信息公开工作具有多重性,看起来简单,实际上千头万绪,其效果具有综合性。推进政府信息公开对于打造阳光政府、保障民众知情权具有积极作用,对于倒逼依法行政,打造守法政府、廉洁政府也有提升效果,对于打造服务政府,进而释放社会活力、促进生产力发展,都具有正面意义。

导论: 阳光透明的"宁波现象"

宁波,简称"甬",是浙江省的第二大城市,是具有制定地方性法规权力的较大的市,国务院批准的全国历史文化名城,也是浙江省对外开放的门户和窗口单位。2013 年宁波实现地区生产总值 7100 亿元,增长 8% 以上;完成地方财政收入 792.4 亿元,增长 9.2%①。

---

① 参见《政府工作报告——2014 年 1 月 7 日在宁波市第十四届人民代表大会第四次会议上》。

宁波的经济体制改革和其他各项领域改革在全省乃至全国都处于相对领先的地位。在公权力运行的阳光透明方面，呈现风景这边独好的"宁波现象"。全国不少地方在阳光政府、阳光司法、阳光检务等方面单项突出的情况并非罕见，但是在多方面均较为领先且相对均衡的情况并不多见。在中国社会科学院法学研究所开展的透明度指数测评中，宁波都跻身前列，数度夺冠，形成了具有鲜明特征的"宁波现象"。例如，在中国政府透明度指数测评中，宁波市政府连续多年名列前茅，2009 年、2010 年、2012 年排名第一，2011 年排名第六，2013 年排名第三，2014 年排名第二；在 2011~2014 年开展的司法透明度指数评估中，宁波市中级法院同样排名居前；在 2013 年和 2014 年浙江法院阳光司法指数测评中，宁波地区分别有 6 家和 5 家基层法院在全省跻身前 20 位；在 2013 年及 2014 年开展的中国海事司法透明度指数评估中，宁波海事法院连续两年独占鳌头。显然，阳光透明的"宁波现象"值得予以多视角地观察、剖析，这对于全国其他地方推行阳光政府、阳光司法等的全面、均衡、持续发展，不无借鉴意义。本报告根据 2014 年的调研情况，就"宁波现象"中的政府信息公开情况进行分析。

一　宁波市政府信息公开的基本状况

自《政府信息公开条例》颁布实施以来，宁波市积极主动推行政府信息公开工作，建立起较为完善的领导体制、工作机制，形成一套体现政府信息公开的内在规律和当地特色，且可操作性强的法规制度体系，大大提高了政府信息公开工作水平，在打造阳光政府方面走在全国前列。

（一）法规制度配套建设全面合理、奖惩有据

制度建设是做好政府信息公开工作的基础。《政府信息公开条例》的有效实施需要一系列的配套措施，为此，宁波市进行了一系列有益的探索。宁波市先后出台《宁波市政府信息公开规定》《宁波市政府信息公开指南和公开目录编制规范》《宁波市政府信息公开工作考核细则》《关于进一步做好政府信息公开保密审查工作的通知》等规章及规范性文件，

并据此建立起政府信息发布、保密审查、学习培训、考核表彰、责任追究等一整套完整的制度机制，确保政府信息公开工作有规可依，形成稳定长效机制，克服了实施的随意性。实践也证明了这套机制的合理性和有效性。

（二）主动公开信息，尽可能满足人民群众的信息需求

近年来，宁波市主动公开信息的领域、方式、内容不断拓展丰富，注重契合社会各界的需求。宁波市本级及各县（市）区主动公开信息呈现涉及面广、数量大、时效性强等特点。2013 年，市本级主动公开政府信息 16.13 万件，其中，行政审批、财政预算、保障性住房、食品药品安全、价格和收费等领域的规范性文件、重大决策与执法结果是其公开的重中之重（见表 1、表 2、表 3）。

表 1　2008~2013 年宁波市主动公开和依申请公开信息数量统计

年份	主动公开（万件）	依申请公开（件）
2008	11.06	136
2009	7.73	544
2010	8.93	644
2011	11.46	757
2012	13.31	1275
2013	16.13	1144
合计	68.62	4500

表 2　2008~2013 年宁波市市级部门主动公开和依申请公开数量统计

年份	主动公开（万件）	依申请公开（件）
2008	3.12	66
2009	2.64	255
2010	2.71	343
2011	3.24	420
2012	4.00	383
2013	4.14	324

注：数据由宁波市政府办公厅提供。

表 3　2008~2013 年县（市）区主动公开和依申请公开数量统计

单位：件

县（市）区	2008 年		2009 年		2010 年		2011 年		2012 年		2013 年	
	主动	依申请	主动	依申请	主动	依申请	主动	依申请	主动	依申请	主动	依申请
余姚市	3172	26	2719	151	3825	124	7265	43	9454	220	11699	72
慈溪市	2331	0	3839	0	9821	44	8684	101	8857	279	10156	296
奉化市	2994	0	4407	1	4378	11	5462	9	7227	11	9718	40
宁海县	9743	4	4495	6	3642	2	6113	24	6690	118	12598	88
象山县	11391	3	8506	3	8210	2	10730	20	9546	6	9617	30
鄞州区	5335	19	2524	47	4837	39	6467	34	8097	36	10763	83
海曙区	15812	4	7339	25	8458	20	9040	15	9358	15	11791	59
江东区	8108	2	1472	12	1182	17	5801	10	8742	15	11172	17
江北区	2820	0	5982	7	6079	6	9806	11	7865	105	10755	30
镇海区	5053	4	2343	12	2122	9	2262	13	4077	30	5438	41
北仑区	10452	7	4482	9	6239	10	5644	6	6828	29	10982	29
大榭开发区	444	0	796	3	886	2	1421	3	2062	2	1954	0
高新区	677	1	737	7	931	7	1070	28	1106	15	1190	29
保税区	394	0	343	2	408	3	788	5	613	0	698	1
东钱湖	0	0	515	0	522	0	1145	3	1694	4	1288	1
杭州湾新区	578	0	315	3	241	2	232	6	117	3	921	2
梅山保税港区	90	0	166	1	451	2	292	6	776	2	1045	2
合计	79394	70	50980	289	62232	300	82222	337	93109	892	121785	820

注：数据由宁波市政府办公厅提供。

（三）畅通依申请公开渠道

申请公开政府信息是《政府信息公开条例》明确赋予公民的重要权利。各地政府对这项权利的落实和保障存在不同程度的理解，实践中也有不同的做法。宁波市在如何落实这项权利方面思路清晰，认识到位，规定明确，实践有效。为了做好依申请公开工作，宁波各级政府、部门坚持"答复及时，内容完整，格式规范"的指导方针，改进完善申请的受理、审查和答复机制，规范工作流程。

自 2008 年以来，全市政府信息公开申请量总体呈现上升趋势（见表 1、表 2）。2013 年，宁波全市共受理政府信息公开申请 1144 件，其中县（市）区受理 820 件，市级部门受理 324 件，申请数量比 2012 年的 1275 件略有下降，内容主要涉及财政收支、公共预算、土地规划、房屋拆迁、城市规划、交通管理、消防、工资福利待遇等方面[①]。在答复结果上，同意公开的 794 件，不属于本行政机关公开或申请信息不存在的 326 件，同意部分公开的 4 件，因涉及商业秘密、个人隐私，危及国家安全、公共安全、经济安全和社会稳定不同意公开的 20 件。

二 宁波市政府信息公开工作的特点

（一）管理体制与机构建设领导得力、层级分明

政府信息公开的推进需要运转良好的工作机制来支撑。2008 年，宁波市就建立了相对稳定的政府信息公开领导体制和工作机制，市委常委、常务副市长为全市政府信息公开工作的分管领导，市政府办公厅为主管部门，各县（市）区政府和市政府各部门、各有关单位也同步明确了分管领导、主管部门和工作机构，形成了层级分明、落实到位的工作机制和责任机制。

（二）丰富公开渠道，满足不同群体的信息需求

在推进政府信息公开工作中，宁波市采取多种方式丰富主动公开形式、提升公开效果。目前，宁波市各部门、各县（市）区普遍建成了政府门户网站的信息公开专栏、政府公报、新闻发布会、现场查阅点、政务微博、App 等多种公开渠道。传统上，政府信息公开的目录分类单一，无法适应各种主体对政府信息的不同需求，为此，宁波市大力创新，按照主题、机构和服务对象三种分类方法呈现公开在门户网站上的信息，极大地方便了人民群众查询信息。

---

① 数据来源：《宁波市人民政府 2013 年政府信息公开工作年度报告》。

政府机关积极主动公开信息仅仅是做好政府信息公开工作的一个方面，让人民群众方便获取信息则是评判公开效果的重要指标。为此，宁波市引进 PORTAL 技术，实现政府信息公开系统的个性化订制。由此，公众可以根据自己的需求，选择相应政府信息公开目录，生成个性化的政府信息公开访问页面。宁波市还较早开通了微门户，通过"云聚合""云转换"技术，将政府信息公开的信息同步发送到公众的手机等手持终端上，让公众可以随时随地查阅政府公开的信息，成为公众口袋里的政府信息手册。公众也可以根据自己的需要，在手机上订制政府信息公开的目录和内容。

宁波市在网站上引入国内领先的语音处理技术为基础的智能语音朗读系统，并使其与政府信息公开系统实现无缝整合。该系统可将政府信息文字自动转为标准流畅的语音播报，大大提升了视力不佳、文字阅读能力不足人群获取政府信息的便捷性，在一定程度上实现了政府信息的无障碍查询。

新媒体的政务微博、微信已成为政府信息公开的重要渠道。自 2011 年 12 月启动以来，"宁波发布"（http：//weibo.com/nbfb）所发布的政府信息已涵盖重大事件信息、互动交流、便民资讯、民生快线以及重大活动微博直播等内容。2014 年 10 月 16 日，"宁波发布"微信公众平台正式上线，意味着该市又多了一个权威信息和民生信息发布的新媒体平台，实现了微博、微信"双微联动"。"宁波发布"微信公众平台除日常信息发布外，还专门设置了"甬城动态""甬上印象""甬事指南"三大板块，并与中国宁波网"民生 E 点通"互动平台联通，共同打造网络问政品牌。同时，积极发挥微博即时传递信息的作用，截至 2014 年 11 月底，共发布信息 6000 余条，每条信息的平均阅读量约 3 万人次。

（三）重视信息公开平台建设，提高政府信息公开效率

宁波市各部门、县（市）区均高度重视政府信息公开的平台建设，在公开信息的基础上，叠加了公共服务等职能，为政府实施公共服务管理提供技术支撑。这些平台包括：宁波市 3C 强制认证公共技术服务平台、宁波市标准化公共技术服务平台、宁波市国家级质量检测公共技术服务平

台、宁波市计量公共技术服务平台、宁波市节能降耗公共技术服务平台、宁波市科技综合服务及科技文献检索公共服务平台、宁波市软件技术公共技术服务平台、宁波市食品安全公共技术服务平台、宁波市特种设备公共技术服务平台、宁波市药品及医疗器械公共技术服务平台等等。

这些平台在提升政府信息公开的效率和效果上发挥了正面作用。结合环境保护重点工作，宁波市设置了重点环境信息公开相关平台。比如，为配合宁波市政府的"禁止销售使用高污染燃料区建设"工作，市环保局专门设置禁燃区建设网络动态监督平台①。公众可通过该平台查看涉及改造、关停、搬迁的全部企业名单、企业地址、拟采用技术、办理时限、当前推进情况及全部完工率等变化信息，并可在线提出咨询、投诉并在线上办理。该网络动态监督平台的设置和运行，有利于保障公众知情权、参与权和监督权。

以"服务零距离、办事一站通"为宗旨，建成浙江政务服务网宁波平台，集中向社会公开行政权力清单、企业投资项目负面清单、财政专项资金管理清单、部门责任清单，实现网上晒权、网上行权、网上办事。至2014年底，该平台已公布了44家市级部门4189项行政权力的行政职权目录。部门责任清单、权力清单、企业投资负面清单、财政专项资金管理清单编制工作于2014年底前完成，通过浙江政务服务网宁波平台向社会公布。

再如，"信用宁波网"经过多轮建设与改造升级，逐步成为全社会信用基础数据统一平台。宁波市在开通的企业信用信息公示系统中，建立了企业信用信息公示相关制度，完善了企业信用信息数据库。同时，宁波市还不断优化县（市）区信用信息平台，加大信用信息的征集和共享力度，大力推进县（市）区信用体系建设，为建设诚信社会奠定了坚实的制度基础。

又如，宁波市还加强了校务信息公开平台的建设与应用。比如，在教育信息透明化形势下，江北区率先创建校务信息公开平台，涉及全区所有中小学、幼儿园（含民办）的校务信息，该平台要求各中小学、幼儿园全

---

① 该平台的网址为：http://www.nbepb.gov.cn：8000/JinRQJS_ NBEPB.aspx。

面集中公开校园经费收支情况、招生信息、校园安全卫生信息、教师聘用任免等信息，区教育局对各校园进行直接监督、考核。该平台成为公众便捷地获取教育信息、监督学校发展的主要途径，获得了广大家长的认可。

宁波市开通的企业政策查询平台是一大亮点①。长期以来，相关部门发布涉企政策文件往往各自为政，涉企政策文件公开不全面、不完整、不及时等问题比较突出，给企业带来不便。对此，宁波市决定建设统一的企业政策查询平台，彻底解决涉企政策文件发布的分散碎片化、不及时、难获取等问题。该企业政策查询平台将整合集中涉及企业的各层级、各部门的相关政策文件，便利企业使用。企业政策查询平台的特色，一是时效性强。新出台的政策文件在发布后的 15 个工作日内，或者在媒体公布后的 3 个工作日内上网发布，确保上网的政策文件最新。二是文件发布保持"原样"，每个政策文件除了包含标题、文号和正文外，还提供政策文件的扫描文件，让企业能够方便地下载到政策文件"原样"的黑白扫描文件。三是该平台还对政策文件的解读、互动作了整合。《国务院办公厅关于进一步加强政府信息公开　回应社会关切　提升政府公信力的意见》（国办发〔2013〕100 号）要求，重要政策法规出台后，要针对公众关切，及时通过政府网站发布政策法规解读信息，加强解疑释惑，这对政府信息公开提出了更高的要求。为此，宁波市为每个政策文件都提供了咨询电话，使企业能够方便地咨询相关政府机关，凡是需要进行政策解读的，在文件下方还会直接附有解读信息，方便公众集中查找。四是提供延伸服务。视情况提供政策解读和相关配套文件，使企业能更全面、准确地理解政策文件的内容。为了方便企业查询，在平台上也可通过"中国·宁波"政府门户网站（www. ningbo. gov. cn）"企业站"直接访问。

宁波市公安系统广泛开发应用各种传统、现代的公开方式，使警务信息公开迈上了新台阶。在传统实体公开方面，公安部门利用行政服务中心和各出入境、车管所办证大厅等场所，设置多个信息公开申请受理点和公共查阅点。在现代传媒和网络公开方面，公安部门广泛运用"宁波公安"政府网站群、网上办事大厅、公安政务微博、"社区警务论坛"短信平

---

① 　该平台的网址为：http：//qyzc. ningbo. gov. cn/。

台、信息公告栏、电子信息屏、移动电视、新闻媒体等渠道，为民众提供公安信息公开服务。发展至今，网上办事大厅、网上服务咨询平台、QQ服务群、政务微博、短信提醒、快递送达等方式，已成为社会各界所喜闻乐见的公开渠道。

此外，宁波市还注重通过与公民的互动，探索建立网上回应公众期待和关切的新渠道，提升公开实效。在政府信息公开平台上新建了一个有关政策解读热点回应的链接，具体内容包括阳光热线（在线访谈）、对话、政策解读。2014 年，开展阳光热线（在线访谈）共 40 期，参与的市级部门 32 家，县（市）区 8 家，内容涉及重点工程、行政审批、住房、国土、交通、市场监管、教育、卫生、环保、民政、人力资源、计生、贸易、财政、旅游、文化、科技、体育、林业、水利、电信、电力、国资等领域。开展对话共 104 期，内容主要集中在经济、文化、社会发展及民生领域。同时，宁波市政府在网站上开辟了"在线咨询""区长信箱""公共事务受理""意见征集"等互动型栏目，使公众能够通过不同渠道获取信息，以多样化的形式满足了不同的公开咨询需求。比如，北仑区信息中心建立门户网站网上信息社会纠错制度，发动广大市民对政府门户网站和政府信息公开平台发布的各类信息进行纠错，对发现的错误信息及时纠正，并对提出重要纠错建议的市民给予奖励。又比如，鄞州区于 2012 年 8 月上线了"民生点点通"网络问政平台①，该平台集网上发布、网上议政和网上直播三大功能于一体，2013 年一年主动发布信息 3000 余条，收到网民建议咨询投诉 2000 余件。

（四）以服务为导向，体现民生需求与保障

政府信息公开应当满足民众需求，服务于生产力发展和民生保障。宁波市的政府信息公开工作高度重视服务导向，以公开保障民生，成为宁波经验的重要方面。

1. 安全生产领域信息公开重点突出

宁波市安监局网站于 2014 年 4 月完成改版，注重网站与业务系统的

---

① http://www.msddt.com/webHtml/index.aspx.

对接，将国家、省和市安监局的事故模块（系统）与局网站自动对接（抓取），实现了信息的自动更新；并注重网站建设与重点政府信息公开相结合，网站《服务大厅》栏目设置"重大隐患挂牌督办"模块，将企业重大隐患整改情况及时向公众反馈。该项工作在敦促企业安全生产方面发挥了很好的作用。

2. 推动医疗信息公开，满足患者需求

宁波市卫生局于 2010 年建成宁波市医疗信息公共服务平台，以政府信息公开服务民生[①]。该平台提供预约挂号、诊疗信息查询、专家介绍、实时信息等四个方面的服务。该平台上已有 37 家医院上线，并提供"医院通"的手机 App 下载，缩短了群众挂号排队等候的时间，有效缓解了人民群众挂号难的问题，对于医患纠纷的预防化解起到一定积极效果。

3. 保障房分配信息公开，提升瞄准率和精准度

在保障房建设、分配、管理等全过程阳光操作方面，宁波市自 2013 年起加强了"阳光分配"机制建设。首先，公开政策项目信息。新出台的住房保障政策确保第一时间在宁波政府信息公开网、宁波建设网等平台公开，并通过《宁波日报》等当地主流媒体进行政策解读，让住房困难家庭全面准确地了解保障房配租配售的法规政策。对于新开工、竣工的保障房项目，适时向社会发布项目名称、建设地址、建设套数、建设进度等信息。其次，部门间协调联动审核。对保障房申请的审核，多个部门协同配合，加大审查力度。民政部门核对申请对象的收入状况，房管部门利用全市联网的个人住房信息系统核对住房状况，社保、公安、工商、房管、银行等多个部门、机构也参与经济状况核查，各部门对申请资格条件进行审核把关，以确保不出现弄虚作假的情况。审核结果会通过公开公示机制接受社会各界监督。阶段性审核结果和最终审核结果还会在申请人户籍所在地及社区居委会张榜公示，并通过报纸、网络等媒体向社会公告，接受群众监督。此外，在保障房申请审核、评分摇号、配租配售等环节，人大代表、政协委员、新闻媒体、监察部门也会全程参与。上述阳光操作确保了保障房管理的规范性、廉洁性、精准性。

---

① 该平台的网址为：http://wsgh. nbws. gov. cn/Index. shtml。

4. 国有土地房屋阳光征收形成多赢格局

土地房屋征迁工作被称为"天下第一难"，不仅行政机关推进困难，而且易导致大量矛盾纠纷，是近年来受到社会普遍关注并引发诟病的焦点问题。征地相关的信息公开，同样也是政府信息公开的老大难问题。2011年以来，宁波市积极探索"阳光征收"模式，有效扭转了以往国有土地上房屋征收中的投诉信访多、项目推进难、群众满意度低的局面，为重大项目建设的加快推进创造了有利条件。为推进阳光征收工作，宁波市住房和城乡建设委员会专门开发房屋征收信息监管系统和信息公开系统，通过在征收现场配备电子触摸屏的方法，对项目概况、政策法规、补偿方案、公示公告、调查结果、签约情况、经办人员、办理指南和举报电话等实行"九公开"，对征收补偿协议签约、备案、公开实行"三上网"。有关部门将征收与补偿信息的 7 项内容，分 3 个层次分别向全社会、征收范围内的所有人和被征收人公开。在向被征收人公开方面，宁波市研发了征收现场电子触摸的身份证识别系统，使调查结果、评估结果、补偿结果等 3 项内容，仅限于被征收人查看，既做到了规定信息的公开，又有效保护了被征收人的个人隐私。"九公开"和"三上网"的实施，让相关群众通过正式渠道获知房屋补偿情况，满足了当事人和公众的知情权。该做法已从宁波市老三区（即海曙区、江东区、江北区）向全市扩展，从住宅向非住宅延伸，工程的拆迁周期明显缩短。总体上，阳光征收消除了人民群众长期以来形成的"先拆吃亏、后拆受益"的不信任感，达到了既保障社会公众知情权，又维护被征迁人合法权益，并提升政府公信力的多赢效果。

5. 市财政扶持企业专项资金信息公开

2011 年起，为促进财政扶持企业资金分配的公平性，宁波市财政部门制订财政扶持企业专项资金信息平台建设工作方案，启动了信息平台的建设工作，2012 年初搭建完成。该信息平台①集中公布工业、交通、科学技术、商业贸易、节能环保、外经外贸、农业、建筑业、旅游业等九类相关政策法规、资金管理办法，以及相关部门发布的专项资金申报程序、申报通知等，用户可以通过平台查找需要的内容。该平台的上线运行，集信

---

① http://www.nbcs.gov.cn/col/col3903/index.html.

息公开与提供服务于一身，较好满足了企业投资的需求。

6. 扩大预决算信息公开范围，强力规范政府"三公"经费适用

预决算信息公开是公共财政的本质要求，也是政府信息公开的重要内容。2010 年财政部出台《关于进一步做好预算信息公开工作的指导意见》（财预〔2010〕31 号）。2011 年开始，宁波市级财政将市人民代表大会审议通过的公共财政、政府性基金预算和决算向社会公开，所有政府部门的部门预算向社会公开。到 2014 年，公开范围已扩大到社保基金预算和国有资本经营预算，部门预算所有支出除涉密内容外全部细化公开到支出功能分类的项级科目，适用部门从 2011 年的 35 家扩大到目前的 62 家单位。目前，宁波市级和各县（市）区全部向社会公开了政府预（决）算、部门预算和"三公"经费预算。其中，2013 年的部门决算和"三公"经费决算于 2014 年 10 月底前向社会公开。其"三公"经费中"公务用车购置和运行费"在公开时细化为"公务用车购置费"和"公务用车运行费"。

7. 全面公开行政处罚决定书，推动政府规范执法

近年来，执法机关的自由裁量权太大饱受诟病，要求执法机关主动公开其处罚决定、许可决定等行政决定的呼声日渐强烈。与此同时，不少市场主体因为信息不对称，难以掌握其他主体的诚信守法状况，交易成本较高，制约了经济发展。为了解决这些问题，国务院 2014 年出台了《企业信息公示暂行条例》。近年来，宁波市也积极推动行政处罚决定的网上公开。比如，余姚市人民政府办公室印发《余姚市行政处罚结果网上公开工作实施方案》，要求全市具有行政处罚主体资格的各个行政执法部门，对于除涉及国家秘密、商业秘密和个人隐私的，公开可能危及国家安全、公共安全的，处罚对象为未成年人的，以及公开后可能造成经济安全和社会稳定等不宜公开的以外，经过一般程序作出的已生效处罚结果，原则上应当公开。

8. 重大行政决策过程与结果公开，促进民主科学决策

宁波市出台《宁波市人民政府重大行政决策程序规定》（甬政发〔2011〕117 号），将公开作为重大行政决策实施的基本原则，要求决策草案必须通过政府网站、新闻媒体等渠道征求意见；对于涉及重大公共利益和人民群众切身利益，对当地经济社会发展有重大影响，公众对决策方案有重大分歧的，要求依法公开举行听证会；已经作出的重大行政决策通过多种方式向社会公开。例如，宁波市象山县不仅依照《政府信息公开条例》《关于深化政务公开　加强政务服务的意见》等中央层面的法规文件和宁波市的相关规定完成了规定工作，即向社会主动公开行政决策信息，而且更进一步在其官方网站设置了独具特色的《政府决策》栏目①，公众可以通过标题、索引号等进行检索。

（五）注重政府信息公开的统一管理，提升规范化程度

根据《政府信息公开条例》，办公厅（室）是政府信息公开的主管部门，负责总体推进本地方的政府信息公开工作。这意味着，办公厅（室）不仅要做好市本级的信息公开工作，还要发挥领导、指导、监督作用，使市级部门、县（市）区的信息公开工作协同推进。宁波市一直强调市政府办公厅在全市政府信息公开工作中的领导作用。市政府办公厅在全市政府信息公开工作中积极主动，大力协调。例如，为了规范依申请公开的办理工作，宁波市开通了统一的政府信息公开申请平台，所有申请可以通过这一渠道提交，各部门收到申请的情况，办公厅一目了然、心中有数，既可以及时监督下级部门依法、按时、规范地作出答复，又可以发现各部门及县（市）区面临的共性问题，及时进行协调、督办。近年来中国社会科学院法学研究所在开展政府透明度指数评估时对宁波市进行了多次匿名申请验证，所有申请的答复都能够做到及时、规范。政府信息公开可能涉及多个部门，为此，宁波市各级政府部门开展了信息公开协调机制的探索。比如，江北区建立起依申请公开的联席会议制度，对关涉多个部门或内容复杂的，召开协调会，综合各部门意见，完善答复内容。

政府信息公开是法治政府建设的重要内容，没有规范化的管理，难以提升工作水平。政府信息公开工作会因人而异，做法不同，可能给公众带来不严肃的印象，还会存在一定的法律风险。因此，宁波市较为重视推进工作的规范化。以处理依申请公开为例，北仑区制作并在网上公布了

---

① http：//zf. xiangshan. gov. cn/govdiropen/jcms_ files/jcms1/web1/site/col/col80/index. html.

《北仑区（开发区）依申请公开政府信息工作流程图》，同时制作了政府信息公开申请补正告知书、政府信息公开申请受理回执、政府信息已主动公开告知书、非本机关政府信息告知书、政府信息暂缓公开决定书、政府信息公开第三方意见征询函、政府信息公开第三方告知书、政府信息公开决定书、政府信息部分公开决定书、政府信息不予公开决定书等涵盖政府信息依申请公开全过程的十余个规范文本，政府信息公开工作的申请和办理操作流程详细、步骤清晰，既从制度上保证了政府信息依申请公开的顺利实施，也可以有效防范法律风险。

（六）构建科学有效的政府信息公开监督评价体系

建立一套制度相对容易，评价制度的运行状况则较为困难。为了推进政府信息公开工作，宁波市从 2008 年起，就把政府信息公开考核纳入市目标管理考核体系，每年年初下发《宁波市政府信息公开考核细则》，每季度进行排名通报，年终组织联合工作组进行考核，评选年度先进单位和个人。为加强日常监测，从 2010 年开始，市政府采取服务外包的形式引入独立第三方评估机制，对网站公开平台的效果进行考核，以保证考核公平公正。第三方评估制度已经连续实施 4 年，各单位根据评估结果进行了整改，成效明显。

此外，一些地区和领域在考核评估方面形成了一定的特色和优势。鄞州区采取多种监督措施并行的方法，日常抽查、季度通报与网络在线检查相结合，将信息公开纳入考核评价体系。该区还实施信息公开专项考核，如鄞州市自 2013 年实行公开信息量的考核，具体做法是引入第三方测评机构，对每个节点单位根据考核细则进行一年两次的测评。江东区则创设政府信息公开的单独考核机制，《2014 年度江东区政府信息公开工作考核办法》采取百分制量化考核办法实施目标考核，对各单位政府信息公开的数量和质量进行督查考评。象山县开发利用政府信息公开电子监察系统，对主动公开、依申请公开和网上咨询情况实施无缝隙实时监察；对公开义务单位实施预警管理。由上可见，宁波市各地方极为重视政府信息公开工作，形成了上下合力，这在全国其他地方还较为少见。

三 宁波市政府信息公开需要破解的难题

政府信息公开工作的实施，是一项兼具长期性、艰巨性和复杂性的系统工程。就其长期性而言，政府信息公开工作并非一蹴而就、一劳永逸，而是政府管理的日常基本工作，且应根据社会需求不断提升公开质量。就其艰巨性而言，政府信息公开作为政府活动的一个环节，既有重大决策、立法、执法之前的告知、公示的基础性公开以征求意见，也有行政活动完结之后形成的执法信息、决策信息的公开，因此如果执法、决策过程中夹带私益，行政决定本身有瑕疵，其公开工作势必很难进行，公开则自曝家丑、不公开则违反法律规定。就其复杂性而言，一些信息在加工、形成的过程中更是历时长久，涉及多个部门，一些政府信息与特定个人、企业具有密切关联，向谁公开、如何公开，都是值得研讨的问题。

宁波市的政府信息公开取得较好成效，但也存在需要应对乃至花大力气破解的问题。其面临的问题可能带有一定的普遍性，在其他地区也一样存在，亟须国家从全国层面加以关注和解决，也可能存在一些自身的问题，需要引起重视。

（一）主动公开仍需重视提升公开质量

在现有考核机制的指挥棒下，主动公开在"数量"方面突飞猛进，但公开的"质量"方面仍存在不足，与人民群众的信息需求存在一定差距。例如，项目组在宁波调研时，一些负责政府信息公开工作的工作人员认为，个别单位领导将网上信息公开工作错误理解成政府事务性工作的公开，即宣传信息的公开，在网上公开的多以政府及其部门的动态性信息为主，而群众希望看见的、关系切身利益的一些信息却难觅踪迹。而且，主动公开的范围界定、公开深度缺乏统一标准，在实际操作中存在流于形式的现象。另外，主动公开表现出一定的"运动式"色彩，未完全做到常规化运行，超过法定时限的情况并非罕见，个别部门存在重视门户网站建设、轻视平台维护的现象。

尤其值得注意的是，主动公开存在"避重就轻"的倾向，不少部门的主动公开重点不够突出,处于自说自话状态。这主要表现在以下几个方面。

一是部门工作动态信息发布多,监管相对人的信息发布少。一些政府机关的网站建设内容着重于"领导去哪儿了",并置于网站的醒目位置。

二是零星信息发布多,系统信息发布少。在广泛应用政务微博、微信、App 发布渠道的背景下,信息呈现碎片化,政府信息发布缺乏完整性和前后呼应,已经成为日益严重的问题。

三是正面信息发布多,监管信息发布少。特别是食品药品监管中的一些负面信息,包括对一些企业的处罚、整改结果,是否公开、在多大范围内公开,政府往往持较为保守的态度。这可能也与对民众承受力的担忧有一定关联,唯恐出现大的舆情风险,甚至引发群体性事件。监管负面信息的公开,往往被媒体、公众无限度放大,甚至进行多方联想,其不利影响可能非常深远。基于上述种种考虑,监管信息、处罚结果信息的公开并非彻底"脱敏",处于相对裹足不前的状态。

(二) 依申请公开面临巨大压力

无论是宁波还是其他地区,依申请公开都是政府信息公开工作的老大难问题。与主动公开不同,依申请公开的主导权并不把握在政府手里。申请信息内容的不确定性,申请人对信息的全面性、深度要求,以及基于维权、泄愤等缘由产生的信息公开申请,都是困扰依申请公开工作的难点问题。此外,因依申请公开导致的行政复议、行政诉讼压力也较大。2013 年,宁波市因政府信息公开引起的行政复议案件 48 件,因政府信息公开引起的行政诉讼案件 16 件。值得一提的是,信息公开申请呈现信访化趋势。网络技术极大地方便了社会公众提出政府信息公开申请,但也出现了一人向多部门申请、一人反复申请、夹杂信访投诉的现象,信息公开甚至成为利益诉求和投诉信访的平台。对于一些长期积累下来的疑难问题,当事人往往选择通过依申请公开渠道,为其实施进一步的维权行动搜集相关文件、资料。政府信息的依申请公开大有变成第二信访之势。

（三）平台重复建设而资源共享不足

政府信息公开平台重复建设问题凸显。比如，调研发现余姚市一级就有7个主要公开渠道。虽然就其本意而言，特定平台的建立使用都起到信息公开的整合、集中发布效果，但是平台太多，政出多门，势必存在功能、对象之间的交叉重叠，资源浪费严重，内容重复发布与资源共享缺失则同时存在。信息格式不统一，元数据不一致，更是成为妨碍信息化建设的关键因素。如何整合现有平台，做到资源共享利用，成为宁波市各级政府部门亟待解决的问题。

（四）公开与否缺乏可操作标准

公开信息的内容、界限缺乏可操作的具体标准。一是一些部门在公开信息方面过于仰赖上级部门的做法或要求。如果上级部门给出明确的要求标准，则予以执行实施，但这种期望在现实中往往落空。二是法定公开的职责主体不够合理或明确。被调研的一些部门反映，特定政府信息只有省级部门才能发布，市区级部门没有发布的权限。在食品安全方面，以"重大"与否确定公开的级别主体，但何为重大、何为特别重大缺乏明确、可操作的标准。三是对具体的政府信息公开与否的把握不太容易。比如，进入档案馆的历史信息，公开主体与公开内容的确定，《档案法》及配套法规与《政府信息公开条例》的规定存在矛盾。再如，行政机关的依法行政能力与政府信息公开机制未能有效衔接，行政机关的一些行政行为，或多或少都有瑕疵，相关材料公布后可能引发一系列信访、诉讼，甚至危及稳定，导致行政机关对相关信息是否公开陷入两难境地。

（五）政府信息公开队伍建设远未到位

政府信息公开的工作人员数量不足、素质不高的问题亟待解决。一些地方的政府信息公开工作人员流动大，工作时间和业务水平难以适应信息公开的发展需求。

信息公开的工作人员以兼职人员为主，有的部门全为兼职人员，加上缺乏系统业务培训，对相关业务、制度、规则的把握缺乏全面性和专业性，甚至不如一些信息公开申请人。例如，宁波市某县目前信息公开工作虽然建立了以常务副县长为组长、县政府办公室分管副主任为副组长的领导小组，但实际具体负责操作的工作人员仅有一名兼职人员，且经费没有保障，各部门的工作人员也多为兼职，且调动频繁，力量相当薄弱，许多信息由各科室自行发送上网，没有统一审批。没有专门的人员负责政府信息公开工作是目前各地普遍面临的问题，其结果是，一些工作人员业务水平低，不知道申请公开的信息是否存在、是否保存、保存在哪里，导致答复内容不完全、不准确。在这种情况下，因信息公开申请出现纠纷甚至败诉在所难免。

四　展望

政府信息公开制度机制的完善，是一场"持久战"，对政府信息公开的要求也将伴随着法治政府的推进以及公众需求的不断提升而逐步提高。从对宁波市政府信息公开工作的调研情况看，宁波市由于经济发展速度快、民营经济活跃，政府管理法治意识较强，工作积极主动，在政府信息公开方面积累了不少经验。但也应看到，即便像宁波市这样重视政府信息公开工作、公开成效也很好的地方，也面临不少亟须破解的难题。从全国推进政府信息公开工作的角度看，未来还需要在以下方面加强工作。

首先，加强政府信息公开的机构和人员建设，确保机构设置和人员岗位相对稳定。信息公开作为一项长期性、政策性、专业性都很强的工作，需要相对稳定和具有一定专业水平的机构、工作人员。建议地级市以上地方政府以及业务量大的部门都应当设置专门的机构、人员，县（市）区则至少应由专门人员负责此工作。此外，考虑到培训教育对于提升政府信息公开水平、统一认识和做法具有重要意义，新任领导干部培训、新入职公务员培训以及公务员日常培训应将政府信息公开内容作为重点之一。

其次，尽快完善《政府信息公开条例》等涉及政府信息公开的规定。应当对现实中各地反映强烈的问题予以回应，将政府信息公开的各项制度予以细化。比如，生产、生活、科研等"三需要"究竟如何理解，是否意味着公开机关可以对申请人的需要进行实质审查，应当在立法或《政府信息公开条例》修改中予以明确。再如，政府信息的公开职责主体应当明确。虽然《政府信息公开条例》规定了政府信息公开主体确定的"谁制作、谁公开，谁保存、谁公开"的一般原则，但在实践中特定政府信息的形成、保存往往涉及多个部门，公开的职责主体确定并非易事，行政机关之间相互推诿的现象较为常见，为获得一条政府信息往往需要申请人分别向多个机关提出申请。为此，明确政府信息公开的职责主体，对于推进信息公开工作具有重要意义。这方面宁波已有一些经验可资推广。在财政预决算的信息公开上，宁波即明确公开主体，由财政部门负责本级政府总预算、决算的公开，各部门负责本部门预算、决算的公开。

再次，强化办公厅（室）作为政府信息公开工作主管部门的推进、指导、协调、监督作用。从宁波的经验看，各部门、各县（市）区工作整体协调推进，离不开办公厅及县（市）区办公室推进公开的积极主动性。从有效提升公开水平的角度看，其推进、指导、协调、监督作用应当得到进一步发挥。

复次，整合公开平台。随着政府网站的发展，开发专门领域的政府信息公开平台或者办事平台在所难免，但也应防止因平台过多而肢解网站功能、影响公开效果。为此，今后的政府网站建设更应注重做好科学的规划，防止重复建设、资源浪费。

最后，充分利用信息化提升公开质量。可考虑通过政府网上办公、自动化办公的 OA 系统建设，提高政府信息发布的自动化程度。应提高市政府网站与各局机关相关系统的信息化自动关联度。有必要改变以往一条信息在多个平台上由人工手动发布数次的做法，将各个网站、相关平台的信息予以自动提取，相互关联。

（参见法治蓝皮书《中国法治发展报告 No. 13（2015）》）

第十七章 实践法治的基层实验田

——杭州市余杭区法治建设调研报告

摘　要: 落实依法治国方略必须依靠各基层政府提升法治建设水平,将纸面上的法律条文落实到经济社会发展和政府管理实践中。本报告从加强组织领导、建设法治文化、规范行政权力、依法化解纠纷等方面,研究了杭州市余杭区近年来开展法治建设的实践和取得的进展,并提出,通过基层政府的点滴努力,落实各项法律制度,探索解决中国问题的路径,必将有力推动中国法治发展。

浙江省杭州市余杭区位于杭嘉湖平原南端,西倚天目山,南濒钱塘江,中贯东苕溪和大运河,区域面积1228.23平方公里,现辖14个街道、6个镇,户籍人口87.67万人。余杭是文化古邑,是中华文明曙光——良渚文化的发祥地,自然人文景观极为丰富。余杭也是产业高地,2011年,全区实现生产总值738.17亿元,财政总收入150.0亿元,其中地方财政收入95.64亿元。实现农业总产值67.74亿元,农产品加工产值100.92亿元。近年来,为了保障经济社会持续协调发展,余杭区提出了建设"法治余杭"的目标,不断完善制度,创新机制,在基层政府法治建设方面进行了有益探索。在此过程中,余杭区通过加强法治建设的组织领导、建设法治文化、规范行政权力、创新社会管理等多种措施和手段,整体推进了全区的法治建设水平,为当地经济社会发展提供了有力保障,也为中国推动基层法治建设提供了鲜活的样本。

一 加强组织领导是地方法治建设的前提

中国有着悠久的文明，也有着沉重的历史包袱，在发展社会主义民主法治过程中，不可能像其他国家那样完全期待公民及公权力行使者自发自觉地具备和提升民主法治意识，也不可能指望公权力行使者自觉自愿地健全制度机制，这就必然要求对法治建设加强组织领导，形成自上而下推动法治发展和公众自下而上要求发展民主法治的良性互动。余杭区近几年顺利推动法治发展正是当地加强组织领导的必然结果。

浙江省作为市场经济先发地区，培育出了较好的市场基础，发达的民营经济、完善的基层民主，也丰富了人们的权利意识，从而谦抑权力意识，推动浙江地方立法、执法、司法等方面的开创性拓展。2006 年，浙江省委即在全国率先作出《中共浙江省委关于建设"法治浙江"的决定》，拉开了以法治精神全面探索地方建设的序幕。

而早在 2005 年，杭州市余杭区即在浙江全省首先提出了"法治余杭"理念，开始进行全面法治建设的尝试。当时随着余杭经济的快速发展，人均 GDP 突破 6000 美元，随之而来的是社会矛盾的凸显，征地拆迁带来的不稳定因素迅速增加，外来人口蜂拥而入，这些都给社会管理带来了巨大压力。这是每个发展中的城市都会面临的成长性困境，解决得好，可以尽快突破瓶颈，实现城市化升级换代，解决不好，就可能陷入贫困陷阱，一蹶不振。面对这些，余杭人经过自己的思考开出了药方，即以法治的手段去引导和规范经济社会发展，保障公众的合法权益。余杭区委2006 年制定了《中共杭州市余杭区委关于建设法治余杭的意见》，同年 3 月余杭区第十二届人民代表大会第四次会议作出了《杭州市余杭区第十二届人民代表大会第四次会议关于推进法治余杭建设的决议》，将法治余杭建设作为推进经济强区、生态城区、文化名区建设的重要保障。全区建立健全了"党委领导、政府实施、人大政协监督支持、全社会参与"的工作运行机制，把法治建设作为党委、政府的"一把手"工程抓紧、抓好、抓落实。为了加强法治余杭建设，余杭区成立了余杭区法治建设领导小组，由区委区政府领导担任负责人，办公室设在区司法局，力求通过

"法治余杭"建设，使民主更健全、法治更完备、公共权力规范运行、公民权利得到根本保障、领导统一思想，区人大则每年度听取一次区政府关于法治余杭的专门报告。

余杭区以法治量化评估体系的出台为契机，每年制定"法治余杭"、依法治区普法教育工作要点及目标任务分解，分解落实各成员单位的责任目标，明确各成员单位的工作任务和目标，并要求各成员单位强化调研，开拓创新，结合各自工作实际开展法治建设工作，形成齐抓共管的良好态势。

近年来法治余杭工作有序开展，制度建设不断完善，依法治区的理念和水平不断提高，全区居民法治意识不断提升，这都与该区加强法治建设的组织领导有着密不可分的关系。认可并强调组织领导在地方法治发展中的作用，绝非否定和无视公众权利意识的萌发及其自下而上推动民主法治的作用。在中国，发展中国特色社会主义民主法治，只有通过组织领导，明确法治发展的整体方向，普及和提升全体公众的法治理念，形成上下互动，才可以达到事半功倍的效果。这与中国共产党的十八大报告关于扩大社会主义民主、加快建设社会主义法治国家应以增强党和国家活力、调动人民积极性为目标的要求并行不悖。

二　建设法治文化是加强法治建设的基础

在中国，人们长期以来形成了"信官不信法"的观念，重人情而缺乏现代法治意识，公权力部门重实体轻程序，甚至无视法律、权大于法的观念还没有被彻底清除。因此，完善立法、弥补法律空白固然必不可少，但纸面上的法条与其背后的法治精神只有深入人心、贯穿于人们的行动，才成为"活"的法和可以助推经济社会发展和保障人民权益的利器。

余杭一度被人质疑：作为一个不具备立法权的地方政府，没有立法，谈何法治？而余杭人恰恰认为，法制不等于法治，或者说，实践中一般泛化理解的"法治"往往导致一种倾向，即把"法治建设"仅仅理解为成文法规范的体系化和制度化，而公正、民主等内涵却并没有充分反映在这些制度体系中，或者虽然在其中有所反映，但现实中却得不到人们的充分尊重和履行。所以余杭人认为，"法治"并不必然要求他们去进行种种自行立法，而首要的在于能够形成植根于人们心中的法治观念。这意味着，领导干部要在工作中时时刻刻贯彻法治的理念，既要讲究程序，从而显著区别于人治；又要讲究公平，保证出台的制度和政策中的利益配置符合大多数人的要求。广大群众则同样要在生活中时时刻刻贯彻法治的理念，自动遵守法律、遵循规范。

调研中一些基层干部甚至认为，"法治余杭"建设中，如果就是把"法"拿到第一位来，基层部门就很难弄，所谓"法治余杭"，针对的就是提高社区村干部的管理能力。如果径直用来自西方的"法治"理念来框囿的话，基层干部这样的朴素认识孰对孰错，我们无法断论，但其中显然贯穿了庙堂制定法和民间活法的抵牾。余杭区认为：只要这种法治理念能够逐渐根植于人们心中，特别是公职人员心中，社会主义民主法治就能缓慢但坚定地得到推进。但法治理念的根植和提升却不是空口说说就能实现的，而必须要依靠各种法律实施和执法措施的有形改变。所以"法治余杭"，就是把这里当作一片实验的沃土，结合现代生产力的发展特点，结合广大人民群众的内在要求，在现有体制大框架内不断探索出台各种创新措施，通过这些措施，让法治理念缓慢但深刻地内化入心，润物细无声地改变人们的观念，从而走出一条实践法治的道路。

首先，余杭区一直重视加强普法宣传。特别是"六五"普法期间，根据省、市、区普法依法治理规划明确将领导干部、公务员、青少年、企事业经营管理人员和职工、农民以及外来务工人员等不同社会群体列为重点普法对象的要求，制定了《领导干部学法用法制度》《公务员学法用法制度》《青少年学法用法制度》《企事业经营管理人员和职工学法用法制度》《村民学法用法制度》《来余杭创业者学法用法制度》，针对不同人群采取不同的方式方法。其中，尤其重视领导干部和公务员的普法工作，对领导干部坚持和完善各级党委（党组）中心组学法制度，增强领导干部学法的系统性、针对性，建立和坚持领导干部法制讲座制度，为区管干部举办法制讲座每年不少于 2 次，健全各级领导干部学法轮训制度，实行领导干部学法用法考试考核登记制度，推行领导干部任职前法律知识考试考核制度，落实领导干部"述职述廉+述法"和单位"述职述法"制度。

其次，以量化评估考核提升各机关及公职人员的依法办事意识和水平。余杭区在全国率先出台法治指数，运用"法治余杭"量化考核评估体系，通过内部评估组、外部评估组打分、群众满意度调查问卷和专家评审委员会评审等环节，对本区及下属各机关法治发展进行量化评估。虽然其评估体系在指标设计的科学性、评估的客观性等方面还有值得完善的地方，但通过量化考核评估达到了发现亮点、挖掘特色、查找问题、剖析不足的目的。做好年度法治指数评审问题整改工作，引起了各机关及其公职人员对法治工作的强烈关注，使其时刻注意将法治理念运用到实际工作中，提升了公职人员的法治意识，依法治区的成效显著。

再次，余杭区还注意从多种机制上加强法治文化建设。比如，《余杭区行政诉讼案件应诉办法》落实行政首长出庭应诉制、重大行政应诉案件专报制、行政应诉备案制等制度，深入推进行政应诉工作。经过多年努力，全区行政首长出庭应诉率达100%，行政首长通过出庭应诉提升了依法行政意识。再如，该区还实现了村及社区法律顾问全覆盖。近年来，余杭区出台《关于印发〈余杭区村（社区）法律顾问工作职责（试行）〉的通知》（余依普办〔2009〕6号），开展"一村（社区）一法律顾问"活动，给每个村、每个社区配一个律师，做好村（居）重大事项法律风险评估、村规民约法律审查等，同时明确法律顾问工作职责，落实法律顾问月报制、抽查制和以奖代补考核激励机制等。对小微企业则提供"抱团"服务，促进几个小微企业一起聘请一个律师。通过政府购买服务，努力将优质法律服务送至村（居）民家门口，让人们在方便使用法律服务的过程中逐步树立法治意识。

中国共产党十八大报告提出，弘扬社会主义法治精神，树立社会主义法治理念，增强全社会遵法守法用法意识，提高领导干部运用法治思维和法治方式深化改革、推动发展、化解矛盾、维护稳定的能力。而余杭区建设法治余杭过程中，抓住了法治发展的关键点，着力发展法治文化，为全区法治的持续发展奠定了思想基础。

三　规范行政权力是加强法治建设的关键

法治建设首要的是规范公权力，尤其是行政权力。余杭区一直重视规范行政权力，其"六五"普法和依法治区发展目标就是实现法治政府、服务政府、透明政府。

（一）打造阳光政府

首先，推动会议公开，政府常务会议实行网上直播。在邀请区人大代表、政协委员列席区政府常务会议的基础上，从2009年1月区政府第二十六次常务会议起，实行网上直播。人们只要打开计算机上网，便可以全程收看会议内容，并可同时在网上提出意见和建议，实现了政府常务会议与公众的"零距离"，政府决策过程对公众的"全公开"。

其次，推动权力公开。余杭区建立并完善了行政权力管理的备案、审核、考核等制度，通过对行政执法单位行政职权新增、变更、删除等调整工作以及行政权力运行流程图制作的指导，提高对行政权力事项的动态管理能力。此外，还着力完善权力阳光运行机制电子政务系统，建立了网上政务大厅、权力库加载平台、网上执法和数字监察等四个子系统，实行实时监察、预警纠错和绩效考评。近年来，余杭区进一步完善了权力阳光运行机制统一平台建设，推进权力事项网上运行，加强"数字监察"。据余杭区人民政府的统计，目前该区所有行政权力事项均已加载到权力库内，按照行政权力的行使依据、程序、时限、责任追究等配备流程图，方便企业和群众知情、办事、监督。

（二）完善行政决策程序规则

规范行政决策是依法行政的保障。余杭区近年来一直重视建立健全科学、民主的行政决策体系，不断完善行政决策的各项机制。2000年以来，余杭区相继出台了《杭州市余杭区人民政府工作规则》《余杭区人民政府行政问责制办法（试行）》《余杭区行政规范性文件审查和备案管理办法》《余杭区人民政府开放式决策有关会议会务工作实施细则》《余杭区行政决策程序规定（试行）》《余杭区机关部门决策制度试行办法》和《余杭区镇街重大行政决策程序规定》等近 20 个行政决策相关制度，决策体系日益完善。现行的程序规定将行政决策分为一般行政决策、重大行政决策和突发事件应对决策，采用不同的决策规定，但都要求将政府决策行为的每个环节都纳入程序之中，建立公众参与、专家论证和政府决定相结合的决策机制。对于重大事项的决定，主动向区人大常委会报告，坚持接受人大监督。2011 年，区政府共向区人大常委会专题报告 6 项。

（三）加强规范性文件的监督

规范性文件是政府执行法律法规规定的具体体现，其内容往往涉及对上位法的适用和对相对人权益的影响。因此，监督规范性文件是依法行政的必然要求，也是地方政府法制部门及同级地方人大的重要职责。余杭区将规范性文件备案审查工作的落实情况纳入年度依法行政目标考核和区级依法行政示范单位创建指标，以考核促工作，确保备案审查工作落实到位，做到"有件必备、有备必审、有错必纠"。余杭区 2010 年被杭州市人民政府法制办公室确定为行政规范性文件备案审查示范点，在近年的规范性文件监督中，着力在建立健全合法性审查机制和后续评估机制上寻求突破。在合法性审查方面，余杭区主要实行"四个一律"，即所有规范性文件一律实行网上审查、所有规范性文件未经征求意见一律退回补充履行程序、所有规范性文件未经合法性审查一律不得提请审议、所有提请区长办公会议或区政府常务会议审议的规范性文件一律由区法制办参会说明。这一措施提高了文件起草部门对制定规范性文件法定权限和程序重要性的认识，实行网上审查也发挥了信息化技术的优势，确保了合法性审查工作的优质、公开、高效。

（四）推行行政审批制度改革，提升政务服务水平

2004 年余杭区行政服务中心正式启用，2005 年公共资源交易管理办公室与区行政服务中心"两块牌子、一套班子"，主要负责对公共资源交易的监督管理工作，2010 年余杭区"市民之家"正式投入使用。市民之

家集中办理城乡居民社会保障类的各类事项，包括养老保险、失业保险、医疗保险等；土地审批类及房产、土地、契税三证和门牌证等多证办理；水电、电话、宽带、数字电视等一系列公共服务事项。行政服务中心集中办理投资项目审批、企业生产经营审批服务事项、住房公积金服务事项以及中介服务，重点提供"工商注册登记一条龙"服务和"投资项目审批一条龙"服务。

目前，余杭区行政服务中心共进驻 37 个审批服务部门，4 家银行，13 家中介机构，2 家商务中心，300 余名工作人员，200 余个办事窗口，集中办理 400 余个审批和服务类事项。

行政服务中心成立后，不断整合既有职能，探索行政审批制度改革办法，规范行政许可和审批服务，提升行政审批效能。中心实行"一门受理、窗口运作、统一收费、限时办结"的运作方式，以及首问责任制、明确答复制、承诺办理制、特事特办制、并联审批制、绿色通道制。在改革过程中，余杭区简化审批程序，固化审批流程，落实充分授权，保证各进驻部门窗口的负责人有权启用审批专用章，出具审批授权书，还推行"一审一核"，要求除需现场踏勘的环节外，审查、核准等环节均在中心窗口完成。截至 2011 年，余杭区共有 288 个行政许可事项，已进驻中心 166 个，348 个非许可事项，已进驻 169 个。能够在窗口实施"一审一核"的总数达到了 254 项。同时从环节和流程上进行了简化，行政许可和非行政许可的承诺时限均比法定时限提速了 50% 以上。

为深化服务，2011 年，余杭区行政服务中心又推出"工商企业注册登记多证联办'一窗式'审批服务"，实现了"一门受理、内部流转、同步审批、统一发证"，业主只需跑两次填表、取证即可办结所有手续，比原承诺的 8 个工作日缩短了 5 天。2011 年 11 月，商品房权证审批"三证联办"一窗式服务正式推出。已缴清购房款的一手房购买者可在 1 个工作日内完成各项审批；按揭贷款购房者办理商品房产权证审批由原承诺时限的 11 个工作日缩短至 8 个工作日。

随着信息技术发展及公众对政务服务要求的不断提升，余杭区还依托区电子政务平台，进一步完善行政服务中心网上审批系统，着力打造"网上行政服务中心"和"网上市民之家"。在实体"一家一中心"紧锣密鼓发展的同时，结合权力阳光运行机制建设，余杭区"网上一家一中心"亦在有序运作中。

余杭区行政服务中心还针对政府重大投资项目、重点扶持项目、积极培育产业项目、招商引资项目等不同项目类型，实施精细化代办，助推项目审批提速增效。行政服务中心负责代办工作的代办中心受理项目后，立即确定一名全程代办员，负责该项目的代办工作；提供一套项目范本，即标明填写方法、盖章要求等注意事项用于指导和参考的材料模板；制定一套"项目代办服务手册"，包括对应项目类型的审批流程图、项目代办计划、办事指南，使多个项目得到了高效优质的审批办理。

深化行政审批制度改革，营造务实高效的政务环境，使得余杭这些年来能够一直沿着"清理、授权、效能、突破"的思路，实现了行政审批"流程最优、环节最少、时间最短、服务最佳"，在发展中形成优势、赢得了先机。

建设法治政府、透明政府、服务型政府，规范行政权力运行，提高依法行政水平，这是法治建设的重点和关键。余杭区在法治余杭建设中，抓住了这一点，通过加强阳光政府建设、规范行政决策、完善规范性文件监督、提升政务服务水平，积极探索规范行政权力，促使政府从管理者中心模式走向公民中心模式，解决了当地法治发展的关键问题，为提升法治发展水平奠定了重要基础。

四 依法化解纠纷是加强法治建设的保障

法律的功能是定分止争，加强法治建设需要依法化解纠纷，维护和谐的社会关系。余杭区在开展依法治区过程中，注重发挥司法作用，建立健全涉诉矛盾纠纷的综合化解体系，协同司法破解执行难，树立司法权威，充分发挥司法服务平安建设、法治建设的职能作用。

（一）建设涉诉矛盾纠纷综合化解工作体系

针对近年来各类法律纠纷数量激增、法院诉讼解决纠纷不堪重负的问题，余杭区积极探索建设涉诉矛盾综合化解工作体系。余杭区委办公室、区政府办公室联合下发的《关于建立健全涉诉矛盾纠纷综合化解工作体系的意见》提出，通过加强源头预防、矛盾排查、诉调衔接、宣传指导、法律救助、考核保障"六大机制"建设，实现"组织机构规范化、司法引导职能化、多元衔接制度化、合理调解常态化、和谐构建实效化"的目标，形成了"党委领导、政府支持、综治牵头、法院主导、多方参与"的工作新格局。区人民法院会同区社会治安综合治理办公室（以下简称"区综治办"）、区司法局制定了《关于进一步加强诉调衔接工作的实施意见》《关于诉调衔接工作的考核细则》等制度，推动建立了"党委领导、政府主导、综治牵头、法院推动、多方参与"的诉调衔接工作新格局。

在此基础上，余杭区成立了区诉调衔接工作领导小组，由法院院长任组长，区综治办主任和区司法局局长任副组长，各镇乡（街道）分管负责人为成员。法院内部成立诉调衔接中心，负责收集分析信息、管理台账、内外协调等具体事务。此外，还建立了诉调衔接工作联席会议制度，每年至少召开一次全区联席例会，协调、解决诉调衔接工作中遇到的难题。法院内部设立了诉调衔接中心，配备专职工作人员2名，在立案大厅挂牌服务，负责诉调衔接内外协调、联络及指导等具体事务，并与区司法局沟通，在立案大厅设立具有指导人民调解、办理法律援助等职能的区司法局驻法院综合工作室，由司法局配备4名工作人员，实现了指导人民调解、提供法律咨询、法律援助的无缝对接。

在具体工作机制上，相关部门注重加强沟通联系。法院领导及全院各业务庭、人民法庭与全区20个镇（街道）综治办、司法所建立了结对联系，指定专人担任联络人，院、庭领导及一线法官定期参加辖区镇（街道）综治信访工作例会，交流信访、维稳等阶段综治工作形势，加强沟通交流。

通过上述机制，余杭区进一步发挥司法调解、行政调解、人民调解和其他矛盾纠纷解决方式的优势，积极发挥各群团组织以及人民调解委员会、消费者权益保护协会、商会、行业协会等社会组织的优先调解作用，促成当事人在平等协商基础上自愿达成协议。这种模式有效预防了矛盾纠纷的发生，有助于低成本、快速妥善地化解矛盾纠纷。

（二）努力破解执行难

执行难是全国各地普遍面临的问题，不少地方都在探索有效的解决方法，余杭区针对本区情况，采取执行联动、协同司法的方式，构建化解执行难的工作体系。余杭区区委出台了《"破解执行难，推进法治余杭建设"实施意见》，提出在区委的统一领导下，建立全区性的执行联动机制，形成"党委领导、综治牵头、法院主办、社会协动"的执行工作格局，加大被执行人不主动履行的成本和代价，在切实维护当事人合法权益，推动法院执行工作建设的同时，促进社会诚信意识和法治观念的培养，加快法治余杭建设进程。

为此，余杭区成立了以区委副书记、政法委员会书记为组长，区委常委、常务副区长和法院院长为副组长，各成员单位负责人为成员的领导小组，协调解决实施过程中的问题，保障破解执行难工作的有序、深入开展。该区还构建了"破解执行难，推进法治余杭建设"的工作体系，该体系由执行强制、执行威慑、执行协作、执行宣教、执行惩戒、执行救助、执行监督和执行保障等八大机制组成。同时，各成员单位在参与解决执行难问题时的职责也十分明确，如对拒不履行法律义务的企业，区工商局将取消授予"重信用守合同""消费者信得过""诚信示范企业"等荣誉称号资格；对因拖欠职工工资或工程材料款被执行的建筑企业，根据法院要求，区建设局暂停其参与建设工程的招投标资格；区委组织部将履行或协助法院执行作为提拔任用干部中遵纪守法的考察依据；等等。

余杭区还发挥信息技术的优势，建立执行信息网络。2006 年 7 月，区法院建设了"执行威慑机制信息管理系统"。该系统实现了"三网合一"，法院局域网上的执行案件信息可直接导入执行威慑机制信息管理系统，且通过余杭区政府门户网站，直接向社会公布债务人名单。被执行人的车辆、房产、存款等情况，也可以通过系统在网上查询，成员单位和社会公众也可通过该系统利用执行信息，举报被执行人的财产线索或行踪。

为了提高执行信息的准确性，余杭区建立了镇乡（街道）专职协助执行员制度。全区每个镇乡（街道）设立 1 名专职协助执行员，由其负责收集、提供被执行人及有关涉案人员的家庭、财产、去向、作息等情况和线索；协助人民法院依法送达法律文书；协助人民法院对被执行人采取拘留、拘传、搜查和查封、扣押财产等强制措施；做好法制宣传工作，引导被执行人和有法定协助义务的单位和个人自觉履行法定义务；建立本辖区执行工作的基层台账；做好人民法院交给的其他执行辅助性工作。通过这一措施，使法院执行工作的信息触角深入乡镇、街道，提升了执行效率。

发挥司法机关作用，依法化解纠纷，这是法治建设的题中应有之义，也有助于维护司法公信力和法治的权威，并使公众形成尊重法律、相信法律的观念，只有这样才能最终形成良好的法治文化，促进法治建设。

五　结语

除了以上实践，余杭人还在不懈进行着全方位探索，包括健全完善基层民主政治建设评价体系，建立民主法治村（社）创建激励机制等，在全国首创村委会"自荐海选"，全面实施"村务管理 12345 工程"，开展镇乡团委和工会直选，径山镇小古城村被评为全国民主法治示范村……在余杭，法治本就是先人们不可磨灭的精神传承。130 多年前"杨乃武与小白菜"这桩家喻户晓的清末奇案就发生在这里，最后以百姓获胜、贪官获刑而告终。20 世纪初，余杭人章太炎最早与孙中山等人一起发出了法治的呼声。现在，法治，更是招商引资、经济发展中不可或缺的软环境因素，硬环境可以迅速打造，而软环境的改善却需要几十年、几代人甚至更久的积累。

余杭法治发展是全国地方法治发展的一个缩影、一个代表。余杭在探索法治发展的道路上未必会一帆风顺，也未必不会走弯路，或者遇到问题，但关键在于，这样的探索是否始终会坚持走适合自己的道路，是否会坚持规范公权力和保障私权利的有机统一，是否会把各种探索固化为制度而不会因领导干部的更迭与注意力转移而被搁置。

地方法治也是中国法治建设的缩影。任何一项事业都可以从两方面发力，一方面是上层引导，另一方面是下层推动。从中国改革开放以来的实践看，由下而上尽管道路崎岖，不乏倒退和险阻，却更能取得成功。反之，由上而下难免出现削足适履、刻舟求剑、水土不服的状况。地方推进法治创新是中国法治建设的方向，而且只要每一个地方都努力探索，在不远的将来，中国的法治状况必将会得到极大改善。

（参见法治蓝皮书《中国法治发展报告 No. 11（2013）》）

第十八章 重建中国基层社会秩序的探索

——余杭法务前置调研报告

摘　要： 基层治理是社会长治久安的基础。改革开放30多年来，各地经济社会发展取得巨大成绩，但与此同时各种矛盾问题凸显，对基层政府管理与社会治理提出重大挑战。在此背景下，余杭以法治思维为主线，展开了重塑基层社会秩序的探索，以法务前置为重要工具，改变治理观念和维稳观念，运用法治思维和法治方式预防化解各类矛盾冲突。其经验对于全国各地不无借鉴意义，一些问题也是前车之鉴。

一　概述

中国共产党十八大报告把"法治政府基本建成"作为2020年实现全面建成小康社会目标的重要组成部分。《中共中央关于全面深化改革若干重大问题的决定》提出，建设法治中国，必须坚持依法治国、依法执政、依法行政共同推进，坚持法治国家、法治政府、法治社会一体建设；必须坚持依法治理，加强法治保障，运用法治思维和法治方式化解社会矛盾。

基层治理在现代国家治理体系中具有极为重要的作用，是整个国家治理体系的基础，也是社会长治久安、稳定和谐的关键。做好基层治理，就必须用法治思维和法治方法，探索重建社会秩序。近年来，杭州市余杭区正在进行的法务前置改革，正是基层政府与基层社会法治治理模式的核心内容。

余杭区开展的法务前置，从一般意义上说，一方面致力于将国家管理、社会治理纳入法治框架体系内，实现对公权力的事前法治规范；另一方面是努力提升社会公众的法治素养，让法治的触角延伸到千家万户，融入人们生产生活的各个环节。法务前置的实践，主要是通过事前的普法活动，普及法治理念与法律规则；通过对决策及重大决定的合法性审查做到法务事前把关，规范公权力，进而实现依法决策、依法办事；在基层自治管理中，通过"一村一顾问"等机制，服务于自治管理和村民的各种日常涉法活动。

二　余杭区开展法务前置的基本背景

余杭区实施的法务前置，是其基层社会治理的重要组成部分，是用法治思维对余杭近年来的经济社会发展形势的一种积极回应。

1994 年余杭撤县设市，2001 年撤市设区，行政区划面积 1228.23 平方公里，现辖 14 个街道、6 个镇，户籍人口 87.67 万。近年来，余杭的经济社会发展保持平稳发展态势，2012 年全区实现生产总值 834.94 亿元，同比增长 10.1%；实现财政总收入 167.04 亿元，其中地方财政收入104.65 亿元，同比分别增长 11.4%、9.4%。经济社会高速发展的同时，一系列社会问题也逐渐凸显。

首先，各种纠纷多发，官民矛盾凸显。根据《余杭区 2011～2013 年度信访工作总结》，自 2011 年 1 月 1 日至 2013 年 10 月 20 日，区信访局共受理信访 6135 件 31814 人次，其中来信 3219 件；到区上访 2916 批28595 人次，其中到区集体上访 514 批 27816 人次。显然，到区上访总量仍相当巨大。

行政争议增长更是迅速。根据余杭区法院提供的《2010 年以来的行政诉讼的总体情况以及分类数据》，2010 年余杭区法院全年共受理行政诉讼 56 件，同比增长 33.33%。2011 年全年共受理行政诉讼 44 件，同比下降 21.43%。2012 年，共受理行政诉讼案件 61 件，同比上升 38.64%。行政复议的数量也处于快速增长中，一人多案、一事多案的现象并不罕见。尤其是征地拆迁依然是矛盾多发领域，并在一定程度上妨碍到旧城改造与城镇化的推进。在一些行政管理领域，虽然行政复议、诉讼案件总量不大，但当事人往往不屈不挠，经过复议去诉讼，经过一审去二审，判决生效后再去申请再审和上访。这种矛盾的深刻性，也是值得关注的问题。

其次，行政活动的规范化仍有待加强。余杭区在规范政府活动上付出了巨大努力并取得显著成效，但仍有提升空间。比如，政府"特事特办"时，往往存在合法性问题。再如，村委会、居委会本来是基层自治组织，但有时被镇街作为下级政府对待，扭曲了其作为基层自治组织的属性。另外，政府的服务意识仍有提升的空间，高效、便民理念需要进一步落到实处。

再次，外来人员成为引发矛盾纠纷的重要群体，甚至成为潜在的不稳定因素。余杭区的外来人员众多，是经济发展的一支重要力量。一些镇街的外来人口甚至远远超过了本地人口数量，如和睦桥村的外来人口为 1.2万人，而本地人口仅 5000 人。加强外来人员的管理，已经成为关乎余杭经济可持续发展、社会长治久安的重要举措。但从当下看，外来人员未能充分融入，甚至成为社会安定的负面因素。从余杭区公安机关提供的数据看，余杭区公安分局 2011 年至 2013 年 10 月，移送起诉 7431 人次，其中余杭本地籍的有 1483 人次（占全部移送起诉人数的 19.96%）；行政拘留14042 人次，其中余杭本地籍的有 4467 人次（占全部拘留人数的31.81%）。显然，非余杭本地籍人员的违法犯罪活动，已成为影响余杭平安的重要因素，必须加以重视并采取有效应对措施。

正是在这样一种复杂的社会环境下，余杭区提出，要探索重建社会秩序，让法治在维护社会秩序方面发挥主要作用。

三　余杭区法务前置的探索实践

面对伴随经济社会发展而来的种种问题，余杭区积极探索实施法务前置，着力发挥法律机制的事前、事中功能，将法治作为社会治理的基础模式，起到了预防和化解纠纷、维护社会稳定的作用。

（一）重视领导学法与公众普法，营造良好法治氛围

通过全民学法营造良好的法治氛围，是改进基层治理的前提。

首先，通过领导干部学法机制，提升领导干部的法治意识和用法能力。在现代社会，政府机关及其工作人员不依法办事，是引发社会矛盾的重要导火索。而政府机关及一般工作人员是否守法，与领导干部的观念意识密切关联。由此可见，领导干部学法非常重要。余杭区一直重视领导干部学法，着力提升领导干部学法效果。其做法包括：一是近年来余杭区坚持每季度举行法制讲座，促进领导干部带头学法守法；二是各个部门注重所在单位领导干部的学法机制构建，如余杭区住房和城乡建设局（以下简称"余杭区住建局"）积极开展全局公职人员的学法用法培训考试活动。通过一系列的制度构建与机制实施，各级领导干部逐步养成依法办事的习惯，运用法律手段进行管理决策的能力明显提升。

其次，针对特定群体展开普法教育培训活动，强化全民守法的观念。余杭区对于企业管理人员的法制宣传不间断，并组织集中培训。对于外来务工人员，依据其个性需求进行有针对性的法制宣传教育。比如，余杭区住建局联合区司法局，专门针对工地建设人员开展了有奖知识问答、现场设台咨询等普法活动。另外，对于未成年人、中小学生，余杭区也开展了专门的普法教育活动。

再次，着力新法的宣传学习培训工作，提升法律普及的时效性。法治氛围的营造并非一步到位，而必须随着法律的出台、修订、废止等活动而加以跟进。余杭区各个部门有着重视新法宣传学习的良好传统。比如，《行政强制法》《杭州市城乡规划条例》等法律、地方性法规出台后，余杭区住建局积极展开全局公职人员学法用法培训活动并组织专项考试，积极参加行政强制案例分析专题讲座。新的法律、政策出台后，政府部门主动在司法所、服务中心等场所摆放宣传材料，供前来办事的人员免费领取，起到良好的普法效果。

（二）以规范政府行为为支点，提升依法行政水平

社会治理并非单向度的"管制民众"、要求民众守法，政府行为的不规范与朝令夕改，实为社会不安定、纠纷多发的深层次原因。基层政府在决策、执法、签订合同行为等方面的不规范，往往授人以柄。"打铁还需自身硬"，政府行为规范是前提，是官民关系和谐的重要基础。实施法务

前置，对有关行为和决策展开事前审查，将现行法律法规文件作为行为底线，有利于防范法律风险。为此，余杭区近年来从如下方面规范政府活动、提升依法行政水平。

1. 全方位规范行政决策行为

行政决策是政府管理的首要环节，行政决策的质量对于社会安定和谐具有基础意义。为此，余杭区政府出台了《杭州市余杭区行政决策程序规定（试行）》。一些部门、镇街也出台了类似制度。比如，余杭区住建局出台重大决策评估制度与决策责任追究制度。仓前镇出台《仓前镇重大事项决策法律咨询制度》，对于涉及依法行政、依法执政或涉及大多数群众利益的重大事项决策，进行法律咨询论证，其考虑因素包括：是否符合国家现行法律法规、政策的规定，是否符合全市城市建设管理发展实际，是否具有必要性、重要性和可行性等。通过规范决策行为，提升了决策行为的规范性，从源头上预防了矛盾的发生。

2. 对政府签订协议实施合法性审查

由法律专业人士对镇街招标、政府采购等政府签订合同的行为进行事先审查，参与讨论，防范法律风险。

3. 全面落实规范性文件的管理制度

规范性文件是行政活动的重要依据，其管理对于维护法制统一有着源头意义。余杭在规范性文件的管理方面，有以下经验。一是建构规范性文件的路径管理模式。实现从制定到评估的所有环节程序化，明确操作标准、具体要求和注意事项，避免随意性。二是实施规范性文件的备案制度。余杭区对规范性文件的备案工作正式开始于2000年4月，发展至今已有十多年。余杭区出台了《余杭区规范性文件审查和备案管理办法》，严格做到有件必备，有备必审，有错必纠，并将规范性文件的备案审查工作落实情况纳入年度依法行政目标考核和区级依法行政示范单位创建工作。三是推行规范性文件的评估制度，出台《余杭区行政规范性文件评估制度》，对实施评估的主体、内容、手段、程序作出明确规定。

4. 推行社会稳定风险评估制度

强化风险评估工作，并纳入常态化范围，做到规范有序。其典型如乔司街道针对易于引发群体性事件的重大事项，在决策前做好社会稳定风险评估工作。比如，杭州国际商贸城项目胜稼区块征地拆迁共涉及胜稼村11 个村民小组 2780 亩集体土地征用、818 户农户拆迁，是该街道有史以来单次征地面积最大、拆迁户数最多的一次。在拆迁过程中，有关部门开展社会稳定风险评估，分层次举行会议听取当事人意见，总共召开 100 多次会议，看起来耗日持久，但"磨刀不误砍柴工"，预防了事后争端的发生，最终顺利完成农户征地拆迁签约工作，做到了和谐征地拆迁。

5. 清理审批事项并优化审批流程

在国家和省市的要求下，余杭区进行了多次行政审批事项的清理工作。最近一次清理工作自 2012 年 12 月底启动，由余杭区行政审批制度改革工作领导小组办公室、法制办公室牵头展开。第一，本次清理中，余杭区取消、合并和调整了部分审批事项，全区上报的 879 个审批事项，清理后保留 768 个，取消、合并和调整 111 个。第二，取消了部分区级前置条件，按照"以取消为原则，以保留为例外"的准则，取消区级前置审批条件 92 个，保留 14 个，其余 24 个不作为区级前置审批条件①。第三，优化审批流程，促进审批提速。按照"能减则减，能并则并"的原则，简化审批程序，合并审批环节，项目审批平均提速 30%②。第四，固化审批改革成果，建立长效管理制度。因法律法规、规范性文件发生变更需要调整审批事项的，须报区审改办、法制办备案；需要改变审批条件的，须经区审改办、法制办审核，再报区政府批准。余杭区建立了审批制度改革推动机制，通过"一月一例会""一季一通报"、约谈整改等方式促进审批制度的优化完善。

6. 注重提升行政执法行为的规范性

为了提升行政执法的规范性，让执法人员有明确的执法参照，很多部门注重编制执法手册和法律法规汇编等方式，明确法律适用。例如，余杭区国土资源局编制执法手册，对本局各项职权事项的执法活动予以规范，

---

① 数据来自《我区进一步深化行政审批制度改革　取消或调整审批事项 111 个　审批环节大幅缩减》，余杭区政府网站，http：//yuhang.gov.cn/zjyh/jryh/news/201309/t20130906_872304.html。

② 数据来自《2013 年政府工作报告》，余杭区政府网站，http：//2008.yuhang.gov.cn/class/class_2729/articles/363969.html。

编制国土法律法规手册，供执法人员参考。执法手册与法律法规手册在手，让一线执法人员吃下"定心丸"，对于自身的权限职责、能够采取的措施、可能的法律后果都了然于胸，有利于执法行为的规范化。余杭区住建局则梳理权力事项，清理建设系统的处罚事项和依据，核对许可和非许可审批事项，摸清了自身权限职责的家底。

7. 创新行政监察机制

余杭区还注重创新行政监察机制，通过监察端口前移促进政府活动规范。传统的行政监察以事后监督为主，其覆盖面主要是权力运行的"中下游"。现代行政活动的范围宽、领域广、层级多，导致传统的事后行政监察深度不够，针对性不强，未发挥应有效能。近年来，余杭区监察局将监察端口前移，兼顾事前预防、事中纠偏与事后问责的有机统一。2013年重点对上环桥安置房建设等119个农民安置房项目建设开展监督检查，并参与保障房电梯项目采购等工作会议，在决策环节把好关。

（三）重视信息公开，倒逼权力规范运行

政府透明度的提升，既可满足民众知情权，也可发挥倒逼作用，提升政府机关及其工作人员行为的规范性。余杭区的法务前置工程，将政府透明度建设作为重要组成部分。

首先，大力加强信息公开的规范化建设。区信息办及时调整信息公开指南，设置了全区统一的信息公开申请表，编制了信息公开实用手册，通过编制受理处理单，明确信息公开的受理、答复意见和领导审阅等流程，严格控制时间节点，明确责任人，避免了时间上的拖延、工作人员的相互推诿。此外，各部门还通过电话录音等方式，规范办理人员的行为，且有效留存证据，避免诉讼风险。

其次，余杭区着力创新机制，满足民众知情权利。一是整合全区公文流转系统与信息公开平台，实现了将内网的非涉密文件通过依申请公开的方式推送到外网，大大增加了依申请公开的范围。通过这一机制，那些不属于主动公开范围的文件名称和文号也会显示在门户网站上，方便公众提出申请。二是鉴于近年来对请示、报告、批复等内部信息的申请量越来越大，余杭区提出"把关前移"。在政府信息形成后，其是否公开就由制作

机关提出意见，供区政府公开办公室参考。

再次，增强工作的主动性，着力提升主动公开的实效。比如，崇贤街道重视主动公开工作，制作《崇贤简报》送到每个农户，便利了村民了解相关政务活动信息。不少部门还积极利用微博、微信等新媒体，提升信息公开的效果。考虑到当前智能手机的高普及率，崇贤街道前村社区居委会开通了微信公众账号，实时向居民推送各种重要的信息。

（四）依靠群众防患于未然，提升矛盾纠纷的预防化解能力

通过法务前置，发挥"事前维权"效能，防患于未然，避免纠纷的发生和扩大，是余杭的重要经验。50 年前，浙江枫桥创造了依靠群众就地化解矛盾的"枫桥经验"。近年来，余杭区坚持依靠群众的基本精神不动摇，并与时俱进，加以不断丰富和发展。正如在纪念毛泽东同志批示"枫桥经验"50 周年讲话中所提出的，"检验社会治理水平的高低，不仅要看紧急情况下应急处置能力，更要看常态下矛盾纠纷预防化解效果"。有必要意识到，等到纠纷实际发生甚至蔓延到失去控制的时候，地方政府再去介入，既违反了"预防为主"的规律，白白失去了处理纠纷的最佳时机，也使得政府疲于奔命，充当"救火员"的被动角色。在纠纷多发的背景下，应当兼顾纠纷解决的能力建设与纠纷的预防工作。通过法务前置，有利于从源头上预防和减少各种利益冲突，与枫桥经验不谋而合。

比如，乔司街道每年因居民自家拆房、建房导致的意外死亡不低于15 人，有时候甚至一周发生数起事故，因劳动者伤亡事故导致纠纷频发。事故一旦产生，不但给当地稳定带来隐患，当事各方在协商不成的情况下，往往转而求助政府部门，也给政府维稳带来了很多新课题。如何防患于未然，是摆在基层政府面前的难题。为了预防化解这些矛盾，乔司街道一方面向农户发放建房合同、拆房合同、租房合同等范本，帮助规范合同条款，降低因双方约定不明或缺乏约定而产生纠纷的概率；另一方面，由各村（社区）负责督促雇主给工人购买人身意外伤害保险，既降低了雇主的用工风险，也切实保障了外来务工人员的合法权益，减少了相关纠纷的发生。与此类似，余杭区国土局制定土地出让合同的范本，邀请法律顾问审查论证，提升合同范本的质量，对于纠纷预防也起到一定效果。

再如，在企业里，大量劳资纠纷的出现与企业自身规章制度的不完备存在密切关系，企业之间的商事纠纷则往往源自企业对外签订商事合同的不规范。为了提升企业守法水平，余杭区开展了"百名律师进百企"活动，对于劳资纠纷、企业之间的商事纠纷等矛盾争端的预防起到良好效果。其做法包括：一是成立法律宣讲团，用半年时间在全区 300 家以上中小企业、微小企业开展专题法制讲座，解读与企业发展相关的法律法规和政策措施；二是成立法律咨询团，对全区 50 余家企业进行针对性走访，发放宣传手册，开展上门咨询；三是成立法律体检团，选取 20 家成长型企业进行免费"法律体检"，帮助企业发现并解决公司经营治理的缺漏，设置危机处理预案，提高企业防范应对风险的能力。

又如，一些重大活动存在着安全隐患，有可能成为突发矛盾的重要导火索，对此余杭区也很注重事前预防。比如，仓前街道端午龙舟盛会作为省市非遗项目，是仓前街道一项特色文化体育品牌。但该活动的举行，会给交通和安全带来很多隐患。其社会稳定风险评估工作制定了分步推进的工作方案，分为准备阶段、讨论决策阶段、整理汇总材料阶段、提交请示阶段与总结巩固阶段。风险评估工作小组采取调查研究、征求意见、分析论证等方式，对龙舟表演工作潜在的各种风险进行先期预测、先期研判、先期介入、先期化解。

此外，余杭每年发生欠薪事件一千余件，小企业的劳资纠纷也比较多，对此，区各机关采取多种措施予以综合治理。区总工会设置小微企业联络员，乔司等街道由各村社区对小作坊登记备案，并收取一定数额的工资保证金，在企业经营困难或老板跑路时最大限度地保护劳动者的合法权益，有效减少了农民工"讨薪"事件的发生。

在重视纠纷预防工作上，余杭经验可以总结如下：法务活动做在行政决定作出前，普法做在排查前，排查做在调处前，调处做在矛盾激化前。法务前置，恰恰体现了纠纷解决的预防为主思想，强调标本兼治的同时将治本置于战略优先位置。

（五）法律服务参与基层自治，促成行政与自治良好衔接

国家的政治统治和社会管理最终要通过有效的基层治理来落实。城乡

的村、社区直接面对广大村居民，其事务具有复杂性、多样性。《中共中央关于全面深化改革若干重大问题的决定》要求，"促进群众在城乡社区治理、基层公共事务和公益事业中依法自我管理、自我服务、自我教育、自我监督"。

近年来开展基层治理的经验和教训，让余杭各级部门认识到，仅仅依靠政府来管理社会，效果未必能够最大化，还必须依靠专门的法律从业人员的参与。比如，在预防处理协调一些建房伤亡事故、交通事故时，余杭区一些政府工作人员发现，官方出面协调，往往面临当事人的严重抵触情绪，不仅法律专业素养受到质疑，而且被怀疑立场不够中立；而由律师出面协调，则可通过专业性和公信力作用的发挥，在争议各方之间产生较强的说服力和证明力。

近年来，群众知法、用法的意识能力快速提升，其法律服务需求较为强烈。余杭区各级政府通过"一村一顾问"，让律师、法律顾问参与"网格化管理、组团式服务、片组户联系"等活动，参与村居管理，先行提供法律审查、法律建议、风险提醒等法律服务。其行之有效的工作机制包括：一是推行"一月一坐班"机制，法律顾问每月与结对社区、村联系，提供上门法律咨询服务；二是结合律师事务所的专业优势与社区、村干部的属地优势，组建法律服务联络组，负责社区、村和律师之间的沟通协调与信息反馈等工作；三是将村社区的有关情况通过法律服务联系卡发给群众；四是完善激励考核机制，对于工作不积极，未达到要求的律师进行批评教育，对年度考核低于 60 分的，取消其担任村社区法律顾问的资格。

通过提供法律服务提升村居民自治管理水平，是法律顾问进社区、进村工作的重要内容。自 2011 年起，余杭开展全区社区、村律师为基层换届选举提供法律服务活动，主动为结对社区、村宣讲换届选举的法律政策，协助审查、修订选举规则和村规民约，受邀见证监督选举过程，为选民和有关部门提供法律咨询。通过把法律服务贯穿社区、村换届选举工作的全过程，确保了基层选举工作的依法有序开展。这些做法使得政府主导的法务前置参与到基层自治中来，既大幅提升群众的民主法制意识，也有力增强了村居民自治管理的质量与水准，起到将基层行政与村居民自治管理良好衔接的效果。

针对基层政府自身法律力量较为薄弱的先天不足，余杭区政府注重整合市场资源、社会资源，多种力量形成合力，提升法务前置的实效。有观点认为，为加强基层政府依法行政的意识和能力，应当设置单独的法制机构。但是，这种做法一是需要法律专业水平较高的工作人员，二是与机构精简的大趋势存在冲突，三是编制问题难以解决，四是作为政府下属机构难以提出独立的法务建议。因此，这种"看上去很美"的方案在实践中被搁置。国内一些地方积极尝试通过政府购买服务，让专业人士介入，发挥市场作用，起到良好效果。

余杭区政府发现，在镇街是否设置专门的政府法制机构并非关键，关键要看能否发挥法律的功能，能否解决问题。就其功能而言，政府购买服务与专门机构设置，客观上具有替代效果。更进一步说，通过购买服务有利于提升法务前置的专业性，并确保法务审查立场的相对中立性，而非唯领导意志是从。2009年7月余杭区启动"律师进社区（村）"活动，全区共有317个社区（村）与律师"结对"，覆盖率为100%，在整个杭州市率先实现全区的律师进社区（村）全覆盖。

总体而言，余杭区注重让律师参与到镇街信访接待等事务中，共同化解重大、疑难纠纷①。在一些地方，律师被当地政府视为扩大纠纷的不稳定因素，而余杭区则注重发挥律师群体的"正能量"，通过律师的提前介入预防化解纠纷。根据余杭区《2012年律师进社区（村）工作总结》，2012年1~10月份，全区社区（村）律师接受委托办理法律事务233件，起草审查法律文书237件。比如，塘栖镇丁河村的一家小企业发生工伤事故后，受伤工人姚某在抢救无效后死亡，当天村里聚集以死者家属为主的30多人，死者家属情绪激动，如发生冲突极有可能引发群体事件。对此，丁河村的对口律师第一时间赶到进行调解，双方情绪有所缓和。对口律师在了解事实的基础上进行专业的法律分析和情理阐述，促成双方达成协

① 律师参与处理纠纷是否属于"法务前置"，一度存在争议。有反对者认为，纠纷已经发生的情况下，律师的介入已经没有"前置"的色彩，属于律师日常业务。虽然表面上看律师参与纠纷解决，但在矛盾尚未扩大或诉至法院的背景下，在角色上律师并非作为当事人的代理人，在时机上较早，与通常的律师参与诉讼存在较大差异。为此，在纠纷发生第一时间的律师以非代理人角色参与，本报告仍将其作为"法务前置"的一部分。

议，产生良好的社会效果。

（六）创新制度机制，拓展公众参与协商渠道

《中共中央关于全面深化改革若干重大问题的决定》提出，要"构建程序合理、环节完整的协商民主体系，拓宽国家政权机关、政协组织、党派团体、基层组织、社会组织的协商渠道"。随着余杭区新型城市化的快速推进，其行政区划也相应进行调整，2011 年有 9 个乡镇正式撤销乡镇建制设立街道办事处，但街道一级作为区政府的派出机构，在制度上并无党代会、人民代表大会的建制。在这种情况下，如何调动和发挥社会各层面的力量参与民主协商、民主监督，就成为一个现实问题。对此，经过反复酝酿与认真筹备，余杭区出台了《关于试行街道协商议事会议制度的实施意见》，探索建立街道协商议事会议制度，为社会各阶层群体搭建参与街道重大事项的平台。南苑街道在举行协商议事会议时，各界议事代表听取街道党工委工作报告、区人大常委会街道工作委员会工作报告以及街道财政预决算报告，并就经济社会发展中党员群众关心的热点问题，向街道领导班子进行询问，每个议事代表都会收到年度南苑街道社会评价表。有别于一般评价表"满意""不满意"的判断式选择，这张社会评价表从征地拆迁、楼宇发展、便民服务等十个方面，对街道工作进行阶梯式评价的同时，还设计了四大类开放式问题，广泛收集意见和建议。第一次代表会议就收到涉及党建、经济发展、城市管理、社会管理、民生保障等六大类意见和建议共 88 条[①]。

（七）重视发挥新闻媒体的作用，促进社会安定

与一些地方政府对新闻媒体避之唯恐不及的态度不同，余杭区注意发挥媒体在维护社会稳定中的作用。比如，乔司街道在胜稼村征地拆迁启动前，邀请 20 余家省市区媒体参加"聚焦乔司"媒体恳谈会，营造良好舆论氛围，对于消除群众思想顾虑起到了积极成效。

---

① 参见王丽娟《广集民智　增进共识　余杭创新试行街道协商议事会议制度》，《杭州日报》2013 年 1 月 29 日 A09 版。

四　余杭区法务前置实践的启示

余杭法务前置工程，作为先行先试的探索，其经验做法有着强烈的示范意义。一方面，通过法务前置将法律专业知识、法律思维与法治观念导入行政过程中，具有强烈的理性增强效果。另一方面，法务前置对于法律自身功能的发挥有着创新效果。传统上对法律、法治的功能理解，往往以司法为中心，较为重视法律的事后作用，定位于权利救济与纠纷解决功能。这种定位显然并不适合于现代社会。余杭区的法务前置实践表明，重建社会秩序，应发挥法律制度、法治思维在事前、事中阶段的积极作用。具体包括以下方面。

（一）运用法治思维改变治理观念，将管理成本最小化，最大限度释放政策红利

正如在纪念毛泽东同志批示"枫桥经验"50周年的讲话中所指出的，要"牢固树立依法治理的理念，把群众路线与法治方式有机结合起来"。其要求表现在两大层面。在客观层面，政府活动遵守法律规定，符合"形式法治"的要求。在政府管理手段措施的选择上，必须在现有法律框架内进行，制度创新不能超越现行法律法规。为此，应当强化法务前置的组织、人员建设，余杭聘请法律顾问规范政府权力行使的经验就值得肯定。《中共中央关于全面深化改革若干重大问题的决定》要求"普遍建立法律顾问制度"。在主观作风层面，政府监管与社会治理应当走群众路线，"以人为本"，其关键是"以民意为本"，要求通过一系列制度、机制的建构与完善，发掘民意，尊重民意，引导民意。

（二）从法治路径出发转变维稳观念，秉承预防优先理念，将维稳重心前移

社会稳定首先需要政府依法活动，不侵犯群众的合法权益。项目组在与当地部门的座谈中注意到，很多工作人员已经清醒地意识到，群体性事件与政府的行为违法或不当往往有着密切关联。如果政府重大决策、签订

协议、征地拆迁的前端行为出现违法，损害到民众权益，事后再去抓纠纷解决、抓矛盾化解，则亡羊补牢悔之晚矣，在效果上也事倍功半。而在事前把工作做足做够，自身行为合法合理，充分考虑各方利益诉求，让群众充分知情、表达、参与，才是消除矛盾纠纷的最有效手段，进而达到群众满意、社会安定的理想状态。因此，各级政府及其工作人员必须在法治框架内行使权力，避免因超越职权、违反法定程序的行政管理活动导致纠纷的发生和扩大。

（三）　注重运用法治思维和法治方式，预防化解各类矛盾冲突

余杭区注重提升各方群体的法治意识，进而营造全民守法的良好氛围，进而在法治渠道内形成良性循环，使得政府、各方当事人在产生争端时，第一时间想到法律，运用法律，将法律理念、法律专业知识和法律专业人员引入纠纷解决中，而非"大闹大解决""小闹小解决"的恶性循环。

（四）　坚持群众路线，凸显民意与体现权益保障

政府重大决策与行政管理应当充分体现和尊重民意。群众的法治观念变强时，政府机关的行为模式一定要相应跟上，充分体现民意、保障权益。《中国共产党第十八届中央委员会第三次全体会议公报》指出，"创新社会治理，必须着眼于维护最广大人民根本利益"。就其反面而言，正如当地工作人员所意识到的，在征地拆迁中如果政府获得的利益比被拆迁人多，一些被拆迁人不可能没有意见。体现民意与保障权益，还体现在制度层面的创新。乔司街道在胜稼村征地拆迁时，为推进强制拆迁工作的顺利进行，为农户提前办理养老保险，推进老年过渡房、安置房设计等惠民实事工程，深入田间地头逐一解决个性问题，并专门组建三个妇女沟通组去做家庭妇女的思想工作。这些做法既凸显了民众权益的维护保障，也体现了对民意的理解和尊重，有效预防和减少了官民冲突。

（五）　重视社会力量与市场功能的发挥

法务前置并不是政府一家的独角戏，必须考虑到，越是较低级别的政

府，特别是镇街层次，法律专门人员力量越相对薄弱，单靠政府并不能做好法务工作。在对外活动时，政府工作人员的法律素质也未必足以胜任实际需要。对此，余杭区在实施法务前置时，特别注重社会力量与市场功能的发挥，其引入"一村一顾问"等做法，让律师参与基层社会治理，既为普通公众和基层组织送去了专业的法律服务，也为律师锻炼提升自我水平提供了难得的舞台。

五　结语——让法治深入人们的思想和行动

当前，全国各地都在开展一些类似于法务前置的实践，余杭区是其中较为系统地将法务前置作为重建社会秩序重要抓手的典型。这些实践的共同特点是，让法律成为各类社会主体行动的基本指南，让法治深入人们的思想，渗透到社会活动的方方面面，最终实现用法治思维促进社会发展、解决社会问题。余杭区推行法务前置的实践也给其他地区加强法务前置、创新基层社会治理模式、重建基层社会秩序，提示了很多值得关注的方面。

首先，应当进一步明确法务前置的界限。法务前置的界定，应当从"公权相关""法律相关事务""前置性"三大特点展开。其核心内容是通过事前、事中的法务机制来确保政府活动规范合法。但法务前置并不是无所不包，凡是不具有"法律相关性"，或不具有"前置性"特征的，应当排除在外。比如，重大决策的问责机制就不应属于法务前置的范畴，因为其作为后端责任机制而发挥作用。又如，一些以决策方案的可行性、矛盾风险概率为主要内容的社会风险稳定评估，考虑到法律色彩并不浓厚，也不应当纳入。再如，政府出面聘请律师为企业进行法律体检，是否有越俎代庖之嫌？提出这些疑问，并非要否定法务前置。当前，各领域法治意识不是普遍很强，而是普遍还不强，因此，在很多活动中强调法治的作用不是多余，而是必须。此外，不少公众、企业还只顾埋头赚钱、法治意识淡薄，期望其自发提升法治意识也是不现实的。因此，照搬国外做法，盲目否定政府对其开展法务前置的意义，也就是彻底脱离中国国情。但可以预见，随着经济社会发展、市场经济的进一步成熟以及整个社会法治意识的提升，在推行法务前置过程中，政府与个人、企业之间的行为界限必定是动态发展的，有必要在此过程中逐步明晰法务前置的界限。

其次，创新普法形式，充实普法内容。对于中国这样一个缺乏现代法治观念和制度土壤的国度，普法宣传在相当长一个时期都是建设法治国家所不可或缺的。实行法务前置，归根结底就是要做到让"法"的理念融入人们的心理与行动，为此，必须不断创新普法形式。一是充分采用现代媒体形式普法，发挥好微博、微信等新媒体平台的普法功能。二是针对纠纷多发的现状，应当有意识地提升民众的契约意识和契约精神。三是针对各种群体的特殊状况与个性需求，进行针对性普法，如对外来务工群体的劳动社会保险普法，对儿童青少年的未成年人保护普法等。四是各种力量参与提升效能。普法绝非政府司法行政部门一家之事，在国家机关中需要民政、人社、法院、检察院等部门发挥作用，还要发挥社会力量、市场力量的作用，将政府机制、市场机制、社会机制三者结合起来，形成合力，提升普法的瞄准率与专业性。鉴于政府为主体的普法暴露出的种种弊端，应当有针对性地加以改进。一方面需要区分一般性普法与个别性普法，发掘出有特殊法制需求的群体并予以满足，以提升瞄准率；另一方面，应当区分面上普法与专业普法，专业性的需求更多通过市场方式来满足。

再次，加强基层组织建设，充实基层法治力量。基层稳，则国家稳。中国长治久安的根本在于基层社会的稳定和有秩序。为此，在较低层级的政府，特别是在乡镇、街道层次有必要加强政府法制的组织建设和人员力量。从长远看，应当从当地政府法务需求出发，考虑设置独立的政府法制机构并赋予独立编制，或者通过购买服务等方式，充分满足当地政府管理的法务需求。例如，可以在余杭区等地"一村一顾问"实践的基础上，进一步创新工作方式，改变"一对一"的单打独斗模式，将律师、法律顾问分成若干团队，灵活机动安排人员，实行团队式服务。

复次，强化外来群体权益保障，实现全社会的融合发展。随着经济的发展，无论是经济相对发达地区，还是仍处于欠发达阶段的地区，都正在面临着日益频繁的人员流动，大量的外来人员带来了新的文化、生产生活方式，也在为流入地的发展贡献着智力与人力。因此，在制度改革时充分考虑平等对待当地人与外来人员，让外来人员更好地融入当地。

最后，应当进一步规范公权力运行，妥善处理好稳定、发展与法治的关系。发展到今天，政府守法是可持续发展的根本保障，也是社会稳定的基础。牺牲法治换取经济发展，难免带来环境破坏、民众闹事等不利后果；而且，再大规模的普法宣传所取得的效果都不及政府机关及其工作人员的一次不守法所起到的负面宣传效果。各级政府及其工作人员都必须意识到，政府的各项职权都来自法律规定，政府的各种手段措施都不能超越法律的界限。特别是政府在"特事特办"时，在处置应急突发事件时，在平息群体性争议之际，都应当运用法治思维和法制方式，不能超越法律的边界。

（参见法治蓝皮书《中国法治发展报告 No.12（2014）》）

第十九章　余杭基层治理法治化探索

　　摘　要：杭州市余杭区以村（社区）公共事务清理为契机，通过政务与社务的分野，强调政府依法行政和社区依法自治，对于中国基层治理法治化具有样本示范意义。余杭区一方面通过清理牌子、减少考核、简化台账等手段让社区回归自治，实现村（社区）事务法定化；另一方面，通过编制和公开权力清单、机关工作重心下移等手段实现基层政府权力法定化，并通过积极发展社区社会组织，以政府购买服务提升村（社区）公共服务水平。

　　为了保障基层社会的长久稳定，中国共产党领导中国人民进行了半个多世纪的曲折探索，最终选择了"法治"。党的十八届四中全会以"依法治国"为主题，强调"发挥法治的引领和规范作用"，提出"推进基层治理法治化"。基层治理包括两部分：一是基层政权建设，二是基层社会自治。基层治理法治化意味着：一方面，基层政权要依法向社会提供公共服务；另一方面，基层社会组织要依法自我约束、自我管理，并充分发挥市民公约、村规民约的积极作用。而现实中，基层社会的他律与自治权界不清，表现为本应由基层政府提供的公共服务几乎无条件地派给村（居）民委员会，使宪法和组织法定性为群众自治组织的村（居）民委员会沦为基层政权的行政延伸，自治空间长期受到挤压而日趋萎缩。如何在法治框架下构建基层公共服务体系，各地进行了形式多样的探索。2014年余杭区开展的整治村（社区）"牌子多"、建立工作事项准入制度，不失为基层治理法治化的有益尝试，有助于让村（社区）回归服务自治本位，实现政府治理和社会自我调节、居民自治的良性互动。

2014 年 3 月，余杭区下发了《关于开展村（社区）"机构挂牌、考核评比、创建达标"情况清查整治的通知》，要求为基层的村、社区减负，凡属于基层政府及其职能部门、街道办事处职责范围内的事项不得转嫁给社区组织。余杭区统一部署，注重上下联动，条块结合，采取"牌子下墙""考核限行""台账电子"三项举措开展基层组织减负工作，对村（社区）组织机构挂牌、考核检查评比、工作台账进行规范管理。2014 年 9 月，余杭区又颁发了《关于深入整治村（社区）"牌子多"等问题的通知》（区委办〔2014〕83 号）和《杭州市余杭区村（社区）工作事项准入实施意见》，明确了准入村（社区）的余杭区直单位工作任务 29 项和 22 个准入的盖章事项，规定了其他需要进村（社区）的组织机构、工作任务、考核评比、盖章证明等相关事项的准入程序。余杭区通过自我革命式地清理基层权力和事项，有力推动了政府依法行政、社区依法自治，对于构建完善的社区公共服务机制，实现基层治理法治化具有重要意义。本报告根据 2014 年中国社会科学院法学研究所法治指数创新工程项目组的调研对余杭区基层治理法治化探索进行分析。

一 回归自治，村（社区）事务法定化

在经济体制改革的大潮中，企业纷纷改制，将计划经济时代的"单位人"推向了社会，再加上社会流动频繁所带来的大批外来人口，给社区工作带来巨大的压力。另外，随着政府职能的转变，政府大量的社会管理和公共服务职能向社区转移，如劳动就业、社会保险、社会服务、医疗卫生、计划生育、文体教育、社区安全、法制宣传、法律服务、法律援助、人民调解、邮政服务、科普宣传、流动人口服务管理等，并对社区完成这些服务项目的情况进行考核评比，出现机构"牌子多"、考核评比多、创建达标多"三多"现象，社区不堪重负，扭曲了自治的功能定位。因此，为村（社区）减负，建立法治化的村（社区）服务体系，已势在必行。

（一）清理牌子

行政管理事项和公共服务职能大量涌入社区的一个突出表现就是村（社区）牌子林立。2013 年，余杭区纪委和区民政局等部门在对村（社区）进行前期调查摸底发现，在村、社区建立和挂牌的有 34 个单位 97 块牌子。一些村（社区）办公楼由于没有悬挂的地方，只能实行牌子轮流上墙，以应付挂牌单位的检查。村（社区）牌子林立引起人民群众的困惑和不便，严重影响了政府的形象。

2014 年 7 月、8 月，余杭在全区 20 个镇（街道）、余杭经济技术开发区确定了运河街道唐公村、乔司街道和睦桥村、塘栖镇河西埭村等 20 个村（社区）开展组织机构挂牌清理试点工作。在清理牌子过程中，坚持"依法、必需、配套"的原则，取消法律无明文规定、上级部门无要求、区级自行设置的组织机构和牌子，并清理规范上墙的文件制度。经过清理，村保留村党组织、村民委员会、村经济（或股份经济）合作社、村务监督委员会等 4 块牌子，社区保留社区党组织、社区居民委员会、社区居务监督委员会 3 块牌子，股社尚未分离的社区可增挂股份经济合作社牌子。村（社区）可根据需要设置社区便民服务中心（或社区公共服务工作站）、社会服务管理分中心、警务室、卫生服务站、村邮站、文化礼堂等功能性标识牌。以乔司街道为例，乔司街道共有 14 个村社区，清理牌子总数 305 个，清理上墙制度 136 项。

余杭区在进行村（社区）公共事务清理的同时，还对要求村（社区）出具证明、盖章的事项进行规范。凡是法律法规赋予或规定、社区（村）职责范围内、社区（村）有能力承担并为居民提供方便服务的盖章事项，社区（村）应如实出具相关证明，除此以外，任何部门（单位）不得要求社区（村）出具各类证明和盖章。

各镇街、开发区既是村（社区）集中整治工作的实施单位、责任主体，又是进驻社区委派公共职能和服务的主体，从这个意义上来说，社区牌子清理本身是一场自我革命和自我约束，但由于涉及利益甚至权力问题，清理工作必然要面临一定的顽固性和反复性问题。为了建立长效机制，防止清理的事项回流，余杭区从源头上建立了严格的准入制度，凡在村（社区）增设组织机构、悬挂标识标牌，必须事先报余杭区城乡和谐社区建设领导小组办公室审核，并经领导小组同意。准入事项在区直部门正式发文前，应事先就具体工作内容充分听取基层的意见，保障具体工作在社区的可操作性，在落实过程中保障群众的切身利益。为了防止准入机制变成一纸空文，余杭区还同时强化责任追究制度，由区纪委、监察局牵头对进入社区的工作事项进行督查，发现问题及时督促相关单位整改，对存在不当行为的单位和个人进行公开曝光，并视情况追究相关责任。

（二）减少考核

按照现行法律规定，基层人民政府或其派出机关与村（社区）之间属于工作上的指导关系，而非领导关系，基层政府或其派出机关不得过多干预社区自治事务。村（居）民委员会作为基层群众自治组织，向村（居）民会议、村（居）民代表会议负责并报告工作，对其工作的考核要根据村（居）民满意度进行，而不应该是来自政府部门或派出机关自上而下的考核。相反，基层政府或其派出机关是公共卫生、计划生育、优抚救济、青少年教育等公共服务的主体，村（居）民委员会作为协助单位，可以组织群众对其提供的公共服务质量和效果进行民主评议，对供水、供电、供气、环境卫生、园林绿化等市政服务单位在社区的服务情况进行监督。然而，实践中，县区政府职能部门和乡镇政府、街道办事处通常在向村（社区）摊派行政任务后，还要对村（社区）的完成情况进行考核评比，并且组织名目繁多的创建评优活动，诸如创建平安社区、健康社区、无毒社区等。根据前期调研，余杭区列入考核评比创建的项目有14个单位23个项目。面对名目繁多的考核评比、创建达标，村（社区）疲于应付，有时不得不编造数据，考核流于形式，不仅加重了村（社区）的负担，还助长了形式主义和官僚主义歪风邪气，2014年8月，余杭区将之纳入群众路线教育实践活动专项整治的范围。

经过整治清理，余杭区取消区直各单位对村（社区）的各类单项考核检查评比，全区只保留区和谐（文明、平安）村（社区）考核，由区委政法委、区民政局、区文明办牵头。对于那些确因特殊情况需要单独组织村（社区）考核检查的，实行准入制，须报余杭区城乡和谐社区建设领导小组审批。对于保留的考核项目，余杭区要求创新考核检查方法，建立健全以基层群众满意为主要标准的评价体系。

（三）简化台账

有多少部门职能下放到村（社区），就意味着要做多少本台账。据调研，村（社区）工作人员70%的工作时间都用在了整理台账等行政性事务上，参与居民自治、便民服务的时间仅占30%左右，造成了本末倒置。据有的村党支部书记反映，大学生村官的主要工作就是编台账，根本没有时间和精力走到村（居）民身边，了解群众的需求和呼声。社区（村）日益繁重的行政性负担已经成为亟待解决的突出问题。

为了将村（社区）工作人员从繁重的行政性负担中解脱出来，余杭区分两步走：一是对村（社区）台账进行精简，只保留村（居）民基本信息、党组织和党员基本信息、流动人口基本信息以及辖区单位基本信息等基本台账；二是推行台账电子化，除了保留日常工作的相关原始记录之外，取消其他纸质台账，依托余杭区村、社区管理服务平台，编制目录，将相关资料输入电子平台存档备案，减少纸质台账的使用，并逐步把"电子台账"模块转移到杭州市"智慧社区"综合管理平台，及时更新信息，实现资源互联共享。余杭区各级各部门不得随意要求村（社区）制作相关纸质工作台账。

（四）提升社区公共服务水平

对村（社区）的政务职能和社务职能进行切割，减轻村（社区）的行政性负担，其目的是拓宽村（社区）的自治空间，发挥社区居民的主体作用，实现自治功能的回归。

经过整治"三多"，村（社区）的工作人员行政事务性束缚减少了，相应地为群众提供了更加快捷、方便的社区服务。配合社区减负，2014年，余杭区推出了为民服务全程代理服务"绿色通道"。乔司街道五星村村党委委员将更多的精力投入为村民代办"大事小情"上，将为社区提供服务作为其工作重心。比如，劳动保障方面，从全程代办城乡居民社保，到通知个体参保，再到帮助老年人办理老年卡等。南苑街道高地社区选聘了两名各方面素质较好的居民担任业务代理员，为企业全程代办各类执照、许可、年检等业务，"全程代理"服务使企业主有更多的精力投入生产经营。随后，高地社区利用"全程代理"面向辖区内新居民推出子女就学等10多项代理项目，帮助解决了流动儿童的就学问题。随着社区公共服务站的建立，高地社区还将全程代理服务面扩大到全体居民，从为新居民办理养老保险、代买火车票、代寄邮包信件等业务，扩展至个体工商户的各类执照办理和年检、项目申报、计生服务、户籍管理、劳动保障等领域。此外，高地社区还编制了"高地社区全程代理服务项目清单"，建立受办分离制、办理期限承诺制、全程代理回访制等一系列服务制度。

提供优质、便捷的社区服务的关键在于人才，村（居）民服务的日趋多样化迫切需要专业化、复合型的社会工作人才。为加快推进社会工作专业人才队伍建设，切实增强构建社会主义和谐社会的人才支撑能力，国家出台了《社会工作专业人才队伍建设中长期规划（2011～2020年）》。作为基层政府，近年来，余杭区强化管理、搭建平台、落实保障，努力提升社会工作专业服务水平，探索出社会工作专业人才队伍建设与发展的新路子。2011年，余杭各镇街与区政府签订了《杭州市余杭区社会工作人才培养目标管理责任书》，要求各镇街将社会工作人才队伍建设纳入各自人才工作范畴。2014年，余杭区社区工作者持证比例达到40%。余杭区制定并实施杭州市首个《杭州市余杭区社会工作人才队伍建设实施办法（试行）》，探索"持证社会工作人才+义工"的社区工作者录用机制①。2014年，余杭区被民政部确定为全国首批社会工作服务示范地区。2014年，余杭区颁发了《关于进一步加强村（社区）干部队伍建设的通知》（余组〔2014〕7号），随后，又发布《关于加强村（社区）后备干部队伍建设的实施意见》（仓街委〔2014〕67号），决定选派村（社区）年轻干部到街道重点项目锻炼。余杭区仁和街道实行教育培训、轮岗交流、挂职锻炼等多种措施，培养社区工作的主力军。

基层治理法治化，要求充分发挥市民公约、村规民约的积极规范作

---

① 《余杭区获全国首批社会工作服务示范地区》，中国杭州政府门户网站，http://www.hangzhou.gov.cn，2014-11-12。

用。2014 年 10 月下旬，余杭崇贤街道前村社区锦昌年华苑小区开始修订邻里公约，12 月，该公约正式启动，用公约的形式规范和引导小区居民。在邻里公约的修订完善过程中，小区业主的主体地位得到彰显，积极参与，认真填写意见和建议，社区及时将业主提交的意见和建议收集汇总，分组召开居民组长、居民代表和业主代表讨论会，充分体现了公约的自治功能。

二　统一权责，充实基层执法力量

村（社区）公共事务的清理，既是核定自治事务的过程，又是厘清基层政府权力的过程。余杭区梳理政府职能部门或派出机关的行政权力，对于那些不适合下放给村（社区）而应该留在区政府职能部门和派出机关的权力进行清理，发现没有法律授权或者不应该继续存在的，通过深化行政审批制度改革加以取消；对于必须存在的，厘清权力的来源、边界、行使流程，编制权力清单，并对外公示。为行使好权力清单上的权力，提供高效优质的公共服务，余杭区通过优化执法机关内部结构，将权力和人员双重下沉到一线。

（一）编制和公开权力清单

党的十八届三中全会提出，推行地方各级政府及其工作部门权力清单制度，依法公开权力运行流程。编制和公布权力清单是依法行政、建设法治政府的第一步，也是必然要求。法治政府首先是有限政府，政府只能在宪法和法律赋予的权限范围内活动，政府应当将其法定权力向全社会公开，接受社会监督。

2014 年，余杭区以清理村（社区）公共事务为契机，制定《杭州市余杭区人民政府关于开展政府部门职权清理　推行权力清单制度的通知》（余政发〔2014〕62 号），对 31 家部门的行政权力进行了清理，形成并公布了行政权力总清单，包括部门保留的行政权力清单、部门共性权力清单、部门审核转报事项等。

权力本身亦是责任，行政机关既不能逾越权力的界限，此所谓当止则止；也不能放弃权力的行使，此所谓当行则行。为了解决政府管理越位、缺位、错位问题，防止行政管理不作为和乱作为，余杭区继推行部门权力清单之后，又正式启动部门责任清单编制工作，并通过余杭区政府门户网站（www. yuhang. gov. cn）正式向社会公布部门责任清单。

（二）政府工作重心下移

提供公共服务是政府的立身之本，为了更好地服务于群众，中央多次强调和倡导政府公共服务和管理重心下移。所谓政府工作重心下移，是指尽可能减少政府的层级设置，将政府更多的资源向基层倾斜，对于本身就在基层的机关来说，工作重心就更应该放在一线，让更多的工作人员走出机关，充实到一线岗位。然而，不少行政部门对政府工作重心下移有所误解，将本应该由政府提供的公共服务下放或转移给村、社区，而工作人员和权力还留在机关，这显然不符合依法行政、建设法治政府的要求。

区县作为基层政府，应该直接面对人民群众，为群众提供优质高效的公共服务。然而，近年来，基层政府出现严重的"机关化"倾向，其职能部门通常不直接执行权力，而是通过派出机构或者直接转移给村（社区）；街道办事处不是一级政府，而是区政府的派出机关，本应该与辖区内的民众直接打交道，然而通过权力下派，俨然成为上传下达的一级政府。为了扭转这种现象，余杭区除了对下派到村（社区）的公共事务进行清理之外，还实行真正的权力下沉和工作重心下移，提升行政权力的执行力。以余杭区公安分局为例，为积极应对当前复杂严峻的治安形势，在对全局警力资源进行了全面调查排摸后，余杭区公安分局制订精减方案，构建"小机关、大基层"架构，将警力充实到治安防控机动队、刑侦大队、治安大队、派出所等一线单位。为缓解警力不足，余杭区公安分局充分盘活现有警力资源，将43名内勤民警调整至外勤岗位，最大限度地把优势警力向基层一线和实战单位倾斜，进一步充实基层基础工作警力[①]。

---

① 《区公安分局警力资源"一减三改"显成效》，http://www.yuhang.gov.cn/yggc/dtxx/201412/t20141219_971176.html，2014-12-20。

三　培育社会组织，鼓励政府购买服务

余杭探索基层治理法治化，不仅让政府收回权力，让社区回归自治，还注重培养社会组织，鼓励政府向专业化的社会组织购买公共服务，建立政府行政管理和基层群众自治有效衔接和良性互动机制。

（一）培育社区社会组织

党的十八届四中全会提出法治中国、法治政府和法治社会三个一体建设，而其中的法治社会建设离不开成熟的专业社会组织。余杭一直重视社会组织的培育，2012 年就下发了《关于加快培育发展社会组织的实施意见》，重点培育和发展以镇（街道）或村（社区）为活动范围，从事文化体育、慈善救助、社区服务、社区事务等不以营利为目的，满足群众不同需求的社区社会组织，积极扶持老年公寓、社区居家养老服务站等社会组织。为促进社会组织健康发展，提升社会组织参与社会管理服务能力，2013 年余杭区出台《余杭区社会组织发展专项资金管理实施细则（试行）》。区财政每年安排 300 万元用作社会组织发展专项资金，重点扶持行业类社会组织、公益慈善类社会组织、社区社会组织和科研类社会组织发展。余杭区还建立了社会组织孵化培育机制，成立区级社会组织孵化基地——社会组织服务中心，鼓励和支持镇街或社会力量举办社会组织孵化基地，让满足需要重点扶持的社会组织进驻，采取资金、项目、人才、场所等多元化扶持方式，为进驻社会组织提供专业培训、技术孵化、投资融资、管理咨询等服务，引导各类社会组织参与基层社会管理和服务。

目前余杭全区共有社区社会组织 1856 家，其中登记的有 81 家，备案的有 1775 家。公民社会的发展离不开社区、社会组织和社工，余杭区通过开展"三社联动"结对共建服务工作，促进社会组织融入社区，服务社会，形成社区、社区工作者与社会组织密切合作的现代社区治理机制①。

---

① 《我区获评全国首批社会工作服务示范地区》，http：//www.yuhang.gov.cn/yggc/dtxx/201411/t20141111_965776.html，2014-11-12。

（二）"权随责走、费随事转"

所谓"权随责走、费随事转"，是指政府部门在向村（社区）转移责任的时候，应同时下放权力，并且提供相应的资金保障。国家在《社区服务体系建设规划（2011~2015年）》（国办发〔2011〕61号）中提出，要建立政府投入与社会投入相结合的社区服务经费保障机制。政府对于属于必须行使的行政权力，不得转移给基层自治组织，但考虑到基层自治组织更熟悉村（社区）的情况，并且按照《村民委员会组织法》《城市居民委员会组织法》，基层自治组织有协助的义务，因此按照"权随责走、费随事转"原则，凡依法由社区组织协助的事项应当为社区组织提供必要的经费和工作条件。十八届三中全会也提出，推广政府购买服务，凡属事务性管理服务，原则上都要引入竞争机制，通过合同、委托等方式向社会购买。

根据《杭州市人民政府关于政府购买社会组织服务的指导意见》（杭政函〔2010〕256号），余杭建立了以项目为导向的政府向社会组织购买服务机制，推进政府公共管理职能依法向符合条件的社会组织转移。政府购买服务应按照"谁委托、谁付费"的原则，通过公开招标、项目发包、项目申请和委托管理等方式进行。2013年，余杭区政府在新城社区开展购买居家养老服务试点工作。作为新型养老服务模式，政府购买居家养老服务是由政府出资购买居家养老服务，由民政部门落实聘用服务员并制定各项政策，定期上门为辖区内高龄、空巢、生活困难的老人提供服务。经过评估公司专业人员对报名老人的家庭状况、身体状况、居住状况、经济状况的专业评估，新城社区最终确定了41名老人享受每月按分数高低分级的政府购买居家养老服务时间。2014年余杭区积极探索政府购买服务方式，与"雨花斋"签订协议，共同打造"雨花斋"五常店并挂牌五常街道社区老年食堂，由街道免费提供场地，"雨花斋"免费提供素食及义工服务。

结　语

中国建设法治社会，必须从最基层开始实践和推进，余杭作为中国社会的一个缩影，其以村（社区）公共事务清理为契机，通过政务与社务的分野，强调政府依法行政和社区依法自治，对基层治理法治化路径的探索和努力具有样本意义。余杭基层治理法治化尝试也透视出中国基层治理法治化过程中的深层次矛盾和问题。首先是基层治理法治化与顶层设计的矛盾。与行政审批制度改革遭遇顶层阻力一样，阻碍基层治理法治化的因素往往来自部委通过规章设定的权力，这就需要从顶层设计着手，从全国范围内整体推进法治。其次是创新与法治的矛盾。所谓创新就意味着不循常规，而法治却是规范之治，是用现有的规范来约束现在和将来发生的事情，对社会管理方式方法进行创新往往需要突破现有制度安排的框架。因此，这要求政府管理创新要处理好与法治的关系，该修法的要尽早修法。最后是基层政权建设与社区自治的关系。当社区自治日趋成熟的时候，撤镇强县可能会是未来强化基层政权建设、实现基层治理法治化的路径选择。

（参见法治蓝皮书《中国法治发展报告 No.13（2015）》）

第二十章　余杭区"大数据"推进基层治理法治化调研报告

　　摘　要：基层法治建设是法治中国的基础环节，当今基层普遍面临着有限政府与转型社会、小基层与大负担、碎片化与一体化的紧张关系。作为全国法治"试验田"的杭州市余杭区面对困境，遵循顶层设计，通过智能决策办公系统、民生社会服务系统和智慧城市管理系统等创新举措，将"大数据"和"互联网+"的应用成果深度融入基层治理，全面整合政府各部门的资源，多点共享相关的数据和信息，使政府基层治理逐渐从条块分割的闭合回路走向协同合作的开放回路。余杭实践表明，新技术与法治创新的结合，不仅有助于纾解基层治理难题，还可倒逼基层法治转型、推动治理结构扁平化，走出一条高科技、接地气、尊民意的基层法治新路径。

　　改革开放以来，各地承续传统中国的体制优势，以中国特色的社会治理运行方式，极大地调动基层的人力和资源优势，取得了显著成效。但随着中国现代化发展逐渐步入后半程，传统驱动方式的边际效用开始不断递减，造成矛盾频频发生，为此，《中共中央关于全面推进依法治国若干重大问题的决定》旗帜鲜明地提出了"推进基层治理法治化"的要求。这是因为，基层是一国之治的根基，是人民生活基本幸福的直接体现，基层治理方式的法治化转型，将细微但从根本上改变着人们的制度预期，逐渐影响每个人的行为方式，再以大众"合力"方式反作用于社会整体，潜移默化地改变我们身处其中的社会。

但在基层治理的实践中，由于信息分散严重、个体差异性极高，要进行普遍的法治化建设，确实说易行难，世界各国的既往经验也都表明，这样一个过程，只能依赖于长时间的积累。但是，"大数据"和"互联网+"等现代信息技术的诞生，突破了传统信息传播系统的物理瓶颈，有助于消融信息不对称与信息分散，加快信息的传播和影响速度。浙江省杭州市余杭区作为全国法治建设的"试验田"，抓住这一契机，应用"大数据"和"互联网+"技术进行大规模创新，大力推进社会结构扁平化，有效提高了政府决策、办公、服务、监管的效率和质量。其经验摸索对纾解改革中的时间困境、服务型政府的转型以至基层法治化建设，具有重大的促进作用。

一 基层法治面临的三对紧张关系

在人类社会发展现代化的内生要求下，中国当下基层格局中面临着三对具有代表性的紧张关系。

（一）有限政府 VS 转型社会

伴随着由计划经济向市场经济的转轨，社会结构整体不断转型，计划体制下全能型的政府功能和管理模式已开始转变，政府规模逐步收缩，部门日益紧凑，所掌握的资源也不断外转。但与此同时，城市化社会下人们密集居住带来的频繁交往互动以及技术发展带来的时空突破，却导致社会生活日益复杂化，令人眼花缭乱的新事物不断涌现，政府特别是基层政府处理的事务呈现日益增加的井喷态势。基层法治中"小政府"与"大社会"之间的矛盾，不断凸显出来。

以余杭为例，该区位于杭嘉湖平原南端，户籍人口 94.6 万，从东、北、西三面拱卫杭州主城区，是皖、苏、沪入境杭州的必经之地。因此外来打工人员常驻现象非常普遍，非户籍人口持续增长达到了 109 万，超过了户籍人口。在这样的背景下，有限的基层政府面对大量的社会事务——城市有机更新情况复杂、土地要素稀缺、民生保障和改善难度大……资源和政策的瓶颈严重制约着基层法治的建设和实施。

（二）小基层 VS 大负担

在各级政府限缩规模的同时，又面临着繁复的群众需求、不断增长的区际竞争压力，为此，上级政府只能选择向下进行压力传导，层层加码，直至作为群众自治组织的居民委员会。余杭各级政府将政府劳动就业、社会保险、社会服务、医疗卫生、生育服务、文体教育、社区安全、法治宣传、法律服务、法律援助、人民调解、邮政服务、科普宣传、流动人口服务管理等大量的社会管理和公共服务职能向社区转移，然后对社区完成这些项目的情况进行考核评比，带来了机构牌子多、考核评比多、创建达标多的"三多"现象。2013 年余杭区纪委和区民政局对社区进行的前期调查摸底发现，在社区建立和挂牌的有 34 个单位 97 块牌子，列入考核评比创建的项目有 14 个单位 23 个项目，社区工作人员超过 70% 的工作时间都用在了整理台账等行政性事务上，而参与居民自治、便民服务的时间却不足 30%，造成了严重的本末倒置[1]，扭曲了社区的自治功能定位。基层在这些繁重的负担面前日益不堪重负。

（三）碎片化 VS 一体化

除了责任和事务被层层加码、导致负担沉重外，行政体系的另一个长期痼疾是条块分割，从条条分割——各条线之间不交流、不协作，遇好事互争、遇坏事互推，到块块分割——各块政府自己耕自己的一亩三分田，存在心照不宣的竞争心理，互相之间不合作，再经由条、块、层、级的错综相互作用，导致不同管理者都只从自身工作优化的角度出发，尽力汲取各种资源并加以调配，至于对其他部门、领域的影响，却在所不论，引起上下工作的不一致、整体工作的不协调。

这一长期痼疾体现在基层法治方面，就形成了各部门规则间的碎片化，对此，基层要么事实上无法完成上级交办的多头冲突任务、要么选择不完成其中不利于自己的任务，以"上有政策、下有对策"对之，给基

---

① 参见中国社会科学院法学研究所法治指数创新工程项目组：《余杭基层治理法治化探索》，《中国法治发展报告（2015）》，社会科学文献出版社，2015。

层法治带来了权力主体自我强化的空间，导致基层政府的恣意性。在一定程度上，基层政府成为政治上的独立利益主体，既不是中央的基层政府，也不是当地人民的基层政府，而只是地方官员的基层政府，法治一体化建设的中央政府权威逐渐落空。

二 余杭的现代信息举措："大数据"和"互联网+"创新

面对这些日益紧张的关系，如何从根子上改善治理，实现基层治理的法治化，推动经济持续健康发展、走向人的城镇化？对此，余杭的尝试是大胆开放数据平台，大规模应用"大数据"和"互联网+"等现代信息举措来倒逼服务型政府建设、再造基层法治流程。一方面，它通过 App 等新技术手段的使用来统计公众倾向性，有效预测公众需求，提供个性化、精准化和定制化的公共服务，提升服务质量；另一方面，打破既有数据占有的垄断性，将政府工作各个环节所涉及主客体的数据库彼此映射，从而将政府各个部门无缝对接，改善公共产品的效益。

（一）智能决策办公系统

决策是一切行动的源头，而信息又是决策的根源，真实、集中、充分的信息资源，是政府科学决策必不可少的前提。为此，国务院《促进大数据发展行动纲要》明确提出，"建立'用数据说话、用数据决策、用数据管理、用数据创新'的管理机制，实现基于数据的科学决策，将推动政府管理理念和社会治理模式进步，加快建设与社会主义市场经济体制和中国特色社会主义事业发展相适应的法治政府、创新政府、廉洁政府和服务型政府，逐步实现政府治理能力现代化"。

依此方向，余杭率先进行"大数据"应用，初步建成一套符合区情实际、创新政府运行机制的智能决策办公系统。该系统拓扑结构由通用联机网络、事件处理系统、中央知识库系统、第三方专家评估系统以及在线公示、应答反馈机制和权力阳光数字监察系统组成，集成区长公开电话办理系统、工商前置审批系统、法院执行案件协作系统、残联业务管理系统、育龄妇女信息系统、民政事业统计管理系统、余杭区帮扶救助管理系统、劳保局信息管理服务平台、行政服务中心行政审批系统、财政局会计核算系统等功能模块，依"大数据"原理完成各个子系统的数据集成与分析，整合所有信息，优化决策。余杭还依托电子政务平台，开发了规范性文件电子化路径管理程序，切实有效加强对规范性文件从制发至备案各个阶段的管理。利用电子政务的技术性、程序性和时效性优势对规范性文件进行管理，避免了人为产生的程序不到位、要求不落实情况，实现规范性文件从线下管理到线上管理、分阶段型管理到全覆盖型管理的转变，亦便于对规范性文件的清理、评估以及责任的倒查。

2011年余杭就组建了千兆光纤宽带政务专网，统一全区所有部门、镇乡、街道的局域网，保障各信息源无障碍沟通，实现信息数据交换和工作的交流互通。在此基础上，近年余杭又建成了事件处理系统综合办公平台，将政府核心功能电子化，实现全程网上审批、电脑办公。由此，余杭经济社会运行过程中的海量数据，经过综合办公平台处理后产生的所有治理数据，就都映射式储存于中央知识库系统——电子政务数据中心进行集中管理。余杭政府积极将此数据中心向中国社会科学院法治国情调研余杭基地、浙江大学余杭法治指数评审组等第三方专家开放，借助其专业评估分析，再根据系统中的客观数据，作出实事求是的科学决策；然后通过在线公示、应答反馈机制——由门户网站、电话热线、公共短信、手机App、公共邮箱等组成——向全社会公开其决策与执法，提升社会参与水平。最重要的是，以此机制获得的反馈数据，又会自动再回到中央知识库中，分类比对以往数据，优化改进下一步的决策。为确保整个过程中各项权力能够规范、公开、透明、高效运行，余杭区以依法清理和规范权力为基础，以政务公开为原则，以电子政务为载体，以网上政务大厅为平台，进一步构建权力阳光运行机制，实现电子政务实时监督。全区各行政部门共编制职权目录、制作权力流程图8191项，发布到余杭区政府门户网站，向全社会公开。公民在上网办事时，可在网站找到每一个权力事项背后的法律依据、必备材料、工作流程、收费情况、办理地点、咨询电话等。从而形成了一个以开放创新、用户创新、大众创新为特征的创新治理回路，塑造法治、高效、精细、便民的新型基层治理方式。

（二）社会治理大联动信息化工作机制

决策之后的重点在于执行，并以民生为导向予以实施。基于此，余杭依托物联网、云计算、二维码、移动互联网等新一代信息技术，以"大数据"和"互联网+"理念着力构建了社会治理大联动信息化工作机制（以下简称"大联动机制"）。该系统以"倾听民声、广纳民意、集中民智，共建和谐余杭"为根本宗旨，从过去的综治办平台延伸而来，是余杭区域治理体系和治理模式的一次主动改革和积极探索。大联动机制以大党建为统领，构建上下贯通机制联通区整体、镇（街）、村（社）网格三级联动的"王"字形基层社会治理工作体系，按照"党委领导、政府负责、统一指挥、部门联动"的要求，建立村社（网格）—镇（街）—区三级流转的闭环处理机制，形成一套归口收集、分流交办、答复反馈、监督制约、考核奖惩的完整流程。大联动机制将以往政府承担的管理功能更多地向服务功能延伸，发展成为一个不断完善的信息化、数字化民生社会服务综合应用体系。

1. 区级综合指挥平台

大联动机制的核心是区级综合指挥平台，建成集领导指挥、应急值守、预报调度、信息共享、媒体互动为一体的现代化指挥联动平台，并由余杭区委、区政府赋予任务分流指派、力量指挥调度、工作检查督办、考核奖惩建议等职权，发挥社会治理"一线指挥部"作用。区级综合指挥平台的鲜明特征是大量运用云计算、大数据、地理信息共享平台等科技手段，分为三个部分。

首先，集成指挥系统。将区级层面视频监控、GIS 监管平台（针对危化品车辆、公交、校车）、96345 和安监系统全部接入联动中心，对全区动态信息进行实时可视化的监管和调度。同时与上下各部门全部贯通，提供便捷的诉求报送渠道，并根据事件属性进行分流处置、协调联动、监督管理。

其次，大联动信息系统。以浙江平安建设信息系统为基础，提供统一搜索、录入、流转功能。以社会治理、平安建设有关数据为核心，通过数据交换平台和数据中心建设，实现社会治理日常工作信息化，并内建考核评估模块、研判分析模块，执行督察、考核任务，改善和提升社会治理工作形态。

最后，"一号通"系统和余杭大联动 App。"一号通"目的是统一受理群众的求助、投诉等信息，并与其他 32 个部门热线逐步整合统一。余杭大联动 App 分别开发面向管理层、网格员和社会公众的三个客户端。公众版主要是用于公民互动，及时受理民生诉求和投诉，使政府管理的重点紧靠群众关注的热点，为群众参与社会治理提供便捷通道。

2. 镇（街）指挥平台与村（社）网格管理

余杭成立镇（街）大联动治理办公室（综合执法办公室）统揽全局，设立社会服务管理中心作为镇（街）大联动工作的指挥平台，建立综合指挥室，实行 24 小时值守和领导带班制，负责社会治理工作的指挥协调、分析研判、督察考核，由镇长（办事处主任）任中心主任，镇街副书记、综治办专职副主任为中心副主任。成立镇（街）社会治理联动大队，根据基层需要，对辖区公安、城管等部门的下派力量、自有力量进行整合。截至目前，公安、城管下沉 80% 以上，市场监管、国土、住建、环保等急需部门下沉比例也在 60% 以上，实现人员统筹使用、工作统分结合。

同时，余杭坚持做实网格、深耕网格，把网格作为社会治理的关键环节，完善基层治理"一张网"工作体系。余杭以"两网合一"网格为基础网，依照城区型、城郊型、农村型、专属型网格分类设置的标准，划定为 1341 个网格，实现资源在网格叠加、力量在网格沉淀、工作在网格联动、任务在网格落实。首先是发动社会力量做强网格，广泛动员党员、干部和群众参与基层治理，形成网格长、参与员、协管员和指导员"一长三员"的工作体系。其次是明确工作职责，实行网格长负责制和事务"准入制"，在网格长组织下，网格参与员、网格协管员和网格指导员共同承担网格中党建、平安、治理的工作职责，非经准入的部门业务和事项不得进入网格。建立考核激励机制，从经济待遇、政治待遇两方面研究制定网格长的考核激励办法，变压力为动力，增加工作生命力和活力。

（三）民生社会服务系统

在智能决策办公系统和大联动机制的基础上，余杭以社会建设为发展导向和以社会治理、社会服务创新为后继发力目标，建立以"服务民生法治行"为代表的民生社会服务系统，使民生保障水平得到了进一步改进与提高。

对于区两会提案议案、媒体监督案件、每年"余杭法治指数"评审中凸显的区内重点民生法治问题，余杭都采用专门治理方式推进，由司法局等部门围绕该区重点项目建设，整合、优选一批涉及民生热点领域的工作项目，打造"服务民生法治行"实事工程，推动法治建设服务民生工作不断向纵深发展。2009 年以来，已累计推出了"企业欠薪防范机制""环境污染整治""1+x"立体化人民调解格局、公共场所控烟、依法信访理性维权等 72 个实事项目，取得明显成效。"服务民生法治行"立足"化民忧、讲民权、促民利、保民安"，积极探索制定如《法律援助质量标准》《基层司法所公共服务标准》等地方服务标准以确保服务的规范化，并全力依托"权力阳光运行机制"以确保服务透明化，不断创新与时代接轨的服务载体以确保服务多元化。并将项目完成情况纳入年度法治余杭建设考核；对涉及环境保护、食品安全等方面的项目，主动接受人大监督；对"余杭法治指数"和相关民调反映进展不佳、意见强烈的项目，列入次年整改内容。

对于城镇化过程中不断凸显的城市治理难题，余杭区以民生为导向，利用"大数据"和"互联网+"最新科技成果加快创新引导，从单纯的数字化应用迈向智慧化应用，对城管、公安、国土、环境等现有部门，以及对权力阳光系统、工程项目监管、环城视频监控等现有项目不断升级改造；并通过集成基础地理、单元网格、地理编码等数据资源，进一步整合了治安防汛视频监控、校车公交监管、食品安全监管等各个民生部门系统，真正做到数据共享，建立了覆盖区、镇（街）各个层面，将以往政府承担的管理功能更多地向服务功能延伸，发展成为一个不断完善的信息化、数字化民生社会服务综合应用体系。余杭利用大联动机制提供的一体化沟通机制，将各镇（街）的值班公开电话、治安视频监控、大联动信息、信访信息等，统筹规划接入综合指挥室，实现可视化的一线指挥调度，民众可以在任何时间通过统一呼叫系统与各个政府部门直接对接，真正做到诉求及时发现、民情全面掌握、任务快速准确、问题高效解决、处置全程跟踪。

此外，鉴于智能信息平台、终端的普及，全面渗透政治、经济、社会等各领域，全面改变人们的生活和工作，解构、拆构和重构现有的社会秩序，对社会的治理产生重大影响。为了便利民众办事，余杭针对基层群众呼声最高的问题，利用现代科技不断自主研发适合区情的具体应用，如医点通手机 App "链接省市、覆盖城乡"，变革传统的诊疗流程，将医院门诊的精准时段使用效率提高到 90% 以上，有效缓解了基层群众看病就医的"最后一公里"难题。"维警通"则能促进租房房东及流动人口主动申报居住信息，改变了过去人口管理全部依靠线下协管员被动登记的工作模式。除针对问题的深度应用开发外，"杭州余杭"门户网站还将每个社区的周边信息（学校教育、公交车次、医疗、维修、车位、健身场所、家政服务、饮食订餐、志愿者服务甚至社区食堂菜谱等）、社区日常工作、涉民政策等都及时发布，有效地提高了基层工作的透明度，甚至居民事务听证等也被搬到了网上，通过网上投票、网上提案来普遍反映居民的意见，遵循其意愿，使人们能真正获得治理自己家园、进行社区建设的空间与途径。

三　余杭信息创新举措对基层法治的推动

（一）智能决策办公系统倒逼基层法治决策模式的转型

既往受传统和技术的限制，基于决策者的主观经验来推断整个地区的需求，并提出治理政策和措施，是占主导地位的决策模式。而余杭实践则表明，"大数据"和"互联网+"的广泛应用将倒逼决策发生"从经验到数据""从碎片到整合"以及"从权威到多元"的转型。

1. 决策依据"从经验到数据"

基层治理的法治化离不开海量信息的提取、分析和关联甄别能力。而目前为各地政府广泛运用的 OA（Office Automation System，即办公自动化）系统电子政务体系，仅仅实现了决策办公的信息化、标准化，而缺少对半结构化、非结构化数据的提取、整合与分析功能，使政府决策者主要基于有限的模糊经验进行判断。余杭智能决策办公系统则注重实效，提取余杭经济社会运行过程中产生的各类数据进行整合分析，基于"大数据"原理，依据海量数据的相关性建立电子政务数据中心，让政府依此进行科学的预判预警，预先建立起相应危机处理机制，促使基层治理逐渐具备透彻感知、快速反应和主动服务的特征，为提升基层治理的法治化程度提供了分析和决策基础。

2. 决策过程从"碎片到整合"

传统 OA 系统下，其应用系统分别属于各个职能部门，在行政体系条块分割的痼疾下，只能各自为政，不同的数据分别存储分类，导致其信息数据分散又无统一标准，带来了从数据来源、数据类型到数据性质的结构性缺陷，无法实现相关海量信息的提取、分析与整合，决策者也就难以形成有效的合理预判，作出有前瞻性的决策。而余杭智能决策办公有针对性地创新信息共享机制，并辅以高效的采集、处理、输出工具，实现了基层治理的高度"一体化"。

3. 决策结构从"权威到多元"

以往，政府基于不完整数据的线性决断是占主导地位的决策模式，缺乏社会公众参与，科学性、效率性和公信力低下，已不能适应时代的需要。余杭智能决策办公系统则通过创新技术路径，打造由政府、企业、社会和公众共同参与的多元共治机制，改变了以往政府"单人跳舞"的局面，较好地实现了各方资源的互补整合，也有利于发扬协商民主，从而改变传统的、线性的、自上而下的威权精英决策机制，形成非线性的、面向不确定性的、多元会商的决策模型。

4. 决策过程从封闭到透明

以往政府决策封闭、不公开、不透明，广受诟病，并因此滋生政府腐败、失信、群体性事件等。余杭区对此积极探索，大胆尝试，以依法清理和规范权力为基础，以政务公开为原则，以电子政务为载体，以网上政务大厅为平台，进一步构建权力阳光运行机制，不断推动各项权力规范、公开、透明、高效运行。通过大数据、"互联网＋"和云计算等现代信息技术，解决传统"人盯人"监管的精力和时间问题，实现从结果管理到过程的管理，从讲情面的人监督到无情的机器监督的转变，有效保障了群众的知情权、参与权、选择权、监督权。

（二）大联动机制推进基层综治能力和服务水平

针对政府服务理念滞后、工作效率低下等带来的前述紧张关系，新技术为转型期的社会治理服务创新带来了机遇。余杭大联动机制相比传统综合治理模式具有以下优势。

1. 消除因信息不均衡导致的碎片化现象，提升综治整合程度

如前所述，社会治理碎片化是当前社会发展中的一大痼疾，部门各自为政、职能之间交叉重叠，已陷入高成本、低效率的困境。余杭大联动机制依托统一的数字化平台，在社会治理数据信息完全共享的前提下，将管理辖区按照统一的标准划分成为单元网格，尽可能消除条块间的信息不均衡，将处置和监督相互分离而又通过系统内在运作有序对接、统一管理，有助于推动各社会治理主体之间的协同与合作，进而促进社会治理体制从碎片化走向整合。

2. 准确把握民情，向动态治理和服务民生转变

社会转型呼唤静态的管制型社会向动态的民生型社会转变，其关键就在于全面准确把握民情变化，建立村社网格—镇（街）—区三级流转的闭环民情处理机制，进一步密切党同人民群众的血肉联系，从而有针对性地提供服务，加以引导和培育。余杭的实践表明，"大数据"和"互联网＋"技术可及时、全面地掌握相关数据的变动情况和变动趋势，有助于各个政务主体挖掘捕捉舆情，提前预警预判，准确把握民情、摸清民意、聚集民智，建设具有快速反应、主动管理和定制服务特征的动态社会治理模式。

3. 树立"数据为王"思维，推进服务能力升级

既往的社会治理中，简单、粗放问题较为突出，根源就在于缺乏准确的信息基础和数据判断，只能以"个人经验为王"。而大联动机制中提供的全面、精准、定量分析功能，通过对以往无法利用的社会日常运行数据进行历时/实时性分析，再对照相关历史数据进行参考比较，就能有效地找出隐藏在现象背后的多条"暗线"，支持因人制宜的人性化、个性化公共服务。同时，随着大联动机制作用下社会风险控制、预警预测水平和应急管理能力的不断提高，以及执法对象的更多正反馈，承担社会治理职责的各个部门及人员身处其中，自然就会接受潜移默化的改变，从思维到行为方式发生"数据为王"的转变，逐渐摒弃狭隘的个人经验主义，着力于推进治理的科学化和人性化。

（三）民生社会服务系统推动城市管理方式转变

以"大数据""互联网+"为代表的新型信息技术，同样能够有力地克服传统民生服务的弊病，推动民生社会服务精细化、协同化、定制化的转型；而第三方评测能让政府更好地发现并解决民生热点、难点。

1. 提升民生服务的精细化、定制化程度

受制于信息采集机制落后导致的信息失衡、滞后、被动，基于感性和个体经验进行作业的传统民生社会服务模式难以实现对各类突发事件的快速定位与追踪，也难以实现对不同需求主体的定制化贴心服务。而余杭民生社会服务系统则运用标准化、数据化、科学化的手段，细化管理空间、量化管理对象、优化管理流程，促使各单元管理高效协同运行。同时，通过激活运作、资源、责任、监督等全流程要素，以及设计具有良好交互性和全面功能的网站、手机 App，使得服务过程中的各种问题和服务对象诉求都能得到及时反馈，以及相应的及时矫正，极大地提升了服务的精细化、定制化，进一步维护稳定、改善民生，让法治的连心桥发挥更大的作用。

2. 加强各个服务部门的协同化

高质量公共服务的前提是各个政府部门密切配合与高度协同，但是实际运作中，缘于各部门信息化程度、标准的不同步，"信息孤岛"长期存在，政府责任不明确、职能交叉、信息不透明、评价机制不合理等缺陷始终难以克服。现在借助"大数据"和"互联网+"技术，余杭民生社会服务系统使各个部门的既有数据库实现高效互联互通，打破"信息孤岛"，并在此资源共享基础上再通过建模互动，发现民生服务内在的关联性、规律性，部门间的物理界限由此变得模糊，而促使其产生更为敏锐的反应和紧密的协作；同时，随着跨系统、跨部门数据集成的实现，与中央数据库各项数据能够挂钩建立统一的量化考核指标，从而科学落实目标奖惩制度，极大地加强了执行力和监督力，提升了部门之间的协同执行。

3. 结合第三方评测，加强重点民生问题治理

相比于传统政府，余杭更加重视通过"余杭法治指数"等第三方测评发现区域内的民生重点、难点问题。"法治余杭"推出"服务民生法治行"，专门针对历年"余杭法治指数"评审的民意调查和专家论证环节，群众、专家指出的不足和薄弱环节，以及余杭区两会提案议案、媒体监督案件和每年底民调中群众呼声较高的社会热点焦点问题，依法建立健全解决事关民生问题的长效管理机制。解决人民最关心、最着急的问题，让人民群众以看得见、摸得着的方式感受到"法治余杭"建设带来的成果，推动法治建设服务民生工作不断向纵深发展。

四 余杭以创新技术推进基层治理法治化的经验启示

余杭经验表明，"大数据"和"互联网＋"对政府的决策模式、治理能力和工作方式均产生了深刻的影响，能够大幅削减信息的"孤岛化""碎片化"劣势，逐渐打破政府各部门间、政府与社会公众间的边界，倒逼决策和作业流程改革，促使治理人本化、服务均等化、管理精细化等理念实在落地，有效解决小政府 VS 大社会下的多重紧张关系。

（一）遵循顶层设计，结合区情实际积极创新

习近平主席在中央全面深化改革领导小组第七次会议上强调，"要鼓励地方、基层、群众解放思想、积极探索，鼓励不同区域进行差别化试点，善于从群众关注的焦点、百姓生活的难点中寻找改革切入点，推动顶层设计和基层探索良性互动、有机结合"。正是遵循"顶层"与"基层"的良性互动这一全面深化改革的客观规律，余杭结合区情实际，积极从政府公开、社会综治、城市管理等群众关注的焦点中寻找"大数据"和"互联网＋"技术的切入点，建立扁平、开放的创新融合机制，充分调动

群众的积极性、主动性、创造性，以实际行动培育市场、民主、法治意识，协同推进基层治理改革。

（二）推进政府大数据应用，倒逼基层政府的法治能力创新

余杭的实践清楚地表明，数据时代的来临、智能手机等移动终端的普及，使得社会上各种数据流在海量增加的同时日益显性化而可以记录分析，决策的基础由此从少量的"样本数据"转变为海量的"全体数据"。随着"样本等于或接近总体"，大数据的应用将促使政府判断从关注宏观数据转变为在意微观数据，按照数据"收集—存储—分析—输出"的流程进行网格化管理，保证输出数据的科学性和精确性，精准把握相关事件发展的规律和倾向，预判事件发生的概率，从而改变传统政府管理中注重宏观数据、把握主流偏好的模式。

随之，既往的"事件发生—分析因果—采取应对"管理流程，也会被自然而然地摒弃，而以"量化数据—关联分析—预判趋势—预防措施"逐渐取代，将决策、执行和监督关口普遍前移，使得防患于未然成为可能，传统"惩前毖后"的治疗型、管制型政府得以向预防型、服务型政府转变。以法治的稳定和可预期性为本质的源头治理模式，就此具有了运用的基础，基层政府的法治能力也将不断提高，走向治理的现代化目标。

（三）完善大数据基础支撑环境，培育多方主体共同参与的生态系统

大数据应用的信息经济发展需要实实在在的基础，其繁荣程度与基础设施的完善程度成正比。为此，余杭区很早就将信息经济智慧应用工作作为区委区政府主攻的"一号工程"，颁布了《关于加快发展信息经济的实施意见》《余杭区支持信息经济发展若干政策意见》和相关五年行动计划等文件，构筑"双核一镇一谷"① 的多元化空间布局，促使近年来若干国家级"大数据"项目和"互联网+"项目不断落户余杭。不仅如此，这些信息化

---

① "双核"即未来科技城（智慧城市核心示范区）和余杭经济技术开发区（两化深度融合核心示范区），"一镇"即梦想小镇（互联网创业小镇和天使小镇），"一谷"即良渚智谷。

硬件的高度建设和运行，在潜移默化地改变着管理者的思维模式、行为模式"软件"，有效推动了从片面样本治理到数据总体治理、粗放服务到精细服务、实体思维到互联网思维的转型。借助余杭实践经验，各地在推进基层法治化的落地过程中，应充分重视大数据基础支撑环境的建设，包括云计算运行环境、多通道网络环境、以人为本的信息安全保障环境等。

与此同时，还应看到，大数据是全社会共享的公共资源，"大数据"和"互联网+"固有的公共性和海量性特征决定了任何一方都难以全面地掌控数据资源，传统政府偏好采用的包办模式，已经无法胜任打造新一代数据政府的任务。为此，政府须及时反思自己的角色，进行适应性改革，将逐级请示式垂直决策转变为政府与社会组织间平等的"扁平会商""扁平采购"。在大数据建设和应用中，由传统的垂直包办管理，转变为通过采购数据等公共服务，积极培育由协会、科研院所、企业和媒体、组织等社会主体共同滋养的生态圈、产业链。政府应逐步转变为中立的制度供给者，推动政府数据、社会数据公开共享，出台优化政策引导大数据应用，顺应并促进大数据的公共性、开放性和共享性特征，避免服务单一性、资源有限性等弊病，逐步走向多元公私主体的合作，建立公众普遍参与的创新模式。

结　论

社会制度的变迁在某种程度上是技术演进和顶层—基层博弈的共同结果。一方面，从技术与制度变迁的关系上看，人类历史上每一次产业革命都推动了制度的根本变革，当前的信息革命也正在引爆社会治理模式的重大革新。"大数据"和"互联网+"的诞生，有效突破了传统信息传播系统的物理瓶颈，从政府到科研机构、企业乃至个人，社会中的多元主体都同时成为大数据的创造者、参与者和受益者，必将以此推进政府主导的多元共治的扁平拓扑架构转移。另一方面，世界各国的经验表明，法治建设需要顶层设计和基层探索长时间的磨合和每个主体在其中的砥砺。中国法治历程亦是如此，随着各种基层创新力量的日渐积累，自下而上地对接自上而下的顶层设计，两种力量最终将汇合成一个巨大的合力，推动传统社会机制和社会主体自发转型，补正中国19世纪以来以外生方式仓促完成的现代化形式转换中的各种内核的生成。

余杭实践正是技术与治理有机结合、顶层设计和基层探索良性互动的典范，依靠智能决策办公系统、大联动机制和民生社会服务系统等创新举措，将"大数据"和"互联网+"的应用成果深度融合于基层治理中。通过全面整合政府各部门的资源，共享与治理和决策相关的数据和信息，以海量移动终端为社会提供透明、优质、便捷和可监督、有反馈的服务，倒逼法治转型，使政府基层治理逐渐从条块分割的闭合回路走向开放、协同与合作，走出一条高科技、接地气、尊民意的基层法治新路径。

（参见法治蓝皮书《中国法治发展报告 No. 14（2016）》）

第二十一章　流动人口服务管理的法治化与现代化

——余杭区加强和创新流动社会治理的实践

摘　要： 改革开放以来，随着中国社会主义市场经济体制的确立，流动人口成为推动经济社会发展和社会主义现代化建设的一支重要力量，同时也对中国社会管理模式带来了巨大的压力和挑战。杭州市余杭区在推动流动人口社会治理的进程中，围绕控制流动人口总量、提升流动人口素质、优化流动人口结构、完善流动人口公共服务、强化流动人口管理等工作目标，在法治框架内积极推动改革创新，努力提高流动人口服务管理的法治化、现代化水平，实现了流动人口管理规范化和基本公共服务均等化，在加强和创新流动社会治理方面迈出了重要步伐。

一　中国流动社会治理的任务与问题

（一）流动社会的生成及其挑战

移民和劳动力流动被认为是 20 世纪和 21 世纪初最引人注目的现象之一。流动人口大量涌现是中国经济社会发展和转型的产物①。改革开放以来，随着计划经济向社会主义市场经济体制的转型，中国城乡分割的二元经济社会体制被打破，城市人才的单位所有制不断弱化，越来越灵活的人

---

① 黄平：《近年来中国农村人口流动的思考》，《中国党政论坛》2002 年第 9 期，第 26 页。

事档案管理制度开始建立。由此，全国范围内的流动人口越来越多，特别是大量的农村富余劳动力到城镇务工经商，各行业人才在全国范围内选择性配置，这给中国经济社会发展带来了空前的活力，促进了中国物质、文化的空前繁荣。统计显示，中国流动人口已经从 20 世纪 80 年代初的 600 多万人，增加到 2015 年的 2.46 亿人[①]（见图 1），流动人口年均增长率达 11.5%，为同期年均总人口增长率（8.6‰）的约 13 倍[②]。流动人口成为中国不可忽视的一个重要现象，中国已经迈入人流、物流、资金流规模空前的流动社会。

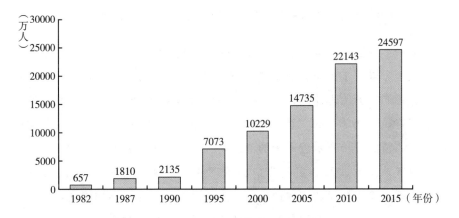

图 1　20 世纪 80 年代以来中国流动人口规模

长期以来，流动人口为流入地经济社会发展及流入地与流出地的经济文化交流作出了重要贡献。与此同时，流动人口的大量涌现为中国现有的社会管理模式带来了巨大的压力和挑战。首先，流动社会在很大程度上是一个"陌生人社会"，在从熟人社会向陌生人社会的转型过程中，传统熟人社会既有的社会治理体制难以充分发挥作用，面临着道德真空填补、社会信任重构、基层治理变革等难题，考验着各级政府的治

---

① 国家统计局：《2015 年全国 1%人口抽样调查主要数据公报》，http：//www.stats.gov.cn/tjsj/zxfb/201604/t20160420_ 1346151.html，最后访问日期：2016 年 12 月 28 日。

② 根据国家统计局《第三次全国人口普查公报》（http：//www.stats.gov.cn/tjsj/tjgb/rkpcgb/qgrkpcgb/200204/t20020404_ 30318.html，最后访问日期：2016 年 12 月 28 日）和《2015 年全国 1%人口抽样调查主要数据公报》数据测算。

理能力①。其次，随着外来人口大量涌入，流入地人口规模扩大，社会竞争加剧，加之"人户分离"致使"户籍"作为管控手段的作用被削弱，导致流入地原有的城乡社会管理模式不再适应社会需求。同时，中国流动人口以中西部地区农村进城务工人员为主体，对人口流入地而言，流动人口带来的不仅是本地户籍人口与流动人口的隔阂和竞争，更是贫富、城乡、区域等各种差别和矛盾的叠加，社会治理和管控的任务不断加重。因此，探索建立行之有效的新的流动社会治理模式成为中国面临的一个重大课题。

（二）流动社会治理的任务：流动人口服务与管理

党的十八届三中全会提出"创新社会治理体制"的重大任务，十八届五中全会进一步提出完善党委领导、政府主导、社会协同、公众参与、法治保障的社会治理体制，推进社会治理精细化，构建全民共建共享的社会治理格局。从单一的"社会管理"到综合的"社会治理"，反映了党执政理念的新提升，昭示着中国的治理模式正在发生深刻变化。加强和创新社会治理，需要改革和更新当前的治理模式，改变之前单向的"管理"思路，更加尊重公民的主体地位，保障公民在社会治理结构中的实体权利和程序权利，摒弃政府控制和管理社会的观念，树立政府引导、服务社会的观念②。

第十二届全国人民代表大会第四次会议审议通过的《国民经济和社会发展第十三个五年规划纲要》针对社会治理领域存在的突出问题，从完善社会治理体系、完善社会信用体系、健全公共安全体系、建立国家安全体系等方面就加强和创新社会治理作了全面部署，突出强调创新政府治理理念，强化法治意识和服务意识，寓管理于服务，以服务促管理。服务与管理是社会治理不可偏废的两大任务。人口流动是中国当前社会的一个

---

① 参见何绍辉《论陌生人社会的治理：中国经验的表达》，《求索》2012 年第 12 期。
② 社会治理的概念起源于 20 世纪末，其内涵丰富并具有弹性。社会治理理论强调多元的分散主体达成多边互动的合作网络。按照全球治理委员会的界定，社会治理是各种公共或私人机构和个人管理其共同事务的诸多方式的总和；社会治理是使相互冲突的或不同的利益得以调和并且采取联合行动的持续的过程。参见邵光学、刘娟《从"社会管理"到"社会治理"——浅谈中国共产党执政理念的新变化》，《学术论坛》2014 年第 2 期。

重要特征，加强和创新流动社会治理，是加强和创新社会治理的题中应有之意。流动社会治理的主要工作集中在流动人口管理与流动人口服务两大方面。加强和创新流动社会治理，必须统筹做好流动人口和本地户籍人口的管理与服务工作，其中做好流动人口的管理与服务，包括户口管理、居住管理、计划生育管理服务、医疗卫生服务、劳动就业服务、子女入学，这些都是流动社会治理的重要方面，也是当前流动社会治理中面临的重大挑战。

（三）流动社会治理的问题：制度、机制与手段

近年来，中国各地政府在加强和创新流动社会治理工作中进行了有益的探索，取得了积极成效。但不可否认的是，目前中国流动社会治理中仍然在制度建设、观念机制和管理手段等方面存在不少问题，离法治化、现代化的目标还有相当的差距。

一是缺乏政策法规保障，有效制度供给不足。目前，中国尚未制定一部全国统一的专门性流动人口服务管理法律法规。国务院和公安部、原国家计划生育委员会等部委制定的法规、规章①，在立法理念上主要以方便国家管控和保护户籍人口而非流动人口为主要目的，以管理流动人口而非服务流动人口为主要考量，大多强调流动人口的义务而忽视其在流入地的权利，往往不能准确反映社会现实。近年来党中央、国务院出台的一些中央文件陆续提到了加强流动人口服务、促进基本公共服务均等化的要求，但内容往往失之于零碎，难以系统指导流动人口服务管理工作。一些地区，尤其是人口流入较多的东南沿海省份先后出台流动人口服务管理的地方性法规，但又普遍存在形式不规范、内容相互冲突的情况，且地方性规定先于国家规定出台或与宪法法律相冲突，难免面临合法性的质疑和困扰。

二是观念与机制落后，与社会形势不相适应。长期以来，中国实行的都是"控制大城市规模"的城市发展方针，对流动人口采取严格的管控和限制政策。在一些地区和相当多领导干部的观念里，仍然自觉不自觉地

---

① 1985 年 7 月，公安部发布《公安部关于城镇暂住人口管理的暂行规定》；2009 年 5 月，在原国家计划生育委员会《流动人口计划生育工作管理办法》的基础上，国务院正式出台《流动人口计划生育工作条例》。

把流动人口视为流入地经济社会发展的负担和隐患，在潜意识里对流动人口采取敌视和排斥的态度，未将流动人口服务管理纳入当地经济社会发展的长远规划和常规工作中，严重限制了流动社会治理工作的常态化开展。在机制方面，中国现行机制中的许多内容是在改革开放之初人口流动性较小的情况下确定的，公共资源的配置也是主要以户籍人口数为依据的。在流动社会条件下，这些体制的弊端逐渐暴露出来，大量外来人口流入后，给按照户籍人口数确定的流入地公共资源供给带来了巨大的压力，一些流入地政府往往不堪重负，造成流出地和流入地在流动人口服务管理方面的权利与责任不匹配。

三是管理手段单一，难以满足治理需要。在计划经济时代，政府管理经济社会事务的手段以行政命令为主，形式比较单一。随着社会主义市场经济体制的确立，治理手段也走向多样化，并开始以经济手段、法律手段为主，但从各地流动社会治理的实践来看，行政手段仍然是政府采取的重要手段。在一定时期内，一些地方政府对流动人口服务管理工作的长期性和艰巨性认识不足，流动人口服务管理工作缺乏全局性长远性战略规划，未能形成长效治理机制。实际上，在市场经济条件下，人口总是遵循价值规律流动和活动，仅依靠行政手段（甚至是运动手段）对流动人口进行管理很难奏效。当前流动人口治理中存在同样的问题，仅依靠运动式的打击和逢年过节的"送温暖"，忽视经济手段和法律手段的运用，缺乏系统性、长效性机制，往往事倍功半，甚至徒劳无功。

为客观反映中国流动社会治理工作的全貌，系统总结流动人口服务管理工作中的经验和不足，为流动社会治理提供借鉴，中国社会科学院国家法治指数研究中心、中国社会科学院法学研究所法治指数创新工程项目组对一些地区的流动人口服务工作进行了调研，并选择浙江省杭州市余杭区作为样本进行了分析、总结。

二 余杭加强和创新流动社会治理的背景

杭州市余杭区地处浙江省北部，位于杭嘉湖平原和京杭大运河的南

端，是长江三角洲的圆心地，其所在的长江三角洲城市群是中国经济最具
活力、开放程度最高、创新能力最强、吸纳外来人口最多的区域之一，但
同时也存在城市包容性不足、外来人口市民化滞后的问题（见图 2）。据
统计，长江三角洲城市群内约有 2500 万人未在常住城市落户，未能在教
育、就业、医疗、养老、保障性住房等方面均等化享受城镇居民享有的基
本公共服务。城市内部二元矛盾突出，给经济社会发展带来诸多风险隐
患①。加强和创新流动社会治理，改善流动人口管理与服务，成为这一地
区在改革发展过程中必须迈过的一道坎。

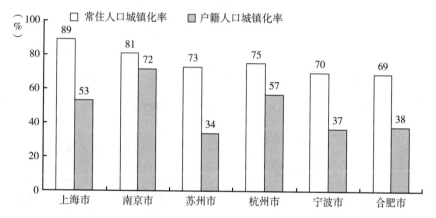

图 2　长江三角洲主要城市户籍人口与常住人口城镇化率差距（2014 年）
数据来源：《长江三角洲城市群发展规划》。

余杭区地域面积 1220 多平方公里，三面拱卫杭州主城区，下辖 6 个
镇、14 个街道，共有建制村 184 个，社区 156 个。余杭区工业经济发达，
近年来经济社会的快速发展和城市化进程的日益加快，吸引了大量流动人
口前来就业、生活。据统计，截至 2015 年底，全区一年来登记流动人口
137.25 万人，同比增长 22.25%；流动人口在册有效数 112.84 万人，同
比增长 23.02%，位居全市第一；出租房屋在册有效数 9.12 万户 42.28 万
间，同比增长 20.81%，位居全市第二。2011 ~ 2015 年，余杭区流动人口

① 国家发展和改革委员会、住房和城乡建设部：《长江三角洲城市群发展规划》，http：//
bgt. ndrc. gov. cn/zcfb/201606/W020160715546192345393. pdf，最后访问日期：2016 年 12
月 28 日。

在册人数从 68.02 万人增长到 112.84 万人，增幅达 65.89%，年平均增长率达 15.30%。目前，余杭区流动人口在册底数已超过本区户籍人口登记数，出现"人口倒挂"现象（见图3）。

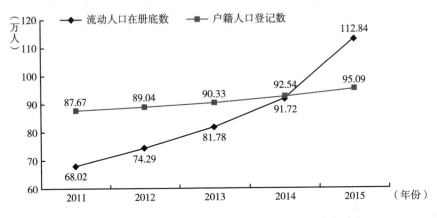

图3　2011~2015 年余杭区流动人口和户籍人口变化对比

面对流动人口数量大、流动性强的局面，余杭区着眼长远、统筹谋划，在法治框架内积极推动改革创新，努力提高流动人口服务管理的法治化、现代化水平，在加强和创新流动社会治理方面迈出了重要步伐。余杭区委很早就认识到该区流动人口服务和管理压力持续加大，防违控违任务艰巨，统筹城乡发展任重而道远。2011 年 12 月，余杭区第十三次党代会即作出判断，"今后一个时期，我区的外来人口还将继续增加，需要我们进一步提升服务和管理水平"，并作出战略部署：改进流动人口服务和管理，加快流动人口服务管理专门机构、专职力量、专项制度等工作体系建设，着力解决好流动人口就业服务、社会保障、子女就学、居住环境等问题，致力于引导流动人口实行自我服务、自我管理、自我教育，充分发挥流动人口对余杭发展的重要作用。余杭区政府按照宪法、法律和浙江省、杭州市有关地方性法规、政府规章的规定，围绕控制流动人口总量、提升流动人口素质、优化流动人口结构、完善流动人口公共服务，强化流动人口管理的工作目标，不断加强和创新流动社会管理，推进流动人口管理与服务，形成了一些行之有效的做法，积累了积极的经验。

三　余杭加强流动社会治理的实践

（一）完善顶层制度设计，实践"以居管人"

近年来，随着流动人口从业多样化趋势的发展，中国对流动人口的管理经历了一个由"以业控人"到"以证管人、以房管人"的过程。加强居住管理，"以证管人""以房管人"被证明是一条行之有效的管理途径。余杭区深入贯彻《浙江省流动人口居住登记条例》，制定《余杭区流动人口居住管理办法（试行）》，把居住管理作为掌握流动人口底数、筑牢流动社会治理基础的关键。

一是调整完善居住证制度。余杭区按照城乡统一的户口登记制度，以"全员登记、依规领证、积分量化、凭证服务"为主要内容，对流动人口居住证申领的条件和使用功能进行调整，把居住证作为流动人口在余杭居住、作为常住人口享受余杭基本公共服务和便利、申请登记常住户口的证明。余杭区积极稳妥地推进居住证申领制度改革，逐渐放宽居住证申领条件，实现居住证申领便利化。2014 年以来，余杭区公安机关开展了以移动互联网和二维码技术为基础的"维警通"社会申报平台建设，出租房房东、用工单位及流动人口本人用智能手机扫一扫贴在家门口的"警务二维码"，按照提示输入简单内容即可完成流动人口信息申报，通过网上《申报登记》栏，流动人口足不出户便可完成临时居住证申报和办理，大大方便了流动人口。

二是推行积分制管理。余杭区通过制定流动人口积分制管理办法，将流动人口个人素质和贡献值转化为分值，按照分值高低享受不同政策待遇。把流动人口子女入学、就医及住房保障等流动人口关注度高、资源稀缺的公共服务纳入积分制管理，合理完善梯度化、差异化的公共服务。在积分制管理实施过程中，余杭区坚持循序稳步地推进，加强政策宣传，按照试点探路、以点带面的工作思路逐步推开，并建立相应的风险评估机制，做到政治效益、社会效益和工作效益相统一。

三是完善租房管理机制。余杭区在工作中探索建立健全租房准入制度，出台符合本区实际、加强出租房屋管理工作的指导意见，进一步明确租房准入条件。通过加大出租房屋智能化、科技化、信息化水平，大力推广智能门禁系统、视频监控系统、"二维码"管理、中介租房远程申报系统等，积极创新租房管理手段。近年来，余杭区政府办公室连续印发《余杭区2014年智能门禁系统建设推广工作实施意见》和《余杭区2015年智能门禁系统建设管理工作实施意见》，将智能门禁系统建设工作列入政府民生实事工程之一，并纳入余杭区社会治安立体防控体系建设范畴，作为区平安法治重点项目全力推进。截至2015年底，余杭区共建设安装智能门禁系统15952套，投入运行15496套，涉及18个镇（街道、开发区）、92个村（社区），覆盖出租房屋2.24万户35万余间，共办理门禁卡28.9万余张。同时，余杭区通过加强租房的日常动态管理，加大对改变房屋性质和用途及不符合安全、防灾等工程建设强制性标准房屋的查处，加大对违章建筑的拆除力度，取缔一批非法出租房屋和不符合出租条件的租房，加大对违反租房治安管理行为的查处力度。2015年6月，余杭区政府办公室印发《关于开展全区出租房屋消防安全、流动人口登记和出租房屋管理、出租房屋电力设施安全三个专项整治行动的通知》（余政办〔2015〕109号），组织专门力量，对出租房屋的消防安全、流动人口管理和出租房屋电力设施安全进行全方位、地毯式的大排查，有效提高了通过出租屋管理带动流动人口服务管理的工作水平。

（二）立足产业结构调整，实践"以业导人"

随着中国经济发展迈入"新常态"，各地大力推进供给侧结构性改革。在经济社会发展的过程中，余杭区面临着产业结构转型升级的任务。如何解决产业转型升级与流动人口结构之间的矛盾，成为摆在余杭区面前的一道难题。余杭区没有简单地采取行政手段限制外来人口流入，而是坚持把流动人口管理服务工作纳入国民经济和社会发展总体规划，通过调整产业结构的市场手段，在法治的框架内变控制为疏导，调整带动流动人口结构的优化。

一是严格行业准入标准。余杭区围绕"五水共治""三改一拆""四换三名""四边三化""一打三整治"① 和浙商回归等一系列转型升级"组合拳"措施，积极推进产业结构优化升级和企业竞争力提升。通过严格土地、环保、安全、水耗、能耗等资源性行业标准，规范和引导投资行为；通过完善生活性服务行业准入条件和服务规范，加快商业零售、再生资源回收、生活服务等行业连锁经营、规模发展。

二是抑制低端就业聚集。余杭区通过清理淘汰低层次摊群市场，规范提升农贸市场、小商品市场和商务楼宇，严格控制中心城区具有区域集散效应的有形市场的数量，减少外源性的普通就业岗位。加强对流动人口申办各类市场主体时经营场所房屋用途的审查，严禁临街民宅、住宅楼底层和车库违规"破墙开店"等行为。大力推进"个转企"，加大对小作坊、小摊贩、小餐饮等重点区域和重点部位的规范整治力度，压缩流动人口在低端业态的就业空间。

三是完善就业管理服务。根据上级人力资源和社会保障部门的统一安排，余杭区积极完善流动人口的就业失业登记工作，探索家政服务人员、医院护工、个体工商户、近郊务农人员及其他灵活就业人员的就业失业登记工作。将经过就业登记并参加社会保险作为用人单位、流动人口及灵活就业人员合法稳定就业的认定标准和享受相关就业扶持政策的前提条件。要求用人单位招用流动人口必须签订劳动合同，按规定申报流动人口基本情况信息和计划生育信息，并督促流动人口办理居住登记，严格规范用工行为。大力开展工资集体协商，健全正常工资增长机制，适时适度调整最低工资标准，促进职工工资稳步增长。分类建立并严格执行技术工种上岗制度，积极推行先培训、后上岗的岗前培训制度，提高就业人员整体素质。定期开展流动人口就业管理服务、劳动合同签订、工资支付、技能培训、持证上岗、社会保险参保等情况的专项检查，依法取缔非法中介，加强企业用工行为的监察力度，加大对非法

---

① "五水共治"指的是治污水、防洪水、排涝水、保供水、抓节水；"三改一拆"指的是旧住宅区、旧厂区、城中村改造和拆除违法建筑；"四换三名"指的是腾笼换鸟、机器换人、空间换地、电商换市和培养名企、名品、名家；"四边三化"指的是在公路边、铁路边、河边、山边等区域开展洁化、绿化、美化行动；"一打三整治"指的是依法打击涉渔"三无"船舶，开展渔船"船证不符"整治、禁用渔具整治和污染海洋环境行为整治。

用工、拖欠工资等违法行为的查处力度。

（三）强化社会综合治理，实践"以治疏人"

加强和创新流动社会治理，离不开强大的社会治安防控体系。《国民经济和社会发展第十三个五年规划纲要》提出，完善社会治安综合治理体制机制，以信息化为支撑加快建设社会治安立体防控体系，建设基础综合服务管理平台。余杭区通过实施社会治安重点人员、重点领域、重点地区联动管控和排查整治，有效促进了平安社会建设，为流动人口治理提供了良好的氛围。

一是开展重点人群分析。余杭区按"人来登记、人走注销"的要求，加大流动人口信息采集、更新力度，不断提高流动人口信息采集率、准确率和租房登记备案率，加强推进流动人口全信息采集工作。建立流动人口动态监测机制，掌握流动人口、出租房屋、各类市场主体基本情况，依托全区流动人口综合信息、平台建设，实现公安、计生、卫生、社保、教育等各类流动人口信息资源的整合共享。加强双聚人群的管控，以双向协作为平台，加强流出地与流入地"两头抓、双向管"的区域协作机制建设，把游离在管理之外的流动人口吸收到各类社会组织中，提高"再组织化"能力，组建各地流动人口联谊员队伍，加大对重点村（社区）的整治力度。同时，加强高危人群的管控，从重从快从严打击流窜作案、涉黑涉恶犯罪以及有明显地缘和职业特点的团伙犯罪，对具有前科劣迹或重大违法犯罪嫌疑的流动人口进行严格的实时监控，有效震慑、挤压其活动空间。加大对中小旅馆、娱乐场所、网吧、建筑工地等重点部位、重点场所的日常检查力度，积极开展专项治理行动，避免形成治安乱点、盲点。

二是整治规范市场秩序。余杭区通过依法查处取缔无证无照非法经营的行为，确保流动人口安全有序生产经营，维护市场公平有序竞争，并通过重点加强对城郊接合部、拆迁区域内的无证无照经营行为的监管力度，防范出现新的无证无照经营行为。开展黑诊所、非法办学、无证餐饮、无证食品加工和无证无照收购等专项整治，坚决取缔威胁公共安全、危害人身健康、存在重大隐患、污染生态环境、破坏自然资源、不良后果明显、屡查屡教不改等生产经营行为，对构成犯罪的，依法移送司法机关追究刑事责任。清理整顿小餐饮店、小食品经营店、小理发美容店、小旅店、小公共浴室和小歌舞厅等"六小"行业，合理调控再生资源回收等服务业发展，压缩低层次自我服务圈和次生经济圈空间。

三是加强安全生产管理。综合运用安监、交管、卫生、教育、劳动、公安、消防、环保、市场监管等力量手段，加大对小门店、小作坊、小网吧、小餐厅、小招待所、小影视厅等"六小"场所，生产经营、仓储和住宿"三合一"场所，建筑工地、中小旅馆等重点区域、部位的排查整治力度，消除安全隐患。加强对区域内非法营运车辆的调查摸底，有针对性地对重点区域、重点路段进行重点监控，加大对非法车辆运营的整治力度，进一步规范道路客运市场秩序，保障人民群众乘车安全。

（四）推动公共服务升级，实践"以服留人"

《中共中央关于全面深化改革若干重大问题的决定》提出"推进基本公共服务均等化""稳步推进城镇基本公共服务常住人口全覆盖"的要求，《国民经济和社会发展第十三个五年规划纲要》则在推进新型城镇化、推动区域协调发展、推进健康中国建设、提高民生保障水平等多个方面作出推动基本公共服务均等化的具体部署。推动基本公共服务均等化，实现基本公共服务全覆盖，是社会主义公平正义的应有之意，是全面深化改革和实现依法治国的必然要求。余杭区很早就确立了将流动人口视为"新余杭人"的理念，早在 2008 年即设立了余杭区新居民事务服务管理领导小组办公室，以开放、包容、共享的精神做好流动人口的服务工作，积极推进基本公共服务均等化，提高流动人口公共服务水平。近年来，为进一步提升流动人口基本公共服务均等化水平，余杭区各相关职能部门对流动人口就业、就医、就学、计生、法律、文化、保障、维权等方面开展了各项工作，从而有效统筹了人财物等公共资源对流动人口的投入，确保了各项服务举措落到实处。

一是完善流动人口就业服务。仅 2015 年，余杭区人力资源和社会保障局即组织举办各类人力资源招聘会 76 场次，其中流动人员专场招聘会达 6 次，加上日常进场推荐等招聘形式，共推荐流动人口就业 29915 人次，有 18474 名流动人口被用工单位录用。另外，余杭区大力推进就业培训。2015 年，余杭区人力资源和社会保障局通过企业自办和培训机构定点培训的形式，完成企业职工技能培训 4545 人，并创新培训模式，有效提高创业成功率；余杭区住房和城乡建设局采取送培训到工地和企业自己培训相结合的形式，以民工学校为载体，组织师资力量到工地进行培训和考试。同时，余杭区注重加强高技能人才培养和引进力度，结合余杭区重点产业和重点工程项目，引进具有技术攻关、技术革新等重大成果的高技能人才，并给予用人单位一定的就业补助，深入开展校企对接、培训外包、订单式培训，建立稳定有质量的劳务输入渠道，有序引进符合产业发展方向的年轻化技能型人才。

二是落实流动人口卫生保健。多年来，余杭区持续推进基本医疗卫生服务全覆盖。根据规定，流动人口在余杭就业后购买社会保险缴纳医疗保险金的，享受与户籍人口同等的医疗保险待遇；未购买医疗保险的流动人口办理居住证满 6 个月的，享受与户籍居民同等的基本公共卫生服务项目，并将流动人口的疾病控制、儿童免疫、妇幼保健等纳入基本公共卫生服务项目范围，由社区卫生服务中心免费提供。2015 年，余杭区卫生和计划生育局积极为流动人口做好疾病预防控制工作，开展结核病和艾滋病防治，全年共登记流动人口结核病人 259 例，开展流动儿童预防接种服务，共管理流动儿童 59448 人，完成免疫规划疫苗接种 203565 人次，疫苗接种率均达到 90%以上；加强流动孕产妇和儿童管理，接受流动人口住院分娩 7153 人，占全区总分娩人数的 48.75%，共管理 0~6 岁流动儿童 49957 人，管理率为 87.27%；落实惠民医疗，区级医院设立惠民病房，其中省红十字会"母婴平安"项目，共对 41 名省外贫困高危孕产妇实施医疗救助，救助资金共计 72389.06 元。通过多措并举，余杭区有效推动了医疗卫生服务均等化，保障了医疗卫生这一第一位的"民生"在余杭流动人口中的实现。

三是统筹流动人口子女入学。2008 年以来，余杭区根据省市相关文件的精神，结合本区实际，先后制定了《进城务工人员子女在余杭区入园管理暂行办法》《杭州市余杭区义务教育阶段进城务工人员子女就学管理暂行办法》《余杭区教育局关于 2013 年各类高中招生工作的意见》等文件，对各年龄段流动人口子女就学明确了入学条件，确保符合条件的流动人口子女在余杭区就学。在工作中，余杭区根据本区教育资源配置情况，统筹安排符合条件的流动人口子女进入义务教育阶段学校就读，通过不断拓展教育资源、加强民办学校开办指导和规范管理、向有资质的民办学校购买服务、大力发展成人教育的方式，进一步提升全区流动人口入学接纳能力、规范办学行为。据余杭区教育局统计，流动人口子女在余杭入学人数和比例逐年增加。2015 年，全区幼儿园在园幼儿 51868 人，外来务工人员子女 20875 人，其中公办幼儿园在园幼儿 32607 人，外来务工人员子女 2310 人；义务教育阶段共有学生 119349 人，其中符合余杭区进城务工人员子女入学条件的有 29960 人，按照"两个为主"的原则①，除通过购买学位方式安排在民办学校就读的 845 位学生外，都安排在公办学校学习，与本地户籍学生享受同等待遇，均免除学生公用经费、杂费、课本费、作业本费等费用。

四是开展流动人口计生服务。余杭区不断强化流动人口计划生育区域协作，建立流动人口计划生育双向考核评估体系，有效遏制流动人口违法生育现象，并制定出台加强流动人口计划生育工作的指导意见、优秀流动人口办理合作医疗和医保报销优惠政策。2015 年，余杭区卫生和计划生育局深化与主要流入地的区域协作，提高流入育龄妇女"婚育证明"办证率、"生育证明"持证率、避孕节育措施落实率、信息反馈率，全面落实"一盘棋"管理服务机制；重视对基层的指导和督察，每年开展镇村流动人口计生业务培训 10 期，每季度进行 1 次流动人口计划生育工作明察暗访，并与区流动人口办开展联合稽查；以流动人口计划生育服务管理"一站式"示范窗口为重点服务平台，为符合条件的流动人口办理"一孩生殖健康服务"登记 115 例，开展免费国家孕前优生健康检查 1111 对，继续实施外来农村困难孕产妇住院分娩救助 53 人，开展流动人口独生子女家庭困难补助 30 户，为流动人口独生子女及其父母参加平安保险 60 户，开展查孕查环 12.60 万人次，享受免费计划生育四项手术 528 例；加强了对重点人群信息和无证生育信息的核查与反馈，开展国家流动人口卫

---

① 2008 年 8 月，《国务院关于做好免除城市义务教育阶段学生学杂费工作的通知》明确要求，进城务工人员随迁子女接受义务教育以流入地为主、以公办学校为主。

生计生动态监测调查工作，顺利完成了 480 份个人问卷、23 份村居问卷的走访填写和国家平台的录入。

五是维护流动人口合法权益。余杭区人力资源和社会保障局联合区公安分局、区市场监督管理局在全区范围内开展清理整顿人力资源市场秩序"春雷"专项行动，以工商企业密集区、流动人口集散地、职业中介机构聚集地和自发形成的人力资源交易场所作为重点检查区域，严厉打击非法用工行为，维护流动人口合法权益。2015 年，余杭区人力资源和社会保障局共受理各类投诉举报案件 5474 件，涉及劳动者 29284 人，涉及金额 46387 万元，其中群体性案件 453 起，涉及人数达 18463 人，金额达 29242 万元。余杭区住房和城乡建设局受理各类工资拖欠信访投诉 155 起，其中涉及政府投资项目 30 起，房产项目 88 起，其他项目 37 起。余杭区司法局与社区学院开展"二微普法"（微读本、微剧本）项目，合作编写"微读本"免费发放给流动人口。同时，与区住房和城乡建设局、区人力资源和社会保障局、区文化广电新闻出版局等联合开展"法律进工地"活动，送法治电影进工地、开展法治讲座、发放宣传资料，不断提高流动人口的法律意识和综合素质；开展法律援助"六进"活动，累计开展法律援助流动活动 25 次，共受理民事案件 2397 件，其中劳动报酬及劳动争议案件 1608 件，占民事援助案件的 67.08%。余杭区总工会依法推动企业普遍开展工资集体协商工作，保障了职工工资的正常支付，促进劳动关系和谐稳定。

四　余杭区加强和创新流动社会治理的经验与问题

（一）经验积累

坚持依法治理，推进流动社会治理机制创新，是余杭区流动社会治理的重要经验。

余杭作为区县一级的行政区，并无立法权，但在流动人口服务管理工作中，余杭区政府及各部门坚持严格执法、区法检两院坚持公正司法，余杭区在工作中持续推进全民守法，是推进流动社会治理创新、做好流动人口服务管理工作必不可少也至关重要的一环。

1. 制度建设是余杭区做好流动人口服务管理工作的基础

在流动人口服务管理工作中，余杭区坚持把法律法规的规定落到实处，通过及时出台配套规范性文件等方式，具体部署法律法规在本地的落实，确保流动人口服务管理工作的规范化、制度化。《浙江省流动人口居住登记条例》和《杭州市流动人口居住管理办法（施行）》制定实施后，余杭区政府于 2011 年 12 月印发《余杭区流动人口居住管理办法（施行）》和《〈浙江省居住证〉申领实施细则（施行）》两部文件，对来余流动人口申领浙江省居住证（含浙江省临时居住证）的条件和程序、居住证管理及持证人享受的政策待遇进行了全面规定，这些规定既是对余杭区以往流动人口服务管理工作经验的总结，也为余杭区今后流动人口服务管理工作的规范化开展提供了制度依据。2014 年初，浙江省委办公厅、省政府办公厅联合下发《关于完善和创新流动人口管理服务的指导意见》（浙委办发〔2014〕5 号），并经浙江省十二届人大常委会第十次会议授权在部分市县暂时停止施行《浙江省流动人口居住登记条例》第 15 条、第 17 条的规定，推行居住证制度改革试点，推行居住证积分管理，并放宽居住证申领限制，建立完善以居住证为基础的流动人口公共服务供给制度。余杭区虽不在改革试点范围内，但根据改革精神，下发《关于完善和创新流动人口管理服务的实施意见》，在法律法规允许的范围内积极完善和创新流动人口管理服务，为 2016 年国务院《居住证暂行条例》及修订后的《浙江省流动人口居住登记条例》施行后流动人口服务管理工作的开展积累了经验。

2. 组织建设是余杭区做好流动人口服务管理工作的保障

做好流动人口服务管理工作，必须从宏观管理上做好流动人口发展综合调节，运用人口流动规律，通过统筹机构、政策规划引导，促进人口有序流动，引导人口流向朝着有利于城市经济社会发展的方向发展。目前，机构问题是关系流动人口服务管理的关键问题。流动人口服务管理涉及众多党政职能部门，必须统筹、调动、协调流动人口服务管理资源，统筹人口发展规划、政策研究和人口服务管理综合协调工作，在此基础上强化各部门对流动人口重点事项的管理，形成流动人口服务管理工作政策协调、管理统一、资源共享、服务优化、统筹共治的局面。2012 年 11 月，根据浙江省委关于"流动人口与户籍人口比超过三分之一的县（市、区）要建立实体化运作的专门机构"的要求，余杭区决定成立"余杭区流动人口服务管理委员会"，以区人口和计划生育委员会、区劳动和社会保障局、区教育局、区民政局、区公安分局、区总工会等部门和单位为委员会成员单位，委员会下设"余杭区流动人口服务管理委员会办公室"（挂靠在余杭区政府办公室），承担全区流动人口服务管理的组织、指导、考核及综合协调职责。2014 年 11 月，根据上级规定及现实需要，余杭区调整完善流动人口管理组织架构，将"余杭区流动人口服务管理委员会"更名为"余杭区流动人口管理服务委员会"，增加区发展改革局、区商务局、区环境保护局、区安全监督管理局、区科技局、区国土分局、区信息中心为委员会成员单位，并将委员会办公室由区政府办公室调整至区公安分局。除此之外，余杭区还在下属各镇（街道）、开发区设流动人口服务管理所，以上年度流动人口登记数为基数，按照标准配备流动人口专管员；在流动人口较多的村（社区）和用人单位设立流动人口服务管理站，结合新农村建设，依托民政线，增设专职流动人口管理服务工作的社区"治安员"岗位，逐步打造一支扎根于基层一线的辅助力量。

3. 机制创新是余杭区做好流动人口服务管理工作的关键

流动社会治理是一项系统工程，牵涉面广，工作内容复杂，必须通过不断推进机制创新及时防范和应对层出不穷的新矛盾、新问题，必须打破流入地单打独斗、政府包办一切的模式，推进协同治理，综合运用行政、法律、经济等手段，推进流动社会治理体制机制的现代化。首先，在流动社会治理中，余杭区积极探索项目化管理推进工作机制。余杭区将"创新流动人口管理服务，进一步优化流动人口结构"写入政府工作报告，根据《关于完善和创新流动人口管理服务的实施意见》，余杭区以项目化管理的要求，明确分工与工作进度，细化各地、各相关部门工作职责和措施，认真打造新常态下流动人口工作的新格局。其次，余杭区不断强化协调推进机制，在强化流动人口管理服务委员会各成员单位和各镇（街道）协调的同时，余杭区注重与人口流出地的区域协调。2015 年，余杭区与人口流出较多的湖北恩施土家族苗族自治州巴东县等地开展双向协作机制建设，签订流动人口管理服务区域协作书，切实加强流出地、流入地政府和部门间的交流与协作，通过流出地与流入地的协同强化治理效果。同时，余杭区坚持推动流动人口自我服务管理。为进一步完善"以外服外""以外调外"等工作机制，余杭区在流动人口"双聚"地区健全工作机制，创新健全"和事佬"协会、流动人口调解委员会、妇女之家等组织，有效预防和化解有关流动人口的各类矛盾纠纷，促进流动人口自我教育、自我服务和自我管理，对强化治理效果起到了积极的作用。

（二）改进空间

与此同时，余杭流动社会治理在人员投入、部门协调和服务水平等方面还存在改进和提升的空间。

首先，流动人口服务管理力量有待进一步加强。受各方面因素的限制，余杭区在流动人口服务管理、组织人力建设方面仍表现出与流动社会现实不相适应之处，存在机构不完善、人手不足的问题。例如，在流动人口服务管理中发挥重要作用的公安机关编制仍是按照 1982 年中央政法委、中央组织部、原劳动人事部、财政部《关于公安、检察、法院、司法行政系统编制和经费若干问题的联合通知》（政法〔1982〕7 号）确定的，有限的公安力量面对流动社会中大量的服务管理对象时，显得捉襟见肘、力不从心，严重影响了对流动社会服务管理职能的发挥。

其次，流动人口服务管理工作有待进一步协调。流动人口服务管理工作涉及的部门多、事项复杂，必须进一步加强协作，促进信息共享。从现实情况看，余杭区公安、人力社保、教育、住房保障等部门在流动人口服务管理中的协作有待进一步加强，当前最急迫的是必须从实际工作需要出发打破信息壁垒，建立统一、高效的信息管理系统，为全区统筹谋划流动社会治理工作提供数据支撑，共同改进流动人口服务管理工作。

最后，流动人口服务水平有待进一步提升。促进基本公共服务均等化，实现基本公共服务全覆盖是社会发展的必然趋势，也是中央提出的明确要求，余杭区在流动人口服务中应当进一步发扬将外来人口视为"新余杭人"的包容精神，持之以恒地推进基本公共服务均等化，并以保障和改善民生为出发点，扩大教育、医疗等公共物品提供，把包括流动人口在内的全区域居民服务提高到新的水平。

五 加强和创新流动社会治理的建议

加强和创新流动社会治理，离不开法治手段介入，必须不断提高流动人口服务管理工作的法治化、现代化水平。从根本上讲，必须强化流动人口服务管理的法律支撑，加强和创新流动人口服务管理的工作机制。长远来看，解决流动人口服务管理中的问题，必须依靠户籍改革，逐渐把流动人口"市民化"。就目前而言，必须大力推行居住证制度，持续推进基本公共服务均等化，强化信息资源的整合和利用，不断提高流动人口服务管理工作的信息化水平。

一是强化流动人口服务管理的法律支撑。目前，中国流动人口服务管理中适用的法律依据主要是《治安管理处罚法》《居住证暂行条例》及《流动人口计划生育工作条例》及各地、各部门出台的地方性法规和部门规章。总体而言，法律层次较低，规定较为分散，其中不乏相互冲突之处。根据中国流动人口服务管理的实际需要，有必要由全国人大常委会或国务院出台一部有关流动人口服务管理的专门法律或行政法规，以法律、行政法规的形式把流动社会治理的原则和主要内容确定下来。首先，要明确"流动人口"的概念和范围，确立流动人口服务管理的基本原则、宗旨、管理机构。流动人口服务管理的立法目的应定位在解决流动人口最现实的利益问题。按法律路径设定渐进式的目标节点，分步实施、分类管理、分段完成。其次，要把流动人口服务管理的一些制度和做法明确下来，做到有的放矢。例如，出租屋服务管理是做好流动人口服务管理工作的重要抓手，影响成败的关键枢纽。应在立法中完善流动人口和出租房屋管理的法律体系，明确相关部门、人员的权利和义务，权责分明，保障房屋租赁行为和有关行政管理方式有法可依。同时，作为面向特殊社会群体的服务管理，涉及医疗保障权、劳动就业权、住房居住权、教育公平权、政治权利等各方面流动人口权益，要加快完善相关法律制度。在地方层面，各省级地方和设区的市应在国家法律和行政法规允许的限度内制定本区域的流动人口服务管理立法，根据本地实有人口规模和流动人口占比情况，因地制宜出台流动人口管理办法，避免各地在流动人口服务管理中超越法律各行其是，坚决清理侵害流动人口合法权利的规定和做法。

二是加强流动人口服务管理工作统筹力度。流动人口服务管理工作千头万绪，几乎涉及政府工作的各个方面。做好流动人口服务管理工作，必须从宏观管理上做好流动人口发展综合调节，运用人口流动规律，通过统筹机构、政策规划引导，促进人口有序流动，引导人口流动朝着有利于本地经济社会发展的方向发展。当下，机构问题是关系流动人口服务管理的关键。流动人口服务管理涉及众多党政职能部门，必须统筹、调动、协调流动人口服务管理资源，统筹人口发展规划、政策研究和人口服务管理综合协调工作，在此基础上强化各部门对流动人口重点事项的管理，形成全区域人口服务管理工作政策协调、管理统一、资源共享、服务优化、统筹共治的局面。目前，在大部分地区，尚没有确立主责部门专门负责流动人口服务管理工作，造成各地在统筹和协调流动人口服务管理工作方面力度不强，一些工作机制未能充分发挥作用。近年来，在长江三角洲、珠江三角洲等一些主要人口流入地，一些地方为适应流动人口服务管理的新形势，已成立流动人口服务管理专门机构，根据当地政府授权统筹负责流动人口服务管理工作，是加强流动人口服务管理统筹力度的有效手段。由于各地具体情况具有差异性，在具体操作中不必"一刀切"地要求专门设置独立的流动人口服务管理部门，但一定要由当地党委和政府确立一个职能部门或指定一个职能部门作为牵头单位统筹人口工作，并负责辖区各职能部门流动人口服务管理工作的协调和考核。

三是积极稳妥地推进户籍制度改革。《中共中央关于全面深化改革若干重大问题的决定》指出，要推进农业转移人口市民化，逐步把符合条件的农业转移人口转为城镇居民。创新人口管理，加快户籍制度改革，全面放开建制镇和小城市落户限制，有序放开中等城市落户限制，合理确定大城市落户条件。近年来，流动人口已经构成了中国产业工人的主体，为城市经济社会发展作出了积极的贡献，城市应以开放的胸怀接纳和回馈他们。目前，流动人口大量在流入地居住、工作和生活，并享受当地的公共服务，流动人口与流入地、当地人口日益融为一体，在社会主义市场经济条件下再通过户籍将常住人口人为地区分为本地人口和流动人口已失去了原来的意义。因此，应当按照《国家新型城镇化规划（2014～2020 年）》要求，还原户籍的人口登记管理功能，促进人口有序流动、合理分布和社会融合。近年来，中国一些大中城市先后出台户籍改革举措，放松流动人口入户限制，为其他城市的改革提供了镜鉴。各地由于人口规模、经济结构、社会发展程度等因素，在处理流动人口落户的问题上面临的问题具有一定差异，但都应按照《国务院关于进一步推进户籍制度改革的意见》的规定，"进一步推进户籍制度改革，落实放宽户口迁移政策"，沿着放松落户限制、明确落户条件的大方向积极稳妥地推进户籍改革。

四是大力推行居住证制度。2014 年 7 月，国务院下发的《国务院关于进一步推进户籍制度改革的意见》（国发〔2014〕25 号），要求在国家层面建立居住证制度，以居住证为载体，建立健全与居住年限等条件相挂钩的基本公共服务供给机制。2015 年 11 月，国务院公布《居住证暂行条例》并于 2016 年 1 月 1 日正式施行。现阶段，做好流动人口服务管理工作，必须加大居住证制度的推行力度，让居住证成为流动人口在流入地居住就业的必要凭证。一方面，要强化居住证制度在流动人口管理中的核心地位，充分发挥其调控作用。必须坚持以"两个合法稳定"（合法稳定就业、合法稳定居住）作为人口调控和服务管理的政策基石，完善居住证"一证挂钩"的配套机制，将申领居住证作为流动人口享受政府资源和公共服务及就业的前置条件，使居住证成为各部门在教育、就业、社会保障、住房保障、医疗卫生服务、社区服务等方面的重要抓手。另一方面，要以居住证为依托，进一步完善梯度累进的公共资源和公共服务获得机制。近年来，各地推进"积分制"服务管理模式，取得了积极效果。梯度赋权及积分管理属于梯度累进的公共服务获得机制，根据流动人口的居住、工作年限，以及对流入地的贡献大小等多个参照指标，赋予其逐步升级的市民待遇。按照"权利与义务对等，索取与贡献均衡"的原则，通过合理设置门槛，使大部分流动人口能够通过合理途径逐步享受市民待遇，这不仅有利于流动人口的权益保护，也有利于流动人口与流入地及其户籍人口的良性互动及社会认同。

五是持续推进基本公共服务均等化。现阶段的流动人口服务管理工作，必须坚持以"稳步推进城镇基本公共服务常住人口全覆盖"为目标，健全流动人口服务政策体系，逐渐由以"户籍"为标准到以"常住"为标准的公共服务供给与获得。政府职能部门要按照职能分工，抓紧制定教育、就业、医疗、养老、住房保障、计划生育、入户等方面的配套政策，将户籍人口和流动人口纳入人口政策统筹研究。各级政府及职能部门要定期开展流动人口公共服务需求和权益保障调查，为制定完善公共服务政策奠定基础，并着力解决流动人口最关心、最现实、最直接的民生问题。在就业创业服务方面，加强异地务工人员职业技能培训，培养适应市场需要的技能劳动者；推动地方高校在专业设置方面向技能型转型，实现教育集群与当地经济结构的对接，达到企业就地取材和保障学生充分就业的双赢；加大创业政策扶持力度，推动流动人员实现高质量的就业创业；探索由政府搭建校企合作平台，连通学校向企业输送人才的通道。在教育方面，根据流动人口子女流入的数量、分布和变化趋势，合理规划学校布局、配置中小学和幼儿园，逐步提高公办中小学接纳异地务工人员子女就学的比例；加大对民办教育的扶持力度，提高民办学校办学水平；探索从民办学校购买学位的路径，以政府购买公共教育服务方式解决人口增长时期学位不足的问题。在医疗卫生服务方面，根据常住人口配置城镇基本医疗卫生服务资源，将流动人口纳入社区卫生服务体系，免费提供健康教育、妇幼保健、预防接种、传染病防治等公共卫生服务。

六是强化信息资源的整合与利用。准确的人口数据是科学决策的前提，产业布局、公共产品配置、城市空间规划等重大决策都要以人口数据为支撑。《国务院关于加快推进"互联网+政务服务"工作的指导意见》（国发〔2016〕55号）指出，近年来，一些地方和部门初步构建互联网政务服务平台，积极开展网上办事，取得一定成效。但也存在网上服务事项不全、信息共享程度低、可办理率不高、企业和群众办事仍然不便等问题，同时还有不少地方和部门尚未开展此项工作，这些问题在流动人口服务管理工作中均不同程度存在。因此，必须加强人口信息资源的整合和利用，完善信息数据利用与共享机制。在流动人口服务管理工作中，要探索打破条块分割和部门封锁，整合保护居住证信息系统、实有人口数据库和各地区、各部门的人口信息资源，统一数据标准，构建集居住、就业、治安、教育、社保、税务、工商、计划生育、卫生等管理与服务系统于一体的实有人口综合信息资源库。在此基础上，建立集数据查询、统计、分析等功能于一体的实有人口综合统计分析系统，以提高流动人口服务管理的信息化水平。同时，加快建设数据共享平台，按照"一次采集、一次录入、数据共享、及时更新"的原则，将目前分布在各部门的零散人口信息逐步转变成统一、规范、相对准确和完整的人口综合信息并加以整合，统一数据标准管理载体和共享平台，构建互为补充、互利共赢的实有人口信息共享机制。此外，建立动态维护长效机制，在各部门中确立数据动态维护周期，定期对采集的实有人口和实有房屋信息进行更新、调整，确保信息的及时性和准确性。

（参见法治蓝皮书《中国法治发展报告 No. 15（2017）》）

四川法治

第二十二章　四川省 2016 年法治发展现状与前瞻

摘　要： 本文梳理了四川省 2016 年贯彻中央依法治国重大决策部署，全面深入推进依法治省、加快法治四川建设的总体情况，分析了其在依法执政、科学立法、依法行政、公正司法、社会依法治理等方面的基本做法、特色亮点和工作成效，总结了全面深入推进依法治省作为协调推进"四个全面"战略布局的重要组成部分，构建"四梁八柱"推进方法，强力推动依法治国基本方略在巴蜀大地落地生根的实践经验，并对未来发展进行了展望。

2016 年，四川坚定不移地贯彻中央依法治国重大决策部署和习近平总书记系列重要讲话精神，始终坚持党的领导，坚定不移走中国特色社会主义法治道路，把全面深入推进依法治省作为协调推进"四个全面"战略布局的重要组成部分，把法治贯穿改革、发展、稳定全过程各方面，一以贯之抓落实，持续增强工作力度，扎实推进依法治国基本方略在巴蜀大地落地生根。习近平总书记强调科学立法、严格执法、公正司法、全民守法，不断开创依法治国新局面。新的"十六字"方针，既是建设法治中国的基本要求，也是实现法治中国的基本标准，更是推进法治四川建设的根本遵循。

一 坚持依法执政，抓住"关键少数"

依法执政是党领导人民长期探索治国之道的历史经验，是党对执政规律认识的科学总结，是加强和改进党的领导的有效途径。四川省委深刻认识到周永康长期插手四川事务，给四川政治生态造成的恶劣影响不可低估；曾经拜金主义、享乐主义和奢靡之风滋长蔓延，封建腐朽思想文化对四川干部队伍的侵蚀不可低估；一定时期腐败案件多发频发，干部队伍中存在违法违纪问题的严重性不可低估。"三个不可低估"的严峻形势要求，必须着眼"长期执政、长治久安"两个历史性课题，着力解决领导干部示范性不强、推动不力等问题，扎实推进依法执政、从严治党。

（一）坚持依宪依法执政

按照中央"三统一、四善于"系统部署①，对党委领导和支持人大、政府、政协、法院、检察院依法依章程履职尽责进行规范。出台加强党领导立法实施意见、法治政府建设实施方案、领导干部干预司法追责办法，对党领导立法、保证执法、支持司法、带头守法作出制度安排。省委办公厅践行"五个坚持"，制定《关于推行法律顾问制度和公职律师公司律师制度的实施意见》，构建与经济社会发展和法律服务需求相适应的法律顾问、公职律师、公司律师制度体系；要求厅内各局、室、处、办结合职能职责制定规范履职行权的制度规定，推动依法治厅责任到岗位、落实到人

---

① 即必须坚持党领导立法、保证执法、支持司法、带头守法，把依法治国基本方略同依法执政基本方式统一起来，把党总揽全局、协调各方同人大、政府、政协、审判机关、检察机关依法依章程履行职能、开展工作统一起来，把党领导人民制定和实施宪法法律同党坚持在宪法法律范围内活动统一起来，善于使党的主张通过法定程序成为国家意志，善于使党组织推荐的人选通过法定程序成为国家政权机关的领导人员，善于通过国家政权机关实施党对国家和社会的领导，善于运用民主集中制原则维护中央权威、维护全党全国团结统一。

头。省人大常委会办公厅围绕中心大局加强地方立法，完善起草、论证、协调、审议等创制性立法机制，着力提升地方立法质效。省政府办公厅深入推进依法行政，集中精力抓好政府立法、合法性审查、执法体制改革、行政复议应诉等 8 件大事，加快建设法治政府。省政协办公厅重点督办优化民营企业法治环境等政协提案，创建推动政协委员按章依法履职尽责的法治平台，依法依章程开展政治协商、民主监督、参政议政。省纪委坚持"三个区分开来"①，把党风廉政建设全面纳入法治化轨道。省委组织部结合"两学一做"严明干部工作纪律，以严格的法纪规定确保换届风清气正。

（二）抓好领导干部"关键少数"

贯彻中央关于"领导干部是全面依法治国的关键"的科学判断，把提高执行力作为头等大事，探索省委带头强化法治意识、增强法治观念制度性措施，构建领导干部履职尽责工作制度。坚持尊法学法守法用法，制定实施党委（党组）书记职责规定和履职评估办法，对领导干部维护法治权威、捍卫法治尊严、保证法治实施进行明确规范；建立党委（党组）中心组学法制度，对领导干部任前学法考法、任内法治考察、离任法治审计作出制度设计；省委作出决定并制发作风长效建设、干部监督管理意见，对规范党内政治生活、强化党内监督、遵守党纪国法作出制度安排；出台抓住关键少数、推动依法治省落地落实意见，提高领导干部运用法治思维和法治方式深化改革、推动发展、化解矛盾、维护稳定的能力。

全省 21 个市（州）党委书记与 183 个县（市、区）党委书记、4660 个乡镇（街道）党委（党工委）书记层层签订目标责任书，用规范的制度和严格的考核促使各级"关键少数"担负起法治建设政治责任和领导责任，坚定不移地推进依法治省工作在基层扎实落实。宜宾市创新"关

---

① 即必须把干部在推进改革中因缺乏经验、先行先试出现的失误和错误，同明知故犯的违纪违法行为区分开来；把上级尚无明确限制的探索性实验中的失误和错误，同上级明令禁止后依然我行我素的违纪违法行为区分开来；把为推动改革的无意过失与为谋取私利的故意行为区分开来。

键少数"法治责任倒查和失职追责机制，重点实施"一把手"依法行权绩效评估制度、各级干部学法制度和执法部门执法评估制度。广元市落实县（区）委书记和部门党组（党委）书记法治责任，完善领导干部法治考试、考核、考察、问责、年度述法和法治档案制度。乐山市探索建立业务工作、党风廉政、依法办事"一岗三责"依法治市工作推进制度和考核评价机制。德阳市探索建立"建、查、述"三项并重、分级管理的公务人员法治档案，将法治考核结果作为业绩评定、年度考核、评优评先的重要内容和提拔任用的重要参考。

（三）加强党内法规建设

2016 年，四川省委办公厅贯彻《中国共产党党内法规制定条例》，制定《四川省党内法规制定办法》《四川省党内规范性文件备案办法》，印发《省委党内法规和规范性文件合法性审查办法（试行）》，起草《关于建立健全法规、规章和规范性文件备案审查衔接联动机制的实施意见》，办理 217 件省委党内法规和规范性文件报送中央备案工作，审核制定省委党内法规 36 件、规范性文件 181 件，审查市（州）党委和省委部委规范性文件 2953 件，对发现存在违法违规问题的要求作出说明和进行提醒 269 件，推动制定机关纠正 54 件，对新中国成立以来至 2012 年 6 月的文件进行系统清理。充分发挥党委、人大、政府备案工作机构职能优势和备案审查效能，建立转送处理、征求意见、疑难会商、联合调研、交流会商、信息共享等 8 个机制，严把发文论证、合法审查、内容审核、发文实效、实施后评估 5 个关口，构建内容科学、程序严密、配套完备、运行有效的党内法规制度体系，推动形成法律规章和党内法规制度相辅相成、相互促进、相互保障的工作格局。

（四）净化政治生态

落实习近平总书记"全面净化党内政治生态"重要指示，坚持思想建党、制度治党有机统一，把"三严三实""两学一做"贯穿从严治党始终；作出《中共四川省委关于坚持思想建党与制度治党紧密结合　全面推进从严治党的决定》，强化思想教育、干部选用、管理监督、惩治腐败、改进作风、制度治党、纪律约束、落实责任"八个务必从严"；出台《严守政治纪律　严明政治规矩　加强领导班子思想政治建设的十项规定》和《关于进一步严肃党内政治生活　巩固发展良好政治生态的若干措施》，坚持领导干部"六个重视选用""六个坚决不能用""六个坚决调整"，巩固发展风清气正、崇廉尚实、干事创业、遵纪守法的政治生态。省纪委用法治思维和法治方式推进党风廉政建设，出台《关于充分调动干部积极性激励改革创新干事创业的意见（试行）》，制定《四川省市（州）、县（市、区）党委巡查工作实施办法（试行）》，执行《关于在纪律审查中准确适用"四种形态"的指导意见（试行）》，实施《关于印发中共四川省纪委机关对省管党员领导干部进行谈话函询的工作办法（试行）的通知》，落实《四川省党纪政纪处分决定执行工作实施办法》，向 113 家省一级党和国家机关派驻纪检组，对 79 个党组织进行严格巡视，集中整治收受红包、私设小金库、公款旅游吃喝等顽症痼疾，督查解决权力寻租、滋生腐败、懒政怠政等侵害群众利益问题，查处违反中央八项规定精神问题 732 个，给予党纪政纪处分 812 人。全省谈话函询或要求在民主生活会上作说明 15479 人次，给予党纪轻处分或组织处理 8626 人，给予党纪重处分或重大职务调整 2306 人，开除党籍并移送司法机关 295 人，分别占"四种形态"的 58%、32.3%、8.6% 和 1.1%，得到中央的批示肯定（见图 1）。

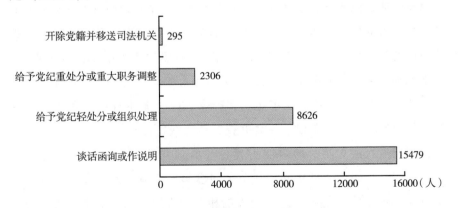

图 1　全省违纪违法处理情况

二 推进科学立法，构建地方立法体制

法律是治国理政最大最重要的规矩。人民群众对立法的期盼，已经不是有没有，而是好不好、管用不管用、能不能解决实际的问题。社会主义法律体系形成后，依法治国还需要解决用法问题。大量法律法规在现实中仍然处于闲置未用的状态，这些法律需要用好、用实、用足。四川紧扣"四个全面"战略布局和"五个发展理念"加强地方立法，紧扣省委省政府重大发展战略加强重点领域地方立法，紧扣经济社会发展需要加强地方性法规规章的立、改、废、释，构建党委领导、人大主导、政府依托、各方参与的科学立法格局，健全立法起草、立法论证、立法协调、立法审议"四位一体"立法机制，开展与国家法律法规相配套的实施性立法，推进体现地方特色的创制性立法，增强法规规章的及时性、系统性、针对性和有效性，推进地方立法从侧重经济立法向经济和社会立法并重转变，从管理型立法向服务型立法转变，从侧重实体立法向实体、程序立法并重转变，努力使每一项立法都符合宪法精神、反映人民意志、得到人民拥护，保障和引领改革发展。

（一）构建地方立法体制机制

四川省人大常委会全面贯彻落实新修订的《立法法》精神，扎实做好赋予设区的市地方立法权的行使工作，组成 5 个专题调研组赴十个省市和省内绝大部分市（州）调研考察，制定《贯彻立法法有关规定推进我省设区的市和州地方立法工作实施方案》，按照"积极稳妥、循序渐进"基本原则，突出队伍建设和制度建设"两个核心"，坚持"市州人大申请、法工委审核、主任会议审定、常委会表决"基本程序，守住立法权限、符合实际、批准实行、备案审查四道防线，推动市（州）完善立法机构、配强立法人员、加强能力建设、梳理立法需求、制定立法程序"五项工作"，组织 2 批次共 150 余名同志参加全国人大立法工作培训和地方立法研讨会，安排来自 10 个市的相关同志到省人大常委会法工委跟班学习，推动各市州人大成立法制委、法工委，新增编制 76 名，完成对

21 个设区的市（州）行使地方立法权的步骤和时间确定工作，确权数量居全国之首，相关经验做法得到全国人大肯定。出台《四川省人民代表大会及其常务委员会立法条例》，健全全省地方立法起草、论证、协调、审议机制，在起草上完善立法项目征集和论证制度，在论证上健全听证会和评估制度，在审议上规范表决流程和程序，在协调上拓宽群众有序参与立法途径。省政府牵头省政府法制办修订《四川省人民政府拟定地方性法规草案和制定规章程序规定》，建立政府法制机构主导、部门负责、社会公众参与的政府立法工作机制，完善政府规章制定程序，健全政府立法项目公开征集、听证论证协商制度。21 个市（州）发挥立法对改革发展的引领和推动作用，探索设区市地方立法质量保障制度。

（二）加强重点领域立法

四川紧扣省委确定的"三大发展战略"和"两个跨越"奋斗目标[①]，加强多点多极支撑、城乡统筹、转型发展、脱贫攻坚、绿色发展、社会治理等重点领域立法，突出国资国企、农业农村、投融资体制等全面深化改革重点领域强化立、改、废、释工作，加快推进科技成果转化、创新人才队伍建设、军民深度融合发展等方面立法。四川省人大科学编制 2016 年立法计划，根据新修改的《地方组织法》《代表法》《选举法》，及时修改《〈选举法〉实施办法》、《〈代表法〉实施办法》和《四川省乡镇人民代表大会主席团工作条例》。修改《四川省科学技术进步条例》，作出《四川省人民代表大会常务委员会关于加快实施创新驱动发展战略的决定》，为四川省科技创新与服务、成果转化与推广、普及与交流提供了法治保障；制定《四川省辐射污染防治条例》，为维护环境安全、推动绿色发展提供了制度支撑；修改《四川省燃气管理条例》，为保障人民群众生命、财产安全和公共安全提供了法律依据；制定《四川省食品小作坊、小经营店及摊贩管理条例》，为精细化立法提供有益借鉴；制定《四川省大中型水利水电工程移

---

① 四川省委十届三次全会提出实施"三大发展战略"，实现"两大跨越"，即实施多点多极支撑发展战略，构建全省竞相发展新格局；实施"两化"互动、城乡统筹发展战略，形成"四化"同步发展新态势；实施创新驱动发展战略，增强转型发展、跨越提升新动力。实现由经济大省向经济强省跨越、由总体小康向全面小康跨越。

民工作条例》，为维护移民合法权益奠定了法治基础；修改《四川省人口与计划生育条例》，为优化生育调节作出了制度安排；作出《四川省人民代表大会常务委员会关于促进全民阅读的决定》，为进一步增强四川文化软实力和竞争力提供了法治支持。坚持立法适应改革发展需要，废止《四川省禁止赌博条例》《四川省公共安全技术防范管理条例》等2部与经济社会发展不相适应的地方性法规，终止审议《四川省城镇住房保障条例》。受全国人大委托，公开征集并对《民法总则》《公共文化服务保障法》等7部法律案提出了意见建议。2016年共审议通过地方性法规16件，其中新制定6件、修改8件、废止2件（见图2）；批准设区的市和自治州地方性法规24件、民族自治地方单行条例7件（见图3）。

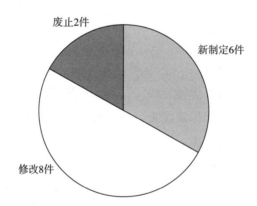

图2　2016年共审议通过的地方性法规

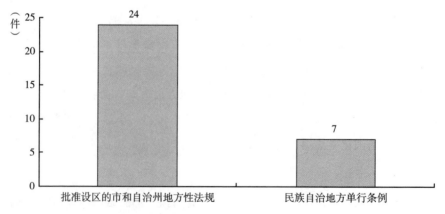

图3　批准法规与条例

　　四川省政府坚持围绕中心服务大局，突出转型发展、创新驱动、生态建设、社会治理等立法重点，推进《四川省散装水泥应用条例》《四川省就业创业促进条例》《四川省城镇地下管线管理办法》等立法工作。坚持立法为民，问需于民，面向社会征集立法建议项目，40 余万人参与了网上投票。坚持问政于民，问计于民，16 件法规规章草案全部上网公开征求意见，深入基层调研 50 次，召开专家论证会 7 次，开展立法前评估、立法后评估 7 件。坚持控制规范权力、保护权利，把权力关进制度的"笼子"，防止部门利益法制化，依法建立维护民利、保障民生的长效机制。坚持依法授权立法先行，2016 年修改废止项目占比达到 60% 以上。

（三）推进科学民主立法

　　四川省人大围绕与经济社会发展和人民群众生产生活密切相关的环境保护、食品药品安全、安全生产、脱贫攻坚、依法治藏等工作中的重大问题开展立法调研，紧扣立法计划、立法创新、立法监督等 8 个关键环节设定量化考核指标，组建以 300 余名专家为主体的地方立法咨询专家库，建立 6 家地方立法评估协作基地，完善"一点一库一基地"90 余个，对法规立项的可行性和效益进行预评估，对法规实施效果进行后评估，对重大问题、专业性问题提供咨询论证服务，确保出台的法规规章可执行可操作。

　　坚持立法走群众路线和开门立法、为民立法，省人大面向社会公开征求立法选题和立法建议，针对法规草案重点、难点、焦点问题集中开展专题立法研究，实现法规草案全部上网公布和广泛征集修改意见，准确把握最广大人民的根本利益、现阶段群众的共同利益和不同群体的特殊利益关系，把立法的过程转化成为倾听民声、凝聚民心、汇集民智、了解民意、整合民力、解决民困的过程。2016 年，共召开 90 余场次座谈会、论证会、征求意见会。省人大、省政协开展立法协商工作，充分发挥政协委员、民主党派、工商联、无党派人士、人民团体、社会组织在立法协商中的作用，探索建立有关国家机关、社会团体、专家学者等对立法中涉及的重大利益调整论证咨询机制，对《四川省国家投资工程建设项目招标投标条例》《四川省地理信息交换共享管理办法》《四川省农村住房建设管理办法》等法规规章进行立法协商。

三　坚持民主决策，全面履行政府职能

法律的生命力和权威在于实施。四川紧扣法治政府、创新政府、廉洁政府、服务型政府建设目标，将依法行政作为政府行政权运行的基本原则，将行政机关作为实施法律法规的重要主体，将执法作为履行政府职能、管理经济社会事务的主要方式，坚持法定职责必须为、法无授权不可为，突出"简政放权、放管结合、优化服务"主线，推进政企分开、政资分开、政事分开、政社分开，综合运用"权力清单""责任清单""负面清单"划定政府与市场、企业、社会的权责边界，统筹抓好履职尽责、依法决策、严格执法、政务公开、行政监督五件大事，构建系统完备、科学规范、运行有效的依法行政制度体系，加快建设职能科学、权责法定、执法严明、公开公正、廉洁高效、守法诚信的现代法治政府。

（一）依法全面履行政府职能

四川省政府出台《四川省法治政府建设实施方案（2016~2020年）》，制定《四川省人民政府2016年度法治政府建设工作安排》，依法全面履行宏观调控、市场监管、社会管理、公共服务、环境保护法定职责，推动横向并联审批向三级横向、纵向联动审批转变，推动责任清单从部门责任向权力责任、个体行为责任覆盖，较好地实现了激发、释放活力与健全、维护秩序的前后承接和有机统一。围绕释放活力和创造力，突出商事改革、收费清理、投资审批等重点，最大限度减少行政许可事项，最大可能缩小审批核准备案范围，最大范围减少对各类机构及其活动的认定，坚决取消不符合行政许可法的资质资格许可：调整涉及四川省196项国家指定地方实施行政许可事项、省直部门非投资项目前置条件186项、市（州）行政审批项目前置条件276项、县（市、区）前置条件234项（见图4）；下放核准事项57项（需省级及以上核准事项减少60%，需省级审批事项占1%，市级占7%，县级占92%）；取消没有法律法规依据的20项省级行政审批项目的市县初审环节、4项市级行政审批项目的县级初审环节；保留75项省、市、县三级联审项目，把8项市、县联审项目全

部纳入审批系统；实施企业"五证合一、一照一码"登记制度，减少 17 项四川省自行设置的职业资格许可和认定事项，停止收费基金 22 项，调整"数字认证收费"项目和标准，扩大教育费附加、地方教育附加、水利建设基金等政府性基金免征范围。着眼规范有序，用"三张清单"划定权责边界，用执行标准、工作流程规范权力运行，用倒查追责、终身问责落实权力责任，用行政监督、审计监督等强化权力监督；20 个省级部门试行"双随机"市场监管，24 个县（市、区）开展"双随机一公开"改革试点，16 个市（州）、102 个县（市、区）政府部门建立了随机抽查事项清单、市场主体和执法检查人员名录库（见图 5）；建成全省投资项目在线审批监管平台，加强"一站式"受理、"全流程"服务。突出优质高效，着眼办事制度、运行机制等规范化建设，着力推进电子政务大厅与实体政务中心同步运行，印发《四川省简化优化公共服务流程　方便基层群众办事创业工作方案》，完成清理省直各部门公共服务事项 275 项；升级改造行政审批通用软件，建成全省人力资源和社会保障数据交换平台、异地就医联网结算省级平台和覆盖全省的统一代码管理系统；启动"四川政务服务 App"研发，打造 B2G、R2G 政务体系，推动工商、林业等 20 个省级部门接入省政府服务大厅并联网运行，住房、教育、医疗等 10 多个重点民生事项全面实现申请、受理、审批全网运行，为群众提供公平可及的公共服务。

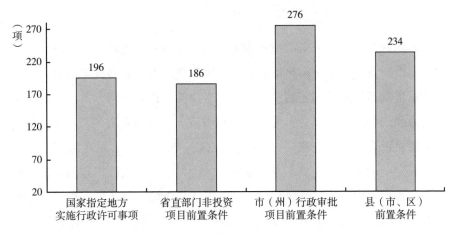

图 4　调整涉及项目数

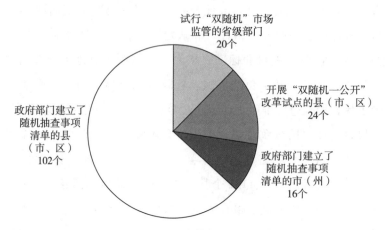

图 5 实行权力监督的部门的情况

成都市武侯区、新津县、绵阳市江油市和巴中市开展相对集中行政许可权改革试点，"互联网+行政审批""一枚印章管审批"等改革举措获得中央领导同志肯定。自贡市建立机关管理服务通用基础、岗位工作、服务提供、管理保障标准，探索构建管理科学、行为规范、运转协调、廉洁高效的标准化制度体系。眉山市建立一号（网）受理、按责转办、限时办结、跟踪督办、回访调查、统一考核的服务运行机制，构建党务政务"大服务"格局。内江市强化阳光公共资源交易平台建设，推进工作流程化、运行规范化、交易电子化、服务标准化、公开透明化、队伍专业化。

（二）坚持依法科学民主决策

省政府办公厅牵头省政府法制办等部门，突出制度科学、程序正当、过程公开、责任明确，严格落实决策法定程序，着力提高决策质量，切实保证决策效率，及时纠正违法决策、不当决策、拖延决策，推动行政决策公信力和执行力不断提升。落实《四川省重大行政决策程序规定》《四川省行政决策合法性审查规定》，将部门论证、公众参与、民主协商、专家论证、专业机构测评、成本效益分析、风险评估、合法性审查和集体讨论决定作为重大行政决策必经程序，重点评估社会稳定、环境保护、经济改革等决策风险，对省政府（办公厅）出台的规范性文件、签订的战略合作框架协议、制定的合作备忘录（共计 281 件）及省直部门印发的 782

件行政文件全部进行合法性审查，对 324 件政府规章、规范性文件全面进行备案审查，发现问题并纠正 31 件（见图 6）。实施《四川省人民政府关于健全和完善政府法律顾问制度的意见》，加强以政府法制机构人员为主体、专家和律师参加的法律顾问队伍建设，探索构建法律顾问动态管理、绩效考评、发挥作用制度。制定《四川省重大行政决策责任追究暂行办法》，落实行政决策终身责任追究和责任倒查机制，对决策严重失误或者依法应该及时作出决策但久拖不决造成重大损失、恶劣影响的，严格追究行政首长、负有责任的其他领导人员和相关责任人员的法律责任。

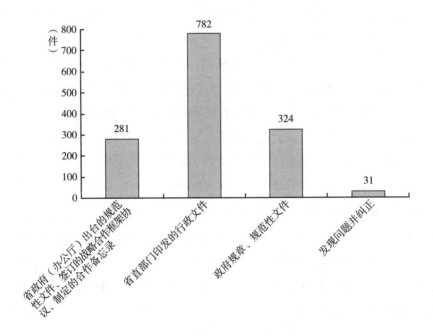

图 6　政府文件合法性审查情况

宜宾市、达州市及德阳市广汉市、内江市隆昌县、南充市南部县开展健全完善政府法律顾问制度改革试点，探索运用法律顾问防范法治风险。成都以"开放式决策"为载体实行决策预告、公众参与、决策公开等制度。乐山市突出合法审查，推行重大决策人大讨论、政协协商、报告党委机制。广元市、宜宾市、雅安市、资阳市以完善行政决策程序为抓手，编制重大事项行政决策风险评判标准，探索构建现代政府治理方式。

（三）坚持严格规范公正文明执法

省政府办公厅牵头省委编办、省政府法制办，坚持减少层次、整合队伍、提高效率，统筹抓好创新执法体制、完善执法程序、落实执法责任三项重点工作，落实《关于开展综合行政执法体制改革试点工作的指导意见》，推动成都、泸州、绵阳、攀枝花、德阳、乐山、宜宾、凉山等市（州）开展综合执法改革试点。完善执法流程严密、程序规范、裁决公正、行为文明工作制度，通过加强执法审查、强化执法管理等推进严格执法，退回执法人员资格存疑、执法区域错误、执法类别混淆等 2329 件办件申请；通过完善执法程序、统一裁量基准等保障规范执法，建立行政执法全过程记录、重大执法决定法制审核、行政执法公示"三项制度"，规范行政许可、行政处罚、行政强制、行政征收、行政收费、行政检查等执法行为；通过严格执法裁决、落实执法责任等深化公正执法，确定不同部门及机构、岗位执法人员的执法责任，建立常态化责任追究机制；通过规范执法行为、公开执法信息等强化文明执法，推广说服教育、劝导示范、行政指导、行政合同、行政奖励等非强制性执法手段。通过整治群众身边的环境保护、城市管理、道路交通等执法突出问题，提升执法公信力。2016 年，作出备案审查重大行政处罚决定 20 件，出具《行政执法监督建议书》2 份，办理行政执法投诉举报 8 件，处理以省政府为赔偿义务机关的行政赔偿案件 4 件（见图 7）。把执法的过程转化成让人民群众认同法治、选择法治、信仰法治的过程。

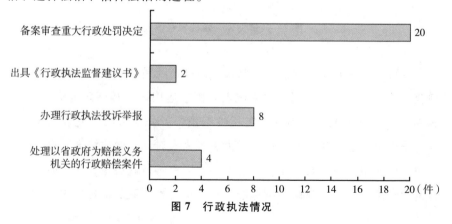

图 7　行政执法情况

　　四川省依法治省办公室联合执法司法、金融监督、宣传教育等调查研究非法集资问题，提出依法化解意见建议。省交通运输厅着眼减少层次、整合队伍、提高效率，探索建立交通运输综合执法体制。省文化厅探索文化（文物）执法全过程记录制度，推进文化领域严格规范公正文明执法。省工商行政管理局建立"黑名单"制度，着力加强严重违法失信企业名单管理和联动惩戒。成都市创新"大综合、多领域、全流程"行政执法模式，通过统一办案流程、完善案件会审推动行政处罚权公开、公平、公正行使。乐山市创新旅游执法联动、投诉互动、信息互通三大机制，建立案卷评查、执行回复、案件会审制度，构建"大旅游、大市场、大监管、大法治"工作格局。资阳市开展噪声扬尘、超载超限、餐桌安全等民生领域集中执法行动，营造"规范有序、生机勃勃、畅洁绿美"的改革发展环境。

（四）深化政务公开

　　省政府坚持公开为常态、不公开为例外，以群众需求为导向、以创新改革为动力、以规范监管为保障，严格执行《四川省人民政府关于深化政务公开工作的实施意见》《四川省人民政府办公厅关于加强政府网站信息内容建设的实施意见》，从政府职能、法律依据、实施主体、职责权限、管理流程、监督方式 6 个方面明确政务公开事项，在财政预算、公共资源配置、重大建设项目批准和实施、社会公益事业建设等 9 个重点领域推行政务公开，构建了决策公开、执行公开、管理公开、服务公开、结果公开"五位一体"的政务公开体系。加强政务公开成果运用，从清理权力事项、设置检查点位、加强日常监管、强化执纪问责等 9 个方面着力，通过平台监督、公开巡查等发现和排查违规违纪问题线索 270 余条，问责追究单位 330 余个、干部 150 余人，纪律处分 9 人。省住房和城乡建设厅创建项目信息和信用信息公开共享平台，推动工程建设领域决策执行管理服务结果公开。南充市在全国首创政务公开标准化体系，对公开内容、方式、程序、制度、载体等方面进行全面规范。乐山市以案件联系回复制度为基础，建立制度定考、网上巡考、基层互考、差案评考执法公示监督"四考"工作机制。

（五）强化行政权力监督

　　四川省政府强化对权力的约束、对资金的监控和对干部的监督，严格实施《四川省行政权力依法规范公开运行电子监督办法》《四川省省本级公共资源交易目录》《关于规范全省政务服务和资源交易服务中心服务收费的通知》，把工程建设项目招投标、土地使用权和矿业权出让、国有产权交易等四大类35项公平交易事项全部纳入公共资源平台规范交易，深入开展政府采购、财政资金使用管理、行政审批制度改革等十个重点领域建章立制和公开承诺整改，加强对权力集中部门和岗位实行分岗设权、分级授权、分事行权，建立覆盖全省的行政权力依法规范公开运行系统和电子监察系统，制定人大代表、政协委员、媒体公众等测评、复议、投诉、举报、检查、监督制度，加强行政审批流程实时监控、效能评估、预警纠错，推动形成行权部门即时监督、行权管理部门跟踪监督、监察机关执纪监督的三重监督模式。制定政府部门"两表"（主体责任表和具体责任表）、"两单"（责任和问责清单）权责框架，深入研究权力与责任、责任与追责、事项与环节等重点难点问题，针对行政许可、行政处罚等10类行政权力细化审核标准，做到表单体例、框架、表述"三统一"，推动41个省级部门近5000项责任清单向全社会公布。实行事业单位统一登记管理制度，成立8个组深入基层开展机构编制调研，深化事业单位分类改革，研制公立医院编制人员总量控制办法，推动事业单位从资金验资登记向确认登记转变、从年检向年度报告公示转变。

省国税局、地税局创新制定纳税人分类分级管理办法，探索建立税务系统公职律师管理机制。省审计厅研究审计全覆盖方法路径，创新构建投资审计监督体系。泸州市突出行政监督，运用平台加强实时监控、全程监督、预警纠错和效能评估。各市（州）以建立行政职权目录、电子政务大厅、行政权力运行检查平台等运行系统为重点，推动行政权力依法规范公开运行。

四 深化司法改革，破解执法难问题

司法公正对社会公正具有重要引领作用，司法不公对社会公正具有致命的破坏作用。四川把改革作为破解司法深层次问题的根本动力，以建设忠诚可靠、执法为民、务实进取、公正廉洁的政法队伍为基本前提，以破解生效判决执行难、庭审实质化改革难、"两法衔接"难等实际难题为重要抓手，以提升执法司法公信力为最终目标，坚持惩治犯罪与保障人权、司法文明进步与维护社会大局稳定并重，从公正、高效、权威上完善司法制度，从实体、程序、质效上保证公正司法，全面推进严格执法、规范司法、阳光司法和廉洁司法，用信息化促进执法规范化、引领司法现代化，推动实现政治效果、社会效果、法律效果有机统一，努力让经济确有困难的群众打得起官司，让有理有据的当事人打赢官司，让打赢官司且具备条件执行的当事人及时实现胜诉权益，让当事人感受到法律的尊严和公正，让人民群众在每一个司法案件中都感受到公平正义。

（一）深化司法责任制改革

四川省委政法委牵头制定实施《四川省司法体制改革试点工作方案》，系统部署 145 项改革举措，完成 17 项改革任务、38 项改革目标，开展以完善司法责任制为核心的三市八县（区）司法体制改革试点，完善落实 26 个配套文件，试点地区法官、检察官遴选工作得到中央领导同志的肯定性批示。坚持"总结试点，完善政策，全面实施，统筹推进"总体思路，建立以 36 个政策文件为主体的配套制度框架，推进完善司法人员分类管理制度和司法责任制、健全司法人员职业保障制度、构建省以下法院和检察院财物省级统一管理体系等改革试点工作，将员额比例严格控制在中央政法专项编制 35% 以内，全省遴选员额制法官和检察官 11218 名，司法辅助人员和司法行政人员顺利分流、各归其位、各尽其责，司法人员职业保障试点地区工资改革全面完成。推进刑事诉讼涉案财物管理处置工作改革试点，成都市温江区和凉山彝族自治州冕宁县 3 个试点地区建成 "3+1" 刑事涉案财物信息集中管理系统。

四川省委机构编制委员会办公室创新政法专项编制管理，探索整合资源、理顺关系、优化结构的编制配置模式。泸州市推进法院执行局内部工作机制改革试点，探索执行案件裁判权、实施权分权管理制度。广安市设立全市一审行政诉讼案件审判中心，深化行政案件集中管辖制度改革。遂宁市探索律师参与涉法涉诉信访案件机制，以理顺"法结"解开信访群众的"气结"和"心结"。

（二）建设公正权威高效的司法

四川省委政法委牵头省高院、省检察院、省公安厅、省司法厅等保证司法公正，构建权责统一、权责明晰、权力制约的司法权运行机制；推动司法高效，推行繁简分流、轻刑快处、认罪认罚从宽制度，依法惩治滥用诉权行为，努力实现有诉必理、有诉快理；维护司法权威，落实领导干部干预司法案件记录、通报和责任追究制度，健全行政机关负责人依法出庭应诉、支持法院受理行政案件、尊重并执行法院生效裁判的制度，完善司法人员履行法定职责保护机制，确保司法机关依法独立公正行使审判权、检察权。通过立案登记、网上诉讼、失信惩戒、投诉监督、办案质量终身负责等解决"六难三案"问题①。通过司法人员分类管理、职业保障等解决"正规化、职业化、专业化"问题，通过解决社会高度关注的突出问题让群众直接感受司法的公平正义。运用巡回审判、司法救助等强化司法为民。坚持罪刑法定、疑罪从无、非法证据排除等加强人权司法保障。人民群众、人大代表、政协委员对司法公正公开、效率作风的满意度从2013年的80%上升到2016年的90%，"公正权威高效"司法目标逐步变成人民群众看得见、摸得着、能感受、得实惠的"公共产品"。

省高级人民法院强化庭前调解、轻刑快处、司法救助和庭审实质化改革等工作，推动专业化审判、集约化管理、规范化运行。省人民检察院突出抓好检察改革、检察监督、预防和惩办职务犯罪等工作，提高诉讼监督、执行监督、权力运行监督实效。省公安厅着力加强危爆物品、寄递物流等动态管控，严格兑现执法质量考评和过错责任追究。省司法厅从衔接工作、惠顾民生、延伸帮扶、安置基地入手做好安置帮教，加强司法鉴定规范化建设，努力实现社区矫正教育管理有效、执法活动规范、制度体系完善、机构队伍专业、社会参与扩大、经费保证到位、工作平台稳固七大

---

① 2014年6月9日，最高人民法院发布了《关于深入整治"六难三案"问题 加强司法为民 公正司法的通知》，就改进案件审理、强化案件执行等方面总结党的群众路线教育实践活动经验，提出33项具体改进措施。该通知指出，"门难进、脸难看、事难办"问题、"立案难、诉讼难、执行难"问题和"人情案、关系案、金钱案"问题是"四风"问题在法院工作中的集中表现，严重背离党的群众路线，伤害群众感情，必须坚决进行整治。

目标，累计接收社区服刑人员 146980 人、解除矫正 110572 人，矫正期间重新犯罪率控制在 0.2% 以内；全省刑满释放人员衔接率 100%、安置率 97.6%、帮教率 98.8%，重新犯罪率控制在 0.01%；全省审核登记 196 家司法鉴定机构、3400 多名鉴定人，年检案件近 14 万件。

（三）破解执法司法实际难题

省依法治省领导小组出台《关于"两年内基本解决执行难"的工作意见》，建立"党委领导、政府支持、政法协调、法院主办、部门配合、社会参与"的解决执行难工作格局，完善网络查控系统、信用惩戒体系、申请执行人权利清单制度，2016 年执结案件 151209 件，同比上升 33.34%；执结标的额 1366.74 亿元，同比上升 186.15%，得到中央肯定。省依法治省办公室推动省检察院、省法制办公室制定进一步加强"两法衔接"工作意见，搭建自动生成、实时监控、全程记录、跟踪问责信息共享平台，完善行政执法、公安、检察、审判信息共享、案情通报、案件移送制度，突出环境保护、食品药品安全、安全生产、劳动保障、知识产权保护等重点领域分类制定移送标准，全省行政执法机关通过"两法衔接"信息平台移送涉嫌犯罪案件 1735 件，对该录入不录入、该移送不移送的，严格追究相关方面的责任，切实解决有案不移、以罚代刑问题。推进以审判为中心的诉讼制度改革，在全国率先开展刑事庭审实质化改革试点，推动公安机关依法全面客观收集证据、确保侦查案件事实证据经得起检验，检察机关依法严格审查证据、防止案件"带病"进入起诉审判程序，审判机关在庭审中认定诉讼证据、查明案件事实、形成裁判理由，构建侦查取证规范严谨、公诉举证真实有效、刑事辩护充分到位、庭审现场驾驭有度的工作格局，受到中央政法委、"两高"的高度肯定，为中央制定以审判为中心的刑事诉讼制度改革意见提供四川样本。

省执行工作联席会议召开专门会议，明确两年基本解决执行难工作职责，提出失责问责严厉措施。省高院协调省人力资源和社会保障厅创设劳动人事争议巡回法庭，探索执法、监管、协调、应急等多元欠薪治理体系。省公安厅创新"治贫、治愚、治传、治家"工作机制，探索"遏制新增、减少外流、阻断隔代"防毒禁毒戒毒体系。省总工会创设驻外法律援助联络站，为当地川籍农民工提供法律援助。成都市突出庭审实验示范和庭审中心地位，通过构建司法权运行和资源配置机制推动形成控辩审主体合理权责关系。攀枝花市组建环保法庭或环保审判庭，构建环境保护刑事、民事、行政案件三位一体办理机制。泸州市创新警辅人员管理模式，推行事业编制警辅和兼职警辅计划，完善分类晋级晋升和"双警一体"工作机制。甘孜州建立环境资源审判法庭，创建三审合一审判机制，构筑生态保护法治屏障。

（四）强化司法公开

四川省委政法委牵头推进审判公开、检务公开、警务公开、狱务公开，探索构建开放、动态、透明、便民的阳光司法机制。省高院严格执行《四川省高级人民法院关于在互联网公布裁判文书的规定（试行）》，搭建全省法院科技法庭集中管理、网上庭审公开平台，深入推进中国裁判文书网数据传输应用试点工作，及时公开执行立案、执行措施等9类信息，主动推送被执行人财产查控、案款支付等10类事项，构建"立体化、全天候、普惠式"的诉讼服务，推进法院电子卷宗随案同步生成、深度应用，公开总量位居全国法院前列。省检察院坚持"依法、全面、及时、规范、便民"，制定实施《四川省检察机关案件信息公开工作细则》，依托全省三级检察院门户网站，推进案件程序性信息公布、终结性法律文书查询、执法办案信息公开、律师预约阅卷、检察人员违纪违法投诉五大平台建设，发布重要案件信息3085件，公开案件文书信息33845件，率先在全国开通人民检察院案件信息公开网，案件信息公开各项数据均处于全国前3位（见图8）。省公安厅以公安门户网站为主要载体，建立"一大平台全网贯通、三级联动全警应用"的网上服务管理平台，加强行政权力运行平台、电子监察平台和警务综合平台"三项对接"，推进全省公安案件环节流程和办理结果在线公开，推动交管、治安、出入境等11个警种、121项便民事项在线办理，构建全省三级公安新媒体方阵，发布微博4985条（其中重点工作873条、政策法规1285条、安全防范提示2827条），处理网友咨询、举报2781条。省司法厅出台《四川监狱特邀执法监督员工作办法》，实行执法条件、执法程序、执法结构"三公开"和监

区长办公会公示、监狱"评审会"公示、监狱长办公会公示、裁前公示
的"四公示"制度，在省监狱管理局官网开设狱务公开专栏，在监区建
立内部域网公示屏，在会见室设置狱务公开自助查询触摸屏，依法及时公
开"减刑、假释、暂予监外执行"依据、程序、流程、结果，全省监狱
年均公开公示减刑、假释、暂予监外执行 28000 余件。绵阳市以建立覆盖
县乡村三级的法律服务和司法公开体系为载体，实现服务群众零距离、企
业投诉零障碍、矛盾纠纷零非访、法治宣传零死角。泸州市、广元市、内
江市、巴中市等地建设审判流程、判决文书、执行信息三大公开平台，以
司法公开促公正、树公信。

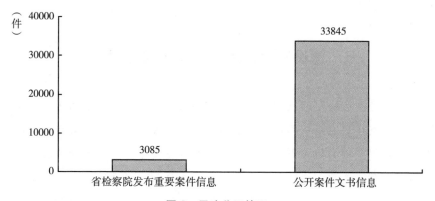

图 8　司法公开情况

（五）加强司法活动监督

四川省委政法委将司法监督、社会监督、舆论监督有机结合，建立完
善公安机关、检察机关、审判机关、司法行政机关各司其职、相互配合、
相互制约的体制机制，完善内部监督制约和过问案件记录追责制度，从程
序上、制度上堵塞漏洞，让审判权、检察权在阳光之下、法治轨道上运
行，着力实现干警清正、队伍清廉、司法清明。省高级人民检察院坚持不
枉不纵、不错不漏，制定实施《关于妥善处理涉及刑事立案及侦查活动
的控告申诉的意见》，加强刑事诉讼监督、刑事执行监督和民事行政诉讼
监督，健全冤假错案有效防范、及时纠正机制，深入开展减刑、假释、暂
予监外执行案件办理质量专项检查，搭建减刑、假释网上协同办案平台，
对侦查机关不当立案的监督纠正 456 件，督促立案 669 件；对不构成犯

罪、证据不足以及没有逮捕必要性的，不批捕 10475 人，不起诉 3940 人；对侦查违法提出纠正 1717 件，刑事审判违法提出纠正 663 件；对确有错误的刑事裁判提出抗诉 329 件，对捕后无羁押必要的 1970 人提出释放或变更强制措施建议；对"减刑、假释、暂予监外执行"提请、决定、裁定提出检察意见 14898 件，书面提出纠正违法 5060 件；对民事行政生效裁判提请、提出抗诉 136 件，提出再审检察建议 308 件；对民事行政审判违法提出检察建议 429 件，对执行违法提出检察建议 355 件；严肃查处司法人员职务犯罪 22 人。成都市探索建立政法信息共享平台，推动法律文书实时交换、诉讼环节动态监控、执法办案提质增效，获得中央政法委领导肯定性批示。

五　建设法治社会，创新现代治理体系

法治是社会稳定的压舱石。四川省委贯彻中央推进依法治国的基础在基层、重点在基层指示精神，针对新形势下公民权利意识觉醒与维权理性不足、对国家权力机关诉求日益增多与配合支持不够、政府简政放权与社会组织发育不成熟、违法成本低与守法成本高四对矛盾，把夯实基层、打牢基础作为依法治省的重中之重，把依法化解矛盾纠纷、解决群众利益诉求作为引导全民守法最直接的抓手，坚持联动融合、开放共治，坚持民主法治、科技创新，统筹推进专项治理、源头治理、系统治理、综合治理、依法治理，探索基层治理体系和治理能力现代化建设方法路径，推动社会在深刻变革中既生机勃勃又并然有序。

（一）用厉行法治守住安全底线

贯彻习近平总书记坚决维护宪法法律权威的指示精神，四川省委政法委牵头省公安厅等部门，坚持围绕中心、服务大局，党政主导、群众主体，打防结合、标本兼治，疏堵结合、宽严相济，统筹考虑活力与秩序、程序与实体、维稳与维权的关系，集中开展危爆物品、寄递物流、网络安全等六个方面专项整治，全面建设社会治安防控、矛盾纠纷多元化解、网格化服务管理三个体系，系统构建调解、仲裁、行政裁决、行政复议、诉

讼等衔接配套机制，探索建立监测、预警、救治、帮扶、服务、管理制度框架，深入推进平安四川建设，用厉行法治推进重点治理、捍卫法律尊严，着力提高社会治理社会化、法治化、智能化、专业化水平。运用网格化服务管理体系办理群众事务 1050 万余件，开展稳定风险评估 2 万余件、排查不稳定因素 13 万余起，全省重大群体性事件从 2013 年的 8 起下降为 2016 年的 0 起。用法治方式强力推进藏区反分维稳、彝区禁毒防艾、特大中心城市和区域中心城市反恐防暴，守住社会稳定底线，8 类严重暴力犯罪案件下降 11.4%，人民群众安全感和满意度保持在 90% 以上。明确职责规定、强化职责落地、完善职责保障，通过严格执法守住安全生产底线，生产安全事故起数、死亡人数与 2013 年同比分别下降 32.8% 和 27.3%。探索全程留痕可追溯办法和失信"黑名单"制度，严肃企业主体责任、部门监管责任、社会监督责任，守住食品药品安全底线。

四川省委召开专题会议贯彻中央精神，安排部署防范境外非政府组织渗透、依法维护社会大局稳定工作。省依法治省办公室协调政法、安全、食药、环保等部门研究解决"三条底线"等重大难点问题，探索抓住关键节点强力推动问题解决的办法措施。省委宣传部、省国家安全厅、省通信管理局等部门联合开展清理网上低俗信息、打击伪基站和新闻敲诈等集中治理行动，推进网络舆情监测分析研判处置一体化。省公安厅以治理重点区域矛盾纠纷为关键在治安复杂、矛盾突出地区开展挂牌整治，以严密排查管控涉恐重点人员和重点物品为手段突出抓好反恐防暴，深入千家万户排解矛盾纠纷和不稳定因素，依法严厉打击关注度高、波及面广的涉众型经济犯罪和贪污贿赂犯罪。省食品药品监督管理局深入实施新《食品安全法》，落实《2016 年食品安全重点工作安排》，建立健全源头治理、全程追溯等"五大安全体系"。省安全生产监督管理局建立党政同责、一岗双责、失职追责制度，完善安全隐患排查治理和应急救援体系，推动新《安全生产法》有效实施。攀枝花市探索集网格管理、岗位职责、绩效考核、监督问责为一体的新型网格化服务管理机制。泸州市加强抽检监测、应急管理、重点监管和示范创建，用"334"工作法保障群众舌尖上的安全。绵阳市探索构建以法治引领规范"互联网+电子商务"为重点的现代网络治理机制。遂宁市以县乡村户四级视频监控联网联控体系加快建设

"雪亮"工程，探索建立空中有监控、路面有巡逻、村内有联防的农村社会治安管理新模式。凉山彝族自治州推进"打、追、劝、阻、堵、清、查"综合治理，集中开展打击诱骗组织未成年人外出务工、打击私挖盗采玛瑙资源、打击非法林权流转等专项行动，着眼长远建设禁毒防艾"绿色家园"，立足多民族聚居、集中连片特困、发展不平衡州情差异化推进依法治州。

（二）以法治创新推动法治提升

四川坚持"落实到基层、落实靠基层"，以统筹开展九大示范创建为载体探索基层治理体系和治理能力现代化建设的方法路径，建立以群众为主体、以民主法治为支撑的治理机制，完善与现行政权结构、社会结构、经济结构和组织体系相适应的治理结构，构建以基层党组织为领导核心的"一核多元、合作共治"治理体系，健全法治德治自治相融互动的治理体制，建立健全以跟踪问效、动态管理、全域覆盖为重点的法治示范创建长效机制。以守法诚信褒奖、违法失信惩戒破解社会诚信难题，使信用成为全社会的通行证。加快天府新区、中国（绵阳）科技城、国家自主创新示范区等五大法治示范园区建设，使法治成为培育四川新兴增长极的软实力。全省46318个村和6517个社区组织群众因地制宜制定多形式的村规民约、居民公约，紧扣形势变化和实际需要开展法规的立、改、废、释，推动规约"从墙上走到地下、从要求化为行动"，构建了依法立约、以约治理、民主管理的基层法治良序。

四川省依法治省办公室精选并统筹推动特色创新工作100余项，初步构建了自主申报、上下联动、集中推广、考核认定、延续升华法治创新链条。省经济和信息化委员会用法治助推困难企业兼并重组、转型升级。成都将法治作为最鲜明的城市特质和最核心的竞争优势，探索建立"大联动微治理"模式。绵阳市用法治引领国家科技城建设，着力构建公平公正、和谐稳定的政策环境、政务环境、司法环境和社会环境。广元市建立"三分三促"工作法，推进基层示范创建标准化建设、规范化运行。遂宁市构建依法治企联动机制，统筹发展改革委、公安、工商等共同推进法治信用体系建设；遂宁市射洪县西部国际技术合作产业园接轨欧美市场规则，引进国际一流项目。内江市创新警务情报研判会商模式，探索建立新形势下的现代警务运行机制。达州市建立村（社区）、组（小区）、院落（楼道）三级规约体系，构建依法立约、有约必依、以约治理、执约必严的基层依法治理格局。雅安市推行"法治服务+社会组织服务、自主管理服务、产业发展服务、群众文体服务"模式。眉山市探索"支部引领、群众参与、集中活动、常态治理"村级治理体系。

（三）以务实举措破解落实难题

每年召开法治专题培训会，重点讲清年度基层法治抓什么、谁来抓、怎么抓、如何评、怎么用等基本问题，破解法治方法难题。2016 年，四川省统筹开展换届选举、社区减负、农村社区改革、社区标准化建设等重点工作，通过"五不两直"法治暗访、年度法治考核和县（市、区）委书记履行法治职责督导汇报会，破解法治工作落地难题。

省民政厅通过省委省政府办公厅印发农村社区建设试点实施意见，构建管理有序、服务完善、文明祥和的农村居民生活共同体。攀枝花市探索村级"四位一体"治理模式，构建村级组织相互协调、相互促进、相互监督工作格局。德阳市探索建立民生保障、困难群众、社会维稳三本台账，实现民情在一线掌握、措施在一线形成、问题在一线解决、矛盾在一线化解，推进农村集体"三资"平台化管理和规范化运行。绵阳市三台县创建国家知识产权强县工程试点县，通过构建现代知识产权制度推动法治经济发展。乐山市建立与经济发展相适应的征地拆迁补偿安置标准增长和补偿标准第三方评估机制，通过完善分级备案和动态监管推动土地流转依法规范有偿进行。广元市创新建立十二户联动机制，推动基层治安联防、应急联动、救助联帮、产业联带。内江市以深化基层法治推动农村产权制度改革。雅安市深入实施"民薪工程"，推行关口前移、预防在前、标本兼治的农民工工资实名制发放制度。眉山市深化城市管理体制改革，构建"党政主导、社会协同、公众参与、法治保障"城市治理新格局。

（四）用法治手段保障服务脱贫攻坚

贯彻中央脱贫攻坚重大决策部署，出台《四川省农村扶贫开发条例》

《关于进一步加强法治保障　服务脱贫攻坚工作的意见》《贯彻〈关于创新机制扎实推进农村扶贫开发工作的意见〉实施方案》，依法管控精准识别对象、安排脱贫项目、监管脱贫资金、规范脱贫进出等关键环节，以普法宣传引导规范脱贫、依法行政推进有序脱贫、公正司法保障公正脱贫，推动脱贫摘帽5个贫困县、2350个贫困村、105万贫困人口。成都市邛崃市完善农村土地流转、房屋确权法律服务，集中开展"法治扶贫"专项行动。巴中市通过信访举报"筛"、法治检查"找"、案件查办"挖"、进村入户"问"、阳光问政"曝"、社会评价"测"等，集中解决脱贫攻坚中不作为、慢作为、乱作为等突出问题。南充市规范脱贫攻坚中政府与群众的权力和责任，探索破解政府无限责任和部分贫困群众等靠要、互相攀比的难题。凉山彝族自治州针对因毒致贫、因病致贫等实际难题，依法开展破案攻坚、外流整治、堵源截流、收戒转化、预教管控"五大行动"，推动昭觉、越西、雷波、西昌、普格、美姑6县（市）"脱贫摘帽"。

（五）以法治方式保障服务灾后重建

牢记习近平总书记关于做好芦山地震灾后恢复重建工作的嘱托，着力选明白人、干明白事、交明白账，扎实推进依法重建、阳光重建、廉洁重建。把法纪意识强、工作能力强的领导干部安排到灾后恢复重建重要岗位，遴选187名律师组建灾后重建法律顾问团，为551家项目业主、施工企业提供一线法治支持，处理灾后重建涉法案件2.8万余件。建立党政领导、群众参与、法治保障灾后恢复重建机制，构建规划政策、资金保障、项目运营、监督监管等十大规范体系，将民主协商、专家论证、风险评估、合法性审查等作为重建重大决策的法定程序。坚守法纪约束、维护稳定、安全生产、重建质量监督等6条底线，严把绩效跟踪、资金审计、法治评估等4个关口。推动新村聚居点"自管委"建设，解决村民从散居到聚居后的管理问题。芦山灾后恢复重建目标圆满实现，灾区群众满意度达到98.3%。康定地震灾区恢复重建扎实推进，依法规范地质勘探、监理、造价、审图、施工等重建工程类项目，392个重建项目开工率达99.5%、完工率达63%。得荣地震灾区以法治得荣建设为保障，依法维护地震灾区的交通秩序、治安秩序和市场秩序，恢复重建任务全面完成。

（六） 以群众法治信仰铸牢法治根基

四川认真落实中央"法律的权威源自人民的内心拥护和真诚信仰"重要指示，以灌输法治强化群众法治意识，用参与法治增强群众法治观念。通过立法项目公开征集和立法过程群众参与，努力使立法得到群众拥护。紧扣群众需求持续深入开展法治宣传教育，努力使法治进入群众的意识和观念。将扼要简明的法律条文、"适销对路"的法治需求和动真碰硬的法治手段有机结合，通过法治好用、法治管用引导群众办事依法、遇事找法；让法治成为人民群众解决问题时首先选择、充分信赖、便捷高效的办法措施，从根本上解决"找人不找法、信访不信法"等突出问题。

四川建立完善党政统筹领导、部门履职尽责、媒体公益普法、群众共同参与的法治宣传教育机制，强化党委、政府对法治宣传教育工作的领导，发挥宣传、文化、教育部门和人民团体在普法教育中的职能作用，按照"谁执法、谁普法"责任制和属地原则推进各执法机关和各地普法工作，建立法官、检察官、行政执法人员、律师等以案说法制度，加强普法讲师团、普法志愿者队伍、法律人才库建设，加快推进法治文化阵地建设，持续开展法治文化作品推广和法治文化传播，进一步营造浓厚的法治氛围。强化规划引领，按照《四川省"法律七进"三年行动纲要（2014~2016）》工作部署，完成普法各项目标任务；强化责任主体，完善和落实每"进"的实施意见和工作方案，对"进什么、怎么进、谁来进、如何评"作出明确规定；强化针对性，分门别类编写普法大纲和普法读物，分层次分类别分对象开展"法律七进"。完善领导干部尊法学法守法用法制度，健全党委（党组）中心组学法、政府常务会学法、人大常委会审议前学法、政协专委会学法和人民团体定期学法机制，推进法治教育师资、教材、课时、经费、考试五落实，将法律教育列为党校、行政院校、干部学院、社会主义学院必修课，把法治宣传教育纳入国民教育体系和精神文明创建内容，将社会主义核心价值观融入法治建设，切实解决法律"进得去、落得下、见实效"三个问题，探索强化法治意识、养成法治习惯、形成法治信仰的制度性措施，让广大群众成为法治的忠实崇尚者、自觉遵守者、坚定捍卫者。

四川省依法治省办公室制发《关于进一步营造依法治省浓厚氛围的通知》，研究提出推动"以案说法"深入持久开展措施。省委宣传部开展以"爱国、守法、感恩"为主题的"三下乡"活动，通过以案促学、以学促用强化法治意识，突出分众化、针对性和实效性深化法治宣传教育。省司法厅编制"七五"普法规划，起草国家工作人员学法用法制度实施意见，通过"十大主题活动"持续深入推动"法律七进"。省教育厅严格执行依法治教行动计划、实施纲要和工作意见，搭建"三位一体、五个落实"法治教育平台。省信访局探索社会力量参与信访工作机制，构建"4+1"网上信访工作新格局。共青团四川省委创新"互联网+"青少年法治宣传服务平台，持续开展法治宣传志愿服务活动。成都市新都区组建法治研究中心，通过开展"五个行动"、打造"三个链条"建设"法治小康"。泸州市探索营造法治氛围"四化"模式，实现法治宣传教育分层推进、分类完成、逐年覆盖。广元市推行"1133"矛盾纠纷调解工作法，通过健全基层"三本台账"完善群众利益诉求表达机制。遂宁市依法着力构建政府主导、部门履职、第三方调解和理赔的医疗纠纷依法调解机制。南充市四套班子主要领导带头参加法纪知识考试，构建领导干部尊法学法守法用法常态制度。达州推行"实名举报、查实奖励、诬告查处"制度，创新依法诚信信访"315工作法"。眉山市开展"调节一次纠纷、上好一堂法治课"活动，多元纠纷解决机制改革试点评分全国第一，得到最高人民法院领导同志充分肯定。

六 依法治理藏区，夯实发展基础

四川藏区历来处于"稳藏必先安康"的重要战略地位。省委贯彻习近平总书记依法主动综合治理的重要指示精神，全面分析把握"五个没有改变""五个尤为迫切"总体形势，高举法治大旗，务实创新推动中央依法治藏、发展兴藏、长期建藏战略部署在四川藏区落地生根。

（一）厘清藏区治理工作思路

把法治作为维护国家统一、民族团结、藏区和谐稳定的治本之策，放在全省中心大局中来谋划，明确标本兼治、长短结合、综合施策、攻心为上工作思路，坚持发展民生稳定三件大事一起抓、五条战线齐发力，组织工作专班，强力推进落实，藏区工作取得重大突破。

（二）依法推进藏传佛教寺庙分类管理

把藏传佛教寺庙分为三个类别，有针对性地制订工作方案、实施计划、考评标准，推动藏传佛教寺庙依法治理、达标升级。将社会主义核心价值观、藏传佛教文化精华和祖国传统文化精华熔为一炉，着力把藏传佛教打造成中国特色社会主义文化品牌。宣传、统战、司法等部门紧贴僧尼信众实际需要，坚持把法治宣传教育作为寺庙群众工作、僧尼培训班和学衔教育的重要内容，开展"百名法官法律专家进寺庙""高僧大德现身说法"等三大活动，在广大寺庙僧尼中开展爱国爱教、持戒守法，新旧对比、感恩奋进，全面小康、美好生活"三项教育"，重点解决隔靴搔痒和"两张皮"问题。省委统战部、省委政法委牵头省民族宗教事务委员会推进藏区依法治理常态化，开展以房管僧、以地管寺、民主管财和台账管活动，制订具体到年、细化到月、落实到人的形象进度方案并组织实施。省司法厅打造"同心·律师服务团"品牌，广泛开展法治宣传、法律咨询、法律援助等活动。甘孜藏族自治州统筹推动依法治州"九大工作""十项整治"，将基层治理、示范创建、基层党建相结合，探索经济协调发展、社会依法治理、寺庙依规管理相结合的工作方法。阿坝藏族羌族自治州将寺庙的组织建设、依法治理和分类管理有机统一，探索用法治促民族团结、和谐保藏区长治久安的长效机制，得到中央领导同志肯定。

（三）从根本上打牢藏区持续发展的坚实基础

全面实施六大民生工程，扎实推进四项工作。重点建设公路交通，以互联互通交通网络解决封闭问题。重点发展全域旅游、现代畜牧业等特色产业，以扩大就业、脱贫攻坚解决贫困问题。重点推动"一村一幼"和15 年免费教育全覆盖，以稳步提升藏区群众综合素质从根本上解决落后问题。全面开展四好村创建活动，推动藏区群众住上好房子、过上好日子、养成好习惯、形成好风气。

七　全面深入推进法治督查考评

四川切实加强党对法治建设的领导，抓住各级党委（党组）书记履职尽责这个关键，突出带头示范和带领推动两个着力点，重点解决法治意识和法治行为、法治思维和法治方式、治理体系和治理能力三个制约法治四川建设工作质效的根本性问题，建立以用人为导向、督查为重点、考评为载体、问责为抓手的工作实施保障制度，构建有权必有责、用权受监督、失职要问责、违法要追究的长效机制。

（一）切实落实法治责任

制定《四川省党政主要负责人履行推进法治建设第一责任人职责实施办法》，党委主要负责人落实依法治理领导责任，将法治建设作为事关全局的重大工作，与经济社会发展同部署、同推进、同督促、同考核、同奖惩；着力优化机构设置、选强领导干部、配强工作力量。政府主要负责人落实依法行政主体责任，及时研究解决法治政府建设重大问题，为推进法治建设提供保障、创造条件。人大主要负责人落实科学立法主体责任，与时俱进地推进立、改、废、释工作。政协主要负责人落实民主协商主体责任，依法开展政治协商、民主监督和参政议政。部门主要负责人切实履行部门法治主体责任，推动部门法治工作和业务工作在相融互动中深化提升。雅安建立谁主管、谁负责、谁交账责任机制，以分类建账、流程管账、限时结账、公开评账落实责任主体、时间进度和考核评价，实现依法治市系统化推动和台账式管理。

（二）构建监督体系

四川统筹构建党内监督、人大监督、民主监督、行政监督、司法监督、审计监督、社会监督、舆论监督"八位一体"权力制约和监督体系。加强党内监督，省委召开全会，出台《关于加强和规范党内政治生活严格党内监督　巩固发展良好政治生态的决定》，从牢固"四个意识"、遵守宪法法律、坚持民主集中、落实治党责任等7个方面严格党内监督，构建全省各级党委对下级党委依法执政情况、党员领导干部特别是党政主要领导干部遵守宪法法律、依法办事情况常态化监督体系。

加强人大监督，构建以及时听取审议专项工作报告为抓手，以人大讨论、决定重大事项和询问、质询、罢免制度为载体，以"一府两院"监督、预算执行监督、国有资产监督、法律法规实施和依法治理监督为主要内容的监督体系。省人大组织人代会选举和常委会任命国家工作人员宪法宣誓仪式，组织 8 场共 262 人参加任前法律知识考试。开展农村扶贫开发等 6 部法律法规执法检查，将监督实施法律法规与督促落实"六个精准""五个一批"相统一，将听取审议执法检查报告与入户调查、随机抽查暗访相结合，将省、市、县、乡人大四级联动与全国、省人大代表交叉检查相衔接，覆盖全部 88 个贫困县，梳理汇总 62 个问题，向 12 个市州、8 个省直部门进行"点对点"反馈、督促"硬碰硬"整改、推动"实打实"落实。坚持有件必备、有备必审、有错必纠，在增强纠错刚性、加大备案力度、提高审查实效上用劲着力，对 331 件规范性文件予以备案审查。

加强政协民主监督，完善民主监督机制，构建内容广泛、程序规范的行政协商、民主协商、参政协商、社会协商监督体系。加强行政监督，构建政府内部层级监督和专门监督、行政监察、审计监督、纠错问责相结合的监督体系。强化司法系统监督，构建检察监督、群众监督、舆论监督体系，依法开展影响司法公正突出问题的专项整治。加强社会监督，推行举报投诉、批评建议受理处理和结果反馈制度，构建人民群众长效监督、人民团体民主监督、新闻媒体舆论监督三位一体的社会监督体系。

（三）强化法治考评

四川把遵纪守法定力、依法办事能力作为考察使用干部的重要依据，注重在领导班子中配备具有法学专业背景或法律工作经历的成员；把法治建设成效作为领导班子、领导干部政绩考核的重要指标，建立法治建设成效考评制度；把党员领导干部和司法公职人员守法用法作为干部人事管理的重要内容，探索建立法治档案制度；把履行法定职责情况作为年终述职的重要内容，建立健全领导班子及其成员年度述法制度。近三年来，按照四川省依法治省领导小组的安排部署，省依法治省领导小组办公室开展9次涵盖全省21个市（州）和省级牵头责任部门的督促检查，制定实施依法治省年度考核方案、法治暗访"1+2"文件和第三方评估指标体系，坚持动真碰硬、客观公正、务实创新原则，采用定量加定性、规定加创新、正面加负面、平时加年终、必查加抽查和"五不两直"工作法，通过受检单位、依法治市（州）办、市（州）委领导"三级联查"以及听汇报、看台账、查资料、察现场"四步联核"考核方式，开展依法治省年度目标任务完成情况考核验收，以法治清单方式反馈工作基本情况、创新经验做法、存在的问题差距及下一步努力方向，根据年度考核和全年督查调研及平时掌握情况对各市（州）工作进行排序，将考核结果报告省依法治省领导小组、通报组织人事部门、公告21个市（州），对排序后三位的市（州）碰硬约谈、严肃整改。暗访考核督导市（州）委书记高度重视、履职尽责，第一时间召开会议研究问题整改，通过选优配强治理办主任、制定落实整改清单、责令大会检讨等推动法治工作落地生根。

八 四川省法治建设存在的问题与建议

（一）抓住"关键少数"，进一步从严治党

依法治省"关键少数"极为重要，能否厉行法治，关键取决于领导干部能否带头遵守法律，用法律思维谋划工作，以法治方式处理问题。在依法执政方面，四川省还需要解决以下几个问题。

一是有的领导干部对依法治省的长期性、艰巨性、复杂性认识不足，还没有深刻理解依法治省是一场广泛而深刻的革命，把法治贯穿一切工作的全过程、各方面的意识有待进一步提高。二是有的领导干部还没有持续把依法治省放在"四个全面"战略布局和"五大发展理念"中深刻把握，依法治省的认识高度和工作深度还有待进一步拓展。三是有的领导干部还没有把推进法治作为长治久安的基础工程，还没有把依法治理作为推进治

理体系和治理能力现代化的核心抓手，对依法治省的重视程度还有待进一步提高。四是少数领导干部的法治思维和法治方式还需要进一步强化。五是有的基层工作机构还不够完善，还需要进一步优化机构设置、选强领导干部、配强工作力量。

在此后的工作中，四川将在以下几个方面着手。一是探索省委带头强化法治意识、增强法治观念的办法措施，完善党领导立法、保证执法、支持司法、带头守法的工作制度，落实党政主要负责人履行推进法治建设第一责任人职责规定实施办法。二是加强从严治党、依规治党法规制度建设，落实党委法律顾问、公职律师制度并加强合法合规性审查，制定落实党务公开条例实施办法。三是强化廉政风险防控，推动工程项目、政府采购、土地出让、国有产权转让等重点领域制度建设，探索用法治保护和调动干部积极性、推动干部干事创业的办法措施。

（二）推进科学立法，加强重点领域立法

科学立法是法律体系是否完善的价值判断标准之一，伴随着法治建设的进程，立法质量越来越得到重视。在科学立法方面，四川省还需要解决以下几个问题。

一是个别地方和部门宪法意识不够强、宪法宣传教育做得不够，还需要进一步保障和推动宪法法律实施。二是一些法规规章与中心大局关联还不够，还需要进一步跟进工作需要和形势发展。三是有的法规规章针对性、实用性、时效性、可操作性还有待进一步提高。四是个别地方性法规及时性还不够，少数地方性立法的地方特色还不够鲜明。五是个别地方行使地方立法权还有待进一步加强。

四川将在以下几个方面加强科学立法工作。一是构建党委领导、人大主导、政府依托、各方参与的科学立法工作格局，完善立法起草、论证、审议、协调机制，加强赋予设区的市地方立法权行使工作。二是加强多点多极支撑、城乡统筹、转型发展、脱贫攻坚、绿色发展、社会治理等重点领域立法。三是突出国资国企、农业农村、投融资体制等全面深化改革重点领域强化立、改、废、释工作。四是加快推进科技成果转化、创新人才队伍建设、军民深度融合发展等方面立法。

（三）深化简政放权，规范执法行为

依法行政是依法治国基本方略的重要内容。全面推进依法治国，建设法治政府，必须全面推进依法行政。在依法行政方面，四川省还需要解决以下几个问题。

一是一些地方简政放权还需要进一步深化，"放管结合"还需要进一步加强，公共服务能力还需要进一步提升，政府职能还需要进一步转变并履行到位。二是个别部门依法决策机制还需要进一步落实，合法性审查和风险评估还需要进一步强化，法律顾问还需要进一步发挥作用。三是有的地方行政执法程序还需要进一步完善，执法监督还需要进一步增强，执法责任还需要进一步落实，需要进一步健全落实执法全过程记录制度和执法公示制度。四是少数地方对行政权力的制约和监督还需要进一步严格，政务公开的实效性、针对性还需要进一步提高。五是一些地方需要进一步破解行政机关负责人出庭应诉难题。六是个别部门法治工作和业务工作相融互动还不够，服务管理标准化建设还需要进一步加强。

在依法行政方面，四川将强调以下几方面工作。一是加快省、市、县三级联动审批体系建设，加强"三张清单"动态管理，清理、废除、核查、整改妨碍全国统一市场和公平竞争的各种规定做法，完善"四川省定价目录"。二是建立政府规章和规范性文件清理长效机制，建立行政决策咨询论证专家库，落实重大行政决策后评估制度。三是完善执法流程严密、程序规范、裁决公正、行为文明工作制度，修订《四川省罚款和没收财物行政处罚管理办法》。四是深化重点领域建章立制和制度落实，破解行政机关负责人出庭应诉难题，推动县级政府普遍建立行政复议委员会。

（四）深化司法改革，保障司法公正

司法是保障人民自由权利、实现社会正义的最后一道屏障。司法公正既要求法院的审判过程遵循平等和正当的原则，也要求法院的审判结果体现公平和正义的精神。在公正司法方面，四川省还需要解决以下几个问题。

一是个别地方司法责任制改革需要进一步深化，常态化遴选和员额退出等机制需要进一步完善，地方法院、检察院人财物省级统一管理制度需

要进一步健全。二是"两法衔接"信息平台还不够完善,移送标准还不够健全。三是还需要进一步破解生效判决执行难题。四是以审判为中心的诉讼制度改革还需要进一步推进,刑事庭审实质化改革还需要进一步加强。五是个别部门的工作流程、工作标准还需要进一步明确,司法的规范性还需要进一步强化。六是有的司法公开还需要进一步深入,对司法活动的监督还需要进一步加强。

四川在 2017 年将从以下几个方面加强司法公正。一是健全司法人员分类管理、常态化遴选和员额退出制度,完善法官、检察官依法履职保护和违法行权惩戒制度,构建司法人员职业保障体系,建立地方法院、检察院人财物省级统一管理制度。二是深入推进繁简分流,开展宏观司法监管,积极稳妥推进以审判为中心的诉讼制度改革,试行认罪认罚从宽机制,推行法院、检察院内设机构改革试点。三是构建党委领导、联席会议统筹协调、法院主体推进、有关部门各司其职的工作格局,健全自动生成、实时监控、全程记录、跟踪问责信息共享平台,建立公检法统一的数据化证据收集、固定、审查、运用机制,制定实施物随案走、"一网打尽"、有迹可循的管理制度。

(五) 强化法律权威,创新社会治理模式

法治社会建设不仅有独立的诉求和丰富的内容,还是法治国家、法治政府有效深度推进的基石。现代社会治理迫切需要对社会管理模式进行升级,加强法治社会建设。在社会法治方面,四川省还需要解决以下几个问题。

一是个别地方用法治保障服务中心大局工作还不够。二是少数地方还没有把法治作为基层治理体系和治理能力现代化的核心内容,基层法治建设还没有足够的深度和广度。三是一些地方法治氛围还不够浓厚,群众的法治意识、法治观念还需要进一步强化。四是一些基层领导干部履职尽责推进法治工作还需要进一步加强。五是个别地方法治权威还不够,社会依法治理工作还需要进一步深入推进。六是有的地方用务实措施破解实际难题的能力还不足,用法治创新推动深化提升的能力还需要进一步增强。

四川将从以下几个方面完善社会法治。一是建立以群众为主体、以民

主法治为支撑的治理机制，完善与现行政权结构、社会结构、经济结构和组织体系相适应的治理结构，构建以基层党组织为领导核心的"一核多元、合作共治"治理体系，健全法治、德治、自治相融互动的治理体制，建立健全以跟踪问效、动态管理、全域覆盖为重点的法治示范创建长效机制。二是深入抓好"法律七进"工作启动实施"七五"普法规划，扎实落实"谁执法谁普法"责任制和媒体公益普法制度，加快推进法治文化阵地建设，制订把社会主义核心价值观融入法治建设的实施方案，进一步营造浓厚的法治氛围，探索强化法治意识、养成法治习惯、形成法治信仰的制度性措施。三是持续开展专项、系统、依法、综合、源头五项治理，加快建设社会治安防控体系、网格化服务管理体系、社会矛盾纠纷多元化解体系，维护公共、网络、经济、社会安全，加强藏区反分维稳、彝区禁毒防艾、中心城市反恐防暴，坚守社会稳定、安全生产、食品药品安全"三条底线"，着力破解社会诚信体系建设难题。四是深入推进民族地区依法治理，深入开展寺庙分类管理、依法治理、达标升级，持续开展"四进七有"法律进寺庙活动，深入推进藏区依法治理常态化。切实加强禁毒缉毒工作，加快推进禁毒防艾绿色家园建设，用法治助推民族地区群众养成好习惯、形成好风气。

此外，对于依法治省工作，四川还应当完善相应的法治建设配套措施，扎实推进工作落实。一是抓"关键少数"履职尽责，健全党委（党组）书记抓统筹、专职副书记抓推进、依法治理办公室主任抓落实的工作制度。二是抓夯实基层、打牢基础，明确基层依法治理谁来抓、抓什么、怎么抓、如何评、怎么用等基本问题并深入落实。三是抓部门标准化建设，探索构建管理科学、行为规范、运转协调、廉洁高效的标准化制度体系。四是抓统筹破解实际难题，制订实施问题、督办、效果、问责四张清单。五是抓务实创新，统筹推进天府新区、国家自主创新示范区、绵阳科技城、攀西试验区等法治示范园区建设。六是抓总结宣传，向中央重要部门（单位）经常性报告依法治省工作成果，总结推广一批可复制、可操作、可落地的好经验好做法，打造依法治省四川品牌。

（参见法治蓝皮书《四川依法治省年度报告 No.3（2017）》）

第二十三章　四川省人大立法的
实践与启示

　　摘　要：地方立法是社会主义立法体系的重要组成部分。中国社会科学院法学研究所法治指数创新工程项目组选取了四川省人大立法作为地方立法实践的一个典型案例进行了调查和分析。目前，四川省地方立法取得了一些经验和成效，同时在领导机制、权限分配、工作机制等方面仍存在一些需要解决的问题。本文对四川地方立法的经验进行了理论总结和概括，对其中存在的问题进行了分析，以期为地方的立法制度完善提供决策参考。

　　2014 年 9 月，中国社会科学院法学研究所法治指数创新工程项目组对四川省地方人大立法工作情况进行了调研。本报告主要以四川地方立法的现状为背景，并结合中国现行立法体制，对地方立法的实践问题进行分析，总结其成效与经验，并针对存在的问题提出有针对性和可操作性的建议。

一　四川人大立法概况

　　1980 年 8 月，四川省五届人大常委会第五次会议制定了第一件地方性法规，即《四川省县、社两级人民代表大会选举实施细则》，自此以来，四川地方立法走过了近 35 年的历程。35 年来，四川省人大共制定地方性法规 454 件，现行有效法规 202 件。近年来，四川省人大加快了立法步伐。自 2011 年到 2014 年底，四川省人大常委会共制定、修正（订）和废止地方性法规 45 件，批准成都市地方性法规 29 件和民族自治地方单行条例 16 件。其中，2013 年四川省人大常委会制定、修改地方性法规 8 件，批准成都市地方性法规和民族自治地方单行条例 8 件。2014 年，省人大常委会制定和修改地方性法规 14 件，批准成都市地方性法规和民族自治地方单行条例 10 件。在省人大常委会制定、修改和废止的 45 件地方性法规中，制定 10 件，修改（订）28 件，废止 3 件；其中，宪法实施类法规 3 件，民商法类法规 1 件，行政类法规 19 件，经济类法规 9 件，社会类法规 13 件，这些法规涵盖了全省政治、经济、社会、文化、科教等各个领域，较好地促进和保障了四川省的经济社会发展。目前，四川省地方性法规基本实现了与国家法律的配套统一，地方立法也基本实现了与全国其他省市的同步推进。

值得注意的是，四川省立法在某些方面走在了全国的前列。例如，1987 年 7 月制定的《四川省计划生育条例》，率先把"一个家庭一般只生一个小孩"的政策上升为地方性法规，第一次以法规的形式规范了生育、奖惩、照顾等标准和相关程序，为 10 年后出台的《人口与计划生育法》打下基础；2013 年 11 月制定的《四川省村镇供水条例》是全国第一个村镇供水条例，将保障和改善农村居民身体健康作为重点；2013 年 4 月制定的《四川省政务服务条例》是全国首部政务服务条例，不仅巩固了行政审批制度改革的成果，做到政府职能转变到哪一步、法治建设就跟进到哪一步，而且为转变政府职能，促进政务服务的制度化、规范化，推进法治政府、服务型政府的建设提供了法制保障；2013 年 5 月制定的《四川省财政监督条例》，首次从法制层面加强了对财政资金的绩效监督，促进财政资金安全、规范、高效使用；2013 年 4 月经审查批准的《阿坝藏族羌族自治州教育条例》，支持阿坝藏族羌族自治州实行 15 年义务教育，充分体现了少数民族地区立法的特点；2011 年 7 月制定的《四川省城乡环境综合治理条例》坚持城乡统筹，在全国第一次将城市和乡村的风貌整治和环境卫生一起规范一并治理，是四川省民主立法、开门立法的典范；1997 年 6 月制定的《四川省都江堰水利工程管理条例》是全国第一个为单一水利工程立法的法规，是具有鲜明地方立法特色的创制性立法，该条例还在 2003 年 11 月进行了修订，对加强都江堰水利工程的管理保护，维护灌区供用水等水事秩序起到了极为重要的作用，有力地保障了都江堰水资源的可持续利用。

经过 30 多年的发展，除了创新性立法外，四川省人大的立法理念也发生了深刻转变。一是立法从偏重实体到兼顾立法程序的规范性。2001年四川省人大常委会通过、省人民代表大会主席团公布了《四川省人民代表大会及其常务委员会立法程序规定》，使得立法程序有规可循，立法的法定环节、机制日益走向健全完善。二是从关门立法走向开门立法。民主参与范围不断扩大。对于涉及公众切身利益的地方性法规草案，通过多种渠道公开征求各方意见。三是从一般化立法走向专业化立法。通过加强立法队伍建设，发挥各专门委员会的参谋助手作用，提升人大立法的专业能力。

总之，四川省人大坚持一切从实际出发，不断探索创新，运用宪法和法律赋予的地方立法权，不仅为四川各项事业的全面、协调、可持续发展提供了法律保障，也从地方层面充实和丰富了中国特色社会主义法律法规体系，使立法适应四川经济社会发展的实际需要，起到了促进经济发展、保障社会民生、维护社会稳定的作用。

二　加强党委对地方立法的领导

坚持中国共产党的领导是中国立法工作的一项基本原则。《中共中央关于全面推进依法治国若干重大问题的决定》（以下简称四中全会《决定》）提出，党的领导是中国特色社会主义最本质的特征，是社会主义法治最根本的保证，把党的领导贯彻到依法治国的全过程和各方面，是中国社会主义法治建设的一条基本经验。在立法工作中加强党的领导不仅是党执政的需求，也是法律的明确要求。《立法法》第 3 条就规定了立法不但应当遵循《宪法》的基本原则，还必须要坚持党的领导。

近年来，四川省在立法工作中注意加强党委对地方立法工作的领导，坚持以中国特色社会主义理论体系为指导，从法律制度上科学调整、规范国家和社会生活中的各种关系，正确处理改革开放和现代化建设中的各种问题，把党的主张通过法定程序上升为国家意志，保证党的理论和路线、方针、政策的贯彻落实。同时，在立法体制和机制方面不断健全和完善，最终实现党的领导、人民当家作主和依法治国的有机统一。

2009年，四川省委在《中共四川省委关于进一步加强人大工作的意见》（川委发〔2009〕22号）中明确提出，支持人大及其常委会依法行使地方立法权。意见要求，有立法权的地方，党委要加强对地方立法工作的领导，把立法决策同关系改革、发展、稳定的重大决策结合起来，人大及其常委会要总结立法经验，完善立法程序，规范立法工作，提高立法质量，积极推进科学立法、民主立法，主动适应经济社会发展需要，既要继续完善经济领域立法，又要着力加强以改善民生为重点的社会领域立法。为了确保科学立法、民主立法，还要进一步扩大公民对立法工作的有序参与，切实防止立法过程中的部门利益和地方保护主义倾向，切实维护社会公平正义和国家法制统一。

2013年印发的《四川省依法治省纲要》（川委发〔2013〕25号）进一步提出，健全党委领导和支持人大及其常委会依法行使职权，加强对地方立法工作的领导。具体而言，要加强对地方立法工作的组织协调，适时审定地方立法规划，研究讨论重要法规草案所涉及的重大措施、政策取向、重要制度，在地方立法中充分体现党的主张，保证地方立法工作的正确方向。纲要还要求，规范党委向有立法权的地方人大及其常委会提出立法建议的程序，把全省科学发展、加快发展中的重大决策以及在实践中行之有效、可以普遍推行的措施办法，通过法定程序转化为具有法律约束力的行为规范。

为了落实纲要"治蜀兴川、厉行法治"的精神，四川省人大常委会通过了《关于深入推进依法治省的决议》，用法定程序将四川省委关于依法治省的决策部署上升为全省人民的共同意志。对于立法工作，决议要求，积极探索科学立法、民主立法的新机制，整合立法资源，优化立法程序，完善技术规范；坚持开门立法，拓宽人民群众有序参与立法的渠道；发挥立法的引领和推动作用，注重推动经济发展方式转变、保障民生和发展社会事业、生态文明建设和文化大发展大繁荣等重点领域立法；加快清理、修改和废止不适应经济社会发展的地方性法规和政府规章，确保重大改革于法有据、有序进行；促进民族区域自治地方立法进步，制定完善经济发展、社会治理、生态保护等法规，推动民族地区跨越发展和长治久安。

四川省人大根据省委部署，积极制定五年立法规划，聚焦权力监督、创新驱动、环境保护、民生改善等群众关注的热点。为了使党的意志转化为法律，四川立法特别关注省委实施的"三大发展战略"（即多点多极支撑发展战略，"两化"互动、城乡统筹发展战略，创新驱动发展战略）、壮大特色优势产业和战略性新兴产业、促进区域性中心城市和城市群建设、发展现代农业和服务业、改善投融资环境等领域，加强经济领域立法，为促进创新驱动、民营企业发展等创造良好的法治环境。2013 年，省人大常委会听取各方意见，通过研究论证，将 87 件实施性、创制性立法列入一类项目，确保党领导的各项深化改革工作于法有据、有序进行。

三　发挥人大主导立法的作用

立法是依法治国的前提和基础，也是国家治理能力和治理体系现代化的保障。四中全会《决定》提出，健全有立法权的人大主导立法工作的体制机制，发挥人大及其常委会在立法工作中的主导作用，减少部门利益对立法的不当干扰，有效遏制行政权力扩张的趋势，改变"政府部门端什么菜、人大就吃什么菜"的现状。

四川省充分发挥人大在地方立法中的主导作用，完善地方立法程序，整合立法资源，健全立法起草、论证、协调、审议机制，提高立法队伍素质，组织代表和群众参与地方性法规草案讨论，做好公开征求意见、立法评估等工作，使立法更好地统筹兼顾相关利益、顺应经济社会发展规律，克服地方保护和部门利益法制化。

（一）积极主导立法活动

近年来，四川省人大在立法项目的论证和立法规划、计划的制定上，强化人大的主导地位，逐步改变了以往以政府申报为主，人大立法"等米下锅"的格局，立法计划中由人大提案的项目数量逐年提升。过去，人大代表提出的议案（从八届到十一届省人大常委会）很少进入立法计划，自四川省十二届人大常委会以来，人大主导立法的意识逐渐增强，对代表议案的重视程度越来越高，代表议案进入立法计划的数量越来越多。从 2013 年开始，代表议案已连续两年实现当年提出、当年立法。2013 年，省人大共收到代表议案 31 件，其中，提出新制定法规的议案 21 件，修改（订）法规议案 6 件。当年列入省人大立法计划 3 件，占议案总数的 9.68%。这实现了代表议案当年提出、当年立法零的突破。2014 年，共收到代表议案 39 件，其中，提出新制定法规的议案 25 件，修改（订）法规议案 10 件。列入省人大常委会立法计划 2 件，占议案总数的 5.13%。进入立法计划的议案，其立法进度和效率大大提高。2013 年列入立法计划的代表议案《四川省国有土地上房屋征收和补偿条例》已于 2014 年 9 月经省人大常委会第十二次常委会表决通过，截至 2014 年底，《四川省酒类管理条例（修订草案）》《四川省城镇住房保障条例》已进入常委会三审。2014 年根据关于修改《四川省人口与计划生育条例》的议案，常委会已就原条例中的部分规定作了修订，对独生子女政策进行了调整，允许一方为独生子女的夫妻生育两个子女。可以预见，随着十八届四中全会《决定》的贯彻落实和《立法法》的修改，这种趋势将逐渐成为四川省乃至全国各地的地方立法常态。

为了防止政府部门主导立法，单纯从管理和执法角度设计法律制度，甚至夹带部门利益，四川省各级立法主体也不断总结经验，创新机制。比如，成都市人大在立法过程中就明确要求，凡需要进行立法调研的，由人大独立组织，禁止人大专门委员会人员参加行政机关组织的立法调研活动，以减少部门利益对立法的干扰。

（二）提前介入草案起草

在法规草案的起草阶段提前介入，及早熟悉情况，可以把握制度设计的重点环节，防止部门利益法制化，保证立法质量。例如，在《四川省电力设施保护和供用电秩序维护条例》立法过程中，四川省人大法制委、省人大常委会法工委在法规草案起草阶段就提前介入，以尽快熟悉条例制定的相关情况。通过立法预评估工作，立法机关提前掌握条例制定的相关情况，了解电力立法制度设计的重点环节，确立了坚持"统一价值取向，理顺法律关系，健全基本制度，提供必要法制保障"的总体思路，为条例草案的审议和修改奠定了坚实的工作基础。由于提前介入和熟悉情况，条例草案修改时较好地理顺了电力设施保护与电力供应使用的关系，避免了二元冲突；厘清了行政主体与管理相对人的关系，明确了相关各方主体的法律地位，划定了政府的相关职能；解决了电力设施布局规划、群众护线队伍建设、线树矛盾处理、行政执法队伍建设四个方面的问题，为电力设施保护和供用电秩序维护提供了法制保障，并避免了部门利益法制化。近年来，成都市人大在立法起草阶段也注意积极介入，发挥人大的主导作用，及时指导和督促法规案的起草，对于实践中迫切需要、条件又比较成熟的立法项目，由市人大常委会法制工作机构牵头组织起草，确保按计划提请审议。据其提供的材料，2008 年以来市人大已完成的 53 件立法项目中，常委会法制工作机构组织起草的达 29 件，占总数的 55%。

四　探索科学立法、民主立法路径

依法治国的关键是要让"法"在国家治理和社会生活中发挥引领和指导作用，让"法"得到有效执行和严格遵守，为此，必须确保立法活动制定的法律规范符合实际需求、满足广大人民群众的诉求。因此，十八届四中全会《决定》专门就深入推进科学立法、民主立法作出全面部署。就其核心内容而言，包括建立健全社会公众、专门团体和人员、人大代表、下级人大机关有序、有效参与立法的机制，广纳各方意见，推进立法精细化。近年来，四川省人大注重发挥社会各界参与立法的积极性和实效性，集思广益，汇集民智，探索保障立法的科学性、民主性，成效明显。

（一）切实推进立法公开工作

立法公开是确保有效参与的前提。近年来，四川人大立法活动贯彻民主立法、开门立法原则，取得了较好的成就。四川省人大常委会充分利用四川人大网这一网络平台优势，并借助各部门专业网站，在二审阶段，将条例草案发布在四川人大网和部门专业网站上，广泛征求人民群众对法规草案的意见和建议。在三审阶段，通过邮寄等方式，进一步征求基层民众的意见。重要法规草案（如《四川省城乡环境综合治理条例》等）则通过在《四川日报》全文刊载的方式，使人民群众能熟悉法规草案的内容并提出自己的意见和建议。

对重要的立法计划，四川省人大也会广泛听取和吸纳公众意见。为了推进民主立法，拓宽公民参与地方立法途径，2012年11月省政府在网上进行立法项目投票并征求意见，其中，《四川省村镇供水条例》受到网民的广泛关注，网民积极参与投票，获得了66000多票的支持，被优先列入省政府和省人大2013年的立法计划。

（二）发挥人大代表的主体地位

注重发挥人大代表在立法中的作用，是四川省人大的重要举措。从全国范围看，不少地方的人大代表在人民大会闭会期间，往往处于"休眠"状态，对于人大常委会的立法等工作缺乏必要的参与。对此，四川省人大采取多种措施，发挥人大代表在立法中的作用。将人大代表的立法建议转化为法规草案；在编制立法计划、立法规划中注重吸收代表议案、建议；以及在立法过程中，充分听取和吸收人大代表的意见和建议等。以立法中的代表参与为例，四川省人大主动邀请人大代表参与立法调研、参加立法座谈会，认真听取其意见和建议。例如，在制定《四川省国有土地上房屋征收与补偿条例》过程中，省人大就积极邀请省人大代表参与该条例的立法活动。有代表提出，被征收房屋的价值应当由具有相应资质的房地产价格评估机构来评估确定，而不是由政府来统一规定。法制委员会采纳了该意见，删去原条例草案相关条款，并在该条例第23条中增加规定："被征收房屋的价值，应当由具有相应资质的房地产价格评估机构评估确定。"

（三）构建全方位立法参与机制

在立法过程中，四川省探索建立法制工作联系点、立法咨询专家库、立法评估协作基地制度。依托"一点、一库、一基地"，推进省、市、县三级人大联动，将立法延伸到基层，发挥基层人大、科研院所和专家的优势，整合立法资源，提高立法质量。

为调动基层人大的积极性，支持并组织人民群众有序参与立法和监督活动，2014 年 3 月，四川省人大常委会首次将攀枝花市、广安市、达州市、巴中市、甘孜州人大常委会确定为省人大法制委和常委会法工委法制工作联系点试点单位。探索发挥市州人大在地方立法中的积极作用，建立立法工作上下联动机制。

为提高立法质量，探索建立地方立法新机制，四川省启动了立法咨询专家库建设，充分发挥专家学者在地方立法中的作用。省人大常委会起草制定了《四川省地方立法咨询专家库管理办法》《四川省地方立法评估协作基地管理办法》，确定 6 所高校、科研院所和社会团体作为立法协作评估基地，为重大问题、专业性问题提供咨询论证服务；遴选了政治、经济、法律、环境、农业、语言等专业的 40 多位专家学者进入专家库，为四川省地方立法提供相关咨询，发挥专家学者在地方立法活动中的参谋和智囊作用。

四川省人大制定完善立法听证会规则、法规草案公开征求意见办法等，推动立法反映民意、汇聚民智、促进民生。针对法规草案中的重点、难点、焦点问题，四川省人大组织开展专题立法调研，尊重、合理吸收各方意见。2012 年 7 月完成起草的《四川省村镇供水条例》初稿，在全省水利系统和省级相关部门及部分市州征求了意见。省人大、省政府开展了多次调研，召开了一系列座谈会，在省政府法制信息网上全文公开征求意见，在仁寿县召开了立法听证会，广泛听取用水群众、供水企业、人大代表、社会团体、供水及法律专家、相关部门的意见和建议。根据常委会审议意见，省人大相关专门委员会实地考察调研，就条例中争议较大的焦点问题和主要矛盾召开专题论证会。2013 年四川省人大常委会在立法中召开人大代表、基层群众、专家学者等参加的座谈会、论证会、征求意见会120 余次。同时，四川省人大还在新闻媒体和网站公开征求立法选题和立法建议，公布法规草案和常委会组成人员的审议意见，畅通法规相关方利益的表达渠道。

立法机关非常注重了解基层的意见，经常深入各市州，深入乡镇、村庄召开座谈会，听取了各方面的意见，这些立法座谈会充分体现了立法的民主性，取得很好的社会效果。例如，在征求对《四川省旅游条例》的意见时，在一线工作的同志和一些导游建议，增加旅游经营者的安全责任和项目开发的环保条款，省人大采纳了这个建议，增加了相应条款。在制定《四川省城乡环境综合治理条例》时，征求了基层市民和流动小贩的意见，为方便市民和保障弱势群体生计，增加了可以设置早市、夜市、摊区、临时农副产品市场及临时商贩点的内容。

五　立法充分体现民族特色

四川是一个多民族省份，辖有三个民族自治州，根据《宪法》和《民族区域自治法》其享有立法自主权。立法权是民族自治地方自治权的重要内容，在促进民族自治地方的繁荣和发展中具有重要的地位。四川现行民族法规涵盖了语言文字、计划生育、教育、突发事件、宗教事务、非物质文化遗产、婚姻继承以及矿产资源、动物植物资源、水资源、旅游资源、土地资源、生态环境等各个方面，法规门类较齐全。在立法工作中，四川各民族自治地方坚持以调查研究为基础，从自治区域内各民族的政治、经济、文化和社会特点出发，根据自治地方社会生产力发展水平，以及人民群众的政治要求、思想觉悟和道德水准，教育、科学、文化发展程度以及地方的民族关系、民族传统、风俗习惯因素，满足民族自治地方实际需要，科学确定立法项目、开展立法工作。具体做法是，根据当地实际情况和民族特点，通过立法对本地社会资源进行有效分配，使民族区域立法能够服务于自治地方改革、发展、稳定的事业。

（一）充分行使民族自治立法权

在民族区域立法实践中，四川省人大常委会及省人大有关专门委员会发挥统筹、指导作用，尊重各民族自治地方立法机关在立法中的主体地位，支持其结合民族自治地方的民族实际和地方特点，坚持科学立法、民主立法、依法立法，制定施行了一大批既有民族自治地方特色又有较强创新性的法规，展现出民族法制建设的"四川特色"。

四川省尊重民族自治地方的主体地位，结合民族实际和地方特点，批准施行了一批既有区域特点，又有民族特点的自治条例和单行条例。从1981年12月省五届人大常委会第十三次会议批准《甘孜藏族自治州施行

〈中华人民共和国婚姻法〉的补充规定》开始，至 2014 年，全省民族自治地方现行有效的自治条例 7 部、单行条例 70 部，占全国同类法规总数的 10%。近五年来，四川省年均制定或修订自治法规 5 部左右，立法进程明显加快。

（二）积极行使自治立法创制权

在国家法律法规缺位的情况下，结合实际率先出台民族自治法规，是四川民族法制建设的一大亮点。比如，国家《非物质文化遗产保护法》是 2011 年 6 月 1 日起施行的。而北川县人民代表大会 2008 年就通过了《北川羌族自治县非物质文化遗产保护条例》，特别是该条例恰逢"5·12"汶川特大地震发生 9 天后即由省十一届人大常委会第三次会议批准施行，这部全国首部关于少数民族非物质文化遗产保护的民族区域自治法规发挥了重要作用。又如，2010 年阿坝藏族羌族自治州制定施行的《阿坝藏族羌族自治州突发事件应对条例》，立足于阿坝藏族羌族自治州突发事件频发，对经济发展、社会稳定、民族团结造成严重影响的实际，就突发事件的预防、处置、善后等事项作出明确、具体的规定，为阿坝藏族羌族自治州应对和处理各类突发事件提供了法制保障，这也是全国各民族自治地方首次以立法手段应对突发事件的一次有益探索。

（三）依法用好自治立法变通权

与一般的地方性立法相比，民族区域自治立法最明显的特点和最大的优势就在于变通。民族区域自治立法的变通权，是根据《宪法》《民族区域自治法》和其他法律法规所确定的原则，对法律法规作变通或补充。对民族区域自治地方立法而言，其本质就在于变通；丧失了变通性，其所制定的法规就失去了民族特点和地方特色，失去了民族区域自治立法的灵魂。

近年来，四川民族自治区域地方坚持法制统一与依法行使民族自治地方立法权相结合，在宪法和法律允许的范围内，结合自身的民族特点、社会现状和地区实际，积极行使立法变通权，制定出一批切合实际、符合需要、具有变通特点的民族法规。比如，四川民族区域自治地方对《义务教育法》的有关规定进行了变通立法。阿坝藏族羌族自治州根据本地少数民族教育发展需要，对《义务教育法》的"九年义务教育"变通规定为"实行十五年义务教育，建立义务教育保障机制"，这也是全国首个通过立法明确实行15年义务教育的民族区域自治地方。

在水资源保护和管理方面，民族地区也作了一定的变通尝试。《凉山彝族自治州水资源管理条例》在坚持《水法》基本原则的基础上，立足于民族地区水资源保护与利用实际和长远需要，作出了"取得水能资源开发权的自然人、法人或者其他组织应当在工程所在地注册登记，并在工程所在地缴纳水资源费"，"征收的水资源费、水土保持设施补偿费、渔业资源补救费、河道（堤防）工程维护管理费除上缴国家部分外全额留自治州"等具有较强变通色彩的规定。《阿坝藏族羌族自治州水资源管理条例》则对省级地方性法规进行了变通，规定"征收的水资源费和对水电站装机二十五万千瓦及其以下征收的水资源费除上缴中央部分外，其余全部专项用于自治州水资源的涵养保护、节约、规划管理和开发利用"。该项规定的实施对阿坝藏族羌族自治州水资源的科学保护和合理利用意义重大。上述变通立法对促进民族自治地方的经济社会发展起到重要的作用。

六　四川人大立法的成效与经验

近年来，四川省人大立法在省委的领导和省人大的主导下积累了一些经验，取得了不俗的成绩。四川省人大在立法体制机制方面的不少做法值得肯定，对于其他地方的立法工作乃至中国地方立法制度的完善都不无借鉴意义。

（一）加强党对立法工作的统筹协调

加强党的领导，是坚持走中国特色社会主义法治道路、建设中国特色社会主义法治体系的必然选择。立法工作涉及社会生活的各个方面，立法过程需要协调不同的利益，如地方利益、部门利益、群体利益等，因此，地方党委应在立法中发挥总揽全局、协调各方的优势，消除分歧，达成共识，共同做好地方立法工作。项目组发现，四川省在省委工作机构中设立

"依法治省"专门机构对法治工作进行统筹协调，这是迄今为止全国少有的将依法治省领导小组的办事机构设在省委的省份，其推动依法治省的工作力度非常大，取得了非常好的效果。

党委注重对立法工作的领导，通过审定批准人大常委会五年立法规划和年度立法计划，把改革决策与立法决策结合起来，充分发挥立法在引领、推动和保障改革方面的重要作用，推动立法服务于法治建设和经济社会发展。对人大在立法工作中遇到的一些重大问题，四川省委直接参与，主动研究，帮助解决，研究讨论重要法规草案涉及的重大措施、政策取向、重要制度，保证了地方立法工作的正确方向。

地方立法与党委重大改革决策保持同步，是四川人大立法的另一条重要经验。建设社会主义法治国家，必须处理好党的领导与依法治国的关系。加强党的领导，不是以党的政策替代法律，而是发挥立法的引领推动作用，通过法定程序将党的重大决策上升为人民的意志。四川省委应及时根据党中央的部署作出关于改革、发展、稳定的重大决策，并向立法机关提出立法建议，通过立法机关科学民主的立法程序，上升为全社会共同遵守的行为规则，从而确保改革发展重大政治决策的合法性和正当性，为党的政治决策的有效实施提供民意基础和支持。立法机关则必须从改革发展的大局着眼，坚持立法进程与改革发展进程相适应，用立法解决改革发展中的重大问题。

（二）提高立法能力、发挥人大主导作用

在地方性法规的制定中，四川省委充分运用宪法和法律赋予的地方立法权，发挥地方立法的能动性、创造性和"试验田"的作用，结合实际，因地因时制宜，突出特色，创新制度。要始终坚持为民立法，推进科学立法、民主立法。例如，进一步完善地方立法程序的相关规定，完善立法公开制度，逐步扩大公民有序参与立法的途径；强化人大及其常委会在立法中的主导作用，科学、严密、公正地设计法规制度，防止部门利益法制化；科学规范法规审议程序，提高审议质量；建立健全立法的专家论证和咨询制度，发挥专家在地方立法中的思想库和智囊团作用。党委应当大力支持人大在立法工作中的主导作用，做人大的坚强后

盾，减少部门利益对立法的不当干扰，有效遏制行政权力扩张的趋势。此外，地方立法应该重点解决制约关键立法项目和重大制度设计顺利推进的难点问题，抓住每一部地方性法规的要点，防止个别部门利用起草法规案的权力，弱化或者推卸法律实施的责任，妥善平衡和协调法规涉及的包括政府部门在内的多元利益主体之间的关系，处理好各种意见分歧。

（三）探索民主立法与科学立法的新机制

四川省在这方面的探索经验值得推广。民主立法与科学立法的目标在于提高立法质量，协调多元利益，合理分配立法资源，使地方立法更充分地表达民众的意志，增强法规的实施效果。地方立法应该加强立法预测，使立法听证、立法后评估等机制常态化、制度化、规范化。对涉及公民的权利、义务的，通过听证会等多种方式充分听取人民群众的意见，让利益各方在立法过程中充分交流、沟通，发现和消除法规草案中的"部门利益"，提高立法质量，同时也提升群众对法规、规章的理解程度，增强民众学法、守法、用法的积极性。在民主立法方面，要进一步完善立法机关主导，有关部门参加，人大代表、专家学者、企事业单位、团体组织和人民群众共同参与的立法工作机制，完善法规起草、审议的协调协商机制，广泛听取、认真对待各方面意见（包括不同意见），充分尊重、合理吸收各种建设性意见和建议。在实践中，立法机关要健全公布法规草案的征求意见机制和公众意见采纳情况反馈机制，重视网络民意表达，拓展公民有序参与立法的途径。对于科学立法，在具体的地方立法实践中，要进一步完善立法程序、规范立法活动，抓好立法项目论证，科学确定立法项目，健全法规出台前评估和立法后评估制度，切实增强法规的可执行性和可操作性。综合运用制定、修改、废止、解释等多种形式，增强立法工作的协调性、及时性、系统性。

（四）合理确定民族区域自治立法变通权范围

民族自治区域地方立法作为一项特殊的地方性立法，应当具有其鲜明的区域性、民族性特色；民族区域自治立法就是要使民族政策得以用实用活，使民族特色得到有力彰显，民族文化得以弘扬，民族利益得到切实维护，四川省在这方面成效显著。从民族区域自治地方的地情、民情出发，科学分析立法应当解决的重大或关键性问题，制定出契合民族区域自治地方实际、符合民族区域自治地方需要、具有变通色彩的民族法规，确保民族立法在科学的轨道上健康运行。民族区域自治立法中的变通，是基于自治地方的内在需要进行的，是依法有效、自主行使自治权的体现，变通后的民族区域自治法规直接反映和体现了民族区域自治地方的民族利益和地方利益。四川省有若干享有民族区域自治立法权的民族自治地方，在立法实践中，如何把握这种民族区域自治地方立法权的界限，需要进一步明确。《宪法》和《立法法》中规定了省、自治区、直辖市的人民代表大会及其常委会在不同宪法、法律、行政法规相抵触的前提下，可以制定地方性法规。《立法法》还规定了民族自治地方在依据民族特点行使变通立法权时所受到的限制，即自治条例和单行条例不得违背法律或者行政法规的基本原则，不得对宪法和民族区域自治法的规定以及其他有关法律、行政法规专门就民族自治地方所作的规定作出变通规定。地方性法规合法性的判断标准是"不抵触"，而自治条例和单行条例合法性的判断标准是"不违背"，从文字上可以看出，自治法规的立法权限大，变通立法权享有更大的自由度，这也给民族地区的立法权提供了更大的活动空间。

（参见法治蓝皮书《中国法治发展报告 No. 13（2015）》）

其他地域法治

第二十四章　推动经济社会协调发展的县域法治：以江阴经验为例

摘　要： 法治建设是保持经济社会协调发展的动力之一。江阴作为经济发达的县级市，在经济新常态背景下积极运用法治方式推动发展，从企业法治意识、市场监管体制、社会治理能力、公民权利保障等方面入手，探索出创新、协调、开放、共享的法治发展经验。

一　经济增速趋缓与法治建设

改革开放三十余年来，一些经济学家从新制度经济学的视角出发，将中国改革的成功归因于政府主导型的经济增长，即以政策为主导的改革促进了经济增长。

但是，保持经济长久平稳发展的看不见的推动力量是法治事业的不断推进①。中国三十余年的改革正是在建立完善的法治保障机制、国家治理体系和治理能力不断实现现代化的基础之上。基于法治对于创新发展的重要性，党的十八届四中全会确定以法治方式来全面推动深化改革。当前，

---

① 李曙光：《让法治成为经济发展的主要推动力》，《经济参考报》2015年1月6日。

中国受到国际金融危机的持续影响，如何适应经济发展新常态，推动经济结构优化，实现发展方式转变，法治路径无疑是实现"十三五"期间经济社会发展目标的关键因素之一。为总结地方法治发展经验，中国社会科学院法学研究所将经济最为发达的县级市之一——江阴市作为样本，分析法治在江阴的社会经济发展中处于什么样的地位、发挥了什么作用，期冀以江阴经验探索中国县域发展的法治路径，为其他县域提供可复制、可推广的经验。

新的经济形态向法治建设提出了新的挑战与问题，即在法治的轨道上均衡经济与社会发展；将数量庞大、竞争力强的中小企业纳入法治的规范范围，创建创新发展的保障机制；正确处理政府与市场的关系，营造开放共赢的法治环境；解决快速发展带来的贫富分化以及城镇化问题，公平分配社会资源和改革成果。近年来，江阴市针对上述问题做了大量的法治建设工作，积累了有益经验，成为区域法治建设的标志性样本。

江阴市位于中国江苏省无锡市，民营经济发达，制造业强，是县域经济发展的典范。江阴市素来有"中国资本第一县"之称，以本土乡镇企业起家，截至 2015 年底，共有 33 家上市公司，连续 12 年位列全国县域经济排行榜前两位。

但随着近年来的经济转型与产业升级，以劳动密集型产业为主导的江阴经济受到了一定的影响。在经济形势的下行趋势下，以往潜藏的社会矛盾加剧，社会阶层利益分化，对社会秩序稳定带来了隐患。受经济持续低迷、企业经营困难等因素影响，劳资矛盾纠纷出现增长现象，2015 年 1～6 月，仅江阴市一级人社部门就受理各类劳资矛盾纠纷 3411 起，同比增长 22.79%[①]。正是因为注重法治建设，江阴市主动面对经济下行压力、市场持续低迷的严峻挑战，适应新常态，积极谋求新跨越，主要指标总体完成情况良好，商务经济运行平稳健康。2014 年完成进出口 223.04 亿美元，同比增长 11.52%。其中出口 130.23 亿美元，同比增长 20.21%，远超全年目标任务，第七次蝉联"长三角县域商业十强"第一名[②]。江阴近

---

① 江阴市人社局 2015 年工作报告。

② 江阴市商务局 2014 年工作总结。

年来着力建设的法治化营商环境对于取得上述成绩发挥着重要作用，这也是江阴经济社会发展的法治动力。

二 江阴法治在推动经济社会协调发展中发挥的作用

（一）培育依法治企意识，建立创新发展保障机制

在新经济形势下，瞬息万变的市场环境要求企业能够规范自身经营行为，避免系统性风险。随着中国市场法治环境的日益完善，有关企业管理的法律文件也不断出台。提升企业管理人员的法治意识成为企业稳定发展的前提。由此，依法治企、加强企业法治意识成为江阴市营商法治化建设的首要内容。

依法治企就是企业依照国家法律法规对企业的要求，合法合规展开经营管理活动。依法治企是现代企业制度建立的必然要求，也是规范企业经营管理、提高企业竞争力、打造实力一流企业的有效途径。2015年江阴市法治宣传教育工作要点明确提出，强化企业经营管理人员依法管理能力，认真贯彻《江苏省企业学法用法评考办法（试行）》，把企业经营管理人员的学法用法与企业法治实践有机结合起来。针对企业法治意识的法治宣传活动采用了多样化、点对面的形式，包括推广企业守法诚信体系建设经验做法，开展中小型企业防范法律风险普法活动等。这些活动旨在不断提升企业经营管理人员诚信经营、依法管理的能力和水平。

比起大型企业，中小企业更加需要法治的支持。截至2015年，江阴共有中小企业9000余家①。这些中小企业普遍存在获取法律服务成本高昂、法律意识单薄、法律需求单一的特点。针对这些特点，江阴市政府主动为中小企业搭建统一的企业法律服务平台，帮助中小企业完成由小作坊生产向依法治企的现代化企业管理模式转型。在这方面，江阴有一条非常成功的经验，那就是"万企培训"计划，目标是培育中小企业法治思维。江阴中小企业的管理人员多数是家族式的，这种亲戚关系使得管理方式上

---

① 根据江阴市经信委提供的数据。

普遍难以完成法治转化。加强源头防控，使企业管理人员能够获得知识，懂法、用法是企业法治化管理的主要方向。从 2013 年开始，江阴市利用两年时间对中小企业开展"万家企业"政策法规培训，累计举办培训班 54 期，培训企业 8713 家，培训 10542 人。与此同时，还对有关街道 400 名社区工作人员进行培训，提升他们的法治思维与法治意识。为了严厉打击企业欠薪行为，江阴连续三年开展打击"欠薪罪"专项行动，2012 年首年就有 13 名企业老板因欠薪逃匿而立案移交公安部门处理。2013 年，移送公安立案 25 件。2014 年移送公安立案 13 件①。

江阴市的大量中小企业是其保持经济增长的重要动力之一，要保证这些企业在法治的轨道上运行，就要将企业中纷繁复杂的劳动关系纳入法治轨道，这项任务同时也是江阴市维稳工作的重中之重。2014 年，江阴市人力资源与社会保障局创新管理规范模式，依法规范劳动雇佣关系，采取多种渠道化解乃至预防劳资纠纷。其中，最为显著的是三色预警创新机制。2013 年以来，江阴市进一步发挥基层平台作用，整合仲裁、就业、社保、工伤及工会等部门业务数据，启动劳资矛盾分色预警监控系统建设，对用人单位劳资关系进行综合研判，实行"黄、橙、红"三色防控预警，实现从"应急管理机制"向"预警处置机制"转变，建立了劳资矛盾快速处理机制。截至 2015 年底，劳动关系预警监控指挥系统已建成 15 个一级网格和 298 个二级网格，对江阴市用工 30 人以上的企业实现全覆盖，数据包含 143 万名职工和 2.1 万家企业信息，数据量超过百亿条。2014 年江阴市共受理举报投诉 3448 件，比 2013 年下降 21.4%；发生群体性突发事件 72 件，与 2013 年相比减少近 70%；发生拒不支付劳动报酬案件 12 件，比 2013 年的 32 件下降了 62.5%。2015 年上半年，江阴市共发生 7065 件预警案件，已处置完成 6867 件，处置率为 97.2%。目前有 198 件预警案件未处置，其中红色预警 6 件、橙色预警 25 件、黄色预警 167 件，实现了劳动保障监察关口前移、重心下沉，进一步实现从"应急管理机制"向"预警处置机制"转变②。

---

① 江阴市人社局法治建设 2014 年工作总结。
② 江阴市人社局法治建设 2014 年工作总结。

此外，江阴市还提高了劳动争议案件的调解与纠纷处置效能。积极开展劳动人事争议基层调解和案前调解，基层调解组织调解 1879 件，仲裁院进行案前调解 976 件，各类调解组织调处争议占争议总量的 55%。从全国范围来讲，该预警创新机制为江阴带来了显著的成效。

（二）规范市场监管体制，营造开放共赢的法治环境

在经济全球化的发展趋势下，开放共赢的市场环境是经济体在国际市场中获得竞争力的关键。作为民营经济大市，江阴的法治建设进程一直以有利于营造良好的创业和经商环境为目标，推进江阴市经济健康有序发展。

推动放宽准入门槛、政府负面清单管理等开放政策，关键是提升政府监管能力，明确政府与市场、政府与企业的关系，建立现代化的执法规范体系[①]。2014 年，江阴市被确定为"江苏省商务行政执法体制改革试点单位"。以此为契机，江阴市商务局全面梳理监管职责，实行"批""管"分离，建立监管执法责任清单。截至 2014 年底，江阴市共梳理了 66 项监管责任清单，并将这些监管责任列成"菜单"，推进"菜单式"执法[②]。

在市场监管方面，江阴市制订"大监管""大服务""大维权"等诸多新常态执法规范化措施，为企业与个人营造了稳定可预期的法治环境。2015 年 1 月江阴市成立市场监督管理局，合并行使工商行政管理、质量技术监督、食品药品监督管理部门的执法职能。在执法过程中，为切实加强行风廉政建设，做好依法行政、公正执法和服务工作，执法系统实行行风监督跟踪反馈制度，执法工作人员开展各项工作，必须出示有关文书和证件，如行政执法证或检验员证、执法检查计划书、执法检查监督卡等。企业可以就"是否出示了有关文书和证件、语言是否文明、态度是否良好、执法是否公正、服务质量是否满意、工作和服务是否廉洁高效、是否接受礼品礼金、是否接受吃请、是否涉嫌利用职权强制服务、是否有其他

---

① 王新奎：《开放发展，不再是简单地"打开大门"》，《解放日报》2015 年 11 月 9 日，第 2 版。

② 江阴市商务局：《依法行政推进商务发展》，《江阴日报》2015 年 2 月 28 日。

以权谋私的行为"等方面存在的执法违规、违法行为向有关部门进行反馈①。为增强执法的透明度与公正性，江阴市要求市场监督执法全面采取执法文书的工作形式。比如，某企业未经登记在道路两侧发布户外道旗广告，执法部门在执法中，详细列举了处罚依据，并展开说理，使处罚有理有据。该执法文书指出，根据《户外广告登记管理规定》第2条，当事人利用户外灯旗杆设施为载体发布的广告属于户外广告；根据第3条，当事人所发布户外广告应当依法向工商行政管理机关申请户外广告登记，接受工商行政管理机关的监督管理。但是本案当事人未经工商部门登记即发布广告。之后，执法机关还就处罚裁量依据给出了说明：鉴于当事人虽然已经实施了违法行为，但违法行为未产生严重后果，故对当事人不宜从重处罚。

在规范执法行为的同时，江阴市还加强行政执法机关内部的行政监督，以强化政府在市场中的公信力。2015年江阴市发布的《江阴市市场监督管理局行政处罚案件办理程序规定（试行）》要求有关部门开展行政处罚案卷互查，查处重点是行政执法过程中对违法事实的认定、证据的效力、程序的合法性以及适用法律法规依据的准确性。同时，为切实推进依法行政，推进政务公开，强化行政监督，规范行政处罚行为，落实公平公正原则，切实保障行政相对人合法权益，市监局行政案件进行公开审理，增加办案透明度，以接受各方监督，合法合理行使行政执法权。

正是在上述依法行政、执法规范、监管有力的背景下，江阴进一步加快开放力度。2014年新批境外投资项目28个，中方协议投资额超5亿美元，投资规模列全省同类城市第一，被认定为无锡市"走出去"改革试点地区。

（三）提升社会治理能力，保障城乡区域协调发展

江阴属于典型的人口输入型城市，随着市场经济的发展，外来人口成为江阴城市人口结构的主要部分，其在带来人口活力的同时，也给城市治理带来了挑战。此外，受经济下行环境和中国工业化发展面临的瓶颈的影

---

① 《江阴市市场监督管理局昨挂牌成立》，《江阴日报》2015年1月19日。

响，中国社会的贫富差距日益加大，政府急需转变社会治理方式，整合社会阶层。江阴近年来探索发展了八省联动的流动人口管理方式与社区治理创新法治化，走出了独具特色的创新道路。

2010年以来，江阴市跨地域警务协作机制完成了"八省联动"的网络架构。所谓"八省联动"，指的是江阴与其他8个省份的29个县级公安局合作，针对流动人口管理，实现人口原籍地公安机关共享信息资源机制。联动机制有效地利用了流动人口的原籍信息，特别有助于联动打击流窜作案。2015年以来，江阴市违法犯罪警情在连续三年下降的基础上同比再降4%，"两抢"案件同比下降14.8%，群众的社会治安满意度保持无锡市第一①。

江阴市政府重视社会治理的创新和法治化进程，集中体现在社区协调治理的创新方面。首先是管理职权法定化。2014年以来，江阴市全面理清"村（居）民委员会依法履行职责事项"和"村（居）民委员会依法协助政府工作事项""两份清单"，明确村（居）委会的具体职能事项。另外，以"基层群众自治组织协助政府管理协议书"的方式，政府委托村（居）委会管理法定职责以外的行政事务和公共服务事项②。典型范例是普惠苑社区的治理创新。普惠苑社区是江阴市澄江街道下辖社区，地处江阴市西城区，占地总面积1000余亩，建筑总面积748550平方米。作为江阴市拆迁建设较早、区域面积最大的农村拆迁安置社区之一，普惠苑社区见证了江阴城镇化的发展和新农村建设的历程。随着江阴市的进一步发展，城市化水平不断提高，城中村改造及拆迁后的社区建设成为社会治理的关键问题，因此普惠苑社区"常态化、扁平化、民主化、社会化、人本化"的"五化"治理模式及其成功经验成为解决这类问题的一把钥匙。

早在普惠苑社区建立之初，社区就进行了网格化管理的积极探索，以"居民服务处"的形式，把社区划分为四个片区，实行片区责任制。在此基础上，普惠苑社区按照"一委一居一站一办"的模式，着力构建以社

① 根据江阴市公安局提供的数据整理。
② 江阴市民政局：《江阴市三大举措加快推进城乡社区治理创新》，江苏民政网，http://www.jsmz.gov.cn/xwzx/sxyw/201411/2014-11-28_84002.htm，最后访问日期：2015年12月31日。

区党组织为核心，社区居委会为基础，社区事务工作站和综治办为平台的新型社区服务管理体制。社区围绕扁平化管理核心"分片包干，责任到人"，结合实际情况，划分四个居民服务处，形成 11 个责任区，每片区配备一名责任人，按照社会服务"零距离"、居民诉求"全响应"的工作要求做好片区工作，并将网格服务信息板安装进楼道，公开服务信息，增强工作责任。做到社区有网、网中有格、格中有人、人尽其责的网格化管理。创新社区管理机制也使得普惠苑社区荣获了 2013 年"全国和谐示范社区""江苏省和谐示范社区"等多项光荣称号①。

（四）保障公民基本权利，促进社会资源公平共享

改革开放带给江阴巨大的经济成就，深化改革的任务还在于让每一个人能享受到改革的成果。党的十四届五中全会提出，"作出更有效的制度安排，使全体人民在共建共享发展中有更多获得感"②。江阴市在保持经济稳步发展的同时，不断探索共享发展的有效制度安排。

共享发展不只是简单的资源再分配，而是一项系统性工程。作为系统中的每一位公民，他们首先要获得自由平等的发展机会。围绕公民生活而建立起来的医疗、教育、住房等社会公共服务网络就成为共享发展的基础。只有真正让每一个公民在学习、就业、医疗以及创新方面获得平等的机会，整个发展系统才能获得稳固的基础。江阴作为经济发达县市，早已在社会公共服务与社会保障方面获得制度性成效。江阴的做法是以制度整合、扩面提速、提升待遇、加强监管为手段，全面推进社会保障工作。2014 年，江阴城市社保扩面新增参保 5.082 万人，净增参保 1.04 万人，江阴市基本养老、医疗、工伤、失业、生育保险参保人数分别达到 54.8 万人、66.95 万人、41.85 万人、41.85 万人、39.08 万人。针对大量外来务工人员子女的教育问题，江阴市于 2013 年出台《关于进一步做好江阴市外来务工就业人员子女义务教育工作的意见》，进一步落实外来务工人员子女的教育问题，坚持"流入地政府负责，全日制公办中小学接纳为

---

① 《普惠苑社区网格化管理情况说明》。
② 《中共中央关于制定国民经济和社会发展第十三个五年规划的建议》。

主"的原则，实行属地管理。

外来人口是江阴经济发展与社会发展的动力与基石，除了外来人口的教育与医疗，就业保障是江阴着重打造的制度框架之一。江阴政府不断完善劳动派遣合同的执行落实机制，对违规企业加大检查惩处力度，督促企业等用人单位与外来务工人员订立规范的劳动合同。比如，针对农民工工资拖欠的治理顽疾，江阴市建立解决拖欠建设领域农民工工资的长效管理机制，并将其纳入 2014 年法治江阴建设 12 件法治实事之一。以建筑行业农民工为例，建设局作为实施该项实事工程的责任部门，将解决拖欠建筑领域农民工工资作为一项重要工作，不断探索解决问题的有效办法，建立解决拖欠建设领域农民工工资的长效管理机制。一是强化制度落实，与审批挂钩联动。建设局出台《江阴市建设领域农民工工资保证金实施办法》，将农民工工资保证金制度执行情况与办理工程建设审批程序挂钩。截至 2015 年底，江阴市已有 470 家企业缴纳农民工工资保证金，共计2.03 亿元。同时，建设局还出台《江阴市预防建设领域拖欠农民工工资管理办法（试行）》，使农民工工资清欠工作纳入规范化管理。共享不是政府的单方面行为，而是政府、市场与社会共同合作、共同推进的系统性工程①。江阴市正是在三者之间搭建合理的法治平台与程序，让市场运行过程中的失灵问题贴上制度的"补丁"。

三 法治经济建设与江阴经验的启示

作为基层县域法治实践的样本，江阴经验中呈现出来的经济与法治的互动关系对于中国深化改革具有示范意义。"郡县治，则天下安。""县"作为中国基层的组织单位，其管理方式对于贯彻落实中央政策精神有着重要作用。中国在初步形成社会主义法律体系之后，面临着更为特殊化、地域化、基层化的法治发展问题。如何在现有的法治基础上，针对不同时期、不同地域所呈现的问题，形成多元化的法治发展道路是中国模式的探索路径。江阴作为经济强市，其基层县域法治实践展现出了法律与经济之

---

① 林尚立：《共享是推动发展的动力所在》，《解放日报》2015 年 11 月 10 日，第 2 版。

间丰富的互动关系。

长久以来，地方政府的发展思路是以经济发展为优先，各项政策和工作都以此为中心。经济发展的确是发展的重要内容，但是，处理好法治与发展的关系也刻不容缓，法治应当处于更为重要的位置，而一些地方对此却重视不够，主要体现为以下四方面。

第一，市场主体法治意识不强，纠纷频发，阻碍产业创新发展。尽管改革开放以来，中国市场主体的数量不断扩大，但是在质量上与发达国家仍然存在一定的差距，特别体现在中小民营企业的法治意识层面。第二，市场竞争不规范，甚至出现区域保护等追求短期利益的地方政策。地方政府以 GDP 为导向，一味追求自身区域的经济发展，出台众多的地方保护主义政策，只顾眼前的短期经济利益，而对全国的市场流动造成了损害，难以形成开放共赢的市场法治化环境，无法给市场主体构建稳定可预期的市场秩序。第三，市场经济加速了社会离心力。市场经济的高速发展必然导致社会离心力的加剧，许多民族问题、阶层问题、性别问题突发，社会逐步丧失凝聚力与共识。第四，社会资源分配不公平。平等的公民权利是市场经济稳步发展的基础。随着劳动分工和社会阶层的分化，社会不平等问题加剧，从经济领域逐步扩大到政治领域、社会领域和文化领域。

上述经济发展中暴露出的种种问题都有赖于法治环境的完善与创新。从法律社会学研究来看，理性的法律制度能够为市场主体提供稳定的预期，增加经济活动的确定性。换言之，法治应当为现代市场经济的发展设定底线与框架[1]。也正是基于此，党的十八届四中全会作出《中共中央关于全面推进依法治国若干重大问题的决定》，提出全面推进依法治国的总目标和重大任务，通过依法治国来全面深化改革。2015 年 10 月，党的十八届五中全会进一步提出创新、协调、绿色、开放、共享的"五大发展"理念，以保障"十三五"期间全面建成小康社会目标的完成。法治建设正是协调"五大发展"的长效机制。

创新发展不仅是科技创新，更是管理创新与制度创新。江阴经验的宝贵之处就在于将法治精神贯彻到企业之中，通过改进市场主体的管理模式

---

[1]　李玉虎：《论我国经济发展的法治基础》，《现代经济探讨》2009 年第 2 期。

和提高其法治意识，从而为江阴的创新驱动发展战略营造法治环境。针对市场经济高速发展所造成的城乡区域不平衡、社会矛盾突出的问题，江阴经验特别强调协调社会各阶层的利益，在法治的框架下创新社会基层治理方式，通过激活村委会、居委会等社会基础单元的活力来发展稳定社会秩序。同时，江阴特别注意市场与政府的关系，通过转变政府职能，创新政府监管手段，如综合执法、说理执法，来建立公平有序、互利共赢的市场秩序。最后，深化改革的关键在于做好改革成果的公平分配，作出更有效的制度安排，使全体人民在共建共享发展中有更多获得感，增强发展动力，增进人民团结，朝着共同富裕方向稳步前进。江阴在高速发展的过程中，一直注重公民基本权利的保障，协调劳资关系，构建和谐的劳动关系。特别是针对大量的外来人口，江阴政府不仅以法治的方式创新管理方法，更从医疗、就业、住房、教育等方面给予公平的生活保障。

四 江阴法治发展面临的问题与对策建议

江阴针对自身的产业经济特点和全国经济环境做了一系列法律制度创建工作，并在短时间内取得了富有成效的结果。但是，法律制度的有效运行离不开经济和社会环境的支持。在产业经济结构没有得到有效调整，社会人口结构没有发生巨大变化的环境中，江阴的法治发展面临一些结构性问题。

第一，国际金融危机对于劳动密集型产业的影响仍然存在，劳动纠纷数量仍然居高不下。受国际金融危机的影响，江阴的劳动纠纷受理数量从2007年的1770件，激增至2008年的2688件①，此后7年时间里，劳动纠纷受理数一直保持高位运行。2015年有关劳资矛盾的举报投诉仍然达到3448件②。

第二，以劳动密集型产业为主体的经济结构导致外来人口成为江阴地区的重要成分，给社会治理增加了难度。截至2015年10月27日，江阴

---

① 丁蔚：《论区域劳资和谐的构建——国际金融危机下江阴市劳动争议纠纷共处机制的调研分析》，东南大学硕士学位论文。
② 江阴市人社局法治建设工作2015年总结。

全市共登记在册外来人口 943700 人，其中城区登记在册 157421 人，2015年以来的变动率为 67.94%①。从这些数据可以看出，江阴的外来人口呈现高度的流动性。根据江阴市人大的调研报告，江阴外来人口还呈现出年龄结构以青壮年为主、文化程度普遍偏低的特点。由此，外来人口的复杂性和流动性不仅仅增加了社会治安的成本，更对江阴的社会管理和公共服务提出了要求。这就需要江阴探索建立长效性的法律制度。比如，在顶层设计上要健全领导体系，吸收转换先进的信息化手段，转变居民管理机制，变管理为服务。这些创新制度建设都需要一部区县级"流动人口实施条例"的出台，为制度创新奠定基础。

第三，群体性事件的法治化处置仍待加强。外来流动人口数量众多、产业结构单一都是极易导致群体性事件的因素之一。江阴在 2010 年曾因劳资纠纷导致装卸工人聚众闹事。针对群体性事件，江阴于 2013 年下发《江阴市人力资源和社会保障局群体性突发性事件应急预案》，构建了一整套完整的应急预案。但是，群体性事件的处置不只是在于应急预案，而应当从源头构建一系列法治的围墙。多元纠纷解决机制、民意表达的法律机制、行政问责制度等法律制度的完善是江阴未来的法治发展重点。

第四，中小企业融资仍不通畅。江阴的中小企业约占全市企业的99%，根据江阴市经信委的研究，仍然有约 60% 的企业面临融资难的困境②。除了企业自身制度不规范的问题外，在宏观层面，中小企业融资难的原因还在于缺乏科学的外部制度保障。银行引进先进的融资担保创新，政府搭建公平竞争的平台，企业建立完善的管理制度，这些都是解决融资难需要迈出的法治步伐。

第五，环境污染问题急需治理。江阴在经济迅速发展的同时，环境污染问题也不断凸显。近年来，"雾霾"问题十分突出，2014 年全市空气优良率仅为 58.9%。水环境质量方面，无锡市 18 个考核断面水质达标率仅

---

① 江阴市人大常委会：《关于我市外来人口管理情况的调研报告》，http：//www.jyrd.gov.cn/a/201512/15r2ue2yun4iy.shtml，最后访问日期：2015 年 12 月 31 日。

② 邵燕：《中小企业融资障碍因素分析——以江苏省江阴市为例》，《中国集体经济》2013年第 16 期。

为 31.3%①。针对环境污染问题，在司法保护方面，江阴已经迈出了步伐。2008 年，江阴法院成立环保合议庭，2009 年启动"三审合一"审判机制，涉及环保的刑事、民事、行政案件统一由环保合议庭审理。多年来，环保合议庭共审结各类环保案件 146 件，其中刑事案件 10 件，民事案件 5 件，行政非诉审查案件 131 件②。根据修订的《环境保护法》，环境污染问题面临着环境执法理念转变的问题，将预防作为主要方向，如建立环境污染的公共监测预警预案、环境信息监测机制、预警信息及时公布机制。而环境执法方式也需要重新作出调整，许可管理、查封、扣押、行政代执行等创新方式需要更为细致的法律实施细则。总而言之，江阴应进一步以法治方式建设生态文明。

（参见法治蓝皮书《中国法治发展报告 No. 14（2016）》）

---

① 《关于 2014 年江阴市环境状况和环境保护目标完成情况的工作报告》。
② 戴丽娟、陈坚：《江阴环境司法护佑美丽城镇》，http：//jsfzb. xhby. net/html/2015－12/08/content_ 1346063. htm，最后访问日期：2015 年 12 月 31 日。

第二十五章 现代治理背景下经济发达乡镇的综合执法

——以江阴市徐霞客镇为样本

摘　要：以江阴市徐霞客镇为代表的经济发达镇，在享受快速发展成果的同时，也面临社会风险巨大、民生保障需求强烈、执法监管与经济社会不相匹配等挑战。对此，徐霞客镇立足基层网格化，创新执法体制机制，依托现代信息技术再造执法流程，推进基层的新型综合执法并取得显著成效。

经济发达镇是指具有一定人口、工商业聚集规模，经济实力较强、社会化水平较高，能引领和带动当地经济发展的镇。改革开放以来，江苏、浙江、广东等省份涌现出一批经济发达镇，成为经济社会发展的重要引擎。但与此同时，受传统的乡镇行政管理体制和一些法律政策的制约，经济发达镇无法提供足够有效的公共服务和监管执法，治理能力与发展水平不相适应。

作为经济发达镇典型的徐霞客镇，位于无锡市区和江阴市区之间，系江阴市面积最大、人口最多的乡镇，现有常住人口 18 万，当地有 6000 多家企业和个体工商户。为进一步从面积人口大镇向经济社会强镇发展，当地积极实施扩权强镇，通过综合执法的体制机制改革创新，管理秩序跃上新台阶，民众的幸福感、获得感显著提升。

一　中国经济发达镇面临的挑战与问题

不少经济发达镇、街道虽冠以基层政府乃至派出机关之名，但在经济总量、财政收入、产业结构、地域面积、人口数量等方面已远远超越了传统意义上的农业乡镇范畴，甚至已经接近中等城市体量。其管理事项之广泛、执法任务规模之巨，已为传统乡镇体制机制所无法满足，"小马拉大车"的窘境有加剧之势。

经济发达镇在享受发展成果的同时，其经济社会管理也面临诸多挑战，存在"先发的烦恼"。诸如外来人口数量较多乃至倒挂，政府责任重而权力轻，事项繁多而经费不足，管理体制滞后于社会治理需求，监管服务能力滞后于民众需求等问题，都给治理能力提出较高要求。实践中各类考核测评往往最终落在乡镇政府层面，"上面千条线，下边一根针"。大量事权职责往往要求乡镇政府在最前线"冲锋陷阵"，乡镇"党政一把手"负总责、诸多事项的"一票否决"屡见不鲜。乡镇疲于奔命，要完成上级布置的各类任务。在执法能力有限而管理要求过高、法定手段稀少而任务过多的背景下，乡镇政府在执法监管中难免出现超越权限、违反法定程序、使用编外甚至闲杂人员、采取法外措施、运动式执法等现象，这势必存在诸多问题和风险。

（一）各类风险居高不下

面对经济新常态，经济发达镇面临各类风险，既包括巨大的行政压力风险，又包括金融风险，既有地方债务风险，又存在劳资纠纷风险。可以说当下中国城镇发展过程中面对的风险此起彼伏。经济新常态的背景，使得企业债务链、劳资纠纷风险剧增。社会稳定风险也随着经济社会发展而有上升态势。2007年福建厦门市民因 PX 项目而走上街头散步，2012年江苏省启东市造纸排污工程引起激烈请愿，2014年浙江省杭州市余杭区生活垃圾焚烧发电厂项目导致的抗议事件等，都表明随着经济社会的逐步发展，先发达地区在人民生活已有较大改善的背景下，社会各界对于环境安全的敏感度明显增强。政府在重大建设项目方面或征求意见不到位或处置稍有不慎，往往容易引发群体事件，导致本已走上轨道的重大项目被叫停，营商环境受到不利影响，严重伤害政府公信力。"前事不忘，后事之师"，这对于徐霞客镇等经济发达镇，有着巨大的警示意义。

（二）民生诉求不断增强

日益增强的民生诉求，对政府治理提出较高要求。发展至今，普通民众对于环保、民生等问题的关注程度、敏感程度与日俱增，对于以往一度司空见惯的问题容忍度不断下降，这对政府执法监管、提供服务都提出很高的要求。比如，在环境问题常态化的趋势下，民众环保需求有增无减。许多地方基层环保部门都反映，对于餐饮油烟扰民、河道黑臭、扬尘污染、垃圾焚烧、露天烧烤等投诉的数量居高不下，群众怨气也越来越大，甚至发生群体性信访。随着生活水平的提高，食品药品、饮用水、空气的清洁安全牵动着各界民众的心弦，类似"僵尸肉""苏丹红鸭蛋""毒豆芽"等事件受到民众强烈关注，成为基层政府执法监管要解决的重点任务。

（三）乡镇层面权责失衡

乡镇政府的权力少而责任重，是必须正视的问题。现行法律中直接就乡镇政府设置执法权的明确规定较少。从现行法律、法规层面来看，乡镇政府承担的执法职能并不多见，但现实中乡镇政府往往要基于上级布置安排，承担各类任务职责，这在经济发达镇表现尤为突出。徐霞客镇拥有6000多家企业和个体工商户，对于劳动监察而言构成"无法完成的任务"，如果还按照一般的传统现场执法模式，执法机关势必陷入"救火队"工作状态。与此同时，上级机关、普通民众、法律政策都对基层执法提出越来越高的要求。一些问题稍有不重视、不应对、不落实，就面临成为媒体炒作热点、上级问责启动的风险。当下推行的一些改革也抬高了对乡镇执法的标准要求。比如，行政执法与刑事司法两法衔接实施之后，对行政执法的现场取证、证据固定更是要求达到类似刑事认定的标准，以适应后期可能的司法审判需要。

在乡镇层面，条块分割的体制更是加剧了执法能力低下的问题。派驻机构主要作为县级部门的派出机构存在，执法资源分散并未形成合力，机构类型繁多而能力低下。面对基层违法层出不穷的现象，条块分割的正规执法队伍点多面广、任务繁重、人手不足，执法能力远远不能满足维护管理秩序、保障民众权益的需要，突出表现在三个方面。第一，驻派镇的执法部门执法的管辖区域广大而编制力量相对缺乏。一些行政执法部门在镇的派驻机构力量过度薄弱，对事关民生、环保等事项管理难以企及。以执法压力巨大的环保领域为例，一般能落实到每个乡镇、街道的执法人员一般只有 2 名，已有的环保信访、重点监察、案件查办已疲于应付，再强调监管到位可谓纸上谈兵。第二，每个执法机关的管辖只限于特定条线，即便个别派驻机构力量存在"富余"，但由于分工过细、机构职能单一，对于其他违法即便发现也无权处置。第三，缺乏强制手段作为执法后盾。镇政府工作人员在日常工作中发现违法情况时，只能对违法情形进行劝阻；不听劝阻的，只能联系有执法权的县级部门来处理。由于发现违法不能及时采取处置措施，执法活动的权威性、严肃性势必大打折扣，出现了市县部门"管得到而看不到"而乡镇街道"看得到而管不到"的怪现象。

二 以江阴市徐霞客镇为代表的探索与做法

《中共中央关于全面推进依法治国若干重大问题的决定》提出：创新执法体制，完善执法程序，推进综合执法，严格执法责任，建立权责统一、权威高效的依法行政体制。对此，许多经济相对发达镇开展积极探索，在理顺体制、制度创新、结构重组、流程优化等方面积极创新，基层政府治理逐步走向现代化。

构建适应城镇化发展需求的新型行政管理体制，从传统的部门间联合执法起步，探索跨部门整合统一的新型综合执法体制机制。比如，天津市滨海新区的镇、街道成立综合执法大队，集中实施十三大类近 300 项行政处罚权及与之相关的行政强制措施，实现镇街层面的综合执法"一支队伍管全部"。成都市金堂县淮口镇推行综合执法机制改革，在纵向上整合镇、区执法职责，将原来省级工业区的城市管理、交巡警、规划建设等10 类行政执法职责整合划入淮口镇综合执法队，实现了统一执法。各地在探索中，表现出横向上整合执法机构，纵向上减少执法层级，走向现在的镇街综合执法为主体的基层执法新模式。其中，徐霞客镇成效较为显著，其做法值得关注、经验值得总结。

（一）推进机构改革，理顺执法管理体制

乡镇政府作为一线行政执法的承担者和主力军，直接面对社会民众、企业和社会组织，其执法体制上受制于各级政府及其部门，下则直接面对民众需求和问题。新形态的综合行政执法如何闯出一条新路？综观各地，有的地方在基层体制改革与综合执法探索中，有意无意走上提高规格、增设机构、扩充编制、增加人员的老路，陷入自我膨胀、机构分裂、人员增加、效能不高的怪圈。对此，从条块分割的单一部门分别执法，走向条块整合、职能整合的跨部门综合执法，是行政执法体制改革的核心内容。

徐霞客镇按照"机构精简高效、资源优化配置、管理职能清晰"的要求，进行执法监管的机构改革。2010 年 4 月，江阴市徐霞客镇被中央机构编制委员会办公室确定为经济发达镇行政管理体制改革试点镇。本着精干高效的综合决策机构、便民服务的综合办事机构、协调统一的综合执法机构的三分法，将现有机构予以大幅整合归并，在镇及以下不设置派出机构，2012 年，徐霞客镇组建起"两办六局一中心"① 的新型机构模式。

在人员方面，探索行政机构、事业单位整合设置，行政、事业人员统一使用等编制配置模式，实有编制不增反减；镇所属事业单位的机构编制予以保留，不配备相关人员，不实际运作，职责与相关办、局、中心整合归并，人员统一使用、分类管理。改革后编制人员大幅精简，编制减少了35 名，实有人员也减少 10 人，简约、精干的政府组织架构初步搭建。机构改革之后，徐霞客镇综合执法局正式组建，统一行使城管、环保、安监、民政等与社会管理相关的数百项行政执法权限。执法队伍打破原有条线限制，按片区分成三个中队，队内相对分工，协同执法，实现了"一支队伍管执法"。这种改革和做法，体现了"精简、统一、效能"的原则，既有利于精兵简政，又有利于减少职能交叉、多头执法。

---

① 即党政办公室、组织人事和社会保障局、政法和社会管理办公室（挂司法所牌子）、经济发展和改革局（挂生态旅游局牌子）、财政和资产管理局、建设局、社会事业局、综合执法局、便民服务中心（挂招投标中心牌子）。在级别上以上机构均按副科级管理，其主要负责人原则上由镇领导班子成员兼任，镇以下不设派出机构。

（二）下沉执法力量，建构中队执法格局

从全国范围看，在纵向上不少地方的执法资源配置存在头重脚轻的不平衡现象，越往上的县、市层级，执法机构、编制、队伍建设相对齐备、到位，越往下到乡镇、街道，执法力量则越薄弱。徐霞客镇的综合执法，在纵向整合与资源配置上用功甚巨。

一方面是权力职责方面，江阴市政府各个部门尽可能将权力下放给徐霞客镇。仅第一批下放的，就涉及项目投资、规划建设、安全生产、市场监管、社会管理等方面相关行政许可、非许可类审批事项，公共服务事项和行政执法权，市国土、卫生、安监、城管、住房保障管理、国税、地税、工商等方面的延伸服务。以处罚为例，截至 2016 年 8 月，徐霞客镇的网格综合执法已承接了江阴市级 13 个部门下放的行政执法权力 647 项。对于上级第一批下放的权力，自 2013 年 4 月 15 日起由徐霞客镇行使。第二批下放的权力，徐霞客镇发现其中 160 多项需要专业人员、专业技术、专业设备。通过政府购买服务的方式，徐霞客镇将部分专业要求较高、年度业务量较少的中间业务委托给专业中介机构。

另一方面是执法队伍力量的下沉。按照"相对分工、协同执法"的原则，各个中队统一行使城管、安监、环保、教育、卫生、文化等领域共647 项行政处罚权，并相对独立完成网格内的各项任务。在任务繁重化、多样化的背景下，为确保执法监管的规范、公平、合理，徐霞客镇综合执法局逐步形成法规科指导、监管各中队执法工作的格局。执法局法制科承担全镇辖区内执法指令发布、执法数据统计、执法质量评估、执法绩效考核等职责，并由此确保中队执法的积极性和责任感。

（三）以网格为基础，配合执法提升效能

在经济发达镇，如果没有社会各界的广泛有效参与，数以万计的人口，数以百计的企业，仅靠数十人的执法队伍，很难把城市管理好。对此，徐霞客镇将已有的网格体系和网格员队伍纳入大综合执法体系中来。其思路是，以网格化管理体系为基础，整合基层治理资源，有力配合执法，促成执法成本的大幅降低和执法效能的显著提升。徐霞客镇先后制定

出台《网格化综合执法运行体系建设方案》《网格化管理信息上报考核制度》《网格化执法终端管理制度》《网格员任务清单》《网格化综合执法依据权责清单追责制度》《网格化综合执法双随机抽查公开制度》《综合执法告知承诺制度》《联合惩戒制度》和《重大风险防控机制》等一系列专项管理制度，网格与行政执法无缝衔接。在具体监管做法方面，借鉴已有网格化管理的成效，吸纳到执法资源中来，执法"直达"一线的能力显著提升。徐霞客镇按照"纵向到底，横向到边"的要求，本着尊重历史沿革、兼顾乡土风情、满足现实需求、预设发展愿景四个原则，以片为单位将全镇划分为 6 个一级网格，以村、社区为单位划分了 21 个二级网格，以自然村及企业数为单位划分了 179 个三级网格，把区域内所有的"人、地、物、事、组织"等要素全部纳入网格，成立了由 179 名网格员和 1025 名信息员组成的网格巡查队伍。各网格员、信息员及时收集、受理、监督、处理本网格范围内的环保、安监、城管、国土、住建等十四大类问题。考虑到乡镇内部也存在各区域、各网格的经济社会发展差异，徐霞客镇以网格为基础的综合执法，并不过分强调整齐划一，而是注重凸显特色、凸显需求。比如，原璜塘工业园区和峭岐工业园区所属的网格，由于区域内的工业企业较多，且不少为化工类企业，其专业网格员配置就相应侧重环保、安监类。

对于一般民众、网格员直接发现的违法线索、信息，首先上报给本级网格长，如在其职权范围内能够解决的，则即时处理并反馈至指挥中心予以结案；由此，既能第一时间对违法行为作出反应，克服了之前基层执法延迟滞后的弊病，也提升了执法效能，网格巡查队伍对于综合执法局的执法构成有力的配合和支持。

（四）推行繁简分流，实现执法流程再造

徐霞客镇积极探索执法程序的流程再造，实施执法程序的类型化。其做法主要有二。一是依托指挥中心进行流程再造，设置分层次的处置机制。对于在网格内能够化解的，由网格长、网格员予以处置；超越其职权范围或需要实施强制的，则指挥中心派单给相关职能部门予以处置，处置完毕反馈至指挥中心予以结案；职能部门认为案件复杂、疑难的，则移入

疑难事件库，进行专案研讨处理。处理完毕后经第三方评估进行考核再予以归档。二是完善快速处置机制。快速处置机制对于最大限度地减轻违法行为的损害后果，增强民众对执法行为的信任度，都有积极作用。徐霞客镇在行政处罚简易程序的基础上，建构完善违法行为的快速处置机制。综合执法人员发现的违法情形，如依照有关法律、法规可适用当场处置程序的，执法人员将配备的移动执法终端现场连接蓝牙打印机，现场制作并打印、送达行政处罚文书；对于适用一般程序的处罚事项，则通过移动执法终端拍照取证，执法取证更加便捷。

（五）依托信息技术，有效提升执法能力

信息化彻底改变了现代社会的生产生活方式。中国基层很多地方传统的行政执法，受人财物技术的局限，虽然名义上"依职权"主动出击处置违法，但实际上处于"不告不理"的状态。徐霞客镇通过信息技术在执法线索搜集、执法证据保存、执法流程优化等方面的应用，执法能力得到了全方位的提升，突出表现在以下方面。

第一，通过在线监控系统为执法安上"千里眼"。信息化设备的应用，提高了当地执法机关发现违法、查处违法的效率。以往一些违法企业、当事人隐匿很深，执法人员很难找到。对此，徐霞客镇利用模糊查询、卫星定位等功能，能够直观发现有违法嫌疑的当事人的基本信息和所在位置，便于执法人员迅速、准确查找到违法行为、涉案主体的所在位置。在环保执法方面，江阴市面对近万家企业、82家国家重点监控企业而仅有76名编制的环保执法监察人员，显然传统执法模式难免陷入捉襟见肘的窘境。对此，江阴市开发出环保在线监控系统。执法人员在办公室通过环保监控中心的视频监控图像或在线监测数据一旦发现企业出现异常排放情况，可立即将相关信息通知环境监察人员及时赶赴现场调查和处理。在徐霞客镇，该系统得到了充分的应用。

第二，依托信息化提升预警防控能力。徐霞客镇借助综合管理信息平台，对管理对象建档立库并予以类型化，现已基本完成基本群体、特殊群体、流动群体的翔实信息入库，对辖区内各类企业，包括僵尸企业、失信企业的管理经营信息及时更新，通过大数据分析研判，大幅降低了金融风

险、债务风险、安全生产风险和环境保护风险。依托信息化技术构建的指挥中心，真正实现了行政执法的主动巡查、主动发现。问题发现后通过信息系统直接移送、传递，巡查员发现问题通过移动终端直接拍照取证、上报，第一时间获取违法线索。

第三，依托信息化增强执法调查取证能力。在传统行政执法模式下，证据取得、证据保存等方面的"取证难"长期困扰着各级执法机关。比如，对于非法排污，等到执法人员赶到时排污行为可能早已停止，调查活动也陷入不了了之的境地。对此，江阴市打造在线监督系统，做到了全天候 24 小时连续视频监控，所有数据、视频存储于数据库中。在此基础上，徐霞客镇对全镇范围内的两家污水处理厂和其他可能存在环境污染风险的企业实施视频监控，并配备视频转发分发、录像存储、检索回放、调查取证等功能；徐霞客镇进一步对存在不同程度污染风险的企业实施分色标识管理机制。其做法是，对年度环保评分较低的企业，用不同的颜色在地图展示系统上予以标识，作为综合执法重点关注单位。徐霞客镇环境保护监测管理系统的上线应用，实现了远程巡查，做到足不出户可及时发现违法排污等环境违法行为，也做到了远程智慧调度，随时可以调查取证，环境保护执法的监控能力和查处力度，由此上了大台阶。

第四，借力数据平台形成常态化信息共享机制。针对以往部门之间各自为政、难以形成合力、信息孤岛下信息搜集使用效率低下等问题，徐霞客镇注重信息的整合与共享。现已通过整合卫计、民政、社保、安监等多个部门的基层信息数据，做到了信息共享共用。在此基础上，以网格化管理与综合治理为契机，现已逐步建立集人口信息、企业信息、房屋信息为一体，覆盖人口计生、政法综治、社会事务、城市管理、信访维稳、医疗卫生、安全生产、环境整治、文化教育、基层党组织等在内的电子政务综合信息平台。

徐霞客镇现已实现了审批信息与监管执法政务信息的"双向推送"，并有计划、有步骤地走向多向推送。审批与监管执法数据互通。其做法是，审批部门与监管部门建立协调联动机制，做到"一批就管、审管同步"。审批部门将审批结果的数据信息及时推送给监管部门，监管部门则据此开展事中事后监管，逐条逐项列出监管目录清单和追责清单，并将监管情况及时反馈给审批部门。审批部门则根据监管信息开展协同处理。综合执法局根据审批结果和监管信息，有针对性地开展日常巡查和调查处置。由此，以往"强审批、弱执法"的格局得到矫正，审批、执法走向平衡，"集中高效审批、分类监管服务、综合行政执法"的格局初步形成。

第五，依托信息化完善"双随机"执法模式。在系统建设和数据库建设的基础上，徐霞客镇将全镇所有生产经营单位和具有综合执法资格的执法人员均录入数据库，形成市场主体名录库和具有综合执法资格的执法检查人员名录库，检查人员和被抽查对象都通过定期或不定期随机选号的方式产生。平台将抽检信息发给被选定的执法人员，执法人员领取任务后出勤，进行现场检查，对发现的违法事项、证据、线索拍照取证并通过移动执法终端即时上报到系统平台。由此，执法过程中的选择性执法、人情执法、懒政式执法问题大幅减少。

第六，利用信息化强化对执法活动的规范监督。利用系统平台所提供的执法人员轨迹回放功能，可及时查看执法人员的执法时间、行进线路。在客观上，此种轨迹回放功能对于执法活动起到了一定的监督作用。运用指挥中心监督平台，与全镇1168个监控点实现联网对接和信息交换，现已实现了每一名执法人员、每一次执法行为都在系统上留痕、可追溯，实现行政执法信息全透明、全公开和全监督。

（六）加强队伍选拔建设，提供人才保障

新型综合执法对于执法人员、网格员都提出了较高要求。江阴市和徐霞客镇高度重视队伍建设，选拔优秀人才并积极加以培训。2012年10月，徐霞客镇按照"缩编减员、提高效率"的原则，对所有中层干部实行清零竞岗、全员竞聘，全机关32个中层正职岗位和17个中层副职岗位全部实行竞争上岗。这为之后的综合执法改革打下坚实的队伍基础。实施新型综合执法对执法人员的素质提出了更高、更全面的要求。对此，徐霞客镇采取多种措施，通过对网格员的培训，要求每位网格员能够熟悉并掌握本网格内的工作对象、工作资源，摸清社会稳定风险点与不和谐因素，家底、账本和风险了然于胸。除传统培训机制外，徐霞客镇还采取选派优

秀人员跟班、挂职等方式到市对应部门、服务中心学习的方式，使得其工作人员快速掌握综合执法相关的业务知识、操作流程，在执法内容广泛化的同时确保执法的专业能力和专业水准。由此，徐霞客镇的行政执法管理已从疲于奔命的"灭火队员"被动式执法走向从容不迫、不慌不忙的预防为主、标本兼治的多元监管治理体系。

三　不断提升基层治理能力的总结与展望

发展至今，徐霞客镇已初步建立起与经济发达镇经济社会发展要求相适应的新型行政治理的体制、机制和模式，社会治理能力显著提升，成效已然初显。2015 年，徐霞客镇的全口径财政收入增加至 12.5 亿元，公共财政收入达到 6.2 亿元，综合考核排名从 2012 年的江阴市第 13 名，2014年跃升至第 3 名，并在激烈竞争的背景下 2015 年继续稳居第 3 名，这与新型综合执法的推进不无关联。

2016 年 12 月，中共中央办公厅、国务院办公厅印发了《关于深入推进经济发达镇行政管理体制改革的指导意见》，这给经济发达镇的新型综合执法吹响了新的号角，并对执法体制、综合行政执法机制、责任制、协调机制提出明确要求。以徐霞客镇为代表的经济发达镇，有必要抓住这一大好契机，以满足民众需求为导向，适应经济社会继续前进的节奏，进一步完善其综合执法体制机制。为不断提升基层治理能力，并推动经济社会的健康可持续发展，其改革尤其要注重以下方面。

第一，理顺条块关系，稳步推进新型综合执法。从今后看，基层行政执法有必要从"小综合"走向"大综合"，从纵向为主的专业行政执法走向"块块为主"的区域综合执法。正如《关于深入推进经济发达镇行政管理体制改革的指导意见》所提出的，要"整合现有的站、所、分局力量和资源，由经济发达镇统一管理并实行综合行政执法"。显然，今后的新型综合执法，应在总结徐霞客镇综合执法经验的基础上，将在当地乡镇的各类派出机构、分支机构的执法力量、执法资源继续整合，从条条的纵向为主向镇主导的块块为主转化。

第二，与时俱进完善立法，强化固化引领作用。有必要根据基层治理的新形势新需求，结合现代信息技术的深刻影响，出台新法、修改已有立法，为新形态综合执法监管保驾护航，便于其发挥更大作用。一方面，从执法手段来看，行政处罚权的集中行使有《行政处罚法》作为明确依据，而行政强制措施、行政强制执行整体仍处于基本上无法可依的状态。从中央到地方文件都提出将各部门在镇、街层面的派出机构整合由镇统一管理，需要修改法律予以支持。另一方面，从各个执法领域来看，基于信息化、网络化的新型综合执法往往缺乏明确的法律依据。以环境污染源的在线监控为例，已经在环境执法方面发挥一定作用，但是，由于缺乏足够明确的法律依据，在线数据是否能够作为执法的有效证据，民众通过拍照发现的违法行为能否作为行政执法的证据，还是仅可作为执法线索，现在仍不够明确，导致许多地方的数据、视频只能发挥预警或补充作用。为此，一方面，对现有行政执法相关的法律、法规进行审视、修订；另一方面，各市、州应利用好修改后的《立法法》所赋予的立法权，通过地方立法为当地乡镇综合执法提供依据，起到引领作用。

第三，强化执法队伍设备和经费等保障机制，是推进新型综合执法的基础所在。为新型综合执法与配套改革提供全方位的保障，是改革取得成效并深入推进的前提基础。徐霞客镇综合执法局通过"统一执法制服，统一执法标识，统一执法证件，统一执法文书"的做法，提升保障力度，增强执法规范度。经过近年的努力，有了独立的执法办公场所，设立专项资金统一购置电脑、执法仪，购置执法服装和执法车辆等装备设施，为改革提供扎实基础。今后，从全国范围看，为完善新型综合执法的保障体系，有以下几方面值得特别注意。

一是确保镇综合执法的编制身份保障。一方面，与其执法需求、执法规模相适应，在地方机构编制限额内，赋予相对灵活的用人自主权，给予其最大限度的支持保障。另一方面，还应加强执法人员身份待遇保障。从全国范围看，基层综合执法人员身份较为混乱，公务员人数往往较少，还有相当比例的事业编制人员，另有不少人员不在编制之列。执法人员身份的差异，不仅带来待遇的不同，同工不同酬的问题凸显，而且导致激励机制的差异，成为综合执法人员反映较为强烈的问题，在客观上也与暴力野蛮执法、选择性执法、执法懈怠不作为等有密切关联。对此，应考虑将城管执法人员整体纳入公务员的"行政执法类"，适用统一的法律规范、绩效激励和责任机制。总之，综合执法队伍从"事业化"走向"行政化"，既完善了对综合执法人员的保障能力，也有利于执法行为规范化。

二是创新政府购买服务。对于行政执法中的部分环节，如违法线索发现，涉及违法财物的保管鉴定等，能够通过企业、社会组织、志愿者完成的，尽可能引入竞争机制或社会化机制，通过购买服务，从花钱养人向花钱办事转移，同时减轻新型综合执法任务过巨的压力。

三是公安等部门单位提供协作保障。公安部门应为综合执法提供强力保障和强制力后盾，协助综合执法机构开展工作；在遭遇暴力抗法、恶意破坏法律秩序等行为时，为综合执法保驾护航。权力被剥离或下放的县市部门，应当对综合执法给予业务指导、技术支持和信息共享。比如，县市部门对于日常执法中发现的违法线索需要综合执法机构查处的，应当及时移送转交，进行信息资料的共享。

第四，上下级政府联动形成合力，为改革破除障碍瓶颈。一些地方的新型综合执法改革，存在"上下不同、左右失联"的问题。特别是上级政府、相关部门的不理解、不支持，不仅直接导致上下对接不畅，更使得改革推进遭遇瓶颈、损害改革实效。江阴市、无锡市等上级政府对改革的坚定支持，成为徐霞客镇试点探索的重要保障。

针对发达乡镇权责失衡的问题，江阴市、徐霞客镇两级政府达成共识，以放权扩权为重点，实现基层政府权能的充实。对于徐霞客镇的"扩权强镇"改革，江阴市本着"权责一致、能放则放"的思路尽可能予以下放，而徐霞客镇则本着"能接就接、接管一致"的原则尽可能接收，实现职能的下沉和完善；对于派驻在徐霞客镇的机构，原则上由镇里负责管理；确有必要且经批准暂不调整管理体制的，也对派驻机构充分授权。

2012年，江阴市政府印发《关于在徐霞客镇开展集中行政审批、综合执法试点工作的意见》，并明确在编制方面，江阴市在试点工作中适当放宽经济发达镇党政机构限额。伴随着扩权强镇改革的深入推进，江阴市本着财权与事权相匹配的原则，加大对徐霞客镇的镇级财政支持力度。考虑到发达乡镇对执法经费的需求较强，江阴市明确财政关系按照"一定三年不变"的原则，公共财政预算收入超过2009年基数部分，地方留成部分按 80% 结算财力返还，以增强其发展活力，确保公共财政经费保障充足、到位，这为确保徐霞客镇治理创新的可持续性提供了坚实保障。有关上级与江阴市在机构、编制、财政等方面的有力支持，为新型综合执法改革提供了全方位保障。这也是其他地区经济发达镇在改革中值得学习借鉴的重要经验。

（参见法治蓝皮书《中国法治发展报告 No.14（2016）》）

第二十六章 欠发达地区法治推进的成效与展望

——以重庆市黔江区为样本

摘　要： 在全面推进依法治国的背景下，有必要高度重视中国法治的地域不平衡问题。实现法治突围是摆在许多欠发达地区面前的迫切难题。重庆市黔江区兼具老、少、边、穷、山的特征，其在推进法治、实现跨越式发展进程中进行了积极探索，积累了一定经验，也面临一定的现实困难，其推进法治建设的实践对其他地方不无借鉴参考价值。本文论述了重庆市黔江区推进法治的经验做法，总结欠发达地区推进法治面临的困难，并针对欠发达地区法治突围提出建议，要实现欠发达地区法治的跨越式发展，还必须从树立法治思维、完善配套保障机制等方面入手。

全面推进依法治国，要求从中央到地方、各个行业部门均实施依法治理，不仅经济社会相对发达的地域应走向法治，也要求经济相对欠发达的地区同样向法治迈进，乃至实现跨越式发展。重庆市黔江区兼有老、少、边、穷、山（革命老区、少数民族地区、多省交界地区、贫困地区、山区）的特征，其推进法治的做法和面临的困难值得总结，对其他地方的法治发展也不无借鉴的价值。

一 黔江区推进法治的经验做法

欠发达地区如何有效推进法治？如何实现依法治理的跨越式发展？这是摆在许多地方面前的迫切难题。黔江区作为欠发达地区，在法治推进方面进行了一系列积极探索。

（一）提升领导干部的法治意识

法治建设归根结底要通过人的行为来贯彻落实，领导干部的行为对当地法治氛围的形成和依法治理的实施具有模范、表率和抓手作用。黔江区在法治推进上，注重抓住当地领导干部这个关键少数，通过领导干部学法用法的制度构建及相关考试考核，发挥好领导干部的作用。

黔江区通过建立区政府常务会议会前学法、领导干部法治轮训、重大决策先行学法、新提拔领导干部法治理论知识考试、年度普法学习考试、法治讲座等机制，努力营造干部职工学法、用法、守法的良好氛围。黔江区财政局加强干部职工参加法律知识培训和新出台法律法规专题培训，并把培训情况、学习情况作为考核和任职的重要依据。黔江区还注重通过引入外脑，提升依法治理的能力。2014年，黔江区与中国社会科学院法学研究所签订《合作共建法治黔江框架协议》，发挥第三方作用，深入客观分析存在的问题，为法治政府建设提出富有建设性、针对性的意见建议。黔江还借智高校，探索校地合作机制，聘请专家参与案卷评查、课程培训等。

（二）着力规范执法行为

为确保执法文明规范，黔江区采取了以下举措。一是推进行政执法规范标准化。黔江区通过编制执法手册的方式，为执法人员提供统一的执法指南，并做精做细执法标准。《重庆市黔江区行政执法人员手册》注重行政执法的行为规范、语言规范，特别将行政执法基本文明用语、行政执法禁忌用语，作为该手册的重要内容。区规划局将执法职权分解到执法科室、岗位，并明确各科室、岗位的执法责任、具体程序、要求、期限，在很大程度上克服了职权交叉、人员交叉等现象。二是强化说理机制。执法部门既注重文书中说理的到位，也注重简易程序的当场说明理由。由此，力争让行政执法的相对人对执法结果更为信服，使得行政执法活动更为顺畅，也减少了相关争议的发生。三是将执法人员信息的公开作为倒逼行为规范的重要抓手。黔江区对全区 66 个行政执法机构、1054 名行政执法人员的信息进行了梳理，在重庆政府法制网和区政府法制网上公布了执法主体、执法证件号码、执法领域等信息，接受社会各界的监督。

（三）突出公众知情参与互动

法治建设的推进，并非政府一家之事，公众的知情和参与，对于法治突围有着关键意义。《中共中央关于全面深化改革若干重大问题的决定》提出："促进群众在城乡社区治理、基层公共事务和公益事业中依法自我管理、自我服务、自我教育、自我监督。"在行政管理过程中，采取参与式行政、合作式行政，有利于确定特定时期行政执法监管的重点任务，增强公共管理的公众可接受度，提升实质合法性和管理水平。

政务公开为公众参与打下了扎实基础。黔江区的阳光透明政务建设注重注入互动因素，开通了"黔江论坛"，加强互动交流。

在重大决策的公众参与方面，黔江区不仅注重通过政府网站发布消息，还通过公示栏、宣传活动等多种方式发布决策事项，多种渠道征集公众意见，而且注重回应、互动，将合理意见尽可能体现在决策结果之中。比如，白石乡政府对征集、获取的各种公众意见建议进行归类整理，采纳其中的合理意见，并对采纳、不予采纳的情况予以及时公布，不予采纳的还说明理由。由此，重大决策、执法监管的实体结果更加贴合民意，提升了民众的认同感，也增强了当地民众的规则意识与法治观念，全民守法的氛围逐渐形成。

（四）以高效便民提升公共服务能力

改革行政审批制度，提升政务服务水平，这是依法全面履行政府职责的必然要求。近年来，黔江区将法治政府建设作为便利民众、提升效能、优化流程的重要抓手。其做法包括以下方面。

一是行政审批加速。针对以往存在的多头审批、多层次审批、多环节审批、互为前置等妨碍公众办事的现象，黔江区全面推行行政审批流程再造，先后印发《黔江区建设领域立项环节并联审批实施办法（试行）》《黔江区建设领域规划环节并联审批实施办法（试行）》《黔江区建设领域用地环节并联审批实施办法（试行）》《黔江区建设领域设计环节并联审批实施办法（试行）》《黔江区建设领域验收环节并联审批实施办法（试行）》《重庆市黔江区人民政府关于在新城区实施建设项目行政审批制度改革试点的意见》等一系列文件通知，通过"并联方式"提升效率。通过审批前指导服务，首问负责制，限时办结制等制度机制，确保了办理各类事项不超越法定期限，并不断提高办事效率。2013 年，黔江区行政审批服务中心就实现了即办件按时办结率达 100%，承诺件承诺期内办结率 100%，报批件办结率 100%。为提升审批效能，黔江还探索实施超时默许、缺席默认的工作机制。在开展建设工程并联审批的过程中，凡超过并联审批规定时限的，一律视为超时默许；参加联合审查、联合踏勘、联合验收缺席的，一律视为缺席默认，行政审批随即进入下一环节，相应责任由超时或缺席部门承担①。黔江通过多轮的行政流程优化再造，已成为重庆各区县审批时限最短的区县之一。

二是加强便民服务中心建设。黔江区现已实现三级便民服务中心规范化建设全覆盖。黔江区各乡镇、街道也都注重便民的组织机构和体系建设。黔江区严格落实《重庆市人民政府关于改革乡镇执法监管　强化公共服务试点工作的决定》，将公共服务作为乡镇政府履行职责的重点内容。例如，石会镇政府以便民服务中心为抓手，进行功能拓展，做好全程代理及一站式服务。

三是大力发展网上审批。自 2015 年 5 月黔江区正式启动建筑工程竣工验收网上备案系统，通过全面实行网上备案，竣工验收备案审批期限缩短至 5 天，并实现了竣工验收备案信息与施工许可管理系统、质量监督报告系统等的信息共享。为提高审批效能，避免多平台给办事人员带来困扰，黔江网上审批将直接使用统一的行政审批平台，各部门不再建设独立

---

① 参见《重庆市黔江区建设领域并联审批实施方案（试行）》（黔江府发〔2015〕3 号）。

的网上审批平台。全区网上行政审批协同平台的业务办理将依托全区电子政务外网（原政府系统办公业务网）运行。预计到 2016 年 7 月，黔江的行政审批将实现"互联网+"，各环节全面上网，业务申请、受理查询、信息公开等均可依托互联网运行。

四是着力推进全社会的信息化。黔江区在政务信息化方面，启动黔江区电子政务外网云平台及 OA"云计算"项目建设，逐步实现区内各单位网络互联互通、信息共享共用，推进农村信息便捷发布和政民互动。自 2013 年实施宽带普及提速工程以来，黔江区实现了无线通信和有线通信的行政村（居）全覆盖，已实现城区重点公共区域无线网络热点全覆盖。

（五）加强政府法制机构建设

有力推进法治政府建设离不开专门的政府法制机构。黔江区的政府法制机构建设，体现在人员编制保障和功能拓展两大方面。

黔江区政府将法制办作为工作部门予以单列，在一些重要的行政执法部门设置法制科室，未设置专门法制科室的区政府部门单位也都明确了专职或兼职法制工作人员。黔江全区还建立起政府法制工作联络员制度，在政府部门、乡镇街道都明确了政府法制工作联络员。

在机构改革与人员精简的背景下，黔江区政府法制机构的专业工作人员编制到位，尤为难能可贵。黔江区政府法制办设 4 个科室，从初创时的 2 人发展到 2015 年的 12 人，政府法制工作在机构设置和编制配备上都有了质的飞跃。这样的配置不仅在重庆各区县相对靠前，而且即便与长三角、珠三角经济发达地区的区县政府法制机构相比，也毫不逊色。这为黔江区的法治政府建设与依法治理能力提升，提供了坚实的组织保障。

黔江区注重拓展政府法制机构的功能。黔江区政府建立法制办主任列席政府常务会议制度，要求凡涉及全区经济行政事务的，都必须要求法制办负责人列席；凡是政府重大招商引资合同的签订，区政府出台的规范性文件，都要求政府法制办参与、审核，进行合法性审查；对于政府转送的涉法事务及交办的上（信）访案件，全过程提供法律咨询服务，向相关部门收集资料，分析纠纷成因，研究处理方案，及时向区政府提出切实可行的法律意见并参与解决。这为政府管理发挥了法制参考助手的作用，也确保了政府活动的规范合法。

（六）注重矛盾纠纷的预防与化解

黔江区在矛盾纠纷的预防化解方面，多管齐下，预防机制较为健全，调解作用发挥到位，应对效果明显。

一是组织领导体系完善。以调解工作为例，黔江区成立了以常务副区长任组长，法制办主任为副组长，信访办、监察局、人社局等单位主要领导为成员的行政调解工作领导小组。领导小组办公室设在区政府法制办，具体负责全区行政调解工作的推进、指导、协调和监督等日常工作，区政府各部门及各街道、乡镇均成立了相应组织机构，健全了乡镇、街道、村居、企事业单位的调解组织，完善了调解的组织网络。

二是有效整合资源，完善各类纠纷解决机制的衔接联动机制。积极推行"五调合一"模式，建立乡镇调解工作联动机制，探索建立行政调解、人民调解、司法调解、信访调解、民间调解的协调配合机制、信息沟通机制和效力衔接机制。黔龙阳光花园对人民调解、司法调解和行政调解进行整合，组建了三种调解融为一体的"三合一调解室"，起到良好效果。

三是完善纠纷化解的流程机制。黔江区发布《关于进一步加强行政调解工作的意见》《行政调解工作规定》和《关于印发黔江区行政调解法律文书示范文本的通知》，科学界定调解范围，规范调解程序。黔江区在人民调解工作中不仅注重调解的中立、自愿，而且探索出"八步调解法""十心调解法"等新方法，并及时将行之有效的探索予以制度化，按照"六统一、五有、四制度"的模式进行调解委员会制度建设①，规范"四个上墙"②。

调解程序的设置凸显对当事人选择权的尊重。比如，正阳街道从辖区选出大专以上文化程度、有调解专长、业务精通的优秀人才作为调解员，组成"人民调解员超市"，形成"信得过谁，选谁调解"的新机制，提升了

---

① 六统一——调解组织统一名称、统一印章、统一牌匾、统一徽标、统一文书格式、统一调解员上岗证；五有——调解组织有办公室、有必备的办公用品、有牌匾、有印章、有上岗证；四制度——建立纠纷受理制度、纠纷排查制度、纠纷调解制度、纠纷档案制度。

② 四个上墙：调解人员姓名、照片、通信方式上墙，调解组织的任务、工作职责及流程上墙，调解工作的原则和纪律上墙，调解纠纷的范围上墙。

调解的公正性和可信服性。黔江区注重调解考核机制的完善，层层签订了人民调解工作目标责任书，并将调解工作纳入综合治理与平安建设工作考核。

四是强化队伍建设。调解员的水平素质高低如何，在很大程度上关乎纠纷化解的程度。对此，一方面，黔江区要求调解员持证上岗，按照懂政治、懂法律、懂政策、会做群众工作的"三懂一会"要求聘用调解员，广泛吸纳退休法律工作者等群众信赖、调解能力强的人员作为调解员。另一方面，各个基层司法所对辖区内调解员每年进行两次集中培训。

二　欠发达地区推进法治面临的困难

国家治理体系与治理能力的现代化，离不开基层治理的法治化与现代化。必须清醒地意识到，虽然全国的法治推进工作已经取得显著成效，但地域失衡的现象不容低估。北上广和长三角、珠三角等大城市和经济发达地区，法治建设较为先进；而中西部经济社会相对欠发达地区，特别是老、少、边、穷、山地区的法治建设则相对滞后。欠发达地区推进法治面临的困难，值得深入剖析。

（一）受到社会观念习俗的制约

不少欠发达地区的社会观念受到民族、宗教、风俗习惯等的较大影响，与现代法治存在较大偏差，甚至格格不入。必须清醒地认识到，一些陈旧过时的地方风俗习惯可能与法律抵触，甚至影响法治的落实。比如，在不少贫困农村地区，通奸被当作非常严重的不当行为，一些农民认为殴打奸夫天经地义，当受到法律制裁时普遍非常困惑。再如，在黔江一些农村，以及其他欠发达地区，较为普遍地认为嫁出去的女儿不应继承父母财产。当地政府、调解机构在处理一些相关纠纷时，往往依据当地风俗习惯进行，经常存在合法性问题。

在民族地区，风俗习惯与法治的关联更是值得关注的问题。政府保障少数民族的权利和尊重少数民族的风俗习惯是其法定职权①，但与此同

---

① 参见《地方各级人民代表大会和地方各级人民政府组织法》第 61 条第 5 项。

时，在老、少、边、穷、山地区，不少基层群众的法治观念也比较淡薄。项目组在重庆、山东、河南、湖北等地多个欠发达的地区调研时发现，受制于传统维稳体制影响等因素，一些群众面对官民矛盾往往首先想到去上访，并不去法院起诉，甚至对复议一无所知，其结果是信访压力不断加大。因此，在推进法治的过程中，应注意当地的特殊情况，注意处理好民族关系、宗教关系，尊重民族习惯和宗教信仰，注重因势利导，否则容易产生纠纷。要有效注入法治因素，显然面临"基础弱、周期长、投入大、见效慢"等困难。

（二）政府执法监管容易偏向简单粗暴

"天下之事，不难于立法，而难于法之必行。"欠发达地区的法治建设水平不高，政府职能定位有偏差、法律执行实施不到位是其重要表现。就政府职能定位而言，观察中西部一些相对欠发达的地区，其政府职能的缺位、错位、越位等现象往往较为常见。就政府管理过程而言，欠发达地区的政府机关，将领导指示置于法律之上、上级红头文件高于法律等观念做法并非罕见。依照法律法规行使权力、履行职责尚未成为主导意识，惯于按政策、命令办事，进行较为短期的运动式治理，势必陷入人治怪圈。一些领导干部的官本位思想仍较为严重，公仆意识、服务意识仍较为淡薄，习惯于发号施令、大包大揽，其行政管理、重大决策、执法监管带有明显的随意性。越是欠发达地区，执法监管的方式方法越是较为简单，滥用权力也相对较为多见。这里存在两种不当倾向值得关注。一种是认为执法机关及其工作人员高高在上，自认为行为粗暴一些、执法蛮横一些是工作需要，有利于维护行政管理秩序；另一种观念认为，现在执法人员是"弱势群体"，面对违法行为不敢理直气壮地开展工作，担心"刁民"闹事上访，害怕惹祸上身。两种倾向都不利于把握好执法尺度，维护好社会秩序和民众权益。

（三）法治队伍建设相对滞后薄弱

法治队伍是法治建设的主力军。法治队伍的素质水平直接关系到地方政府的法治能力。欠发达地区的执法机构对现代法律、专业人才的吸引力不强，人员组成老化、人才断层、操作技能不高等问题普遍存在。欠发达地区受过系统的法学专业教育、接受过相关培训的执法人员相对较少，对法律法规了解不够深刻到位，习惯凭经验做事、靠感觉执法、拍脑袋决策，往往容易逾越法律底线而不自知。

（四）保障机制不到位，难为"无米之炊"

越是欠发达地区，对法治施行的保障机制要求就越高。比如，一些偏远山区或者面积辽阔的地区，人口相对分散，或者处于多个省市交界处，存在跨区域、跨边界诸种问题，这都给行政执法监管带来巨大困难，对保障机制提出更高要求。

经费保障的不足，是一些地方法治建设相对滞后的重要原因。实践中出现了以罚代管等滥用处罚权的行为，乱收费的做法与执法经费不到位、不充分具有密切关系，并成为制约法治推进的瓶颈。以现在纷纷推行的委托执法为例，一些地方本着权力下放的理念将区县部门的执法权力委托给乡镇执法，使得执法者更为接近相对人和可能的违法对象。但是，一些地方在权力下放、委托的时候，存在"卸包袱"的不良倾向，乡镇执法队伍建设、业务培训并未跟上，经费也未予相应增加。这种组织经费保障的缺失，在欠发达地区尤为突出。

（五）经济发展水平形成严重制约

由于经济发展的滞后，许多欠发达地区将工作重点放在摆脱贫困、城镇化加速等方面，法治工作往往起步较晚、水平较低。而且，当地政府和领导对法治工作的关注，被其他事项严重挤压。当地民众的收入水平，也构成实施法治的制约因素。这种没钱打官司没钱聘请律师导致群众法律需求无法得到满足的现象，在欠发达地区比较突出。

三　黔江样本的启示

"郡县治，则天下安。"作为经济社会相对欠发达的地区推进依法治理的一个成功例子，黔江带来的启示是多方面的。

第一，遵循法治一般规律与体现因地制宜相统一。老、少、边、穷、山地区，往往有着自身特殊的地区特色，对法治重点、侧重面也有特殊个别化的需求。黔江区既注重借鉴其他地方的先进做法与创新模式，又注重结合当地发展阶段、特殊需求调整侧重点和抓手。比如，合法性审查制度是许多地方行之有效的做法。对此，黔江区予以严格执行，推行政府常务会议决策前合法性审查制度，区政府法制办负责人、法律顾问固定列席区政府常务会议；对涉及全区经济社会发展的重大决策，均充分听取政府法制机构的意见或者直接由区政府法制办会同相关部门起草决策意见或建议，确保了各项重大决策的合法合规。

第二，源头治理与重点整治相结合。重点领域暴露出的各类缺陷和严重问题，受到人民群众的关切热议，也严重损害了政府权威。对此，黔江注重加强道路交通、食品药品、环境保护、劳动社会保障等重点领域执法，相关领域公共秩序焕然一新。在社会治理中将关口前移，避免小事拖大、大事拖爆，将大量纠纷消除在萌芽状态，行政复议数量逐年下降。黔江区已经连续多年无重大恶性案件发生，无暴力恐怖事件发生，无重大以上安全事故发生，无重大群体性事件发生。

第三，经济发展与法治推进良性互动。一些经济欠发达地区，为推进经济发展罔顾法律规范，企业违法排放、污染环境成为经济发展的代价。之后加强环境保护执法，导致多家企业被关停，带来严重的失业现象和债务危机①。黔江区坚持"工业强区"战略，与此同时，并不简单模仿复制发达地区的做法，而是推动特色差异化发展路线，尽可能避免先进发达地区的教训和问题。

第四，法治建设与民众需求有机统一。公开透明是法治的基本要求。针对一些领域法治建设起步较晚、基础相对较差的实际情况，黔江区在法治建设中充分考虑当地民众的需求，凸显法治建设的实效性与适用性。比如，在政府信息公开领域，黔江区从群众普遍关心和涉及群众切身利益的

---

① 参见孙立荣《临沂治污急转弯：环保约谈后关停 57 家企业，引千亿债务危机》，澎湃新闻，http://www.thepaper.cn/newsDetail_ forward_ 1347676，最后访问日期：2015 年 10 月 8 日。

实际问题着手，及时公开群众关注强烈的热点议题、当地经济社会发展的重大问题，收到了事半功倍的效果。比如，严格实施安全生产法律制度，严密防控各类安全生产事故的发生，到 2015 年已连续 7 年被评为重庆市安全生产优秀区县。

为解决贫困群体请不起律师、打不起官司的问题，黔江区对"五保户"、残疾人、低保户、农民工等困难群体维权开通绿色通道，实现"应援尽援"。为提升法律援助服务的满意度，黔江实行"点援制"。对专业性强和其他特殊性法律援助案件由当事人选择承办人员，满足受援人挑选案件承办人的要求。

四　欠发达地区法治突围的展望与建议

许多相对欠发达地区的法治推进还面临各种问题和挑战，对此，既不能因循守旧、墨守成规，以地方经济欠发达、民族习惯、宗教氛围为由，对现代法治、现代治理模式持排斥态度，也不能罔顾当地特殊情形特色，不能过分超越发展阶段。具体建议包括以下方面。

（一）树立法治思维观念

欠发达地区的法治推进，在很大程度上"非不能也，实不为也"。有必要完善法治建设的动力机制，既应有来自于领导干部的政治压力，又应有适应当地企业、民众需求的市场动力和民众压力。因此，从上到下、从内到外营造法治观念，引入法治思维，对于法治突围具有先决作用。对此，一方面，这需要党政机关牢固树立依法治理的意识观念，抓住领导干部这个关键少数。一些欠发达地区之所以法治建设水平不高，与当地部分领导干部仍不同程度地存在人治思想、特权观念不无关联；一些领导干部认为用法治思维依法办事条条框框多，程序环节繁杂，束手束脚不利于开展工作，甚至存在以言代法、以权压法的现象。要把当地治理纳入法治轨道，必须通过强化领导干部应用法治思维和法治方式的意识和能力。这需要领导对法治相关工作的高度重视，将实施法治置于维护当地长治久安和经济社会可持续发展的高度来抓。另一方面，这需要提升全社会各行业、各类主体组织的法治意识，摆脱"关系"思维，摈弃违法"特权论"的错误观念，跳出信访不信法的怪圈，通过法律手段依法理性维权。

（二）尊重与保障民生

法治建设必须为了人民、依靠人民、造福人民、保护人民。具体到区县层级，与民众直接打交道的事项更多，凸显民生、帮扶弱势群体理应成为法治推进的重要内容。一方面，推进法治应当注重对社会相对弱势群体的关怀照顾。公平对待外来务工人员，如在社保、教育、医疗等方面走向均等化；特别要注重保护残疾人、失能老人等的合法权益，加强其他特殊、弱势群体的保护，如犯罪受害人、罪犯子女、社区矫正人员、陷入困境人员等等。另一方面，法律公共服务的均等化和支持应当受到重视。一些相对欠发达地区之所以信访泛滥，重要原因是对于信访人而言，如果采取"诉"的途径，很大程度上意味着烦琐的程序和高额的费用，因此容易产生畏惧感，倾向于选择门槛更低的信访途径。这就需要相关部门通过提升法律服务水平、减免费用等方式提供帮助，为信访人铺设更简捷、更高效的法律渠道。相应地，在法治促进民生方面，应当建设完善法律救助、法律援助、涉法事项的临时救助等制度机制，重点加大经费投入。

（三）加强法治培训宣传

法治实施，普法先行。一是加强对基层公职人员特别是领导干部的法治培训教育。在欠发达地区，改变领导干部、执法人员的思想观念具有"牛鼻子"的作用。通过法治教育培训，消除官本位、特权观念等残余，树立起正确的法治观、权力观，为法治推进打下坚实基础。二是加强对当地社会大众的法治教育。法治的全面贯彻落实，对地方相当于一个"移风易俗"的过程。应当通过传统宣传和新媒体宣传，使得村居民不仅知道法律，而且树立依法维权、依法化解纠纷的意识，夯实法治推进的民众基础。三是应完善激励奖惩机制。将普法教育宣传纳入考核评估体系，纳入年终总结表彰范畴，加大考核力度。四是加快培训宣传的制度机制创新。考虑到政府自身普法的人力物力相对薄弱、方式较为保守等缺陷，应当注重法律普及、宣传、教育的多种力量参与，积极发挥市场机制、社会力量的作用，进而形成合力。针对各种群体的特殊状况与个性需求，进行创新性的针对性普法。例如，对企业人力资源管理人员、各类务工群体的劳动福利、社会保险普法，对青少年的未成年保护普法，对老年人的防金融诈骗普法等。

（四）完善配套保障机制

法治推进的保障机制具有支撑作用，在内容上包括机构组织保障、编制人员保障、经费投入保障、设备设施保障等。法治建设缺乏可靠的保障机制，必将面临"巧妇难为无米之炊"的烦恼。

完善政府法制机构体系，加强各层面的法制力量建设。黔江区从区到乡镇、街道，都成立了法治推进领导小组、办公室等机构。各地政府法制机构普遍存在上强下弱的"倒三角"格局，特别是在乡镇街道层次政府法制机构更是虚置，甚至根本没有，这种状况势必将妨碍基层依法行政工作的开展，不利于基层领导干部、公职人员法治观念的树立。必须清醒地意识到，乡镇街道作为基层政府，直接接触广大群众，其法治思维、执法水平直接关系到民众的切身利益和政府形象。为此，有必要强化乡镇街道的法治机构建设，推进依法行政工作规范化、专职化。在具体措施上，可考虑设立专门的政府法制工作机构。

法治的推进，需要加大经费投入保障。黔江区五里乡等一些地方的执法检查、行政审批、行政征收、行政给付等执法经费，在年初即纳入财政预算，根据情况实报实销，这为文明规范执法，治理乱收费、乱罚款打下了坚实基础。与此同时，还应注重提升投入的使用效率，"好钢要用在刀刃上"，有效克服关键性的薄弱环节。比如，随着乡镇执法任务的不断加强，应当有针对性地进行相关《行政处罚法》《行政强制法》和专业性法律法规的培训，快速有效提升其能力。

（参见地方法治蓝皮书《中国地方法治发展报告 No. 2（2016）》）

第二十七章　政府合同全流程规范管理的法治化探索

——以重庆市黔江区为样本

摘　要： 在现代社会，带有平等、合作特征的合同机制成为政府治理的重要方式，得到越来越广泛的应用。通过政府合同服务经济社会发展，促进政府职能转变，提升治理能力的需求非常旺盛。但同时也应意识到，各地在政府合同签订、履行过程中暴露出诸多问题，带来重大风险和不利后果。在此背景下，黔江区将政府合同作为提升治理能力的重要机制，既重视政府合同作用的发挥，又将其纳入法治轨道实施全流程管理，成为其法治政府建设的一道亮丽风景线。

背　景

近年来，许多地方在积极探索政府职能转变、行政审批权下放、执法机制创新，政府合同应用得越来越广泛，这对于政府更好地从事基础性、核心性工作，进而提升治理水平，有着积极意义。

（一）合同管理的优势与普及

自 20 世纪 70 年代后期起，许多国家将合同作为法律政策执行和监管的重要工具，出现"政府活动的合同革命"。在国内，随着经济社会的快速发展，政府合同也受到许多政府机关和企业的青睐。我国自改革开放以来就在农村土地领域以合同形式推行承包制。近年来，为推进国家治理体系和治理能力现代化，政社合作的合同模式，以其合作、自由、互惠、平等的优势，成为现代治理的重要内容。

一是政府合同机制具有柔性治理的优势。现代国家的治理模式，正在从传统的自上而下、刚性的单一化"命令—服从"模式，向多元化治理模式迈进。其中利用合同手段，实施柔性管理，其触角更为广泛、内容更加全面，并有利于发挥相对方的积极性。《法治政府建设实施纲要（2015~2020年）》多次强调的"购买""合作"等，均需要通过带有合意性质的合同形式加以实施。

二是政府合同机制有利于推动经济社会发展。政府合同模式使得当地政府拥有更多参与经济社会建设的方式，如在重点项目、重大工程、招商引资中，合同形式运用得非常普遍，并具有诸多优势。一些地区在招商引资时，往往通过政府与投资方签订协议的方式，将政府承诺的各项优惠措施、投资方权利义务予以明确。此种政府合同的妥当签订与实施，有利于免除投资方的后顾之忧，进而促进经济社会发展迈上新台阶。

三是政府合同机制有利于提升公共服务能力。发展至今，政府承担着越来越多的社会福利、公共服务供给等职能。通过政府合同的形式购买服务，也成为重要的公共服务提供方式。比如，重庆市黔江区聘用法律顾问提供专业化法律服务，大多通过签订法律顾问聘用合同的方式来实施。再如，随着老龄化社会的提前到来，公共养老服务需求呈指数化增长，政府主管部门通过签订合同完善机构养老、居家养老，提升了政府能力、满足了社会需求。

四是以政府合同机制支撑简政放权与政府职能转变。政府合同对于简政放权与政府职能转变起着重要支撑作用。一方面，对于上级权力下放的承接、本级政府机关权力的下放，都可以通过政府合同的方式明确双方的权利义务。比如，黔江区正在实施向乡镇街道放权的委托乡镇执法改革。区公安消防机构与受托乡镇签订"行政执法委托协议书"，实现执法权力的下放行使。另一方面，对于权力转移到社会行使的情形，也可通过政府合同的形式来实施并确保有效有序运行。通过合同方式将一些具有较强专业性、技术性、补充性的事务交由社会组织、企业来完成，还有利于政府机关集中精力履行法律监管、重大决策制定等核心职能，是创新管理机制、提升治理效能的重要举措。

（二）法治化管理的重要意义

对政府合同加强规范管理并纳入法治化范畴，是在政府合同得到普遍青睐和广泛应用的背景下，政府全面推进和维护各方合法权益的内在要求。

对政府合同加强规范管理，将使法治政府建设更加全面完整。随着政府合同应用范围日渐扩大，法治政府建设如果忽略了政府合同的签订、履行这一重要内容，将会使依法行政大打折扣。大量政府职能通过"遁入"政府合同实施的方式，回避法律制度的约束，其后果非常严重。

政府合同管理的规范化，有利于维护好国家、合同当事人和公众的合法权益。在政府合同管理中，要注重避免三种不良倾向。第一种是合同一方扩张自己的权利，政府权益少而责任多，一些投资商出于逐利本能，一面取得有利承诺一面减轻自身义务。有些地方政府使用的是企业方面提供的格式合同，企业已经最大限度地将各类风险转移给地方政府机关。第二种是政府滥用权力，对方的权益少而责任多，可能对管理相对人、利害关系人的合法权益产生侵害。第三种是政府合同签订人员与合同对方串通，侵害公共利益或第三方权益。在此需要警惕的是，有的政府为增强当地对投资方的吸引力，往往会在用地、税费等方面给予相当大力度的优惠支持，在办理程序上也予以简化，提供"绿色通道"，甚至承诺不再引进同类企业、不再审批同类项目。为此，有必要通过规范管理保障国有资产的财产安全与公共资源的高效利用。

一 政府合同应用中存在的弊病

通过合同模式的行政管理已成为各级政府、部门的基本治理模式，构成履行公共管理职能的重要手段。对政府合同的规范管理也理应成为政府机关的常态化工作。但是，与政府合同的广泛应用形成鲜明对比的是，目前各地区的政府合同普遍缺乏有效的、体系化的规范管理机制，政府合同签订随意、合同管理不到位、执行不严格、法律风险多、纠纷多发，导致了公共资金、国家资源的浪费，腐败滋生。突出表现在以下方面。

第一，合同运行法律意识淡薄。不少地方对合同及其管理意识淡薄，政府合同或被当成推卸责任、甩掉包袱的方式，或存在重项目引进、轻合同签订，重决策拍板、轻合同落实的问题，有的项目直至实施结束后才签订合同。

第二，签订合同随意，潜在风险严重。一些政府机关在合同签订过程中不注重条款的文字推敲，表达不严谨、内容存在纰漏、权利义务不明确、违约责任约定含混不清。比如，有政府机关签订的施工合同对企业一方的义务规定含糊不清，甚至并未明确约定开工日期和竣工日期，依照合同实施管理成为空谈。有的地方政府一面在合同中向项目实施方让渡了过多的利益，一面却对项目方实施的标准、审核程序语焉不详。

违约条款含混不清，更是较为普遍的现象。从实践看，政府合同在违约条款方面暴露出的主要问题有：一是未约定违约责任的现象较为常见，究其根源，一些地方政府存在侥幸心理，认为招商引资的"金凤凰"实力雄厚，不会违约，或有心理障碍，担心讨论违约责任条款会吓跑投资方；二是违约责任约定过于笼统，类似"任何一方违反本合同的约定，均应依照国家法律规定承担责任"的条款并不少见，此类违约条款并无任何实际意义；三是责任约定缺乏针对性和平衡。有的政府机关并未根据合同的具体情况设置具体责任条款，发挥其督促合同履行的作用。其结果是本应坚持公共利益优先的政府合同却成为对公共利益不利的"不平等条约"，一旦发生纠纷将给地方政府带来巨大风险。

第三，管理分散，精细化程度不够。有的政府机关合同管理既未得到应有重视，又处于分散状态，不仅每个政府机关、部门分别签订，而且一些政府的内设机构、下设中心单位也自行签订合同。其结果是，政府合同的签订、履行各自为政，流程混乱，家底不清。

不少地方政府合同的程序流程要求不明确，政府合同归档缺少规范，更谈不上合法性审查、履行后评估、纠纷处置管理等制度机制。以合同生效为例，一些政府合同简单复制一般范本，直接标明"本合同双方签字盖章即生效"，殊不知《合同法》已经明确规定，法律、行政法规规定合同应当办理批准、登记等手续的，应当先行办理批准、登记手续。有的政府合同与在先的招投标脱节甚至合同内容明显违反招投标文件规定，或者违规设置利润保底条款，因违反《招标投标法》等法律法规而导致无效。

第四，政府合同履行实施偏离文本。政府机关与相对方经过协商讨论形成的合同，本应是项目实施的任务书、路线图和时间表。但实践中，黔江区等地政府发现，许多政府部门、乡镇街道在合同签订后，仅仅将合同珍而重之地锁进保险柜，未延伸到项目履行实施的规范管理中去。政府合同履行的监督、质量、成本等违反合同约定的现象并不少见。

第五，变更与应诉能力有待提升。由于法律法规修改或政策变动等，政府一方本来可以"理直气壮"地变更、中止、终结合同，但由于缺乏法律素养，且不注重搜集保存证据，一旦发生纠纷"有理说不清"，甚至承担了本来无须承担的法律责任，或者导致本应获得的违约赔偿大打折扣乃至无法获得。应诉行为失当也并不少见。比如，在政府合同引发的复议、诉讼、非诉执行中，逾期举证等诉讼行为不当导致不应当的败诉或其他严重后果，绝非个案。其结果是，对于政府合同签订、履行导致的仲裁、复议、诉讼、信访等，政府法制机构与签订合同的政府机关一道疲于应付，政府法制机构充当了"救火队员"，事后被动解决，压力巨大。

第六，评估奖惩机制亟须完善。对于合同相对方履行合同质量的评估和对合同实施过程的监督，关系到合同实施的质量，也是政府合同治理的重要组成部分。相应的，评估、监督应当贯彻政府合同管理的始终。但实践中，不少地方暴露出一些弊病。比如，往往关注项目本身的进度责任，对于合同履行的绩效考核则处于缺失状态。这使得合同签订后能否不折不扣地履行并未受到政府合同管理人员的应有关注，而是否节约成本、是否有效运用公共财政资金，更是被有意无意忽略。

二　政府合同法治化的黔江实践

重庆市黔江区为发挥好政府合同的"正能量"，克服上述可能的问题和弊病，保护好各方的合法权益并维护政府公信力，将政府合同纳入法治轨道并予以规范管理。其主要做法可以概括为以下方面。

第一，强化政府合同的要素管理。一是在对象上要求主体有权限。以谁的名义签订合同，不仅关乎该合同能否得到顺利履行，还可能关乎合同效力。对此，黔江区明确禁止没有主体资格的临时机构、内设机构作为合同一方当事人。在合同签订中注重对双方主体资格、对方资信能力的审查。二是要求设置妥当的责任与违约条款。三是制订政府合同签订程序。引入集体协商决策、调查、评估和论证等程序机制，确保按照流程签订政府合同。四是予以类型化管理。根据标的额、影响力和风险度等因素将政府合同予以分类，分为重大政府合同、一般政府合同，实施不同的管理模式。五是明确政府合同的法律制度适用。对于涉及重大决策事项的政府合同，除适用政府合同订立、实施程序之外，还适用重大行政决策的制定、监督和问责机制。对适用政府采购制度、招投标制度的政府合同，还需要严格遵守《政府采购法》《招标投标法》及相关配套法规和规范性文件的规定。

第二，加强履约过程的风险管理。与民事合同类似，在政府合同履行过程中，由于各种原因双方当事人都存在履约不能的风险。以公共服务购买合同为例，签约对方的企业本着赢利导向，往往为压缩成本而忽视了社会责任，难免导致公共利益受损。黔江区在政府合同签订之后，继续加以规范管理。一是对于合同瑕疵的后续补正。对于已签订的政府合同，通过备案机制、清理机制发现存在形式不规范、条款不完整、标的数量不明确、质量要求不精确、履行期限不清、违约责任不明、争议解决方式不明确、约定方式不妥当等问题的，要求在与合同对方协商一致的基础上，修订合同或签订补充协议。对于合同存在严重违法的予以终止。对于已签订的政府合同，依法属于无效合同的，及时启动终止程序。二是注重对未能履约的应对处置。对于对方不能依照合同履行的，提前注重搜集证据，保障好自身权益。三是加强对政府合同调整变更的管理。比如，合同所依据的法律法规、国家政策发生变动或废止，政府合同则需要随之调整、变更。对此，黔江区探索建立政府合同实施的风险预警机制、合同变更管理机制等。

第三，编撰示范文本为政府合同签订、履行提供参考。针对不少行政机关不会签订政府合同的问题，黔江区借鉴其他地方的经验，通过类型化示范合同文本，提供参考指南。为确保合同得到有效、全面、妥当的履行，减少履约风险，合同示范文本中对履行主体、标的、期限、地点、方式应予以明确约定。黔江区经过反复论证、锤炼，形成六类示范合同文本，包括工业、商贸流通、旅游、农业、教育、医疗类，遵循项目基本情况、项目用地、优惠政策、权利义务、违约责任及其他条款的框架进行设置。另外，对于区政府部门委托乡镇执法，黔江区也制定了《行政执法委托协议书（示范文本）》。由此，既覆盖了《合同法》关于合同条款的要求，也符合行政法上关于行政管理的理念原则。作为合同的示范文本，其定位为签约参考而非格式合同，给拟应用合同管理的政府部门以酌情增删、细化的空间。

第四，加强报告、备案与清理工作，完善统计总结机制。黔江区要求各单位将签订的政府合同的履行情况、争议及处理情况、合同的终止解除等情况报送区政府法制办公室，法制办公室进行汇总、梳理，向区政府报告。除事前审查、事后备案之外，政府合同的清理机制也发挥着重要作用。黔江区政府法制办公室下发《关于开展政府合同清理工作的通知》（黔江府法发〔2016〕22号），各委办局、乡镇街道对已经签订、实施完毕的政府合同，以建立政府合同审查机制为契机，进行了全面的清理。清理内容要素包括合同名称、对方主体、签订时间、标的额、履行情况、合同到期日、建议意见等。通过政府合同的彻查清理，摸清了特定阶段各级政府部门签订政府合同的家底，为今后的常态化管理打下了良好基础。

第五，初步建立考核机制。以政府法律顾问聘用合同为例，已经出台文件明确由区政府法制办公室根据对方履行合同提供的法律服务质量、服务态度等实行年度考核，并将考核结果作为下年度是否续聘的依据①。黔江区《2016年依法行政考核细则》明确规定，对于招商引资合同应报送备案而未报备的，每件扣0.1分。这对于确保政府合同备案审查机制的落实，将会起到一定的激励监督作用。

———————

① 参见《黔江区人民政府法律顾问管理办法》（黔江府办发〔2015〕9号）第8条第1款。

三　政府合同法治化的经验总结

以黔江区为代表的许多地方政府将政府合同纳入法治轨道并实施规范管理，取得显著成效。其经验可归纳为以下几个主要方面。

首先，将政府合同管理作为法治政府建设的重要组成部分。黔江区深刻意识到，政府合同管理的制度规范，应作为法治政府建设的组成部分，赋予强制性、普遍性，确保其严格执行落实。《黔江区深入推进依法行政加快建设法治政府五年规划》中明确提出，要"加强政府合同和协议管理，制定政府合同管理办法，规范政府合同起草、签订、履约等环节的监督管理"，作为当地政府机关"依法全面履行政府职能"的重要组成部分。在此基础上，黔江区政府法制办公室出台《黔江区政府合同管理办法》，建立起政府合同管理制度，一些乡镇、街道还据此制定了政府合同的监管细则。由此，将政府合同纳入制度管理范畴，做到用制度管人、用制度管事。

其次，适用范围广、内容全，确保管理无死角盲区。在主体上，黔江区政府、区政府部门、区属国有重点企业及各乡镇政府、政府下属单位均被包括在内。在类型上，包括行政管理、公共服务和民商事活动。在外在表现上，既有一般的合同、协议，还将备忘录、纪要、责任书、承诺书等设置权利义务关系、带有一定契约性质的文书也包括在内。对政府合同采取较为宽泛的理解与范围界定，有利于对现代各类合作行政、契约行政、委托、外包、承诺等实现全方位的管理，避免加强合同管理可能出现的规避管理等问题。

再次，通过合法性审查，从源头上提高政府合同质量。合法性审查是最为关键的事前控制机制，有利于通过事前把关，提高政府合同的文本质量，确保合同承诺条款合法有效，进而确保各方当事人依约履行义务。黔江区重视事前法律风险防范，建立完善合同起草及相应的审查机制。其做法是，严格依据法律、法规和规章的规定，从规范性、可行性、效率性等方面依法严格审查合同形式、合同主体、内容条款、订立程序等，化解法律风险，确保其签订、履行的合法性、规范性和程序性，通过审查发现可能出现的风险点并予以消除。在审查时，对拟签订的政府合同草案进行审核，并要求提供合同草案及配套材料，确保审查不走过场，避免流于形式。

一个值得关注的现象是，在招商引资中一些地方领导干部为增强对投资者的吸引力，在引进项目合同中设置不规范的优惠措施，如先征后返、列收列支、财政奖励或补贴，以代缴或给予补贴等形式减免土地出让金，代企业承担社会保险费、超越权限给予税收减免优惠等。这些承诺条款或已违反法律规定，或可能被有关上级责令叫停取消，导致出现无效合同、可撤销合同的情况，既损害了政府公信力，也存在国家赔偿风险。黔江区有关部门、主管机构通过事前的审查、处置机制，将其中可能的瑕疵予以消除。

最后，实行全流程跟踪管理。政府合同的规范性管理，并非事前审查了就万事大吉。事实上，政府合同作为现代公权力治理的重要机制，需要全流程的规范控制，包括日常的合同管理培训，前合同阶段，项目可行性研究和谈判；合同订立阶段，将谈判共识转化为合同文本的条款；合同履行阶段，合同内容的实施以及合同目的的达成；后合同阶段，包括提前终止、一方违约、合同导致诉讼及应对等情形；事后阶段，对政府合同予以定期或适时的绩效评价、统计、责任追究等。

黔江区对政府合同的管理已做到了全流程管理，注重完善政府合同的跟踪管理机制。黔江区明确，通过合同建立合作关系之后，并不意味着政府机关可以当"甩手掌柜"，而是通过事中法律风险控制、事后法律监督补救实现了对政府合同的过程管理，实施后续的跟踪管理使得合同效用最大化，包括签订过程中的合法性审查、签订后的内部备案、履行中的风险预防控制、纠纷化解中的协助支持，以及相关的档案管理、统计管理、清理制度、培训制度等。通过常态化、制度化的政府合同管理，发挥政府合同管理的长处，并使得潜在的风险、问题最小化。

四 展望和建议

以黔江区为代表的一些地方政府，在完善政府合同管理方面迈出了宝贵的一步，并取得显著成效。从进一步完善政府合同管理、适应治理能力现代化需求角度看，各地还应从以下方面努力。

第一，树立正确观念，进一步强化政府合同管理意识。发展至今，合同管理应成为政府机关的基本动作。其前提是，必须提高政府机关领导干部对政府合同及其规范管理重要性的认识。在此基础上，还应提升政府合同的战略规划意识。建议由党委、人大出面，从地方经济社会发展的大局出发，对哪些职责权限、公共服务、监管环节可通过政府合同的方式来提供，通过政府合同达到哪些执法监管、社会治理的目标，以及如何兼顾公平竞争与市场效率，从完善监督管理评价体系等方面加强布局谋划。

第二，加强顶层设计，明确政府合同的属性及法律适用。应考虑通过顶层设计，明确政府合同的属性、内涵和外延。现有概念范畴应用存在混乱，包括党政机关签订的"民事经济合同"①"行政协议""政府合同""行政机关合同"等多种用法。《政府采购法》《招标投标法》《全民所有制工业企业承包经营责任制暂行条例》等对特定类型、特定情形的政府合同均有所涉及，且性质定位、法律适用各不相同。2014年修改后的《行政诉讼法》将行政机关作为一方签订的"特许经营协议、土地房屋征收补偿协议等协议"纳入行政诉讼的受案范围。但是，与提供公共服务有关的供电、水、热、气合同仍属于民事合同②。对此，有必要在已有文件、实践和司法诉讼的基础上，形成统一概念范畴，消除现有法律、法规、文件中的矛盾混乱。从现状看，包括黔江在内的许多地方，都将仲裁作为重要的纠纷解决方式，并列入相应的管理办法和合同示范文本中③。政府合同纠纷的化解方式与政府合同的属性定位具有明确关系，如将其定位于民事合同则适用民事领域的调解、仲裁、民事诉讼等，如将其定位于公法层面的行政合同，则应适用行政复议、行政诉讼、国家赔偿等公法上

---

① 比如，《中共中央办公厅　国务院办公厅关于做好党政机关执行人民法院生效判决和裁定工作的若干意见》（中办发〔2012〕6号）指出，"党政机关参与民事经济活动要充分发挥法制工作机构的作用，认真听取法律意见，凡签订民事经济合同都要进行合法性审查，减少诉讼纠纷，防范经济风险"。其采用的就是"民事经济合同"的概念。

② 江必新：《行政协议的司法审查》，《人民司法（应用）》2016年第34期，第9页。

③ 但需要注意的是，政府合同的纠纷如何解决端赖于其属性认定。因此，如政府合同被认定为行政协议，则不适用仲裁，而应通过行政复议、行政诉讼来解决；如认定为民事经济合同，则可适用仲裁、民事诉讼。显然，目前各地广泛应用的"政府合同""行政机关合同"，其属性如何仍有待进一步从法律上予以明确。

的救济机制。显然，有必要在明确属性的基础上，完善政府合同的法律适用和纠纷解决方式。

第三，依托信息化，实现政府合同的全面动态管理。信息化是提升质效、完善政府合同全流程管理的重要手段。应考虑建立政府合同的统一管理信息平台，进行集中审查、统一登记编号、统一备案。在已有纸质档案、台账管理基础上，逐步考虑予以电子化。接下来，依托信息技术完善政府合同工作管理平台，并逐步充实其功能。可借鉴法院案件流程管理系统的经验做法，依托信息技术全程留痕、动态跟踪的特点和优势，根据合同文本对合同履行关键节点进行预警，对合同签订变更程序进行监控，对合同履行风险进行评估，对合同重大行为进行巡查，实现对合同谈判、签订、履行、纠纷解决过程中的重要环节、重要节点、重要岗位的监督制约，对主要政府合同活动实现动态监督管理。

第四，专门机构与相关部门配合，形成多方协作机制。具体思路是，设置政府合同专门管理机构，并与业务部门妥当分工。一方面，相对独立的政府合同专门管理机构的设立和运行，对于政府合同的规范化管理具有基础性作用。政府合同审查、备案和流程、涉诉等管理，能否发挥实效，端赖于两大因素：一是管理本身的专业性，二是审查管理机制的独立性。如果各个部门、领导随意对合同合法性审查的过程和结果指手画脚、横加干预，管理人员、机构不得不屈服的话，则合同管理机制势必流于形式，无法发挥预期效果。因此，政府合同主管机构的相对独立性是确保制度发挥效果的体制保障。黔江区已经在政府法制机构内部设立了负责政府合同审查备案管理的专门机构，主要负责处理政府合同签订、实施中的法律问题、法律风险，协助处理合同纠纷化解。

在此还应注意到多方协作机制的必要性和重要性。政府法制机构审查政府合同也存在自身局限，有待通过其他机构组织与制度机制予以配合，形成合力。毕竟，政府法制机构的合法性审查，主要是对合同文本本身是否违反法律、法规、规章和政策进行审查，内容是否损害国家社会公共利益和第三方权益等，但对合同本身签订的专业性如何，合同实施是否依照约定进行等都缺乏审查能力与控制机制。与此同时，政府法制机构的合法性审查本身，也存在能力不足的弊病，包括面对大量且日益增长的政府合同签订、履行活动，政府法制机构仅具备多则十来人、少则三五人的队伍，且从事政府合同审查的人员更加短缺，人员规模完全不能适应需求。在能力方面，合同审查并非政府法制机构的主要活动，实战经验较少，很难发现所有风险；在介入环节方面，政府法制机构也很难全程参与合同谈判、起草、签订、履行等各环节。因此，单单依靠政府法制机构的合法性审查机制，并不足以完全将政府合同纳入法治轨道，还需要相关部门、其他机制、专业人员的协同配合。

在关系定位上，政府法制机构的审查是专门机构对政府合同审查的第一道关口。在审查管理过程中，需要政府法制机构工作人员、专家、律师等共同参与，发挥各方的积极性并形成合力。在此，黔江区选聘了律师担任区政府法律顾问，除列席有关会议之外，他们已参与到政府合同的签订、履行过程中，承担起法律顾问的重要职责。黔江区明确法律顾问应根据聘任单位的要求或委托，为重大经济项目谈判中涉及的法律问题提供咨询论证，起草或审查合同、协议等法律事务文书，参与政府合同相关的诉讼、仲裁案件等①。接下来，政府合同中的专业性、技术性内容，由承担单位论证把关；政府合同管理还需要监察、审计、财政等部门适度参与，从较为专业的角度进行审查，控制合同风险。

第五，完善保障体系，为规范管理提供支撑。政府合同要走向法治化，需要强有力的保障机制。对此，一是要加强政府合同管理的机构保障。鉴于政府合同应用日益广泛，涉及越来越多的政府机关、乡镇街道，因此有必要自上而下全面建立政府合同管理机构，按照签订合同的频率、规模、专业、复杂程度，考虑分别设置专门机构和兼职机构，使得政府合同管理覆盖每个层次和各个领域。二是应完善经费保障机制。政府合同管理所需经费应纳入财政预算予以足额拨付。三是加强人员保障。其关键是建立一支相对稳定的政府合同管理队伍。政府合同往往具有法律专业性、自身领域的技术性要求，需要政府相关人员熟悉合同相关法律法规以及合同对象相关专业问题等，其管理人员应具有稳定性。为此，一方面，应建

---

① 参见《重庆市黔江区人民政府办公室关于普遍建立政府法律顾问制度的通知》（黔江府办发〔2016〕52 号）。

立一支较为稳定、专兼职结合、内部公职人员与外部专业人士形成合力的队伍；另一方面，还应加强部门、机关负责签订政府合同管理人员的法制业务培训，提升政府合同签订、履行的水平。

第六，建立完善政府合同管理的考核评估机制，实现奖优罚劣。政府合同机制还需要一套科学合理的激励机制，以调动对方当事人履行合同的能动性，发挥政府合同管理机构、人员的积极性。一方面，对于政府机关签约、履行中违反法律规范的，应当依法进行责任追究。另一方面，应通过物质奖励、精神激励相结合，正向激励与负向激励相统一的方式，建立对政府合同本身及其管理机制的激励体系。在此，应考虑对政府合同的履行引入第三方评估机制，对政府合同的履行绩效通过量化的指标体系和评估模式，进行科学、客观的评价，评估结果不仅具有对已签订合同履行情况的总结分析功能，还可作为今后选择合同对方当事人、确定合同内容的重要参考。另外，评估结果还应及时向社会公布，满足公众的知情权、监督权等。

（参见法治蓝皮书《中国法治发展报告 No. 15（2017）》）

第二十八章 "汉南经验"与科学发展的软环境

摘　要：2007 年，法学所国情调研课题组围绕武汉市汉南区贯彻科学发展观、依法执政、推进平安汉南建设进行三次实地调研。通过对汉南区的调研，发现基层政权在推进科学发展、加强依法治理、进行平安建设的若干有益尝试。总结"汉南经验"，可以概括为：坚持科学发展观为指导；坚定促进社会和谐的目标；稳农兴工，统筹城乡一体；依法治区，建设服务政府；创新维稳体制，构建平安汉南；积极关注民生，构建生态和谐。

2007 年 1～10 月，中国社会科学院法学研究所国情调研课题组围绕武汉市汉南区贯彻落实科学发展观、依法执政、推进平安汉南建设，进行了调研。课题组先后三次实地考察了当地的街道、农场、畜牧业养殖基地等单位，并组织了与汉南区党委、政府各部门的多次座谈会以及对基层社会的访谈。通过十个月的调研和搜集资料，课题组发现"汉南经验"具有重要的价值，值得深入讨论。

一　汉南区概况

汉南区是武汉市的一个远城区，地处武汉市西南部。全区面积 287 平方公里，辖四个街、四个国有农场，目前总人口 10.6 万人，农业人口 5.8 万人，农业劳动力 2.6 万人。全区现有耕地 16 万亩，林地 3.7 万亩，可养水面 3 万亩。按农业人口计算，人均拥有土地资源 3.85 亩，平均每名劳动力拥有土地资源 8.73 亩，人均拥有耕地 2.76 亩，大大高于全国人均耕地面积 1.40 亩的标准。由于农场属于国有性质，汉南区拥有大量的国有土地。在九省通衢的武汉和长江经济带水运交汇地区拥有如此大范围的国有土地，是长江经济带其他任何地区都不具有的优势。地多人少是汉南区的第一个特点。

汉南区的第二个特点是该区系以移民为主体的新建城区。近代，该区境内人烟稀少，居民大多从江西等地迁来。新中国成立后，因为围垦开发东城垸和银链湖等地，先后有省、市直机关及河南兰考等地的 3000 多名垦殖者在此落户。1970 年前后，有数千名丹江、河南、黄陂的移民入境。汉南农场管理局和汉南区成立后，为发展经济，接收了大量的外地经商和务工务农者。1978~1990 年境内人口不断增加（见表 1）。因此，协调来自不同地区、具有不同文化的移民的关系也是该区维护社会稳定不可忽视的一个大问题。

表 1　1980~2000 年部分年份汉南区机械增长人口变动统计

年份	总人口数（人）	迁入数（人）	迁出数（人）	净迁入人口数（人）	净增率（‰）
1980	72945	1440	646	794	10.88
1985	81283	2173	1414	759	9.33
1990	95460	2175	494	1681	17.80
1995	99907	684	273	411	4.11
2000	98898	349	167	182	1.84

数据来源：《汉南区志》，武汉人民出版社，2006，第 44 页。

改革开放后，汉南区的发展步伐不断加快。基于对本地资源的认识以及发展理念存在的差异，汉南区的发展可以大致分为两个阶段。20 世纪 80 年代，因为认识到汉南在土地资源上所具有的优势，且工业较落后、无工业污染，当时的区委区政府提出的发展模式是，把汉南建设成具有一定规模的现代化农业和以副食生产为中心的农、工、商、运、建全面发展的服务于城市的新型郊区。在 1991 年 3 月的汉南区人大会议上，区政府明确提出了建设服务城市的城郊副食品基地的区位定位。在整个 90 年代，汉南的农业立区、服务城市的定位基本没有改变。

随着湖北省经济的深入发展，是继续采取单一的农业兴区、被动服务于城市的战略，还是走新型发展道路，汉南区面临着新的挑战。2000 年 12 月，汉南区人大通过的"十五"规划明确提出，要把汉南建设成为现代城市文明新城区和武汉市西南地区的新型工业园区。党的十六大以后，为了全面贯彻落实科学发展观，统筹城乡经济社会发展，推进全区城乡一体化，完成全面建设小康社会的目标，汉南区委区政府提出了"工业立区、项目兴区、开放强区"① 的发展思路，要求构建"城乡一体、稳农兴工、产业聚集、社会和谐"的格局，着力打造武汉经济技术开发区的战略联动区、华中绿色食品示范区和滨江生态新城区，形成富裕汉南、生态汉南、和谐汉南、创新汉南，汉南建设从此步入新的阶段。经过几年的努力，经济社会有了长足的发展，2007 年全区 GDP 是 2003 年的 2.1 倍，年均递增 20.35%；2007 年实现财政收入是 2003 年的 3.16 倍，年均递增 33.3%，创建区以来年度财政收入增长最高水平，增幅排在全市前列；2007 年农村人均纯收入是 2003 年的 1.5 倍，年均递增 10.76%。在经济快速发展的同时，各项社会事业也稳步推进，先后被农业部批准为"全国绿色食品标准化综合示范基地"，被国家民政部批准为"整区推进新农村农民社区建设试点区"，被湖北省委省政府命名为首批平安区。汉南区政治稳定、社会安定、乡风淳朴、人民群众安居乐业、社会关系和谐融洽，多年来，无一例进京上访现象、无一例非正常赴省市上访现象，连续七年实现了"命案必破"，没有"三霸"现象、没有涉黑团伙，被周边地区誉为"最安全区"。

近年来，在科学发展观的指导下，汉南区坚持依法治区方略，坚持全面协调可持续发展，在推进依法执政、依法行政，保障司法公正，形成和谐文化，维护社会和谐稳定方面，汉南区委区政府进行了有益的探索，积累了丰富的经验。

---

① 由于历史原因，汉南区的工业份额相对较小，引进项目也不多，从均衡发展的角度考虑，提出工业立区、项目兴区，符合汉南实际，与一些地方盲目发展工业和引进项目的做法不同，汉南对于工业和项目采取了积极而又慎重的态度。

二　规范权力运行，大力推进服务型政府建设

规范权力运行、构建服务型政府是打造汉南区科学发展法治软环境的重要步骤。在上级政府的安排与部署下，汉南区结合本地实际，从解决具体问题入手，规范权力运行、推进服务型政府建设，在改革行政审批、规范行政收费等方面进行了一定的探索。

（一）推进政府信息化建设，打造透明政府，搭建公共服务的平台

权力运行的公开透明是实现依法行政的前提，是现代法治政府的重要方面，也是推进公众参与的保障。汉南区虽然地处城郊，人口较少，但仍然十分重视推进信息化建设，促进政府活动的公开透明。在实施政府信息公开过程中，汉南区委区政府给予高度重视，从 2005 年 9 月份到 2006 年底，区委区政府专门就信息化工作召开过多次专题会议，讨论信息化建设和电子政务建设，加强组织、指导和推动工作，各政府部门分工明确，职责到位，通力协作。汉南区成立了以区长为组长的信息化领导小组，制定了信息化规划，成立了信息中心（下属于区委办公室）。

制度化、法制化是确保政府信息公开制度取得实效的关键。汉南区从一开始推行政府信息公开工作，就严格根据省市的有关规定，制定了本区的相关规范性文件。比如，分别于 2004 年 8 月和 2006 年 4 月制定、发布了《汉南区政府信息公开实施方案》（汉政办〔2004〕57 号）、《2006 年度全区政府信息公开实施方案》（汉政办〔2006〕13 号）等，切实做到了以"以公开为原则、以不公开为例外"。凡是区委区政府的重大决策，一律做到公开化、透明化，从而推进决策的科学化、民主化、法制化。比如，汉南区电影院改建先后拿出了几个方案，为了让决策更加符合群众的需求，汉南区将建设方案进行了公示，经过社会公众的选择，确定了最佳的改建方案。

汉南区从一开始就将推行政府信息公开工作同信息化工作和电子政务建设紧密结合、整体推进。和东部沿海地区相比，汉南区的电子政务建设起步相对较晚，且经费不足，但经过几年努力，现已开通了政府门户网站

（www. hannan. gov. cn），并进行了多次改版。网站首先承载了在线公开信息功能。同时，该区正在推广以政府网站为依托的网上办事平台。当前，企业登记、环保绿化、公安、城建等部门涉及的行政审批活动大都可以通过网络在线办理。而且，网站还为百姓与政府机关的沟通交流提供了平台，建立了区长信箱、举报信箱等交流平台，实现网上受理投诉，在网上与百姓进行交流等。

（二）结合本地实际，探索完善行政审批机制

汉南区在落实行政审批改革举措的过程中，特别注重从强化服务入手，加强政务服务中心建设。该区于2004年成立了汉南区政务服务中心，负责对集中办理各类行政许可事项进行组织、协调、管理和监督，为公民、法人和其他组织提供规范、公开、便捷、高效的"一站式"行政服务。该中心属于区人民政府派出机构，中心大厅设置有60个服务窗口、1个集中收费窗口，行政审批项目153项，提供便民服务117项。经过近几年的建设，服务功能不断完善，服务领域不断拓展。

汉南区在工作中既严格落实上级政策，又注重研究本地实际情况。比如，除了个别部门的某些项目因业务量极少等没有纳入政务服务中心之外，也出现了个别部门撤离中心的情况。比如，区人口与计划生育委员会办证量较大，特别是二孩指标审批的服务对象主要是农村居民，过去在全区各街道、农场设立了计生服务站，在村队配备了服务专干，直接在农村基层受理农村居民二孩指标申请，若将此项目强行纳入政务中心，群众办事反而不便。因此，区里决定暂不将计生委项目纳入政务中心，体现便民、务实的政府服务理念。这在有的地方一窝蜂地建设政务中心的大环境下，无疑显示出了一定的头脑和胆识，也反映了其务实的工作态度。

（三）以改进政务服务为切入点，逐步规范区内行政收费管理

为不断改善经济发展软环境，汉南区以精减行政审批和收费项目为切入点，开展了对行政事业性收费的清理和整治工作。近年来，汉南区各部门对行政收费项目进行了集中清理，明确了本部门的收费项目、收费依据、收费标准等。在行政审批方面，在区监察局、物价部门的支持下，政

务服务中心认真开展全区行政事业性收费项目清理，深入各部门进行调查研究，并学习借鉴外地经验，向区政府提交了《关于我区对工业投资企业行政收费有关事项的实施意见》（汉政〔2006〕8 号），推行收费明白卡，这对规范部门收费行为、促进软环境建设起到了积极作用。该中心还在全区开展了一次"执行明白卡制度情况回头看"工作，收集情况，发现问题，从而为下一步制定更加系统规范、更具有可操作性的收费实施办法提供了条件。对于一些经过清理需要保留的收费项目，汉南区还在权限范围内实行区内下浮，降低了收费标准。

（四）创新反腐倡廉的教育形式

汉南区积极创新反腐倡廉的教育形式，进行了很多有益的尝试。例如，建立干部警示教育基地，组织干部到监狱中听取身陷囹圄的腐败分子现身说法，开展读书思廉、廉政教育月活动，处级干部旁听职务犯罪审判活动，干部提拔任命时进行廉政训诫谈话，新提拔干部到信访局挂职接待群众来信来访等。汉南区还开发了廉政短信，自 2005 年开始，坚持每月利用手机短信息的形式向全区领导干部编发 1～2 条有廉政内容的信息，精心选编廉政格言、警句、条规、要求等，及时提醒领导干部廉洁自律。2007 年还开展了廉政短信公开评选奖励活动。

三 围绕和谐社会建设，构建维护社会稳定的长效机制

平安建设是构建和谐社会的基础。汉南区所辖多为国有农场和集体所有制的自然村，历史上属于城乡接合部，构建和谐社会所要解决的问题和矛盾比较多，巩固"平安区"，打造"平安汉南"是重中之重。

（一）努力服务和谐大局，准确定位基层机关地位，加强队伍建设

汉南区委区政府充分认识到，平安建设的目标和任务就是要实现公平正义。各政法机关是平安建设、维护稳定、实现公平正义的重要力量。因此，区委区政府非常重视政法机关的建设，从领导配备到编制确定等各个方面都给予支持，从经费拨付到硬件配备给予充分保障。

汉南区十分重视政法队伍建设。高度重视对政法机关干部的选拔、教育、监督和培养，推动政法机关领导班子的学历和年龄结构走向合理化，大胆提拔年富力强有朝气、有进取精神，懂政法业务，能够开拓进取的政法干部进入领导层，并采取措施切实提高政法机关领导的决策和管理水平，加强对他们的全面培训，进一步增强大局意识和责任意识。通过加强政治队伍建设，汉南区政法队伍涌现出了一批"好法官""好警官""调解能手"，受到省市的嘉奖和表彰。

平安建设需要保持清正廉洁。汉南政法机关把公正执法作为机关建设的第一要务来抓。汉南法院实行纪检组与监察室合署办公，实行党风廉政建设责任制，把落实党风廉政建设责任制纳入目标管理，并延伸到审判工作第一线，延伸到干警八小时工作外，管好干警八小时以外的"生活圈""社交圈"，实行廉洁自律的承诺制；初任审判员应作廉政宣誓，全院干警定期进行集体廉政宣誓；推行"五条禁令"，即禁止办关系案、人情案，禁止接受当事人吃请，禁止接受当事人财物，禁止同当事人一起娱乐，禁止派单当事人报销；领导认真执行报告个人重大事项、个人及家庭收入制度；加强违法违纪案件的查处等等。通过建立完善的执法、办案、监督工作机制，汉南区的政法机关基本没有发生过司法腐败问题，区法院连续14年未出现一例司法腐败案件，区检察院干警连续5年保持了"零投诉"。

（二）创新工作机制，维护社会稳定

基层的平安建设和稳定局面的维护必须正视制约发展的各种现实情况，认真找出存在的问题，进行制度建设与制度创新。

汉南区区委、区政府注重以实际工作业绩赢得社会各界的肯定和支持。农村社会治安是湖北省各级党委政府关注的重点，自20世纪90年代以来，湖北省各级综治部门致力探索的"治安中心户"是一个有益的创新。汉南区公安分局以中心户和流动人口管理为基础，加强农村警务建设，按照实用、规范、统一的要求，设置农村警务室、划分责任区，明确责任区民警的职责任务及工作方式，积极探索和完善农村警务工作模式，建立农村警务工作的保障机制（见图1）。

| 实有人口1万或8个行政村左右 | 一区一警，一警多能，一包到底 | 模式：警治联勤安保联动 |

⇓⇓

职责

| 开展群众工作 |
| 掌握社情民意 |
| 管理实有人口 |
| 组织安全防范 |
| 维护治安秩序 |

图1　农村警务战略图解

在检察业务方面，汉南区检察院认真贯彻宽严相济的刑事司法政策，以案件质量为生命线，在严格依法办案、打击刑事犯罪的同时，积极探索对轻微刑事案件适用刑事和解政策，最大限度地调和社会矛盾，增加和谐因素。不断深化预防职务犯罪工作，通过开展个案预防、专项预防、行业预防，与有关单位开展预防共建，进一步强化公职人员依法行政、依法办事意识，着力构建社会化预防网络。通过推行执法档案、业务工作流程、联动工作机制、轻微刑事案件快速办理机制等制度，建立以"考学、考勤、考绩、考纪"为主体的绩效管理机制，全方位加强办案力度，提高办案质量，努力实现法律效果与社会效果的统一，为构建和谐社会提供强有力的法制保障。

汉南区法院在探索多元化矛盾预防与化解方面也形成了一系列成功的经验，包括：整合社会资源，充分调动人民陪审员、人民调解员参与审判、协助调解的积极性；建立诉讼调解网络，发挥诉讼调解网络功能；指导人民调解工作，减少诉讼总量；创新调解工作方式，把调解贯穿审判全过程；拓展司法救助范围，保护弱势群体诉权。近年来，汉南区法院在刑事司法领域坚持实体处理的正确性与诉讼程序的正当性的统一，确保无罪的人不受刑事追究。在刑事审理工作中，当严则严、当宽则宽、宽严相济，最大限度地减少社会对立面，刑事附带民事诉讼案件民事部分调解率和到位率连年超过95%，没有因赔偿未到位而引发的新刑事案件。在民事审判领域，坚持"能调则调，当判则判，调判结合，案结事了"的民商事审判方针（见表2），建立了以诉讼调解工作指导小组为龙头，以审判业务庭和基层法庭为中心，以基层司法所和人民调解委员会为基础，以人民陪审员、人民调解员为依托的调解组织体系；在民商事执行领域，注重以执行和解为首选结案方式，努力促进官民和谐、劳动关系和谐、市场交易主体和谐，充分关注困难群体的司法需求。

表 2　汉南区法院 2002～2006 年民事案件调解、撤诉情况

	2002 年	2003 年	2004 年	2005 年	2006 年	合计
案件数（件）	370	316	747	413	267	2113
调撤率（%）	70	67	87	88	75.6	77.5

移民人口占大多数是汉南区的基本情况，为此，汉南区把加强流动人口管理作为其工作的重点。汉南区公安分局与区人口计生委携手开展建立"资源共享、紧密协作、各司其职、联责互动"的工作机制，加强流动人口管理服务工作。即计生、公安两部门联手互动，齐抓共管流动人口计划生育工作，在社区（村）形成责任区民警、协管员、计生专干、社区工作信息源（中心户长）四方人员一体化开展流动人口登记、验证、催办证、补救、宣传等计划生育管理活动的工作机制，以全面加强流动人口和房屋出租户管理，落实流动人口计划生育和治安管理工作目标。

从社会治安来看，全区社会稳定、命案逐年下降、涉恶涉黑犯罪得到有效控制，刑事发案总体平稳。这与汉南公安分局认真履行职能、不断加强自身建设分不开。再如，汉南分局自 2001 年开始，站在增强人民群众安全的角度，认真落实公安部"命案必防命案必破"的工作要求，从打击和防范两方面入手，加大了命案侦破和防范工作，2001 年以来，连续七年实现了命案必破，命案发生率逐年递减。

四　整合社会资源，构建平安汉南

贯彻和落实科学发展观，离不开公共社会资源的激活、整合和运用。在不少实践（也包括研究）当中，人们常常过分重视公共资源的物质性

和技术性，却相对忽视公共资源的人性，过分依赖物质经济资源而忽视利用公共社会资源，汉南区更加注重整合社会资源，特别是人的作用。

在平安汉南的构建中，不少职能部门在完成工作任务的基础上走出机关，与相关企事业单位以及社区群众联合起来，努力实现资源的整合，共同探索构建平安汉南的道路，积累了不少有益的经验。汉南区在实践中探索了城管副校长制度、治安中心户长制度等，所遵循的都是整合资源的精神，包括资源的横向整合模式（指部门间的联动）以及资源的激活和再利用模式（指挖掘传统资源和开发新资源）。汉南经验的价值不在于出台和实践了几项制度，而在于探索了一条激活、整合、运用社会资源解决现实问题的思路。

（一）城管副校长的设置与平安校园建设

为了让青少年茁壮成长，汉南区采取了一系列措施。开办少年法庭、少年法官学校、未成年人犯罪模拟审判、小小交警等系列活动。由于措施得力，汉南区经常性未成年人犯罪为零。

2004 年 8 月，在汉南区综治委的统筹协调下，汉南区城管局、汉南区教育局以及城区中小学校联合行动，在城区中小学校设置了城管副校长，以加强平安校园建设。四年来，设置城管副校长的联合行动逐步实现了考核标准化、选聘制度化以及工作规范化，得到了武汉市有关部门的认可，并在全市范围内推广。

城市管理工作"执法难、难执法"，校园周边地区的城管工作尤其不好做。汉南城管副校长制度的建立与实践为解决这个难题作出了有益的探索。该制度具有很多特点。①政府相关职能部门针对学校及其周边地区的特点，打破条块分割的局面，合理延伸工作手臂，使得管理资源的有机整合成为可能。②学校成立了由分管副校长牵头，政教处、总务处、班主任及学生干部参与的校园周边环境整治工作专班，推动了学校对相关工作的进一步重视和相应机构的成立。③管理资源得到整合之后，逐步摸索出一套有效的部门合作联动机制，就是"八小时之内与八小时之外相结合""城管部门的管理与学校管理相结合"以及"集中整治和分散管理相结合"。④城管副校长的设置实现了管理与服务双重角色的统一。城管副校长既履行了城市管理的职责，又担当了循循善诱的城管知识的传授者。后一种角色更侧重服务于未来的城市管理，因为通过传授城管知识与理念，城管副校长们赢得的是一批未来的市民以及他们对城市管理工作的理解、拥护、支持和参与。

（二）治安中心户长制度与平安农村社区建设

治安中心户长①制度可以说是汉南区的又一特色。该制度是在每个村组选择群众基础好、有威望、协调能力强、热心公共事业的群众进行自我管理的一种方式。治安中心户长"既是群众中的一员，也是人民调解的前哨"，他们充当居民与外界和政府部门联系的纽带和桥梁，管理居住地的大小事宜。法院、公安局、司法局等几个单位都将中心户长视为本单位工作的"最基层触角"。当前，汉南全区共有居民小组和村民小组 314 个，共设置 330 个中心户长②。"治安中心户长"充当"五员"角色：人民调解员、"两劳"帮教员、"普法"宣讲员、司法联络员、综治信息员。

在实践过程中，治安中心户长制度本身也在逐步完善。首先，在报酬方面，中心户长一般由计生专干兼任，既享受计生方面的补贴（城区计生专干每人每月补贴 60 元，农村计生专干每人每月补贴 25 元），又享受街道或农场治安方面的补贴（每人每月 10~15 元，从综治专项经费中列支，由财政拨付）。其次，在培训方面，汉南区司法局等单位定期对中心户长进行培训，以帮助和引导中心户长担负起"五员"重任。在 2007 年 5 月的东荆街中心户长培训班上，有 70 多人参加了培训。再次，在表彰方面，汉南区每年年终以街道为单位对优秀"治安中心户长"进行表彰，给予精神上和一定的物质奖励。今后，汉南区有关部门还将在提高待遇（具体指"将中心户长的报酬纳入财政预算"）、规范管理（具体指"对

---

① 在目前的汉南，关于"治安中心户长"的称呼还有"治调中心户长""司法中心户长"等。本课题组采用"治安中心户长"的称谓，但对所引用的材料中的称谓没有作改动。另外，治安中心户长制度在城镇社区也有设置和落实，但是本文重点关注该制度在农村社区的实施情况。

② 据介绍，人数比较多的村民小组或居民小组则设置两个中心户长。

中心户长颁发证书，做到推荐与指定人选相结合"等方法）和加强培训（具体指"定期不定期地举办专门培训班对中心户长进行培训"）等方面进一步加强。

值得指出的是，近年来，汉南区司法局在"治安中心户长"中开展以"听群众说什么（察民情、化民怨），问群众要什么（解民意、贴民心），帮群众做什么（聚民智、帮民富）"为主题的系列活动，试图探索如何寓治安管理于全心全意为民办实事、真心真意为民做好事当中的路子。汉南区公安局则在治安中心户长工作制度规范化方面作出了一些探索，强调"各警务室要在自然村湾式治安较为复杂的地方设立治安中心户长、治安联系点，并建立统一的工作台账"，而且"各所要紧紧依靠地方党委和政府，为中心户长和联系点积极争取一定的报酬，解决长效机制"。据汉南区公安局负责人介绍，目前公安局方面统计的中心户长有46人（另有信息员100人、治安中心联系点100处），全部要求"统一工作职责、登记本、标志牌以及台账"。

汉南区实行中心户长制度的目的在于进一步加强综治工作力量，为减少和预防纠纷的激化构筑第一道防线，维护农村社会的稳定。事实表明，该制度预设基本取得了预期效果。据汉南区司法局有关负责人介绍，"近两年来，全区司户联调各类矛盾纠纷150余件，司法中心户长已经成为最基层一支维护社会和谐稳定的不可缺少的主力军"。

从制度上看，治安中心户长的特点之一是弥补了管理真空。如图2所示，从"汉南区政府"到"自然村湾"共有五个管理层级（包括行政层级和群众自我管理组织），前面的四个管理层级分别设置了负责人：区长→街道办事处主任（农场场长）→大队长→小队长。在五个管理层级中设置四个层级的负责人是一般模式。显然，如果"自然村湾"这个层级没有负责人，就会出现管理真空或断层，因为"以小队为单位管理面大，小队长工作职能多顾不过来"。这种管理真空或断层必定弱化信息的上传下达、影响政策的贯彻执行。中心户长制度的实施，弥补了这一管理真空，解决了这一管理断层的问题，中心户长成为"最基层的触角"。

治安中心户长制度的第二个特点是充分利用了既有资源。如前所述，

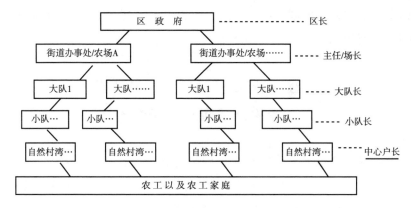

图 2　汉南区农场管理模式与层级/中心户长的设置

治安中心户长制度与 20 世纪 80 年代初期汉南所实施的 10 户联防制度，以及 90 年代初期汉南所实施的"计生中心户长"制度有着历史的渊源。汉南区有关部门对两种制度进行了"嫁接"，形成了治安中心户长制度。治安中心户长一方面继承了 10 户联防制度当中的群众联防传统，但改季节性防护为常年性防护；另一方面，它仅仅是对"计生中心户长"进行职能拓展和功能附加，避免了重复建设，减少了工作矛盾，节约了工作成本。从这两方面来看，治安中心户长制度的实施实现了"捆绑效应"。

治安中心户长制度的第三个特点是体现了在熟人社会情境中引导群众实行自我管理的精神。熟人社会的一般特点是人少面熟、邻里之间知根知底，地方性知识对生活的影响往往大于其他知识类型。对此，外人的介入管理往往可能会事倍功半，由内部"有威信"的担任领导者和管理者则可能出现事半功倍的效果。因为只有内部"群众基础好、有威望、协调能力强、热心公共事业的"人才可能做到经常在"村前村后转一转，房前屋后站一站，重点户头问一问，遇到事情办一办"，也才可能懂得如何运用地方性知识来解决所面临的复杂事件。正因为如此，这个制度实际上是利用了"中心户长"扎根基层一线的优势，时刻掌握农户的思想动态，发现苗头及时上报，及时调解，真正做到将矛盾纠纷消灭在萌芽状态，化解在基层。

从对治安中心户长制度的分析情况来看，它所体现的是政府职能部门发动群众、依靠群众、引导群众参与社会管理的思路，所探索的是社会资源的激活与再利用机制，所实现的是群众的自我管理能力的提高和平安（城镇、农村）社区的基本形成。

五　构建多样化的社会纠纷处理机制，慎重妥善应对群体性事件

汉南区十分重视充分发挥"大调解机制"的作用，努力降低纠纷解决成本。近年来，针对矛盾纠纷日益错综复杂的状况，汉南区不断创新举措，探索出了具有汉南特色的"司警联调、司庭联调、司街联调、司户联调"工作机制，实行优势互补，资源共享，健全大调解机制，构建大稳定格局，最大限度实现息诉、息访，做到矛盾纠纷"四不出"，即小纠纷不出组、大纠纷不出村、疑难纠纷不出街道（农场）、重大纠纷不出区，努力把矛盾纠纷化解在基层，消除在萌芽状态。汉南区为有效化解社会矛盾，落实执政为民，进行了很多探索。

首先，建立领导负责包案制度和工作责任制度。汉南区坚持"一把手"负责，各级各部门主要领导为第一责任人，落实领导责任制，实行属地管理责任制、部门责任制、分级调处责任制、包案调处责任制。对突发性事件、群体性上访等重大问题，区委区政府要求实现"四个一"工作机制，即一个问题、一个专班、一套方案、一抓到底。坚持"属地管理"和"谁主管，谁负责"原则以及按照"统一受理，集中梳理，归口管理，依法办理，限期处理"的工作要求，建立主要领导负总责，分管领导具体负责，一级抓一级，层层抓落实。

其次，汉南区还建立了联席会议制度和排查制度。有关部门定期（每月）召开矛盾纠纷排查调处工作协调会议，交流通报情况，研究制定矛盾纠纷的解决办法等。定期（每月一次）和不定期（重大节假日、重要时段）开展矛盾纠纷排查工作，及时掌握纠纷动态。为进一步排除调处矛盾纠纷，汉南区根据上级精神，于2007年成立了"区矛盾纠纷排查调处工作领导小组"，并在各街整合基层综治、司法、公安、法庭、信访等部门的力量，成立了矛盾纠纷排查调处中心。矛盾纠纷排查调处工作主要通过信息联络、排查、联动等级制，履行接待来访、组织排查、分流指

派、调解纠纷、指导督办等职能。

再次，汉南区还建立了一系列配套制度，如挂牌督办制度，对重大矛盾纠纷实行分级挂牌督办，限期解决；信息反馈及报告制度，村民小组信息员每周向村报告情况，村每周向街排查调处中心报告情况，街排查调处中心每月向区大调解领导小组办公室报告情况；奖惩制度，实行表彰奖励、通报批评、黄牌警告、"一票否决"、追究责任等。

截至目前，汉南全区共建矛盾纠纷排查调处中心 4 个，人民调解委员会 72 个，共有调解员 1027 人，信息员 691 人（含司法中心户长）。近三年来，全区广大调解组织和调解员共调解各类矛盾纠纷 1439 件，将矛盾纠纷化解在基层，消除在萌芽状态，有力地维护了社会和谐稳定。

2007 年 6 月 10~17 日，湖北省党代表大会召开期间，武汉各区政府门前上访人群陡然增加，然而，汉南区却无一人上访。十七大期间，汉南区无一人进京上访。通过调研发现，与其他地区一样，在市场经济和社会发展的过程中，汉南区同样存在错综复杂的社会矛盾，处置不当同样会引发激烈的冲突乃至酿成大规模的群体性事件，但是，该区通过务实的工作，有效地化解和防范了纠纷。这其中主要有下述经验。

（一）决策的正确性与妥当性是预防和化解群体性事件的关键

近年来，群体性纠纷已经成为影响社会稳定的重大隐患，其原因错综复杂。征地拆迁、国企改制、下岗安置、劳资矛盾、环境污染、社保、腐败等都是群众反映最强烈的问题。汉南区的经济社会发展正处在深化之中，同样面临各种各样的矛盾。据汉南区解决群体性纠纷的经验，群体性纠纷的发生往往与政策的不完善、遗漏或者不当有关。因此，汉南区委区政府在制定和出台各项政策时，事前总要进行充分调研，征求各个社会群体和各社会阶层的意见，尽可能将矛盾消除在文件出台之前。决策出台以后，为了贯彻和取得实效，有关部门还要做深入的宣传工作和细致的思想工作。

例如，为了促进汉南区的经济发展，打通汉南与外界的交通要道，汉南区决定修建汉洪高速公路。为此，需要大量的土石填埋一些沟壑，但汉南区是平原地区，土方有限。于是，汉南区决定在所辖的滩头山取土，并严格依法履行了取土的所有程序。但施工却遭到了村民集体激烈抵制，甚至还在现场出现了肢体接触。经过调查了解，区委区政府找到了事情的根源：一是村民对修建高速公路的意义缺乏了解；二是在具体签订取土补偿合同时，村委会的工作不够公开，村委会没有召开村民大会公开讨论此事，而是挨家上门征求意见，由于村委会干部是村中两大族群中的周姓，因此，另一族群的肖姓村民认为其中有黑幕；三是对取土收益的处分不明确；四是村民对取土过程中劳务承包的分配不满意。针对这些问题，汉南区委采取了一系列措施。首先，成立了以区领导为首的领导小组，具体协调取土纠纷。其次，党委和政府动员 10 名政协委员和人大代表，多次深入农户，向村民解释修建高速公路的重要性以及取土对武汉、汉南乃至村民的意义。最后，重新召开村民大会，敦促村委会将卖土收益全部用于村建设，如改水、修路和新村建设，并妥善处理劳务工程承包中的问题。通过深入细致的工作，大多数村民都表示不再阻挠施工的正常进行，滩头山取土事件在可能演变为更大规模的群体性事件和集体上访事件之前得到了圆满解决。

通过滩头山取土事件，汉南区党委认识到：首先，党和政府的决策十分重要，政策违法肯定会引起群体性事件，在这种思想指导下，汉南区从政策的出台到后期的问题解决，都充分体现了政策和法律的一致。其次，在事件发生后，不慌不乱，利用各种力量，全面开展各种说服解释工作，取得村民的认同和支持。

（二）建立处理群体性事件联动机制，注重对群体性事件的前期预防

在处理群体性事件时，汉南区委区政府积极创新，建立处理群体性事件的联动机制，注重对群体性事件的前期预防。汉南区成立了各部门领导参加的群体性事件处理小组，区委区政府领导牵头，各部门如司法局、公安局、检察院、法院、信访局的主要负责人为第一责任人。群体性事件处理小组定期召开矛盾纠纷排查调处工作协调会议，交流通报情况，研究制定矛盾纠纷的解决办法。处理小组通过各基层部门，定期和不定期（重大节假日）开展社会矛盾排查工作，及时掌握纠纷动态，变被动处理为主动预防调处，做到事先能知情、事头能控制、事中能处理。

群体性事件发生后，汉南区党委和政府一把手和群体性事件处理小组的负责人都必须在第一时间奔赴现场，一方面可以避免事态的进一步扩大，另一方面由于各部门负责人都在现场，便于问题的协调和处理。

（三）仔细区分引发群体性事件的诉求

汉南区政府处理群体性事件的经验还显示，在群体性事件发生后，有关部门首先应区分群体性事件的性质，即用政策和法律来衡量群众提出的诉求是否合理。如果是合理的诉求，则应当尽快按照相应的政策和法律尽快予以解决。如果现有的经济状况尚不能满足解决这些诉求的条件，也应该按照实际情况，分阶段解决，并向群众做深入细致的思想工作，解释目前解决这个问题的难度，取得群众的谅解。如果是不合理的诉求，则除了进行深入细致的思想工作外，还应看有无情有可原的情况，在可能的条件下，做到依法执政，有情操作。通过一系列的工作，尽量解决上访群众的实际困难和问题，尽量让上访人员感受到政府的关注、社会的温暖，从而减少上访人员的数量，维护社会稳定。

（四）政法机关在处理群体性事件时应把握好分寸和介入时机

群体性事件发生后，依靠公检法的力量是我国绝大多数地区惯常的做法，但是，汉南经验显示，虽然政法部门在维护稳定、处理群体性事件中具有重要作用，但是，不应不加区分地使用警力，公安部门最好只参与一些协助处理的工作，解决问题还是应依靠当地政府。这样做的好处是可避免刺激现场的公众。警察到了现场后，也大多进行说服工作，遇到情绪激动的群众，尽管受到推搡和辱骂，也不轻易使用防暴措施。但这也并不意味着司法部门无原则地忍让，为了维护社会稳定和人民生命财产安全，司法部门的原则是该出手时就出手，必要时对那些严重危害社会治安的首要分子采取强制措施。因此，滩头山取土事件尽管冲突激烈，但并没有出现村民与公安部门正面冲突的情况，也没有一位闹事的村民因此被抓捕。而农场社保纠纷案中，由于一些人员不听劝阻围堵政府部门，危害了正常的社会秩序，其中有四名行为人因此被行政拘留。这些措施都有效地避免了群体性事件的恶化，维护了社会的稳定。

六　启示与展望

通过对汉南区的调研，我们可以从一个侧面了解广大基层政权在推进科学发展、加强依法治理、进行平安建设中的积极态度和有益尝试。总结"汉南经验"，可以概括为：坚持科学发展观为指导；坚定促进实现社会和谐的目标；稳农兴工，统筹城乡一体；依法治区，建设服务政府；创新维稳体制，构建平安汉南；积极关注民生，构建生态和谐。

我们认为，以下几点值得在具体工作中予以高度重视。

（一）"法治"是推进科学发展的保障

推进依法治国、建设社会主义法治国家不仅仅是要实现有法可依，还要确保法治统一；不仅仅要用法律来规范公民及各种社会组织的行为，更要用来法律来约束政府行为，使政府的所有活动都纳入法治的框架内，接受法律和公众的监督，减少人为因素和人情关系因素，以切实保障公民的权益。实践证明，凡是社会发展平稳、社会稳定的地方，必定是依法治理工作搞得有成效的，也必定是依法行政工作推行得好的。

法治还是处理群体性事件的主要手段。在当前形势下，绝大多数群体性事件的发生仍然是由人民内部矛盾引起的。之所以这样说，是因为矛盾的焦点和核心仍然是针对一些具体的利益需求，而非政治需求。认识到这一点，对各级政府部门的决策和事件处置至关重要。当然，这并不排除在没有妥善处理的情况下，一些群体性事件也存在转化为敌对事件、被敌对势力利用的危险和可能。我们应该清醒地认识到，正确认识事物的本质是分析和解决问题的前提。目前，处理群体性事件大多通过政治手段解决问题。这也恰恰说明，当前在我国，"执政党在社会纠纷排解中的强力作用远远大于国家一般的司法职能，也说明法院救济途径不通不畅或缺失，群众排解纠纷的法律意识远远低于权力意识"①。党的十七大报告明确指出："坚持依法治国基本方略，树立社会主义法治理念，实现国家各项工作法

---

① 宋胜澜：《处置群体性事件的法律对策研究》，天涯法律网。

治化，保障公民合法权益。"这表明，法律在规范国家制度、社会制度和调整各种社会关系上已具有根本性的意义和至高无上的地位。这就要求我们在观察、分析、判断和处理矛盾和社会问题时，必须坚持法治的视野、法治的立场、法治的原则、法治的方式和法治的程序。群体性事件既然是社会尖锐矛盾和突出问题的特殊表现，我们就应从法律的视角，运用法律途径和方法来认识、分析和解决矛盾。当然，要真正妥善解决"群体性事件"，就需要坚持法治原则，真正做到以人为本，尤其要关注弱势群体的冷暖。

（二）科学发展、平安建设需要与时俱进地提高执政能力

改善执政能力，首先应树立执政意识和市场经济新观念，不断提高分析问题和解决问题的能力；其次，健全民主集中制；再次，建设一支高素质的干部队伍；复次，加强制度建设，清除腐败；最后，依法执政。具体到群体性事件的发生和激化，一些基层干部的水平不高，化解矛盾的能力不强导致事件升级。"群体性事件"的背后，也可能暗藏着民众对社会不公、官员腐败等恶劣现象的不满。因此，妥善处理群体性事件，一方面需要党的基层干部提高素质和处理事件的能力，另一方面，要形成科学有效的利益协调机制、诉求表达机制、矛盾调处机制、权益保障机制。这无疑都是对党的执政能力提出的新要求。

（三）科学发展需要不断转变政府职能

不断适应新形势的需求，适时科学转变政府职能是今后政府改革的重要任务。其关键是如何变简单的行政管理为全方位高质量的行政服务、如何变硬性的行政命令为灵活的指导与引导、如何变政府机关的单方管理为公众广泛参与的双方协作。汉南区在推进行政审批制度改革的过程中，努力探索政府由管理型向法治型、服务型转变的模式。以行政审批制度改革为突破口，以政务公开为手段，推进财务预算管理和编制公开，规范和监督各种行政权力，取消一些不合时宜的审批项目，取消不合理的行政收费，增进了政府权力运行的透明、公开、公正。通过着力推行一站式服务、窗口式办公、网上受理等，积极推动信息化管理，构建廉洁高效的服务型

政府。

政府职能的转变绝不意味着政府放弃管理，只承担"守夜人"或"公正裁判"的角色。"小政府，大社会"的设想与当前我国社会处于转型期、矛盾多发期对政府的要求并不相适应。当前，在社会主义市场经济体制还不完善，农村专业化组织还没有建立或不够强大，资金缺乏，信息不灵的情况下，迫切需要政府充分发挥服务、中介、引导和保障的作用。

（四）坚持科学发展还需要各级政府在各项制度与本地实际之间找到很好的切入点

首先，在政策、制度的推行过程中，既要注重制度的严肃性和统一性，又要避免不切实际地搞"一刀切"。以行政审批的一站式服务为例，汉南区在实践中充分考虑到本地的各种实际情况，没有一味照搬其他地方的经验，而是从本地区相关部门实际工作、工作成本、是否方便群众办事等出发，允许业务量少的部门不纳入政务服务中心，允许业务量大且业务流程复杂的部门单独在本部门开设窗口。这也给全国的行政审批制度改革提供了一些新的思路。

其次，坚持科学发展就需要地方政府从本地方实际出发，积极开拓创新。汉南区在打造平安汉南、和谐汉南的过程中，既注重党的强有力的领导，又十分注重制度建设，注重制度和机制的创新，注重制度的科学设计和切实可行，注重调动整体优势，努力形成一种有利于维护社会稳定的长效机制。在推进社会治理的过程中，汉南区先后创新或贯彻落实了城建副校长制度、治安中心户长制度、"首席调解员"工作机制、矛盾纠纷排查调处工作机制、联动大调处工作机制等。实践证明，这些制度建设，对于推进平安校园建设、和谐社区建设等都发挥了积极的作用，有利于社会的长治久安。

（五）法制宣传是打造科学发展的法治软环境所不可或缺的，也是预防和处理群体性恶性事件的必要步骤

法律是用来规范包括政府机关在内的每个社会成员行为的准则，调节社会成员之间的利益关系的准则，具有权威性、公正性和强制性。只有所

有成员均能充分了解法律制度的具体规定、深入领会法治的精神，法律才能真正成为维护公民合法权益、维护社会良好秩序的保障。现实中，往往因为社会成员尤其是广大群众不了解有关法律制度，不了解自身享有的权利，导致不知如何依法维权。

以政府信息公开为例，在地方法规规章明确保障公民申请政府机关公开政府信息的情况下，来自广大群众的申请仍旧较少，这至少从一个侧面反映了其对政府信息公开制度的认识还不够充分，特别是不了解自己究竟享有哪些权利以及如何运用这些权利。类似的情况在很多制度的实施中都普遍存在。其直接结果就是，许多制度创新无法从广大群众那里获得有力的响应和推动力，而主要依靠政府机关和领导干部自上而下推行。这表明，在不断发展经济、提高广大群众的生活水平的同时，还需要不断加强法制宣传教育，提高广大群众的民主、法治、权利意识。这不但可以使广大群众在同政府打交道的过程中更有自信、更加主动，实际上，也可以有力地促进政府机关依法行政，并最终有利于提高政府的执政能力。

在处理已经发生的群体性事件时，法制宣传同样具有重要作用。在宣传教育活动中，有关部门可以告知参与者，什么是合法行为，什么是违法行为，如何寻找合法途径寻求利益支持。法制宣传教育可以有效地缓解群众对党和政府的对立情绪，有利于问题的解决。运用法制宣传教育手段来预防和处理群体性事件，是我们党在新时期解决现实问题的创新。在处理群体性事件中，能起到的作用比动用警力要好得多。

同时，在预防群体性事件发生方面，法制宣传教育具有重要的作用。法制教育是依法治国的具体化，不断增强广大干部群众的法律知识和法律意识，提高党政干部依法办事能力和人民群众依法维护合法权利的能力，是一种治本方法。将法律知识寓于宣传教育之中，使群众了解政策、法律，学会通过正当途径保护自己的合法权益。通过法制宣传教育，一是增强广大群众遵纪守法的自觉性，二是提高广大群众依法保护自身合法权益的认识，三是使广大群众明白依法解决问题的方法和途径。可以说，法制教育到位，可以防患于未然，并把许多群体性事件消灭于萌芽状态。

（参见法治蓝皮书《中国法治发展报告 No.6（2008）》）

第二十九章　金寨惠民资金公开的
实践与展望

摘　要：金寨县近年在基层惠民资金公开方面，积极主动探索创新，其重视程度高，推进力度大，并有效地将公开与惠民资金管理者有机结合在一起，成效较为明显。发展至今，惠民资金公开已成为当地建设法治政府、廉洁政府、服务政府、透明政府的重要举措和有效抓手。

国家各项基层惠民资金落实的程度直接关系到基层群众的生产生活、关系到政府公信力。近年来，安徽省六安市金寨县积极探索，坚持把"公开透明"作为落实好惠民政策、提升政府公信力、促进党风廉政建设、加强基层民主的工作方法。其将"要我做"转变为"我要做"，敢于公开，勇于接受监督，充分发挥"公开透明"在保障科学决策、公平公正、服务高效、廉政建设、维护稳定等方面的有效作用。

一　金寨县基层公开的背景

金寨县位于安徽西部、大别山腹地、鄂豫皖三省七县两区结合部，总面积3814平方公里，总人口68万，其中农业人口57万，辖23个乡镇、1个现代产业园区、226个行政村，是全国著名的将军县、全国扶贫开发工作重点县，也是安徽省面积最大、山库区人口最多的县和安徽省农村综合改革试点县。

随着 2003 年国家逐步取消"三提五统"（即村级三项提留和五项乡统筹）和农业"两税"（即农业税和农业特产税）征收等农村税费改革，党中央、国务院高度重视"三农"工作，连续多年出台"1 号"文件，加大"三农"方面的投入，惠民政策逐年加强，惠民资金逐年增加，补贴领域逐年拓宽。近年来，按上级规定，金寨县每年发放各级各类政策性惠民补贴资金均在 5 亿元以上。2013 年，惠民补贴资金金额达 58687 万元，人均受益近 1000 元；2014 年金额达 70033 万元，人均受益近 1220 元[①]。

随着各类惠民资金规模的不断增加，普通群众对惠民资金的流向分配关注程度越来越高。"好事没办好"的现象不时出现，甚至滋生新的弊病，突出表现在以下方面。

一是一些惠民资金的使用效率不高。之前由于经手人多、审批环节多，各层级的贪污、挪用、截留、代领、优亲厚友等现象并非罕见，导致惠民资金的投放精准度不高。

二是基层干部违法犯罪并非少见。随着惠民资金项目、规模的不断增加，加上相关制度机制不够健全，乡镇、村干部相关的违法违规现象一度有上升趋势。首先是侵害群众切身权益的现象时有发生，这表现为截留、冒领、贪污、挪用、克扣城乡低保、救灾救济、医疗救助及各项涉农补贴等惠民资金，侵吞土地征收、房屋拆迁、危房改造等补偿金，处理救助、补贴等事务时吃拿卡要或者收受、索取财物、私自收费等。其次是骗取国家惠民资金的现象时有发生，这主要是利用职权骗取移民后期扶持资金，违反城乡低保法规文件办理"人情保、关系保"，贪污、克扣、截留、挪用、弄虚作假套取征地拆迁补偿资金。最后是程序违法的现象较为普遍。这包括村财务制度不健全、管理混乱等。事实上，"乡村级腐败"主要就发生在惠民资金方面，金寨当地村委会干部因为骗取国家库区移民补助款、危房改造项目资金、改水改厕项目资金等国家惠民资金，而被追究刑事责任的情况也时有发生。而截至 2015 年 7 月 15 日，全县已有 370 名村干部（其中党员 360 名）主动上缴违纪款 200.02 万元[②]。

---

① 以下若无特别说明，数据来源皆为金寨县自有数据。

② 参见《金寨县开展村干部违纪违法问题专项整治活动》，六安市监察局网站，http://www.lajjjc.gov.cn/article.php？MsgId=159255，最后访问日期：2015 年 12 月 12 日。

三是群众信访投诉压力巨大。群众对惠民资金关注程度、参与意识越来越强，越来越关注惠民资金发放的公平、公正，相关投诉信访压力巨大。比如，南溪镇2014年低保户2800余户，一些不符合条件的家庭也享受了资金分配，群众意见大，认为"优亲厚友"，上访、投诉不断，全年因保障资金分配上访51人次。

二　金寨基层公开的做法

惠民资金发放、使用中暴露出的问题影响到群众切身利益，妨害到国家资金的依法使用，也损害了政府公信力，这些倒逼金寨县规范惠民资金的使用。为此，金寨县把"基层惠民资金公开"纳入政务、村务公开的重点领域，把"公开"作为政府工作的基本方法。为了使大量惠民资金落到实处，发挥作用，金寨县积极转变工作方法，创新惠民资金管理机制，完善为民服务方式。2004年起，金寨县在落实惠民政策上开全国之先河，成功实施了惠民资金"一卡通"改革，把由部门分散管理、发放的各项惠民资金改由财政部门集中管理、统一打卡发放。2007年起，金寨县为进一步规范惠民补助对象管理，防止暗箱操作，确保基础数据和补助对象的真实性，实行惠民资金管理六个"一线实"试点，即责任明确一线实、规范操作一线实、动态管理一线实、政策衔接一线实、监督检查一线实、考核奖惩一线实，保证了惠民政策效益的最大化，维护了人民群众利益。

（一）明确公开范围

金寨县规定，凡是按照党和国家的有关政策规定由各级财政安排并直接发放给农民的各类补贴资金，均要纳入公开范围。主要包括四类：一是农业生产类资金，主要是为进一步促进农业生产，调动农民种粮积极性，增加农民收入，包括粮食直接补贴、农资综合直补，水稻等良种补贴、农机具购置补贴等；二是生活保障类资金，主要是为建立社会保障体系奠定基础，解决老有所养问题，保障城乡困难群众的生存权益，维护社会稳定，包括"五保户"补助、农村居民最低生活保障、抚恤（优抚）资金等；三是社会救助类资金，主要是面向社会，解决因灾、学、病、残等致基本生活困难而给予的救助和补助，包括灾民救灾补助、农村计划生育家庭奖励、农村贫困学生"两免一补"等；四是具有特定用途的补偿和其他补贴类资金，主要指执行国家宏观政策、促进生态建设、促进社会就业等方面的政策性补贴，包括森林生态效益补偿、成品油价格改革补贴、大中型水库移民后期扶持等。

（二）实行全程公开

为让群众更全面了解、参与惠民资金监督管理，金寨县由仅偏重"结果公开"向注重过程公开与结果公开并重转变，实行政策宣传公开、信息采集公开、对象评议公开、审核审批公开、资金发放公示"五公开"。政策宣传方面重点公开惠民补助资金类型、数额、补助对象和条件限制等政策信息；信息采集方面主要公开拟采集补助对象地区、范围、内容等基本信息，印制《金寨县惠民资金补助对象信息管理办法》；对象评议方面主要公开经村民代表大会或理事会民主评议后初拟补助对象和数额；审核审批方面主要公开惠民资金审核审批程序和县乡村三级审批单位；资金发放主要公示经各级审批后的补助对象及数额，全年惠民资金发放结束后，金寨县年终及时向补贴对象发放补贴资金"明白卡"，让群众全面了解全年补贴资金项目和数额，利于群众监督举报。例如，白塔畈镇在确定农村低保户时，除政策宣传公开外，执行三榜公示制度，一是将村民代表大会民主评议符合低保户的人员在镇村公开栏公示7天，二是将经镇政府审核评定的结果再在镇村公开栏公示7天，三是经县主管部门审批后将结果在镇村公开栏长期公示。通过全程公开，大大增强了工作透明度。

（三）丰富公开载体渠道

为确保群众对涉及切身利益的相关信息能"看得到、读得懂、信得过、能监督"，金寨县将现代技术与传统方法相结合，拓展公开载体。在传统方式上，主要依托为民服务中心、为民服务代理点、政务公开栏、村务公开栏（橱窗）、明白纸、广播、电视等传统方式进行公开，开通举报投诉电话，受理群众举报投诉，接受群众的监督。每年初由县财政部门牵头，会同县直有关单位编制惠民资金政策手册，发放惠民资金明白纸，让群众全面了解各项惠民资金政策。现代技术主要发挥政府网站在政府信息公开中的第一平台作用，建立以县政府门户网站、政府信息公开网、先锋网（组织部门面向社会公众的党建宣传与党员教育门户网站）为主要载体，各乡镇政府网站为支撑，村级政务公开网为补充的三级政务信息公开平台。县财政和各惠民资金主管部门分别依托自己的网站，同步进行公开，农户可通过安徽省财政厅网站《服务直通车》栏目中的"惠农补贴查询"系统，在线查询惠农补贴资金发放相关信息。

（四）将公开制度化

一是制定惠民资金信息主动公开、责任追究等12项监督制度。规范公开程序和时限要求，按照"谁负责、谁公开""谁公开、谁审查""谁审查、谁负责"的原则，资金打卡发放公示时间不少于7天。二是实行"县、乡、村"三级公开责任制度，落实公开责任主体，明确县级政府及组成部门、乡镇政府及直属单位、村两委是政府信息产生的主体，也是政务公开的责任主体，县政务公开办主要承担组织协调、日常监测、督察指导、考评考核等工作，并负责组织开展业务培训，每年举办信息员培训2次以上。三是建立惠民资金公开工作调度和督察考评机制，由县纪委牵头，将惠民资金公开工作与效能建设、督察督办相结合，实行"一周一更新、一月一调度、一季一监测、半年一督察、一年一考评"长效工作机制，每季度对网站信息发布情况进行监测并下发整改通报，将日常督察监测考核结果纳入效能考评，纳入目标管理责任制考评，确保惠民资金公开工作有序推进。

三　取得的成效

近年来，金寨县通过推行"基层惠民资金公开"制度，倒逼政府依法行政，大大提升了政府公信力，增强了工作透明度，促进了党风廉政建设，维护了社会稳定，取得了明显成效，得到了群众的拥护和上级认可。

（一）政府公信力得到提升

"基层惠民资金公开"增强了政府决策的公众认同度，维护了群众的民主权利，提升了政府公信力。基层惠民资金的公平分配，直接关系党和国家"温暖工程"的实施效果。金寨县委、县政府把公开作为与基层沟通意见、增进理解、提高认同、完善方案的有效渠道，要求资金发放阳光操作，全程公开，透明运行，征求群众意见，取信于民。所有涉及需要评议确定的惠民资金项目，均要通过召开村委与村民代表会议或村民理事会，让群众参与评议，然后层层审核，确定补助对象，并通过乡镇政务公开栏、村务公开栏、政府信息公开网页、村务公开网向社会多批次公示，接受群众监督举报。全过程实行民主决策、民主评议，保证了补贴对象的准确性，提升了政府为民服务的公信力。

（二）基层矛盾得到化解

"基层惠民资金公开"消除了群众误解隔阂，化解了基层矛盾，维护了社会稳定。通过基层惠民资金公开，阳光操作，透明运行，虚报冒领、优亲厚友、多吃多占的现象得到遏制，提高了群众知晓率，消除了群众误解，给群众一个明白，还干部一个清白，确保了各项政策公平、公开、公正落实，群众来信来访件（次）数大幅降低，促进了社会稳定。2015年，南溪镇党委政府将享受低保的家庭名单及原因全面公开，接受群众监督，低保户由2800余户下降至1300余户。低保数量减少了，上访、投诉的人也大大减少，促进了社会稳定，镇村干部更能将精力集中到中心工作上。2015年金寨县级共受理来访611批2750人次，同比分别下降了50.1%和53.1%[①]。

（三）便民服务效果显著

"基层惠民资金公开"倒逼行政效能提高，加强依法行政，提高了服

---

① 《关于报送全县"十二五"期间暨2015年信访工作总结的报告》（金信〔2015〕号），调研提供内部材料。

务效果。乡镇政府信息公开网、村务公开网、为民服务中心和村级代理点建设公开栏，公开了为民服务项目、服务流程、办事条件、服务时限、监督方式、投诉电话和查询方式，建立了为民服务登记台账。每一环节群众均能实时查询，有效监督。有了公开与监督，"门难进、脸难看、事难办"的"衙门"作风得到了根本改变，办事拖拉、敷衍塞责、推诿扯皮的不良风气得到扭转，增强了干部依法行政的自觉性。2015 年 1~8 月，23 个乡镇为民服务中心共办理代理事项 11000 余件，村代理点办理事项3000 余项，为民服务事项办理平均时间为 11 个工作日，较以往缩短了 9个工作日，效率提升 45%，做到了为民服务项目件件有着落，事事有回音，项项有结果。

（四）腐败增量得到遏制

"基层惠民资金公开"完善了有关制度，加强了廉洁自律，促进党风廉政建设在源头落实。基层惠民资金公开，让权力在阳光下运行，是源头上加强党风廉政建设的治本之策，是遏制"四风"、从源头上遏制"腐败增量"的关键环节。实施惠民资金公开，乡镇村将农村低保、农资补贴、危房改造等惠民资金全面公开，到村到户，接受群众监督，"暗箱操作"空间得到最大化压缩，从源头上遏制了"腐败增量"。过去金寨县乡镇村干部因落实惠民资金群众反映大，受到查处较多，近年来，由于实施政务公开，提高村干部待遇，群众检举、投诉、上访明显减少。据统计，2015年 1~8 月，县纪委接受群众来信来访来电 167 件，其中检举控告 114 件，较上年同期 263 件、191 件，分别减少 36.5%、40.3%。

当然，仅仅反腐还不够，还要让村干部不想腐，为此县委、县政府出台提高村干部待遇的规定，促进村干部强化岗位责任意识、风险防控意识、廉洁自律意识，形成不想腐、不能腐、不敢腐的有效机制。一是建立村干部报酬和养老保险逐年增长机制。规定村干部报酬由"基本报酬+业绩考核奖励报酬"组成，基本报酬标准按照不低于上年度农村常住居民人均可支配收入的 2 倍确定，由县财政全额承担，业绩考核奖励报酬按照不低于报酬总额的 30%确定，由乡镇人民政府负责；村干部养老保险年缴费金额不低于上年度农村常住居民人均可支配收入的 35%，其中村干部个人缴费额不超过缴费总额的 30%。2015 年，全县村干部每人每月一次性增加基本报酬 100 元，村干部养老保险缴费金额为 2716 元，县财政承担 1901 元，村干部个人承担 815 元。二是设置工龄补贴。从 2015 年起，按照 5 元/年的标准累加计算工龄补贴，与基本报酬一起，每月打卡发放，由县财政承担。三是设立村干部廉政风险保证金。从 2015 年起，按照每人每月 300 元的标准设立廉政风险保证金。在每年初列入县财政预算，由县财政全额承担，设立财政专户，实行统一管理。在村干部正常离任后，本人提出书面申请，经乡镇党委、纪委审核，县纪委、县委组织部审批后，由财政部门负责打卡发放。

四　经验总结

金寨县基层惠民资金公开为政务公开、村务公开树立了榜样，积累了经验。其经验可总结如下。

（一）牢固树立公开意识

在金寨推进政府信息公开工作的过程中，逐渐形成了"公开为常态，不公开为例外"的意识，将公开作为日常工作的常态和共识，将公开的各项规定变为工作的习惯，变被动公开为主动公开，变"要我公开"为"我要公开"。

（二）将公开嵌入相关工作机制

公开已成为金寨县政府推进工作的基本方法，把公开作为落实政策、加强沟通、增强透明度、促进公平公正的主要工作方法，贯穿于整个工作的全过程。随着金寨县加快推进依法行政，政务公开制度建设已基本完善，正走向规范化轨道。

（三）灵活采用多种形式公开信息

金寨县针对地处山区、居住分散的现状，采取简单实用、方便可行的公开方式，力求公开的内容群众看得到、看得懂。在乡镇、村的政务

（村务）公开栏、信息查阅点按时公开群众关注的事项信息，白纸黑字张榜公布，会识字的基本都能看明白。同时在县和乡镇政府门户网站公开各类信息，大大方便了在外务工人员上网查看本镇、本村、本户各项补贴资金的发放情况以及各项政策的落实情况。

（四）落实责任与绩效考评相结合

权责清晰是考评的前提和抓手，在实践中部门与部门之间相互推诿根源就是权责不清，因此破解公开难题一定要明晰责任。金寨县逐级落实公开责任，明确县级政府及组成部门、乡镇政府及直属单位是政府信息产生的主体，也是政务公开的责任主体，形成层层抓落实的工作机制。县政务公开办承担组织协调、日常监测、督察指导、考评考核等工作，并负责组织开展业务培训，每年举办业务培训，每季度对网站信息发布情况进行监测并下发整改通报。县政府将政务公开的督察、监测、考评结果纳入县直部门效能考评和乡镇目标管理责任制考评，以考评促公开。

五　存在的问题与不足

金寨县在推进基层政府信息公开和政务公开方面取得了积极成效，但也存在有待改进和完善之处。

第一，对政务公开工作重视程度不一。虽然中央层面对政务公开工作要求严，各级政府领导也非常重视，省、市、县三级单位通过各种手段督促各个部门公开。但对具体部门和有关人员来讲，许多还没有完全引起足够重视，把政务公开只是当作一种要求，而不是完全当作自觉行动。因而，在一些单位，公开仍然停留在被动层面，认为公开是工作完成后的一种宣传，而没有将公开认定为政府工作的必经程序。

第二，政务公开工作推进深度和广度不够。信息公开之后，会将之前工作的漏洞和疏忽完全暴露给群众。群众会以此来质疑政府，从而对基层政府的工作带来不利影响，因此基层公开的广度和深度越是不足，越是会出现恶性循环：工作存在纰漏越是不愿意公开，公开的信息也就越少，越无助于减少工作纰漏。

　　第三，公开制度性规定仍然存在不足。虽然《政府信息公开条例》和国务院办公厅下发的政府信息公开要点明确了政务公开的范围和重点，但是对于某些重大项目、重要资金、重大工程实施安排，没有作硬性规定要求。省、市、县针对本区域的实际情况公布了公开的文件要求，但这些文件规定可操作性差，最终导致公开效果不佳。

　　第四，公开载体有待进一步丰富。当前政务公开选择的传播媒体主要是网络、报纸、公开栏等，但对于农村的村民而言，网络并不是他们获取信息的最主要渠道，虽然有村镇信息公开栏公开信息，但仍然不能做到全覆盖。电视作为农村村民获取信息的最主要渠道，基本可以覆盖大部分农村，但是目前在电视栏目中尚未开辟政务公开专题。

　　第五，公开信息不准确。信息公开的基本要求之一便是所公开的信息准确无误，但是在实践中，由于信息量巨大，造成信息审阅和公布存在难免的瑕疵和错误。例如，有的乡镇、村居在网上公开资金发放结果时出现了身份证号码错误、身份证号码与本人不匹配等现象。如何在推进政务公开的过程中准确录入和公开信息已经成为亟待解决的难题。

六　展望与建议

　　2016 年，中共中央办公厅、国务院办公厅印发了《全面推进政务公开工作的意见》，政务公开工作进入快车道。金寨县基层惠民资金公开只是基层公开的一个缩影，其在推动基层政务公开方面的努力、创新以及经验值得在全国推广，但是所反映的问题也值得深刻反思。这对于化解金寨在信息公开中面临的问题，乃至推动全国的信息公开工作都有重要意义。

　　第一，出台细化可操作的公开标准。虽然金寨的信息公开有《政府信息公开条例》《社会保险法》《社会救助暂行办法》等上位法依据，但是应当怎么公开、公开的标准等具体问题上位法往往缺乏具体规定。为此，建议国家、省级层面出台政务公开标准化、规范化的专门政策文件，推动基层公开工作有序进行。

第二，完善公开体制机制。《政府信息公开条例》的一些规定已难以适应复杂多变的信息公开需求。因此建议修订完善政务公开有关制度规定，做到有章可循，有力推进政务公开工作。同时，在制度设计时，应当将公开工作放置在政府管理事项中，作为政府工作的必经程序，而非作为事后的宣传和公示，只有这样才能转变政务公开的工作思路，真正从"要我公开"转变为"我要公开"。

第三，行政推动与群众需求相结合。当下，公众的信息公开需求与传统行政思维惯性在一些地方和部门仍存在矛盾。在主动公开尚未成为自觉行动的情况下，公开工作需要行政强力推动。比如，金寨县涉及资金发放、项目建设、行政审批等事项，群众希望公开透明、规范运作，了解、参与并予以监督。但部分乡镇和村，受传统的行政思维影响，尚不习惯群众评议、张榜公示等现代管理方式。有的注重结果公开而不注重过程公开，一定程度上影响了民生工程的公信力。有的公开底气不足，资金发放结果公开不充分，群众有怨言，好事往往得不到好评。有的地方、部门把政务公开、政府信息公开视为额外任务，而不是当作"吸纳意见、完善方案、统一思想"的机制创新。因而，传统的"急事急办"工作思维往往导致重大事项决策的过程公开不充分，决策的社会认同度不高，影响决策效果。因此，在群众需求受到传统行政思维制约的情况下，没有外力的"破茧"，很难取得成功。因而，需要行政强力推动，把自上而下传导的压力与群众需求的"动力"有效融合，从而推动传统治理向现代治理的转变。

第四，配备与工作相适应的人员编制。信息公开工作的推进离不开具体工作人员的付出。相比省级和市级单位，县级单位专职从事信息公开的人员数量较少、人员变动大，常常是从事其他工作的人员兼职来落实信息公开政策。由于兼职较多，专业程度低，遇到依申请公开，难以判断是否符合国家规定，大大降低了服务的效果。因此，增加基层从事信息公开工作的人员编制是关键，今后国家层面应当着重研究解决基层工作机构和编制问题，加强政务公开队伍和能力建设。专岗专职从事信息公开工作，既能够提升信息公开的服务质量，又能大幅提高信息的准确性，避免公开错误信息。

　　第五，强化公开的考核机制。政府信息公开若仅仅停留在文件宣传层面，政府信息公开工作不会有任何进展，没有监督和考评就不会有工作实效。因此，建议国家、省级层面将政务公开政务服务工作纳入对各级政府工作目标考评内容，加大考核权重。只有纳入考核才能够引起各级各部门的高度重视，使政务公开政务服务工作成为政府工作的主要方法和自觉行动。

　　（参见地方法治蓝皮书《中国地方法治发展报告 No.2（2016）》）

第三十章　云南迪庆藏区法治建设调研报告

摘　要：迪庆藏区深入推进依法治州，大力开展普法工作，积极贯彻实施自治条例并为制定单行条例做准备，依照本地民族的政治、经济、文化特点依法对法律、行政法规作变通规定，建立健全迪庆藏区特色的地方法规体系，以构建平安、和谐、共荣的迪庆藏区。

云南迪庆藏族自治州成立于1957年，位于云南西北部滇、藏、川三省区交界处，总面积23870平方公里，全州辖香格里拉县、德钦县、维西傈僳族自治县三县。大约4000万年前的喜马拉雅造山运动，使居于世界自然遗产"三江并流"腹心地带的迪庆"群山藏宝、众河流金"。迪庆除地理、地域和人文具有鲜明特色外，依法治州工作具有自身特点。

一　深入开展普法工作

迪庆藏族自治州的"四五"普法工作从2001年8月正式实施以来，按照党中央、国务院、省委、省政府民主法制建设的指导思想，紧紧围绕州委、政府的工作大局宣传依法治国、建设社会主义法治国家的基本方略，宣传民主法制思想，宣传宪法和国家的基本法律，对于维护社会稳定、促进社会主义市场经济的发展和推进依法治州，发挥了重要的基础性作用，收到了良好的社会效果。"四五"普法期间，全州共学习了《宪法》《邓小平民主法制理论和依法治国》《干部法律知识读本》《公务员依法行政读本》等70多部法律法规和相关知识读本，各行业、各部门还组织了专业法的学习。全州264102名普法对象中，有255595人参加了普法学习，参学率达96.77%。

（一）宣传动员，组织实施

1. 做好宣传启动工作

根据上级有关指示精神，州政府批转了州委宣传部、州司法局《关于在全州公民中开展法制宣传教育的第四个五年规划》。随后，州人大常委会作出了《关于在全州公民中进一步开展法制宣传教育的决议》。为了使州委文件和《决议》内容宣传到全州各族公民中，州、县普法主管机关充分利用广播、电视、报纸、标语、横幅、黑板报等多种形式进行宣传。《迪庆报》还全文刊登了迪庆州"四五"普法规划和州人大的决议，配发了评论员文章。分管普法工作的州委、人大、政府领导分别作了在全州全面开展"四五"普法规划的动员报告和重要讲话。

2. 落实规划，层层签订"四五"普法责任书

全州共制定州级普法规划1份，县区级普法规划4份，机关、企事业单位、乡镇普法规划416份，建立普法领导小组416个，制定规划和建立普法领导小组的单位达100%。各级普法领导小组都分别制定了议事规则。按照云南省"四五"普法规划的要求，分别报省委、州委、县委普法领导小组办公室备案并予以实施。各县县委、县政府和开发区管委会还分别与各乡镇、各部门签订了"四五"普法责任书，建立了普法工作"一把手负责制"，使普法工作由过去长期存在的"软任务"变成了"硬指标"。"四五"普法责任书还延续签到了村民委员会。

3. 坚持面授为主，搞好骨干培训

全州共组建州级普法讲师团1个，县级普法讲师团4个，共有71名成员，他们深入到机关、企业、学校、农村，举办普法骨干培训班251期，培训普法骨干18582人。通过选拔骨干、培训骨干和进行广泛的法制

宣传，为全州实施普法工作创造了条件，推动了全州普法工作的深入开展。

4. 订好教材，编印教材

州县两级普法主管部门积极向省委普法办征订正规普法教材。五年中，全州共征订"四五"普法教材 24440 册，普法读物（含各种辅导材料、宣传品）129647 册（份），编印复习提纲 17374 份。由于教材能按时到位，保证了全州普法工作的顺利开展。

（二）因材施教、突出重点

1. 认真抓好领导干部学法用法工作

一是组织全州县处级以上领导干部参加了全省"四五"普法法律知识竞赛活动；二是州委、州政府发布《关于进一步加强法制宣传教育工作的决定》，州委组织部、州委宣传部、州人事劳动局、州司法局、州委普法办等五部门联发《迪庆州干部法律知识培训考试考核实施办法》。在两个文件的基础上，全州建立健全了领导干部学法考试制度和理论中心组学法制度；三是州委普法办组织全州县处级以上领导干部参加了全省法制教育统一考试，全州共有 437 名县处级以上领导干部参加了考试并取得了较好的成绩；四是通过实行普法考试考核与领导干部的选拔任用挂钩，对提高全社会的法治化管理水平，推动依法治州起到了积极作用；五是州委、州政府与清华大学共同举办迪庆州县处级以上领导干部培训班，采取远程教育与面授相结合的方式开展法制讲座。

2. 认真抓好公职人员学法用法

2004 年 8～10 月，州委组织部、州委宣传部、州人事局、州司法局等部门组织了全州科级以下公职人员法制教育集中统一考试，全州共有 14334 人参加。

3. 认真开展基层民主法制建设活动

一是州县普法办以《村民委员会组织法》为重点，开展送法下乡活动，培训农村民主法制建设骨干。二是 2003 年根据司法部、民政部《关于开展"民主法治示范村"创建活动的通知》和《云南省"民主法治示范村"创建活动实施方案》的统一部署和要求，全州 184 个村委会开展了民主法治示范村创建活动，制定了规范的《村民自治章程》《村规民约》，完善了以人民调解为主体的矛盾纠纷排查、调处机制，认真搞好五个结合，把"四民主、两公开"的要求真正落在实处，切实加强基层农村民主法制建设。据统计，截至 2005 年 8 月，全州有 84 个村（居）开展了"民主法治示范村"创建活动，工作面达 45% 以上。三是在 2004 年的村民委员会换届选举中，积极宣传《村民委员会组织法》《选举法》等有关法律法规，宣传面占选民总数的 91% 以上。2005 年 8 月，维西县白济汛镇共吉村 650 余名村民自发组织起来，按照有关程序依法罢免了原村委会主任，成为迪庆州历史上罢免"村官"的先例。四是结合"云岭先锋工程"和"保持共产党员先进性教育活动"，把法制宣传教育工作放在首位，组织了民主法治示范村"整村推进万人培训会"。

4. 认真抓好青少年法制教育工作

一是根据省委普法办等八部门《关于"四五"普法期间进一步加强全省青少年法制教育工作的意见》，州和各县认真开展了青少年的法制教育工作，在全州乡镇中心完小、城镇小学和所有中学、中专学校全面建立了法制副校长制度，配备了 79 名法制副校长，协助学校开展好学生的法制教育；二是把法制教育课列入教学内容，做到教师、教材、课时、资金"四落实"；三是组织全州中小学生积极参加云南省"争做遵纪守法小公民"征文活动和"法在我心中"读书知识教育活动；四是采取学校与教师、学校与班级、教师与家长、家长与学生相互交叉签订《责任书》的形式，加强法制宣传教育、整顿教学环境，收到了明显的效果。

（三）结合实际、因地制宜

一是配合西部大开发和天保工程的实施，加强了《土地管理法》《森林法》《草原法》《矿产资源法》《水法》等法律法规的普及宣传。二是结合藏区特点，开展送法上牧场、送法进寺庙活动，宣传党的民族宗教政策，宣传宪法、法律。德钦县奔子栏镇在 2005 年 4~8 月全州藏传佛教寺院开展的爱国主义教育活动中，把法制宣传和依法治理工作有机结合起来，建立了一整套完备、详尽的寺庙管理办法；香格里拉县把法制宣传工作做到了每一个寺庙当中；维西县举办了基督教教牧人员政策法规骨干培训班，详细学习了《宗教事务条例》《宗教活动场所设立审批和登记办法》等八项内容，提高了教牧人员的法律意识。三是针对部分农村邪教组织发展快、活动范围广、受欺骗群众较多的实际，共抽调 72 人组成法制宣传教育工作组，深入农村开展《关于取缔邪教组织，防范和惩治邪教活动的规定》等法律法规和政策的宣传，使 34078 名群众受到法制教育，并使群众深刻认识到邪教反人性的极端危害性，提高了他们自觉抵制和反对邪教的能力。四是积极开展维护社会稳定的法制宣传专项普法活动。针对土地流转、承包、征用，房屋拆迁，拖欠农民工工资等关系群众切身利益的问题，大力开展法制宣传教育，努力预防和减少涉法上访和群体性事件。

（四）查缺补漏，检查验收

2004 年是"四五"普法第四年，州和各县首先进行了自检自查，拾遗补漏工作，大幅度提高了普及率。2005 年 8 月 7 日～9 月 18 日，按照省委依法治省领导小组办公室云治省办〔2005〕14 号《关于对"四五"普法法制宣传教育〈规划〉和〈决议〉贯彻执行情况总结验收指导意见》文件要求，州县分别成立了普法检查验收领导小组，按照州级单位检查验收标准和县级检查验收标准，在各单位、各乡镇自检自查的基础上，对 29 个乡镇、112 个州级单位、237 个县级单位采取听汇报、查资料、个别走访、量化评分、综合评定的方法进行检查验收。

（五）肯定成绩，发现问题

迪庆藏族自治州的普法工作创造了一些新的做法和经验，具有一定的借鉴价值。但是，应当认识到，迪庆藏族自治州的法制宣传教育工作还存在一些不容忽视的问题：（1）全体公民尤其是领导干部和国家工作人员的宪法意识和法制观念还有待进一步加强，有的领导干部对普法的认识还不高，学法用法的自觉性不强；（2）普法经费保障不足，制约了普法工作向纵深发展；（3）有的单位贯彻落实州委关于进一步加强领导干部学法用法工作意见的力度不够，具体措施没有真正落实到位；（4）普法主管机关指导、协调和推动普法工作的方法简单、力度不够；（5）社区普法工作有待完善加强，方式方法有待创新；（6）法制宣传教育工作发展不平衡，存在薄弱环节，青少年、流动人员、寺庙的法制宣传教育还有待进一步加强；（7）普法与依法治理相结合仍存在一些不足。

（六）制定"五五"普法规划

根据中央关于"五五"普法的部署，迪庆藏族自治州结合实际制定迪庆州法制宣传教育第五个五年规划（见表1、表2、表3）。

表1　指导思想、主要目标、工作原则、主要任务

指导思想	坚持以邓小平理论和"三个代表"重要思想为指导，深入贯彻党的十六大和十七大精神，全面贯彻落实科学发展观，按照中央和省关于开展法制宣传教育的方针政策以及依法治国基本方略的要求，围绕党和国家工作大局，围绕迪庆经济社会发展思路和奋斗目标，为构建社会主义和谐社会和全面建设小康社会营造良好的法治环境
主要目标	适应迪庆藏族自治州改革发展稳定大局，适应经济社会发展对法律知识的现实需要，紧密结合国家民主法制建设进程，深入开展法制宣传教育和法治实践，传播社会主义法治文化，培育社会主义法治理念，进一步提高公民法律意识和法律素质；进一步增强公务员社会主义法治理念，提高依法行政的能力和水平；进一步增强各级国家机关和社会组织依法治理的自觉性，提高依法管理和服务社会的水平
工作原则	（1）围绕中心、服务大局 （2）以人为本，服务群众 （3）求实创新，与时俱进 （4）分类指导，注重实效
主要任务	（1）深入开展以宪法为核心的全民法制宣传教育 （2）深入开展"生态立州、文化兴州、产业强州"的法制宣传教育 （3）深入开展与群众生产生活密切相关的法律法规的宣传教育 （4）深入开展建设社会主义新农村的法制宣传教育 （5）深入开展创建平安迪庆、构建和谐社会、维护社会稳定、促进公平正义的法制宣传教育 （6）深入开展整顿和规范社会主义市场经济秩序的法制宣传教育 （7）坚持法制教育与法治实践相结合，深入开展依法治理 （8）组织开展法制宣传教育主题活动

表 2 对象、要求

	对象	要求
1	加强对各级领导干部的法制宣传教育	着力提高依法执政能力
2	加强对公务员的法制宣传教育	着力提高依法行政和公正司法的能力
3	加强对青少年的法制宣传教育	着力培养法制观念
4	加强对企业经营管理人员的法制宣传教育	着力提高依法经营、依法管理能力和水平
5	加强对农民的法制宣传教育	着力提高法律素质

表 3 实施步骤、保障措施

实施步骤	（1）宣传发动阶段（2006 年）
	（2）组织实施阶段（2007~2009 年）
	（3）考核验收阶段（2010 年）
保障措施	（1）建立领导机制
	（2）健全工作机制
	（3）激励监督机制
	（4）落实保障经费
	（5）加强队伍建设
	（6）巩固阵地建设

二 迪庆藏区法治建设的成功经验

《迪庆藏族自治州自治条例》1989 年 7 月 16 日经云南省迪庆藏族自治州第七届人民代表大会第四次会议通过，1989 年 10 月 21 日云南省第七届人民代表大会常务委员会批准。2006 年 8 月 16 日，云南省迪庆藏族自治州第十一届人民代表大会对该法进行修订，并在 2006 年 9 月 28 日得到云南省第十届人民代表大会常务委员会的批准。修订后的《迪庆藏族自治州自治条例》，体现了党和国家赋予民族自治地方的各项优惠政策。《迪庆藏族自治州自治条例》第 4 条第 3 款规定："自治州的自治机关参照中央对西藏工作的指导方针，在不违背宪法和法律的原则下，根据自治州实际，采取特殊政策和灵活措施，加快自治州经济和社会事业的发展。"第 4 款规定:"上级国家机关的决议、决定、命令和指导,如有不适合自治州实际情况的,自治机关可以报经该上级国家机关批准,变通执行和停止执行。"

自治条例在财政管理方面增加完善了国家和省政府对边疆民族贫困地区实行特殊照顾的政策。一是自治州按规定设立民族机动金的内容;二是明确规定"自治州因执行国家和省调整工资、增加津贴、补贴等政策增加财政支出,以及自治州高寒缺氧特殊津贴等支出,享受上级财政给予补助的照顾";三是按规定报经批准,实行一部分税收减免,因执行国家和省减免税收政策造成财政减收的,享受上级财政给予的补助照顾;四是对每年增值税增量的直接返还部分,享受省全额返还自治州的照顾;五是增设了一条加强对财政预算执行及其他财政收支的审计监督规定。

关于自治机关、经济建设、社会事业等方面也有诸多的优惠规定,究其根源,在《民族区域自治法》《民族区域自治法白皮书》中,都能找到相应的法律依据。因此,要想将《迪庆藏族自治州自治条例》真正落到实处,就必须根据迪庆特色制定单行条例从而将自治条例具体化、明细化,切实把国家所给予民族自治地方的优惠政策体现、反映、落实到迪庆的政治、经济、文化、社会建设中,以推动迪庆藏区工作的全面发展。

迪庆州委、州政府非常重视民族自治州的民族立法工作。2004 年 5 月 28 日,迪庆藏族自治州十届人民政府颁布了《关于进一步推进依法治州进程的实施意见》,该意见确定了"以邓小平理论和'三个代表'重要思想为指导,按照依法治国基本方略的要求,紧密围绕《迪庆州全面建设小康社会规划纲要》,全面加强政府法制建设,继续深化依法行政,不断强化依法管理,全面推进依法治州工作,促进各项法律、法规在政府工作和社会生活中的贯彻执行,保障迪庆政治、经济和社会稳定发展"的指导思想。同时还出台了与该意见相配套的《迪庆藏族自治州人民政府中长期立法工作规划》,迪庆藏族自治州在云南省少数民族自治州中作为唯一没有一部单行条例的局面将很快结束。从迪庆藏族自治州人民政府中长期立法规划项目不难看出,迪庆藏区立法所具有的时代性、民族性和地域性的特质(见表 4、表 5、表 6、表 7)。

表4 拟报请人大审议的单行条例

	文 件 名 称	起草部门
1	云南省迪庆藏族自治州旅游业管理条例	州旅游局
2	云南省迪庆藏族自治州矿产资源管理条例	州国土局
3	云南省迪庆藏族自治州水资源保护管理条例	州水电局
4	云南省迪庆藏族自治州草原草场管理条例	州农牧局
5	云南省迪庆藏族自治州劳动力市场管理条例	州劳动和社会保障局
6	云南省迪庆藏族自治州城镇建设规划管理条例	州建设局
7	云南省迪庆藏族自治州城镇和交通沿线面山管理条例	州建设局
8	云南省迪庆藏族自治州城镇和交通沿线保护和规范民族特色建筑风格管理条例	州建设局
9	云南省迪庆藏族自治州保护使用规范民族语言文字管理条例	州教育局
10	云南省迪庆藏族自治州文化市场管理条例	州文化局
11	云南省迪庆藏族自治州民族民间文化保护管理条例	州文化局
12	云南省迪庆藏族自治州香格里拉县城市市容环境卫生管理条例	香格里拉县人民政府
13	云南省迪庆藏族自治州香格里拉县龙潭河、纳赤河、奶子河保护管理条例	香格里拉县人民政府
14	云南省迪庆藏族自治州梅里雪山保护管理条例	德钦县人民政府
15	云南省迪庆藏族自治州独克宗古城保护管理条例	香格里拉县人民政府
16	云南省迪庆藏族自治州政府采购管理条例	州财政局
17	云南省迪庆藏族自治州宗教活动场所管理条例	州民宗委
18	云南省迪庆藏族自治州宗教神职人员及僧尼管理条例	州民宗委
19	云南白茫雪山国家级自然保护区管理条例	德钦县人民政府
20	云南省维西傈僳族自治县塔城景区保护管理条例	维西县人民政府

表5 拟报经人大审议通过的变通规定

文 件 名 称	起草部门
云南省迪庆藏族自治州变通执行《婚姻法》的规定	州民政局

表6 拟由州政府公布的规范性文件

	文 件 名 称	起草部门
1	云南省迪庆藏族自治州招投标管理办法	州建设局
2	云南省迪庆藏族自治州宗教活动场所登记管理办法	州民宗委
3	云南省迪庆藏族自治州关于在全州境内禁止使用不可降解塑料袋的决定	州环保局

表 7　近阶段的立法项目

	文件名称	起草部门
1	云南省迪庆藏族自治州劳动力市场管理条例	州劳动和社会保障局
2	云南省迪庆藏族自治州梅里雪山保护管理条例	德钦县人民政府
3	云南省迪庆藏族自治州政府采购管理条例	州财政局
4	云南省迪庆藏族自治州民族民间文化保护管理条例	州文化局
5	云南省迪庆藏族自治州招投标管理办法	州建设局
6	云南省迪庆藏族自治州关于在全州境内禁止使用不可降解塑料袋的决定	州环保局

应当特别指出的是，在《云南省迪庆藏族自治州梅里雪山保护管理条例（草案）》中，作出了关于禁止登顶活动的规定。这样规定的理由，一是从对资源充分有效保护的需要出发。根据云南省人民政府批准的《三江并流风景名胜区梅里雪山景区总体规划》对梅里雪山各种资源的分析评价，属于梅里雪山山系的卡瓦格博等雪峰对人类活动极为敏感，一定范围内的接近，既可导致资源属性的破坏，或造成破坏后资源极难恢复，甚而对梅里雪山整体生态系统产生不良影响。二是出于对民族宗教习俗的尊重。卡瓦格博峰是藏区著名的藏传佛教朝圣地，在全面落实党的宗教政策，允许宗教信仰自由的今天，在前来朝圣的藏民心目中，攀登征服梅里雪山，是对神灵最大的亵渎。每次登顶活动，都会引发藏区信教群众的不满情绪。规定禁登，有利于少数民族地区的社会稳定和民族团结。三是从开发旅游的角度出发，卡瓦格博峰是迄今为止无人能登顶成功的处女峰，这使原本就风姿绰约的梅里雪山，更以其扑朔迷离的神秘闻名遐迩于世界旅游名胜之林。

三　迪庆藏区深化法治建设应当遵循的原则

贯彻民族区域自治政策与法律，是迪庆藏区深化法治建设面临的重要任务。围绕迪庆藏区法治建设，我们以为应当遵循如下原则：

第一，迪庆藏区的法治建设必须依据《宪法》《民族区域自治法》《立法法》和《云南省民族乡工作条例》，围绕《迪庆藏族自治州自治条例》，以单行条例为依托，以规范性文件为基础，建立有香格里拉特色的地方性法规体系。

第二，迪庆藏区法治建设必须科学服务于地方经济社会的发展需要。"十五"期间，迪庆确立了"生态立州、文化兴州、产业强州"的发展思路，并取得了丰硕的成果，生物物种多样性、地质地貌典型性、多元民族多元宗教并存性、矿电资源富集性是迪庆藏区的优势，但总量少、生态脆弱是迪庆藏区不可忽视的关键问题所在。法治建设必须为迪庆藏区的经济社会发展服务。

第三，迪庆藏区法治建设必须与国际先进的法学理念接轨。迪庆位于"三江并流"腹心地带，享有世界级香格里拉品牌，它的独特性和不可复刻性是继中华民族雪域西藏独树世界民族文化之林后的另一张雪域藏区名片。迪庆以世界级国际精品旅游目的地定位，迪庆藏区的法治建设理念也应与之相匹配，引领潮流，敢为人先，以国内乃至国际先进、科学的法学理念为指导，立优法、立良法。

第四，迪庆藏区法治建设必须具有前瞻性和预见性。就拿迪庆的旅游发展业来说，短短几年间就实现了三级跳跃，从起始粗放型对外开放旅游景点，到国家级、省级自然保护区，再到中国大陆第一家国家公园——普达措国家公园的建立，以及2007年在云南省二次旅游创业会上确定的"一个世界级旅游集散中心、五大国家公园、一条旅游精品环线"的旅游发展思路，对迪庆传统亦步亦趋、见子打子的法治建设工作方法和法治建设技术提出了新的挑战。

第五，迪庆藏区法治建设必须具有应时性和可操作性。在走迪庆藏区特色之路时，必须紧扣时代主题，把握时代脉络，在理论创新无极限，探索发现无止境，各种新措施新举措层出不穷的今天，法治建设应与时俱进，力求做到内容简明实用，出台时间紧凑快捷，修正速度因势利导。

第六，迪庆藏区法治建设必须认真深研国家对上游江河生态补偿机制的优惠政策。迪庆人民求发展、奔小康的愿望十分强烈，作为祖国三江上游生态地质环境的守护者，人文民俗风情的缔造者，为保护好祖国家园这一世界级瑰宝，应积极探索与沿海经济发达地区的互助互惠机制，与国家层面对接政策反哺体制。

（参见法治蓝皮书《中国法治发展报告 No.6（2008）》）

第三十一章　罪犯改造模式转型的 "鲁南经验"

摘　要：中国的社会转型对改造罪犯模式转型提出了新的要求。山东省鲁南监狱在对传统改造罪犯模式反思的基础上，在改造罪犯的实践中探索出涵盖素质教育、法制教育、道德教育、艺术教育、心理健康教育等内容的人本改造体系，形成了中国改造罪犯模式转型的 "鲁南经验"。

新中国成立 60 多年特别是改革开放 30 多年来，随着中国社会经济的发展与人们观念的转变，以 "专政" "惩罚" 等为中心的改造罪犯模式正在发生巨大转变。监狱对罪犯传统教育改造中 "冷、硬、横" 的 "专政式" 教育模式，"弃暗投明、重新做人" 的 "理想化" 教育目标，千篇一律的 "课堂化" "灌输式" 教育方法，以及随政治形势变化而变化的 "高、大、空" 教育内容，与罪犯的观念、兴趣、人格特征和行为倾向不断发生激烈碰撞，形成了教育意愿与实际效果的距离偏差。"重新犯罪率" 不断上升，也证明传统的教育改造罪犯经验与新形势下罪犯的状况已经不相适应。正是在这种背景下，近年来，中国的监狱机关在实践中不断努力探索改造罪犯的新模式，积累了较好的经验。

2005 年以来，山东省鲁南监狱（以下简称鲁南监狱）深入贯彻落实监管工作 "首要标准"，围绕教育改造中心任务，紧密结合新形势、新任务、新要求，建立了 "大教育" 体制，构建了涵盖素质教育、法制教育、道德教育、艺术教育、心理健康教育等内容的人本改造体系，搭建了文化改造载体，形成了先进的改造力，帮助罪犯由监狱人顺利转变为合格的社会人，探索出了一条特色鲜明的改造罪犯路径。

一 鲁南监狱改造罪犯模式的主要内容

（一）开展基础文化教育，提高罪犯生存发展素质

鲁南监狱从保障罪犯教育权，提升罪犯文化、技能素质出发，探索实施主动施教与罪犯自我教育相结合的文化、技能教育。

1. 开展扫盲、小学教育，帮助罪犯接受并完成国家九年制义务教育

对捕前未完成国家九年制义务教育的罪犯，鲁南监狱采取监狱、监区两级办学模式开展小学、初中教育。由具备教学资质的警察担任教师，推行学分制，按照国家九年制义务教育教材、大纲实施教学。其目标是，文盲罪犯2年内实现脱盲，脱盲后罪犯及小学三年级以下文化程度罪犯3年达到小学毕业文化程度，3年达到初中毕业文化程度。监狱采取教师授课、辅导，"一帮一"结文化对子等形式，提高基础文化教育的实效性。

2. 开设狱内高等教育自学考点，鼓励具有一定学历的罪犯接受高等教育

鲁南监狱与省内高校联合举办自考助学班，聘请大学教师为监狱特殊学校的客座教授，开展课程教学辅导。

3. 鼓励引导罪犯开展自我学习、自我教育

鲁南监狱结合押犯年龄结构、职业特点、文化程度、犯罪类型等因素，立足于学法、学德、学史、学科学、学人文，2010年组织编写了《明理砺志读写本—365》，作为罪犯自我教育的教材，要求罪犯每日完成读写1页任务，养成学习习惯，在日积月累中提高文化素质。监狱建立了育新网络教育平台——心桥网。设有形势政策、文化、技能、心理健康、法制道德、网络阅览室等模块，备有丰富的音视频资料，罪犯可根据自身需要自主选择学习课程，在网络环境中接受自助式教育。

（二）实施道德教育，以德育人

道德缺失是犯罪的重要原因。鲁南监狱结合罪犯道德实际，自2006

年以来，在罪犯中开展了以"爱心、孝心、诚心、荣耻心、感恩心、宽容心、正义心、责任心、同情心、进取心"为主要内容的"十心"美德教育，引导罪犯树立社会主义荣辱观，提升道德情操。

1. 开展学、背、唱、讲主题宣讲教育

鲁南监狱组织罪犯学习《三字经》《道德经》《千字文》《弟子规》等经典文集，背诵"中华传统美德警句名言"，传唱美德歌曲、演讲美德故事。引导罪犯积极参加"一封感恩家书""我为父母寄新衣"等活动。监狱组建"十心"教育讲师团，开展"美德教育下监区"巡回宣讲活动，并创办发行《美德导报》，编撰出版《十心塑魂》《爱心》《孝心》等"育新文化系列教育丛书"，作为对罪犯道德教育的针对性教材。

2. 开展感恩亲情教育，以情化人

"百善孝为先"，鲁南监狱每年举办两次监狱开放日，邀请罪犯亲属走进监狱，参观罪犯生产、生活场所，零距离了解改造状况，并安排罪犯与父母、子女共进亲情餐，共叙思念情，倾诉感恩事。鲁南监狱在全国监狱系统率先建立了罪犯短信沟通平台，开通亲情电话，架起了罪犯与亲人之间情感交流的桥梁。感恩亲情教育的开展拉近了罪犯家庭与监狱的距离，引导罪犯亲属担负起共同教育职责，唤醒了罪犯对家庭的责任心，促进了罪犯积极改造。

3. 营造德育氛围，润物细无声

鲁南监狱建立了中华民族传统美德文化长廊，铺置了巨型"二十四孝图"壁画，开展"谐美楼""崇善楼"等品牌生活楼和"诚""信""俭"等特色监舍命名活动，以楼牌、门牌的形式悬挂于各监区楼头和监室，让监狱每一个空间都充满润物细无声的德育氛围。

（三）构建管理教育体系，强化罪犯行为自律

管理也是教育。鲁南监狱通过依法、科学、严格、文明管理，将法制教育与公正规范执法、保障罪犯权益紧密结合，实现对罪犯的有效改造。

1. 规范执法

鲁南监狱坚持严格规范执法，完善执法流程，明确责任追究机制，保持了建狱以来执法"零过错"记录；坚持文明执法，制定《依法文明管

理十项承诺》，推行干警"管教忌语"，有效维护了监狱执法的良好形象；全面推行狱务公开，以公开促公正执法，自觉接受社会监督，提高执法公信力。

2. 规范罪犯日常管理

在严格落实《监狱法》《监狱服刑人员行为规范》等法律法规基础上，鲁南监狱编纂了《罪犯改造指南》，制定了《罪犯文明礼貌规范实施细则》，推行罪犯"改造忌语"，在全体罪犯中开展"遵规守纪好、文明礼貌好、教育改造好、生活卫生好、心理素质好、劳动改造好"等"六好班组"创建活动，激励、引导罪犯互相帮助、互相监督，共同走上健康、和谐改造之路。

3. 深化普法教育

鲁南监狱积极推进"普法进监狱"，实现普法教育全覆盖；充分利用影视、广播、报刊、展览、文艺演出、法律服务热线等，多渠道、多方式对罪犯进行法治伦理和理念灌输，使罪犯了解和掌握法律知识，养成知法、守法、敬法、护法的良好法治理念。

4. 保障罪犯权益

鲁南监狱成立了以监狱警察为主导、罪犯代表为主体的罪犯权益保障委员会，每月召开罪犯权益保障例会，听取罪犯意见和建议，畅通罪犯诉愿渠道。鲁南监狱与山东省微山县司法局联合成立了"山东省鲁南监狱法律援助联络室"。以法律援助联络室为依托，在现职警察中聘任了18名具有法学专业背景、热心公益事业的法律援助志愿者，建立了一支以社会律师为骨干，驻狱检察官支持配合，法律援助志愿者广泛参与的多层次法律援助队伍，积极开展罪犯法律援助工作。

5. 化解矛盾纠纷

鲁南监狱设立狱内矛盾调解中心，负责组织、协调、督促检查狱内矛盾排查化解工作，直接处理疑难复杂问题；各押犯监区成立矛盾调解小组，负责排查、挖掘、收集狱情信息，处理本监区一般性矛盾。监狱建立完善"全面排查、归口调处、限时化解、全程跟踪"的矛盾排查化解机制，制定了排查矛盾—归类分流—化解矛盾—备案汇总—总结交流—信息跟踪的工作流程。通过加强与押犯来源相对集中的县（区）人民法院、司法局等部门协作，与罪犯户籍地或原居住地村委会、居委会等签订帮教协议等途径，有效开展矛盾调处工作。

（四）开展监区文化建设，以"文"化人

鲁南监狱大力开展监区文化建设，以文化的氛围感染人，以文化的精神鼓舞人，以文化的自觉启蒙人，以文化的自信引导人，以文化的力量塑造人，努力做到传知以真、厚德以善、树人以美，达到以文载德、以文化人的目的。

1. 加强人文环境建设，让环境会说话，实现人与环境和谐

以卫生治理、内务规范、绿化美化、改善生活条件为切入点，鲁南监狱开展了创建绿色生态监狱、监区创建活动，建立了两处 100 余米文化长廊、30 处宣传壁画和 50 余个宣传橱窗灯箱，展示狱务公开、安全生产、做人处事、明理励志等主题文化，配以中外名人的画像和名言警句，以图文并茂方式促进罪犯反思，激发改造动力；规范了监狱、监区两级图书室、阅览室，建立了育新文化书市，完善了演播室、电教室、广播站，以随处可见、可用的文化设施陶冶罪犯的情操，营造"读书求知、追求文明"的良好氛围。

2. 实施"一区一品""一区多品"监区文化发展战略

各监区自行设定主题文化，分别组建了新生合唱团，形成了狮舞表演队、百人威风锣鼓队、管弦乐队、街舞表演队、百人合唱团等 20 多个特色文艺团队，并逐渐向训练日常化、演出专业化方向迈进，营造文化色调，打造人文品牌监区。各监区依据罪犯兴趣爱好，成立书法艺术班、绘画班、装裱班、乐器培训班等艺术兴趣班组，聘请社会专家作专题讲座和现场指导，充分发挥艺术的导向功能及其在唤醒感性、唤醒人性等方面的独特作用，提升罪犯生活趣味。截至 2011 年 12 月，参加各类文艺团队或兴趣小组的罪犯达在押犯总数的 84.3%；长期参加各类文体活动的罪犯约占全员的 72%，仅各监区合唱团成员就占在押犯总数的 30%。

3. 开展"文化进监狱"活动

鲁南监狱通过邀请山东省金百合艺术团等文化团体到监狱进行公益演出，开展山东电视台农科频道等文化部门送书进监狱活动，使社会主流文化之风吹进大墙，唤醒罪犯沉寂心灵，活跃改造气氛。以育新文艺晚会为

载体，打造罪犯自我展示舞台，通过与社会专业演员同台竞技，促使广大罪犯在艺术中提升素养。

（五）开展心理矫治，以心健人

监禁状态下的罪犯群体心理健康水平明显低于社会常人，是心理问题的高发人群之一。针对此状况，鲁南监狱在重视罪犯思想道德教育的同时，高度重视罪犯的心理健康问题。监狱共有 157 名警察获得三级、二级国家心理咨询师资格，专兼职从事罪犯心理矫治工作。监狱组建了以心理健康指导中心为引领、监区心理健康辅导站为支点、服刑人员心理健康互助组为基础的三级心理矫治网络，广泛开展罪犯心理咨询、心理辅导、心理危机干预等活动，预防和减少罪犯心理疾病的发生。以全国首家罪犯心理健康教育报刊——《齐鲁新报·心理导刊》为依托，监狱开展了日常性心理健康知识普及，借助山东大华心理学校教学基地优势，采取心理健康知识专题讲座、团体心理辅导、习练心理保健操等形式，提高罪犯心理健康水平。监狱心理咨询师对新入监罪犯利用心理测验、结构性访谈、成长史调查等方法，对罪犯心理、行为状态予以分析预测，逐一建立心理健康档案。对存有心理问题的罪犯，由监狱心理咨询师、社会心理学工作者进行个体心理咨询，促进罪犯的心理成长。

（六）开展回归教育，促使罪犯由"监狱人"向"社会人"的转变

监狱改造罪犯的最终目的是帮助罪犯顺利回归社会，成为一个适应社会的守法公民，最终完成由"监狱人"向"社会人"的转变。

1. 实施社会化技能教育

鲁南监狱根据罪犯的文化程度、兴趣爱好、就业意愿等情况，深入社会企业调研用工需求，签订安置用工协议书，实施"订单式"技能教育培训。监狱与山东省农业广播电视大学、地方技术培训学院签订培训协议，设立技术培训分校，确保培训、技能鉴定、资格认证的质量和效能。鲁南监狱常年举办机电、计算机、手工艺制作、园艺管理、畜牧养殖、足疗按摩等职业技能培训班，罪犯经考核合格可获得国家职业技能资格证

书。监狱每年还举办一次罪犯职业技能大赛，引导罪犯爱劳动、能劳动、会劳动，为回归社会奠定基础。

2. 实施"一体化"社会帮教

监狱定期邀请押犯集中地政府相关部门、村（居）委会等自治组织来狱开展帮教活动，协调安置帮教衔接工作，为罪犯解决困难问题；与社区矫正部门建立定期协调会制度，及时反馈罪犯服刑改造相关信息，通过安置帮教信息化平台，实现了信息共享，无缝隙对接。聘请社会知名人士、劳动模范等，到监狱给罪犯作报告，使罪犯感受人间温暖，看到光明和希望。例如，监狱为9名孤儿罪犯联系了"爱心妈妈"，使其感受母爱，心灵找到归宿，安心改造。

二 鲁南监狱改造罪犯模式的实践效果

鲁南监狱坚持攻心治本，充分发挥改造力作用，增强了罪犯生存和发展能力，促进了监狱持续安全稳定，提高了改造质量。

（一）罪犯文化、技能素质普遍提升

鲁南监狱开展的系统性素质教育，有效保障了罪犯的受教育权，使罪犯学习热情日益高涨，学习能力逐步提高，学习信心逐步树立，文化水平和技能素养逐渐提升。现在，狱内实际服刑2年以上罪犯脱盲率达到100%，短期服刑[①]文盲犯均达到识600个基本汉字、能写简单书信程度。鲁南监狱扫盲教育以突出的成绩，在全国监狱系统首家获得"中华扫盲奖"。近5年入监罪犯累计1200余人脱盲，500余人完成小学课程（其中含脱盲后参加小学教育的罪犯），300余人初中结业，463人获得中专毕业证书。先后有1300余名罪犯参加高等教育自学考试，1192名罪犯取得高等教育自学考试1科以上合格证书，其中市场营销专业305人次，法律专业876人次，有17人获得毕业证书。2名罪犯分别完成了30余万字的报告文学——《与从前决裂》《忏变》。近5年，

---

① 本文所称"短期服刑"罪犯，特指在监狱实际服刑时间低于2年的罪犯。

累计 2762 人获得国家劳动和社会保障部门颁发的技术等级证书，其中获得初级技术证书的 2344 人，获得中级技术证书的 382 人，获得高级技术证书的 36 人，涉及电气焊、车工、电工、养殖等 11 项专业。罪犯刑释时获得职业技术证书比率连续 5 年均达到 96% 以上，其中 2010、2011 年均达到 100%。

（二）罪犯道德素质普遍提高，道德信仰得以重树

以"十心"教育为载体的中华传统美德教育的持续深入开展，净化了罪犯心灵，陶冶了罪犯情操，罪犯的良知得以复苏，人性始得回归，曾经迷失的道德信仰得以重建。罪犯道德面貌呈现出诸多变化：讲文明礼貌，热心助人的多了；踏实改造，诚信做人的多了；懂得感恩，向家中寄信汇款的多了；口吐污言秽语，蛮横无理的少了；自私自利，损人利己的少了；动辄向家人要钱要物，讲究排场的少了。2008 年汶川地震发生后，罪犯自发从劳动报酬中捐款 11 万余元，把关爱真情寄送到了灾区。2010 年开展的"家书传亲情，孝心报父母"活动中，共计 2800 余名罪犯寄了家书，向亲人表达忏悔之意，共有 1200 余名家有年迈老人的罪犯向家中汇款 30 余万元。被同犯戏称为"狱中修鞋匠"的诈骗犯聂某，发挥心灵手巧特长，三年来利用休息时间义务为同犯修鞋 300 余双，节约资金 4000 余元。罪犯吴某，父母离异，初中未毕业即混迹社会，2005 年因犯抢劫罪、寻衅滋事罪，被判刑 12 年，入狱后拒绝家人会见。通过"十心"教育活动，该犯进行了深刻反省，向家人发送短信，表达悔意，现家庭关系初步恢复。

（三）罪犯法制观念明显增强，监管场所持续安全稳定

鲁南监狱融教育改造于管理之中，通过公开公正文明执法，规范化管理，彰显了教育的效能。当前，罪犯法纪面貌出现了"四多四少"的可喜变化：主动学习法律知识，提高法律素养的多了；严格自律，遵守法律法规的多了；认罪服判，接受惩罚改造的多了；依法寻求权益保障，主动化解矛盾纠纷的多了；法盲少了；法律"无用论"，靠拳头说话的少了；我行我素，违规违纪的少了；无理缠诉，抗拒改造的少了。例如，罪犯李

某因矿山承包纠纷将他人打伤而入狱服刑，以打架属维护自身正当利益为由，拒不认罪，且纠纷并未因李某入狱得以解决。通过法制教育，特别是警察教育引导，李某和家人通过诉讼渠道妥善解决了纠纷。据统计，截至2011年10月，通过法律援助，4名罪犯经再审程序被无罪释放，37名罪犯经再审程序减轻了刑罚；罪犯累计坦白余罪、漏罪27起，检举他人犯罪案件21起；通过调解途径化解各类矛盾纠纷466起，化解成功率达95.1%；其中排查出罪犯与亲属等社会人间矛盾纠纷167起，有效化解105起，化解成功率达67.6%。从2006年到2011年监管秩序情况来看，打架斗殴等严重违纪现象明显减少，轻微违纪大幅度下降，行为粗野、语言不文明等现象得到有效根治（见图1）。截至2011年1月23日，鲁南监狱实现连续20年无罪犯脱逃的较长监管安全周期，被司法部荣记集体一等功。

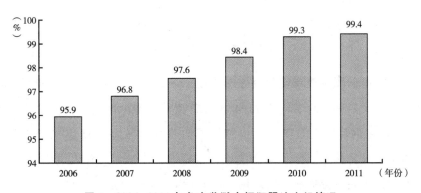

图1　2006~2011年鲁南监狱在押犯服法守纪情况

（四）罪犯心理素质得到提升，实现了健康平安服刑

罪犯在优秀文化的熏陶中，在优美艺术的感召中，在洗心革面、重塑自我的服刑改造舞台上，通过读书、绘画、书法、歌咏、演奏、文艺创作等形式多样的载体，表达自己的忏悔，洗涤心灵的污垢，客观上达到了寓教于乐，让罪犯在痛苦中思索，在文明中历练，在快乐中学习，在希望中改造的预期目的。近年来，罪犯审美素养普遍得到提升，明辨是非能力显著提高，改造心态得到有效调适，逐步养成健康人格。例如，罪犯刘某性

格内向，不善与他人交往，改造一直处于低迷状态。参加监区合唱团三个月后，能顺利演唱 20 余首歌曲，成为合唱团主力，情绪逐渐变得活泼开朗起来。回顾自己的转变，他说："唱歌不但能放松思想压力，还能受到教育，越投入其中越感到心情舒畅，慢慢地，一天不唱就像生活中少了什么。"罪犯王某先后因打架和拒绝参加劳动等被集训 11 次，连续四年考核分为"零分"。在文化教育感召下，该犯参加了合唱团和毛笔字书法班，并很快投入进去。一段时间后，该犯开始积极参加集体活动，主动完成生产任务，保持了连续 4 年零违纪，2010 年 7 月被减刑两年。2006 年以来，鲁南监狱先后有 670 余人主动寻求心理矫治，有 490 余人人生态度发生根本转变，树立生活信心，7 名有明显自杀倾向的罪犯被提前预防、诊治。在山东省司法厅组织的"庆祝司法行政重建 20 周年书画展"上，鲁南监狱 3 名罪犯书法作品入选，1 名罪犯获得书法作品一等奖。

（五）罪犯出狱后适应社会能力显著增强

鲁南监狱罪犯教育转化改好率连续 5 年保持在 98% 以上，出狱后适应社会能力大幅度提高。在 2011 年 8 月鲁南监狱举办的就业推介会上，有 267 名即将刑释罪犯与用工单位签订了就业意向书，有 43 名刑释人员到签约单位成功就业。据不完全统计，监狱近五年来，刑释人员中有 37 人在狱内被用人单位提前决定录用，已有近 80 人成为企业车间主任，近 60 人在企业担任重要技术职务，50 余人成为私营企业主。罪犯周某 2000 年因抢劫罪被判刑 15 年，服刑期间学习掌握了特种焊接技术，两次获得全省罪犯技术比赛第一名，2009 年减刑释放，被青岛某船舶修理厂正式聘用，月薪保底 5000 元。罪犯段某在狱内掌握了工程预算技能，刑释后在青岛成立了建筑工程公司，并接受掌握技术的刑释人员 13 人，其中 7 人顺利成家稳定。罪犯刘某服刑期间坚持参加自学考试，获得汉语语言文学专业专科文凭，走上文学创作之路，现已发表文章近 100 篇，回归社会后，被某市级日报聘为专栏特约撰稿人，被群众誉为"大墙内走出的记者"。

三 改造罪犯模式"鲁南经验"的启示

鲁南监狱改造罪犯的主要做法，对于我们探索建立适应"首要标准"要求、更加符合中国国情的罪犯改造模式，完善中国特色的社会主义改造制度，具有重要启示。

（一）构建"大教育"体制改造罪犯，是深入推进社会管理创新，适应罪犯改造模式转变的必然选择

进入新世纪，中国监狱系统实施了监狱体制改革，建立起了公正、廉洁、文明、高效的新型监狱体制，强化了监狱刑罚执行职能，扭转了"重生产、轻改造，重监管、轻教育"的传统思维倾向，明确了教育改造工作的中心地位。监狱工作重心的战略转移必然带来监狱管理模式、改造罪犯模式的转型。正是在这一背景和机遇下，鲁南监狱建立了监狱长主要精力抓教育，分管副监狱长全面抓教育，教育改造科专职抓教育，相关职能科室配合抓教育，押犯监区侧重抓教育，职责分明、齐抓共管的"大教育"体制，坚持"向教育改造要安全，向教育改造要稳定，向教育改造要效益，向教育改造要质量"理念，致力于罪犯改造实践创新。鲁南监狱探索建立并高效运行的一切资源围绕教育改造配置的"大教育"体制，从体制上展现了新中国监狱史上迄今规模最大、较为彻底的监狱体制改革给监狱工作带来的新变化，佐证了监狱体制改革决策的科学性和继续深化改革、推动监狱工作健康发展的必要性。

（二）坚持"德法并举、文明改造"，重构罪犯思想道德价值体系，是维护社会和谐稳定的重要路径

当前社会思想文化日益多元、多样、多变，不同群体间利益关系更加复杂，更加难以协调，道德缺失的现象时有发生，道德底线屡遭突破，社会期待道德建设。绝大多数罪犯之所以犯罪，既是法律意识淡薄，也存在不同程度的道德缺失。对罪犯进行道德和法制教育，是监狱长期以来坚持

开展的教育内容，但成效有待提高。鲁南监狱深入挖掘传统美德在改造罪犯中攻心治本的独特作用和法律在维护道德底线中的屏障作用，以"十心"教育为抓手，创新性地开展中华传统美德教育，以规范管理和保障合法权益相结合，创新性地实施法制教育，将法治力和道德力紧紧熔铸在对罪犯的日常改造中，使罪犯重新确立正确的道德价值观念，树立法律信仰，由犯罪人变为守法公民，由社会正义和社会利益的损害者、破坏者转化为维护者、建设者，从源头上消除和谐社会的不安定因素，净化社会环境，推进了社会和谐稳定。

（三）构建"以文化人"的改造罪犯体系，是建设文化监狱、弘扬中华文化的有益探索

新中国监狱系统在60多年的发展进程中，逐步形成了特殊的自发性的文化形态，监狱是社会的一个有机组成部分，大墙内的罪犯群体文化不是孤立的，不能游离于社会主流文化之外。监狱系统应积极响应建设文化强国号召，尽快实现文化自发向文化自觉转变，建设健康向上的监狱主流文化，弘扬中华文化。鲁南监狱围绕建设社会主义核心价值体系根本任务，制定并实施警察文化、企业文化、育新文化三位一体的文化监狱建设战略，以满足罪犯精神文化需求、提高罪犯人文素质为出发点和落脚点，把狱内文化建设作为一项公益性文化事业和教育人、改造人的重要举措，充分利用地处孔孟之乡、正统文化资源丰富的区域优势，以文化力为导引，以学习力为驱动，探索出"监狱搭台、文化唱戏、罪犯受益"的育新文化模式，使在大墙内服刑的罪犯也能够像一般社会民众一样，共享社会主义先进文化成果。鲁南监狱"以文化人"的改造模式，既是当前中国监狱文化建设的一个缩影，也在一定程度上引领了文化监狱建设和发展的方向。

（四）构建人本体系改造罪犯，是提高罪犯生存发展能力，帮助罪犯顺利回归社会的现实举措

罪犯因犯罪由社会人转换为监狱人，必然还要由监狱人重新转变为社会人。中国监狱历来重视保障罪犯合法权益，不仅尊重罪犯在服刑中的应有权利，帮助罪犯顺利度过刑期，而且特别注重罪犯能否以合格的社会人

角色顺利回归社会，像其他社会公民一样有尊严地生活，并成为一个对社会有贡献的人。鲁南监狱坚持"以人为本、以教育为本"的改造理念，构建包括素质教育、法制教育、道德教育、艺术教育、心理健康教育等内容的人本改造体系，在保障罪犯生命健康权、帮助罪犯平安度过刑期的同时，帮助罪犯实现受教育权、劳动权等权益，提高生存和发展能力，最终实现根本转变。这种转变表现为：唤醒罪犯的良心，使之做一个守住道德底线的人；唤醒罪犯的敬畏，使之做一个守住法律底线的人；唤醒罪犯的潜能，使之做一个自立自强的人；唤醒罪犯的理智，使之做一个适应社会化需要的人；唤醒罪犯的希望，使之做一个有用有为的人。鲁南监狱的人本改造探索实践，是对国际行刑趋势的一种积极回应，也是保障罪犯人权的重要举措，对建立出狱人适应社会机制具有积极意义。

四　推进改造罪犯工作发展展望

当前，监狱工作特别是改造工作面临许多挑战：《刑法修正案（八）》实施后，限制减刑罪犯陆续进入监狱服刑，如何对这一人群进行改造，是我们必须积极应对的重要挑战；监狱工作相对封闭，警察改造能力与新时期罪犯的需求、接纳程度之间存在较大冲突；社会大众对监狱工作的负面关注度较高，对改造罪犯的参与度不高。进一步完善中国特色的社会主义改造制度，成为当前和今后一个时期改造罪犯工作的重要课题。为此，有必要建立"大改造"体系，推行社会化改造，真正形成全社会积极参与、齐抓共管的局面，实现"送进来、改造好、安置巩固好"。同时，以正在部署开展的全国政法队伍文化建设为契机，进一步加强罪犯群体文化建设，将监狱内罪犯文化建设纳入地方政府文化建设职责范围，推进社会文化进监狱，丰富改造内容；实施监狱文化走出去，与社会文化进行交融，推进改造文化社会化。另外，应尽快推开社区矫正，将更多适格罪犯放入社会改造，减轻监狱监管压力。最后，应尽快修改完善《监狱法》，通过制度保障教育改造罪犯的中心地位。

（参见法治蓝皮书《中国法治发展报告 No. 10（2012）》）

Abstract

This book is a collection of representative investigation reports on local rule of law in China, prepared by the Law Institute of Chinese Academy of Social Science (CASS Law Institute) on the basis of its investigation on and survey of national situation of the rule of law in various parts of China in the past dozen or so years. It consists of the following five parts: the Development of Local Rule of Law in China; the Rule of law in Guangdong Province; the Rule of law in Zhejiang Province; the Rule of law in Sichuan Province; and the Rule of law in other parts of China. The first part of the book includes not only an integrated analysis of the overall situation of local rule of law in China in the past two consecutive years, but also an innovative comprehensive analysis of current quantitative researches on local rule of law in China. The second part of the book consists of reports on many consecutive years of follow-up investigation carried out by CASS Law Institute on the people's congress system and the legislative work in Guangdong Province. These reports cover the concrete operation of people's congresses at the provincial, prefectural, and township levels, from macro-level legislative planning to micro-level close contact between deputies to people's congresses and the broad masses of the people. The third part of the book carries out in-depth analysis of the prominent examples of local rule of law in Ningbo City, Yuhang District of Hangzhou City and other areas in Zhejiang Province on the basis of a large amount of objective data and empirical materials, thereby presenting a unique picture of the development of the rule of law in Zhejiang Province. The rule of law in Sichuan Province services the Midwest China development strategy. Part four of the book introduces the overall development of the rule of law in Sichuan Province in the past two years, presenting a picture of the current situation of development of the rule of law in Midwest China. Generally, the practices of the rule of law in various parts of China, which are in a process of continuous exploration, have woven into a colorful picture: In the legislative work of local people's congresses, emphasis is laid on the scientification and democratization of legislation and on the implementation of the decision-making and supervising powers of people's congresses and their standing committees; the construction of a law-based government has been unfolded in an all-round way, extending to such fields as the reform of the big department system, law enforcement mechanisms and systems, the implementation of the power list system, the reform of the administrative approval system, norms on major administrative decision-making, disclosure of government information, and online handling government affairs, and beginning a vertical development; judicial reform at the local level has been in full swing, covering every aspects of the operation of the judicial system, from administration of justice in sunshine to the reform of the judicial system, the professionalization of judges, the reform of the mechanism for the operation of adjudicative power, the building of judicial credibility, the reform of the judge quota system, and the introduction of the people's jury system.

Contents

Introduction: Practice of Rule of Law according to Local Conditions

Abstract: The construction of the rule of law in China requires not only top-level design and unified planning at the central level, but also giving full play to local initiatives and exploring and summarizing local experiences. In recent years, CASS Law Institute has carried out investigations on the practice of local rule of law in various parts of China and found out that a basically stable pattern of local rule of law has already formed in China and displayed different local characteristics while embodying the top-level design of the Central Government. Guangdong Province, which is in the frontline of reform in China, emphasizes the variation relationship between innovation and reform in the construction of local rule of law. Carrying out the reform in accordance with law and promoting the reform through innovation have become the distinct characteristics of the rule of law in Guangdong Province. Zhejiang is a coastal province with cities full of vitality and competitiveness and has often been designated by the Central Government as the test field of local reform. It takes "deep ploughing and intensive cultivation" as the characteristic of its construction of the rule of law and endeavors to build modern cities under the rule of law in accordance with the development strategy of the Central Government. Sichuan Province is the core area of Midwest China and a demonstration area of the development of western region in China. The construction of the rule of law in this province is characterized by the laying of a solid foundation and the solution of various social, cultural, and religious problems by rule of law methods. The rule of law in other parts of China also has their own unique characteristics. Coping with problems emerged in regional development through the flexible application of rule of law methods has become an indispensible experience of the construction of the rule of law in China.

Part 1: Development of Local Rule of Law

Chapter 1　Research on the Assessment of Local Indices of the Rule of Law in China

Abstract: Against the background of rapid development of the theory and practice of assessment of rule of law indices abroad and guided by the relevant departments of the Central Government, the indices of local rule of law in China has grown out of nothing and quickly flourished. Today, the design and assessment of rule of law indices are carried out in all legislative, administrative and judicial fields. In the legislative field, there are assessments before and after legislation; in the administrative field, the quantitative assessment of local rule of law takes many different forms, including the assessment of administration by law, the index system of construction of a law-based government, and the rule of law indices; and in the judicial field, there are assessment of case-handling quality, indices of administration of justice in sunshine, indices of the credibility of courts, and assessment of public satisfaction. On the basis of a comprehensive introduction to the various indices of local rule of law, this chapter also discusses the key issues relating to the future development of the assessment of local rule of law in China.

Chapter 2 Local Rule of Law in China: Development in 2014 and Prospect

Abstract: This chapter introduces the reform measures taken by local governments in the fields of the people's congress system, the construction of a law-based government and administration of justice, summarizes the results of and existing problems in these measures, and puts forward suggestions on the future development of local rule of law in China and issues to be paid attention to in this development.

Chapter 3 Local Rule of Law in China: Development in 2015 and Prospect

Abstract: 2015 is to implement the spirit of the the fourth Plenary Session of the 18th CPC Central Committee Communist Party China, comprehensively promote the rule of law at the beginning of the year. The construction of rule of law in the "four overall" strategic layout (is fully completed a well-off society in an all-round way, deepen the reform, comprehensive law, comprehensive and strict party under the guidance of the orderly, the main line is implement the fourth plenary meeting decides and central policies promote the rule of law. On the one hand is a comprehensive strict implementation, on the other hand is under the guidance of the concept of the central spirit, innovation in the micro system mechanism and the specific practice of the pilot. Overall, the local rule of law to promote more focus on compliance with the purpose, to comply with the rules, adhere to the livelihood of the people. However, due to the reasons such as subjective and objective, the local rule of law to promote some problems still exist, the realization of the rule of law is still arduous task. This paper first discusses the way to realize the rule of law in a comprehensive way, including efforts to make good use of the legislative power, scientific and standardized administrative power, enhance the public credibility of the judiciary, promote the rule of law in society; and then discuss the problems faced by the local construction of the rule of law and the outlook for 2016, in order to realize the rule of law in a comprehensive way.

Chapter 4   Report on the Indices of the Rule of Law in the Western Region of China

Abstract: The healthy and orderly development of the western region is of great significance to the reform, construction, and the long-term stability of the country and the development of the rule of law in the western region is an important aspect of the development of the rule of law in the whole country. In 2014, the Innovation Project Team on the Rule of Law Index of CASS Law Institute carried out assessments of the development of the rule of law in terms of indices of legislation, government transparency, judicial transparency, and procuratorial transparency in 12 provinces, autonomous regions, municipalities directly under the Central Government and larger cities in the western region of China and puts forward suggestions on the future development of the rule of law in the region.

Part 2: Rule of Law in Guangdong

Chapter 5   Promoting Reform and Opening-up within the Orbit of Democracy and Rule of Law: Achievements and Challenges of Guangdong Province in the Construction of Rule of Law

Abstract: For over 30 years since the implementation of the policy of reform and opening-up, Guangdong Province has always played the role of the experimenter and pioneer in the reform and opening-up, exploring new roads of development not only for itself, but also for other provinces. Under the correct leadership of successive provincial party committees, with the concerted efforts of government officials and the general public in the whole province, and through the establishment and improvement of various systems and mechanisms, it has established a "Guangdong Mode" of administration of the province by law, which is under the unified leadership of the Provincial Party Committee, coordinated and guided by the Provincial People's Congress, implemented by the Provincial People's Government, the Provincial People's Court and the Provincial People's Procuratorate, democratically supervised by the Provincial Committee of Chinese People's Political Consultative Conference, and orderly participated by the broad masses of the people. The Guangdong experience shows that only by implementing the policy of reform and opening-up within the orbit of democracy and the rule of law, properly handling and resolving various conflicts, and having the courage to explore and experiment, can the government truly make the broad masses of people the biggest beneficiaries of reform and opening-up.

Chapter 6   Exploration and Practice of Public Participation in Major Administrative Decisions in Guangdong Province

Abstract: In recent years, Guangdong Province has made significant progress in relation to public participation in major administrative decisions. This paper discusses the specific practices and achievements of Guangdong Province in the mechanism construction of public participation in major administrative decisions, the institutional innovation of "Public Consultation Committee", and the experiment of "Participatory Budget". This paper points out that, in order to further improve public participation, the evaluation criteria of major decisions on people's livelihood should be clearly defined, the response to the political pursuit of the masses should be improved, and the government officials' awareness of the Mass Line should be enhanced.

Chapter 7 Supervision by the People's Congresses in Guangdong Province: Practice and Innovation

Abstract: The supervision by the people's congresses is an important component of the supervision system in China. This article, based on an in-depth investigation on the supervision work of the people's congresses and their standing committees at various levels in Guangdong Province, analyzes the actual situation of the supervision by the people's congresses in Guangdong Province with respect to enhancing the capacity of the supervision, raising the consciousness of the supervision, innovations in the form, and the content and mechanism of the supervision. The article points out that the practice of supervision by the people's congresses in Guangdong Province is an epitome of the efforts made by the people's congresses of various provinces and municipalities directly under the Central Government in actively promoting the supervision work and that summarizing the achievement, effectiveness, and experience of supervision by the people's congresses in Guangdong Province is of great importance to improving the system of supervision by local people's congresses in China.

Chapter 8 Research Report on the Supervision by the People's Congresses in Guangdong Province

Abstract: In the process of advancement with times of the people's congress system, The "Guangdong phenomenon", representing the supervision of the people's congress, has been continuously enriched and interpreted and has begun to take shape as a model that worth adopting and promoting. Based on an in-depth investigation, this report points out that, by focusing on key concepts including "research and investigation", "experts", "whole process", the supervision by the People's Congress in Guangdong Province achieved innovations and breakthroughs regarding the concepts, forms, coverage, subject matters, and mechanism of supervision in 2013.

Chapter 9　Eco-friendly and Law-Based Governance of Zhuhai：Innovation and Revelations

Abstract： In recent years, Zhuhai City has been leading the whole country in the construction of ecological civilization. This is mainly because the city government has comprehensively implemented "the strictest outlook on the rule of law" and adhered to the rule-of-law thinking and method in implementing the strategy of developing city in an ecological way and giving priority to the protection of ecology. Basing itself on actual local conditions, the Government of Zhuhai City has interactively combined top-level design with grassroots exploration, utilized its legislative power as a special economic zone and as a city divided into districts to construct a relative complete legal system of ecological civilization and, on the basis of more institutional dividends, created a development path of "eco-friendly and law-based city governance" compatible with the actual conditions of the city. Many of the innovative measures adopted by Zhuhai City in this field are earlier or stricter than the relevant national standards; the Zhuhai experience and mode are replicable and propagable, and of great significance to the research on how to rely on the force of the rule of law to promote the construction of ecological civilization and establish path self-confidence and theoretical self-confidence in the construction of economical legal system.

Chapter 10　Township and Town-Level People's Congresses on the Way out of Their Marginalized Position: Based on the Field Investigation on Supervision Work of the Town-Level People's Congresses in Zhongshan City

Abstract: Township and town-level people's congresses, as an important component of people's congress system and the bedrock of socialist democracy, ought to occupy an important position in the system of democracy and the rule of law, even in the entire social-political structure of China. However, because of the restrictions by many factors at the institutional and practical levels, the functions of township-and town-level people's congresses have not been given full play to and there is a big gap between their defined role and the role they are actually playing. This report, based on the field investigation on the supervisory work of town-level people's congresses in Zhongshan City, points out that these town-level people's congresses, by giving full play to their unique advantages, have achieved limited breakthroughs in their supervisory work within the existing legal framework. Their positioning of the supervision by grassroots people's congress and their understanding and handling of the relationship between the people's congress, the Party committee and the government reflect the down-to-earth work style and spirit of the people of Guangdong, and embody the pragmatic idea of and approach to the work of people's congresses. However, in the long run, the status and function of township-and town-level people's congresses need to be more scientifically defined within the framework established by the Constitution and laws.

Chapter 11   Explorations in Local Legislation by Zhongshan City of Guangdong Province

Abstract: Zhongshan is located in the Pearl River Delta in South Central, is the hometown of Dr. Sun Yat Sen a generation of great men, with a total area of 1800 square kilometers, resident population of 320 million, 2014 GDP (GDP) 2823 billion yuan, the per capita GDP 8.9 million yuan. In 2015, Zhongshan formally received the local legislative power to meet the urgent demand of Zhongshan need to solve the problem through legislation in the development of local economy, has brought new ideas for the comprehensive deepening reform process. This paper comprehensively expounds the Zhongshan gain the right of legislation since, take the initiative to adapt to Zhongshan deepening reform and economic and social development needs, actively carry out the local legislative work start practice, of local legislation in the process of how to deal with and Party committees, provincial people's Congress, government, the third party and internal standard the five relations has carried on the preliminary exploration, and summed up the Zhongshan City Legislative start work smoothly four reasons.

Chapter 12   Towards a Standardize, Systematic and Elaborate Supervision by Local People's Congresses: A Report Centered on the Investigation of the Practice of People's Congress of Zhongshan City, Guangdong Province

Abstract: Zhongshan, Guangdong People's Congress supervision to global Zhongshan philosophy as a guide to good system and mechanism for support, in supervision between the various elements of the carefully balanced, showing a trend of standardization, system, fine, gradually moving towards maturity. It is helpful to understand the practice of the people's Congress of Zhongshan's people's Congress, which is helpful to understand the role of the people's Congress in the construction of democracy and the rule of law and social development. This paper discusses the trend of standardization, systematization and refinement of the Zhongshan people's Congress Supervision, affirmed its full of local characteristics of the rule of law practice, and pointed out that the local people's Congress theory and system also need to gradually improve.

Chapter 13　The Persistence and Innovation by Local People's Congresses in the Era of New Budget Law: An Investigation on the Budgetary Supervision Work of People's Congress of Zhongshan City, Guangdong Province

Abstract: After its first revision, the Chinese Budget Law has set new tasks for and raised new demands on people's congresses with respect to budgetary supervision. The People's Congress of Zhongshan City, Guangdong Province, taking the "internet plus" and "big data" as the basis, has refined budget supervision system, improved supervisory institutions, and integrated various forces, thereby realizing the overall management of the content, objects and effect of supervision. While adhering to the legal responsibilities and requirements, it has actively carried out innovations and formed its own experience in the "supply-side reform" of the budgetary supervision system, thus providing valuable experience and guidance to local people's congresses in this field.

Part 3: Rule of Law in Zhejiang

Chapter 14   20 Years of Popularizing Law Education and Governance by Law in Zhejiang

Abstract: The popularization of law and governance by law are the keys to the construction of a harmonious society and the rule of law in China. How to promote economic and social development while at the same time expand orderly public participation, effectively implement the strategy of ruling the country by law, and enable the people to enjoy more comprehensive and concrete guarantee of rights is a question that needs in-depth research in the process of implementing the Scientific Outlook on Development and constructing a harmonious society. Zhejiang Province is in the forefront of reform and opening up in China with a high-level construction of the rule of law. Investigating the situation of popularization of law and governance by law in the province is of positive significance to exploring the ways of constructing democracy, the rule of law, and a harmonious society in China. In recent years, the Team on Survey and Studies of National Situation of Rule of Law of CASS Law Institute has carried out investigations on the construction of harmonious society and the rule of law, as well as the impact of popularization of law and governance by law on the construction, in many different areas of Zhejiang Province by such means as on-site investigation, analysis of literature, and interview, with a view to putting forwarding countermeasures and suggestions to the government on the construction harmonious society, democracy and the rule of law in the whole country. This chapter reports the results of the investigation.

Chapter 15 Investigation Report on Innovative Social Administration in Ningbo

Abstract: In recent years, the municipal government of Ningbo, by integrating innovative social administration with the construction of "Safe Ningbo" and the promotion of "the Rule of Law in Ningbo", has been actively exploring and practicing innovative social administration and achieved some results in improving the approaches of social administration, raising the efficiency of social administration, safeguarding people's livelihood, and maintaining social stability. This report analyzes the various institutional designs and practices of innovative social administration in Ningbo and explores various approaches to innovative social administration.

Chapter 16 Disclosure of Government Information: Analysis of the "Ningbo Phenomenon"

Abstract: Ningbo City is ahead of all other cities in China in the implementation of the system of transparency of all aspects of the operation of public power, especially in the disclosure of government information. This report examines the basic situation of disclosure of government information by the Municipal Government Ningbo City, summarizes its achievements and experience in building a "government in sunshine", while at the same time points out a series of difficulties faced by Ningbo Government in further implementing the system of disclosure of government information, and puts forward suggestions on the corresponding measures to be adopted to further improve the system in terms of institution, personnel and platform.

Chapter 17　A Grass-Root Experiment for Rule of Law：
Investigation Report on the Development of the
Rule of Law in Yuhang District of Hangzhou City

Abstract：The implementation of the strategy of governing the country by law depends on local governments at the grassroots level, which must raise their developmental levels for the rule of law and implement relevant legal provisions in the practice of economic and social development and government administration. This report carries out a study on the progresses made by Yuhang District of Hangzhou in the development of the rule of law from the perspectives of strengthening organizational leadership, building the culture of the rule of law, regulating administrative power, and resolving disputes in accordance with law, and predicts that the efforts made by governments at the grassroots level in the implementation of the relevant laws and regulations and exploring solutions to various problems will be able to vigorously propel the development of the rule of law in China.

Chapter 18　Exploring the Re-establishment of Social
Orders at the Grass-Root Levels in China：
Research Report on the Prioritization of
Legal Approach in Yuhang District

Abstract：Governance at the grass-root level is the foundation for the long term stability of society. After more than 30 years opening-up and reforms, economic and social developments have taken gigantic leaps in various regions in China. However, at the same time, a variety of conflicts and problems are obvious, posing significant challenges to the local governance and social administration. Under these circumstances, the government of Yuhang District used the rule of law concept as its guideline, explored the re-establishment of social order at the grass-root level, prioritized the legal approach as an important tool, changed the concept of governance and social stability maintenance, and utilized the rule-of-law thinking and measures to prevent and dissolve various conflicts and confrontations. Yuhang experiences may serve as a useful reference for various regions in China and may also set useful precedents for solving certain issues.

Chapter 19 Exploration by the Government of Yuhang District of Hangzhou City in Bringing Grass-Root Governance under Rule of Law

Abstract: The Government of Yuhang District of Hangzhou City, by taking the opportunity of the streamlining of public affairs at the village (and community) level and making a distinction between government affairs and social affairs, has emphasized the administration by law on the part of the government and self-government by law on the part of the community, thereby playing an exemplary role in bringing the grassroots governance under the rule of law. On the one hand, community self-government is realized and village (community) affairs are brought under the rule of law by streamlining government agencies, reducing performance appraisals, and simplifying paperwork; on the other hand, the power of grassroots government has also been brought under the rule of law through the adoption and promulgation of power list and the downward shift of the emphasis of work of government agencies, and the quality of village (community) public services has been improved through the active development of community organizations and government purchase of services.

Chapter 20　Investigation Report on the Practice of Yuhang District of Using Big Data to Bring Grass-Root Governance into the Orbit of the Rule of Law

Abstract: The rule of law is the basic part of the rule of law in China. Nowadays, it is generally faced with the tension between the limited government and the transformation society, the small grass roots and the heavy burden, the fragmentation and integration. As the rule of "experimental field" of the Yuhang District of Hangzhou city in the face of difficulties, follow the top-level design, through innovative initiatives of intelligent decision office system, social service system and people's livelihood wisdom city management system, the "big data" and "Internet plus" the application results of depth into the grassroots governance, the full integration of resources in government departments multi point sharing, relevant data and information, so that the closed loop of government grass-roots governance has gradually changed from fragmentation to open loop collaborative. Yuhang practice shows that the combination of new technology and innovation and the rule of law is beneficial not only to alleviate the problem of grassroots governance, but also forced grassroots legal transformation, to promote the governance structure of the flat, out of a high-tech, grounding, respect for public opinion of the primary rule of law in the new path. This paper discusses the basic law of Yuhang District three faces of tensions, modern information initiatives in order: the "big data" and "Internet plus" innovation, innovative initiatives to promote Yuhang information, to promote Yuhang grassroots legal experience of grassroots governance under the rule of law to innovative technology, in order to provide reference for other regional grassroots legal construction.

Chapter 21   Modernizing the Service and Administration of Floating Population under the Rule of Law: Practice of Yuhang District in Strengthening and Innovating the Governance of Floating Society

Abstract: Since the reform and opening up and with the flourishing of socialist market economy, a large floating population has emerged in China, which has become an important force in economic and social development and in the construction of socialist modernization, while at the same time brought huge pressure on and challenges to the current social management mode. The Government of Yuhang District of Hangzhou City, in the process of promoting the governance of floating society, has actively carried out reform and innovation within the framework of the rule of law around such objectives as controlling the total amount, enhancing the quality, optimizing the structure, strengthening the administrative of and improving the public service to the floating population, strived to raise the level of rule of law and the level of modernization of service to and management of the floating population, thereby realizing the standardization of the management of and equalization of basic public service to the floating population and taking an important step forward in strengthening and innovating the governance of floating society.

Part 4: Rule of Law in Sichuan

Chapter 22   Development of the Rule of Law in Sichuan Province in 2016: Current Situation and Prospectv

Abstract: This report introduces the work carried out by the Government of Sichuan Province in implementing the strategic decisions made by the Central Government on ruling the country by law, comprehensively and thoroughly advancing the strategy of ruling the province by law, and speeding up the construction of the system of rule of law in the province, analyzes the main methods, characteristics, highlights, and achievements of such work in the fields of exercising the ruling power by law, scientific legislation, administration by law, judicial fairness, and social governance, summarizes the practical experience gained by the Province in taking the comprehensive and thorough advancement of the work of ruling the province by law as an important part of coordinated implementation of the "Four Comprehensive Strategy", developing the implementation method of "Four Beams and Eight Columns", and forcefully advancing the basic strategy of ruling the country by law in the province, and looks at the prospects of future development of the rule of law in the province.

Chapter 23　Legislative Practice of People's Congresses in Sichuan Province and Its Implications

Abstract: Local legislation is an important part of the socialist legislative system in China. In 2014, Innovation Project Team on the Rule of Law Index of CASS Law Institute carried out investigation and analysis of the legislative practice of people's congresses of Sichuan Province as a typical example of the practice of local legislation. Currently, the people's congresses of Sichuan Province have gained some experience and achieved some results in local legislation, but at the same time, are faced with many problems in terms of leading mechanism, distribution of competences, and working mechanism of local legislation. This report carries out a theoretical summarization of the practice of local legislation in Sichuan Province and analyzes the existing problems in this practice, with a view to providing decision-makers with reference for the further improvement of the system of local legislation in China.

Part 5: Rule of Law in Other Areas

Chapter 24   County-Scale Rule of Law that Promotes the Coordinated Economic and Social Development: Taking the Experience of Jiangyin as an Example

Abstract: Rule of law construction is one of the driving force to keep the harmonious development of economic society. Jiangyin as economically developed county-level city, under the background of the new economic norm actively use the rule of law to promote the development, starting from the enterprise consciousness of rule of law, market supervision system, social governance capability, civil rights security, to explore innovation, coordination, open, sharing of the rule of law development experience. This in turn Jiangyin Economic growth slowed and the construction of rule of law, Jiangyin of the rule of law in promoting the coordinated economic and social development play a role, the economic construction of the rule of law and Jiangyin experience enlightenment, Jiangyin development of the rule of law is facing problems and Countermeasures for the four aspects were discussed, so as to provide the reference for the regional construction of rule of law.

Chapter 25   Comprehensive Law Enforcement in Economically Developed Towns against the Background of Modern Governance: Taking Xuxiake Town of Jiangyin City as an Example

Abstract: Economically developed villages and towns, as represented by Xuxiake Town of Jiangyin City, while enjoying the benefits of rapid development, are faced with such problems as huge social risks, strong demand for the safeguarding of people's livelihood, and mismatch between the law enforcement supervision system and the economic society. To solve these problems, the Government of Xuxiake Town has based itself on the grassroots grid management, innovated law enforcement systems and mechanisms, relied on information technologies to reengineer law enforcement process, promoted the new mode of comprehensive law enforcement at the grassroots level, and achieved remarkable results in this process.

Chapter 26 Problems in and Countermeasures for Promoting the Rule of Law in Underdeveloped Areas: Taking Qianjiang District of Chongqing City as an Example

Abstract: Comprehensively promote the rule of law, from the central to the places, various industry departments are the implementation of governance according to law, not only the social economy is relatively developed areas should be towards the rule of law and economy is relatively less developed regions also forward to nomocracy and realize great leap forward development. Chongqing Qianjiang District with both old, little, edge, poor, mountain (old revolutionary base areas, ethnic minority areas, many provinces border areas and poverty-stricken areas, mountain) characteristics, promoting the practice of the rule of law and the difficulties facing the worth summing up, to the development of the rule of law in other places is not without reference price values. This paper first discusses the Qianjiang District to promote the experience and practice of the rule of law, including the promotion of leading cadres' awareness of the rule of law, to standardize law enforcement activities, highlighting the informed public participation in interactive, convenient and efficient to enhance public service capacity, strengthen the construction of legal system of government agencies and pay attention to prevent and resolve conflicts and disputes; secondly, in promoting the rule of law the difficulties facing the developed areas. Such as by social customs control, government law enforcement supervision is prone to simple and crude, the rule of law construction lags behind relatively weak, security mechanism is not in place, the economic development level of a serious constraint; followed by enlightenment transition of Qianjiang sample into outlook and suggestion of less developed areas to break the rule of law, including establish the rule of law thinking, respect and protection the people's livelihood, strengthen the rule of law and perfect the safeguard mechanism of propaganda and training.

Chapter 27　Exploration on Ways of Bringing Governance Contracts under the Rule of Law: Taking Qianjiang District of Chongqing City as an Example

Abstract: In modern society, the contract mechanism, which is characterized by equality and cooperation, has become an important mode of state governance and been put into more and more extensive application. There is a very strong demand for using government contracts to service local economic and social development, promote transition of government functions, and improve governance ability. Meanwhile, it is also important to realize that many problems have emerged in the process of conclusion and implementation of government contract in various parts of the country, with serious risks and consequences. Against this background, the Government of Qianjiang District of Chongqing City has taken government contract as an important mechanism for improving its governance ability, attached importance to giving full play to the role of government contracts and bringing it under the rule of law, thereby making it a highlight of the construction of law-based government in the city.

Chapter 28 "Hannan Experience" and Construction of the Soft Environment for Scientific Development

Abstract: In 2007, a special research team of the Law Institute of CASS did three field trips in Hannan District of Wuhan, to research the implementation of the View on Scientific Development, governance according to law, and Peace Hannan Project. Based on the trips and research, we found several successful experiences by the grassroots governments in those regards. We named it as "Hannan Model". It can be summed up as follows: (1) adhere to the View on Scientific Development as a guideline; (2) unswervingly promote the goal of social harmony; (3) coordinate development not only between agriculture and industry, but also rural and city area; (4) build service-government in accordance with the law; (5) build an innovation system with the Peace Hannan Project in mind; (6) actively pay attention to the people's livelihood, and build ecological harmony.

Chapter 29 Disclosure of Information on Fund for Benefiting the Masses in Jinzhai County of Anhui Province: Practice and pProspect

Abstract: Jinzhai County in grassroots Huimin funds in public areas, active exploration and innovation, the attention degree is high, promote efforts, and effectively will open and Huimin funds managers combine together, the results are obvious. Development so far, Huimin finance disclosure has become an important measure for the local construction of the government under the rule of law, clean government, service government, transparent government and an effective starting point. This paper first introduces the background and practice of Jinzhai County grassroots public, pointed out the Jinzhai County grassroots Huimin public funds into key areas of government and village affairs, the "public" as the basic method of government work, specifically to clear the scope of the disclosure, the implementation of full open and open channels will be open, rich carrier system, achieved remarkable results, including the credibility of the government, improve grassroots conflicts resolved, convenient service effect, corruption incremental containment; and then summarized the experience, and pointed out the existing problems and deficiencies, including paying attention to the public affairs, a public affairs work to promote the depth and breadth is not enough, the open system of the provisions are still inadequate and open the carrier should be further enriched and public information is not accurate; finally put forward the future development Hope and suggestions, and points out that the Jinzhai County grass-roots Huimin funds open only to a microcosm of the open grass, the in promoting grass-roots government publicity efforts, innovation and experience is worth to be popularized in the whole nation, but reflect the problems is also worth a profound reflection.

Chapter 30 Investigation Report on Development of the Rule of Law in Diqing Tibetan Autonomous Area

Abstract: The Diqing Tibetan area advanced greatly the process of governing the state based on law, and vigorously improved public awareness of general law, actively implemented the autonomous rules, and made preparations for the enactment of separate regulations. Modifications of the law and administrative regulations were made in accordance with the local political, economic, and cultural characteristics. A sound system of laws and regulations with Diqing Tibetan area's local characteristics was established and improved in order to build peace, harmony and common prosperity of the Diqing Tibetan areas.

Chapter 31 "Lunan Experience" in Transforming the Model of the Mode of Reformation of Prisoners

Abstract: The social transition in China has created new demands for the transformation of the mode of reformation of criminals. Lunan Prison of Shandong Province, based on the reflections on the traditional mode of reformation of criminals, has developed through practice a system of humane reformation of criminals that includes character-oriented education, legal education, moral education, art education, and metal health education, thereby forming the so-called "Lunan Experience" in the transformation of the mode of reformation of criminals.

后　记

　　地方法治是中国法治的重要组成部分，本书收录了 2005～2016 年《中国法治发展报告》《中国地方法治发展报告》《四川依法治省年度报告》等蓝皮书中代表地方法治发展现状的经典调研报告。地方法治发展现状是历年来中国社会科学院法学研究所在各地进行国情调研所收集的一手经验材料，是中国地方法治发展的代表。有些报告是从宏观、整体的层面对地方法治进行总结，有些报告则是抓住了其中某一鲜明的制度进行深入分析，起到了"管窥蠡测"的效果。有些报告是法学研究所研究人员的集体成果，有些报告是高校和科研机构优秀的研究人员深入实地多次调研的成果，有些报告则是摘选了中央和地方政法部门领导干部和工作人员的深入思考。

　　《中国地方法治实践（2005～2016）》一书由田禾研究员、吕艳滨研究员总负责，徐斌助理研究员具体负责并撰写了"导论"，历年课题组的成员及执笔人如下。

　　《中国地方量化法治的实践与评估》（项目组负责人：田禾。项目组成员：田禾、吕艳滨、王小梅、栗燕杰、郑博、赵千羚、刘迪等。执笔人：田禾、栗燕杰、吕艳滨）。

　　《2014 年中国地方法治发展及展望》（项目组负责人：李林、田禾。调研组成员：王小梅、王帅一、吕艳滨、刘小妹、刘迪、李霞、张誉、陈欣新、周方冶、郑博、赵千羚、栗燕杰、翟国强、魏南枝。执笔人：田禾、栗燕杰、吕艳滨）。

　　《2015 年中国地方法治发展及展望》（项目组负责人：田禾。项目组成员：吕艳滨、王小梅、栗燕杰、徐斌、刘雁鹏、赵千羚、刘迪、杨芹、马小芳、曹雅楠、周震、徐蕾、宁妍、赵凡、刘永利、宋君杰。执笔人：田禾、栗燕杰）。

《中部西部法治发展指数报告》（项目组负责人：田禾。项目组成员：吕艳滨、翟国强、王小梅、周婧、栗燕杰、缪树蕾、赵千羚、张誉、刘迪、郑博、陈坤、王旭、慕寿成、张多、张爽、周震、赵凡、沙元冲、宋君杰、朱文军、任娇、单颖、郑雪、郑瑶、孙琳、张丽、邹奕、王艳萍、王璐、颜云云、赵雪、万琪珑、张娅妮、谢燕环、张姝慧、马胜男、董如茵。执笔人：吕艳滨、翟国强、王小梅、周婧、郑博。统稿：吕艳滨、田禾）。

《在民主法治的轨道上推动改革开放——广东法治建设的成就与挑战》（调研组负责人：田禾。调研组成员：陈欣新、吕艳滨、翟国强、王小梅。执笔人：陈欣新、田禾）。

《广东公众参与重大行政决策的探索与实践》（项目组负责人：田禾。项目组成员：陈欣新、吕艳滨、刘小妹、李霞、王红艳、周方冶、王小梅、栗燕杰。执笔人：周方冶）。

《广东人大监督的实践与创新》（调研组负责人：李林、田禾。调研组成员：丁一、王小梅、冉井富、刘洪岩、吕艳滨、祁建建、余少祥、李庆明、李顺德、陈欣新、夏小雄、栗燕杰、高长见、董文勇、廖凡、熊秋红、戴瑞君。执笔人：田禾、吕艳滨）。

《广东人大监督调研报告》（项目组负责人：田禾。项目组成员：陈欣新、吕艳滨、刘小妹、李霞、王红艳、周方冶、王小梅、栗燕杰。执笔人：李霞）。

《珠海生态友好型法治的创新与启示》（项目组负责人：田禾、吕艳滨。项目组成员：陈欣新、冉昊、王小梅、李霞、栗燕杰、徐斌、刘雁鹏、胡昌明、王祎茗等。执笔人：冉昊）。

《走出"边缘"地位的乡镇人大——基于对2014年中山市镇级人大监督工作的现实考察》（项目组负责人：田禾。项目组成员：吕艳滨、支振锋、王小梅、李霞、栗燕杰、赵千羚、张誉、刘迪。执笔人：李霞）。

《中山市地方立法工作开局探索与思考》（项目组负责人：田禾。项目组成员：吕艳滨、王小梅、栗燕杰、刘雁鹏、徐斌、赵千羚、刘迪、杨

芹、马小芳、曹雅楠、周震、徐蕾、宁妍、赵凡、刘永利、宋君杰。执笔
人：刘雁鹏、田禾）。

《走向规范化、体系化和精细化的地方人大监督——以对广东省中山
市人大监督实践的考察为中心》（项目组负责人：田禾。项目组成员：吕
艳滨、李霞、王小梅、栗燕杰、刘雁鹏、徐斌、赵千羚、刘迪、杨芹、马
小芳、曹雅楠、周震、徐蕾、宁妍、赵凡、刘永利、宋君杰。执笔人：李
霞）。

《"新〈预算法〉时代"地方人大的坚守与创新——对广东省中山市
人大预算监督工作的考察》（项目组负责人：田禾、吕艳滨。项目组成
员：陈欣新、冉昊、王小梅、李霞、栗燕杰、徐斌、刘雁鹏、胡昌明、王
祎茗等。执笔人：李霞）。

《浙江"普法教育、依法治理"二十年》（执笔人：田禾、陈欣新、
蒋熙辉、吕艳滨）。

《宁波市社会管理创新调研报告》（调研组负责人：李林、田禾。调
研组参与人：丁一、王小梅、冉井富、刘洪岩、吕艳滨、祁建建、余少
祥、李庆明、李顺德、陈欣新、夏小雄、栗燕杰、高长见、董文勇、廖
凡、熊秋红、戴瑞君。执笔人：田禾、吕艳滨）。

《政府信息公开："宁波现象"分析（2015）》（项目组负责人：田
禾、宣柏林。项目组成员：吕艳滨、吴培力、王海江、王小梅、栗燕杰、
赵千羚、张誉、刘迪。执笔人：栗燕杰、吕艳滨）。

《实践法治的基层实验田——杭州市余杭区法治建设调研报告》（调
研组负责人：李林、田禾。调研组参与人：丁一、王小梅、冉井富、刘洪
岩、吕艳滨、祁建建、余少祥、李庆明、李顺德、陈欣新、夏小雄、栗燕
杰、高长见、董文勇、廖凡、熊秋红、戴瑞君。执笔人：田禾、吕艳
滨）。

《重建中国基层社会秩序的探索——余杭法务前置调研报告》（项目
组负责人：田禾。项目组成员：吕艳滨、王小梅、栗燕杰、赵千羚、王
旭、张誉等。执笔人：栗燕杰、吕艳滨）。

《余杭基层治理法治化探索》（项目组负责人：田禾。项目组成员：
陈欣新、吕艳滨、王小梅、栗燕杰、赵千羚、张誉、刘迪。执笔人：王小

梅）。

《余杭区"大数据"推进基层治理法治化调研报告》（项目组负责人：田禾。项目组成员：吕艳滨、李霞、冉昊、王小梅、栗燕杰、刘雁鹏、徐斌、赵千羚、刘迪、杨芹、马小芳、曹雅楠、周震、徐蕾、宁妍、赵凡、刘永利、宋君杰。执笔人：冉昊）。

《流动人口服务管理的法治化与现代化——余杭区加强和创新流动社会治理的实践》（项目组负责人：田禾、吕艳滨。项目组成员：王小梅、栗燕杰、徐斌、刘雁鹏、胡昌明、王祎茗、田纯才等。执笔人：田禾、田纯才）。

《四川省2016年法治发展现状与前瞻》（课题组负责人：杨天宗。执笔人：帅理）。

《四川省人大立法的实践与启示》（项目组负责人：田禾。项目组成员：吕艳滨、翟国强、王小梅、周方冶、栗燕杰、王帅一、郑博、赵千羚、张誉、刘迪。执笔人：翟国强）。

《推动经济社会协调发展的县域法治：以江阴经验为例》（项目组负责人：田禾。项目组成员：吕艳滨、王小梅、栗燕杰、刘雁鹏、徐斌、赵千羚、刘迪、杨芹、马小芳、曹雅楠、周震、徐蕾、宁妍、赵凡、刘永利、宋君杰。执笔人：徐斌、田禾）。

《现代治理背景下经济发达乡镇的综合执法——以江阴市徐霞客镇为样本》（项目组负责人：田禾、吕艳滨。项目组成员：陈欣新、冉昊、王小梅、李霞、栗燕杰、徐斌、刘雁鹏、胡昌明、王祎茗等。执笔人：栗燕杰、田禾）。

《欠发达地区法治推进的成效与展望——以重庆市黔江区为样本》（项目组负责人：田禾。项目组成员：吕艳滨、王小梅、栗燕杰、刘雁鹏、徐斌、赵千羚、刘迪、杨芹、马小芳、曹雅楠、周震、徐蕾、宁妍、赵凡、刘永利、宋君杰。执笔人：栗燕杰、田禾）。

《政府合同全流程规范管理的法治化探索——以重庆市黔江区为样本》（项目组负责人：田禾、吕艳滨。项目组成员：王小梅、黄晋、栗燕杰、徐斌、刘雁鹏、胡昌明、王祎茗等。执笔人：栗燕杰）。

《"汉南经验"与科学发展的软环境》（课题组组长：田禾。课题组成员：陈欣新、陈志刚、蒋熙辉、吕艳滨、王红艳）。

《金寨惠民资金公开的实践与展望》（课题组负责人：田禾、郑训练。副组长：吕艳滨、张克锁。课题组成员：黄广亮、王健、吴福祥、漆学富、郑鹏、张英国、王小梅、栗燕杰、刘雁鹏、徐斌、赵千羚、刘迪、杨芹、马小芳、曹雅楠、周震、徐蕾、宁妍、赵凡、刘永利、宋君杰。执笔人：刘雁鹏、王健）。

《云南迪庆藏区法治建设调研报告》（执笔人：齐扎拉、雪浪）。

《罪犯改造模式转型的"鲁南经验"》（课题负责人：冀祥德、沈明云。课题组成员：赵之祥、谢克勇、韩卫东、裴俊杰、石善东、刘文娟、宋维彬、张达、黄淑云）。

本书完稿时恰逢党的十九大胜利召开，十九大对全面依法治国提出了更高的要求和更艰巨的任务。努力吧，各位同仁，时代赋予了我们使命和职责，我们也将不辜负这个时代！

徐　斌

2017 年 10 月 31 日

图书在版编目（CIP）数据

中国地方法治实践. 2005-2016 / 田禾等著. -- 北
京：社会科学文献出版社，2017.11
（法治国情与法治指数丛书）
ISBN 978-7-5201-1856-9

Ⅰ.①中… Ⅱ.①田… Ⅲ.①地区-社会主义法制-
建设-研究-中国-2005-2016 Ⅳ.①D927.04

中国版本图书馆 CIP 数据核字（2017）第 287839 号

法治国情与法治指数丛书
中国地方法治实践（2005~2016）

著　　者／田　禾　吕艳滨 等

出 版 人／谢寿光
项目统筹／王　绯
责任编辑／曹长香

出　　版／社会科学文献出版社·社会政法分社（010）59367156
　　　　　地址：北京市北三环中路甲 29 号院华龙大厦　邮编：100029
　　　　　网址：www. ssap. com. cn
发　　行／市场营销中心（010）59367081　59367018
印　　装／三河市东方印刷有限公司
规　　格／开　本：787mm×1092mm　1/16
　　　　　印　张：37.25　字　数：589 千字
版　　次／2017 年 11 月第 1 版　2017 年 11 月第 1 次印刷
书　　号／ISBN 978-7-5201-1856-9
定　　价／139.00 元

本书如有印装质量问题，请与读者服务中心（010-59367028）联系